代笔记选注

上海市『十二五』重点图书

本书由上海文化发展基金会图书出版专项基金资助出版

清代笔记选注

倪进 选注

上海教育出版社

上册

总目

上册

序一 ··· 蒋人杰 / 1

序二 ··· 孙玉文 / 1

凡例 ·· / 1

玉光剑气集 二十八则 ····························· （清）张　怡 / 1

池北偶谈 二十五则 ······························· （清）王士禛 / 39

在园杂志 十二则 ································· （清）刘廷玑 / 79

柳南随笔 十八则 ································· （清）王应奎 / 95

巢林笔谈 十八则 ································· （清）龚　炜 / 119

履园丛话 二十三则 ······························· （清）钱　泳 / 137

榆巢杂识 十一则 ································· （清）赵慎畛 / 173

浪迹丛谈 二十四则 ······························· （清）梁章钜 / 189

啸亭杂录 二十七则 ······························· （清）昭　梿 / 235

清嘉录 十五则 ····································· （清）顾　禄 / 277

冷庐杂识 二十五则 ······························· （清）陆以湉 / 315

下册

水窗春呓 十五则 ······················· （清）欧阳兆熊　金安清 / 351

庸闲斋笔记 二十二则 ····························· （清）陈其元 / 375

墨馀录 十五则 ····································· （清）毛祥麟 / 411

蕉轩随录 九则 ····································· （清）方濬师 / 443

郎潜纪闻 三十四则 ……………………………………（清）陈康祺 / 459

蕉廊脞录 十则 ……………………………………………（清）吴庆坻 / 511

苌楚斋随笔 二十则 ………………………………………（清）刘声木 / 525

花随人圣盦摭忆 二十则 …………………………………黄　濬 / 553

人名索引 …………………………………………………… / 613

后记 ………………………………………………………… / 632

看到《笔记选注》这样的书,有些读者也许会有陌生感。他们熟悉的是《古诗文选注》之类的书目,对笔记不太了解。其实,笔记可是中华文化府藏中的一大宗财宝。

于今被称为"笔记"的,是指古人的随笔杂记类著作。其中多为轶事琐闻的记述,也有考订辨证等议论。因为是随手记录所见所闻所思所想,所以与写作时即准备公之于世的反复推敲的文章,自然会有所不同。笔记更为广泛地反映社会生活,记录当时难以见于史书文集的细节,对于今人更为具体地了解古代社会的政治、经济、文化等各个方面,是大有助益的。笔记能较为自由地表达作者的思想情绪,而存世文集中的文字,往往由于种种顾忌,不如笔记率性真实。笔记中流露出的真思想真感情,可以让我们更为感性地体味那个时代士人的精神状态。笔记多为信笔著录,较少字斟句酌,不大会刻意模仿经传史汉,因而其语言较之有为而作的文字,往往显得生动活泼,也会在不经意中用上了当时的鲜活的语词,是我们了解语言变迁的重要资料。

笔记有如此之价值,然而尚未得到充分的关注。以"选注"而言,本人孤陋寡闻,仅见20世纪50年代吕叔湘的《笔记文选读》,不过七万馀字的小册子而已。试想,历代的笔记,汗牛充栋,今日之读者,何从下手?故而出版一部历代笔记选注,乃是极有价值和极为迫切的事情,确实可以称之为填补空白。应感谢倪进先生,感谢上海教育出版社,办成了这件大事。

倪进先生长期从事古代文学、文艺学的教学和研究,以他的学力,任笔记之选注,实在恰当不过。选注之难,首先在"选"。须于海量的笔记中选取若干种,再须于每种之中选取若干则,这固然耗费时间和精力,但更要有眼光。倪君的取舍标准,将思想性、学术性与趣味性结合成一体。我敢说,诸位将此书逐篇读去,不会感到某篇选录不当。倪君的判断力是可以信赖的。

上海人称赞办事认真,常说"一点一画",即是一丝不苟。倪君写东西,可真是"一点一画",相当之慢。五六年前,就听说他有选注历代笔记的计划,由唐迄清,以后凡见面,必定询问著述进度,这当然有催促之意。现在看到书稿,不得不承认,慢工出细活。此书的注释,史实典故,名物训诂,无不考订翔实,申说清晰,且多有创获。如陆游为其前妻所作《钗头凤》词、《沈园》诗,注家多本《齐东野语》诸书,断唐氏为陆游表妹,且有确指其名为"琬"者。倪君对《齐东野语》"放翁钟情前室"一则之注释,考辨甚详,足证陈说之不确。又若《兰亭帖》如何为唐太宗所得,《南部新书》选注引《隋唐嘉话》《法书要录》等以供参考,注文篇幅为原文之数倍,故事亦生动,平添不少阅读趣味。司马光《涑水记闻》素负盛名,"杯酒释兵权"的故事即首见于此书,学界或以为并非信史,但如此著名的历史故事,毕竟值得一读。其中"以散官就第"一语,读过未必留心,倪君竟将它拈出加上长注,且把极为复杂的宋代官制陈说了个大概,举重若轻,亦启发读者如何于不疑处生疑。倪君注释,注重与史籍及前后笔记相互印证,每每指示与史合与不合,用工颇深。语词训释亦有如是佳例。若李廌《师友谈记》"东坡言勾当自家事"篇,有"只且第一五更起"句,注释曰:"只且,宋人习用语,犹言'就该'。"之后列举《近思录》一例、《朱子语类》两例为证;又引《诗经》中"只且"作比较,以免读者误读误解。"只且"这样的语词,在阅读时是极容易被忽略的,遍查手头的辞书亦未见,而宋人习用语之说,或为倪君之创获耶。这样的例子,书中还有很多。

在本文的末尾,照例要对这部选注作些批评。考虑到现今社会大众文言阅读能力的实际情况,就该书总体而言,愚以为对语言文字的解说疏通尚嫌太少。这对读者群的扩大,也许会有不利影响,修订再版之时,或可考虑适当增补。以上仅供倪进先生及出版社参考而已。

蒋人杰

2019 年 11 月

序二

中国古代笔记是一份丰厚的文化学术遗产，是人文学科、社会学科乃至自然学科研究的重要资料来源。长期以来，国内学术界就十分重视古代笔记的整理，陆续出版了一系列作品。如近几年中华书局的《历代史料笔记丛刊》、上海师范大学古籍所的《全宋笔记》等。但是，古代笔记卷帙浩繁，即使专门治学者也很难得窥全豹，何况普通读者和青年学子。因此，从继承和光大中华文化的意义出发，出版一部分量适中的选注本，是非常必要的，也是适应当今社会需求的。

《历代笔记选注》可以说填补了这方面的空白。从所选书目看，注意到题材的多样性，有助于读者全面了解古代笔记的丰富内容，能够激发他们阅读、研究中国古代典籍的兴趣。从选文标准看，作者的取舍坚持了传承文明、陶冶情操的原则，去除了古代笔记中掺杂的不良记载，说明其立意的雅正，同时还注意到作品思想性与可读性的统一。而在注释方面，恐怕是作者最为用心的地方。不难看出，作者对古代笔记中的名物故实、语词典章等，花费了大量功夫和精力进行爬梳抉理、考订辨正，并在吸收前人与今人研究成果的基础上渐出己意、自成一家，以科学的笺注方法保证了该书的学术价值。

孙玉文

2019 年 11 月于北京

一、所选笔记均据中华书局《历代史料笔记丛刊》点校本。

二、选文取舍依李肇《国史补自序》例,凡"纪事实,探物理,辨疑惑,示劝戒,采风俗,助谈笑"则取之;"言报应,叙鬼神,征梦卜,近帷箔"则去之。旨在芟其芜杂,扬其菁华。

三、所选作者作品首次出现时,作简要介绍和评价。

四、选文注释以名物制度、史实人物、词章典故为主,亦兼及天文地理、风土习俗等内容。

五、选文原有标题者一仍其旧,无标题者均加拟标题,另标注阿拉伯数字为序。选文皆注明原卷数,以备查检。

目录

玉光剑气集 二十八则 （清）张 怡

1. 强嘴编修(2) 2. 周顺昌罹珰祸(2) 3. 卢象昇力战阵亡(4)
4. 周遇吉殉难(6) 5. 许琰尽忠(8) 6. 某令有治才(9) 7. 陆
容按部得妇之诉(10) 8. 焦瑞不易其心(11) 9. 休宁县丞何应
鳌(11) 10. 刘江辽东击倭(13) 11. 刘青田归隐(14) 12. 郭
德成性疏狂嗜酒(14) 13. 彭泽父徒步数千里责子(16) 14. 唐
荆川性俭素(17) 15. 义方之训(17) 16. 保定名捕(18)
17. 娄崇武义勇感剧贼(19) 18. 长安孝子(22) 19. 蔡乞儿
(23) 20. 山人仆刘义(23) 21. 淮阴酒肆主人(24) 22. 徐霞
客好游(25) 23. 水滨二叟(30) 24. 画状元(31) 25. 羞死人
李至刚(32) 26. 景清借书(32) 27. 学宪讲学(33) 28. 齷齪
和尚(34)

池北偶谈 二十五则 （清）王士禛

1. 北岳祀典(40) 2. 祭北海(41) 3. 方伯公遗事(44) 4. 李太
守(45) 5. 王端毅公遗事(48) 6. 王东皋逸事(49) 7. 杜公厚
德(51) 8. 冷孝子(52) 9. 张鲲诗(54) 10. 施宋(55) 11. 梅
村病中诗(56) 12. 时文诗古文(58) 13. 林初文诗(59)
14. 退谷论经学(61) 15. 方尔止(63) 16. 耕者王清臣(64)

17. 考功诗(65)　18. 武风子(68)　19. 梨花渔人(69)　20. 工人善琴(70)　21. 义虎(71)　22. 郑刺史祠(72)　23. 吹笛(73)　24. 剑侠(74)　25. 女侠(76)

在园杂志　十二则　（清）刘廷玑

1. 油煤鬼(80)　2. 马振古(81)　3. 家人索贿(82)　4. 高捷(83)　5. 大力(85)　6. 王达官(86)　7. 豪饮(87)　8. 公冶夫人(88)　9. 优容杀人(90)　10. 西溪香国(91)　11. 义犬(92)　12. 西洋制造(93)

柳南随笔　十八则　（清）王应奎

1. 李鹿山藏书(96)　2. 陈眉公遗嘱(96)　3. 汉子(97)　4. 冯定远嗜酒(99)　5. 徐启新客啬(99)　6. 陈守创居官清介(101)　7. 金圣叹之死(103)　8. 高士胜流为俗人所辱(105)　9. 严氏女善属对(107)　10. 归痴(108)　11. 严澄捐茶果银修桥(109)　12. 布袋(110)　13. 先贤授琴(111)　14. 蟋蟀相公(112)　15. 碧螺春(113)　16. 诸生就试(114)　17. 东林气节(115)　18. 南垣善谑(116)

巢林笔谈　十八则　（清）龚　炜

1. 淮安漂母祠及韩信钓台(120)　2. 俗僧(120)　3. 陆陇其为令(121)　4. 重过金山(122)　5. 赛会奇观(123)　6. 重游西山(124)　7. 诡避失选(126)　8. 秦生能武(127)　9. 王某卖友

求名（128）　10. 北园（129）　11. 如何作诗（130）　12. 赌风（130）　13. 俗客俗人（131）　14. 谒敬亭先生（132）　15. 梅花主人传（133）　16. 士丐（134）　17. 买东西考（135）　18. 菊花（136）

履园丛话　二十三则　（清）钱　泳

1. 沈百五（138）　2. 王永康（139）　3. 善知识（141）　4. 陆清献公（142）　5. 为政不相师友（143）　6. 书周孝子事（144）　7. 随园先生（154）　8. 秋帆尚书（155）　9. 覆育之恩（158）　10. 不多不少（158）　11. 培养（159）　12. 不会做（160）　13. 高柏林（161）　14. 石钟山（162）　15. 随园（164）　16. 阑玻楼（165）　17. 性畏蟢子（165）　18. 此亦妄人也已矣（166）　19. 两槐夹井（167）　20. 狗医（168）　21. 袁简斋（169）　22. 苏东坡生日会（170）　23. 刺史新闻（171）

榆巢杂识　十一则　（清）赵慎畛

1. 平定三藩（174）　2. 解惑十则（176）　3. 鄂文端公（177）　4. 钱南园（178）　5. 郑板桥之画（180）　6. 宋小坡之胆识（181）　7. 成汝舟制怒（182）　8. 天一阁与《四库全书》（182）　9. 红柳娃（184）　10. 罗仙坞（185）　11. 温都斯坦（186）

浪迹丛谈　二十四则　（清）梁章钜

1. 浪迹（190）　2. 金山（191）　3. 相府新旧门联（194）　4. 颜柳

桥(196) 5. 吴槐江督部(198) 6. 吴退旃尚书(204) 7. 陈玉方侍御(205) 8. 庄虞山总戎(207) 9. 嘆夷(209) 10. 睢工神(211) 11. 写真(213) 12. 王弇州鉴赏(214) 13. 考试画师(215) 14. 苏小小墓(216) 15. 江心寺门联(218) 16. 绍兴酒(220) 17. 炙春(222) 18. 看戏(222) 19. 秋香(223) 20. 元旦开笔(225) 21. 国泰民安(227) 22. 悬车(228) 23. 黎明(230) 24. 十反(232)

啸亭杂录 二十七则 （清）昭　梿

1. 设间诛袁崇焕(236) 2. 用洪文襄(237) 3. 旭亭家书(237) 4. 鄂尔奇短视(238) 5. 马彪(239) 6. 刘文正公之直(240) 7. 刘文清(241) 8. 岳青天(243) 9. 三文敬公拦驾(244) 10. 伪皇孙事(247) 11. 武虚谷(249) 12. 张文和之才(251) 13. 徐中丞(252) 14. 马僧(254) 15. 画眉杨(258) 16. 书剑侠事(259) 17. 高江村(261) 18. 花老虎(262) 19. 满洲嫁娶礼仪(264) 20. 何义门(265) 21. 刘文定(266) 22. 权臣奢俭(267) 23. 索家奴(269) 24. 苗氏妇(270) 25. 甘庄恪(271) 26. 张夫子(272) 27. 王西庄之贪(274)

清嘉录 十五则 （清）顾　禄

1. 拜年(278) 2. 接路头(279) 3. 玄墓看梅花(283) 4. 放断鹞(289) 5. 谷雨三朝看牡丹(291) 6. 小满动三车(294) 7. 挂锺馗图(296) 8. 狗曦浴(299) 9. 青龙戏(303) 10. 走月亮(305) 11. 重阳信(306) 12. 天平山看枫叶(308) 13. 冬至

大如年(309)　14.腊八粥(310)　15.年夜饭(312)

冷庐杂识　二十五则　（清）陆以湉

1.有美堂后记(316)　2.形容失实(318)　3.徐霞客游记(319)　4.秦殿撰(319)　5.桑水部(321)　6.卷面题诗(321)　7.穷通翁(322)　8.顾母(322)　9.罗提督(323)　10.山斋留客图(325)　11.朋友(326)　12.茌平旅壁词(327)　13.朱笠亭说诗(328)　14.下第词(330)　15.煮人狱(331)　16.葛壮节公(333)　17.十目一行(337)　18.为学之道(338)　19.义田(339)　20.吴祭酒尺牍(340)　21.姚文僖公(341)　22.不系园(343)　23.夜纺授经图(345)　24.陈忠愍公(346)　25.袁随园(349)

玉光剑气集

《玉光剑气集》三十一卷，清张怡撰。怡字瑶星，初名鹿徵，上元（今江苏南京市）人。明诸生，以父荫官锦衣卫千户。李自成陷京师，被执不屈，逃归南京，隐居摄山白云庵，以著述自娱，人称白云先生。康熙三十四年（1695）卒，年八十八。

《玉光剑气集》仿《世说》之体，括为「帝治」「臣谟」「敢谏」「忠节」等三十一门，多记故明一代人物言行。是书或录其陵谷变迁之际亲历闻见，或采诸前人杂著笔记及艺文史志，分条胪载，裒辑汇次，厘为卷帙。书中原有明季学者周在浚、黄虞稷，以「雪客」「俞邰」之名所留手迹，此即二人与作者讨论史事、臧否人物之批语，其史料价值亦弥足珍贵。

选文标题为编者所拟。

1. 强 嘴 编 修

翰林编修张某^①，以直言黜为山西蒲州学正^②。庆贺表内^③，有"天下有道""万寿无疆"语，被逮。引见，曰："臣有一言，陛下旨表文不许杜撰，务出经典，'天下有道'乃先圣孔子之格言，'万寿无疆'乃诗人祝君之至情。今谓臣诽谤，不过如此。"上闻^④，良久曰："此老还强嘴^⑤，放去。"左右相谓曰："数年以来，惟见容此一人而已。"（卷一《帝治》）

【注释】

① 翰林编修：翰林院编修官。明翰林院含前朝秘书监、史馆、著作局、起居郎、舍人等职，"掌制诰、史册、文翰之事，以考议制度，详正文书，备天子顾问。凡经筵日讲，纂修实录、玉牒、史志诸书，编纂六曹章奏，皆奉敕而统承之"（《明史·职官志二》）。洪武十八年（1385），更定翰林品员，置学士一人，正五品；侍读学士、侍讲学士各二人，从五品；侍读、侍讲各二人，正六品；五经博士九人，正八品，并世袭；典籍二人，从八品；侍书二人，正九品，后不常设；待诏六人，从九品，不常设；孔目一人，未入流。史官修撰从六品，编修正七品，检讨从七品；庶吉士，无定员。修撰以下选进士充任，一甲授修撰，二甲以下授编修、检讨。

② 蒲州：明平阳府蒲州（治今山西运城市永济市蒲州镇）。　学正：明州学长官。明府学设教授一人，训导四人；州学设学正一人，训导三人；县学设教谕一人，训导二人。掌地方学校考课之事。

③ 庆贺表：历代帝王有庆典、武功、祥瑞等事，臣下所上祝贺文表。多用四六句写成。

④ 上：此指明太祖。

⑤ 强（jiàng）嘴：强辩，顶嘴。

2. 周顺昌罹珰祸

周忠介顺昌为吏部^①，以忤权贵自引归。魏廓园被逮过吴^②，公素非深交，至是，独出郭迎之，与留连三日。缇骑群侍③，公戟手詈逆贤不绝口④。或劝公无多言，公笑语缇骑曰："尔归告忠贤，我吴下不畏死男子周顺昌也！"临别后，以女字魏公孙⑤。被逮时，吴民大愤。颜佩韦等五人⑥，争击缇骑，毙其二。而五人亦论死，然大狱亦止。有讽公自裁者，公曰："顺昌小臣也，未敢引不辱之义。知此行必死，死见高皇帝⑦，请殛元凶，以清海内，所愿毕矣。唯有竖起脊梁炼成一铁汉，期不负知己耳。"对簿不屈⑧，瞋目嚼血⑨，极口骂珰而死⑩。陈济生曰⑪："珰焰灼天，缙绅被难者廿馀人⑫，皆以立朝排击权奸，或以党目得祸⑬。若夫闭门里居，与朝局了不相涉，又素不立门户，而牵连被逮惨死诏狱者，则忠介是也。烈皇时⑭，慎重名器⑮，罹珰祸诸君子，自九卿外，不尽得谥，公独得之，诚以公身立事外而遽被酷祸，尤可哀也。"（卷五《敢谏》）

【注释】

① 周顺昌：字景文，明吴县（今江苏苏州市）人。万历四十一年（1613）进士，授福州推官，擢吏部稽勋主事。天启中，宦官魏忠贤专权，排斥异己。时顺昌为吏部文选员外郎，署选事，力杜请托，忤权贵，遂乞假归。为人刚方贞介，疾恶如仇。忠贤逮系东林党人，顺昌指斥无所讳，亦被诬下狱。及逮者至，吴中士民数万人不期而集，为之鸣冤，殴击东厂缇骑，毙二人。顺昌解至京师，受酷刑，骂忠贤不绝口，齿尽椎落，仍喷血唾骂之。天启六年（1626）六月十七日夜，被杀于狱中。明年，思宗即位，忠贤败，顺昌昭雪，赠太常卿，谥忠介。

② 魏廓园：魏大中，字孔时，号廓园，明嘉善（今属浙江嘉兴市）人。家贫，自为诸生，尝从高攀龙受业。万历四十四年（1616）进士，授行人。天启元年（1621），擢工科给事中，弹劾无所避，奸邪为之侧目。四年，迁吏科都给事中。杨涟疏劾魏忠贤二十四大罪，大中率同官继之，遂遭削籍。寻逮下诏狱，乡人闻，号泣送者数千人。至京，酷刑拷掠，与杨涟、左光斗、袁化中、周朝瑞、顾大章并毙于狱，史称"东林前六君子"。崇祯初（1628），赠太常卿，谥忠节。

③ 缇（tí）骑：古代指贵官侍从骑士，因着红色军服，故名。后通称逮治犯人的禁卫吏役，如明代锦衣卫校尉。

④ 戟手：伸出食指和中指指人，以其似戟，故云。常用以形容愤怒或勇武之状。　逆

　　贤：指魏忠贤。初名李进忠，明河间肃宁（今属河北沧州市）人。万历时自阉入宫。
　　泰昌元年（1620），光宗崩，熹宗即位，升为司礼秉笔太监，后又兼掌东厂。与熹宗乳
　　母客氏勾结，专断朝政，自称"九千岁"，遭东林诸人交章弹劾。天启五年（1625），杀
　　东林前六君子，大兴党狱。思宗即位，黜职安置凤阳，旋命逮治，途中自缢死。

⑤　字：女子许嫁。

⑥　颜佩韦：苏州商家子。天启六年（1626）三月，周顺昌被逮，苏州士民群集，殴击缇
　　骑，致死二人。巡抚毛一鹭为魏忠贤私党，以吴民之乱请于朝，按诛为首五人颜佩
　　韦、杨念如、马杰、沈扬、周文元。崇祯元年（1628），阉党败，乡民合葬五人于城外虎
　　丘山前，立石于其墓之门。张溥撰《五人墓碑记》，述其事迹。

⑦　高皇帝：明太祖朱元璋。谥曰开天行道肇纪立极大圣至神仁文义武德成功高皇帝。

⑧　对簿：受审。簿，狱辞文书，犹今之起诉状。受审时据状核对事实，故称对簿。

⑨　瞋（chēn）目噀（xùn）血：双目怒睁，口中喷血。

⑩　珰（dāng）：宦官。汉代宦官帽饰有黄金珰，后用以代指宦官。

⑪　陈济生：字皇士，明长洲（今江苏苏州市）人。南京国子监祭酒陈仁锡之子。崇祯朝
　　官至太仆寺丞。

⑫　缙绅：古代称有官职或做过官的人。

⑬　党目：朋党首要。党，此指东林党。

⑭　烈皇：明思宗朱由检。南明上庙号思宗，后改毅宗，谥曰绍天绎道刚明恪恭揆文奋
　　武敦仁茂孝烈皇帝。清上谥曰庄烈愍皇帝。史称思宗或崇祯皇帝。

⑮　慎重名器：意谓严肃认真地对待朝廷名号与仪制。

3. 卢象昇力战阵亡

　　卢忠烈象昇屡立战功①，贼呼之为"卢阎王"。戊寅②，北兵入寇，夺情督师③。
时杨嗣昌主和④，而公主战，遂大矛盾。公厉声责之曰："独不闻城下之盟《春秋》耻
之乎⑤？长安口舌如风⑥，倘唯唯从议，袁崇焕之祸立至⑦。纵不畏祸，独不念衰衣
引绅之身⑧，既不能移孝作忠，奋身报国，忠孝胥失⑨，尽丧本来，何颜面立人世乎？"
嗣昌奋言曰："公欲以尚方加我头耶⑩！"公曰："尚方剑，须从己颈下过。如不殄敌，

未能加人。若舍战言抚，养祸辱身，非某所能知也。"嗣昌色沮。公兵气锐甚，旬日间，克复州郡甚众。而枢部沮之⑪，三军乏食，空腹而驰。晨出帐，四面拜曰："吾与尔将士，世受朝廷恩。患不得死，不患不得生。"众皆泣，不能仰视。至贾庄⑫，北兵合围冲击，退之。次日复至，公夺刀入，击杀十馀人，身中二矢、二刃，大呼曰："关某断头⑬，马援裹革⑭，在此时矣！"马蹶阵亡。（卷六《忠节》）

【注释】

① 卢象昇：字建斗，号九台，明宜兴（今属江苏无锡市）人。天启二年（1622）进士，授户部主事。历大名知府、右参政、按察使等职。崇祯二年（1629），后金军入关，象昇募兵入卫京师。后总理江北、河南军务，与洪承畴合击高迎祥、李自成、张献忠等农民军。九年，清兵入喜峰口，奉调入卫，总督宣府、大同、山西军务。十一年冬，清兵三路大举攻扰，象昇奉命督师，兵部尚书杨嗣昌、总监中官高起潜主和，事事掣肘，象昇战不利，在巨鹿贾庄激战阵亡，年三十九。赠兵部尚书，南明弘光时追谥忠烈，清追谥忠肃。有《忠肃集》二卷。

② 戊寅：指崇祯十一年（1638）。

③ 夺情：谓减少居丧期间哀痛之情。此指因战事起，居丧不能去职丁忧。

④ 杨嗣昌：字文弱，明武陵（今湖南常德市）人。万历三十八年（1610）进士，除杭州府教授，迁南京国子博士。崇祯元年（1628），起为河南副使加右参政，迁右佥都御史巡抚山海关诸地，以知兵闻于朝。十年，累迁兵部尚书，以"四正六隅"和增税之策，围剿农民军，迫张献忠、罗汝才等降，又击溃李自成部。十一年六月，改礼部尚书兼东阁大学士入阁参机务，仍掌兵部。是年冬，清军三路南侵，力主和议，掣肘主帅卢象昇，致象昇战死。十二年，张献忠再反，嗣昌亲督师入蜀，为其"以走致敌"所牵制，疲于奔命。十四年正月，李自成克洛阳，杀福王；二月，张献忠克襄阳，杀襄王。嗣昌追剿不利，惧罪自杀，年五十四。

⑤ 城下之盟：谓兵临城下时被迫签订屈辱盟约。《左传·桓公十二年》："楚伐绞，军其南门。莫敖屈瑕曰：'绞小而轻，轻则寡谋，请无扞采樵者以诱之。'从之。绞人获三十人。明日，绞人争出，驱楚役徒于山中。楚人坐其北门，而覆诸山下，大败之，为城下之盟而还。"杜预注："城下盟，诸侯所深耻。"

⑥ 长安：都城的通称。

⑦ 袁崇焕：字元素，明藤县（今属广西梧州市）人，祖籍东莞（今属广东）。万历四十七年（1619）进士，授邵武知县。为人慷慨，负胆略，好谈兵。天启二年（1622），擢兵部职方主事，单骑出关，考察形势，还京自请守辽。筑宁远城，屡退后金军。六年，获宁远大捷，升宁远巡抚。次年，又击退皇太极，获宁锦大捷。崇祯元年（1628），以兵部尚书督师辽蓟。二年，杀悍将毛文龙，后金军绕道自古北口入长城，进逼京师，崇焕星夜驰援。皇太极设反间计，思宗深信不疑，遂下诏狱。明年八月，磔于市，年四十七。

⑧ 衰（cuī）衣：丧服。　引绋（fú）：送葬。绋，牵引灵柩的大绳。

⑨ 胥：全；皆。

⑩ 尚方：指尚方宝剑。谓授予诛杀大权。

⑪ 枢部：明用以代称兵部。

⑫ 贾庄：地名。在明顺德府巨鹿县（今属河北邢台市）南。

⑬ 关某：关羽，东汉末武将。字云长，河东解县（今山西运城市临猗县西南）人。早岁亡命涿郡，从刘备起兵。建安五年（200），为曹操所败，被俘，极受优礼，封汉寿亭侯。后仍归刘备。十九年，镇守荆州。二十四年，围曹操部将曹仁于樊城，又大破于禁所领七军，因后备空虚，荆州为孙权袭取。羽败走麦城，被孙权部将潘璋擒杀。据《三国志·吴志·虞翻传》："关羽既败，权使翻筮之，得《兑》下《坎》上，《节》五爻变之《临》，翻曰：'不出二日，必当断头。'果如翻言。"

⑭ 马援：东汉初武将。字文渊，扶风茂陵（今陕西兴平东北）人。新莽末，为新成大尹。后依附陇西隗嚣。继归光武帝刘秀，灭隗嚣。建武十一年（35），任陇西太守，安定西羌。十七年，任伏波将军，封新息侯。尝以"男儿要当死于边野，以马革裹尸还葬耳"自誓，出征匈奴、乌桓。二十五年（49），征武陵五溪蛮，病卒于军中，年六十三。

4. 周遇吉殉难

周忠武遇吉①，字萃宇，镇守三关②。甫至河干③，叛将陈尚志迎贼④。来说，公叱斩之。时贼破太原，乘胜席卷，志骄甚。公歼敌精锐，不可胜计。日则列兵城外，以战为守；夜则登陴击打⑤，贼死又无算。贼日益而公无援，伏兵巷内，开门诱贼。贼进万馀，公闭门尽歼之。贼大恨，益兵环攻。力不能支，城陷。公独率亲丁巷战，出没阵中，手杀数十贼。身被矢如猬，马毙，步战，为贼执，大骂。贼缚之教场旗竿上，乱箭射之。夫人刘氏，率妇女据山头公署，登屋而射，贼不敢迫。矢尽，纵火自焚。贼自发难以来，无如此之大衄者⑥。刻期退矣，而大同姜镶、宣府王通各镇降表相继至⑦，遂犯阙。《启祯野乘》曰⑧："嗟呼！周忠武之殉难，阖门亲属，尽化烟尘。合镇兵民，悉罹锋刃。死后贼犹啮指而畏，前此未有也。尤异者，刘夫人之亲率妇女，凭城射贼，全家俱烬，壮哉！李小有有云⑨：'以视亲执桴鼓之梁夫人⑩，勇矣，愧无其烈；以视夫妇同死之赵昂发⑪，烈矣，愧无其勇。'知言哉！"（卷六《忠节》）

【注释】

① 周遇吉：明锦州卫（今辽宁锦州市）人。少勇武善射，入行伍，积功至京营游击。崇祯九年（1636），清兵进逼京师，遇吉从尚书张凤翼数血战有功，升前锋营副将。后出河南、湖广攻打农民军，累加太子少保、左都督。十五年冬，代许定国为山西总兵官。明年，李自成陷全陕，攻山西，遇吉与巡抚蔡懋德设置河防。十七年二月，太原、忻州、代州相继陷落，遇吉退保宁武关，死守不降，重创农民军，自成几欲退。后城破巷战，力尽被执，悬之高竿，丛射杀之。夫人刘氏亦勇健，率妇女据山巅公廨拒敌，为敌纵火焚之，阖门尽死。南明弘光时，遇吉追赠太保，谥忠武。

② 三关：指偏头关（今山西忻州市偏关县）、宁武关（今山西忻州市宁武县）、雁门关（今山西忻州市代县雁门关乡）。明西北长城三大边关。

③ 河干：此指黄河岸边。据《明史·周遇吉传》："李自成陷全陕，将犯山西。遇吉以沿河干馀里，贼处处可渡，分兵扼其上流，以下流蒲坂属之。"

④ 陈尚志：《明史》中作"陈尚智"。崇祯末，为山西平阳府守将。李自成犯山西，遣使迎降。又讽河津守将熊通还镇，说降周遇吉。遇吉怒斩通，传首京师。自成败，尚智复降清。

⑤ 登陴：升登城上女墙。引申守城。

⑥ 大衄（nǜ）：大败。

⑦ 姜镶：《明史》中作"姜瓖"。崇祯末，为大同府总兵官。李自成犯山西，瓖守河，潜使

纳款而还。后守大同,贼至,射杀永庆王,开门迎之。巡抚卫景瑗被执,触阶自杀不死,引以见瓌,景瑗怒斥曰:"神其赦汝耶!"寻自缢于僧寺。　　王通:《明史》中作"王承荫"或"王承允"。崇祯末,为宣府总兵官。太原、宁武、大同相继陷,承荫与监视中官杜勋郊迎三十里降贼。巡抚朱之冯登城拒敌,呼无应者,自缢死。据《明史·周遇吉传》:"自成集众计曰:'宁武虽破,吾将士死伤多。自此达京师,历大同、阳和、宣府、居庸,皆有重兵,倘尽如宁武,吾部下宁有孑遗哉!不如还秦休息,图后举。'刻期将遁,而大同总兵姜瓖降表至,自成大喜,方宴其使者,宣府总兵王承荫表亦至,自成益喜,遂决策长驱。历大同、宣府,抵居庸,太监杜之秩、总兵唐通复开门延之,京师遂不守矣。"

⑧ 启祯野乘:书名。清邹漪撰,钱谦益序。共十六卷。记明天启、崇祯两朝人物事迹。后两卷专载明季烈妇、节妇、烈女事。邹漪尚有《启祯野乘二集》八卷,记崇祯、弘光朝事,为前者续集。

⑨ 李小有:原名长科,改名盘,字小有,兴化(今属江苏泰州市)人。明末清初诗人。著有《金汤借箸十二筹》十三卷,为筹划城邑防守之兵书。

⑩ 梁夫人:南宋名将韩世忠之妻。相传名红玉。初为京口妓,世忠纳之,后助世忠平定苗傅之乱,封安国夫人,又改杨国夫人。建炎四年(1130),南下金兵肆掠后北撤,世忠阻击于京口黄天荡,梁夫人亲执桴鼓助阵。绍兴五年(1135),世忠屯兵楚州,时荆棘遍地,梁夫人又织帘为屋,鼓舞士气。

⑪ 赵昂发:《元史》中作"赵卯发"。南宋末,为池州通判权州事。至元十二年(1275)二月,元军攻池州,都统制张林以城降,赵卯发则与其妻自经死。元将巴延入城,见而怜之,令具衣衾以葬。

5. 许 琰 尽 忠

吴县诸生许公琰①,闻变,仰天恸哭,誓杀贼。顾念衰老,乃遣二子从军自效。祭告先祠而遣之。遍觅同心,莫有应者。诸生聚哭明伦堂②,御史某来谒文庙,鼓乐导从吉服而入③。公望见,大骇,趋前裾其袍带④,责以大义,御史惭谢去。南都建国⑤,久不发丧。公愤甚,投胥门河中⑥。适潞藩泊舟⑦,望见,遣人驰救。问其故,义之,送归家。人守视,不得死,遂绝粒,但饮杯酒。哀诏至,痛哭,并绝饮。口占诗,有"一个书生难杀贼,愿为厉鬼效微忠"之句。越七日,大呼先帝,瞑目浩叹而卒。(卷六《忠节》)

【注释】

① 诸生:明清称已入学生员。　许琰:字玉仲,明吴县(今江苏苏州市)人。为诸生。崇祯十七年(1644),闻京师陷,帝殉社稷,大恸,誓欲举义兵讨贼,走告乡里皆不应,绝食而死。乡人私谥潜忠先生。

② 明伦堂:旧时各地孔庙大殿称明伦堂。本《孟子·滕文公上》:"夏曰校,殷曰序,周曰庠,学则三代共之,皆所以明人伦也。"

③ 吉服:古祭祀时所着礼服。祭祀为吉礼,故称。

④ 褫(chǐ):脱去;解下。

⑤ 南都建国:崇祯十七年(1644)五月,福王朱由崧在南京即皇帝位,年号弘光。史称"南明"。

⑥ 胥门:一曰姑胥门。苏州城西门,在阊门南。春秋时吴国所建古城八门之一,遥对姑胥山。

⑦ 潞藩:指潞王朱常淓。父翊镠,穆宗第四子,封潞王,明万历十七年(1589)就藩卫辉。四十二年,皇太后崩,翊镠悲恸废寝食,未几薨。四十六年,世子常淓嗣。崇祯中,农民军扰秦、晋、河北,常淓屡以疏告急。后中州失,常淓流寓至杭州。顺治二年(1645)降清,送京。明年五月,与福王等俱被诛。

6. 某令有治才

国初某令有治才①。有民将出商,既装载,候仆久不至,舟人以商孤身而地僻,遂挤之水中,携赀归。更诣商家,叩门曰:"娘子,官人何以不下船?"商妻使人视之,无有也。急问仆,仆言:"适至船,不见主人,不知所之也。"乃报之官。官逮舟人及邻比讯之②,反覆无状③,历数任未决。此令至,屏人问商妻:"舟人初来问时,情状若何?"妻曰:"夫去良久,舟人来问曰:'娘子,官人何以不下船?'言止此耳。"复召舟人问之,语同。令笑曰:"杀人者汝,汝已自服,不须他证矣。"舟人哗辩④,令曰:"明知官人不在家,所以叩门称'娘子',岂有见人不来,即知其不在而不呼之者乎!"舟人骇服,遂正法。(卷七《吏治》)

【注释】

① 国初:此指明初。

② 邻比:近邻;比邻。

③ 无状:没有事实;没有根据。

④ 哗辩:大声声辩。

7. 陆容按部得妇之诉

陆公容尝按部①,行桐庐道中②,见一妇,隔溪哀诉,谓人杀其夫。思所以处之,左右云:"是病风③,不足问。"公见其音哀切,非病风者,属从行县官取词以复。乃於潜民陈某夫妇④,以弄猴乞食,暮投宿山家。其家一母二子,以渔为业。母见妇勤爽,将图为子妇,夜说云:"弄猴所得无几,不如渔,日利数倍。诘旦⑤,盍从试之?"旦同出,及暮,二子还而陈不至,云:"为虎食矣。"妇号哭不寐,母百计诱之,终不从,且言将诉于官。二子惧,夜杀妇,埋废冢中,并杀猴,投之水。逾二宿,妇复苏,见容光⑥,攻溃而出。于是往来奔走,伺候上司诉之,人遂以为病风云。公令有司捕逐,至其家,弄猴圈索尚在,尝投之火,火不能焚。具得实状,二子并坐论死。(卷七《吏治》)

【注释】

① 陆容:字文量,号式斋,明太仓州(今属江苏苏州市)人。成化二年(1466)进士,授南京主事。进兵部职方郎中,迁浙江参政,罢归。著有《菽园杂记》十五卷。 按部:巡视部属。

② 桐庐:明严州府属县(今属浙江杭州市)。

③ 病风:此指疯病。精神错乱。

④ 於潜：明杭州府属县(今浙江杭州市临安市於潜镇)。

⑤ 诘旦：平明；清晨。

⑥ 容光：指幽微的空隙。

8. 焦瑞不易其心

　　焦镜川瑞令灵山①。邑倚山边海，多丛篁密箐②，群盗啸聚其中。督抚檄推官刘某剿之③，被执，将加害，公率众往援。贼见，惊拜曰："此真吾父母，奈何犯之?"乃去。援节推还④。邑有兄弟争财而讼，公谕之曰："兄弟一体，奈何争财产之末伤手足之义乎? 伤手足，即伤父母，尚得谓之人乎?"因涕泣。二人不觉感动，痛哭相让，归家各戒其妻子，遂成友爱。公移疾归。先是督赋，尝出俸百金为民代赎，去官未几，输者满额⑤，摄篆者反之⑥，公不纳，曰："吾业已心许代之，不忍易吾心也。"(卷七《吏治》)

【注释】

① 焦瑞：字伯贤，号镜川，南京旗手卫籍。明隆庆五年(1571)，以恩贡生授灵山令，有政声。恩贡，明清凡遇国家有庆典或登极诏书，于岁贡之外加选廪生入京师国子监肄业。　灵山：明廉州府属县(今属广西钦州市)。

② 丛篁密箐(qìng)：形容竹林茂密。

③ 督抚：明清地方最高长官总督和巡抚的并称。　檄：本指官府用以征召、晓喻、声讨的文书。此处用为动词，表示发文征讨。　推官：明府、州所置佐官，专掌刑狱。

④ 援节推还：谓援救推官而还。节推，节度使推官的略称。此处以节度使借指督抚。

⑤ 输者满额：谓交纳的赋税已达规定的数额。

⑥ 摄篆：掌印。因官印皆刻篆文，故名。　反：归还。

9. 休宁县丞何应鳌

　　何公应鳌①，蜀人，崇祯中为休宁丞②，清操皭然，而断决如流，两造咸服③，民呼为"何青天"。有讼家财者,兄以松茗二罂馈④,公纳之,及启视,则粲然黄金也。明日,召其兄弟于廷而谕之曰:"若辈所争,财耳,遂不念天显至此。与其以多金充贿赂,何不分之家庭,全手足之谊乎?"出所馈分给之,兄弟感愧泣谢,遂尔息讼。时大旱,米价腾踊。饥民万馀,诣直指门⑤,号呼求济,直指闭门不敢出。道府陪巡者,奔诣晓谕,众哗如故。公至,曰:"毋尔!归俟明示。"众欢呼曰:"何青天言,必不欺我!"遂散。以是直指恚而忌之。又凡有控诉者,下惟愿批何青天⑥。以是诸上官亦恚而忌之。亡何⑦,部选一丞至,邑民大哗曰:"我公在此,既未升迁,又无他故,丞胡为乎来哉?必诈也!"群谋逐之。公急止曰:"不可!如是,是与朝廷抗,我且重得罪,非孚我⑧,陷我也。"众乃止,曰:"虽然,公必留此。我辈赴阙为公请。"公曰:"不可。朝廷用人,岂能徇尔辈意⑨,徒多事耳。听我去便。"众曰:"蜀经残破,公无家矣,去将何归?"公曰:"我一故人,方开府治兵于蜀⑩,我诣军前自效,或建尺寸⑪,相见犹有日也。"众曰:"然则公姑稍缓,我辈为公治装⑫。"乃于四门各置一柜,标曰:"愿助何青天者投此。"不三日,人争投柜,如赴急难,虽菜佣牧竖,亦趋赴恐后,遂得四千馀金,以馈公。公曰:"父老所以怜予者,以予不爱钱耳。今若此,是世间最善要钱者莫予若也。必不可!"众曰:"此群情乐输,非有期会逼迫也⑬。且诸姓名俱无可考,公不纳,将委之道路乎?"公固拒之不得,乃于夜半启门出。众知而追至数十里外,群泣曰:"公竟舍我去耶?请以此为公置田宅。万一彼中机缘不偶,亟归老于此,毋栖栖自苦也⑭。"咸攀辕号泣,公亦挥泪相谢之。有二三父老复追至,以二百金掷公舆中而去。后至蜀,不知所终。(卷七《吏治》)

【注释】

① 何应鳌:未详何许人。

② 崇祯:明思宗朱由检年号(1628—1644)。　　休宁:明徽州府属县(今属安徽黄山市)。　　丞:县丞。明县级佐官,正八品。

③ 两造:指诉讼原告、被告双方。

④ 罂(yīng):小口大腹的瓶。

⑤ 直指:汉武帝时朝廷所派巡视各地政事的使臣。因出巡时身着绣衣,故称"直指绣衣使者"。此处借指各道监察御史。

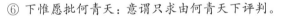

⑥ 下惟愿批何青天：意谓只求由何青天下评判。

⑦ 亡(wú)何：不久。

⑧ 孚：为人所信服。

⑨ 徇：依从；屈从。

⑩ 开府：古代指高官如三公、大将军、将军等成立府署，选置僚属。

⑪ 尺寸：此指微小功绩。

⑫ 治装：备办行装。

⑬ 期会：期限。

⑭ 栖栖(xī—)：孤寂零落貌。

10. 刘江辽东击倭

　　永乐中①，刘公江总辽东戎政②。时倭贼屡为边患，公驻金州备之③。适贼二千馀以数十海鳅直逼望海埚下④，登岸，鱼贯行。一贼貌甚丑恶，挥兵率众，如入无人之境。公下令犒师秣马，伏兵山中，令壮士潜烧贼船，截其归路，约曰："旗举伏发，炮鸣奋击。"既而贼至埚下，公被发，举旗鸣炮，伏尽起。贼众大败，死者横道，馀众奔空堡内。众请入堡剿杀，公不许，开西壁以纵之，仍令两翼夹击，生擒数百，斩首千馀。凯旋后，将士请曰："明公见敌，意思安闲，临阵披发，作真武状⑤，追贼入堡，不杀而纵之，何也？"公曰："穷寇远来，必饥且劳，我以逸待劳，以饱待饥，固治敌之道。贼始鱼贯而来，类蛇阵，故作真武状以镇之。虽愚士卒之耳目，亦可以壮士卒之气。贼既入堡，有死而已，纵其生路以灭之，即围师必阙之意也。"事闻，晋广宁伯爵。(卷八《武功》)

【注释】

① 永乐：明成祖朱棣年号(1403—1424)。

② 刘江：明宿迁(今属江苏)人。洪武中，任燕山中护卫百户，后从成祖靖内难，累立战功，进中府都督。永乐中，以左都督镇辽东，抗倭有功，封广宁伯。据《明史·兵志三》："(永乐)十七年，倭寇，辽东总兵官刘江歼之于望海埚。自是倭大惧，百馀年间，

海上无大侵犯,朝廷阅数岁一令大臣巡警而已。"

③ 金州:明辽东都司金州卫(今辽宁大连市金州区)。

④ 海鳅(qiū):小型战船。　望海埚:地名。在金州卫东,临黄海。

⑤ 真武:即玄武。北方之神。宋赵彦卫《云麓漫钞》卷九:"朱雀、玄武、青龙、白虎,为四方之神。祥符间避圣祖讳,始改玄武为真武,玄冥为真冥,玄枵为真枵,玄戈为真戈。后兴醴泉观,得龟蛇,道士以为真武现,绘其像为北方之神,被发黑衣,仗剑蹈龟蛇,从者执黑旗。"

11. 刘青田归隐

刘青田赐老归隐南田山中①,饮酒弈棋而已。守令至,皆不得见。一日,令微服为野人②,入山求之。公方濯足水际,因引入茅舍,摄衣出③,为黍食之。令前,自述。公惊起,称民,因别去。其后令终不得以微服见。(卷九《识鉴》)

【注释】

① 刘青田:刘基,字伯温,青田南田(今属浙江温州市文成县)人。元末进士。历高安县丞、江浙儒学副提举、处州总管府判,后弃官归隐,著《郁离子》以见志。至正二十年(1360),赴应天入朱元璋幕府,参预机要。明立,为御史中丞兼太史令,寻授弘文馆学士,封诚意伯。洪武四年(1371),为右丞胡惟庸所谮,罢职归。八年病卒(一说为丞相胡惟庸毒杀),年六十五。武宗时追赠太师,谥文成。善文章,与宋濂齐名,有《诚意伯文集》二十卷。

② 微服:指有身份的人为避人注目而改换常服。　野人:庶人;平民。

③ 摄衣:整饬衣装。

12. 郭德成性疏狂嗜酒

郭德成,巩昌侯子兴之叔,宁妃兄也①。性嗜酒,于爵位淡然。上一日召授都督官②,不拜,上变色曰:"爵禄浼尔耶③?"成免冠泣谢,曰:"臣性疏狂嗜酒,谬托高位,必且旷职,铁钺之诛④,将必及臣。臣愿陛下赦臣,臣留此头饮酒,不羡万户侯也⑤。"上叹曰:"卿可谓能自知矣。"赐黄封百罂、秫田三百顷⑥。成拜受,即上前发一罂,吸立尽,免冠谢。上见其项秃,笑曰:"风汉!不节饮,发尽脱耶!"成仰首曰:"发是馀物,尽髡之乃快耳。"上默然。比醒,惧触上忌,遂披剃入见。上笑谓妃曰:"尔兄果为僧矣,愿成佛耶?做菩萨耶?"成曰:"臣一切不愿,顾生生世世作酒泉郡小民,痛饮酒足矣。"党祸起⑦,成竟以酒免。(卷九《识鉴》)

【注释】

① 郭德成三句:据《明史·郭兴传》,郭德成乃巩昌侯郭兴之季弟,非其叔也。郭兴,一名子兴,濠(今安徽滁州市凤阳县东北)人。元末,红巾军首领郭子兴据濠州,称元帅,郭兴投其麾下,继而归朱元璋,累功授统军元帅。后从征陈友谅、张士诚,擢镇国将军、大都督府佥事。转战南北,助朱元璋平定天下。明洪武三年(1370),封功臣,兴以不守纪律,止封巩昌侯。十七年卒,赠陕国公,谥宣武。二十三年,坐胡惟庸党,除爵。其妹为太祖宁妃,弟英封武定侯。本传曰:"季弟德成,性通敏,嗜酒。两兄积功至列侯,而德成止骁骑舍人。"

② 都督官:明初罢枢密院,改置大都督府,统领中外诸军事。设大都督从一品,左、右都督正二品,同知都督从二品,副都督正三品,佥都督从三品;下设司马、参军、经历、都事诸官。洪武十三年(1380),废中书省及丞相制,亦废大都督府,改为中、左、右、前、后五军都督府,分别管辖京师及各地卫所。五军都督府各设左、右都督正一品,都督同知从一品,都督佥事正二品。以中军都督府断事官为五军断事官,升为正五品。

③ 浼(měi):同"浼"。玷污。

④ 铁钺(fūyuè):斫刀与大斧。腰斩、砍头的刑具。

⑤ 万户侯:食邑万户之侯。后泛指高爵显位。

⑥ 黄封:酒名。宋代官酿以黄罗帕或黄纸封口,故名。后泛指酒。 秫田:种植黏粟之田。秫,粟米之黏者,多用以酿酒。

⑦ 党祸:指"胡狱"。洪武十三年(1380),明太祖以谋逆罪诛杀宰相胡惟庸及其九族,废中书省。二十三年,颁布《昭示奸党录》,究其党羽,牵连致死者达三万馀人。

13. 彭泽父徒步数千里责子

彭襄毅泽初治徽①，家欲嫁女，鬻漆器数十，遣吏护还。泽父见吏曰："吾以吾儿在徽为天子爱民节财，既数月矣，未有善政闻于吾耳，而数千里鬻漆器来家，何耶？"对吏烧之。即持盖裹袱从关中徒步至徽②，告守门曰："吾欲见太守③。"门者目摄之④。曰："吾太守父也。若往告，有彭某在门。"门者入白，泽惊起，衣冠出迎，令吏操盖袱入。父怒曰："吾从关中操此数千里不苦⑤，府门去堂几何，汝独不能顷刻跬步举乎⑥？"泽跪捧入。父登堂，跪泽其下，呼吏卒曰："吾谓太守在此问民疾苦，爱惜帑藏如其私囊⑦，今乃遣吏护漆器归，何仰太守也⑧？诸公为我杖之！"吏卒相视莫敢动，父自取杖杖泽，复徒步去。泽涕泣自艾，极意为民。居三年，民大感悦。（卷十《方正》）

【注释】

① 彭泽：字济物，明临洮兰州（今属甘肃）人。弘治三年（1490）进士，授工部主事，迁刑部郎中。鞫狱忤中贵，出为徽州知府，有政声。正德初（1506），历真定知府。后迁浙江副使、河南按察使，累官至左都御史。尝总督河南、川陕等地军务，平息寇乱。又经略土鲁番入侵哈密事，以处置不当而为重臣倾之，夺官为民，家居郁郁以卒。隆庆初（1567）复官，谥襄毅。

② 持盖裹袱：谓携带雨伞、包裹等行装。

③ 太守：明依旧例称知府为"太守"。

④ 目摄：谓以严厉的目光使对方慑服。

⑤ 关中：古地域名称。泛指函谷关以西地区（今陕西中部平原）。此处代指陕西。彭泽故里兰州，明属陕西临洮府，故称"关中"。

⑥ 跬（kuǐ）步：半步，跨一脚。喻极近的距离。

⑦ 帑藏（tǎngzàng）：国库。

⑧ 何仰：凭什么敬仰。仰，敬慕，仰望。

14. 唐荆川性俭素

唐荆川性俭素①，自巡抚归②，推产与弟。冬不炉，夏不扇，岁衣一布，月食一肉。结庐陈渡③，不蔽风雨。时往来乡郭，乘小舟，低头盘膝，见者不知为贵人。即遭凌侮，不较也。家中卧惟一板门，冬则加草以为温。有老友见之泪下，为市一床，而终身无厚茵褥④。门生子弟，从公游处，不堪其苦，而公独安之，曰："不如是，何以祓除欲根⑤？"（卷十一《清介》）

【注释】

① 唐荆川：唐顺之，字应德，一字义修，学者称荆川先生，明武进（今江苏常州市）人。嘉靖八年（1529）进士。历兵部主事、翰林院编修，官至右金都御史，巡抚淮扬，抗击倭寇有功。学问广博，著述颇多。为文初尚秦汉，后崇唐宋，与晋江王慎中为"唐宋派"之倡首，人称"王唐"。三十九年卒，年五十四。天启中追谥襄文。著作有《武编》十卷、《文编》六十卷、《稗编》一百二十卷、《荆川集》十二卷等。

② 巡抚：明朝廷特派官员，有总督、总理、巡抚等。因事而设，以重臣任之。中期以后，巡抚渐成"行省"中事实上之长官，与都察院下"巡按"合称"二台"，而各行省之"三司"，反受其控制。

③ 陈渡：地名。在武进城西南郊（今江苏常州市钟楼区）。

④ 茵褥：床垫。

⑤ 祓（fú）除：清除；消除。

15. 义 方 之 训

四川庄公祖诰①，万历间令庐陵②，一介不苟取。一日，公退坐衙阁，有布衣老人，一童子执荆随之，传柝而入③。公起，迎老人坐上座，拜伏甚恭，起立于侧。老人乃公舅也，曰："吾商舶便过此。尊公嘱我来廉汝政事④，有不善则予杖，此荆乃尊公所授。今能如此，可矣。汝其益砥后操⑤，稍弗慎，恐尊公知之，反以我为诳也。"言毕,拂衣去。公步行送之舟。老人留与饭,曰:"此我力治者,非民间枉取物,曷食之?"公归署,益凛素节⑥。义方之训⑦,亦古今所少也。(卷十一《清介》)

【注释】

① 庄祖诰:字天秩,明成都(今属四川)人。万历二十九年(1601)进士,授永新知县,调庐陵。廉介不苟,颂声载道,累官云南按察使。崇祯十七年(1644)里居,张献忠兵至,举义兵拒之,不克,衣冠端坐于堂,骂贼被害。清乾隆四十一年(1776),赐谥烈愍。

② 万历:明神宗朱翊钧年号(1573—1619)。 庐陵:明吉安府庐陵县(今江西吉安市)。

③ 传柝(tuò):犹传梆。古代官衙中敲击梆子,用以传报或集散人役。

④ 廉:考察;查访。

⑤ 砥:磨练;修养。

⑥ 益凛素节:更加严持清白操守。凛,严肃。

⑦ 义方:行事所应遵循之规矩与道理。

16. 保 定 名 捕

金坛王孝廉伯彀言①:丙午计谐②,至德州③,见道旁有番捕与州解相噪④。问之,云:"响马劫上供银若干⑤,追之则死贼,不追则死法。"相向号呼,莫可措手。忽见男妇两骑从他道来,诸捕惊相庆曰:"吾辈生矣!保定名捕至矣⑥!"竞前,控其马,告以故。时其夫妇自泰山进香回,夫病甚,俯首鞍上,妻以皂罗覆首⑦,抱一婴儿。名捕问曰:"贼几人?"曰:"五人。"曰:"予病甚,予妇往足矣。"妇摇手,曰:"我不耐烦。"夫叱曰:"懒息妇⑧!今日不出手,但能火炕上抟丈夫耶⑨!"妇面发赤。抱婴儿与夫,更结束裙靴⑩,攘臂,袖一刀,长三尺许。夫曰:"将我箭去。"妇曰:"吾弹固自胜。"即飞骑绝尘而去,诸捕奔马随之。须臾及贼,妇呼曰:"我保定某妻也。为此官银,故来相索。幸急置之⑪!"贼不应,发五弓射妇。妇从马上以弹弓拨箭,箭悉堕地。急发一弹,杀一人。馀四贼拔刀拟妇⑫。妇接战,复斫杀一人。三人惧,欲

驰,妇曰:"勿驰!急置银舁两尸去⑬,俱死无益也!"三人下马乞命,置银,以二尸缚马上而遁。(卷十二《才能》)

【注释】

① 王伯弢:王懋锟,字伯弢,金坛(今属江苏常州市)人。明末诗人王彦泓(次回)之父。万历间举乡试,官至南安知县。　孝廉:本为汉代选拔官吏的两种科目名,孝即孝子,廉指廉洁之士。后合称孝廉。隋以前,州举秀才,郡举孝廉。至隋唐,只有秀才之科,无孝廉之举。但俗称经制科选拔的举人为"孝廉"。明清则以称举人。

② 丙午:此指明万历三十四年(1606)。　计谐:应作"计偕"。举人赴京会试。《史记·儒林列传序》:"郡国县道邑有好文学、敬长上、肃政教、顺乡里、出入不悖所闻者,令相长丞上属所二千石,二千石谨察可者,当与计偕,诣太常,得受业如弟子。"司马贞索隐:"计,计吏也。偕,俱也。谓令与计吏俱诣太常也。"后遂用"计偕"称举人赴京会试。

③ 德州:明隶济南府(今属山东)。

④ 番捕:即番子。明清时缉捕罪犯的差役。　州解(jiè):州中递解押送的差役。

⑤ 响马:结伙拦路抢劫的强盗。因马身系铃或抢劫时先放响箭,故称。

⑥ 保定:明北直隶保定府(今河北保定市)。

⑦ 皂罗:此指黑色丝织头巾。

⑧ 息妇:妻子。

⑨ 火炕(kàng):亦作"火坑"。北方人用土坯或砖砌成的床,底下有洞,可生火取暖。　挵(zhuàn):卷紧。此处引申为纠缠。

⑩ 结束:扎缚;捆扎。

⑪ 置:搁置;放下。

⑫ 拟:指向;比划。

⑬ 舁(yú):抬。

17. 娄崇武义勇感剧贼

娄崇武者,山东莱卫指挥也①。负奇略,通诗书,善弓马。万历中,甫弱冠②,承荫赴都③。早至河间④，投逆旅⑤，遇一人据地而号，盖南商携五百金走京师为剧贼攫其赍者也。公恻然曰："劫几何时？"曰："不两辰耳⑥。""贼何状？"曰："毡笠葵衫⑦，腰刀注矢⑧，骑红色马，从小径西北驰矣。"公曰："我往为客索之。"呼主人取村醪来⑨，饮数觥⑩，结束驰马去⑪。沿途访问，过河，见牧者，问曰："曾见一骑红马客否？"答曰："适有载重橐洗马于河者，乃白马，非赤也。"娄复前行，抵一村，路人指大宅曰："适投此宅入矣。"公系马道旁，叩户求见。阍不为通⑫，公大呼曰："远方之人，慕义上谒，目击主人归，何避客乎？"叩不已。主人启户，挟匕首，延客入。坐定，主人问来故，公曰："仆山东游客，任侠好义，闻足下名，千里奉访，得晤清光⑬，知名下定非虚语。"主人逊谢，然左右顾，意甚惶惑。公因进曰："吾辈声气投合，窃有一言：今早饭居停，值一贾客啼道左，云足下戏取其资斧而来⑭。已破之甑，义无反顾。但仆实怜之，不忍见其立毙。足下海内男子，掷而还之，在足下为不测之恩⑮，在仆为成人之美，岂非千古豪举哉！仆长途过客，同人数十辈，鹄俟登程⑯，恐寻觅至此，即告退矣。"主人勃然怒曰："客误矣！此何等事，而以相加，无乃呓语耶？"公笑曰："吾真误！吾真误！"乃起，指白马曰："此龙种也！"曰："何故？"曰："是汗血者⑰，出水化为白练，非龙种而何？"主人色动，不复辩，以手握公臂曰："足下勿相谑。日亭午⑱，得无饥？愿小留。"公欣然不辞。时几上置蒸猪首一，主人以小匕截一脔贯之锋末，曰："请啖此。"公以口受之，无少歉⑲。乃亦刺一脔相酬。主人不觉降阶长跪曰："公天人也！仆阅人多矣，义勇无如君者。自伤失训，陷于匪类，感君之义，愿改前愆⑳。更有恳者，仆罪通于天，分为诛首，荷君矜拔㉑，得比人类，愿结为兄弟，倘可藉手㉒，誓效死君前！"言毕泣下㉓。遂剖雉沥酒，订交神前，出妻子罗拜。徐入内，取二巨囊出，曰："此客故物也。"复具白金，曰："为足下寿㉔。"公辞之。主人笑曰："公以为盗跖所树耶㉕？"公勉受之。主人送于户外，曰："归必顾我。"洒泪而别。归抵逆旅，解囊予客，分毫无失。请酬，不可，不言姓名，跃马而去。公自都门还，复返故道，寻前盟。主人欢然道故，情逾同气，临别复出多金为赠，公亦不辞。既别，简床席间，则手书为谢，两次所馈，封识如故。主人乃嘘嘻长叹曰："此真烈士也！吾辈愧死矣！"自是痛改前非，力行善事。公每入都，辄过之。公仕至偏将军㉖。（卷十二《才能》）

【注释】

① 莱卫：莱州卫(今属山东烟台市)。明代兵制为卫所制，军事要地设卫，次要地区设所，全国军队皆编置于卫所中，统于各行省都指挥使司。大抵每五千馀人编为一卫，千馀人编为一千户所，百馀人编为一百户所。卫军官有指挥使、指挥同知、指挥佥事；千户所有正千户、副千户、镇抚；百户所有百户、总旗、小旗等。卫所官兵皆世袭。

② 弱冠：古时男子二十成人，初加冠，体犹未壮，故谓弱。后遂称男子二十岁或二十几岁的年龄为弱冠。

③ 承荫：恩荫授官。

④ 河间：明北直隶河间府(今属河北沧州市)。

⑤ 逆旅：旅馆。

⑥ 辰：时辰。古人分昼夜为十二时辰。一时辰合今两小时。

⑦ 葵衫：又称"四葵衫"。唐宋时河西一带民服，多受胡服影响，为圆领袍。

⑧ 注矢：搭箭于弓上。

⑨ 村醪(láo)：浊酒。

⑩ 觥(gōng)：古代用兽角所制酒器。此泛指酒杯。

⑪ 结束：此处指整治行装。

⑫ 阍(hūn)：守门者。

⑬ 清光：清美的风采。

⑭ 资斧：货财器用。

⑮ 不测之恩：谓深恩、大恩。

⑯ 鹄俟：如鹄引颈翘首而待。形容盼望殷切。

⑰ 汗血：指汗血马。古代西域骏马。流汗如血，故称。后多以指骏马。此处讽盗贼将马染成红色。

⑱ 亭午：正午。

⑲ 少歉：略微不满。

⑳ 前愆(qiān)：先前的过错。

㉑ 矜拔：顾惜提携。

㉒ 藉(jiè)手：借助。借人之手以为己助。

㉓ 言毕句：点校者按：此句上原有眉批曰："中郎云：'莫交无义儒，宁交有心贼。'信然之。"

㉔ 寿：谓以颂寿名义赠人金帛。

㉕ 盗跖：古代盗贼首领，名跖。后用为盗贼或盗魁之代称。 树：种植。此处引申为建造。

㉖ 偏将军：大将军辅佐。春秋时始置，历代沿之。明代不常设，朝廷每有征伐之事，则授予之，为主帅之副将。《明史·职官志五》："有大征讨，则挂诸号将军或大将军、前将军、副将军印总兵出，既事，纳之。"

18. 长 安 孝 子

长安孝子，亡其姓名，以养母故，旧业衰落。尝饮于从父所，从父豪于赀，备诸甘脆①。孝子欲取以奉母，时时窃置袖中。会酒酣，主人出金卮饮客，一客不胜酒，以卮置楼檐间，覆以瓦，先间归②。俄侍者报失卮，众客各解衣自明。次及孝子，以两手握袖不肯解，谬曰："由我③。"令出之，曰："匿他所矣。"令之他所，则曰："求之不得，或为他人乘也，愿卖屋以偿。"明日贵客忆前卮，乃折简主人④，语其故，且曰："昨仓惶归，得无枉君家仆耶？"主人如言，检之得卮。急呼孝子，孝子犹谬对如初。从父曰："痴儿，吾业已得卮，若自诳，负不韪名⑤，何耶？"孝子始泪下吐实曰："比诸贵客在，恐把我袖，为叔父羞耳。"从父大感，乃召前坐上客，遍语之曰："是子如是，宁忍与吾儿两视哉！"三分其产，令得终奉母焉。(卷十四《孝友》)

【注释】

① 甘脆：美味佳肴。

② 间(jiàn)归：犹潜归。谓私下归去。

③ 由我：是我所为。由，为，从事。

④ 折简：亦作"折柬"。书札或信笺。此处用为动词。

⑤ 不韪：不是；过错。

19. 蔡 乞 儿

蔡乞儿①,万历时人,乞燕市三十年。一日,得遗金七十馀两,即以告人,令觅失主。有妄认者,多寡不合,蔡笑拒曰:"汝何异窃哉!"或欲捶夺,复怒曰:"汝何异劫哉!"埋而识之,久无寻者。遇夫妇被逮而泣,叩之,答以"负富人金,鬻产不足,继鬻一女,又不足,今讼于官矣"。公曰:"何至是? 吾救汝。"乃走语富人曰:"公富足矣,乃复锤贫人膏髓而吸之耶! 闻负汝百金,某为偿七十,公宽三十,可乎?"富人曰:"诚然者,愿受五十。"如议罢。又取五金为赎女。夫妇泣谢去。馀十五金,遍聚同乞者,谓曰:"我辈身无完衣,今欲分金谋一餐,无救于寒。"乃以付木绵商②,得二百馀斤,均分同乞,不私铢两③。此操瓢而乞者也,彼衣冠而乞怜④,暮夜而乞金钱者,自视何如哉!(卷十六《义士》)

【注释】

① 蔡乞儿:蔡姓乞丐。点校者按:此条上原有四条墨笔眉批。周在浚批曰:"李笠鸿已借入小说,宜删。"黄虞稷批曰:"诚有其人,存之亦可。"张怡批曰:"作小说以诲淫败俗,罪已不赦,勉强借一二正人,以盖其过,而因此更废其事,令人疑小说遂疑正人之未必有,则作小说之罪,无间地狱不足赎矣。"周在浚又批曰:"因为笠鸿所引用,故更宜删也。"

② 木绵:又作"木棉"。有多年生灌木、一年生草本或半灌木两类。直根系,叶互生,花冠大,乳白色或黄色。蒴果卵圆形,种子表皮出白色纤维。中国种植木绵,最早由南海诸岛引入福建、广东,宋元时传播至长江三角洲与陕西等地。

③ 铢两:一铢一两。引申为极轻的分量。铢,古代衡制中的重量单位,一两的二十四分之一。

④ 衣冠:指士大夫、缙绅之士。

20. 山 人 仆 刘 义

崇祯时,有刘义者,洛阳贾山人仆也①,失其名。憨戆而勤②,从山人游于山东,山人死,刘具蔂楈掩之③,勒石志其处。谋归榇④,至淄川⑤,为盗所执。刘诉其故,盗怜之,解缚纵去。遂之沭阳⑥,陷大泽中,复为盗执。掠至老巢,以其戆也,使监二女子。刘夜半问女:"家何在?"曰:"我比邻也,家蒲板西野⑦,夫皆贾扬州。"刘曰:"此去汝家不数十里,贼今远掠,吾负汝去。"女跪谢,刘负之出。顷抵一村,灯火荧荧,女识之,曰:"是我家也。"偦出见⑧,惊喜,出百金为寿,刘不受,告去。二女固留之,刘以主人归榇为念,不肯留,因去。夜行昼伏,曲折兵火中,得抵家。闻山人子在秣陵⑨,趋至秣陵,则子已往京师,又趋京师,其子已自间道归⑩。刘踪迹至偃师⑪,与子遇,同至山东。山人葬已廿馀年,地三易主,莫可辨。刘秉诚试掘,即得其圹⑫,并得碣石。观者泣下。(卷十六《义士》)

【注释】

① 山人:此指隐士。

② 憨戆(hāngàng):痴呆。

③ 蔂楈(léilí):应作"蔂梩"。古代盛土、起土工具。蔂,土笼。梩,锹、锸一类铲土用具。

④ 榇(chèn):棺枢。

⑤ 淄川:明济南府淄川县(今山东淄博市淄川区)。

⑥ 沭阳:明淮安府沭阳县(今属江苏宿迁市)。

⑦ 蒲板:亦作"蒲坂"。明平阳府蒲州(今山西运城市永济市蒲州镇)古称。

⑧ 偦:同"婿"。丈夫。

⑨ 秣陵:明南京(今属江苏)古称。

⑩ 间道:偏僻小路。亦谓取道于偏僻小路。

⑪ 偃师:明洛阳府偃师县(今河南洛阳市偃师市东南)。

⑫ 圹(kuàng):墓穴。

21. 淮阴酒肆主人

胡元瑞尝过淮阴市中①,憩一酒肆。主人年五十许,与谈酒事,各极其意,主人甚喜。遂与论诗,上自《三百》汉魏②,下及六代三唐③,以至我明,无不当肯綮④。命酒,对坐剧饮,复谈天下事,至于千古兴衰,每太息流涕。元瑞询其姓字,主人曰:"肆门所书张叔夜是也。"复问其乡,曰:"吾无何有乡之人也⑤。"元瑞笑曰:"地且不得,叔夜岂丈人姓字乎?"主人起,笑曰:"无多谈,君且休矣。"次日请见,酒家佣曰:"主人仗一剑,跃马去矣。"穷问其人,曰:"主人有钱数百千,令我辈张肆于此。至其出处,不能知也。"(卷十七《豪爽》)

【注释】

① 胡元瑞:胡应麟,字元瑞,自号少室山人,明兰溪(今属浙江金华市)人。幼能诗。万历四年(1576)举人。会试久不第,遂游历南北间。尝携诗谒王世贞,为世贞所激赏。后筑室山中,购书四万馀卷,专事著述。著有《诗薮》二十卷、《少室山房笔丛》三十二卷及续集十六卷。　淮阴:明淮安府清河县(今江苏淮安市淮阴区)。

② 三百:即《诗三百》。汉以后称《诗经》。

③ 六代:亦作"六朝"。指三国吴、东晋、南朝宋、齐、梁、陈,皆以建康(今江苏南京市)为都,史称"南朝六朝"。此指六朝之诗。　三唐:诗家论唐诗,多以初唐、盛唐、中唐、晚唐分期,或以中唐分属盛唐、晚唐,谓之"三唐"。

④ 肯綮(kuǎn):犹肯綮。筋骨空隙。比喻重要关键或要害。綮,骨节空处。

⑤ 无何有乡:指空无所有之地。后多用以指空洞而虚幻之境。语出《庄子·逍遥游》:"今子有大树,患其无用,何不树之于无何有之乡,广莫之野。"成玄英疏:"无何有,犹无有也。莫,无也。谓宽旷无人之处,不问何物,悉皆无有,故曰无何有之乡也。"

22. 徐霞客好游

江阴徐弘祖①,字霞客,有奇情,好游,力耕奉母。每岁三时出游②,秋冬省觐③,以为常。吴越间诸佳山水,有再三至,有四五至,无仅一至者。其行也,从一奴或一僧,一杖一襆被④,不治装,不裹粮,能忍饥数日,能徒步走数百里。凌绝壁,冒丛箐,扳援上下⑤,捷如猱猿。生平未尝为古文词,行游约数万里,就败壁枯树,燃松拾穗,走笔为记,虽才士无以加也。游台雁⑥,陈木叔问曾登颠否⑦,霞客唯唯,质明⑧，失其所在，十日而返，曰："吾取间道，扳绝磴数十里⑨，乃至其上。正德间白云、云外两僧所居团瓢尚在⑩，复上廿馀里，罡风逼人⑪，麋鹿数百群围绕而宿，三宿乃下。"其争奇逐胜皆此类。已而游黄山、白岳、九华、匡庐⑫。入闽，登武夷⑬，泛九鲤⑭。入楚，谒玄岳⑮。北游齐、鲁、燕、冀、嵩、华，下青柯坪⑯。心动辄归，则母方属疾。母丧，服阕⑰，益肆志远游，由终南抵峨眉下山⑱，尽历九边厄塞。后抵岷山⑲，寻金沙江，出徼外⑳，入西南诸夷境。复过丽江㉑，憩黔苍、鸡足㉒，由鸡足而西，出玉门关数千里㉓，至昆仑山㉔，穷星宿海㉕，去中夏三万四千三百里，望见外方黄金塔。又数千里，至西番㉖，参大宝法王㉗，历鬼国热风之境㉘，如适苍莽。还至峨眉山下，托估客㉙，附所得奇树虬根以归。其言江河之源及三龙大势甚悉㉚。为书数万言，皆桑经郦注及汉宋诸儒疏解所未及㉛。病急，语人曰："昔张骞凿空㉜，未睹昆仑；唐玄奘、元耶律楚材衔王命㉝，乃得西游。吾以老布衣，携孤节双屦，穷河沙，上昆仑，历西域，题名绝国㉞。与三人而四，死不恨矣。"真奇人也。（卷十七《豪爽》）

【注释】

① 徐弘祖：字振之，号霞客，明江阴（今属江苏无锡市）人。幼好读奇书，博览图经地志。及长，应试不第，遂绝意仕进，专心从事旅行。足迹所到，北至燕、晋，南及云贵、两广，按日记载观察所得。崇祯十三年（1640），重病于云南丽江，由丽江守遣人护送，经湖广黄冈返回故里，次年卒，年五十六。友人季梦良、王忠纫整理编次其手稿，成《徐霞客游记》一书行于世。

② 三时：指春、夏、秋三季农作之时。

③ 省觐：探望父母或其他尊长。

④ 襆（fú）被：用包袱裹束的衣被。

⑤ 扳（pān）援：攀登向上或向前。扳，同"攀"，攀引。

⑥ 台（tāi）雁：指天台山、雁荡山。二山皆在浙江。

⑦ 陈木叔：陈函辉，字木叔，明临海（今属浙江台州市）人。崇祯七年（1634）进士，授靖江知县。后坐事罢。甲申之变，倡义举。福王立，为职方主事，监军江北。事败，归鲁王，擢礼部右侍郎。从王逃海，已而相失，哭入云峰山，作《绝命词》十章，投水死。生前与徐霞客友善，尝为之作墓志铭。

⑧ 质明：天刚亮的时候。质，正。

⑨ 绝磴(dèng)：绝壁上的石阶。

⑩ 正德：明武宗朱厚照年号(1506—1521)。　　团瓢：即"团焦"。圆形草屋。

⑪ 罡(gāng)风：道教谓高空之风。后泛指劲风。

⑫ 黄山：山名。在明宁国府太平县(今安徽黄山市黄山区)南三十里。相传黄帝与浮
丘仙人炼丹于此。有三十二峰，最高为莲花峰。　　白岳：山名。在徽州府休宁县
(今属安徽黄山市)西四十里。中峰独耸，绝顶有池，池旁有石室，学仙者多居之。今
名齐云山。　　九华：山名。在池州府青阳县(今属安徽池州市)南。旧名九子山。
唐李白陋其名无所据，以山九峰如莲花，乃更名九华。　　匡庐：山名。即庐山。在
南康府(今江西九江市星子县)西北二十里。古名南障。世传周武王时，匡俗兄弟七
人结庐隐居于此，故名匡庐。道教谓为第八洞天。

⑬ 武夷：山名。在建宁府崇安县(今福建南平市武夷山市)西南三十里。相传有神降
此，自称武夷君。又据《列仙传》，彭祖篯铿居此山，有二子，长曰武，次曰夷，因以为
名。道教谓为第十六洞天。

⑭ 九鲤：湖名。在兴化府仙游县(今属福建莆田市)东北。相传汉武帝时，何氏兄弟九
人炼丹湖侧，丹成，各乘一鲤仙去。

⑮ 玄岳：山名。即武当山。在襄阳府均州(今湖北十堰市丹江口市均县镇)南一百里。
明封武当山为"太岳""玄岳"等，位在五岳之上。据《大清一统志》卷二百七十："初名
仙室山，其中一峰最高者为天柱峰，亦曰紫霄峰，岩曰紫霄岩。永乐中，营建宫馆，改
名大岳太和山。"道教谓为第九福地。

⑯ 青柯坪：地名。在华山西侧半山。自云台观一里至玉泉院，又五里至第一关，又四
里至希夷峡，又十里至青柯坪。计二十里，当山之半。

⑰ 服阕：谓守丧期满除服。阕，终了。

⑱ 终南：山名。在西安府(今属陕西)南。秦汉以来即为游览胜地。　　峨眉：山名。在
嘉定州峨眉县(今四川乐山市峨眉山市)西南。自西而东，有大峨、中峨、小峨三山。
此处"峨眉下山"，疑为"峨眉山下"之误。又据《徐霞客游记》，弘祖未曾游历峨眉山。

⑲ 岷山：山名。在成都府茂州(今四川阿坝州茂县)羌之列鹅村，一名鸿蒙，即陇山之
南首，故称陇蜀。又名汶焦山。

⑳ 徼(jiào)外：塞外；边外。

㉑ 丽江：明丽江军民府(治今云南丽江市)。洪武十五年(1382)置，以木德为知府，世袭之。

㉒ 黔苍：疑为"点苍"之误。"點"与"黔"，字形相近。点苍，山名。即苍山。在大理府(治今云南大理州大理市大理镇)西。高千餘仞，有峰十九，苍翠如玉，盘亘三百餘里。　鸡足：山名。在大理府宾川州(今云南大理市宾川县州城镇)西北一百里。峰峦攒簇，状如莲花，九盘而上，故又名九重岩。

㉓ 玉门关：疑为"石门关"之误。石门关，在丽江府西百餘里(今云南丽江市玉龙县石鼓镇西北)。金沙江南流至此始折向东北，为长江上游第一湾。据《徐霞客游记》，弘祖西游未曾出石门关。

㉔ 昆仑山：山名。在朵甘都指挥使司(辖今四川西部、西藏东部、青海西南部及云南西北部)西北。绵亘五千餘里，山极高峻，终年积雪。此处应指昆仑山东支大积石山(今青海果洛州阿尼玛卿山)。

㉕ 星宿(xiù)海：地名。在朵甘都司朵甘丹招讨司(治今四川甘孜州石渠县)西北。其境有阿剌脑儿湖(今青海果洛州西北扎陵湖和鄂陵湖)，湖西多水汇合，为黄河之源，名星宿海。

㉖ 西番(bō)：亦作"西蕃"。吐蕃别称。明置乌思藏都指挥使司(辖今西藏中西部、锡金国、不丹国)。

㉗ 大宝法王：明廷所封西藏地区三大法王之一。永乐五年(1407)，成祖封乌思藏尚师哈立麻为大宝法王，领天下释教，驻簇尔卜寺(在今西藏拉萨市西北)。十一年，又封乌思藏尚师昆泽思巴为大乘法王，领天下释教，驻萨加(今西藏日喀则地区萨迦县)。宣德九年(1434)，宣宗封乌藏尚师释迦也失为大慈法王，驻拉萨(今属西藏)。除三大法王外，明廷另封有五王：阐化王，永乐四年封，驻烈伍栋(今西藏山南地区乃东县)；赞善王，永乐五年封，驻灵藏(今四川甘孜州德格县西北)；护教王，永乐五年封，驻馆觉(今西藏昌都地区贡觉县南)；阐教王，永乐十一年封，驻必力公(今西藏拉萨市墨竹工卡县)；辅教王，永乐十一年封，驻思达藏(今西藏日喀则地区吉隆县)。

㉘ 鬼国：唐宋时指西域诸国之一。《文献通考》卷三百四十八："鬼国，在驳马国西六十日行。其国人夜游昼隐，身着浑剥鹿皮衣，眼鼻耳与中国人相同，口在顶上，食用瓦

器。土无米粟,啖鹿豕及蛇。"

㉙　估客:行商。

㉚　三龙:此指青藏高原黄河、长江发源地的三大山脉。北龙为昆仑山东支布尔汗布达山—阿尼玛卿山,中龙为昆仑山东支巴颜喀拉山,南龙为唐古拉山。徐霞客《溯江纪源》:"今详三龙大势:北龙夹河之北,南龙抱江之南,而中龙中界之,特短。北龙亦只南向半支入中国,惟南龙磅礴半宇内,而其脉亦发于昆仑,与金沙江相持南下,经石门、丽江,环滇池之南,由普定度贵竺都黎南界,以趋五岭。龙远江亦远,脉长源亦长,此江之所以大于河也。"(《徐霞客游记》卷十下)

㉛　桑经:指《水经》。相传为汉桑钦所作,故称。为中国第一部记述河道水系的专著。

　　郦注:指《水经注》。北魏郦道元著。今本四十卷。本书以《水经》为纲,作了二十倍于原书的补充和扩展,成为隋唐以前最全面最系统的综合性地理著作。

㉜　张骞:西汉汉中成固(今陕西汉中市城固县东)人。建元元年(前140)为郎。二年,武帝欲联合大月氏共击匈奴,骞应募为使者,出陇西,经匈奴,被俘。扣留十年馀,后脱逃,西行至大宛、康居、大月氏、大夏等地。归途中,再为匈奴所拘。元朔三年(前126),匈奴内乱,骞乘机逃归,拜太中大夫。元狩四年(前119),又奉命出使乌孙。元鼎二年(前115)归,拜为大行。卒。　　凿空:开通道路。指开辟通往西方的"丝绸之路"。

㉝　玄奘:通称"三藏法师",俗称"唐僧"。本姓陈,名祎,唐洛州缑氏(今河南洛阳市偃师市缑氏镇)人。年十三出家,遍访名师。贞观三年(629),经凉州出玉门关西行赴天竺,游学各地,名震五竺。十九年归长安,翻译佛经。又记旅行见闻,撰成《大唐西域记》十二卷。　　耶律楚材:字晋卿,号湛然居士,契丹族,世居金中都燕京(今北京市)。辽皇族之后。仕金为左右司员外郎。成吉思汗十年(1215),蒙古攻占燕京,被召用,甚受信任。十三年,随军西征,劝戒妄杀。在西域六年,行程达六万馀里,东归后撰有《西游录》。太宗窝阔台即位,立朝政仪制、军民分治之制及赋税制。破金南京,又奏废屠城旧制,兴文教,开科取士,释放被俘为奴之汉族儒士,定临时法律维持社会秩序等。任事近三十年,官至中书令,蒙元立国规模多由其奠定。窝阔台晚年及乃马真后称制时,渐被疏远。乃马真后三年(1244)五月薨,年五十五。至顺元年(1330),赠经国议制寅亮佐运功臣、太师、上柱国,追封广宁王,谥文正。有《湛然居

士集》。

�3⃝④　绝国：极其辽远之邦国。

23. 水 滨 二 叟

　　潘去华尝使关西①，由汉阴入子午谷②，行深山茂林中。见水滨二叟策杖行吟③，甚适，揖而问之曰："叟何许人？"曰："老学究也④。""何能自适若此？"一叟对曰："力田收谷，可供饘粥⑤，酿泉为酒，可留亲友，临野水看浮云，世事百不一闻。"一叟曰："浚池养鱼，灌园艺蔬⑥，教子读书，不识催租吏，不见县大夫⑦。"去华曰："真太古之民也。"或作王麟州⑧。（卷十八《高人》）

【注释】

① 潘去华：潘士藻，字去华，号雪松。明婺源（今属江西上饶市）人。万历十一年（1583）进士，授温州推官。擢御史，巡视京城，忤近侍而谪广东布政司照磨，科道交章论救，不听。寻擢南京吏部主事，再迁尚宝司卿，卒于官，年六十四。尝从学于黄安耿定向、晋江李贽，著有《读易述》十七卷。　　关西：泛指函谷关或潼关以西地区。

② 汉阴：明汉中府汉阴县（今属陕西安康市）。　　子午谷：一名"樊川"。在秦岭山中。谷长六百六十里，为川陕交通要道。北口曰子，在西安府（今陕西西安市）南百里；南口曰午，在汉中府洋县（今属陕西汉中市）东一百六十里。

③ 行吟：边走边吟咏。

④ 学究：读书人之通称。

⑤ 饘（zhān）粥：稠粥。

⑥ 艺蔬：种菜。

⑦ 县大夫：春秋时晋国和战国时齐国的县长官。此指知县。点校者按：此处上原有朱笔眉批曰："不脱老学究气。"

⑧ 王麟州：王世懋，字敬美，号麟州，明太仓（今属江苏苏州市）人。学者王世贞弟。嘉靖三十八年（1559）进士，选南京礼部主事。历陕西、福建提学副使，迁太常少卿。万历十八年（1590），先世贞三年卒。好学善诗文，世贞力推引之。著有《艺圃撷馀》一卷。

24. 画 状 元

吴小仙伟[①],山水人物入神品。性戆直,有气岸[②],一言不合,辄投研而去[③]。成化中[④],朱成国延至幕中[⑤],以"小仙"呼之,因以为号。宪宗召授锦衣镇抚[⑥],待诏仁智殿[⑦]。有时被召,大醉,蓬首垢面,着破皂履趿跄行,中官扶掖以见[⑧]。上大笑,命作《松风图》,公诡翻墨汁,信手涂抹,风云惨淡生屏帐间。上叹曰:"真仙人笔也。"公出入掖庭[⑨],奴视权贵,求画又多不与,于是群短之。居无何[⑩],放归南都。好剧饮,或经旬不饭。在南都,诸豪客日招与饮。顾又好妓,无妓则不欢,而诸豪客竞集妓饵之[⑪]。孝宗登极后,召见便殿,命画,称旨,赐"画状元"章。逾数年,称疾归,居秦淮之东崖。武宗即位,召之,未就道,以酒死。(卷十九《艺苑》)

【注释】

① 吴伟:字士英,更字次翁,号小仙,明江夏(今湖北武汉市)人。祖为知州,父举乡试,妙书画,后以炼丹破家。伟数岁而孤,成化中游南京,为成国公朱仪延至府中,作山水人物妙入神品,白描尤佳。寻召入京,授锦衣镇抚。性自是不受羁绊,放归居南京。弘治十八年(1505)五月,武宗即位,召之,未就道而中酒死,年五十。吴小仙逸事,载明朱谋垔《画史会要》卷四:"居秦淮日,与诸王孙游杏花村,酒后从老妪索茶饮之,明日复游,老妪已下世矣。小仙目想心存,援笔写其像,妪子得之,大哭。又饮友人家,戏将莲房濡墨印纸上数处,运思少顷,纵笔挥洒,作《捕蟹图》,最神妙。小仙不以诗名,其题画有云:'白发一老子,骑驴去饮水。岸上蹄踏踏,水中嘴对嘴。'亦有超悟。《皇明世说》载,小仙常领其徒至功臣内相家作画,徒或为势所动,小仙叱之曰:'尔方寸如此,岂复有画耶!'"

② 气岸:气概;意气。

③ 研(yàn):通"砚"。砚台。

④ 成化:明宪宗朱见深年号(1465—1487)。

⑤ 朱成国:此指成国公朱仪。明南直隶怀远(今属安徽蚌埠市)人。祖朱能,永乐朝始

封成国公。仪景泰三年(1452)袭爵,天顺八年(1464)为南京守备,弘治九年(1496)卒。赠太师,谥庄简。

⑥ 锦衣镇抚:明锦衣卫千户所属官,从六品。

⑦ 仁智殿:明北京皇宫殿名。在武英殿北、右翼门西。为宫廷画师作画处。

⑧ 中官:宦官。

⑨ 掖庭:亦作"掖廷"。宫廷。掖,嫔妃居住的旁舍。

⑩ 居无何:过了不久。

⑪ 饵:引诱。

25. 羞死人李至刚

李至刚与修国史①,偶忤上意,命罚去冠服②,只服士人衣巾。每早暮出入禁门,门者诘之,至刚既不敢称其职衔,欲但称史官,而又无冠服,乃自称为"修史人李至刚。"操乡音,呼"史"如"死",馆中诸公闻之大笑,遂呼为"羞死人李至刚"。(卷二十五《俳谐》)

【注释】

① 李至刚:名钢,以字行,明松江华亭(今上海市松江区)人。洪武二十一年(1388)举明经,选侍懿文太子。历礼部郎中,改工部,坐事贬。永乐初(1403),以右通政与修《太祖实录》,进礼部尚书,兼左春坊大学士直东宫讲筵,复坐事下狱。仁宗即位,出为兴化知府,再岁卒于官,年七十一。

② 冠服:官吏帽子和衣服。古代服制,官吏冠服因品级不同而有别。

26. 景 清 借 书

景公清少游太学①,时同舍生有秘书②,公求,不与,固请,约明早即还。及早来索,曰:"吾未尝假书于汝。"生忿,讼于司成③,公即持书往见,曰:"此清灯窗所业书。"即诵终卷。生不能举一词,司成叱生退。公出,以书还曰:"以子珍秘太甚,特

相戏耳。"(卷二十五《俳谐》)

【注释】

① 景清：本姓耿，讹为"景"，真宁(今甘肃庆阳市正宁县永和镇罗川村)人。倜傥尚大节，读书一过不忘。明洪武中进士，授编修，改御史。洪武三十年(1397)，命署左佥都御史。建文时为北平参议，迁御史大夫。燕王兴兵靖难，清尝与方孝孺等密约同殉国。成祖即位，以原官留任，清欲于早朝行刺，被执，遂磔死，灭九族。　太学：古代设于京师的最高学府。自隋迄清，则称国子监。

② 秘书：此指珍藏之书籍。

③ 司成：古代掌世子品德教育之官。此处代指国子监司业。明国子监，设祭酒一人从四品，司业一人正六品，掌国学诸生训导之政令。

27. 学 宪 讲 学

华亭当国①，尝从阳明游②，好讲学，朝士多附和之。某学宪③，其幕客也，凡行部④，诣明伦堂自讲良知之学⑤，令诸生跪听，顾郡守曰："此阳明先生独见，发千古未发之私。"有一生前曰："生小时读《孟子》，止道良知是孟子说的，今蒙宗师指教，是阳明独见，乃知孟子大贤亦雷同剿袭也⑥。"学使为之罢讲。又之一府，值盛暑，诸生跪烈日中，而学使刺刺不休⑦。诸生不胜热，哄然齐起，曰："今日宗使教诸生乎，拷强盗乎！"径各趋出。独一生跪如故，学宪奖之曰："此地士风顽梗乃尔⑧，独汝知礼，适所讲能领会否？"生曰："领会得。宗师是天人，所讲皆天话也。"学宪怒，叱之出，曰："也是那一夥人！"(卷二十五《俳谐》)

【注释】

① 华亭：徐阶，字子升，明松江华亭(今上海市松江区)人。嘉靖二年(1523)进士第三人，授翰林院编修。尝从王守仁门人游，有声士大夫间，累官吏部右侍郎兼翰林院学士。三十一年，以礼部尚书兼东阁大学士入阁参机务。四十一年，逐严嵩，以少师兼太子太师、吏部尚书、武英殿大学士代为首辅，寻首充建极殿大学士。隆庆二年

(1568)致仕。万历十一年(1583)卒,年八十一。赠太师,谥文贞。

② 阳明:王守仁,字伯安,尝筑室故乡阳明洞中,世称阳明先生,明馀姚(今属浙江宁波市)人。弘治十二年(1499)进士,授刑部主事。因反宦官刘瑾专权,贬贵州龙场驿丞。后起为庐陵知县、右佥都御史、南赣巡抚。以平定"宸濠之乱"封新建伯。官至南京兵部尚书。嘉靖八年(1529)卒,年五十八。谥文成。有《王文成全书》三十八卷。初习程朱理学与佛学,后转陆九渊心学,并发展为与程朱理学相对立的学派。

③ 学宪:即提学官。明初始设儒学提举司,正统元年(1436)始设提督学校官。两京以御史充任,称提学御史;十三道以按察司副使、佥事充任,称提督学道。各府、州、县学教官、生员皆归其考核。

④ 行部:谓巡行所属部域,考核政绩。

⑤ 明伦堂:旧时各地孔庙大殿称明伦堂。本《孟子·滕文公上》:"夏曰校,殷曰序,周曰庠,学则三代共之,皆所以明人伦也。" 良知之学:孟子关于天赋道德善性和认识能力的学说。《孟子·尽心上》:"人之所不学而能者,其良能也;所不虑而知者,其良知也。"认为仁义礼智皆根于心,"良知"乃心之本体,一切意识和德性皆出于此。王守仁据此提出"致良知"说,作为道德修养之方法。

⑥ 剿(chāo)袭:抄袭;因袭照搬。

⑦ 剌剌:象声词。状风声。此状说话吵闹声。

⑧ 顽梗乃尔:如此愚妄而不顺服。乃尔,犹言如此。

28. 齷齪和尚

齷齪和尚,不言姓名。科头跣足①,不沐不栉,冬夏衣一衲,可重廿馀斤,虽酷暑不解带,而绝无汗垢之气。崇祯癸酉②,予以先庄节死事③,伏阙上书,寓安福胡同之红庙④。和尚与主僧善,时来庙中,或宿予寓侧炕上。见予篝灯夜读⑤,则喜,良久曰:"得无倦,思饮乎?"曰:"奈无酒何?"和尚即取腰间一瓢,付童子曰:"持之去,不拘何肆中,但叩门,言齷齪和尚质酒若干⑥,当必应。"如其言,果得酒。和尚不饮,而视予辈饮,甚喜,痛饮则愈喜。或自外来,持数十钱,曰:"此斋贶⑦,以沽酒饮子。"每辞之,则笑曰:"子非俗士,以我为俗僧耶?"庙之前为冯职方弓间私寓⑧,

家有老仆,忽得疯疾,遇人则搏,或持刀杖击刺,无敢近者,乃计擒之,锁庙内空室中。和尚来,欲开门视,众言不可状,曰:"无伤也。"排闼入⑨,病者方咆哮,见人则起与角,和尚捽而投之地⑩,坐其背,以拳筑之。病者暴呼如牛吼,和尚亦痛晋之,复痛筑之,久之而呼渐微而筑不已,又久之,寂然,微闻和尚絮絮语。天晓启门,则病者躬身随和尚后拜佛,遍拜诸僧,谢罪过,若绝无所苦者。归而告其主人,酬以金币,不受,最后出一画卷,跪而请曰:"主家所藏,敢以死请。"乃受之。出以示予曰:"我无用处,请以赠子。"和尚踪迹无定,每遇兴造寺宇,则为作化主⑪,或千金,或数百金,所允必办,办则付主者自取,丝毫不涉。予既得请归,不相闻者六七年。庚辰再入都访之⑫,寺僧云:"在仰山⑬。"然碌碌未及一晤,一日,忽来订西山之游⑭,予以无暇,未得往。辛巳⑮,大饥大疫,城内外死者,亡虑数十万人⑯。入秋,和尚来曰:"天不悔祸,劫运未已,拟作水陆道场四十九日⑰,拔诸苦趣⑱。事毕,将有远行。计每日费三十馀金,子能为我认一日乎?"予诺之。曰:"不必独捐也,与同志者共作善缘,更胜耳。"予亦诺。既出门,曰:"此四十九日中,应酬颇繁,不能尽言。期于圆满日⑲,约诸同志来作一夕话,后晤恐未有期也。"郑重而别。予既约三四同志送斋资去,订如期往,而是日诸友中有家庆事者,并予辈留之,曰:"且共欢今夕,早起偕往可耳。"至明日往,而和尚先夕坐化矣⑳。寺僧曰:"和尚命僧行伺于门外者四五,亲视于外者再,至日入,曰:'不来矣,可惜可惜。'遂命具汤沐浴,端坐而逝。"不二年,值大变㉑,同志数人无一免者,乃知和尚意有所示也。自误之,岂非数乎!然此数人,或死或去,而无一变塞者㉒,犹不负和尚惓惓之意耳㉓。(卷二十六《玄释》)

【注释】

① 科头跣足:光头赤足。形容生活困苦或散漫。

② 崇祯癸酉:明崇祯六年(1633)。

③ 先庄节:指张怡父张可大。可大,字观甫,明应天(今江苏南京市)人。崇祯初(1628),任山东登莱总兵官。四年,登州游击孔有德反,攻陷沿海州县。山东巡抚孙元化力主招抚,致叛兵入登州城为内应,城破,可大自缢于太平楼。事闻,赠太子少傅,谥庄节。六年,其子怡进京上书,荫官锦衣千户。

④ 安福胡同：在明北京内城西侧。东西走向，东起石碑胡同，西至宣武门内大街，在西
长安街南。

⑤ 篝灯：笼灯。谓置灯于笼中。

⑥ 质酒：以物抵押换酒。质，以财物抵押或留人质担保。

⑦ 斋䞋(chèn)：指施舍给僧、道的财物。

⑧ 冯弓间：冯起纶，字弓间，明慈溪(今浙江宁波市江北区慈城镇)人。万历四十七年
(1619)进士。历官四川按察副使、江西右布政使、兵部职方郎中。崇祯十七年
(1644)，京师陷，归福王，授福建布政使。

⑨ 排闼(tà)：推门；撞开门。

⑩ 捽(zuó)：抓住头发。亦泛指揪，抓。

⑪ 化主：佛家指掌管化缘的僧徒。

⑫ 庚辰：指崇祯十三年(1640)。

⑬ 仰山：山名。在顺天府宛平县(今北京市丰台区)西七十里。峰峦拱秀，中有平顶如
莲花心，旁有五峰，曰独秀、翠微、紫盖、妙高、紫微。山中有禅刹，金章宗尝游此，有
诗刻石。

⑭ 西山：山名。在顺天府西三十里。属太行山支脉，巍峨秀拔。每大雪初霁，千峰万
壑，积素凝华，若图画然，为京师八景之一，名曰"西山霁雪"。

⑮ 辛巳：指崇祯十四年(1641)。

⑯ 亡虑：大约；总共。亡，通"无"。

⑰ 水陆道场：佛教法会之一种。僧尼设坛诵经，礼佛拜忏，遍施饮食，以超度水陆一切
亡灵，普济六道四生，故称。

⑱ 苦趣(qū)：佛教指地狱、饿鬼、畜生三种"恶道"。均为轮回中受苦之处。趣，
同"趋"。

⑲ 圆满：佛教语。谓佛事完毕。

⑳ 坐化：佛教徒端坐安然而死，称为"坐化"。

㉑ 大变：指崇祯十七年(1644)三月，李自成大顺军攻入北京，思宗朱由检自经于万岁
山(煤山)，明亡。不久，明将吴三桂引清兵入关，迅速摧毁大顺政权。史称"甲申
之变"。

㉒ 变塞：谓改变平生操守。《礼记·中庸》："国有道，不变塞焉，强哉矫！国无道，至死不变，强哉矫！"朱熹《中庸集注》："塞，未达也。国有道，不变未达之所守；国无道，不变平生之所守。"

㉓ 惓惓：亦作"拳拳"。形容恳切。

池北偶谈

《池北偶谈》二十六卷，清王士禛撰。士禛字子真，又字贻上，号阮亭、渔洋山人，山东新城（今山东淄博市桓台县新城镇）人。顺治十二年（1655）进士，授扬州推官。历礼部主事、户部郎中，累迁刑部尚书。康熙五十年（1711）卒，年七十八。主盟康熙诗坛数十年，追随者颇众，与朱彝尊号称『南朱北王』。论诗创『神韵说』，选《唐贤三昧集》以标宗旨。诗擅各体，尤工七绝，词、文亦有时名。有《渔洋山人精华录》《带经堂集》《渔洋诗话》《香祖笔记》等。士禛卒后，因避雍正帝（胤禛）讳，被改称士正。乾隆时，又赐名士禛，追谥文简。

《池北偶谈》分有四目：『谈故』四卷，记清代典章制度、衣冠盛事，间及古制；『谈献』六卷，记明代中叶以后及清初人物事迹，『谈艺』九卷，专论诗文，采撷佳句，『谈异』七卷，述神仙鬼怪之事，以资噩噱。前三目所记，或补史阙，或广见闻，皆不失为博洽而精粹。据其自序，其所居宅西有圃，圃中有池，建屋藏书于池北，取白居易『池北书库』之意名之，『库旁有石帆亭，时与宾客聚谈其中，故是书又名《石帆亭纪谈》』。

选文标题为原书所有。

1. 北 岳 祀 典

　　五岳皆祭于山①，独恒岳祭上曲阳②，自汉宣帝神爵元年始③。而恒山实在浑源州，相传舜望于山川，北至大茂山，大雪不能前，有石飞堕，遂祀焉，即今曲阳庙。庙石长不满丈，阔仅四尺馀，濮阳苏縠原（祐）侍郎疑石晋后燕云陷辽④，宋遂遥祀于此。然《史》《汉》《唐书》之文明甚，不始宋也。沈存中《笔谈》云⑤："北岳谓之大茂山，半属契丹，以大茂脊为界。岳祠旧在山下，石晋之后稍迁近内，今祠乃在曲阳。"云云。苏说本此也。明弘治中⑥，马端肃公曾请改祠于山⑦，事下礼部，竟格于倪文毅公⑧。按《南园漫录》云⑨："倪公父谦，常奉命祀曲阳，祷于神，神指旁侍一人与之，遂生公，因名岳。以是固执不肯改祀"云。顺治十七年⑩，上允刑科给事中粘本盛之请⑪，罢曲阳庙祀，祀浑源，千年因循之讹，至是始厘正焉。（卷一《谈故一》）

【注释】

① 五岳：指东岳泰山、南岳衡山、西岳华山、北岳恒山、中岳嵩山。

② 恒岳：即北岳恒山。在大同府浑源州（今山西大同市浑源县）东。　上曲阳：西汉常
　　山郡属县（今河北保定市曲阳县西）。其境西北有常山，自汉至明皆以此为北岳恒山
　　之祀。唐、宋亦名大茂山。宋、辽时以山脊分界。县西有北岳庙，始建于北魏宣武帝
　　年间（500—515），唐贞观年间（627—649）重建，为历代遥祭北岳之所。

③ 神爵：汉宣帝刘询年号（前61—前58）。

④ 苏祐：字允吉，号縠原，明濮州（今河南濮阳市濮阳县）人。嘉靖五年（1526）进士，授
　　吴县令。历监察御史、副都御史巡抚山西，累迁兵部侍郎总督宣大。罢归。前后为
　　官，俱有能名。著有《云中事纪》一卷、《三关纪要》三卷、《縠原文草》四卷、《縠原集》
　　十卷。　石晋：五代后晋高祖石敬瑭。后唐清泰三年（936），曾乞兵于契丹，灭后
　　唐，建后晋，割燕云十六州之地予契丹。

⑤ 沈存中：沈括，字存中，北宋钱塘（今浙江杭州市）人。嘉祐八年（1063）进士。神宗
　　朝，从王安石变法。熙宁五年（1072），提举司天监，上浑仪、浮漏、景表三议。明年，
　　赴两浙考察水利、差役。八年，使辽，斥其争地，图其山川形势，记其人情风俗，为《使

契丹图抄》奏上。九年，入为翰林学士，权三司使，主陕西盐政。后出知延州。元丰五年(1082)，以徐禧失陷永乐城，连累坐贬。晚年居润州，筑梦溪园，撰《梦溪笔谈》二十六卷、《补笔谈》二卷、《续笔谈》一卷，记述当时掌故及天文、地理、典制、律历、音乐、医药、百技等闻见，皆有补于世，非其他笔记杂志可比。

⑥ 弘治：明孝宗朱祐樘年号(1488—1505)。

⑦ 马端肃：马文升，字负图，明钧州(今河南许昌市禹州市)人。景泰二年(1451)进士，授御史。历按山西、湖广，迁福建按察使。弘治初，累迁兵部尚书，尽心戎务达十三年。后代为吏部尚书。正德时，权倾中官，文升求去，家居三年，坐诬除名。正德五年(1510)卒，年八十五。后复原官，赠特进、光禄大夫、太傅，谥端肃。文升历仕五朝，与王恕、刘大夏合称"弘治三君子"。

⑧ 倪文毅：倪岳，字舜咨，明上元(今江苏南京市)人。父谦，奉命祀北岳，母梦绯衣神入室，生岳，遂以为名。谦官至南京礼部尚书，卒谥文僖。岳天顺八年(1464)进士，改庶吉士，授编修。历侍读学士，直讲东宫。弘治初，擢礼部左侍郎，复拜尚书。九年，为南京吏部尚书，寻改南京兵部，还为吏部尚书。十四年卒，年五十八。赠少保，谥文毅。

⑨ 南园漫录：笔记名。十卷。明张志淳撰。仿宋洪迈《容斋随笔》、罗大经《鹤林玉露》二书而为之，记载时事，臧否人物。

⑩ 顺治：清世祖爱新觉罗·福临年号(1644—1661)。

⑪ 刑科给事中：清初仿明制，设有六科(吏、户、礼、兵、刑、工)，掌言职，传达纶音，勘鞫官府公事，以注销文卷。初为独立机构，至雍正元年(1723)始隶都察院。六科职官各有掌印给事中(满汉各一人，正五品)、给事中(满汉各一人，正五品)、笔帖式(八十人)、经承(六十三人)。　　粘本盛：晋江(今福建泉州市)人。明崇祯十五年(1642)举人。入清，顺治九年(1652)任河南府推官。十七年，以刑科给事中上《厘正恒山祀典疏》，允其请。康熙五年(1666)，以礼科掌印给事中充云南乡试正主考。

2. 祭 北 海

丁卯四月①，副都御史徐元珙疏请厘正祀典②，其略云：臣按历代祀典，唐望祀北海于洛州③，即今河南府也。宋望祀北海于孟州④，即今怀庆府也⑤。明亦望祭于怀庆府。我朝典制，东海祀于莱州⑥，南海祀于广州⑦，二祀近海，诚为允当。西海则于蒲州望祭⑧，盖西海遥远，循宋、明之旧而望祭之，宜也。至北海则仍祭于怀庆。夫宋都于汴⑨，而怀庆在其北，彼时幽燕皆非宋土，即出国门而望北一祭，亦权宜之计。有明定鼎燕京⑩，仍往南而祭北海。我朝因之，殆非宅中以莅四海之义。伏查北镇医无闾山⑪，在奉天府属⑫，今为北镇。山海关迤北之海，非北海乎。况盛京发祥重地，土厚水深，源流绵邈。皇上声教四讫⑬，幅员之大，亘古未有。长白山水并乌龙、鸭绿诸江⑭，亦尽朝宗于海⑮，则北海之祭，不应仍在怀庆。此祀典之急宜厘正者。伏查顺治十七年，科臣粘本盛题请改祭北岳于浑源州，祈下部议，嗣后告祭，更定于迤北近海地界云云。得旨：下九卿詹事科道会议⑯。上言：明臣丘濬言京师东北乃古碣石沦海之地⑰，于此立祠，就海而祭为宜。濬所云碣石，今在永平府⑱，但我朝幅员广大，混同江水发源长白⑲，流入北海，今北海之祭，应改混同江边望祭可也。得旨允行。（卷四《谈故四》）

【注释】

① 丁卯：指康熙二十六年（1687）。

② 副都御史：即左副都御史。清沿明制，设都察院。职官为左都御史（满汉各一人，从一品）、左副都御史（满汉各二人，正三品）。右都御史为总督兼衔，右副都御史为巡抚兼衔，均不设专员。其属有经历厅经历（满汉各一人，正六品）、都事厅都事（满汉各一人，正六品）、十五道掌印监察御史（满汉各一人，从五品）、监察御史（共二十六人），以及笔帖式、经承若干。雍正时，又以六科给事中隶之。据《清史稿·职官志二》："左都御史掌察核官常，参维纲纪。率科道官矢言职，率京畿道纠失检奸，并豫参朝廷大议。凡重辟，会刑部、大理寺定谳。祭祀、朝会、经筵、临雍，执法纠不如仪者。左副都御史佐之。十五道掌弹举官邪，敷陈治道，各核本省刑名。"　徐元珙：字辑五，江南武进（今江苏常州市）人。顺治十二年（1655）进士，授刑部主事，迁员外郎。历光禄寺少卿、太仆寺卿、通政使。康熙二十四年（1685），授太常寺卿，疏请厘正北郊配飨位次，不见行。明年，迁左副都御史，又疏请正北海祀典，议行。寻乞归至家。二十七年，孝庄文皇后崩，元珙赴阙哭临，疾作卒于京师。

③ 望祀：古代遥祭山川地祇之礼。此指遥望祭祀。　　洛州：唐东都洛阳(今河南洛阳市东)。

④ 孟州：北宋京西北路孟州,治河阳(今河南焦作市孟州市南)。

⑤ 怀庆府：明清河南怀庆府,治迁河内(今河南焦作市沁阳市)。

⑥ 莱州：清山东莱州府,治掖县(今山东烟台市莱州市)。

⑦ 广州：清广东广州府,治南海(今广东广州市)。

⑧ 蒲州：清山西蒲州府,治永济(今山西运城市永济市蒲州镇)。

⑨ 汴：北宋东京开封(今属河南)。

⑩ 燕京：明清北京之别称。战国时,为燕国之都。唐乾元二年(759),史思明自称燕帝,始称范阳为燕京。辽会同元年(938),以此为南京,亦称燕京。金置燕京路,并于贞元元年(1153)定都于此,改称中都。元至元元年(1264),以为中都;四年,于中都之东北置新城而迁都;九年,改大都。明永乐元年(1403),以北平为北京,设行在六部;四年,诏建北京宫殿;七年,巡行北京,以太子监国南京;十四年,又营北京宫殿;十九年,正式迁都北京。

⑪ 北镇：明辽东都司广宁卫,清初置广宁府,后改锦州府广宁县(今辽宁锦州市北镇市)。　　医无闾山：山名。即医巫闾山。在广宁城西十馀里。相传舜封十二山,以此山为幽州之镇。隋开皇十四年(594),诏以此山为北镇,自后因之。其山掩抱六重,亦名“六山”。

⑫ 奉天府：后金天命十年(1625)定都沈阳中卫(今辽宁沈阳市),天聪八年(1634)尊为盛京。清顺治元年(1644),迁都北京后,盛京为留都;十四年,于盛京城内置奉天府,设府尹。

⑬ 声教四讫：谓声威教化已达于四方。

⑭ 长白山水：长白山,在清吉林副都统衙门(今吉林吉林市)东南。横亘千里,山巅有潭曰天池,为诸水发源之地。水大而为江者有三：西南流为鸭绿江,东北流为图们江,北流而去者为松花江。　　乌龙：水名。即黑龙江。上源曰鄂嫩河,在黑龙江副都统辖区额勒和哈达(今内蒙古呼伦贝尔市额尔古纳市恩和哈达镇)会额尔古纳河,东南流至三姓副都统辖区拉哈苏苏(今黑龙江佳木斯市同江市)而会松花江,折向东北流至三姓副都统辖区伯力(今俄罗斯哈巴罗夫斯克市)而会乌苏里江,在三姓副都

统辖区庙屯(今俄罗斯哈巴罗夫斯克边区尼古拉耶夫斯克市)东注入北海(今鄂霍次克海)之鞑靼海峡。 鸭绿:水名。即鸭绿江。见前。

⑮ 朝(cháo)宗:喻小水流注大水。

⑯ 九卿:明指六部尚书及都察院都御史、通政司使、大理寺卿。清初沿之,其后所指不一。清帝谕旨中常以"六部九卿"并提,可见未将六部尚书列入九卿之内。 詹事:清詹事府长官(满汉各一人,正三品)。初,詹事府仍掌东宫太子辅导之事,康熙五十一年(1712)废立皇太子后,留以备翰林院迁转之资,职掌为参与集议、纂修书史。其职官尚有少詹事(满汉各一人,正四品)、左右庶子(满汉各一人,正五品)、洗马(满汉各一人,从五品)、左右中允(满汉各一人,正六品)、左右赞善(满汉各一人,从六品)、主簿(满汉各一人,从七品)、笔帖式(六人)。 科道:明清将六科给事中与各道监察御史统称为"科道官"。

⑰ 丘濬:字仲深,明琼山(今海南海口市)人。景泰五年(1454)进士,改庶吉士,授翰林院编修。成化中与修《英宗实录》《续通鉴纲目》等,历侍讲学士、国子监祭酒、礼部尚书。弘治四年(1491),为副总裁修《宪宗实录》成,加太子太保兼文渊阁大学士,参预机务。八年卒,年七十六。赠太傅,谥文庄。 碣石:山名。在明清永平府昌黎县(今属河北秦皇岛市)北。其馀脉有柱状石亦称碣石,该石自汉末已逐渐沉入海中。《汉书·武帝纪》:"行自泰山,复东巡海上,至碣石。"丘濬《大学衍义补》卷六十一:"今京师东北乃古碣石沦海之处,于此立祠,就海而祭,于势为顺,于理为宜。"

⑱ 永平府:明清直隶永平府,治卢龙(今属河北秦皇岛市)。

⑲ 混同江:水名。即松花江。古称粟末水,俗呼鸭子河,辽太平四年(1024)诏改为混同江。其水北流至白都纳副都统衙门(今吉林松原市扶余县)西北会嫩江,折向东北至拉哈苏苏而汇入黑龙江。

3. 方伯公遗事

先祖方伯公年九十馀①,读书排纂不辍②,虽盛夏,衣冠危坐③,未尝见其科跣④。常揭一联于厅事云⑤:"绍祖宗一脉真传,克勤克俭;教子孙两行正路,惟读惟耕。"斋中一联云:"容人所不能容,忍人所不可忍。"癸巳岁⑥,作自祭文,有云:"不敢丧心,不求满意,能甘澹泊,能忍闲气,九十年来,于心无愧,可偕众而同游,可含笑而长逝。"盖实录云。公年虽大耋⑦,时时夜梦侍先曾祖司徒府君⑧,或跪受扑责,如过庭时云⑨。(卷五《谈献一》)

【注释】

① 方伯公:指王士禛祖父象晋。象晋字康宇,明新城(今山东淄博市桓台县新城镇)人。万历三十二年(1604)进士。历浙江右布政使,累官河南按察使。七十引年,优游林下二十年,济人利物常恐不及,年九十馀卒。著书数十种,有《群芳谱》三十卷。方伯,殷周时一方诸侯之长,后泛称地方长官。

② 排纂:编纂;编辑。

③ 危坐:端坐。古人以两膝着地,耸起上身为"危坐",即正身而跪,表示严肃恭敬。后泛指正身而坐。

④ 科跣:即科头跣足。参见第35页第28则注释①。

⑤ 厅事:此指私宅堂屋。

⑥ 癸巳:指顺治十年(1653)。

⑦ 大耋:古八十曰耋。一说指七十。故以"大耋"指高龄老人。

⑧ 司徒府君:指王士禛曾祖之垣。之垣字见峰,新城人。明嘉靖四十一年(1562)进士,授荆州推官。执法公正,不避豪强,擢刑科给事中,进礼科都给事中。万历时,历顺天府尹,裁抑中官贵显。后巡抚湖广,官至户部左侍郎,致仕家居,卒。赠户部尚书。司徒,周为掌国家土地与人民之官,明以为户部尚书之别称。府君,对已故者的敬称。

⑨ 过庭:指父训或承受父训。语出《论语·季氏》:"鲤趋而过庭,曰:'学《诗》乎?'对曰:'未也。''不学《诗》,无以言。'鲤退而学《诗》。他日又独立,鲤趋而过庭,曰:'学《礼》乎?'对曰:'未也。''不学《礼》,无以立。'鲤退而学《礼》。"

4. 李太守

近日廉吏,以松江知府李正华为第一①。正华贡士②,献县人。予乡李御史

(森先)按下江③,诛锄豪右,有海忠介之风④,中谗被逮,吴民号泣攀送者数万人。既登舟,僚属皆在,相视挥涕。正华最后至,携一酒瓢,满酌送侍御⑤,慷慨言曰:"吾曹期不愧天日,不愧朝廷,不愧百姓耳。成败利钝,造物司之。公今日之行,荣于登仙,诸君何至作楚囚相对耶⑥!"侍御掀髯大笑,诸君改容谢之。后以考成不及格⑦,镌级去⑧。行之日,囊无一钱,松江人醵金数百⑨,强投舟中,复人制一衣献之,凡数千领,正华一无所受。松人走白巡抚⑩,中丞下檄使受之⑪,移书慰勉,乃量受为行李之费。既归家,骑一驴,往来田间,岁一至郡城,南鼎甫(廷铉)官河间时⑫,与之往还甚稔。予过献,问其所居,在县西门,数椽仅蔽风雨云。(卷六《谈献二》)

【注释】

① 李正华:字茂先,献县(今属河北沧州市)人。拔贡。顺治十年(1653)任松江知府。精明强干,奸弊一清。去之日,儿童妇女竞以束蔬尺布投其舟中,叩首而去。

② 贡士:此处应指"贡生"。明清从地方选拔贡入京师国子监的生员。清有五贡:其一,岁贡。同明朝。每年由地方选送入京师国子监肄业。清又每三年从生员中考选一次,经廷试后授官,称为优贡。其二,恩贡。同明朝。凡遇皇室庆典而颁布恩诏,在岁贡之外再加选一次。清又特许先贤后裔入监者,亦称恩贡。其三,拔贡。清初定六年一次,乾隆中改十二年一次,每府学两名,州县学一名,由各省学正考选,保送入京,经朝考合格可授官。其四,副贡。在乡试录取名额以外列入备取,可直接入国子监读书。其五,例贡。同明朝纳贡。不由考选,而由生员依例捐纳。以上五贡皆视作正途出身,经一定形式考试,可授予官职。但贡生不能参加会试,会试必须先参加乡试,取得举人资格方可。

③ 李森先:字琳枝,掖县(今山东烟台市莱州市)人。明崇祯十三年(1640)进士。入清,为监察御史,巡按苏、松诸府。寻以失出,逮狱,民焚香诣阙讼其冤,事白,复其官。本书卷六载其事迹,与同邑王汉合传,曰:"掖县王汉,字子房,俶傥有经世才,中崇祯丁丑进士,为高平、河内二县令。上书言事,怀宗奇之,召对,擢御史,巡按河南。进巡抚都御史,死永城贼刘超之难。予少见其奏疏及《小武当诗》一篇,真奇才也。同邑李森先字琳枝,崇祯庚辰进士,入本朝为御史,屡上疏,论事切直,三下刑部,不

少摧折。巡按下江,清刚端劲,置淫僧三拙、优人王紫稼于法,江南人莫不快之。中忌者被逮,吴中罢市,哭送者万人。世祖廉知之,寻内擢卿寺,而李不幸死矣。李修髯长身,饮酒无算,家有椒雨园,在南郭外,日与酒徒酣饮其中,醉则衣白衣,徒步歌呼过市,巾帻欹侧,酒痕狼籍,有阳城之风。"　　下江:指娄江。亦称浏河。因其流经苏州、松江二府,故亦代指二府。后泛指江南地区。

④ 海忠介:海瑞,字汝贤,明琼山(今海南海口市)人。嘉靖二十八年(1549)举乡试。历南平教谕、淳安知县、嘉兴通判,擢户部主事。四十五年,独上疏谏世宗不视朝,自知触忤必死,市棺诀妻子。世宗得疏大怒,逮瑞下诏狱,移刑部论死,为首辅徐阶等所救。穆宗即位,大赦出狱,复故官。擢两京左右通政,以右佥都御史巡抚应天等十府,摧豪强而抚贫弱,属吏皆惮其威。由是怨颇兴,寻为人所劾,遂改督南京粮储,复称病归。小民闻其去,号泣载道,家绘像祀之。万历十三年(1585),召为南京右都御史。十五年卒于官。赠太子太保,谥忠介。

⑤ 侍御:侍御史的简称。明清代指监察御史。

⑥ 楚囚相对:形容人们遭遇国难或变故,相对无策,徒然悲伤。《世说新语·言语》:"过江诸人,每至美日,辄相邀新亭,藉卉饮宴。周侯中坐而叹曰:'风景不殊,正自有山河之异!'皆相视流泪。唯王丞相愀然变色曰:'当共勠力王室,克复神州,何至作楚囚相对!'"楚囚,本指被俘楚国人。《左传·成公九年》:"晋侯观于军府,见钟仪。问之曰:'南冠而系者谁也?'有司对曰:'郑人所献楚囚也。'"后借指处境窘迫无计可施者。

⑦ 考成:在一定期限内考核官吏政绩。

⑧ 镌级:降低官阶,降职。

⑨ 醵(jù)金:凑钱。

⑩ 巡抚:明初因事而设,同"总督""总理"等,以重臣任之,事毕而罢。中期以后,则为行省实际之长官,与都察院之"巡按"合称"二台",各省三司反受其制。清代则正式以"巡抚"为各省行政长官,从二品,例兼都察院右副都御史、兵部侍郎衔。世称"抚台"。

⑪ 中丞:即御史中丞,古代御史台次官。明常以副都御史或佥都御史出任巡抚,清则以巡抚例兼右副都御史衔,故明清常以"中丞"代称巡抚。

⑫ 南廷铉：字鼎甫，渭南（今陕西渭南市东）人。顺治三年（1646）举人。官终松茂道金事。　河间：清直隶河间府（今河北沧州市河间市）。

5. 王端毅公遗事

三原王端毅公遗事①，凡四十则，公子康敏公所述②。夏日京邸，偶得一编读之，因录一二则以自警。

公家法甚严，子孙虽孩提，无敢嬉笑于侧；盛暑中必使著衣袜始侍左右。尝曰："教尔曹读书，非为利达计也，正欲使知为人底道理。"

公谢政后，有一通家子在官③，寄茶一篓，公受之；后复寄二篓，亦受之。但答书云："令先君为时名臣，吾子宜清白律己，勿替家声④。何劳为老夫之故，数数寄赠⑤，吾受之心甚不安。此后勿再寄，寄亦不受矣。"

公门人蔡虚斋《发志录》一条云⑥："公尝问：'今学者满天下，何故异才难得？'予对云：'是固有由上之人所以养之者，本未尽其道；下之人又幸际时之升平，而售之急耳⑦。以生所见言之，如生稍知章句训诂，人便举而进之于学宫矣；未几作经义，甫成篇，便得补廪⑧；又未几作三场文字⑨，便期中举人、中进士矣。一中进士，则官已到手，或无暇于学，或自以为无用学矣。其仕而能学者无几。盖识见既浅，践履必薄⑩，规为必粗⑪，非所谓俟其熟而食之者也。况自幼入小学，所学多非学做人之实事，人才之不如古以此。'公曰：'然。吾儿子承裕今年二十三，丙午年已中举人⑫。然吾未欲其急于仕，且令静览群书，间阅世务，冀他日得实用尔。'"承裕即康敏公，仕至户部尚书。（卷七《谈献三》）

【注释】

① 王端毅：王恕，字宗贯，号石渠，明三原（今属陕西咸阳市）人。正统十三年（1448）进士，选庶吉士，授大理寺左评事，进左寺副。后历扬州知府、江西布政使、河南巡抚、南京刑部左侍郎、左副都御史、南京兵部尚书。成化二十二年（1486），辞官归乡。孝宗即位，荐召入为吏部尚书，加太子少保。弘治六年（1493）致仕。正德三年（1508）卒，年九十三。赠特进、左柱国、太师，谥端毅。恕为官四十馀年，刚正清廉，佐孝宗

之治,与马文升、刘大夏合称"弘治三君子"。

② 康敏:王承裕,字天宇,号平川。王恕少子。七岁能诗,弱冠著《太极动静图说》,以是天下知。明弘治六年(1493)进士。恕致政,承裕即告归侍养。后起授兵科给事中,屡迁吏科都给事中,以忤刘瑾而罚粟输边。再迁太仆寺卿。嘉靖六年(1527),累官南京户部尚书。在部三年,为官清平正直,致仕。林居十年,十七年五月卒,年七十四。赠太子少保,谥康僖。此则言承裕谥"康敏",与史不合。

③ 通家子:世交之子。

④ 替:废弃。

⑤ 数数(shuò—):屡次;常常。

⑥ 蔡虚斋:蔡清,字介夫,号虚斋,明晋江(今福建泉州市)人。少从侯官林玭学《易》,尽得其肯綮。成化十三年(1477),举乡试第一;二十年,成进士,乞归讲学。王恕掌吏部,以清为礼部稽勋主事,常访以时事。历南京文选郎中、江西提学副使。正德三年(1508),迁南京国子祭酒,命甫下而清巳卒,年五十六。万历中追赠礼部右侍郎,谥文庄。著有《易经蒙引》十二卷、《四书蒙引》十五卷、《虚斋集》五卷。　发志录:即《与郭文博书》。据《虚斋集》卷一,王恕掌吏部,时召蔡清至书轩谈论,清以为"多有可发吾人志意者",因忆数段录寄郭文博。凡九段,此为第九段。

⑦ 售:指科举及第。

⑧ 补廪:明制,生员进学后为附生(附学生员),经岁考、科考成绩优异者可依次补为增生(增广生员)和廪生(廪膳生员)。廪生按朝廷定额食廪,故谓之"补廪"。清沿之。

⑨ 三场文字:明乡试、会试皆考三场。第一场,试"四书"义、经义,用八股文体;第二场,试论及诏、诰、表、判;第三场,试经史、策论。

⑩ 践履:犹行为举止。

⑪ 规为:谓谋度所为之事。

⑫ 丙午:指明成化二十二年(1486)。

6. 王东皋逸事

王东皋(伯勉)长文选时[①],内大臣某尝奉世祖皇帝旨[②],逮工部侍郎张某至部③,以旨示满洲尚书韩代④。尚书以无汉字,召公至,属书之。公难之曰:"以译字命郎中⑤,出上意耶?某不敢不书;大臣意耶?某腕虽断,不敢书也。"二公皆叹服其有执。公尝宿部,休沐甚少⑥,而选郎章奏甚烦⑦,五鼓启事⑧,视他司为多。一羊裘着之十馀年,毛尽脱,满洲同官聚谋曰:"王长官一寒至此,奈何?"醵金制狐裘一、貂帽一,持遗公。公不受,曰:"伯勉生平不受人一钱,何敢拜公等赐。"同官公言于冢宰⑨,冢宰力劝,始受。公改御史内升⑩,时都御史以两淮盐法敝,欲举公往。公力谢不可,曰:"内升借补之员,例不奉差;今必以此事相付,从前弊窦⑪,不敢欺隐,以负主上。"遂止。(卷九《谈献五》)

【注释】

① 王伯勉:字东皋,汤阴(今属河南安阳市)人。顺治四年(1647)进士,由行人迁吏部文选司郎中。性好友,为官廉介,改御史,转京卿,归里卒,祀乡贤。 文选:清吏部四清吏司之一。清沿明制,吏部下设文选、考功、稽勋、验封四清吏司,以及清档房、本房、司务厅、督催所、当月处等机构,分掌本部事务。文选清吏司,掌考文职官员品级与选补升调之事,以及月选之政令。职官有郎中七人(满四人、蒙一人、汉二人,正五品)、员外郎六人(满汉各三人,从五品)、主事五人(满二人、汉三人,正六品)、笔帖式若干人、经承三十一人。

② 内大臣:清侍卫处次官。清制,设侍卫处,掌先后宸御,左右翊卫,出入扈从。选满洲镶黄、正黄、正白三旗子弟为皇帝侍卫,以勋戚大臣统之。长官曰领侍卫内大臣,共六人,正一品;其次为内大臣,亦六人,从一品,辅佐领侍卫内大臣统率侍卫亲军。 世祖:清顺治帝爱新觉罗·福临。

③ 工部侍郎:清工部次官。清沿明制,六部设尚书(满汉各一人,从一品)、左右侍郎(满汉各一人,正二品),以下为各司郎中、员外郎、主事等。工部掌天下土木、水利、器物制造等工程之事,与其经费。下设营缮、虞衡、都水、屯田四清吏司,以及清档房、汉档房、黄档房、司务厅、督催所、当月处、饭银处等机构,分掌本部事务。

④ 满洲:即满族。后金天聪九年(1635),皇太极废女真诸申旧号,定族名为"满洲"。清入关后,设官兼用满人、蒙古人和汉人,故称满族官员为满洲官。 韩代:清固山额真,历官吏部、刑部尚书。固山额真,满语,意为一旗军政长官,隶属于旗主。顺治

十七年(1660),定八旗官职汉称,以固山额真为都统,从一品。

⑤ 译字:即译字官。从事翻译的官员。清各衙署设有笔帖式,为低级文官,掌翻译满汉章奏文书。

⑥ 休沐:休息洗沐。指休假。

⑦ 选郎:此为吏部文选司郎中的简称。

⑧ 五鼓:五更。古代夜分五更或五鼓:一更或一鼓为甲夜(十九时至二十一时),二更或二鼓为乙夜(二十一时至二十三时),三更或三鼓为丙夜(二十三时至一时),四更或四鼓为丁夜(一时至三时),五更或五鼓为戊夜(三时至五时)。

⑨ 冢宰:周官名。亦称太宰,为六卿之首,主国政,统百官。后世因以为宰相之称。明清以吏部为六部之首,故称吏部尚书为冢宰。

⑩ 御史内升:以监察御史升补京职。内升,谓在外省任职之官升补京职。

⑪ 弊窦:产生弊害的漏洞。亦指弊端,弊病。

7. 杜公厚德

宝坻杜文端公(立德)①,德器厚重,人不见其喜愠之色。京师有无赖子②,偶与驺卒哄③,乘醉随公舆后辱詈,公若不闻。无赖子随至邸第,詈不止,久之,公遣问曰:"詈可已乎?"无赖子归,酒既醒,或告以昨辱宰相,仓皇诣第谢罪。公慰遣之,仍予二金,令改行生理④,无赖子感泣而去,岁时必至公门叩拜,卒为善人。予乡文定孙公(廷铨)⑤,司寇高公(珩)居乡亦然⑥,皆可为士大夫法。(卷十《谈献六》)

【注释】

① 杜立德:字纯一,直隶宝坻(今天津市宝坻区)人。明崇祯十六年(1643)进士。顺治元年(1644),荐授中书舍人。明年,考选户科给事中,疏陈治平之道,世祖深嘉纳之。迁吏科都给事中,累官刑部尚书,治狱仁恕,用法公平。康熙九年(1670),拜保和殿大学士兼礼部尚书,进太子太傅。三藩事起,预参机务。二十一年,乞休。居家十年卒,年八十一。谥文端。

② 无赖子:刁顽耍奸、为非作歹之徒。

③ 驺卒：掌管车马的差役。亦泛指一般仆役。

④ 生理：生意；买卖。

⑤ 孙廷铨：字枚先，又字伯度，号沚亭，益都（今山东潍坊市青州市）人。明崇祯十三年（1640）进士，授永平推官。顺治二年（1645），荐授吏部主事。累迁吏部侍郎，进兵部尚书，再迁户部。十五年，为吏部尚书。康熙二年（1663），拜秘书院大学士。奉职勤慎，终岁未尝休沐，逾年解职归养，十三年卒。谥文定。

⑥ 高珩：字葱佩，号念东，晚号紫霞道人，淄川（今山东淄博市淄川区）人。明崇祯十六年（1643）进士，选庶吉士。入清，授秘书院检讨，累迁刑部左侍郎。后告病归里。性甘淡泊，志绝尘俗，生平撰著颇丰。与同邑蒲松龄为姻亲，尝为其《聊斋志异》作序。康熙三十六年（1697）卒，年八十六。

8. 冷孝子

　　冷孝子名昇，益都颜神镇人①，诸生。父植元，好远游，崇祯己卯岁适岭表②，鼎革后③，兵戈阻绝三十年。孝子发愤，依肇庆道赵君韫退（进美）住端州④，冀便咨访。一日，有乔某者，亦山东人，往西粤，孝子跪请访求。阅岁乔返⑤，微闻其父殁于龙州土司⑥。孝子遂辞去，溯牂牁而上⑦，历三百七十馀滩，自横州达南宁⑧，又经迁隆、思明⑨，行五千里，遇那利人蔡、郑二叟⑩，询知与其父旧为龙州土司客，乃与偕往。复与葬师谭姓者遇⑪，竟得父榇于龙州北门交带桥侧，负骸骨归。孝子自叙其事为《龙州扶榇记》⑫。冷一寒士，父殁三十年，竟能觅遗骸于蛮荒万里之外，视王绅《滇南恸哭记》尤难⑬。书之以风世云⑭。（卷十《谈献六》）

【注释】

① 益都颜神镇：在明青州府益都县西南，清改青州府博山县（今山东淄博市博山区）。

② 崇祯己卯岁：指崇祯十二年（1639）。　岭表：岭外。指五岭以南地区（今广东、广西一带）。

③ 鼎革：即"鼎新革故"。指朝政变革或改朝换代。亦泛指事物破旧立新。《周易·杂卦》："革，去故也；鼎，取新也。"此处指清代明。

④　肇庆道：清广东行省下辖官衙，驻高要（今广东肇庆市高要市）。明清沿元行政区域
　　名称，称省以下、府以上官衙为道。明以布政司佐官参政、参议分管辖区部分地区及
　　钱谷、河漕等事，无定员，因事添设，称分守道；以按察司佐官按察副使、佥事分管辖
　　区部分地区及刑名等事，称分巡道。清沿明制，亦设守道、巡道。乾隆十八年
　　（1753），废参政、参议、副使、佥事等职衔，一律称之为"道员"，正四品，俗称"道台"。
　　自此，守道、巡道为实官，成为司、府厅中间一级官衙。州县文书先申府，府申道，道
　　呈总督或巡抚。然道终非正式行政区域，道员亦不一定皆理地方行政。　　赵进美：
　　字韫退，益都（今山东潍坊市青州市）人。明崇祯十三年（1640）进士。入清，授刑科
　　给事中，后历江西、陕西、河南等地分守巡道。康熙十八年（1679），为广东布政司左
　　参政分守左江肇庆道。　　端州：此用宋代名称，即肇庆府治高要县。

⑤　阅岁：经过一年。

⑥　龙州土司：清太平府龙州厅（今广西崇左市龙州县）。土司，元明清时期于西北、西
　　南地区所设土官，由当地酋长充任并世袭。武职有宣慰使、宣抚使、按抚使等，文职
　　有土知府、土知州、土知县等。

⑦　牂牁（zāngkē）：亦作"牂柯"。古水名。一说即今北盘江，一说即今都江。二江皆在
　　贵州境内。然本则冷孝子行进路线，自肇庆沿西江溯流而上，出广东而入郁江，经横
　　州而抵南宁，"牂牁"应指"郁江—西江"。据《旧唐书·地理志四》："宣化，州所治汉
　　岭方县地，属郁林郡。秦为桂林郡地。骧水，在县北，本牂柯河，俗呼郁林江，即骆越
　　水也。"宣化，唐邕管经略使驻地（今广西南宁市南），其城北骧水即牂柯河，从俗呼为
　　郁林江，后称郁江。

⑧　横州：清南宁府横州（今广西南宁市横县）。　　南宁：清南宁府，治宣化（今广西南
　　宁市）。

⑨　迁隆：即迁隆峒（今广西防城港市上思县在妙镇西）。清属南宁府上思州（今广西防
　　城港市上思县），在明江与绿水汇合处。　　思明：明思明府思明州，清改太平府宁明
　　州（今广西崇左市宁明县）。

⑩　那利：村寨名。在南宁城郊。那利人，南宁土著，即今壮族。

⑪　葬师：以丧葬中看风水、择时日为业的人。

⑫　龙州扶榇记：篇名。文收录于孙廷铨《颜山杂记》卷二。

⑬ 王绅：字仲缙，义乌（今属浙江金华市）人。父祎，字子充，明初为翰林待制同知制诰兼国史院编修官。洪武五年（1372），奉使云南，招谕元梁王，明年遇害。绅时年十三，事母兄，尽孝友。长博学，受业于宋濂，濂颇器之，又与同学方孝孺友善。二十五年，得蜀王聘，为成都府学训导。二十八年，请赴云南求父遗骸，不获，述《滇南恸哭记》以归。建文时用荐召为国子博士，预修《太祖实录》，卒于官。有《继志斋集》十二卷，文《滇南恸哭记》见录于卷七。

⑭ 风（fěng）世：谓劝勉世人。风，通"讽"。

9. 张 鲲 诗

邹平长白山醴泉寺①，即范文正公画粥处②，四山环合，一溪带潆③，溪上有范公祠，祠中多前代石刻，有嘉靖十三年崧少山人张鲲八绝句最佳④。节录于左："危阁烟霞出，峰檐麇鹿来。春泉落西硐，声绕读书台。""台前碧玉树，叶叶上青霄。工师求大木，隆栋万年朝。""风昼溪杨色，烟春岩蕙香。人言背绝壑，才是上书堂。""山护埋金窟，泉通画粥厨。传灯衣钵在，曾伴老龙图⑤。""灵刹群峰合，名祠半日游。难逢浮海术⑥，易集下山愁。"鲲，河南钧州人，诗名不甚著，而诗之工如此。（卷十一《谈艺一》）

【注释】

① 邹平：清济南府邹平县（今属山东滨州市）。县西二十里，有长白山，又名会仙山。山有峰，孤秀盘郁，独压众山。山中云气长白，故名。上有醴泉寺，即宋范仲淹读书处，有上、下二书堂。

② 范文正：范仲淹，字希文，宋苏州吴县（今江苏苏州市）人。大中祥符进士。历仕真宗、仁宗两朝，累迁参知政事。寻罢，出为陕西四路宣抚使。皇祐四年（1052）卒，年六十四。赠兵部尚书，谥文正。据《宋史·范仲淹传》，仲淹二岁而孤，母更适长山（今山东滨州市邹平县东）朱氏，从其姓。　画粥：谓安于贫困。宋江少虞《事实类苑》卷九引文莹《湘山野录》："庆历中，范希文以资政殿学士判邠州，予中途止谒。翌日，召食，侍李郎中、丁固席。范与丁同年进士也，因述旧日方修学时，最贫窭，与刘

某同止长白山僧舍,惟煮粟米二合粥一器,经宿遂凝,以刀划四块,早晚取二块,断薤十数茎,酢水汁半盂,入少盐,暖而啖之,如此者三年。"

③ 带潆:水流环绕如带。

④ 嘉靖:明世宗朱厚熜年号(1522—1566)。 张鲲:字子鱼,明钧州(今河南许昌市禹州市)人。正德十二年(1517)进士,为吏部主事。嘉靖初,以议礼被杖,濒死,直气不屈。官至布政使。工诗,与三原马理等齐名,号称"八俊"。

⑤ 龙图:龙图阁学士、直学士。宋文学侍从官,为职事官内外任时所带职名。此指范仲淹。北宋康定元年(1040),以夏竦为陕西经略安抚缘边招讨使,进仲淹为龙图阁直学士副之,征讨西夏。

⑥ 浮海:谓避世远游。《论语·公冶长》:"道不行,乘桴浮于海。"

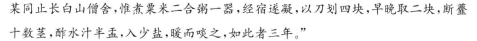

10. 施　宋

康熙已来①,诗人无出南施北宋之右,宣城施闰章愚山②,莱阳宋琬荔裳也③。昔人论《古诗十九首》④,以为惊心动魄,一字千金。施五言云:"秋风一夕起,庭树叶皆飞。孤宦百忧集,故人千里归。岳云寒不散,江雁去还稀。迟暮兼离别,愁君雪满衣。"此虽近体⑤,岂愧十九首耶? 己未在京师⑥,登堂再拜,求予定其全集。宋浙江后诗,颇拟放翁⑦,五古歌行,时闯杜、韩之奥⑧。康熙壬子春在京师⑨,求予定其诗笔,为三十卷。其秋,与予先后入蜀。予归之明年,宋以臬使入觐⑩。蜀乱⑪,妻孥皆寄成都,宋郁郁殁于京邸。此集不知流落何地矣!(卷十一《谈艺一》)

【注释】

① 康熙:清圣祖爱新觉罗·玄烨年号(1662—1722)。

② 施闰章:字尚白,号愚山,宣城(今属安徽)人。少孤,从沈寿民游,善诗文。顺治六年(1649)进士,授刑部主事。历山东学政、江西参议分守湖西道。康熙初,裁缺归,民留之不得。十八年,召试鸿博,授翰林院侍讲,纂修《明史》。二十二年,转侍读,寻病卒。有《学馀堂文集》《诗集》《外集》凡八十卷。

③ 宋琬:字玉叔,号荔裳,莱阳(今属山东烟台市)人。父应亨,明崇祯末殉节,赠太仆

卿。琬少能诗,有才名。顺治四年(1647)进士,授户部主事。累迁吏部郎中。后历陇西道、永平道、宁绍台道,皆有绩。十八年,擢浙江按察使。寻被诬与登州贼通,立逮下狱,康熙三年(1664)放归。十一年,起授四川按察使。明年入觐,家属留官所,值吴三桂叛,兵围成都,琬惊悸而卒于京。诗集散佚。

④ 古诗十九首:组诗。南朝梁萧统从传世无名氏"古诗"中选录十九首编入《文选》,题为《古诗十九首》,列"杂诗"类之首。其诗大抵出于东汉末年,非一时一人之作。内容多写夫妇朋友间离愁别绪与士人彷徨失意。语言质朴,描写生动,在五言诗发展史上有重要地位。南朝梁钟嵘《诗品》卷上评曰:"文温以丽,意悲而远,惊心动魄,可谓几乎一字千金!"

⑤ 近体:亦称"今体"。诗体名。唐代形成的律诗和绝句的通称,与古体诗相对而言。其句数、字数和平仄、用韵等皆有严格规定。

⑥ 己未:指康熙十八年(1679)。

⑦ 放翁:陆游,字务观,号放翁,越州山阴(今浙江绍兴市)人。南宋诗人。绍兴中应礼部试,为秦桧所黜。孝宗时,赐进士出身,历镇江、隆兴、夔州通判。乾道八年(1172),入四川宣抚使王炎幕府,投身军旅。后官至宝章阁待制。淳熙末(1189)退居家乡,于镜湖边筑庐读书写作。嘉定三年(1210)卒,年八十六。其著作有《剑南诗稿》《渭南文集》《南唐书》等。

⑧ 杜、韩:此指唐代诗人杜甫、韩愈。

⑨ 康熙壬子:指康熙十一年(1672)。

⑩ 臬(niè)使:清称各省提刑按察使司为"臬台",按察使为"臬使"。按察使,掌一省司法,正三品。

⑪ 蜀乱:康熙十二年(1673),圣祖下令撤藩,平西王吴三桂自云南举兵反,自称周王。福建靖南王耿精忠、广东平南王尚可喜亦起兵响应,史称"三藩之乱"。叛军乘锐连下贵州、四川及湖南衡州。十七年,三桂在衡州称帝,国号大周,建元昭武。寻病死。其孙吴世璠继位,旋为清所灭。

11. 梅村病中诗

太仓吴梅村(伟业)祭酒①,辛亥元旦②,梦上帝召为泰山府君③。是岁病革④,

有绝命词云："忍死偷生廿载馀，而今罪孽怎消除？受恩欠债须填补，纵比鸿毛也不如。"馀三章不具录。先是，先生尝病中赋《贺新郎》词云："万事催华发。论龚生天年竟夭⑤，高名难没。吾病难将医药治，耿耿胸中热血。待酒向西风残月。剖却心肝今置地，问华佗解我肠千结⑥。追往恨，倍凄咽。　　故人慷慨多奇节。为当年沈吟不断，草间偷活。艾灸眉头瓜喷鼻⑦，今日须难决绝。早患苦重来千叠。脱屣妻孥非易事⑧，竟一钱不值何须说。人世事，几完缺。"时浙西僧水月，年百馀岁，能前知。先生病亟，拿舟迎之⑨，至则曰："公元旦梦告之矣，何必更问老僧？"遂卒。（卷十一《谈艺一》）

【注释】

① 吴伟业：字骏公，号梅村，太仓（今属江苏苏州市）人。明崇祯四年（1631）进士，授编修。官至左庶子。南明弘光时，拜少詹事。入清，官至国子监祭酒。工诗文，善词曲，亦精书画。与钱谦益、龚鼎孳并称"江左三大家"。有《吴梅村全集》。　祭酒：清国子监设管理监事大臣（由满汉大学士、尚书、侍郎内特简一人，正四品）、祭酒（满汉各一人，从四品）、司业（满蒙汉各一人，正六品）；其属：绳愆厅监丞（满汉各一人，正七品）、博士厅博士（满汉各一人，从七品）、典簿厅典簿（满汉各一人，从八品）、典簿厅典籍（汉一人，从九品）；六堂（率性、修道、诚心、正义、崇志、广业）助教（从七品）、前四堂学正（一人，正八品）、后二堂学录（一人，正八品）。此外，还设有八旗官学助教、教习及笔帖式等。据《清史稿·职官志二》："祭酒、司业掌成均之法。凡国子及俊选以时都授，课第优劣；岁仲春秋上丁、释奠、释菜，综典礼仪；天子临雍，执经进讲，率诸生圜桥观听；新进士释褐，坐彝伦堂行拜谒簪花礼。监丞掌颁规制，稽勤惰，均廪饩，核支销，并书八旗教习功过。博士掌分经教授，考校程文，偕助教、学正、学录经理南学事宜。典簿掌章奏文移。典籍掌书籍碑版。其兼领者：算法馆，汉助教二人，特简满洲文臣一人管理；俄罗斯馆，满汉助教各一人；琉球学，汉教习一人。又档子房、钱粮处，俱派员司其事。"

② 辛亥元旦：指康熙十年（1671）正月初一。吴伟业卒于是年十二月。

③ 泰山府君：泰山神。俗称东岳大帝。魏晋以来，道教称人死魂归泰山，以泰山神为地下之主。

④ 病革(jí)：病势危急。语出《礼记·檀弓上》："夫子之病革矣。"郑玄注："革，急也。"

⑤ 龚生：龚胜，字君宾，彭城(今江苏徐州市)人。西汉大臣。少好学，著名节，哀帝时召为谏大夫，屡上书言时政，迁丞相司直，徙光禄大夫，守右扶风。后称疾归乡里。王莽篡国，拜胜为讲学祭酒，不应。复强征为太子师友、祭酒，拒不受命。谓门人高晖等曰："吾受汉家厚恩，亡以报，今年老矣，旦暮入地，谊岂以一身事二姓下见故主哉！"绝食十四日而死。死后，有老父来吊，哭甚哀，曰："嗟乎！薰以香自烧，膏以明自销。龚生竟夭天年，非吾徒也。"遂趋而出，莫知其谁。事见《汉书·王贡两龚鲍传》。此句用龚生典，表达仕清为贰臣的痛悔。

⑥ 华佗：又名旉，字元化，沛国谯(今安徽亳州市)人。东汉末名医。曾创用麻沸散作全身麻醉后施腹部手术，又创五禽戏以增强体质。建安十三年(208)，因不从曹操征召被杀。

⑦ 艾灸：中医针灸疗法之一。用艾炷熏灸穴位以治病。

⑧ 脱屣：脱掉鞋子。比喻看得轻，无所顾恋。　妻孥：妻子和儿女。

⑨ 拏舟：撑船。

12. 时文诗古文

予尝见一布衣有诗名者，其诗多有格格不达①，以问汪钝翁编修②，云："此君坐未尝解为时文故耳③。"时文虽无与诗古文，然不解八股，即理路终不分明。近见王恽《玉堂嘉话》一条④："鹿庵先生曰⑤：作文字当从科举中来。不然，而汗漫披猖⑥，是出入不由户也。"亦与此意同。(卷十三《谈艺三》)

【注释】

① 格格不达：谓扞格抵触而不通达。

② 汪钝翁：汪琬，字苕文，号钝翁，长洲(今江苏苏州市)人。少孤，自奋于学，于"五经"皆有所发明。顺治十二年(1655)进士，授户部主事。迁刑部郎中，坐累降补北城兵马司指挥。后以疾归，结庐尧峰山，闭户撰述，不交世事，学者称尧峰先生。康熙十八年(1679)，召试博学宏词科，授翰林院编修，纂修《明史》。在馆六十日，再乞病归，

归十年而卒,年六十七。　　编修:翰林院官属。清初设内三院"内翰林国史院""内翰林秘书院""内翰林弘文院",至康熙九年(1670)改内阁、翰林院。翰林院设掌院学士(满汉各一人,从二品,由大学士、尚书内特简)、侍读学士与侍讲学士(满各二人、汉各三人,正四品)、侍读与侍讲(满各三人、汉各四人,从四品);以下修撰、编修、检讨(无定员,从五品)、庶吉士(无定员,由新进士改用);其属有典簿(满汉各一人,从八品)、孔目(满汉各一人,满员从九品,汉员未入流)、待诏(满汉各二人,从九品)、笔帖式(满四十人、汉四人)。

③ 时文:明清科举应试文体八股文。为乡试、会试第一场所用文体。文章就"四书"取题。开始先揭示题旨,为"破题";接着承上文而加以阐发,为"承题";然后申发议论,称"起讲";再后为"入题",为起讲后的入手之处。以下再分"起股""中股""后股"和"束股"四段,每段皆有两股排比对偶文字,合共八股,故称八股文。

④ 王恽:字仲谋,号秋涧,汲县(今河南新乡市卫辉市)人。蒙古中统元年(1260),东平宣抚使姚枢辟为详议官。寻选至京师,擢为中书省详定官。二年春,转翰林修撰、同知制诰兼国史院编修官。至元五年(1268),建御史台,首拜监察御史。十四年,除翰林待制,为朝列大夫。后历诸道提刑按察副使、提刑按察使,累官通议大夫、知制诰、同修国史。大德八年(1304)六月卒。追封太原郡公,谥文定。《玉堂嘉话》为其所撰笔记,记其二度入翰林时一切掌故闻见。

⑤ 鹿庵先生:王磐,字文炳,号鹿庵,广平永年(今属河北邯郸市)人。金正大四年(1227)经义进士。不赴官,致力于学。金亡,寓河内东平(今属山东泰安市)授业讲学。蒙古中统元年(1260),拜益都等路宣抚副使,后历参议行中书省事、翰林直学士、翰林学士、太常少卿。年八十,进资德大夫致仕,归东平。卒,年九十二。追封洛国公,谥文忠。

⑥ 汗漫披猖:谓漫无边际,飞扬恣肆。

13. 林 初 文 诗

宣城老儒丘华林者①,工书法,尝赋《梅花诗》百首,以示梅禹金②,梅但为点句读而已③。一日,闽人林初文(章)孝廉以一绝句示梅云④:"不待东风不待潮,渡江十里九停桡⑤；不知今夜秦淮水⑥，送到扬州第几桥⑦?"梅击节，逐字为加圈赞。丘见之愠曰："林诗二十八字，正得二十八圈。吾诗百篇，最少岂不直得二十八圈乎?"人传以为笑。(卷十三《谈艺三》)

【注释】

① 宣城：明宁国府治所(今属安徽)。　丘华林：生平事迹未详。

② 梅禹金：梅鼎祚，字禹金，宣城人。明季隐士。年十六，禀诸生。性不喜经生业，以古学自任，文词雅赡，海内皆知其名。阁臣申时行欲荐入朝，辞不赴。归隐书带园，构天逸阁藏书，坐卧其中。有《古乐苑》五十二卷，又辑有历代《文纪》。

③ 句读(dòu)：古人指文辞休止和停顿处。文辞语意已尽处为句，未尽而须停顿处为读。书面上用圈、点来标志。

④ 林章：字初文，明福清(今属福建福州市)人。幼能诗。万历元年(1573)举于乡。尝走塞上，从戚继光游，后挈家寓金陵。性刚正不羁，才情楚楚。关白之乱，上疏请出海上奇兵剿贼，不报。复抗疏请止矿税，驳日本和议之非，为忌者所中，下狱，愤懑暴病卒。　孝廉：明清指举人。参见第19页第16则注释①。

⑤ 停桡(ráo)：停止划桨。意谓停船。桡，船桨。

⑥ 秦淮：水名。流经南京入长江。为江南名胜之一。相传秦始皇南巡至龙藏浦，见王气，于是凿方山，断长垄为渎入于江，以泄王气，故名秦淮。

⑦ 扬州：明扬州府治所(今属江苏)。城内多桥。据宋沈括《梦溪笔谈·补笔谈》卷三："扬州在唐时最为富盛，旧城南北十五里一百一十步，东西七里三十步，可纪者有二十四桥。最西浊河茶园桥，次东大明桥(今大明寺前)。入西水门有九曲桥(今建隆寺前)，次东正当帅牙南门有下马桥，又东作坊桥，桥东河转向南，有洗马桥，次南桥(见在今州城北门外)。又南阿师桥，周家桥(今此处为城北门)，小市桥(今存)，广济桥(今存)，新桥，开明桥(今存)，顾家桥，通泗桥(今存)，太平桥(今存)，利园桥。出南水门有万岁桥(今存)，青园桥。自驿桥北河流东出，有参佐桥(今开元寺前)，次东水门(今有新桥，非古迹也)，东出有山光桥(见在今山光寺前)。又自衙门下马桥直南有北三桥，中三桥，南三桥，号'九桥'，不通船，不在二十四桥之数，皆在今州城西门之外。"

14. 退谷论经学

辛亥五月望后一日①,雨后过孙退谷先生城南书屋②,先生教以读书当通经,因言:"元儒经学,非后人所及。盖元时天下有书院百二十,各以山长主之③,教子弟以通经学。经学既明,然后得入国学④。即如吴渊颖、程普德辈⑤,其集人多不知。明初,人犹多经学,皆元时遗逸,非后辈所及。"因出近日所撰《诗经集解》三十卷示予,意主小序,且言:"生平学问以朱子为宗⑥,独于《毛诗》不然⑦。"予问:"吕氏《读诗纪》、严氏《诗缉》如何⑧?"先生云:"吕氏集众说,不甚成片段;严氏太巧,只似诗人伎俩,非解经身分。"又言:"《春秋程传》⑨,考事不尽凭三传⑩,亦不尽离三传;取义不尽拘类例⑪,亦不尽屏类例。朱子因此书不敢复注《春秋》,其推尊可谓至矣。然其时以党祸方作⑫,至《桓公九年》阁笔,未为完书。予于是广集诸儒之说,妄为补之,有成书矣⑬。"又言:"古本《孝经》与今传本迥别。"且言:"《五经翼》是十五年前所撰⑭,不过集诸经序论耳,无当经学也。"时先生已七十有九,读书日有程课⑮,著述满家,可谓耄而好学者矣⑯。(卷十五《谈艺五》)

【注释】

① 辛亥:指康熙十年(1671)。　五月望:五月十五日。

② 孙退谷:孙承泽,号退谷,益都(今山东潍坊市青州市)人。世隶上林苑籍,故自称曰北海。明崇祯四年(1631)进士,官至兵科给事中。甲申之变,降李自成,为四川防御使。入清,累官吏部侍郎。顺治中乞休,筑别业于西山,藏书数万卷,读书著述以终。其著作颇丰,今存《元朝典故编年考》《庚子销夏记》《春明梦馀录》《砚山斋杂记》等。

③ 山长:唐及五代时,对山居讲学者的敬称。宋元时为官立书院置山长,讲学兼领院务;明清时改由地方聘请。清末改书院为学堂,山长之制遂废。

④ 国学:国家所设学校,如国子监。

⑤ 吴渊颖:应作"吴渊颖"。吴莱,字立夫,元浦阳(今浙江金华市浦江县)人。延祐元年(1314)复科举之制,以《春秋》贡于乡试,礼部试不第。后以荐署饶州路长芗书院山长,未行而卒,年仅四十四。其门人金华宋濂等私谥渊颖先生。据其谥议,取经义

元深为渊,文词贞敏为颖。有《渊颖集》十二卷。　　程普德:未详何许人。或指元代学者程端礼、程端学兄弟。端礼字敬叔,端学字时叔,庆元(今浙江宁波市)人。端礼年十五能记诵"六经"。时皆尊尚陆九渊之学,端礼独传朱熹之学。著《读书分年日程》,国子监颁示郡邑学官,为学者式。仕至衢州路儒学教授。端学通《春秋》,登至治元年(1321)进士第,官国子助教。动有师法,刚严方正,学者咸严惮之。迁太常博士,命未下而卒。著有《春秋本义》《三传辨疑》《春秋或问》等。时人尊其兄弟为"后二程"。

⑥ 朱子:南宋理学家朱熹。字元晦,一字仲晦,号晦庵,别称紫阳。祖籍徽州婺源(今属江西上饶市),生于南剑州尤溪(今属福建三明市),寓居建阳(今属福建南平市)。绍兴十八年(1148)进士及第,累官秘阁修撰。师事李侗,为二程(颢、颐)四传弟子,南宋理学集大成者。讲学授徒五十馀年,世称"考亭学派",亦称考亭先生。庆元六年(1200)卒,年七十一。谥曰文。著述主要有《四书章句集注》《诗集传》《周易本义》,及后人所辑《晦庵先生朱文公文集》《朱子语类》等。

⑦ 毛诗:即今本《诗经》。相传为汉初学者毛亨和毛苌所传,故称。汉初有鲁、齐、韩、毛四家传《诗》。鲁、齐、韩三家用汉代通行隶书写定本传授,属今文经学派,武帝时已立学官;毛诗晚出,用先秦篆书本传授,属古文经学派,至东汉章帝时才立于学官。此后,习毛诗者渐增,今文三家诗遂废。

⑧ 吕氏《读诗纪》:即《吕氏家塾读诗纪》。南宋吕祖谦撰。祖谦字伯恭,婺州(今浙江金华市)人。出身官宦世家。隆兴进士,历著作郎兼国史院编修官。金华学派主要代表,学者称东莱先生。与朱熹、张栻齐名,时称"东南三贤"。淳熙八年(1181)七月病卒,年四十五。谥曰成。其为学兼采众长,尤重于史,不尚空谈阴阳性命之说。著有《近思录》《东莱集》《左氏博议》等,另编有《宋文鉴》《古文关键》等。　　严氏《诗缉》:南宋严粲撰。粲字坦叔,邵武(今属福建南平市)人。尝官清湘令。是书以吕祖谦《读诗纪》为主,而杂采诸说以发明之。

⑨ 春秋程传:即宋程颐《春秋传》,见《程氏经说》卷五。颐字正叔,学者称伊川先生,洛阳(今属河南)人。曾任秘书省校书郎,官至崇政殿说书。与兄颢学于周敦颐,并同为北宋理学奠基者,世称"二程"。讲学达三十馀年。其学说后为朱熹所承,世称程朱学派。程颐《春秋传》至《桓公九年》止,其后为门人取旧解而续。《程氏经说》卷

五："先生作《春秋传》至此而终,旧有解说者,纂集附之于后。"

⑩ 三传：汉代治《春秋》,有《公羊传》《穀梁传》《左传》,合称三传。

⑪ 类例：类别与体例。

⑫ 党祸：北宋绍圣元年(1094),哲宗亲政,起章惇为尚书左仆射兼门下侍郎,恢复新法,力排元祐时起用的大臣。史称"元祐党祸"。至崇宁元年(1102),徽宗以蔡京为相,尽复绍圣之法,立碑于端礼门,书司马光以下三百九人之罪状,称"元祐党人碑"。旧党中程颐洛党、苏轼蜀党、刘挚朔党等皆入籍,尽遭贬斥。

⑬ 成书：指《春秋程传补》二十卷,孙承泽撰。是编以程子《春秋传》非完书,集诸儒之说以补之。其词义高简者重为申明,阙略者详为补缀。书成于康熙九年(1670)。

⑭ 五经翼：孙承泽撰。是编杂取前人诸经序跋论说,以类相次,得《易》四卷、《书》二卷、《诗》四卷、《春秋》六卷、《礼记》二卷、《周礼举要》二卷,凡二十卷。《四库全书总目提要》评曰："其书采摭未备,不及朱彝尊《经义考》之淹洽。至《周礼举要》,备举五官大义,亦颇有所发明,然议论多而考证少,亦异于先儒专门之学。"

⑮ 程课：犹课程。规定学业内容与进程。

⑯ 耄(mào)：年老；高龄。古称大约七十至九十年龄。

15. 方 尔 止

　　刘贡父平生未尝议人长短①,有不韪②,必面折之,退无一语,此长者之行也。亡友桐城方尔止③,潇洒有天趣,每见人诵诗者,辄为窜改,其人不乐,方亦不顾也。然退未尝不称其长而掩覆其短。予以此重之。方事多可笑,秀水李良年④,字武曾,方一日与札,故作"增"字。李明日见曰："先生误矣,某字武曾,非增也。"方曰："吾正恐人误作武曾(读如层)耳。"闻者皆笑。(卷十五《谈艺五》)

【注释】

① 刘贡父：刘攽,字贡父,号公非,北宋临江新喻(今江西新余市)人。庆历六年(1046)进士。为州县官二十年,迁国子监直讲。欧阳修等荐试馆职,得馆阁校勘。熙宁(1068—1077)中,判尚书考功、同知太常礼院。因反王安石新法,出为地方官。官至

中书舍人。卒,年六十七。攽著书百卷,尤邃史学,曾助司马光修《资治通鉴》,专任汉史。

② 不题:不是;过错。

③ 方尔止:方文,字尔止,号嵞山,桐城(今属安徽安庆市)人。明末诸生。入清不仕,与复社、几社中人交游。有诗名。

④ 李良年:字武曾,秀水(今浙江嘉兴市)人。康熙十八年(1679),尝冒虞兆漋之姓名荐举博学宏词科。年少时有隽才,游踪遍天下,其诗亦颇得江山之助。有《秋锦山房集》二十二卷。

16. 耕者王清臣

天启初①,颍川张远度买田颍南之中村②,地多桃花林。一日,携榼独游③,见耕而歌者,徘徊疃间④,听之,皆杜诗也⑤。遂呼与语,耕者自言王姓,名清臣,旧有田,畏徭役,尽委诸其族,今为人佣耕。少曾读书。客有遗一册于其舍者,卷无首尾,读而爱之,故尝歌,亦不知杜甫为何人也。异日远度过其庐,见旧历背煤字漫灭,乃烧细枝为笔所书,皆所作诗,后经乱不知所在。张独传其一篇云:"人生如泛梗⑥,飘飘殊无根。饮啄得几许⑦?营营晨与昏⑧。对此春日好,荷锄出南原。近观草色敷,静听鸟语繁。诸有弄化本⑨,杂逻呈真元⑩。晓然似供我,宁不倒清樽⑪?有身贵适意,穷达安足论!"此亦杜五郎之流欤⑫?(卷十六《谈艺六》)

【注释】

① 天启:明熹宗朱由校年号(1621—1627)。

② 颍川:古郡名。秦汉时置颍川郡,治阳翟(今河南许昌市禹州市)。北朝至隋,移郡治颍阴(北齐改长社,今河南许昌市)。唐时改许州,另置颍州,治汝阴(今安徽阜阳市)。明于颍州设颍川卫,隶河南都指挥使司。此处"颍川"即指颍州。　颍南:在颍州西北界首(今安徽阜阳市界首市)。

③ 榼(kē):古代盛酒或贮水器具。亦泛指盒类容器。

④ 疃(tuǎn):即町疃。田舍旁空地。

⑤ 杜诗：唐杜甫之诗。

⑥ 泛梗：水上漂浮的草木根茎、枝杈。

⑦ 饮啄：本为形容禽鸟觅食时的自由自在。《庄子·养生主》："泽雉十步一啄，百步一饮，不蕲畜乎樊中。"此处引申为人生存所需的饮食。

⑧ 营营：劳碌貌。

⑨ 诸有弄化本：意谓万物变化皆显现教化之本。诸有，所有一切。化本，教化之本。

⑩ 杂逯(tà)：亦作"杂沓"。纷杂繁多貌。　真元：事物的本性。

⑪ 清樽：亦作"清尊"。酒器。亦指清酒。

⑫ 杜五郎：宋沈括《梦溪笔谈》中所载人物。其生平事迹与此则王清臣略近。《笔谈》卷九《人事一》："颍昌阳翟县有一杜生者，不知其名，邑人但谓之杜五郎。所居去县三十馀里，唯有屋两间，其一间自居，一间其子居之。室之前有空地丈馀，即是篱门，杜生不出篱门凡三十年矣。黎阳尉孙轸曾往访之，见其人颇潇洒，自陈'村民无所能，何为见访'。孙问其不出门之因，其人笑曰：'以告者过也。'指门外一桑曰：'十五年前，亦曾到此桑下纳凉，何为不出门也？但无用于时，无求于人，偶自不出耳。何足尚哉！'问其所以为生，曰：'昔时居邑之南，有田五十亩，与兄同耕。后兄之子娶妇，度所耕不足赡，乃以田与兄，携妻子至此。偶有乡人借此屋，遂居之。唯与人择日，又卖一药，以具馆粥，亦有时不继。后子能耕，乡人见怜，与田三十亩，令子耕之，尚有馀力，又为人佣耕，自此食足。乡人贫，以医卜自给者甚多，自食既足，不当更兼乡人之利，自尔择日、卖药，一切不为。'又问常日何所为，曰：'端坐耳，无可为也。'问颇观书否，曰：'二十年前亦曾观书。'问观何书，曰：'曾有人惠一书册，无题号，其间多说《净名经》，亦不知《净名经》何书也。当时极爱其议论，今亦忘之，并书亦不知所在久矣。'气韵闲旷，言词精简，有道之士也。盛寒但布袍草履，室中枵然，一榻而已。问其子之为人，曰：'村童也。然质性甚淳厚，未尝妄言，未尝喜游，唯买盐酪则一至邑中，可数其行迹，以待其归，径往径还，未尝傍游一步也。'予时方有军事，至夜半未卧，疲甚，与官属闲话，轸遂及此，不觉肃然，顿忘烦劳。"

17. 考 功 诗

从叔祖季木考功（象春）①，跌宕使气，常引镜自照曰："此人不为名士，必当作

贼。"尝奉使长安，饮于曲江②，赋诗云："韦曲杜陵文物尽③，眼中多少可儿坟。"其傲
兀如此。有《题项王庙》乐府一篇云④："三章既沛秦川雨⑤，入关更纵阿房炬⑥，汉王
真龙项王虎。玉玦三提王不语⑦，鼎上杯羹弃翁姥⑧，项王真龙汉王鼠。垓下美人
泣楚歌⑨，定陶美人泣楚舞⑩，真龙亦鼠虎亦鼠。"此诗刘公戢绝爱之⑪。公与文光禄
太青友善⑫，诗亦齐名。钱牧斋尚书云⑬："文天瑞如魔波旬⑭，具诸天相，能与帝释
战斗⑮，遇佛出世，不免愁宫殿震坏。王季木如西域婆罗门⑯，邪师外道，自有门庭，
终难皈依正法，然其警策处，要自不可磨灭。"《列朝诗》中仅录三首⑰，又非佳作。
（卷十六《谈艺六》）

【注释】

① 王象春：字季木，明新城（今山东淄博市桓台县新城镇）人。王士禛祖父象晋之弟。
万历三十八年（1610）进士第二，授上林苑典簿。迁南京大理寺评事，累官吏部考功
郎中。廉正，精于诗文，与锺惺齐名。　考功：明吏部四清吏司之一。明制，吏部下
设文选、验封、稽勋、考功四清吏司，以赞尚书。每司设郎中（正五品）、员外郎（从五
品）、主事（正六品）各一人。文选司，掌官吏班秩迁升、改调之事；验封司，掌封爵、袭
荫、褒赠、吏算之事；稽勋司，掌勋级、名籍、丧养之事；考功司，掌官吏考课、黜陟
之事。

② 曲江：即曲江池。位于长安（今陕西西安市）城东南。秦为宜春苑，汉为乐游原，有
水流曲折，故称。隋改名芙蓉园，唐复名曲江，为长安士民中和、上巳等盛节游赏胜
地。唐末水涸池废。

③ 韦曲：唐地名。位于长安城南郊。另有杜曲。唐望族韦氏、杜氏分别世居于此。其
地依山傍水，风景秀丽，为唐时游览胜地，并称"韦杜"。　杜陵：古县名。在长安城
东南，为汉宣帝陵墓所在地。

④ 题项王庙：朱彝尊《明诗综》卷六十五录此诗，题作《书项王庙壁》。　乐府：诗体名。
本指乐府官署所采集、创作的乐歌，后指可以入乐的诗歌或仿效乐府古题的作品。

⑤ 三章句：谓刘邦初入咸阳，废秦刑法，召关中诸县父老、豪杰"约法三章"。三章曰：
"杀人者死，伤人及盗抵罪。"见《史记·高祖本纪》。

⑥ 入关句：谓项羽后入关，引兵屠咸阳，杀秦降王子婴，烧秦宫室。阿房（ēpáng），指

秦所建王宫前殿，规模宏大，至秦亡时犹未完工。因其在长安阿房村，故称"阿房宫"。

⑦ 玉玦句：谓"鸿门宴"上，范增三举所佩玉玦，示意项羽动手杀刘邦，项羽默然不应。玉玦，一种圆形而有缺口的玉器。示玉玦表示决断。

⑧ 鼎上句：谓楚汉相争，项王擒获刘太公与吕后，常置军中。告汉王欲烹太公，汉王曰："吾翁即若翁，必欲烹而翁，则幸分我一杯羹。"

⑨ 垓下句：谓项王兵败，被汉军围于垓下，四面皆楚歌。项王有美人名虞，有骏马名骓，乃慷慨悲歌曰："力拔山兮气盖世，时不利兮骓不逝。骓不逝兮可奈何，虞兮虞兮奈若何！"虞姬和之。张守节正义引《楚汉春秋》虞美人和歌曰："汉兵已略地，四方楚歌声。大王意气尽，贱妾何聊生！"垓下，在汉沛郡洨国东北（今安徽宿州市灵璧县东南）。以上均见《史记·项羽本纪》。

⑩ 定陶句：谓汉高祖刘邦宠妃戚夫人，定陶（今山东菏泽市定陶县北）人，善歌舞。有子名如意，封赵王。高祖晚年欲以如意代太子盈，吕后用张良策，请商山四皓辅佐太子。高祖乃罢，召戚夫人曰："我欲易之，彼四人辅之，羽翼已成，难动矣。吕后真而主矣！"戚夫人泣。上曰："为我楚舞，吾为若楚歌。"歌数阕，戚夫人嘘唏流涕。未几，高祖崩，吕后毒死如意，断戚夫人手足，挖眼灼耳，喂以哑药，令居厕中，谓为"人彘"，数日后乃死。见《史记·留侯世家》及《吕后本纪》。

⑪ 刘公㦉：刘体仁，字公㦉，颍州（今安徽阜阳市）人。顺治十二年（1655）进士。历官吏、刑二部郎中。工诗文，寄兴天真，与宋荦、汪琬、王士禛、施闰章等唱和，时号"十才子"。喜作画而不工，恒畜一画师代笔。又嗜古，精鉴赏，富收藏。著有《七颂堂识小录》《蒲庵集》等。

⑫ 文太青：文翔凤，字天瑞，号太青，明三水（今陕西咸阳市旬邑县）人。万历三十八年（1610）进士。历官太仆寺少卿、光禄寺卿。工诗，穷于《易》。著有《太微经》《东极篇》《文太青文集》等。　　光禄：光禄寺，朝廷事务机构之一。明清设有五寺，即大理、太常、光禄、太仆、鸿胪。各寺长官为"卿"，副官为"少卿"。清光禄寺，掌燕劳荐飨，辨品式，稽经费之事。设管理寺事大臣（一人，特简）、卿（满汉各一人，从三品）、少卿（满汉各一人，正五品）；其属为典簿厅典簿（满汉各一人，从七品）；大官、珍馐、良酝、掌醢四署署正（满汉各一人，从六品）、署丞（满二人，从七品）；银库司库（满二

人）；笔帖式（满十八人）。

⑬ 钱牧斋：钱谦益，字受之，号牧斋，明常熟（今属江苏苏州市）人。万历三十八年（1610）进士及第，授编修。历官至礼部侍郎。崇祯时为温体仁所讦，革职。南明弘光时，谄事马士英、阮大铖，官礼部尚书。后降清，授礼部侍郎掌秘书院事。寻告病归里，暗中参与反清复明之事。康熙三年（1664）卒，年八十三。家富藏书，学殖宏博，为明清之际文坛领袖。著有《初学集》《有学集》《投笔集》等，编有《列朝诗集》。

⑭ 魔波旬：佛教中恶魔名。欲界第六天天主，能断除人之生命与善根。

⑮ 帝释：亦称"帝释天"。佛教护法神之一，为三十三天天主，护佑释迦牟尼成佛。

⑯ 婆罗门：此指印度古宗教。以崇拜婆罗贺摩而得名，以《吠陀》为最古经典。信奉多神，其中有三主神：婆罗贺摩（梵天，即创造之神）、毗湿奴（遍入天，即保护之神）、湿婆（大自在天，即毁灭之神）。后因佛教、耆那教的广泛传播，婆罗门教渐趋衰落。大约在公元八世纪，经商羯罗等改革，吸收佛教和耆那教某些教义，改称"印度教"。

⑰ 列朝诗：钱谦益所编诗集名。选录有明一代诗作，凡八十一卷，入选诗人一千六百馀家。因钱谦益曾参与反清事，其著述在清皆遭禁毁。

18. 武 风 子

武风子，云南之武定人①，名恬，或言其先军卫官也②。尝行乞市中，或寄宿僧寺，状若清狂不慧，特有巧思，能于竹箸上烧方寸木炭，画山水人物台阁鸟兽林木，曲尽其妙。尝画凌烟阁功臣、瀛洲十八学士③，须眉意态，衣褶剑履，细若丝粟，而一一生动。或以酒延致之，以箸散布其侧，醉辄取画，运斤成风。藩王、督抚、藩臬大吏欲邀致④，即逃匿山谷，不见也。其箸一束，直白金数星⑤。宦滇南者，远馈京师，用充方物⑥，亦奇技也。风子醉后，或歌或笑，或说《论语》，有奇解。年六十馀卒。《卢氏杂记》云⑦：故德州王使君椅⑧，有笔一管，约一寸许，管两头各出半寸以来，中间刻《从军行》一幅，人马毛发屋木亭台远水，无不精绝。每一事刻《从军行》二句，云用鼠牙刻之。故崔郎中鋋有《王氏笔管记》⑨，此其类焉。（卷十六《谈艺六》）

【注释】

① 武定：明初置武定军民府。明末，改土归流后为武定府(治今云南楚雄州武定县)。

② 军卫官：明军队卫所官。明代兵制为卫所制，军事要地设卫，次要地区设所，全国军队皆编置于卫所中，隶于各省都指挥使司。卫设官有指挥使(正三品)、指挥同知(从三品)、指挥佥事(正四品)，所设官有正千户(正五品)、副千户(从五品)、镇抚(从六品)等。

③ 凌烟阁：朝廷所建绘有功臣画像的高阁，以示表彰。其中，以唐太宗贞观十七年(643)画功臣二十四人像于凌烟阁之事最著名。太宗亲为之赞，褚遂良题阁，阎立本画。　瀛洲十八学士：唐太宗为秦王时，设文学馆以待四方之士，入馆者称为"登瀛洲"。时有杜如晦、房玄龄等十八人为文学馆学士，命阎立本图其状貌、褚亮题赞，号《十八学士写真图》，藏之书府。

④ 藩王：拥有封地或封国的亲王、郡王。　督抚：明清地方最高长官总督和巡抚的并称。　藩臬：明清地方布政使和按察使的并称。三者皆为地方权贵。

⑤ 星：量词。用于金、银。

⑥ 用充方物：意谓用于充当地方特产进贡朝廷。

⑦ 卢氏杂记：唐卢言撰。一卷。卢言，会昌(841—846)中官大理卿。

⑧ 德州：唐德州，治安德(今山东德州市陵县)。　王倚：一作"王倚"。唐元和(806—820)朝兵部尚书王绍之孙。倚曾任德州刺史，高雅博古，善琴阮。　使君：对府、州长官的尊称。

⑨ 崔铤：未详何许人。宋郭若虚《图书见闻志》卷五："故崔铤郎中文集中有《王氏笔管记》，体类韩退之《记画》。"

19. 梨 花 渔 人

会稽姜铁夫(梗)说①：其乡近岁有渔人，独居无家室，所居有梨花数十树，人呼为"梨花渔人"。一夜月明，放舟湖中，闻岸上有人呼渡，移船近之，未抵岸，其人已在舟中矣。视之尼也，年可十七八，衣缟而姿首甚丽②。诘所从来，不应。将及家，登岸，穿林冉冉而去③。渔人心知非人。明日晚归，灯火荧然，则尼已先在室中矣。

渔人稍疑惧,尼曰:"我非人也,居湖边某村,父母自幼送我为尼,今年月日死,以与君有凤缘④,故来相从。且君当得佳妇,亦须我为作合,幸勿讶也。"自此鸡鸣而去,夜即复来,如是将一载。邻里皆闻渔人室有异香。里中某氏,有女及笄⑤,一日忽有鬼物凭之,言祸福,多奇中,且云:"汝女病,惟某渔人善医;且凤缘当为某妇,否者死矣。"其父母惧,邀渔人至其家,渔人不知所以,固辞归。迨暮,尼复来告曰:"我与君凤缘已尽,当从此辞。此女当为君妇,祟即我所为⑥,君何辞耶?"渔人谊不负心⑦,因与盟誓。尼感动泣下,亦不复强。明日,渔人以告女之父母,鬼遂不至。不数月,渔人竟卒。(卷二十《谈异一》)

【注释】

① 姜梗:字铁夫,号桐柏,会稽(今浙江绍兴市)人。据清李玉棻《瓯钵罗室书画过目考》卷二:"(梗)以布衣名重公卿,工诗翰,著《曹山草堂》《饭狭居》等集。所交皆知名士,酬唱自娱唐笛舫上舍。藏有小行书诗笺数通合卷,笔意雅逸,童钰、袁枚、周京、方薰四跋。"

② 衣缟:衣缟衣。穿着白绢衣裳。缟衣,未嫁女子所服。 姿首:美丽容貌。

③ 冉冉:渐进貌。形容事物慢慢变化或移动。

④ 凤缘:前生姻缘。

⑤ 及笄(jī):古代指女子年满十五。女子年十五而簪发,故称。笄,发簪。

⑥ 祟:鬼怪或鬼怪害人。

⑦ 谊不负心:谓道义上不允许负心。谊,同"义"。

20. 工 人 善 琴

万历末,詹懋举者守颍州①,偶召木工,詹适弹琴,工立户外,矫首画指②,若议其善否者。呼问之曰:"颇善此乎?"曰:"然。"使之弹,工即鼓前曲一过,甚妙。詹大惊异,诘所自。工曰:"家在西郭外,往见一老人贸薪入城,担头常囊此,因请观之,闻其弹,心复悦之,遂受学耳。"詹予以金,不受,曰:"某,贱工也,受工之直而已③。"又曰:"公琴皆下材④,工有琴,即老人所贻,今以献公。"果良琴也。詹乃从竟学,一

时琴师莫能及。(卷二十《谈异一》)

【注释】

① 詹懋举：未详何许人。　守颍州：知颍州。明凤阳府颍州知州。

② 矫首画指：谓探头指指点点。矫首,犹昂首。画指,即指画。

③ 工之直：做工之酬金。

④ 下材：下等材料。

21. 义　　虎

　　汾州孝义县狐岐山多虎①。明嘉靖中,一樵人朝行,失足堕虎穴,见两虎子卧穴内,深数丈,不得出,彷徨待死。日将晡②,虎来,衔一生麇,饲其子既,复以馂予樵③,樵惧甚,自度必不免。迨昧爽④,虎跃去,暮归饲子,复以馂与樵。如是月馀,渐与虎狎。一日,虎负子出,樵夫号曰:“大王救我!”须臾,虎复入,俯首就樵,樵遂骑而腾上,置丛箐中⑤。樵复跪告曰:“蒙大王活我,今相失,惧不免他患,幸导我通衢⑥,死不忘报。”虎又引之前至大道旁。樵泣拜曰:“蒙大王厚恩无以报,归当畜一豚县西郭外邮亭下⑦,以候大王,某日日中当至,无忘也。”虎颔之。至日,虎先期至,不见樵,遂入郭,居民噪逐,生致之,告县。樵闻之,奔诣县厅,抱虎痛哭曰:“大王以赴约来耶?”虎点头。樵曰:“我为大王请命,不得,愿以死从大王。”语罢,虎泪下如雨。观者数千人,莫不叹息。知县,莱阳人某也⑧,急趣释之⑨,驱至亭下,投以豚,大嚼,顾樵再三而去。因名其亭曰“义虎亭”。宋荔裳(琬)作《义虎行》、王于一(猷定)作《义虎传》纪其事⑩。(卷二十《谈异一》)

【注释】

① 汾州孝义县：明汾州府孝义县(今山西吕梁市孝义市)。县西北有狐岐山,胜水出焉。

② 日将晡：将近傍晚。晡,申时,即十五至十七时。

③ 馂(jùn)：剩馀食物。

④ 昧爽：拂晓；黎明。

⑤ 丛箐：茂密的竹林。

⑥ 通衢：四通八达的道路。

⑦ 县(xuán)：悬挂。　邮亭：驿馆；递送文书者投止之处。

⑧ 莱阳：明登州府莱阳县(今山东烟台市莱阳市)。

⑨ 急趣(cù)：犹急促。迅速。

⑩ 宋琬：号荔裳。参见第55页第10则注释③。其诗集已散佚。　王猷定：字于一，南昌(今属江西)人。明贡生。曾入史可法幕中，明亡不仕。以诗古文词自负，对客讲论，每举一事，原原本本，听者心折。兼有笔札、喉舌之妙，书法亦擅名一时。所著有《四照堂集》。其作《义虎传》，录入《明文海》卷三百五十二，题作《义虎记》。

22. 郑 刺 史 祠

　　王玙似，字鲁珍，益都诸生也。康熙元年，省父保宁太守玉生(字稚昆)①，归次凤翔横水西②，迷失道。时方五月，暍甚③，遥见山麓屋宇，隐隐出林表，策马赴之，可五六里。至则古木参天，藤蔓纠结，渐入阴黝，不见曦景④。猵伏鼠窜，栖鹘磔磔⑤，惊起丛薄间⑥，心悸欲返。更误入败垣北，得一亭，蒿藜没径，阒无人迹，系马阶楹，转入东北隅，有堂巍然。堂后素壁上题诗，灭没不完，有云："残魂摇远梦，弱骨冷空山。"又云："金刀断织韩香事⑦，千载衔冤泣月明。"方吟讽然疑之顷，忽墙下窦窌有声，一巨蛇出草间，拔刃逐之，乃引至别院。一室类祠庙，室中有塑像绿衣少年，衣冠甚古。室东西正黑如夜，西北隅微茫，有物如床几，不敢近，稍以刃穴坏牖，土石视之，天光穿漏，则一败柩耳。睇其中，丰鬓纤足，女子也。虽衣花成土，而依稀可辨，胸压匕首，剪刀出其左胁。忆壁间诗，殆以此，因以土覆其身而出。比纡回出林木，日已将夕，僮仆方彷徨道左，乃觅路东行。恍忽见一女子，拊心倒行马前，既而形随目瞩，化身百千。投逆旅假寐，梦女子来云："荷君厚意，后十三年再得相见。"比觉，问店主人，云："郑刺史祠也。闯寇已来⑧，久为豺虎之窟，欲焚其处而未果也。"然十三年后，竟无所遇云。(王生，予门人。)(卷二十三《谈异四》)

【注释】

① 保宁:清保宁府,治阆中(今四川南充市阆中市)。　王玉生:字稚昆,益都(今山东潍坊市青州市)人。拔贡。顺治十五年(1658),任保宁府知府。

② 凤翔:清凤翔府,治凤翔(今陕西宝鸡市凤翔县)。　横水:镇名。在凤翔府东南潢河边。

③ 暍(yē):暑热;热。

④ 曦景:阳光。

⑤ 栖鹘:栖息的鹰隼。　磔磔(zhé—):象声词。鸟鸣声。

⑥ 丛薄:茂密的草丛。

⑦ 韩香:即"韩寿香"。据《世说新语·惑溺》,晋贾充女午与韩寿私通,并将御赐其父之外域异香赠寿。后因以"韩寿香"指异香或男女定情之物。

⑧ 闯寇:指明末李自成军。李自成,本名鸿基,米脂(今属陕西榆林市)人。为银川驿卒。崇祯三年(1630),入不沾泥部,初号八队闯将。后归高迎祥部。迎祥死,继其号为闯王。转战于陕西、山西、河南、湖广、四川等地。十六年,克襄阳,称新顺王。旋克西安,立国号大顺,建元永昌。十七年攻入北京,称帝。俄明将吴三桂引清兵入关,迎战不利,退出北京。明年,战死于武昌府通山县九宫山。

23. 吹　笛

　　宋人小说记张子韶言①:闾巷有人以卖饼为生,吹笛为乐;仅得一饱资,即归卧其家,取笛而吹,如此有年。邻有富人察其人甚熟,欲委以财千馀。初不可,坚谕之,乃许诺。钱既入手,遂不闻笛声,但闻筹算声耳。其人大悔,急还富人钱,于是再卖饼,明日笛声如旧。此与唐刘伯刍所言安邑里粥饼人②,匆匆不暇唱《渭城》事绝相类③。今士大夫不及吹笛人者多矣。(卷二十三《谈异四》)

【注释】

① 宋人小说:此指南宋施德操撰《北窗炙輠录》。所记张子韶言,见其书卷下。　张子韶:张九成,字子韶,自号无垢居士,其先开封(今属河南)人,徙居钱塘(今浙江杭州

　市）。游京师，从杨时学。绍兴二年(1132)，廷试第一，授镇东军签判。累官宗正少卿，权礼部侍郎兼侍讲兼权刑部侍郎。因与秦桧不和，谪守邵州，复徙居南安军。桧死，起知温州。二十九年丐祠归，数月而卒，年六十八。宝庆初(1225)特赠太师，封崇国公，谥文忠。

② 刘伯刍：字素芝，唐洺州广平(今属河北邯郸市)人。刘禹锡从伯父。登进士第。行修谨，累迁刑部侍郎。元和十年(815)，以左常侍致仕，卒，年六十一。赠工部尚书。

　　安邑里：在唐西京长安外郭东城。　　粥(yù)：同"鬻"。卖。所记刘伯刍言，见唐韦绚《刘宾客嘉话录》："刑部侍郎从伯伯刍尝言：某所居安邑里巷口有鬻饼者，早过户，未尝不闻讴歌而当垆，兴甚早。一旦，召之与语，贫窘可怜。因与万钱，令多其本，日取饼以偿之。欣然持镪而去。后过其户，则寂然不闻讴歌之声，谓其逝矣。及呼乃至，谓曰：'尔何辍歌之遽乎？'曰：'本流既大，心计转粗，不暇唱《渭城》矣。'从伯曰：'吾思官徒亦然。'因成大噱。"

③ 渭城：乐府曲名。又名《阳关》。出自唐王维《送元二使安西》："渭城朝雨裛轻尘，客舍青青柳色新。劝君更尽一杯酒，西出阳关无故人。"后谱入乐府，便以诗中"渭城"名曲。

24. 剑　　侠

　　某中丞巡抚上江①，一日，遣吏赍金三千赴京师，途宿古庙中，扃鐍甚固②，晨起已失金所在，而门钥宛然，怪之。归告中丞，中丞怒，亟责偿。官吏告曰："偿固不敢辞，但事甚疑怪，请予假一月往踪迹之，愿以妻子为质。"中丞许之。比至失金处，询访久之，无所见，将归矣，忽于市中遇瞽叟③，胸悬一牌云："善决大疑。"漫问之，叟忽曰："君失金多少？"曰："三千。"叟曰："我稍知踪迹，可觅车子乘我，君第随往④，冀可得也。"如其言。初行一日，有人烟村落，次日入深山，行不知几百里，无复村疃。至三日，逾亭午抵一大市镇⑤，叟曰："至矣。君但入，当自得消息。"不得已，第从其言。比入市，则肩摩毂击⑥，万瓦鳞次。忽一人来讯曰："君非此间人，奚至此？"告以故，与俱至市口觅瞽叟，已失所在。乃与曲折行数街，抵大宅，如王公之居，历阶及堂，寂无人，戒令少待。顷之，传呼令入，至后堂。堂中惟设一榻，有伟男子科跣坐其上，发长及骭⑦，童子数人执扇拂左右侍。拜跪讫，男子讯来意，具对，男子颐指语童子曰⑧："可将来！"即有少年数辈扛金至，封识宛然，问曰："宁欲得金乎？"吏叩头曰："幸甚，不敢请也。"男子曰："乍来此，且将息了却去。"即有人引至一院，扃门而去，日予三餐，皆极丰腆。是夜月明如昼，启后户视之，见粉壁上累累有物，审视之，皆人耳鼻也，大惊，然无隙可逸去，彷徨达晓。前人忽来传呼，复至后堂，男子科跣坐如初，谓曰："金不可得矣，然当予汝一纸书。"辄据案作书，掷之挥出。前人复导至市口，惝恍疑梦中⑨，急觅路归。见中丞，历述前事，叱其妄，出书呈之。中丞启缄，忽色变而入，移时⑩，传令归舍，并释妻子，豁其赔偿⑪。吏大喜过望。久之，乃知书中大略：斥中丞贪纵，谓勿责吏偿金，否则某月日夫人夜三更睡觉，发截若干寸，宁忘之乎？问之夫人良然，始知其剑侠也。日照李洗马（应廌）闻之望江龙简讨（燮）云⑫。（卷二十三《谈异四》）

【注释】

① 中丞：明清指副都御史出任巡抚。参见第 47 页第 4 则注释⑪。　上江：多指长江上游地区，即夏口（今湖北武汉市武昌区）以上为上江。

② 扃镭（jiōngjué）：门闩锁钥之类。

③ 瞀叟：亦作"瞀瞍"。算命瞎子。

④ 第：但；只管。

⑤ 亭午：正午。

⑥ 肩摩毂击：人肩相摩，车毂相击。形容行人车马来往拥挤。

⑦ 骭（gàn）：肋骨；胁。

⑧ 颐指：谓以下巴动向示意而指挥人。常用以形容指挥别人时的傲慢态度。

⑨ 惝恍（chǎnghuǎng，又 tǎnghuǎng）：迷糊；恍惚。

⑩ 移时：经过一段时间。

⑪ 豁：豁免；免除。

⑫ 李应廌：日照（今属山东）人。康熙十五年（1676）进士。历洗马、日讲起居注官、左春坊左庶子、太常寺少卿，累官内阁学士兼礼部侍郎。效宋范仲淹，增广义田，以赡族里之贫者。　洗马：清詹事府属官，掌司经局经籍、典制、图书刊刻收藏。参见第

44 页第 2 则注释⑯。　龙燮：望江(今属安徽安庆市)人。监生。康熙十八年(1679)博学宏词科。官至检讨，尝预修《明史》。　简讨：即"检讨"。清翰林院属官。参见第 58 页第 12 则注释②。

25. 女　　侠

新城令崔懋以康熙戊辰往济南①，至章丘西之新店②，遇一妇人，可三十馀，高髻如宫妆③，髻上加毡笠，锦衣弓鞋，结束为急装，腰剑，骑黑卫④，极神骏，妇人神采四射，其行甚驶。试问何人？停骑漫应曰："不知何许人。"将往何处？又漫应曰："去处去。"顷刻东逝，疾若飞隼。崔云，惜赴郡匆匆，未暇蹑其踪迹，或剑侠也。从侄鹣因述莱阳王生言：顺治初，其县役某解官银数千两赴济南，以木夹函之。晚将宿逆旅，主人辞焉，且言镇西北不里许，有尼庵，凡有行橐者皆往投宿，因导之往。方入旅店时，门外有男子著红帩头⑤，状貌甚狞。至尼庵入门，有厅廨三间，东向，床榻备设。北为观音大士殿⑥，殿侧有小门扃焉。叩门久之，有老妪出应，告以故，妪云："但宿西廨不妨。"久之，持朱封镝山门而入⑦，役相戒夜勿寝，明灯烛，手弓刀伺之。三更，大风骤作，山门砉然而辟⑧，方愕然相顾，倏闻呼门声甚厉，众急持械以待，而廨门已启。视之，即红帩头人也，徒手握束香掷于地，众皆仆，比天晓始苏，银已亡矣。急往市询逆旅主人，主人曰："此人时游市上，无敢谁何者⑨，唯投尼庵客辄无恙，今当往诉耳。然尼异人，吾代往求之。"至则妪出问故曰："非为夜失官银事耶？"曰："然。"入白，顷之，尼出，妪挟蒲团敷坐⑩，逆旅主人跪白前事。尼笑曰："此奴敢来此弄狡狯，罪合死，吾当为一决。"顾妪入，牵一黑卫出，取剑臂之，跨卫向南山径去，其行如飞，倏忽不见。市人集观者数百人。移时，尼徒步手人头驱卫而返，驴背负木夹函数千金，殊无所苦。入门呼役曰："来，视汝木夹官封如故乎？"验之良是。掷人头地上曰："视此贼不错杀却否？"众聚观，果红帩头人也。众罗拜谢去。比东归，再往访之，庵已镝闭，空无人矣。尼高髻盛妆，衣锦绮，行缠罗袜，年十八九，好女子也。市人云，尼三四年前挟妪俱来，不知何许人。常有恶少夜入其室，腰斩掷垣外，自是无敢犯者。(卷二十六《谈异七》)

【注释】

① 新城：清济南府新城县(今山东淄博市桓台县新城镇)。　崔懋：辽阳州(今辽宁辽阳市)人，隶镶红旗汉军。康熙中知新城县。时水旱频仍，民多逋逃。懋力劝垦荒赈灾，修筑堤堰以利民田，一切赀费不取之于民间。居职十二年，政简刑清，老幼咸德之。寻擢知冀州，卒。　康熙戊辰：指康熙二十七年(1688)。　济南：清济南府，山东承宣布政使司、提刑按察使司驻地(今属山东)。

② 章丘：清济南府章丘县(今山东济南市章丘市西北)。

③ 宫妆：亦作“宫装”。宫中女子妆束。

④ 黑卫：黑驴。卫，驴的别称。

⑤ 帩(qiào)头：古代男子包头发的纱巾，即帕头。

⑥ 观音大士：即观世音菩萨。唐时避太宗讳，省称“观音”。佛教大乘菩萨，以为大慈大悲、救苦救难、有求必应。相传其道场在浙江普陀山。

⑦ 朱封镭：朱红标识的锁环。表示严禁开启。此句意谓用严禁开启的朱封镭锁住山门而入。

⑧ 𠱤(xū，又 huā)然：象声词。常用以形容破裂、折断、开启、高呼等声音。

⑨ 无敢谁何：没人敢盘诘查问。

⑩ 蒲团：用蒲草编成的圆形垫子。多为僧人坐禅或跪拜时所用。

在园杂志

《在园杂志》四卷，清刘廷玑撰。廷玑字玉衡，号在园，又号葛庄，辽阳州（今辽宁辽阳市）人，隶镶红旗汉军。由荫生官，康熙中，历台州通判、处州知府、擢江西按察使，后缘事降补分巡江南淮徐道。生平博学，留心风雅，工诗。所著除本书外，有《葛庄诗钞》《葛庄编年诗》等。

《在园杂志》杂记见闻，间有考证，大多精详可信。孔尚任《序》曰：「或纪官制、或载人物、或训雅释疑、或考古博物，即《夷坚》《诺皋》幻诞诙谐之事，莫不游衍笔端。」作者喜与当时文士唱和，评骘其优劣，又论及古今诗词、戏曲、小说、民谚等，见解独到，亦可备参考。

选文标题为今本点校者张守谦所拟。

1. 油煤鬼

东坡云^①：谪居黄州五年^②，今日北行，岸上闻骡驮铎声^③，意亦欣然。铎声何足欣？盖久不闻而今得闻也。昌黎诗"照壁喜见蝎"^④，蝎无可喜，盖久不见而今得见也。予由浙东观察副使奉命引见^⑤，渡黄河至王家营^⑥，见草棚下挂油煤鬼数枚^⑦。制以盐水合面，扭作两肢如粗绳，长五六寸，于热油中煤成黄色，味颇佳，俗名油煤鬼。予即于马上取一枚啖之。路人及同行者无不匿笑，意以如此鞍马仪从，而乃自取自啖此物耶^⑧。殊不知予离京城赴浙省，今十七年矣。一见河北风味，不觉狂喜，不能自持，似与韩、苏二公之意暗合也。（卷一）

【注释】

① 东坡：北宋文学家苏轼。字子瞻，号东坡居士。

② 黄州：北宋淮南西路黄州（治今湖北黄冈市东南）。元丰二年（1079）三月，苏轼由知徐州再贬湖州，寻遭御史台以作诗谤讪朝廷罪弹劾，七月被捕，八月入狱，十二月责授黄州团练副使本州安置。七年四月，自黄州移汝州，岁末抵泗州。明年正月离泗北行，三月神宗崩，得放归之命，遂经金陵，往常州居住。五月，复命知登州。此处所引东坡语，即八年正月四日离泗州北行时所作《闻骡驮试笔》："余谪居黄州五年，今日离泗州北行，岸上骡驮声空笼，意亦欣然，盖不闻此声久矣。"见《东雅堂韩昌黎集注》卷二《送文畅师北游》诗注引樊汝霖语。

③ 骡驮：指驮负货物的骡子。　铎：铃铛。用于牲口佩挂。

④ 昌黎：唐文学家韩愈。字退之，自称郡望昌黎，世称韩昌黎。"照壁喜见蝎"句，见韩愈《送文畅师北游》诗（《东雅堂韩昌黎集注》卷二）。　照壁：筑于寺庙、广宅前的墙屏。与正门相对，作遮蔽、装饰之用，多饰有图案、文字。　蝎：俗称"蝎子"。节肢动物，黄褐色，口两侧有螯一对，胸脚四对，后腹狭长，末端有毒钩，用来御敌或捕食。

⑤ 观察副使：清尊称道员为观察使。唐观察使为一道长官，掌考察所辖州县官吏政绩，后亦统理军政民事。清以分守、分巡道员亦管辖府州，故借以尊称之。参见第53页第8则注释④。因道员皆兼带布、按二司副官衔，故又称为"观察副使"。康熙

三十五年(1696)，刘廷玑由处州知府迁分巡温处道。

⑥ 王家营：明淮安府大河卫所设兵营(今江苏淮安市淮阴区王营镇)，在故黄河北岸。清在此设马号，称清口驿，为江南通京御道第一驿站。

⑦ 油煠(zhá)鬼：面食。即今"油条"。

⑧ 而乃：连词。表示转折。

2. 马 振 古

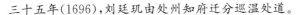

　　广平秀才马振古①，老不应试。其子初入泮②，望中甚切。除夕卜灶镜听③，俗所谓瓢儿卦也。出见妇人，亟问曰："我于何年得中？"答曰："驴子骑人那一年。"意以为必无之事也。一日郊行，见驴生驹，其主负驹而归，喜曰："此非驴子骑人耶！"即售田治装，趋赴秋闱④。振古闻子售田，以为必偿赌负，特借应试之名耳。怒甚，欲追而责之。渐至良乡⑤，同试者劝止，且曰："今文宗大收老手⑥，君宿学，曷亦一试棘闱乎⑦！"振古笑而从之。是科父子同榜，真奇验矣。诸同榜者称振古为年伯⑧，谓其子为同年也⑨。其子亦称诸同榜者为年伯，谓其父为同年也。一夕谯集，有友笑谓曰："今科乔梓定同连捷⑩，傥仅捷一，所愿在谁？"振古沉吟良久，曰："豚儿尚幼⑪。"众为哄堂。(卷一)

【注释】

① 广平：清直隶广平府(治今河北邯郸市永年县广府镇)。　秀才：明清指入府州县学生员。　马振古：永年(今属河北邯郸市)人。康熙五年(1666)举于乡，十年后中进士第。

② 入泮(pàn)：古代学宫前有水池，形如半月，称泮水，故称学校为泮宫。科举时代学童入学为生员称为"入泮"。

③ 卜灶镜听：亦作"向卜"。古代民俗。在除夕夜祭灶后，持镜外出听人说话，以卜吉凶。据清李光地《月令辑要》卷五："镜听，原《鬼谷子》：元旦之夕，汛扫置香灯于灶门，注水满铛，置杓于水，虔礼拜祝。拨杓使旋，随柄所指之方，抱镜出门密听人言，第一句即是卜者之兆。"

④ 秋闱：秋试。明清乡试均在秋八月于各省城(直隶在京师)举行,故称秋闱。

⑤ 良乡：清顺天府良乡县(今北京市房山区良乡镇)。

⑥ 文宗：明清时称提学、学正为文宗。亦用以尊称考试官。

⑦ 棘闱：即棘围。指科举时代的考场。

⑧ 年伯：科举时代尊称父亲同年登科者。亦用以称同年的父亲或伯叔。

⑨ 同年：古代科举同科中式者之互称。唐以称同榜进士,明清则乡试、会试同榜登科者皆称之。

⑩ 乔梓：喻父子。《尚书大传》卷四："伯禽与康叔见周公,三见而三笞之。康叔有骇色,谓伯禽曰:'有商子者,贤人也。与子见之。'乃见商子而问焉。商子曰:'南山之阳有木焉,名乔。'二三子往观之,见乔实高高然而上,反以告商子。商子曰:'乔者,父道也。南山之阴有木焉,名梓。'二三子复往观焉,见梓实晋晋然而俯,反以告商子。商子曰:'梓者,子道也。'二三子明日见周公,入门而趋,登堂而跪。周公迎拂其首,劳而食之,曰:'尔安见君子乎?'"

⑪ 豚儿：谦词。谦称自己的儿子。

3. 家 人 索 贿

　　仕途中交际,必委用家人①,然最有关系。盖伊给事左右②,窥伺意旨,容易作弊为奸。其于事务金帛,固所不免,未闻于诗文投赠亦恣肆需索者。甲子③,予谒王新城阮亭先生④,以《葛庄诗集》呈教⑤。先生一见,极口称赏,自许作序见贻。越月往领,阍人辞以未就⑥。适先生以宫詹奉命秩祀南海⑦,私计先生王事匆迫,必无暇及此。不知其脱稿已久,而家人辈匿为奇货,横索多金。予与先生文字交,若贿而得之,不几污先生之清白乎⑧? 迨祀毕先生回都,踵门往候⑨,入座即道前序因行急殊觉草草,予谢尚未颁发。先生怒诘家人,随检前叙见付。别后闻即重惩之矣。(卷一)

【注释】

① 家人：旧时称仆人。

② 给事左右：意谓在主人身边办理事务。给事,处事。

③ 甲子：指康熙二十三年(1684)。

④ 王新城阮亭：王士禛,字子真,又字贻上,号阮亭、渔洋山人,山东新城(今山东淄博市桓台县新城镇)人。康熙诗坛领袖。参见第39页《池北偶谈》题解。

⑤ 蒿庄诗集：刘廷玑自编诗集。《四库全书总目》作《蒿庄诗钞》十三卷。

⑥ 阍人：守门人。

⑦ 宫詹：太子詹事。隶东宫詹事府。参见第44页第2则注释⑯。　　秩祀：依礼制按等级所行之祭。　　南海：清祭南海于广州。参见第41页第2则。

⑧ 不几(jī)：反诘词。犹言不就如同。宋以后习用语。宋程颐《伊川易传》卷三：“然小人乖异者至众,若弃绝之,不几尽天下以仇君子乎?”宋苏轼《书传》卷七：“一者,不变也。如其善而一也,不亦善乎? 如其不善而一也,不几桀乎?”明罗贯中《三国演义》第四十七回：“大丈夫处世,不能立功建业,不几与草木同腐乎?”清陈启源《毛诗稽古编》卷十三：“因一字而疑之,不几以文害意乎?”

⑨ 踵门：登门;上门。

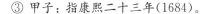

4. 高　　捷

　　新郑高相国文襄公(拱)①,其兄南直操江巡抚(捷)②,乡人皆称为都堂③。生来状貌迥异常人,而举动行事有堪绝倒者。自幼即遍体生毛,年十八髭须满颊。就童子试④,文宗见之,笑曰：“汝可归家抱孙矣。”答云：“童生年实弱冠,不幸须髯如戟。此父母遗体耳⑤,奈之何哉!”试既不售⑥,归家遂去髭须,戴小帽,着大红袍,骑马遍历街市,使人前导,令直呼曰：“不进学的高大胡子,欲学状元游街,岂不可羞! 岂不可耻!”从此奋志,夏日就池边苇窠傍读书,蚊虻小虫遍体。家人辈见之,劝其少息,为之频加拂拭。乃曰：“毋拂为也,此不上进之贱皮肤,正该蚊虻作践耳。”勤学苦志,遂连捷南宫⑦。历官大中丞南直操江巡抚⑧。莅任后适大盗反狱⑨,闻报,即赤体率抚标官将兵卒往捕⑩,群盗敛手受缚。讯之何以不斗就擒,盗曰：“见一天神,遍体如丝悬挂,火焰光生,心胆俱碎,是以不敢动手耳。”盖抚军遍身赤毛⑪,每夜卧则红光罩体。家人窃窥,见一大猪鼾睡于傍,巫者以为室火猪降生⑫。语近荒唐,岂其然乎? 明时官制,操江例当巡视各郡,所至行台⑬,每责巡捕官⑭。巡捕官患之,贿请于用事之家人。曰:"无他,因食不饱耳。"教以当如是,则可邀免。既驻宿,即如家人言,呈送酒筵一席,复令人抬极熟猪首一盘,馒首餺飥数十枚⑮,烧酒巨瓶,皆极热,从抚军前过。闻其馨香,即问曰:"此何为者?"禀曰:"犒从抚军。"曰:"如此好物,不敬老爷,反赏下人耶!"令列席前,手拈而食,大杯倾酒,顷刻俱尽。方就筵而坐,诸凡添换不遗馀沥,乃不复责巡捕矣。食量之大,可敌十人。一日,属下新任知县禀谒,少年进士,服饰华美。见其所戴纱帽,外织马尾,内炫金丝,光彩耀目,怒诘之:"此帽何来?"答曰:"京师新兴。"大怒曰:"我也与你个新兴。"命隶役杖之。知县窘甚,再三恳求,免冠谢过方免。知县忍而衔之。未几,行取台中⑯,特疏列款揭参⑰。时弟文襄公当国,按其奏章,星夜遣人至皖城⑱,令其以病请休,庶可保全。抚军见弟手书,怒谓家人曰:"你相公叫我致仕⑲,难道他要做官,便不许我做官么!他道他宰相大,就不知哥哥还大!看我打得他宰相,打不得他宰相。"如此固执,文襄无奈,曲全令归林下。罢职后,日惟与一老友象戏以自娱⑳。一日,忽入内久不出,老友馁甚,又不可归,告之家人。家人禀曰:"某相公饥甚,欲归耳。不然当吃午饭矣。"叱曰:"吃甚午饭?你叫他去吃那当头炮。"盖自忿屡局败北也。其可发笑者甚多,六弟又仲为言数则,因志之。寒家新郑一支㉑,与高府屡世姻娅㉒,故知之如此。(卷一)

【注释】

① 高拱:字肃卿,明新郑(今属河南郑州市)人。嘉靖二十年(1541)进士,选庶吉士,逾年授编修。四十五年,以首辅徐阶荐,拜礼部尚书兼文渊阁大学士,入阁。穆宗即位,渐与徐阶反目,罢。隆庆三年(1569),张居正奏请复起拱,召以大学士兼掌吏部事。拱在内阁,以才略自许,性迫急而不能容物,先后逐阁臣去,以致物议。神宗即位,又命言官合疏攻司礼监冯保,与居正谋。而居正与保交好,私以语保,保诉于太后责拱擅权不可容,诏数罪而逐之。万历六年(1578)卒,年六十六。明年,居正请复其官与祭葬,以定蒙古俺答汗封贡互市功,赠太师,谥文襄。

② 南直操江巡抚:明代官名。南直隶提督操江,以副佥都御史为之,巡抚上下江防之事。 高捷:字渐卿。高拱之兄。明嘉靖十四年(1535)进士。累迁南京佥都御史。

③ 都堂:唐宋称宰相办公处为都堂,亦代指宰相。明则称都察院都御史、副都御史、佥

都御史,以及派遣到外省任总督、巡抚而带都察院御史衔者为都堂。此处高捷、高拱兄弟,一为南京佥都御史,一为内阁首辅,故皆称为都堂。

④ 童子试:又称院试。明清科举制中低级考试。凡童生(或称儒生)经县试、府试录取后,参加院试。院试由学正主持,考中者为生员(即秀才)。

⑤ 遗体:旧谓子女的身体为父母所生,因称子女的身体为父母的"遗体"。

⑥ 不售:指考试不中。

⑦ 南宫:指礼部会试。

⑧ 大中丞:明以称副都御史或佥都御史。参见第47页第4则注释⑪。

⑨ 反狱:谋反的案件。

⑩ 抚标:明清时巡抚直辖的军队。

⑪ 抚军:明清时巡抚的别称。

⑫ 室火猪:即室宿。星宿名。属火,为猪。二十八宿之一,玄武七宿之第六宿。

⑬ 行台:此指地方大吏的官署与居住之所。

⑭ 巡捕官:明州县卫所设巡捕官一员,多从县丞、主簿、典史中选任,为本官兼职。掌巡逻搜捕,维持地方治安。

⑮ 馒首馎饦(bótuō):面食。馒头和汤饼。

⑯ 行取:明清时地方官经荐举后调任京职。　台中:犹禁中。

⑰ 揭参:弹劾。

⑱ 皖城:春秋时皖国都城(今安徽安庆市潜山县)。此指明安庆府怀庆县(今安徽安庆市)。

⑲ 致仕:辞去官职。

⑳ 象戏:下象棋。

㉑ 寒家:谦称自己家庭。

㉒ 姻娅:亦作"姻亚"。有婚姻关系的亲戚。

5. 大　　力

幼时闻前辈闲谈,蒙古中力大者无如把都鲁张。京师煤车一马前导,一骡驾辕,两马左右骖①,盛行时,张于车后只手挽住,四骑步不能移。又与友人戏,友负檐柱而蹲,张拔檐柱,以足踏其襟,塞柱脚下。友苦口乞求,仍将柱拔起,襟始出,屋瓦不为稍动,张亦不面赤气喘。又与力之稍次者戏,张只手挽次者之腰带,张前曳②,次后却,带忽中断,两人俱跌,为之大笑。王府前石狮子少有歪邪,张左右摆设如持一砖块然,使正而后已。(卷三)

【注释】

① 骖(cān):驾车时位于两边的马。

② 曳:牵引;拖。

6. 王 达 官

扈护卫(坦),从其至戚任所携千金装归京师①,为剽者觇知。四骑踪迹,或前或后,得隙便剽劫之。晚投客邸,店门相对,仅隔一街。护卫见四人诧异,心甚恐,谓其亲随王达官曰:"彼非善类,将不利于吾。"盖知王勇而捷,足以了之也。王曰:"诺。当善驱之。"乃持银巨锭,直入四人寓,呼其店主人曰:"吾寓中无大剪,敢借一用。"主人见其汹汹状,不敢不与。王以银付主人剪,逾时不稍动。王笑曰:"何懦也!"以银入剪口,持向己胫骨上,两击而银开,眉不稍皱。四人吐舌,惊惧逸去。护卫闻汾阳有名妓②,至其地欲一物色之③。妓为豪者独霸,等闲不得出④。护卫计赂其鸨母,私载之来。妓方与护卫饮狎,豪者窃知之,纠此方素能斗者十数人入其寓,欲生夺妓而辱护卫,声哄户外。妓大泣曰:"奈何害我?"王曰:"无恐,吾视若辈如拉朽耳。"出户,诸来者棍棒交下。王先以左臂承之,皆辟易⑤,其右臂亦然。既而以脚拨其下,众皆随脚而倒,尽披靡奔散。王亦不追,阖户而寝。妓谓护卫曰:"明晨必大兴复仇之举矣。"王笑而不答。诘旦,一妇年可廿七八,娉娉婷婷而入护卫之寓⑥,曰:"昨者为谁,乃敢败吾诸弟子耶?"王视之,私行自忖,此娘子军亦能复仇耶?应声而出,曰:"惟某。"妇曰:"他不足怪,独此下一路乃吾家秘传,不轻示人。汝从何得之?汝师为谁?"王曰:"吾师某某。"妇闻,大恸哭失声。既而曰:"此吾叔也。叔无嗣,恐失传,故传吾。昨诸弟子言其状,吾不信有此,今果然乎!"遂与王约

比势⑦,观者如堵。走数十回环,手足作势,各不相下,点首称善,乃互拜,结为异姓兄妹而别。(卷三)

【注释】

① 至戚:最亲近的亲属。

② 汾阳:清汾州府治(今山西吕梁市汾阳市)。

③ 物色:访求,寻找;挑选。

④ 等闲:轻易;随便。

⑤ 辟(bì)易:屏退;击退。

⑥ 娉娉婷婷:姿态美好貌。

⑦ 比势:谓比试武艺。

7. 豪　饮

提学刘副使公琬(琰)①,时同官豫章②,招集僚友,见正席外旁列三几,皆陈列酒器,大小毕具,中有最大一瓢,可容十升。予笑曰:"此盛酒罂③,非饮酒杯也。"公琬曰:"君未见饮此巨觥也耶④?谚云:'主不吃,客不饮。'吾请先自饮,以博诸君一粲⑤。"立呼酒至,满此瓢,两手捧饮,座客皆立视。时优人正演《西厢》杂剧⑥,亦惊骇停拍。未几,徐徐而尽。其扮红娘者⑦,所持折叠扇不觉坠地,吹合诸人咸住箫管⑧。公琬置瓢几上,无异未饮时。予曰:"君复能饮此瓢乎?"公琬曰:"吾今为主宴客,当留量相陪,乌可先醉!"予曰:"今日如此痛饮,明日尚能再饮,不作病酒状乎?"公琬曰:"君知千里马乎? 今日而千里矣,倘明日足茧⑨,不能千里,是乌得名千里马耶! 饮酒亦若是耳。"此言虽小,可以喻大。(卷三)

【注释】

① 提学:提督学校官。明设儒学提举司,两京以御史充任,称提学御史;十三道以按察司副使、佥事充任,称提督学道。各府、州、县学教官、生员皆归其考核。清沿明制,各省置督学道,长官称提督学政,简称学政。后改学政为提学使(正三品),掌教育行

政、稽核学校规程及征考艺文师范。　刘琰：字公琬，号介庵，阳谷（今属山东聊城市）人。康熙二十七年（1688）进士。累官江西提学副使。杜绝私请，以实学敦行勖勉诸生；各郡文庙礼器乐舞缺略者，以修举之。秩满去，几不能治装。

② 豫章：古郡名。清南昌府治南昌（今属江西）。

③ 罂（yīng）：瓶。泛指盛酒瓦器。

④ 巨觥（gōng）：角质大酒器。亦泛指大酒杯。

⑤ 一粲：犹一笑。

⑥ 西厢：即《崔莺莺待月西厢记》。杂剧。元王实甫作（一说第五本为关汉卿作）。故事源出唐元稹传奇《莺莺传》，北宋赵令畤改写为《商调蝶恋花》鼓子词，金董解元复改为《西厢记诸宫调》，王实甫据此编写成杂剧剧本。明清以来，戏曲、曲艺改编演出颇多，其中以明李日华《南西厢记》较著名。

⑦ 红娘：《西厢记》中人物。崔莺莺侍女。张生私为之礼，使通意于莺莺，促成莺莺与张生结合。后因以代称为帮助别人完成美好姻缘的人。

⑧ 吹合：指吹打乐器以伴奏。

⑨ 足茧：亦作“足跰”。脚掌因摩擦而生出的硬皮。喻指跋涉辛劳。

8. 公 冶 夫 人

广平冀公冶（如锡）①，年五十无子。夫人妒而有才，素不孕，不惟不容纳妾，即婢子必择奇丑者。公冶无奈，亦甘心听之矣。其弟（如珪）有三子，欲以一嗣。公冶悉以所晰家产②，并历任宦囊③，咸付其弟董理。而弟妇忻忻以为得计④，更逆料兄嫂之无他也。初，公冶由司道内升京卿⑤，便道抵家。将进都，治备仪物以足馈遗，属其弟检点，盖历任所得羡馀⑥，久已续运于家矣。其弟与妇在室私语，夫人偶过窗外，闻弟妇詈其夫曰：“礼物何须过多，此皆已到我手之物，好留我的子孙受享，又与老绝户何为？”夫人骇然自言：“老绝户一语，实伤我心。”泣暗下，隐而不发，趋公冶束装先赴京卿任⑦。行后，夫人乃诣村庄，遍觅女之丰厚强壮者，得五人，亲送至京。公冶方与客叶戏⑧，闻夫人至，大惊，叶半堕地。急见夫人曰：“胡为乎来？”夫人曰：“吾为君送妾来也。此居湫隘⑨，呕易之。”乃出金为税大宅而居。公冶喜出望外，不解其故，然亦不敢问也。夫人乃详审五女癸水之期⑩，以次第侍寝。其不侍者，留伴夫人。未期年，皆受孕。逾岁生子二女三。又期年，生二子。未几，历进秩兵部左侍郎⑪。夫人辞归，公冶苦留不得，乃曰："君留二子一女，以娱朝夕，吾携二子二女归家，且与二叔算帐耳。"始明言所以娶妾之故，为"老绝户"一语也。抵家，悉以曩寄如珪产业、宦橐⑫，按籍取赵⑬。如珪夫妇方悔失言。后如珪三子皆殇，竟绝嗣，转得公冶之子嗣之。信乎存心不善，神鬼共殛之。（卷三）

【注释】

① 冀如锡：字公冶，广平永年（今属河北邯郸市）人。顺治三年（1646）进士，由刑部郎中出知襄阳府。擢副都御史，杜贪缘，肃纲纪，咸敬惮之。康熙中，进工部尚书。会淮扬河决，奉命往救，审形度势，指挥所及，河流安坦如故。其为官，才大心细，不露圭角，而经济裕如，身系中外重望者三十馀年。

② 所晰家产：所分割的家产。晰，分析。

③ 宦橐：指做官所得财物。

④ 忻忻（xīn—）：欣喜得意貌。

⑤ 司道：清泛指地方行政机构和官吏。如布政使司、按察使司和道台官。　京卿：即京堂。清对某些高级官员的称呼。如都察院、通政司、詹事府、国子监及大理、太常、太仆、光禄、鸿胪等寺长官，概称京卿或京堂。

⑥ 羡馀：盈馀；剩馀。

⑦ 趣（cù）：催促；催迫。

⑧ 叶戏：即叶子戏。唐宋时指一种以叶子格为用具的博戏。后称为纸牌。其内容各代不尽相同，唐宋兼用骰子，明清则称马吊牌为叶子戏。马吊牌始于明中叶，因合四十叶纸牌而成，分十字、万字、索子、文钱四门。前两门画《水浒传》人像，后两门画线索图形，四人同玩，每人八叶，馀置中央，出牌以大打小而决输赢。

⑨ 湫（jiǎo）隘：低下狭小。

⑩ 癸水：妇女月经。

⑪ 兵部左侍郎：兵部副官。清兵部设尚书（满汉各一人，从一品）、左右侍郎（满汉各一

人，正二品）、堂主事（满四人、汉军一人，正六品）、四清吏司（武选、车驾、职方、武库）郎中（宗室、满、蒙、汉员均有，正五品）、员外郎（宗室、满、蒙、汉员均有，从五品）、主事（满、蒙、汉员均有，正六品）、笔帖式（满、蒙、汉员均有，七至九品）、经承若干。兵部本为全国最高军事机关，然自雍正设军机处后，凡用兵大事，由军机处承皇帝旨意直接指挥，故兵部之职掌，不过稽核额籍、考察升员而已。

⑫ 曩（nǎng）寄：往日存放。 宦橐：犹宦囊。

⑬ 按籍取赵（diào）：按照账簿取出（钱财）。赵，通"掉"。用于动词后，表示动作完成。

9. 优 容 杀 人

某侍御乡居，一日赴友招，薄暮归家，遇市儿醉立中途。从者令少避，市儿怒曰："吾与若桑梓也①，曷避为②！"从者叱之，市儿大怒，秽言肆詈。侍御令舆者纡道速归，市儿随其舆，且行且詈。逮至门，侍御令阍者亟扃其户，市儿持瓦砾击门而詈。邻人见之，力劝始去。从者跪请于侍御曰："彼小人敢犯若此，请送诸官，以法治之。"侍御曰："彼非詈我也。"从者曰："彼且直呼名焉。"侍御曰："世岂无同名者乎！"一笑而罢。次日遣其子若弟诣市儿家，曲致殷勤，为谢罪状。越日复以酒肉遗之。未期年，市儿以殴人致罪，问死下狱。侍御复令人赍酒食于狱中视之③。市儿大呼曰："某公杀我！"狱吏及卒惊询其故，市儿曰："曩者，予以酒后犯公，公于是时以官法处我，我当知惧，惧而悔焉，岂有今日。公乃不加责，而反慰惠交至④，予以公尚如此，他何惧哉！是以益肆无忌，殴人致死。则今日之死，谓非公之杀我而谁与！"噫，优容盛德也⑤，不加责而纵成其恶则过矣。《传》曰"多行不义必自毙"⑥，又曰"无庸将自及"⑦，故《书》曰"克诛其心"也⑧。此市儿之死，侍御克之也⑨。君子之待小人，优容可也，优容而克之，不可也。（卷三）

【注释】

① 桑梓：乡亲。《诗经·小雅·小弁》："维桑与梓，必恭敬止。靡瞻匪父，靡依匪母。"朱熹集传："桑梓，二木。古者五亩之宅，树之墙下，以遗子孙给蚕食、具器用者也。瞻者，尊而仰之；依者，亲而倚之……言桑梓父母所植，尚且必加恭敬，况父母至尊至

亲,宜莫不瞻依也。"东汉以来,一直以"桑梓"借指故乡或乡亲父老。

② 曷避为:为什么要避让。曷……为,为何。

③ 赉(lài):赏赐;赠送。

④ 慰惠交至:指安慰和恩惠一齐到来。

⑤ 优容:宽容;宽待。

⑥ 传:指《左传》。《左传·隐公元年》:"多行不义必自毙,子姑待之。"

⑦ 无庸将自及:意谓无须除之而将自取灭亡。语见《左传·隐公元年》。

⑧ 书:指《尚书》。所谓"克诛其心",未详其出处。诛心,意谓揭露、指责别人的思想和用心。又作"诛意"。《后汉书·霍谞传》:"谞闻《春秋》之义,原情定过,赦事诛意,故许止虽弑君而不罪,赵盾以纵贼而见书。"李贤注:"(《公羊传》)又曰:晋史书赵盾弑其君。赵盾曰:'天乎无辜,吾不弑君!'太史曰:'尔为仁为义,人杀尔君而不讨贼,此非弑君如何?'此赦事诛意也。"

⑨ 克:杀。

10. 西 溪 香 国

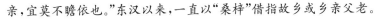

　　武林梅花最盛①,惟西溪更为幽绝②。小河曲邃③,仅容两小舟并行。舟可五六人,一坐宾客,一载酒具茶灶。深极处香风习习,落英沾人衣袂。所持酒盏茶瓯中,飘入香雪④,沁人齿颊。觉姑苏元墓邓尉⑤,犹当让一头地也。种花人本为射利⑥,而爱花人各具性情,春光成就,能两得之。抵岸有一道院,院中古梅二株,不知其几何年矣。一红一白,枝干交互,屈曲盘错,亦莫辨其何树为红,何树为白。横枝如磴⑦,可以登陟。予上至颠,则树顶广阔平衍,上设竹榻一具,予乃趺坐高卧⑧。清味透人肌骨,别是一番境界,真香国也。(卷三)

【注释】

① 武林:杭州西湖西部诸山统称武林山,以此为杭州别称。

② 西溪:在武林山西。与西湖、西泠并称杭州"三西"。

③ 曲邃:弯曲而深远。

④ 香雪：喻梅花。

⑤ 姑苏：苏州古称。　元墓邓尉：山名。在苏州府西南六十里(今江苏苏州市吴中区
光福镇西南)。汉有邓尉，曾隐居于此，故名邓尉山。相传东晋(一说南朝宋)青州刺
史郁泰元亦葬此，故又名元墓山。以产梅著称，为吴中探梅胜地。清康熙间，江苏巡
抚宋荦游山赏梅，作《雨中元墓探梅》诗，并题"香雪海"三字于吾家山(邓尉山支脉)
石崖上。

⑥ 射利：谋取财利。

⑦ 磴(dèng)：石台阶。

⑧ 趺(fū)坐：佛教修禅坐法。盘腿而坐，双足交叉放于左右股上。

11. 义　犬

　　妹倩董副使(绍孔)①，昔任西安太守②，为余言：秦中有商于外者，归挈一犬以
行。抵黄河，行囊在船，候人满乃渡。偶腹痛欲泻，亟上岸，犬随往。有布袋裹银五
十两，解置地，戏向犬曰："看好③。"少顷，舟子以人满风顺，连催登舟，帆已满张，一
瞬而开矣。关中黄河，水如建瓴④，对渡二十里许方达。商入舟，方悔忘银与犬，然
日暮不能再渡，明晨纵往，安得前银尚在？遂归。越明年，渡河复经前地，慨然曰：
"银已无存，犬何归乎？"往寻，见狗皮覆地，检之，白骨一堆耳。商悯焉，掘地埋其
骨，骨尽则前银尚在。盖犬守银不离，甘饿死，覆尸银上耳。商泣瘗之⑤，为立冢。
谚云："宁畜有义犬。"旨哉言乎⑥！(卷四)

【注释】

① 妹倩：妹夫。妹妹的丈夫。　董绍孔：奉天(今辽宁沈阳市)人，隶镶白旗汉军。康
熙中，历西安知府，迁按察副使分巡洮岷道、湖北督粮道。

② 西安：清西安府(治今陕西西安市)。　太守：隋唐以前对州郡行政长官的称呼。后
已非正式官名，习惯上用于刺史或知府的别称。明清则专称知府。

③ 看(kān)：守护；看守。

④ 建瓴：即"建瓴水"之省。谓倾覆瓶中之水，形容居高临下、难以阻挡之势。语本《史

记·高祖本纪》:"譬犹居高屋之上建瓴水也。"建,覆,倾倒。瓴,盛水瓶。

⑤ 瘗(yì):埋葬。

⑥ 旨哉言乎:赞叹之辞。意谓真是嘉美之言。旨,美,美好。

12. 西 洋 制 造

自西洋人入中华,其制造之奇,心思之巧,不独见所未见,亦并闻所未闻。如风琴、日规、水轮、自鸣钟、千里眼、顺风耳、显微镜、雀笼之音乐、聚散之画像等类①,不一而足。其最妙通行适用者,莫如眼镜。古未闻眼昏而能治者,杜陵"老年花似雾中看"②,唯听之而已。自有眼镜,令昏者视之明,小者视之大,远者视之近,虽老年之人,尚可灯下蝇头③。且制时能按其年岁,以十二时相配合,则更奇矣。黑晶者价昂难得,白晶者亦贵。惟白玻璃之佳者,不过数星。今上下、贵贱、男女无不可用,真宝物也。人人得用,竟成布帛、菽粟矣。至于算法④,又超出寻常之外,远近高低,大小多寡,顷刻而知,燎如指掌⑤,更上古所未有者也。(卷四)

【注释】

① 风琴:键盘乐器。外形为长方形木箱,内置铜簧片,上有键盘,按键能压动铜簧片上机关;下有踏板,用以鼓动风箱生风,使铜簧片发声。　日规:亦作"日晷"。测日影定时刻仪器,由晷盘和晷针组成。　水轮:以水流为动力的机械装置,用以带动石磨、风箱等。　自鸣钟:一种能按时自击而鸣,以报告时刻的钟。　千里眼:指望远镜。　顺风耳:一种铜管传声器。可节节伸缩,长约丈馀,口大末小,形如喇叭。显微镜:指放大镜。　雀笼之音乐:一种鸟笼形机械音乐盒。上紧发条后,笼内有活动玩偶小鸟自鸣,演奏简单音乐。　聚散之画像:或指西洋油画。因其讲究焦点透视,故谓为"聚散"。

② 杜陵:唐诗人杜甫。字子美,尝自号少陵野老,故后世以"杜少陵"称之。其《小寒食舟中作》诗曰:"佳辰强饮食犹寒,隐几萧条戴鹖冠。春水船如天上坐,老年花似雾中看。娟娟戏蝶过闲幔,片片轻鸥下急湍。云白山青万馀里,愁看直北是长安。"见《杜诗详注》卷二十三。

③ 蝇头：指像苍蝇头那样小的字。

④ 算法：此指西洋数学。

⑤ 燎(liǎo)：同"憭"。明白;明了。

柳南随笔

《柳南随笔》六卷、《续笔》四卷，清王应奎撰。应奎字东溆，号柳南，常熟（今属江苏苏州市）人。少有诗名，不拾人牙慧。为诸生，曾八入科场，皆不中，遂退隐山居，读书著述。约乾隆二十五年（1760）卒，年近八十。著作另有《柳南诗文钞》十六卷。

《柳南随笔》两集，仿宋洪迈《容斋随笔》之例，多记读书所得与旧事轶闻。经史百家、诗词古文、文字音韵等，均有涉猎。又述文坛掌故，于当时名家赵执信、冯班、钱谦益、王士禛等，亦有所论。其考诗笔之源流、究名物之根柢，或搜遗佚、或辨讹谬，则可以补志乘，正沿习。然是书前笔间有谬认误书，后笔再为正之，故前后两笔每有重复。

《随笔》选文标题为编者所拟，《续笔》选文标题为原书所有。

1. 李鹿山藏书

李中丞馥①，号鹿山，泉州人也。中康熙甲子科举人，历官浙江巡抚。性嗜书，所藏多善本②。每本皆有图记，文曰"曾在李鹿山处"。后坐事讼系，书多散逸，前此所用私印，若为之谶者。夫近代藏书家，若吾邑钱氏、毛氏③，插架之富，甲于江左④，其所用图记辄曰"某氏收藏""某人收藏"，以示莫予夺者。然不及百年而尽归他氏矣。中丞所刻六字，寓意无穷，洵达识也⑤。（《柳南随笔》卷一）

【注释】

① 李馥：号鹿山，福清（今属福建福州市）人。康熙二十三年（1684）举人。历分巡苏松道、江苏按察使、安徽布政使。雍正元年（1723），迁浙江巡抚，寻罢。此则言李馥为泉州人，与志不合。

② 善本：古代图书中珍贵优异而无讹舛的刻本或写本。

③ 钱氏、毛氏：指常熟钱谦益、毛晋。钱谦益，参见第68页第17则注释⑬。毛晋，原名凤苞，字子久，后改字子晋，号潜在。明末清初，江苏常熟涌现众多藏书家和藏书楼，以钱氏、毛氏最著。钱氏家富藏书，构绛云楼储之，编有《绛云楼书目》。毛氏藏书八万四千余册，构汲古阁、目耕楼储之，亦编有《汲古阁书目》。二人所藏，多宋元刻本。后绛云楼毁于火，毛氏藏书亦流散，两家珍本皆归泰兴季振宜所得。

④ 江左：江东。指长江下游以东地区。

⑤ 洵：诚然；实在。 达识：此指通达高超之识见。

2. 陈眉公遗嘱

陈眉公临终时①，手书影堂一联云②："启予足，启予手，八十岁履薄临深；不怨天，不尤人，千百年鸢飞鱼跃。"遗笔嘱诸子云："内哭外哭，形神斯惑。请将珠泪，弹向花木。香国去来③，无怖无促。读书为善，终身不辱。戒尔子孙，守我遗嘱。"又遗命葬佘山中④，平土中不封不树，子孙默识其处而已。先生于去来之际从容如

此,虽学问不无可议,而其人固不易及也。(《柳南随笔》卷一)

【注释】

① 陈眉公:陈继儒,字仲醇,号眉公,明华亭(今上海市松江区)人。文学家、书画家。幼颖异,能文章,受知于同郡徐阶。长为诸生,与董其昌齐名,太仓王锡爵招与其子读书支硎山下,王世贞亦雅重之。年二十九,隐于昆山之阳。锡山顾宪成讲学东林,招之,谢弗往。亲亡,遂筑室东佘山,杜门读书著述,诗文书画皆善,三吴名士争欲得为师友。崇祯十二年(1639)卒,年八十二。

② 影堂:家庙。其中供奉祖先遗像。

③ 香国:犹天国。指人死魂归的欢乐国土。一说指佛国,亦通。《维摩诘经·香积佛品》曰:上方界佛土有国名众香,佛号香积,其界一切皆以香作楼阁,经行香地苑园皆香,其食香气周流十方无量世界。

④ 佘山:在明松江府(今上海市松江区)西北二十五里。旧传有姓佘者养道于此,因名。山之东有昭庆寺。

3. 汉 子

世俗称人曰"汉子",犹云"大丈夫"也。按此二字始于五胡乱华时①,北齐魏恺其自散骑常侍迁青州长史②,固辞之。宣帝大怒曰③:"何物汉子,与官不就?"陆务观《老学庵笔记》据此以为"汉子"乃贱丈夫之称④,似与世俗所以称人者,其意正相反。顾仲恭《炳烛斋随笔》云⑤:"三代而上⑥,禹之功最著,故称中夏诸国谓之诸夏。三代而下,汉之功最著,故至今称中国人犹曰'汉子'。"予按:恺其本中国产,故宣帝称为"汉子",而非贱丈夫之谓也。陆说误矣。(《柳南随笔》卷一)

【注释】

① 五胡乱华:指西晋武帝死后,晋室内乱,北方匈奴族刘渊及沮渠氏、赫连氏,羯族石氏,鲜卑族慕容氏及秃发氏、乞伏氏,氐族苻氏、吕氏,羌族姚氏,相继在中原建立十六个割据政权。有五凉(前凉、后凉、南凉、西凉、北凉)、二赵(前赵、后赵)、三秦(前

秦、后秦、西秦)、四燕(前燕、后燕、南燕、北燕)、夏、成汉。始于西晋永兴元年(304)，南朝宋元嘉十六年(439)讫，历一百三十五年。其间，北方汉族大规模避乱南迁，进入长江流域。

② 魏恺其：即魏恺，北魏巨鹿(今河北石家庄市晋州市西)人。少抗直有才辩。魏末，辟开府行参军，稍迁尚书郎、齐州长史。北齐天保(550—559)中，聘陈使副，迁青州长史，固辞不就，放其还家。事见《北齐书·魏兰根传》。另据《资治通鉴》卷一百九十三《唐纪九》："(唐太宗)他日与侍臣论齐文宣帝何如人，魏徵对曰：'文宣狂暴，然人与之争，事理屈则从之。有前青州长史魏恺，使于梁还，除光州长史，不肯行。杨遵彦奏之，文宣怒，召而责之。恺曰："臣先任大州，使还，有劳无过，更得小州。此臣所以不行也。"文宣顾谓遵彦曰："其言有理，卿赦之。"此其所长也。'上曰：'然。'"此与《北齐书》所载魏恺事互有出入。　散骑常侍：官名。秦汉时设散骑(皇帝侍从)和中常侍，三国魏时并为一官，称"散骑常侍"。在皇帝左右规谏过失，以备顾问。晋以后，增加员额，称员外散骑常侍，或通直散骑常侍，往往预闻要政。南北朝时属集书省，隋代属门下省，唐代分属门下省和中书省，在门下省者称左散骑常侍，在中书省者称右散骑常侍。虽无实际职权，仍为尊贵之官，多用为将相大臣兼职。宋以后渐废。　长史：官名。秦置。汉相国、丞相，后汉太尉、司徒、司空、将军府各有长史，职掌为署诸曹事。边境诸郡于太守属官设长史，掌一郡之兵马。南北朝时，王府及刺史带将军官号而开府者，其幕府亦设长史。其后，为郡府官。而历代王府亦均设长史，总管府内事务。

③ 宣帝：指北齐开国皇帝高洋。庙号显祖，谥号文宣皇帝。

④ 陆务观：陆游，字务观。参见第56页第10则注释⑦。晚退居家乡，于镜湖边筑庐读书写作，取庐名"老学庵"，著《老学庵笔记》十卷、《续笔记》一卷。其卷三有曰："今人谓贱丈夫曰'汉子'，盖始于五胡乱华时。北齐魏恺自散骑常侍迁青州长史，固辞之。宣帝大怒，曰'何物汉子，与官不受！'此其证也。"

⑤ 顾仲恭：顾大韶，字仲恭，明常熟(今属江苏苏州市)人。东林党人顾大章之弟。大韶老于诸生。通经史百家及内典，于《诗》《礼》《仪礼》《周官》多所发明。著有《炳烛斋随笔》一卷。

⑥ 三代：指夏、商、周三个朝代。

4. 冯定远嗜酒

　　冯定远(班)嗜酒①,每饮辄湎面濡发②,酩酊无所知③。适当学使岁校④,定远扶醉以往,则已唱名过矣⑤。学使以后至诘之,定远植立对曰:"撒溺⑥。"盖犹在酒所,不知所云也。学使大书一"醉"字于卷面以授之。隶人扶至号中⑦,定远据席酣睡,至放牌闻炮⑧,然后惊醒,始瞿然曰:"我乃在此!"因问邻号生,"四书"何题,"五经"何题,是日"四书"次题为"今夫弈之为数"一节⑨,定远因作《弈赋》一篇、经文五篇,伸纸疾书而出。迨案发名列六等⑩,定远因大书一联榜于堂中云:"五经博士,六等生员。"(《柳南随笔》卷一)

【注释】
① 冯班:字定远,晚号钝吟居士,常熟(今属江苏苏州市)人。明末诸生,入清不仕。有诗名。说诗力抵严羽,尤不取江西宗派,出入义山、牧之、飞卿之间。有《钝吟杂录》十卷、《冯定远集》十一卷。
② 湎面濡发:面酡发湿。形容人的醉态。湎,沉迷于酒。
③ 酩酊(mǐngdǐng):大醉貌。
④ 学使岁校:指明清提督学校官每年或每三年前往各地稽核教育行政、考选童生及生员。参见第 87 页第 7 则注释①。
⑤ 唱名:此指点名。
⑥ 溺(niào):尿;小便。
⑦ 号:即号子。科举考场中考生答卷和食宿之所。人各一小间,每间有编号。
⑧ 放牌:旧时衙门、考场等挂出告示牌,宣示有关事宜。放牌闻炮,指开考。
⑨ 今夫句:见《孟子·告子上》:"今夫弈之为数,小数也。不专心致志,则不得也。"弈,下围棋。古有善弈者,名秋。数,技。
⑩ 案发:揭榜。

5. 徐启新喑嗇

　　予所居徐市①,在县东五十里,徐大司空栻聚族处也②。前明之季,其族有二人并擅高赀③，而一最豪奢，为太学钦寰④，予前既叙其事矣；而一最吝啬，则为诸生启新。其书室与灶，仅隔一垣，常以缯系脂⑤，悬于当灶，而缯之操纵，则于书室中，每菽乳下釜⑥，则执爨者呼曰⑦："腐下釜矣⑧！"乃以缯放下。才着釜闻油爆声，即又收缯起，恐其过用也。为子延师而供膳甚菲⑨。村中四五月间人多食蛙者，然必从市中买之。启新以蟾诸类蛙，而阶下颇夥，即命童子取以供师。每午膳，师所食者止荤素二品。一日加豆腻一味，豆腻者，以面和豆共煮者也。师既食毕，疑而问其童子曰："今日午膳，何于常品之外，忽加豆腻？"童子笑曰："此豆乃犬所窃噉者，既而复吐于地，主人惜之，故取以为食。"师以其秽，为之吐呕不止。所畜雨具，有革履三只⑩：一留城，一留乡，一随身带之，盖防人借用也。尝命蓝舆山游⑪，自北至西，诸名胜遍历。舆夫力倦，且苦腹馁，启新出所携莲子与舆夫各一，曰："聊以止饥。"舆夫微笑，盖笑其所与之少也。而启新误以为舆夫得莲子故喜，即曰："汝辈真小人，顷者色甚苦，得一莲便笑矣。"又尝以试事至白门⑫，居逆旅月馀，而所记日用簿，每日止腐一文、菜一文。同学魏叔子（冲）见之⑬，为谐语曰："君不特费纸，并费笔墨矣！何不总记云：自某日至某日，每日买腐菜各一文乎？"启新方以为然，初不知其谑己也。其可笑多类此。其族人阳初为作《一文钱传奇》以诮之⑭，所谓卢止员外者盖即指启新也⑮。（《柳南随笔》卷二）

【注释】

① 徐市：在常熟城东。宋代渐成集市，明代商贾云集，与梅李、支塘、吴市为县东四大乡镇。

② 徐栻：字世寅，明常熟（今属江苏苏州市）人。嘉靖二十六年（1547）进士。以劾赵文华坐贬。万历元年（1573），任工部侍郎。请开胶莱河，张居正力主之，用栻兼佥都御史以往，以凿山引泉计费百万，议者争驳之，遂罢其役。七年，迁南京工部尚书，未任致仕。　大司空：周官名。汉成帝时，改御史大夫为大司空，与大司徒、大司马并称为三公。明代用作工部尚书之别称。

③ 高赀：亦作"高訾"。资财雄厚。此指富贵。

④ 太学：此指国子监学官，如太学博士等。　钦寰：徐汝让，号钦寰。徐栻从孙。本书卷二载其事云："徐汝让，号钦寰，大司空栻之从孙。富甲一邑，而性最豪奢，挥金如

粪土。尝于春日市飞金数斛,登塔顶散之,随风扬去,满城皆作金色,好事者有'春城无处不飞金'之咏。又尝从洞庭山买杨梅数十筐,于雨后置桃源硐,遣人践踏之。硐水下泻,其色殷红如血,游人争掬而饮之。又尝至白门买碗于市,而拣择过甚。主人出语微侵钦寰,钦寰怒,即问碗有几何,酬其值千金,尽取而碎之,衢路为满,至以碗足甃成街道云。"

⑤ 缗(mín):绳子。　脂:油脂。此指动物脂肪,如肥肉等。

⑥ 菽乳:豆腐。　釜:古炊器。相当于现在的锅。

⑦ 执爨(cuàn):司炊事。

⑧ 腐:豆腐的省称。

⑨ 菲(fěi):微薄。

⑩ 革履:皮鞋。

⑪ 蓝舆:竹轿。

⑫ 白门:南京的别称。六朝时皆都建康,其正南门曰宣阳门,俗称"白门",故名。

⑬ 魏冲:字叔子,常熟人。明万历末举人。

⑭ 阳初:徐复祚,原名笃儒,字阳初,号蕃竹、三家村老,别署破悭道人,常熟人。明万历时戏曲家。博学工文,尤擅词曲。著有传奇《霄光记》(又名《霄光剑》)《红梨记》《投梭记》《题塔记》四种,前三种今存;杂剧两种,今存《一文钱》;笔记《三家村老委谈》,其中论曲部分颇有特色。

⑮ 卢止员外:卢止,应作"卢至"。徐复祚杂剧《一文钱》中主角。该剧描述了财主卢至,虽有万贯家财,于人于己却悭吝至极,后为天帝释所教化的故事。人物塑造较为深刻。员外,本指正员以外官员,后世因此类官职可以捐买,故富豪皆称员外。

6. 陈守创居官清介

江右陈公木斋(守创)居官清介①,为天下第一。雍正某年②,以讹误罢仓场侍郎③,居京师数载,几不能举火④。至庚戌冬⑤,蒙恩放归,与一商人同舟,商人所出赁钱颇多于公,公遂以正舱让商人,而自与一仆居头舱⑥。时公行李萧然⑦,商人意颇轻之,亦不问为谁也。迨至淮上,总河嵇公曾筠知之⑧,遣人以名刺致意⑨,商人犹茫然未觉。未几,淮安郡守以腰舆迎公去⑩,商人始大骇,知为公,旋匿去。然公自以所出钱少,合应以正舱让商人,不以介意也。公于康熙六十一年为常熟令,未及两月,即行取入都⑪。离任之日,阖邑罢市攀留,至以石塞寺门,不听公去⑫,其得民心如此。(《柳南随笔》卷三)

【注释】

① 陈守创:字业侯,号木斋,高安(今属江西宜春市)人。康熙三十三年(1694)进士,选庶吉士,历知高阳、大兴、常熟诸县。六十一年,迁工科给事中。雍正元年(1723),擢顺天府尹,迁总督仓场侍郎,五年罢。乾隆元年(1736),复顺天府尹,迁都察院左副都御史。六年致仕,十二年卒。

② 雍正:清世宗爱新觉罗·胤禛年号(1723—1735)。

③ 诖(guà)误:贻误;连累。 仓场侍郎:清户部设总督仓场侍郎(满汉各一人,正二品),分驻通州新城。掌仓谷委积,北河运务。

④ 举火:生火做饭。引申为生活、过活。

⑤ 庚戌:指雍正八年(1730)。

⑥ 头舱:此指位于船首的次舱。

⑦ 萧然:简陋貌。

⑧ 总河:清置河道总督(江南一人,山东、河南一人,直隶一人,正二品)。掌治河渠,以时疏浚堤防,综其政令。 嵇曾筠:字松友,长洲(今江苏苏州市)人。康熙四十五年(1706)进士,选庶吉士,授编修,累迁侍讲。雍正元年(1723),直南书房兼上书房,擢左佥都御史,署河南巡抚,迁兵部侍郎,以河南副总河治中牟河患。五年,兼管山东河工,转吏部侍郎,寻擢兵部尚书调吏部,仍兼副总河。七年,授河南、山东河道总督,次年又署江南河道总督。十年,授文华殿大学士兼吏部尚书,仍总督江南河道。乾隆元年(1736),兼浙江巡抚,寻改总督兼管盐政。二年,入阁治事,以疾乞归,卒。赠少保,谥文敏。

⑨ 名刺:名帖。

⑩ 腰舆:手推的便舆。

⑪ 行取:明清时地方官经荐举后调任京职。此指陈守创调任工科给事中。

⑫ 听：听凭，任凭。

7. 金圣叹之死

　　金人瑞①，字若采，圣叹其法号也②。少年以诸生为游戏具，补而旋弃，弃而旋补，以故为郡县生不常③。性故颖敏绝世，而用心虚明，魔来附之。某宗伯《天台泐法师灵异记》④，所谓"慈月宫陈夫人，以天启丁卯五月⑤，降于金氏之乩者⑥"，即指圣叹也。圣叹自为乩所凭，下笔益机辨澜翻⑦，常有神助。然多不轨于正，好评解稗官词曲，手眼独出。初批《水浒传》行世，昆山归元恭（庄）见之曰⑧："此倡乱之书也！"继又批《西厢记》行世，元恭见之又曰："此诲淫之书也！"顾一时学者，爱读圣叹书，几于家置一编。而圣叹亦自负其才，益肆言无忌，遂陷于难，时顺治十八年也。初，大行皇帝遗诏至苏⑨，巡抚以下大临府治⑩。诸生从而讦吴县令不法事，巡抚朱国治方昵令⑪，于是诸生被系者五人。翌日，诸生群哭于文庙，复逮系至十三人，俱劾大不敬，而圣叹与焉。当是时，海寇入犯江南，衣冠陷贼者，坐反叛，兴大狱，廷议遣大臣即讯，并治诸生。及狱具，圣叹与十七人俱傅会逆案坐斩⑫，家产籍没入官。闻圣叹将死，大叹诧曰："断头，至痛也；籍家，至惨也！而圣叹以不意得之，大奇！"于是一笑受刑。其妻若子⑬，亦遣戍边塞云。（《柳南随笔》卷三）

【注释】

① 金人瑞：初名采，又名喟，字若采；明亡后改名人瑞，字圣叹，吴县（今江苏苏州市）人。明末诸生。入清后，绝意仕进，顺治十八年（1661）以哭庙案被杀。少有才名，工诗文，尤好衡文评书。将《离骚》《庄子》《史记》、杜甫诗集、《水浒传》《西厢记》称为"天下六才子书"，并以批点后二书而著称，其批语颇多独到之见。今人辑有《金圣叹全集》。

② 法号：佛教徒受戒时由本师授予的名字。又称法名或戒名。"圣叹"为金人瑞"法号"，此说不知何据。其少时确喜读佛经与结交僧人，擅长扶乩降灵，自称"泐庵法师"，士人亦以"泐公""泐师"称之，然未闻以"圣叹"为法号也。

③ 不常：异常；反常。

④ 某宗伯：指钱谦益。钱氏尝任南明礼部尚书，故称之为宗伯。参见第 68 页第 17 则注释⑬。入清，仕礼部侍郎，又暗中参与反清事，死后其著作遭禁毁，故时人著述每有提及，用"某宗伯"代之。《天台泐法师灵异记》一文，见钱谦益《初学集》卷四十三，以圣叹为慈月宫陈夫人后身。

⑤ 天启丁卯：指明天启七年(1627)。天启，明熹宗朱由校年号(1621—1627)。

⑥ 卟(jī)：同"乩"。占卜。

⑦ 机辨澜翻：形容文章笔力机敏辨切、气势奔放跌宕。

⑧ 归庄：字玄恭(此避康熙帝讳改"元恭")、尔礼，号恒轩，入清后更名祚明，昆山(今属江苏苏州市)人。归有光曾孙。明末诸生，入复社。清初，反清事败，一度僧装亡命。与同里顾炎武齐名，有"归奇顾怪"之称。工诗文，善书画。今人辑有《归庄集》。

⑨ 大行皇帝：古代对皇帝刚死而未定谥号时的称呼。此指清世祖爱新觉罗·福临，顺治十八年(1661)春正月崩，年二十四。朝廷发布其遗诏，历数自己亲政以来十四条错误，实为"罪己诏"。遗诏曰："朕以凉德，承嗣丕基，十八年于兹矣。自亲政以来，纪纲法度、用人行政，不能仰法太祖、太宗谟烈，因循悠忽，苟且目前，且渐习汉俗，于淳朴旧制日有更张，以致国治未臻，民生未遂，是朕之罪一也。朕自弱龄即遇皇考太宗皇帝上宾，教训抚养，惟圣母皇太后慈育是依，隆恩罔极，高厚莫酬，朝夕趋承，冀尽孝养。今不幸子道不终，诚悃未遂，是朕之罪一也。皇考宾天，朕止六岁，不能服衰经行三年丧，终天抱憾。惟侍奉皇太后，顺志承颜，且冀万年之后，庶尽子职，少抒前憾。今永违膝下，反上厪圣母哀痛，是朕之罪一也。宗室诸王贝勒等，皆太祖、太宗子孙，为国藩翰，理宜优遇，以示展亲。朕于诸王贝勒，晋接既疏，恩惠复鲜，情谊睽隔，友爱之道未周，是朕之罪一也。满洲诸臣，或历世竭忠，或累年效力，宜加倚托，尽厥猷为，朕不能信任，有才莫展。且明季失国，多由偏用文臣，朕不以为戒，委任汉官，即部院印信，间亦令汉官掌管，致满臣无心任事，精力懈弛，是朕之罪一也。朕秉性好高，不能虚己延纳，于用人之际，务求其德与己侔，未能随才器使，致每叹乏人。若舍短录长，则人有微技，亦获见用，岂遂至于举世无才，是朕之罪一也。设官分职，惟德是用，进退黜陟，不可忽视。朕于廷臣，明知其不肖，不即罢斥，仍复优容姑息，如刘正宗者，偏私躁忌，朕已洞悉于心，乃容其久任政地，可谓见贤而不能举，

见不肖而不能退,是朕之罪一也。国用浩繁,兵饷不足,而金花钱粮,尽给宫中之费,未尝节省发施。及度支告匮,每令诸王大臣会议,未能别有奇策,止议裁减俸禄,以赡军饷,厚己薄人,益上损下,是朕之罪一也。经营殿宇,造作器具,务极精工,无益之地,糜费甚多,乃不自省察,罔体民艰,是朕之罪一也。端敬皇后于皇太后克尽孝道,辅佐朕躬,内政聿修。朕仰奉慈纶,追念贤淑,丧祭典礼,过从优厚,不能以礼止情,诸事太过,逾滥不经,是朕之罪一也。祖宗创业,未尝任用中官。且明朝亡国,亦因委用宦寺。朕明知其弊,不以为戒,设立内十三衙门,委用任使,与明无异,致营私作弊,更逾往时,是朕之罪一也。朕性耽闲静,常图安逸,燕处深宫,御朝绝少,致与廷臣接见稀疏,上下情谊丕塞,是朕之罪一也。人之行事,孰能无过? 在朕日理万几,岂能一无违错! 惟听言纳谏,则有过必知。朕每自恃聪明,不能听纳。古云:良贾深藏若虚,君子盛德容貌若愚。朕于斯言,大相违背,以致臣工缄默,不肯进言,是朕之罪一也。朕既知有过,每自刻责生悔,乃徒尚虚文,未能省改,过端日积,愆戾愈多,是朕之罪一也。太祖、太宗创垂基业,所关至重,元良储嗣,不可久虚。朕子玄烨,佟氏妃所生,岐嶷颖慧,克承宗祧,兹立为皇太子,即遵典制,持服二十七日,释服,即皇帝位。特命内大臣索尼、苏克萨哈、遏必隆、鳌拜为辅臣,伊等皆勋旧重臣,朕以腹心寄托,其勉矢忠荩,保翊冲主,佐理政务,布告中外,咸使闻知。"(见《清史稿·世祖本纪二》)

⑩ 大临:聚哭告哀。

⑪ 朱国治:抚顺(今属辽宁抚顺市)人,隶正黄旗汉军。顺治四年(1647),由贡生授固安知县,擢顺德知府。历大理寺卿,累官江苏、云南巡抚。康熙十二年(1673),平西王吴三桂反,国治被执,使降,骂贼不屈,遂遇害。二十年,特恩加赠户部右侍郎,祭葬如典礼。

⑫ 傅会:谓虚构或歪曲事实,强加比附。

⑬ 若:连词。和,及。

8. 高士胜流为俗人所辱

古来高士胜流为俗人所辱,往往而有,如倪云林见挞于张士信①,沈石田受役于曹太守是也②。近有周青士（筼）、恽正叔（寿平）二事③，亦颇相类。青士尝游嘉善④，馆柯氏园，月夜吟诗，意得，遂至达旦。适郡丞季某以按部至⑤，署与园邻，闻周吟声，亦达旦不成寐，恚甚，诘旦遣吏逮至，杖而逐之。有某监司延正叔画⑥，偃蹇不即赴⑦，后迫致苏州，拘系厅事⑧，明旦将辱之，一急足疾走至娄水⑨，乞援于相国太原公⑩，时已抵暮矣。相国以指击案曰："事急矣！非快马疾驰不可。"遽跨马，以竹竿挑灯，缚仆背上去，五鼓达郡城，门尚未启。有顷入城，直造监司署，力争以释之。（《柳南随笔》卷四）

【注释】

① 倪云林：倪瓒，元末画家。初名珽，字元镇，号云林子、幻霞子、荆蛮民等，无锡（今属江苏）人。家富，工诗善书画，四方名士日至其门。为人有洁癖。至正初（1341），忽散尽家财，浪迹太湖、泖湖一带。擅画水墨山水，宗董源，参以荆浩、关仝技法，创"折带皴"写山石。所作意境清远萧疏，与黄公望、王蒙、吴镇合称"元四家"。洪武七年（1374）卒，年七十四。存世作品有《渔庄秋霁图》《梧竹秀石图》等。诗文有《清閟阁集》十二卷。　张士信：泰州白驹场（今江苏盐城市大丰西南）人。元末东南割据者张士诚之弟。士诚自立为吴王，以士信为浙江行省左丞相。至正二十七年（1367），朱元璋明军攻平江，士信被炮火击中身亡。寻城破，士诚被执，押赴应天后自缢。张士信辱倪瓒事，见明顾元庆《云林遗事》："张士诚弟士信，闻元镇善画，使人持绢缣侑以币求其笔。元镇怒曰：'予生不能为王门画师。'即裂其绢而却其币。一日，士信与诸文士游太湖，闻渔舟中有异香，此必有异人，急傍舟近之，乃元镇也。士信见之，大怒，欲手刃之，诸文士力为劝免，命左右重加箠辱。当挞时，嘿不出声。后有人问之曰：'君被士信窘辱，而一声不发，何也？'元镇曰：'出声便俗。'"

② 沈石田：沈周，字启南，号石田，明长洲（今江苏苏州市）人。书画家。不应科举，专事诗文书画。文摹左氏，诗拟白居易、苏轼、陆游，字仿黄庭坚，并为世所爱重；尤工于画，评者谓为"明世第一"，与文徵明、唐寅、仇英并称"明四家"。正德四年（1509）卒，年八十三。其受役于曹太守事，见《明史·沈周传》："有郡守征画工绘屋壁。里人疾周者，入其姓名，遂被摄。或劝周谒贵游以免，周曰：'往役，义也；谒贵游，不更辱乎！'卒供役而还。已而守入觐，铨曹问曰：'沈先生无恙乎？'守不知所对，漫应曰：

'无恙。'见内阁，李东阳曰：'沈先生有牍乎?'守益愕，复漫应曰：'有而未至。'守出，仓皇谒侍郎吴宽，问：'沈先生何人?'宽备言其状。询左右，乃画壁生也。"

③ 周篔：字青士，嘉兴（今属浙江）人。清初诗人。遭乱弃举子业，以卖米为生。自晨至午居肆，过午辄下帘闭肆，登小楼读书。喜为诗，与朱彝尊、李良年、锺渊映比邻相善。　恽寿平：恽格，字寿平，后以字行，改字正叔，号南田，武进（今江苏常州市）人。清初画家。家贫，不应科举，卖画为生。初工山水，笔墨隽秀；后交王翚，多作花卉，清润明丽，被目为"常州派"。与王时敏、王鉴、王翚、王原祁、吴历合称"清六家"。

④ 嘉善：清嘉兴府嘉善县（今属浙江嘉兴市）。

⑤ 郡丞：汉郡守佐官。清指府同知，正五品。　按部：巡视部属。

⑥ 监司：明清行省布政使、按察使称为监司官。

⑦ 偃蹇(yǎnjiǎn)：骄傲，傲慢。

⑧ 厅事：官署视事问案的厅堂。亦作"听事"。

⑨ 急足：指急行送信人。　娄水：太仓（今属江苏苏州市）别称。

⑩ 相国太原公：王掞，字藻儒，江南太仓人。明万历首辅王锡爵曾孙，明末清初画家王时敏第八子。康熙九年(1670)进士，选庶吉士，授编修。累官文渊阁大学士兼礼部尚书。雍正元年(1723)致仕，六年卒，年八十四。清沿明制，设内阁，大学士加殿、阁头衔，有"中和殿大学士""保和殿大学士""文华殿大学士""武英殿大学士""文渊阁大学士""东阁大学士"，乾隆时改中和殿为体仁阁，成为三殿三阁大学士。雍正时，定内阁大学士为正一品，如历朝丞相，故称为"相国"。

9. 严氏女善属对

康熙间，吾邑昆城湖之滨①，有塾师某者，聚徒于家，好出句命对。一徒于暮春来从师，即出句云："四野绿阴迎夏至。"徒懵然。次早就塾，对云："一庭红雨送春归。"师知其倩笔②，诘所自来，云："吾姊也。"询其年，及笄矣③，纫馀辄观书作字，无间寒暑。师云："效尔姊用功，自善属对，勉之勉之!"是晚散馆，复出句云："好书勤诵读。"次早对云："佳句费推敲。"师不识其姗已④，击赏不置⑤。翼日邻友招师看桃花⑥，欲携对句以往，夸徒聪俊，晚又出句云："有约探桃坞。"次早对云："无心坐杏坛。"师欣然携往。邻客有黠者,见之匿笑。师察其故,大恚,誓不复命对,事遂绝。女姓严氏,貌殊娴丽,后以所字匪人[7],郁郁病瘵[8],未嫁而卒。父本贾人不知书,女殁后,著作悉归埃化[9]。女所居近汲古阁,汲古主人毛惠公氏为吾友汪西京(沈琇)述之[10]。西京曾悼以四绝句,次章结云:"单辞只句空千古,不杂人间梨枣香。"末章结云:"此去九泉求雅伴,精魂好傍白云飞。"白云者,谓江上女子洪梦梨[11]。洪亦工诗,盖尝自署为白云道人云。(《柳南随笔》卷四)

【注释】

① 昆城湖:又作"昆承湖"。在常熟城南。

② 倩(qìng)笔:请人代笔。

③ 及笄:女子年满十五。参见第70页第19则注释⑤。

④ 姗:同"讪"。讪谤,讥讽。

⑤ 不置:不舍;不止。

⑥ 翼日:明日,次日。翼,通"翌"。

⑦ 所字匪人:谓许配于不良者。字,旧时称女子许配,出嫁。匪人,行为不端的人。

⑧ 病瘵(zhài):患痨病。

⑨ 埃化:化为尘埃。喻亡佚,散失。

⑩ 汲古主人毛惠公:明末清初常熟藏书家毛晋,构汲古阁以储书,参见第96页第1则注释③。毛晋卒于顺治十六年(1659),而此则所述为康熙间事,故毛惠公应指晋之后人。按晋有五子:襄、褒、褎、表、扆。而承其父业最著者,为五子扆。扆字斧季,一生抄补、校刻图书数百种。康熙五十二年(1713)卒,年七十四。 汪沈琇:号西京,常熟人。贡生。官至宣城训导。工隶书。著有《太古山房诗钞》二十四卷。

⑪ 洪梦梨:江阴(今属江苏无锡市)人。据本书卷三:"洪梦梨,字蕊仙,号白云道人,江阴女子也。才色双绝,往来多名士,而尤与吾友汪西京(沈琇)昵。吟社诸君以西京故,间以诗与道人相倡酬。"

10. 归　痴

昆山归元恭先生[1],狂士也。家贫甚,扉破至不可阖,椅败至不可坐,则俱以纬

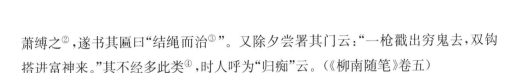

萧缚之^②，遂书其匾曰"结绳而治^③"。又除夕尝署其门云："一枪戳出穷鬼去，双钩搭进富神来。"其不经多此类^④，时人呼为"归痴"云。（《柳南随笔》卷五）

【注释】

① 归元恭：归庄，字玄恭。参见第 104 页第 7 则注释⑧。

② 纬萧：编织蒿草。萧，蒿草，可织帘箔。此处用作名词，草绳。

③ 结绳而治：上古无文字，结绳以记事。《周易·系辞下》："上古结绳而治，后世圣人易之以书契。"孔颖达疏："结绳者，郑康成注云，事大大结其绳，事小小结其绳，义或然也。"此处用以自嘲。

④ 不经：谓不合常理。

11. 严澄捐茶果银修桥

严太守天池（澄）^①，相国文靖公子也^②。将赴邵武之任^③，与郡邑城隍神约曰^④："某必不携邵武一钱归，神其鉴诸！"既抵任，苞苴尽绝^⑤，惟有茶果银一项^⑥，士民为官长称觥敬者^⑦，其俗相沿已久，于是争致，诸公复苦劝受之，以供薪水费。辞不获已^⑧，积之共若千金，迨致仕归，舟次吴门^⑨，以原银付家人曰："吾前与城隍神约，不携邵武一钱归矣，此银何所用？ 其以为修治桥梁费乎！"于是择日鸠工^⑩，自郡之齐门外^⑪，至邑之南门^⑫，凡桥梁之倾圮者^⑬，悉修治焉。行人至今便之。（《柳南随笔》卷六）

【注释】

① 严澄：字道澈，号天池，常熟（今属江苏苏州市）人。明嘉靖朝内阁大学士严讷之子。以父荫官至邵武知府。精于琴学，结琴川琴社。著有《松弦馆琴谱》二卷。

② 相国文靖公：严讷，字敏卿，号养斋。明嘉靖二十年（1541）进士，选庶吉士，授编修。迁侍读，寻与李春芳入直西苑撰青词，授翰林学士。历太常少卿、礼部左右侍郎改吏部。复代郭朴为礼部、吏部尚书。四十四年，以武英殿大学士入阁，仍掌吏部事。是年冬，乞归，家居二十年卒，年七十四。赠少保，谥文靖。

③ 邵武：明邵武府(今属福建南平市)。

④ 城隍神：守护城池之神。

⑤ 苞苴(bāojū)：谓包裹礼物以馈赠或贿赂。《庄子·列御寇》："小夫之知，不离苞苴竿牍。"锺泰发微："古者馈人鱼肉之类，用茅苇之叶，或苞之，或藉之，故曰'苞苴'。"

⑥ 茶果银：旧时官署和富户核定的茶果点心费。亦指清代漕运向各仓场缴纳的一种税银，可供官署公私之用。

⑦ 称觞：举杯祝寿。此指士民向府郡长官致敬献礼。

⑧ 不获已：不得已。形容无可奈何貌。

⑨ 吴门：苏州别称。

⑩ 鸠工：聚集工匠。

⑪ 郡之齐门：亦称"齐女门""望齐门"。在苏州府城东北。汉赵晔《吴越春秋·阖闾内传》："齐子使女为质于吴，吴王因为太子波聘齐女。女少思齐，日夜号泣，因乃为病。阖闾乃起北门，名曰望齐门，令女往游其上。"

⑫ 邑之南门：常熟县城南门。明常熟县隶苏州府，县在府之北。

⑬ 倾圮(pǐ)：倒塌。

12. 布　　袋

《猗觉寮杂说》云①："世号赘婿为布袋②，多不晓其义。或以为如入布袋，气不得出项③，故名。附舟入浙，有一同舟者号李布袋，篙人谓其徒曰：'如何入舍婿谓之布袋④？'众无语。忽一人曰：'语讹也，人家有女无子，恐世代自此绝，不肯嫁出，招婿以补其代，故谓之补代耳。'此言极有理。"又《三馀帖》⑤："冯布少时⑥，赘于孙氏，其外父有烦琐事⑦，辄曰俾布代之。至今吴中以赘婿为'布袋'。"(《柳南续笔》卷一)

【注释】

① 猗觉寮杂说：即《猗觉寮杂记》，二卷，宋朱翌撰。翌字新仲，号灊山居士，舒州怀宁(今安徽安庆市潜山县)人。政和八年(1118)进士。南渡后，入馆阁掌书命文章，累

官至敷文阁待制,罢。晚卜居于鄞。乾道三年(1167)卒,年七十一。累赠少师。是
　书上卷皆诗话,止于考证典据,而不评文字之工拙;下卷杂论文章兼及史事。此则所
　引,文字略有出入。

② 赘婿:指就婚定居于女家的男子。以女之父母为父母,所生子女从母姓,承嗣母方
　宗祧。秦汉时赘婿地位等于奴婢,后世有所改变,但仍属微贱。

③ 出项:意谓出头露面。

④ 入舍婿:即赘婿。宋代称男子就婚于女家为"舍居婿"。

⑤ 三馀帖:未详撰人。元陶宗仪《说郛》卷三十二下录存有十五条,未见此则所引,而
　见于卷三十二上所录宋无名氏《潜居录》第三条:"冯布少时绝有才干,赘于孙氏,其
　外父有烦琐事,辄曰畀布代之。至今吴中谓倩为布代。"

⑥ 冯布:未详何许人。

⑦ 外父:岳父。

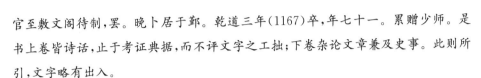

13. 先 贤 授 琴

先贤子游墓在虞山之巅①。前明万历间,有樵者过墓上,见一叟衣冠甚古,独坐鼓
琴。樵者掷斧柯听之,叟欣然曰:"汝欲学耶?"因令每日过墓,授以清商数曲②。后樵者
于昭明读书台下③,闻有达官贵人鼓琴为会者,亦倾耳听,已而笑曰:"第五弦尚未调也。"
鼓琴者曰:"汝何人? 亦解此耶?"试调其弦,果如樵者所云,遂令其一再弹,则泠然太古
音也④。大惊异,为易冠巾,与定交,问其所从学,樵者以告,且询其衣冠状,乃知所见者,
为子游也。吾邑严太守天池之琴⑤,至今名天下,而其传实自樵者,故海内推为正音焉。
又闻其人本一染人⑥,徐其姓,太守公字之曰"亦仙"云。(《柳南续笔》卷一)

【注释】

① 子游:言偃,字子游,春秋末吴国人。孔子弟子,"孔门十哲"之一。曾为武城宰。
　《论语·先进》:"德行:颜渊、闵子骞、冉伯牛、仲弓。言语:宰我、子贡。政事:冉
　有、季路。文学:子游、子夏。"　虞山:又名海隅山。在常熟城西北。商末虞仲(仲
　雍)隐于此,故名。古吴王周章、孔门弟子言偃葬于此。另有南朝梁昭明太子萧统读

书台、兴福寺等名胜。

② 清商：商声，古代五音之一。古谓其调凄清悲凉，故称清商。

③ 昭明：萧统，字德施，南兰陵(治今江苏常州市西北)人。南朝梁武帝萧衍长子。天监元年(502)，立为太子。中大通三年(531)卒，年三十一。谥昭明，世称昭明太子。信佛，工诗文，曾招聚文学之士，编辑《文选》三十卷，对后世文学颇有影响。

④ 泠然：形容声音清越激扬。

⑤ 严太守天池：严澄。明邵武知府。参见第109页第11则注释①。

⑥ 染人：本为周官，掌染丝帛等事。后泛指从事染布帛的工匠。

14. 蟋 蟀 相 公

　　马士英在弘光朝①，为人极似贾秋壑②，其声色货利无一不同。羽书仓皇③，犹以斗蟋蟀为戏，一时目为"蟋蟀相公"。迨大清兵已临江，而宫中犹需房中药，命乞子捕虾蟆以供④，而灯笼大书曰"奉旨捕蟾"。嗟乎！君为虾蟆天子，臣为蟋蟀相公，欲不亡，得乎？(《柳南续笔》卷一)

【注释】

① 马士英：字瑶草，明贵阳(今属贵州)人。万历四十七年(1619)进士，授南京户部主事。历知严州、河南、大同三府。崇祯时，累官兵部右侍郎兼右佥都御史总督庐州、凤阳等处军务。甲申之变，自庐州、凤阳拥兵迎福王，以功升东阁大学士兼兵部尚书、都察院右副都御史，为南明弘光朝首辅。与阮大铖相结弄权，先后罢逐吕大器、姜曰广、刘宗周、高弘图等。顺治二年(1645)，清兵破扬州，逼南京，福王走太平，士英奉王母妃走杭州就潞王。未几，潞王降，士英奔鲁王、唐王皆被拒。明年，为清兵擒斩之。　　弘光：南明福王朱由崧年号(1644—1645)。

② 贾秋壑：贾似道，字师宪，号秋壑，天台(今属浙江台州市)人。南宋末大臣。少游博无行，以父荫补嘉兴司仓、籍田令。后因姊为理宗宠妃，遂得进用。淳祐九年(1249)，为京湖安抚制置大使，次年移镇两淮。宝祐二年(1254)，加同知枢密院事、临海郡开国公。开庆元年(1259)，为右丞相领兵救鄂州，私与忽必烈乞和，应允称臣

纳币，兵退后诈称大胜。专朝政多年，理宗尊之为"师臣"，朝臣则称以"周公"，以重法督责武将，行"公田""推排"诸法破毁民家。度宗即位，进太师、平章军国重事。朝廷大政，每决于西湖葛岭私宅之中。元军围襄阳数年，竟隐匿军报。德祐元年（1275），元军东下，被迫出兵迎战，败于鲁港（今安徽芜湖市西南）。群臣请诛，乃贬高州团练使、循州安置。行至漳州木棉庵，为监送人会稽县尉郑虎臣所杀。

③ 羽书仓皇：意谓军情急迫。羽书，即檄书，军事文书。插鸟羽以示紧急。仓皇，匆忙急迫。

④ 乞子：乞讨者。　虾蟆（hámá）：亦作"蛤蟆"。青蛙和蟾蜍的统称。

15. 碧 螺 春

　　洞庭东山碧螺峰石壁产野茶数株①，每岁土人持竹筐采归，以供日用，历数十年如是，未见其异也！康熙某年，按候以采，而其叶较多，筐不胜贮，因置怀间，茶得热气，异香忽发，采茶者争呼"吓杀人香"。"吓杀人"者，吴中方言也，因遂以名是茶云。自是以后，每值采茶，土人男女长幼务必沐浴更衣，尽室而往，贮不用筐，悉置怀间。而土人朱元正，独精制法，出自其家，尤称妙品，每斤价值三两。己卯岁②，车驾幸太湖③，宋公购此茶以进④，上以其名不雅，题之曰碧螺春。自是地方大吏岁必采办，而售者往往以伪乱真。元正没，制法不传，即真者亦不及曩时矣⑤！（《柳南续笔》卷二）

【注释】

① 洞庭东山：在苏州西南太湖畔（今江苏苏州市吴中区东山镇）。

② 己卯：指康熙三十八年（1699）。

③ 车驾：帝王之车。代指皇帝。清康熙帝曾六次南巡，分别在康熙二十三年、二十八年、三十八年、四十二年、四十四年、四十六年。

④ 宋公：宋荦，字牧仲，商丘（今河南商丘市睢阳区）人。顺治四年（1647），年十四应诏以大臣子列侍卫，逾岁试授通判。康熙三年（1664），授湖广黄州通判。累迁江苏巡抚。荦在江苏，三遇上南巡，颇受嘉许。四十四年，擢吏部尚书，三年后乞罢。五十

三年,加太子少师,卒,年八十。

⑤ 襄时:往时;以前。

16. 诸 生 就 试

鼎革初,诸生有抗节不就试者①,后文宗按临②,出示,山林隐逸,有志进取,一体收录。诸生乃相率而至。人为诗以嘲之曰:"一队夷齐下首阳③,几年观望好凄凉。早知薇蕨终难饱④,悔杀无端谏武王⑤。"及进院,以桌凳限于额,仍驱之出,人即以前韵为诗曰:"失节夷齐下首阳,院门推出更凄凉。从今决意还山去,薇蕨堪嗟已吃光。"闻者无不捧腹。(《柳南续笔》卷二)

【注释】

① 抗节:坚守节操。此指明亡后,士人不仕清。

② 文宗按临:指学官巡视。明清时称提学、学正为文宗。亦用以尊称考试官。

③ 夷齐:伯夷、叔齐。商末孤竹君二子。墨胎氏。初,孤竹君以次子叔齐为继承人,孤竹君死后,叔齐让位于伯夷,不受。后伯夷、叔齐闻周文王善养老而入周。武王伐纣,二人劝谏。灭商后,二人隐居首阳山,不食周粟而死。 首阳:山名。相传为伯夷、叔齐采薇隐居处。按,首阳山在今何地,旧说不一。《论语》何晏集解引汉马融曰:"首阳山在河东蒲坂,华山之北,河曲之中。"汉河东郡蒲坂(今山西运城市永济市西南),有雷首山。又,明代一说在孤竹国故地永平府(今河北秦皇岛市卢龙县)东南,景泰五年(1454)移建夷齐庙于府治西,供官民奉祀;一说在巩昌府陇西之西北(今甘肃定西市渭源县东南),万历二十三年(1595)户部主事杨恩撰《首阳辨》,以为应在此。清以来多从永平说。

④ 薇蕨:薇和蕨。嫩叶皆可作蔬,为贫苦者所常食。

⑤ 武王:周武王姬发。周文王姬昌之子。继承文王遗志,联合西南诸族,誓师于牧野(今河南鹤壁市淇县西南),灭商(前1046)。建立西周王朝,都于镐(今陕西西安市长安区沣河东),分封诸侯。在位四年崩。

17. 东林气节

　　明季东林诸贤①,批鳞捋须②,百折不回,取次拜杖阙下③,血肉狼籍,而甘之如饴,其气节颇与东汉党锢诸人相似④,一时遂成风俗。其时有儿童嬉戏,或据地互相痛扑,至于委顿⑤,曰:"须自幼炼铜筋铁骨,他时立朝,好做个忠臣也。"闻者莫不笑之。然而流风所被,鼓动振拔,儿童犹知兴起,廉顽立懦⑥,其效不可睹乎?(《柳南续笔》卷三)

【注释】

① 东林诸贤:晚明以江南士大夫为主的政治集团。万历二十二年(1594),吏部郎中顾宪成革职还乡,与高攀龙、钱一本等讲学于无锡东林书院。撰联曰:"风声雨声读书声,声声入耳;家事国事天下事,事事关心。"讽议朝政,评论人物,受到士人支持。与在朝李三才、赵南星等深相交结,反对矿监、税监掠夺,主张开放言路,实施改良,遭权贵嫉恨。天启时,宦官魏忠贤专权,杨涟、左光斗等以劾忠贤被捕,与黄尊素、周顺昌等均遭杀害。忠贤使人编《三朝要典》,借梃击案、红九案、移宫案为题,称其为"东林党",又造《东林点将录》等文件,网尽正直之士。后思宗即位,逮治忠贤及阉党,定为逆案,东林党人所受迫害方告终止。

② 批鳞捋须:谓敢于直言犯上。

③ 取次:谓次第。一个挨一个;挨次。

④ 东汉党锢:东汉桓帝时,宦官专权,司隶校尉李膺等人与太学生郭泰、贾彪等连议朝政,品评公卿,深为宦官所忌。延熹九年(166),宦官乃诬膺等养太学游士,诽讪朝廷。李膺等二百馀名"党人"被捕,后虽释放,但终身不许为官。此谓第一次"党锢之祸"。灵帝即位后,外戚窦武执政,起用"党人",与太傅陈蕃谋诛宦官,事泄被杀。建宁二年(169),宦官侯览、曹节收捕李膺、杜密等百馀人下狱处死,并陆续诛杀、流徙、囚禁六七百人。熹平五年(176),灵帝又命凡"党人"门生故吏、父子兄弟,皆免官禁锢,连及五族。此谓第二次"党锢之祸"。

⑤ 委顿:颓丧;疲困。

⑥ 廉顽立懦：谓高尚的节操可以激励人振奋向上。语出《孟子·万章下》："故闻伯夷之风者，顽夫廉，懦夫有立志。"顽夫，贪婪的人。懦夫，软弱无能的人。

18. 南 垣 善 谑

张涟①，字南垣，善迭石，为人滑稽多智，出语便堪抚掌。有延陵公某者②，前明国子祭酒也，迫入本朝，以原官起用。士绅饮钱，演《烂柯山》传奇③，至张木匠，伶人以南垣在座，改为张石匠。祭酒公故靳之④，以扇确几赞曰⑤："有窍⑥！"哄堂大笑，南垣默然。及演至买臣妻认夫，买臣唱："切莫提起朱字⑦。"南垣亦以扇确几曰："无窍！"满座为之愕眙⑧，而祭酒不以为忤。有窍、无窍，吴中方言也。（《柳南续笔》卷四）

【注释】

① 张涟：字南垣，嘉兴（今属浙江）人。明末清初园林家。少学画得山水趣，因以其意筑圃垒石，渐有宋元山水笔意，一时称名。松江李逢甲之横云山庄，金坛虞大复之预园，太仓王时敏之乐郊园，常熟钱谦益之拂水园，嘉兴吴昌时之竹亭湖墅，嘉定赵洪范之南园等，皆其所作。

② 延陵公：吴伟业，字骏公，号梅村，明太仓（今属江苏苏州市）人。师事张溥，为复社成员。崇祯四年（1631）进士，授编修。官至左庶子。南明弘光时，拜少詹事。入清，官至国子监祭酒。工诗文，善词曲，亦精书画。与钱谦益、龚鼎孳并称"江左三大家"。有《吴梅村全集》。延陵，亦作"毗陵"。古地名，本春秋时吴季札封地延陵邑（治今江苏常州市）。后为常州别称，亦作吴姓代称。

③ 烂柯山：明末传奇。作者不详。叙述汉代儒生朱买臣马前泼水的故事。买臣妻崔氏不耐贫寒，受媒婆蛊惑，逼买臣写休书，改嫁张木匠。再婚未久，发现张木匠不仅贫穷，且性情暴躁，乃离家寄居于王寡妇处。后得知买臣高中，赴任会稽太守，崔氏拦车于官道，乞请收留。买臣命人马前泼水，谓崔氏覆水能收，则夫妻相认。崔氏悔恨不已，乃投水死。《汉书·朱买臣传》所载与此略异。

④ 靳：嘲弄；耻笑。

⑤ 确几：敲击桌几。确,通"榷"。

⑥ 有窍：犹在行,有窍门。

⑦ 切莫句：双关语。暗指吴伟业背明仕清。

⑧ 愕眙：亦作"愕怡"。惊视。

巢林笔谈

《巢林笔谈》六卷，《续编》二卷，清龚炜撰。炜字巢林，自称巢林散人，晚号际熙老民，昆山（今属江苏苏州市）人。生活于康熙、乾隆间。工诗文，善丝竹，兼习武艺。然三黜乡闱，年四十而疾病时作，遂绝意仕途，闭户读书。

《巢林笔谈》以时间为序，起康熙末年，讫乾隆二十八年左右。所记内容为世风民情，天灾人祸、戚友交游等，可助谈资，亦有读书所得，出入经史、辨讹正误。《续编自序》云："四十馀年来视履所及，暨胸中所欲吐，稍稍见于此矣。"而其间亦颇多颂圣称先之处，且兼因果报应之谈，皆不免落入流俗者。

选文标题为今本点校者钱炳寰所拟。

1. 淮安漂母祠及韩信钓台

晚泊淮城①，诣漂母祠及韩侯钓台②，凄凉满目。因叹一饭之德，报以千金；百战之功，不赎三族。侯不忍负母，宁忍负汉？而汉祖忍于负侯③，侯仁而汉暴也。汉兴而侯绝，不使英雄泪满襟耶？谢原功诗云④："天日可明归汉志，风云犹似下齐兵。"二语殊足表侯。又苗疆有韦姓者，世土官，相传为侯之遗胤⑤，庶几犹有天道。（《巢林笔谈》卷一）

【注释】

① 淮城：指清淮安府山阳（今江苏淮安市淮安区）。

② 漂母祠：在淮安府城西古运河堤畔、萧湖之侧。祠之南有韩侯钓台。韩侯，即汉淮阴侯韩信。信为布衣时，尝钓于城下，一漂母见信饥，饭信，且不图重报。后世乃立祠以祭。韩信初投项羽军，未得重用，继归刘邦，以萧何荐为大将。善用兵，封齐王。汉立，改封楚王。或告其谋反，降为淮阴侯。后被萧何、吕后定计诱入宫中杀之，夷其三族。

③ 汉祖：汉高祖刘邦。字季，沛县（今属江苏徐州市）人。秦二世元年（前209）起兵，称沛公，初属项梁。汉元年（前206），先入关攻占咸阳，灭秦。同年，项羽入关，大封诸侯，封沛公为汉王。未几，楚汉之争兴。六年，胜项羽，即皇帝位，建立汉朝，都长安。十二年崩，谥高皇帝。

④ 谢原功：谢肃，字原功，号密庵，上虞（今浙江绍兴市上虞区丰惠镇）人。元末明初诗人。洪武十六年（1383）举明经，授福建按察司佥事。十八年，坐事下狱死。有《密庵集》八卷。其卷三有《韩信城》诗，曰："淮流浩荡楚原平，叹息英雄不再生。天日可明归汉志，风云犹似下齐兵。千年城郭名空在，百战山河姓几更？还酹将军一杯酒，黄鹂碧草不胜情。"

⑤ 遗胤：后嗣；子孙。

2. 俗　　僧

寓清江浦①，偶至一古寺，旁隐小门，迤逦入②，有精舍焉③。盆树充庭，诗画满壁,鼎樽盈案,如入虎丘山塘肆中④。顷之,一老僧盛服出,款曲之际⑤,夸示交游,侈陈朝贵⑥,盖一俗僧也。已,转一回廊,又得三楹,中置一龛,侈以锦绮⑦,又有小楼,扃户不得上⑧。噫,僧亦奢矣!浮屠贵净行⑨,乃复美衣服饰馆宇,且秘之荒凉破寺中,其人庸可测乎?(《巢林笔谈》卷一)

【注释】

① 清江浦:清淮安府清河县(今江苏淮安市清江浦区)。明清京杭大运河漕运枢纽。

② 迤逦:同"迤逦"。渐次;逐渐。

③ 精舍:僧人、道士修炼居住之所。

④ 虎丘山塘:即苏州山塘街。东起阊门,西至虎丘山,长约七里。唐白居易为苏州刺史时,筑山塘河堤。后沿堤成街,为苏州商贸、文化繁荣之地。

⑤ 款曲:殷勤酬应。

⑥ 侈陈:夸耀铺陈。

⑦ 侈(chǐ):同"侈"。奢侈;浪费。

⑧ 扃户:闭门。

⑨ 浮屠:又作"浮图"。佛。亦指和尚。　　净行:佛教语。谓修行。亦指清净的戒行。

3. 陆陇其为令

陆平湖先生先为嘉定令①,邑有大盗为民患,更数令不治,至是将入寇,捕者以闻。公戒吏民无动,令当自治。骑马直入盗中,盗见公皆愕。公谕之曰:"尔等皆良民,迫于捕逐耳,今令来,欲与尔等共为善,能自新乎?各散还家,贳汝罪②;否则,官军至,无遗类矣③。"众皆流涕蒲伏曰④:"公真父母,死生唯命!"公回县,盗相率待罪。公曰:"业已许汝矣。"皆泣拜去,盗遂息。

公抚字先于催科⑤,有一刁民负欠,诳公且鬻女。公闻言流涕,戒勿鬻,取俸代完。民出,众怒其诈,竞殴之几毙。自是民间输纳恐后。

公尝夜治狱,有数人守至更深,公目之不去,令左右闭门,捽众跪于堂下⑥,数之曰:"苟非切己,何为夜守公庭?唆讼构衅⑦,定由尔等。"各以大杖击三十,按之,皆如公言。于是远近称神明。

予少读公书，其理学精粹，不能窥公万一，窃好问公政绩。有客徐席珍馆东土久⑧，得悉公治嘉状，为予述逸事三节，知仁勇已备，大儒之致效若斯也！（《巢林笔谈》卷一）

【注释】

① 陆平湖：陆陇其，初名龙其，字稼书，平湖（今属浙江嘉兴市）人。康熙九年（1670）进士。历知嘉定、灵寿二县，有德政。二十九年，诏举学问优长品行可用者，被荐授四川道监察御史。三十一年卒。乾隆元年（1736），特谥清献。为学专宗朱子，有《四书讲义困勉录》三十七卷、《松阳讲义》十二卷、《三鱼堂文集》十八卷等。　嘉定：清太仓直隶州嘉定县（今上海市嘉定区）。

② 贳（shì）：赦免；宽纵。

③ 遗类：指残存者。

④ 蒲伏：犹匍匐。伏地而行。

⑤ 抚字：谓对百姓安抚体恤。　催科：催收租税。租税有科条法规，故称。

⑥ 捽（zuó）：揪。

⑦ 唆讼：挑唆人打官司。　构衅：构成衅隙；结怨。

⑧ 徐席珍：徐钰，字席珍，号讷庵，松江（今属上海市）人。清金石家。工刻碑碣，善镌晶、玉、铜、瓷印。

4. 重 过 金 山

辛丑之秋①，从先君自淮上返②，泊舟瓜步③，阻风不得行。遥望金山④，如蓬壶之浮碧澥⑤。先君顿发游兴，驾小舟溯流而上，遂登妙高台⑥，历浮屠四五级⑦，俯瞰大江，水天一色。中有一石洞，宎然而深⑧，意裴头陀开山得金⑨，即其处也。山门外，长廊萦绕，石槛临流，僧人设茶铛⑩，小坐啜茗。已，登舟，风转急，浪涌漱天，衣衫为之沾濡。今日复过金山，风和日丽，欲一登览，为事所牵，追维昔游，感慨系之矣。时戊午七月下旬也⑪。（《巢林笔谈》卷二）

【注释】

① 辛丑：指康熙六十年(1721)。

② 先君：称已故父亲。龚炜父号蓼村,进士出身,分校江右。

③ 瓜步：又作"瓜埠"。地名。在清江宁府六合县(今江苏南京市六合区)东南。有瓜步山,山下有瓜步镇,南临大江。南北朝时,屡为军事要地。明清时,设巡检司于此。

④ 金山：在镇江府(今江苏镇江市)西北长江中。上有金山寺。清末江沙淤积,始与南岸相连。

⑤ 蓬壶：即蓬莱。古代传说中的海上仙山。　碧澥(xiè)：又作"勃澥"。渤海古称。

⑥ 妙高台：又称晒经台。在金山寺伽蓝殿后。宋元祐僧佛印凿崖为之,高逾十丈,上有阁。

⑦ 浮屠：此指佛塔。

⑧ 窅(yǎo)然：深远貌。

⑨ 裴头陀：唐僧人。俗名裴文德,剃度后法号法海,人称法海禅师。唐相裴休之子。金山寺住持,为开山初祖。

⑩ 茶铛(chēng)：煎茶用的釜。

⑪ 戊午：指乾隆三年(1738)。

5. 赛 会 奇 观

吴俗信巫祝①,崇鬼神。每当报赛之期②,必极巡游之盛：整齐执事③,对对成行;装束官弁④,翩翩连骑。金鼓管弦之迭奏,响遏行云;旌旗幢盖之飞扬,辉生皎日。执戈扬盾,还存大傩之风⑤;走狗臂鹰,或寓田猎之意。集金珠以饰阁,结绮彩而为亭。执香者拜稽于途,带枷者匍匐于道⑥。虽或因俗而各异,莫不穷侈而极观。偶至槎溪⑦,适逢胜会,创新奇于台阁,采故典于诗章。金华山上⑧,现出富贵神仙;柳市南头⑨,变作繁华世界。陶彭泽之黄花满径⑩,都属宝株;裴晋公之绿野开筵⑪,尽倾珠篚。分两社以争胜⑫,致一国之若狂。队仗之鲜华,乃其馀事;宝珠之点缀,实是奇观。(《巢林笔谈》卷二)

【注释】

① 巫祝：古代称事鬼神者为巫，祭主赞词者为祝。后连用以指掌占卜祭祀者。

② 报赛：古代农事完毕后举行的谢神祭祀。

③ 执事：此指仪仗。

④ 官弁：指文官武弁。

⑤ 大傩：古代岁末禳祭，以驱除瘟疫。

⑥ 杻（chǒu）：刑具。即手铐。

⑦ 槎溪：清太仓州嘉定县南翔镇（今属上海市嘉定区）之古称。

⑧ 金华山：在清金华府（今属浙江）北。传说山上有神仙石室。此处为借指。

⑨ 柳市：汉长安九市之一。在长安城西。此处为借指。

⑩ 陶彭泽：东晋诗人陶渊明。一名潜，字元亮，私谥靖节，浔阳柴桑（今江西九江市西南）人。曾任江州祭酒、镇军参军、彭泽令等，后去职归隐，绝于仕途。长于诗文辞赋。其诗多写田园风光，喜咏菊。后人以称菊花为"陶菊"。

⑪ 裴晋公：唐相裴度。字中立，河东闻喜（今山西运城市闻喜县东北）人。贞元五年（789）进士及第。元和九年（814），累官至御史中丞。明年，以门下侍郎、同中书门下平章事，主持讨伐诸镇，率军平淮西。历穆宗、敬宗、文宗三朝，为淮南等四道节度使，封晋国公。开成四年（839），卒于东都留守任上，年七十五。晚年退居洛阳时，于城南置有别墅"绿野堂"，与诗人白居易、刘禹锡等酬宴终日。

⑫ 社：社坛。古代封土为社，各栽种其土所宜之树，以为祀社神之所在。

6. 重 游 西 山

予自丁酉之秋始游西山①，得尽馆娃、邓尉、花山诸胜②。时空谷饶秋色，都异种，因山为高下，五色相间，照日鲜华，奇观也。己亥春仲③，先夫人为炜建醮于紫石山女真道院④，得游小赤壁，戏作一小记。已，登尧峰⑤，倚峭壁，卧石床，远吞湖光，近挹山爽，朗吟诗句，旁若无人，有轻世肆志之思焉。翌日，又陟穹窿⑥，回顾群山，则已超烟云而入霄汉矣。观有道士钮姓者，烧笋饷予，分外甘美。晚历茅蓬积翠⑦，则绿肥笋径，紫润烟峦，又一佳境也。篮舆敦促⑧，犹尚徘徊。每忆斯游，常形寤寐⑨,今日复来西山,感而书此。

附录《小赤壁记》:"横山之西北麓⑩,故姑苏台址在焉。下有石壁啖池,其色赤,高不及数仞;其流清,小不棹扁舟,以视黄州之赤壁⑪,直一拳一勺耳。故曰小赤壁。境绝凡尘,静如太古,四方游屐鲜有至者。今探幽得此,聊记数语,亦苏赋之拳石勺水也⑫。"

时予年十六,同游绵祖葛表兄誉予童年老笔,今又二十馀年往矣,老大无成,可胜太息!(《巢林笔谈》卷二)

【注释】

① 丁酉:指康熙五十六年(1717)。　西山:洞庭西山。在苏州府西南太湖中(今江苏苏州市吴中区金庭镇)。

② 馆娃:古代吴宫名。春秋时,吴王夫差为西施建造。吴人呼美女为娃,馆娃宫即美女所居之宫。在苏州府西太湖之滨灵岩山上(今江苏苏州市吴中区木渎镇)。　邓尉:山名。在苏州府西南六十里(今江苏苏州市吴中区光福镇西南)。参见第92页第10则注释⑤。　花山:在苏州府城西(今江苏苏州市虎丘区东南)。

③ 己亥:指康熙五十八年(1719)。

④ 先夫人:称已故母亲。龚炜母葛氏,颇知诗书。　建醮:旧时僧道设坛祈福禳灾或追荐亡灵。　紫石山:即姑苏山。又名姑馀、姑胥。吴王阖闾尝作姑苏台于此山。在苏州府西南(今江苏苏州市吴中区木渎镇东北)。

⑤ 尧峰:山名。在姑苏山西南约四里处。

⑥ 穹窿:山名。在苏州府西(今江苏苏州市吴中区光福镇东南)。有朱买臣读书台。

⑦ 茅蓬:即茅蓬坞。在穹窿山三茅峰下。

⑧ 篮舆:古代供人乘坐的交通工具。形制不一,一般以人力抬着行走,类似后世的轿子。

⑨ 寤寐:醒与睡。常用以指日夜。此句意谓日夜思之。

⑩ 横山:在苏州府西南。

⑪ 黄州之赤壁:又名赤鼻矶。在黄州府西北江滨(今湖北黄冈市黄州区西北)。宋苏轼游此,作前、后《赤壁赋》与《念奴娇·赤壁怀古》词。

⑫ 拳石勺水：一拳之石，一勺之水。形容其小。

7. 诡 避 失 选

　　明时有官行人者①，过龙西溪霓谋曰②："吾欲注门籍几日，何如？"门籍者，京朝官例书名簿置长安门③，有病则注明其下，免朝参，谓之注门籍。西溪问故？答曰："近有楚差，将避之。"西溪曰："湖广非险远，况尊公在堂，便道一省，不亦善乎，避何为者？"行人曰："不然。闻吏部将选科道④，承此差恐不得与，避之，则同官杨子山当行。"西溪曰："然则听子。"行人竟称病注门籍。吏部遽开选，乍告病者不得出，杨以应选擢天垣⑤，行人大悔恨。此可为诡避阴谋者戒。（《巢林笔谈》卷三）

【注释】

① 行人：官名。掌朝觐聘问。《周礼·秋官》有行人，春秋战国时各国俱设。汉代大鸿胪属官有行人，后改称大行令。明代置行人司，设司正一人（正七品）、左右司副各一人（从七品）、行人三十七人（正八品），掌传旨、册封、抚谕等事。

② 龙霓：字致仁，号西溪，明宜春（今属江西）人。弘治九年（1496）进士，官浙江提刑按察司佥事。居官严毅简重，刚直有为，以触忤当路被罢。正德初（1506），侨寓长兴夏驾山，与刘林、孙一元等结社，号"苕溪五隐"。

③ 京朝官：本为宋代京官、朝官合称。宋元丰改制后，寄禄官自承务郎（从九品）至宣德郎（从八品）五阶为京官，通直郎（正八品）至开府仪同三司（从一品）二十五阶为朝官。此处泛指在京参朝官。　　长安门：在明京师大明门内、承天门外东西两侧，称长安左门（东）、长安右门（西）。二门为进入皇城通往中央官署衙门的总门。百官上朝，由此二门步入，经天街，上金水桥，入承天门，进午门而至皇宫内。

④ 科道：明中央机构设有六科（吏、户、礼、兵、刑、工），掌侍从规谏、补阙拾遗、稽察六部百官之事，各科设都给事中一人（正七品），左右给事中及给事中（皆从七品）。明又创置都察院，下设十三道监察御史，巡按本道（正七品）。以上六科给事中与各道监察御史统称为"科道官"。

⑤ 天垣：指吏科。唐以后称谏官官署为"谏垣"。明设六科，掌侍从规谏，故称为"垣"；

而吏科位置排第一,故称"天垣"。此指杨子山晋擢吏科给事中。

8. 秦 生 能 武

　　锡山有秦先生者①,尝应试江宁②,舟遇将军眷属,生短视③,溺于鹢首而不及避④,兵众竞殴之,生拳捷,落数人于水,众号主者,主者皆叱去,至生诉,则曰:"君以书生能武,壮哉!本欲治军罪,饱君尊拳够矣。本军愿进一言:宾兴⑤,大事也。今日幸遇罢兵耳⑥,脱逢敌手⑦,格斗致伤,我即重惩之,无及矣⑧,后当慎诸。"生深感其言。其后馆一富商家,有群盗来劫,盗知其家先生能,先欲除之,排馆门入,枪棍乱下。时馆中无器械,生不得已,左右捉胡床抵之⑨,呼声彻内外,其徒素受武艺于生者,闻变出救,生已攫盗棍,夹攻之,盗乃退。明旦出视,血流满地,器物齑粉⑩,而生但觉两腕无力云。(《巢林笔谈》卷三)

【注释】

① 锡山:清常州府无锡县(今江苏无锡市)别称。其城西有锡山,故称。

② 江宁:清江苏省及江宁府治所(今江苏南京市)。

③ 短视:近视。

④ 溺(niào):撒尿。　鹢(yì)首:船头。古代画鹢鸟于船头,故称。鹢,水鸟,形如鹭而大,羽白,善高飞。

⑤ 宾兴:科举时代地方官设宴招待应举之士。亦指乡试。

⑥ 罢(pí):疲劳;衰弱。

⑦ 脱:假使;万一。

⑧ 无及:来不及。此谓恐怕赶不上乡试。

⑨ 胡床:一种可以折叠的轻便坐具。又称交床。宋陶毂《清异录·逍遥座》:"胡床施转关以交足,穿便绦以容坐,转缩须臾,重不数斤。相传明皇行幸频多,从臣或待诏野顿,扈驾登山,不能跂立,欲息则无以寄身,遂创意如此,当时称'逍遥座'。"

⑩ 齑(jī)粉:粉末;碎屑。

9. 王某卖友求名

虞山王某以画得盛名①,其始则娄东王奉常先生成之也②。先生故多藏画,有古画一卷,是其所最珍重者,某居先生家久,见之。已,游时贵金太傅门③,泄其画。金遗书借观,实欲取之也。先生迟疑,欲不与,彼方怙侈④;与之,则累世重宝,一朝轻弃,谊不忍心⑤。知某献媚,犹以旧门下必不深辨,为临摹遗之。金得画大喜,而某则辨其新旧笔迹,曰:"此烟翁临本也⑥。"金怒,书以诮先生,先生不怿者累月,作诗遗案间。后某至,见诗大惭,先生叙寒暄如旧。(《巢林笔谈》卷四)

【注释】

① 虞山王某:指清初画家王翚。字石谷,号耕烟,常熟(今属江苏苏州市)人。少时见赏于王鉴,被收为弟子;后转师王时敏,临摹宋元名迹,画艺大进。如是垂二十年,声望益著。康熙中诏征,以布衣供奉内廷,主持绘制《康熙南巡图》,画成归里。康熙五十七年(1718)卒,年八十七。从学弟子甚众,称"虞山派"。与王时敏、王鉴、王原祁合称"四王",加吴历、恽寿平称"清初六家"。

② 娄东:清太仓州别称。太仓位于娄水之东,故称。 王奉常先生:指明末清初画家王时敏。字逊之,号烟客,太仓(今属江苏苏州市)人。明万历首辅王锡爵孙。以荫官至太常寺少卿。少学董其昌,并临宋元名迹,以黄公望为宗。入清不仕,奖掖后进,王翚、吴历出其门下,孙王原祁亦得其指授。康熙十九年(1680)卒,年八十九。时敏为一代画苑领袖,开创山水画"娄东派"。 奉常:秦九卿之一。汉时更名太常。掌宗庙礼仪。明末,王时敏尝官于太常寺,故称"王奉常"。

③ 金太傅:金之俊,字岂凡,明吴江(今江苏苏州市吴江区)人。万历四十七年(1619)进士,官至兵部侍郎。明亡降清,命仍故官。曾上疏摄政王多尔衮蠲免京畿田租,奏荐前明旧臣等,累官中和殿大学士兼吏部尚书加太傅。康熙元年(1662)致仕。家居,为人匿名谤之,削太傅衔。九年卒,谥文通。

④ 怙侈:放纵奢欲。

⑤ 谊不忍心:谓道义上于心不忍。谊,同"义"。

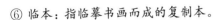

⑥ 临本：指临摹书画而成的复制本。

10. 北　　园

北园在马鞍之阴①，因山为屏，疏泉为沼，有卉木亭台之胜，无阛阓嚣尘之扰②。圣祖南巡③，常驻跸于斯④，御书"天光云影"颜其堂⑤，非独东海隆遇⑥，盖亦我邑盛事也。予生晚，不及睹车驾巡游之盛，然自少至壮，每至山间，辄往游焉，园丁犹必索钱然后入。后以登莱负帑入官⑦，即时拆卖，我邑故贫，士大夫既无力以售此园⑧，而官斯土者，又乏柳州公之雅兴⑨，园之不保，夫又何尤！寻有买其地以葬枯骨者，改为广仁园。予赋一律寄慨，有"诸君创此诚高义，不记当年拜至尊"句。四方士有问及北园者，实不忍置对。（《巢林笔谈》卷四）

【注释】

① 马鞍：山名。在苏州府昆山县（今属江苏苏州市）北三里。状如马鞍，故名。孤峰特秀，极目湖海，百里无所蔽。

② 阛阓（huánhuì）：街市。　嚣尘：纷扰尘世。

③ 圣祖南巡：指清康熙帝六次南巡。参见第113页第15则注释③。

④ 驻跸：帝王出行途中作短暂停留。

⑤ 颜其堂：谓题写厅堂上匾额。颜，额。此处用为动词。

⑥ 东海：泛指东方滨海地区。　隆遇：优厚的待遇。多指皇帝的宠幸。

⑦ 登莱：清登州府（治今山东烟台市蓬莱市）、莱州府（治今山东烟台市莱州市）。　负帑：亏欠府库钱财。此或指昆山拖欠登、莱府库钱财，故以北园入官抵债。

⑧ 售：买。

⑨ 柳州公：唐文学家柳宗元。字子厚，河东解（今山西运城市西南）人。贞元进士，授校书郎，调蓝田尉，升监察御史里行。与刘禹锡等参加主张革新的王叔文集团，任礼部员外郎。失败后贬为永州司马。后迁柳州刺史，故称柳柳州。元和十四年（819），卒于任，年四十七。柳宗元谪居永州、柳州时，作有"永州八记"及《柳州山水近治可游者记》等山水游记，写景状物，多存寄托。

11. 如 何 作 诗

或问予诗如何可作，予曰："不知也。姑就鄙见论诗，只有三字：情也，理也，景也。"而蔽以一言①，曰："真写得"三字。真，即村歌亦成绝调，不观古来谣谚，有载之史传，垂之后世者乎！然则学可废乎？曰否。真，是诗之根，非学无以殖之②。须于吟诵时，得其真气味，然后下笔时可以发我真性情。何谓真气味？神在句外。何谓真性情？言出心坎。若意浅、神竭、韵粘、字呆，都不是真气味。热中人作高尚③，富贵性谈场圃，伪君子讲节义，都不是真性情。知此，始可与言诗。（《巢林笔谈》卷四）

【注释】

① 蔽以一言：用一句话概括。蔽，涵盖，概括。《论语·为政》："《诗》三百，一言以蔽之，曰：思无邪。"

② 殖：孳生；繁殖。

③ 热中：原谓内心躁急。后多指急切追逐名利权势。

12. 赌　　风

赌博之风，莫甚于今日。闾巷小人无论已；衣冠之族，以之破产失业，其甚至于丧身者，指不胜屈。近有诸生犯赌一案，教官坐赃落职，以下褫革拟罪者数人①，似亦可以少惩矣。而沉溺游场者，卒无悛心②。愚谓聋虫尚可通以意气③，人为物灵，冥顽一至此耶④！且盗贼，饥寒迫之也，此更何所迫欤？数年前，陇西有仆马遵者⑤，身受赌害，抽刀断一指自誓，于时观者失色，尽谓其能痛改矣；乃左创未愈，而右执叶子如初⑥。（《巢林笔谈》卷四）

【注释】

① 褫（chǐ）革：谓剥夺冠服，革除功名。

② 悛(quān)心：悔改之心。

③ 聋虫：指无知的兽类。

④ 冥顽：愚昧顽固。

⑤ 陇西：泛指陇山以西地区（约今甘肃六盘山以西、黄河以东一带）。古代以西为右，故又称"陇右"。亦为甘肃省别称。

⑥ 叶子：即马吊牌。明清时流行的博戏。参见第89页第8则注释⑧。

13. 俗 客 俗 人

　　吴孺子遇俗客①，辄闭目坐，曰："吾静思佳士，以扑向之俗尘耳。"张桂峰不喜造客②，出必风雨中张盖而行，曰："吾故不欲以面孔向俗人。"俗之一字，为高明所厌恶如此。晋时竹林之游③，王戎后至④，阮籍曰⑤："俗物已复来败人意。"戎答曰："卿辈意亦复易败耶？"此一答大不俗，然其平日持筹握算，惟利是视，终不免带些俗气。颜延之《五君咏》⑥，山涛、王戎以贵显并黜⑦。贵显无黜理，王戎正当以好利黜之。（《巢林笔谈》卷六）

【注释】

① 吴孺子：字少君，明兰溪（今属浙江金华市）人。道士。嘉靖、隆庆时游吴楚间。好读《离骚》、老庄，遇俗人则云"吾不识字"，口诵诗使人代书之。亦工画，善画鸡鹜水鸟、芙蕖芦藻，幽峭闲适，嫣然有致。手制一大瓢精绝，摩挲如玉。他日过荆溪，遇盗破之，抱瓢泣数日，故晚号曰"破瓢道人"。隆庆末（1572），卒于梁溪。

② 张桂峰：未详何许人。　造客：拜访友朋。

③ 竹林之游：指魏晋时，陈留阮籍、谯郡嵇康、河内山涛、河南向秀、籍兄子咸、琅邪王戎、沛人刘伶相与友善，常宴集于竹林之下，时人号为"竹林七贤"。

④ 王戎：字濬冲，西晋琅邪临沂（今山东临沂市西北）人。好清谈，为"竹林七贤"之一。惠帝时，累官尚书令、司徒。贪吝好货，广收八方园田，积钱无数，每自执牙筹，昼夜计算，为时所讥。

⑤ 阮籍：字嗣宗，三国魏陈留尉氏（今属河南开封市）人。曾为步兵校尉，世称阮步兵。

与嵇康齐名,为"竹林七贤"之一。恃才傲物,常以醉酒保身。工诗文,后人辑有《阮嗣宗集》。

⑥ 颜延之:字延年,南朝宋琅邪临沂(今山东临沂市西北)人。少孤贫,好读书,入仕每犯权要,累官金紫光禄大夫。诗与谢灵运齐名,世称"颜谢"。明人辑有《颜光禄集》。延之作《五君咏》诗,以述竹林七贤事,山涛、王戎因贵显而被黜除,但咏其馀五人,故名《五君咏》。

⑦ 山涛:字巨源,西晋河内怀县(今河南焦作市武陟县西南)人。好老庄学说,与嵇康、阮籍等交游,为"竹林七贤"之一。与司马懿姻亲。司马师执魏政,出仕。欲引嵇康入仕,康致书与之绝交。晋初,官吏部尚书、尚书右仆射等职。选用官吏,好作评论,时人号为"山公启事"。今有《山涛集》辑本。

14. 谒敬亭先生

素仰敬亭先生品望①,而以多病习懒,未获亲炙②。今春,以考妣志铭谒请③,所居在州之南门极静处,修篁苍翠,短樨萧疏,涤尽点尘,宛开三径④,一望而高风可挹,忘其为九列朱门矣⑤。既至,一老者应门通刺⑥,即延入书斋。先生道貌岸然,接对谦和,予拜呈考妣行实⑦,陈求志之意,先生逊谢而后许。僮持一编在旁,即问:"是古文词耶?慕之久矣。"予并呈阅,阅才一篇,即欣赏以为汉文复出,至为之起。予时踧踖甚⑧,欲细聆教益,以先生年高,恐妨颐养⑨;既退,而不胜依依也。越数日,先生之门人陆胜非遇予昭于昆城⑩,云先生以予在金涵斋所⑪,诘朝往答⑪,并欲以樽酒论文,询知予返,而为之怃然⑫。予闻之而益不自安,何所长而得此于大贤也?(《巢林笔谈》卷六)

【注释】

① 敬亭先生:沈起元,字子大,号敬亭,太仓(今属江苏苏州市)人。康熙六十年(1721)进士,选庶吉士,改吏部主事。雍正间,由吏部员外郎出知兴化府。乾隆时,历河南按察使、直隶布政使,累迁光禄寺卿。居官严肃而慈惠,毁淫祠,兴水利,锄暴安良,士民德之。又奖掖士子,书院督课详而有法,尝长娄东书院三年。著有《周易孔义集

说》二十卷。

② 亲炙：谓亲受教育熏陶。

③ 考妣志铭：已故父母的墓志铭。

④ 三径：谓归隐者家园。晋赵岐《三辅决录·逃名》："蒋诩归乡里，荆棘塞门，舍中有三径，不出，唯求仲、羊仲从之游。"陶渊明《归去来辞》："三径就荒，松竹犹存。"

⑤ 九列朱门：谓显贵富豪之家。九列，九卿之职位。

⑥ 通刺：通报传递来访者姓名或名片。

⑦ 行实：指生平事迹。

⑧ 踧踖（cùjí）：恭敬而不安貌。

⑨ 颐养：保养。

⑩ 金涵斋：太仓人。官禁廷侍从。为龚炜姻亲。据本书卷五有《得聘媳凶问》条，云："贺岁至娄东，接京信，得聘媳凶问。予中年得子，本图早婚，忽遭此变，不胜悲悼！死生命也，修短数也，但以深闺失恃，得疾增悲，医药之功，不敌宽假。涵斋以禁廷侍从之身，纵极怜爱儿女，忙里岂能入细？用是益不能不戚戚于怀也。"

⑪ 诘朝：即诘旦。平明；清晨。

⑫ 怃然：怅然失意貌。

15. 梅花主人传

生负花癖，而心性尤与梅近，思得馀地种植而不可得。读周三瓢恭自撰《梅花主人传》①，而神为往矣。其略曰："主人性嗜梅，年四十，始得数亩之宅，周遭有池，池立丛篠②，主人树梅环之。每寒月瞳瞳③，六花将笑④，主人负暄花外⑤，烹茗拈笔，品梅次第。倦则横笛吹落梅之词，回风旋舞，飞花作雪。其或香云既敛，瘦影横斜，辄歌小词，歌曰：'山迢迢兮溪曲，曲中有人兮结茅屋。玄鹤无声花渺茫，主人吹笛花断肠。'又歌曰：'溪曲曲兮山迢迢，中有人兮居衡茅⑥。枕清瑟兮梦瑶台，明月印花溪上来。'"沈启南先生为作《梅花主人图》⑦，世称神到之笔，惜未及见。（《巢林笔谈续编》卷上）

【注释】

① 周恭：字寅之，号梅花主人，明昆山（今属江苏苏州市）人。初习儒，博览群书，能诗文，尤好方书。又精通医理，甘贫不仕，以授徒鬻药为生。著有《西洪丛语》《卜史》《事亲须知》《增校医史》等，见清黄虞稷《千顷堂书目》。"三瓢"或为其别号。

② 丛筱（xiǎo）：茂密的小竹林。

③ 曈曈（tóng—）：明亮貌。

④ 六花：指雪花。雪花结晶六瓣，故名。

⑤ 负暄：晒太阳取暖。

⑥ 衡茅：衡门茅屋。谓简陋的房屋。

⑦ 沈启南：沈周，字启南，号石田。明画家。参见第106页第8则注释②。《梅花主人图》，今已不传。据《沈石田先生诗文集》卷十，有黄应龙《白石翁画梅花主人图记》，可知沈周作有此画。

16. 士 丐

昔年曾有一敝衣破笠哭于门外者，家人叱之不去，先君询其来历①，自称"晚生湖广人②，父任县令，身亦例监③。父亡贫困，流落至此"。因问知文字否？对以曾做八股④。先君以"远方之人"题试之，借题乞哀，亦小有文理，因食之而资之以钱，谢而去。已，往邻舍求乞，则自称小花子，叫唤百端。嗟乎！以士自待则士矣，以丐自处则丐矣。士与丐亦何常之有⑤？（《巢林笔谈续编》卷上）

【注释】

① 先君：已故的父亲。

② 湖广：元、明所置行省名。清置湖广总督，辖湖北、湖南二省。

③ 例监（jiàn）：监生名目之一。明清时，由援例捐纳取得监生资格者称为例监，亦称捐监。正常途径则为府、州、县学生员，升入京师国子监就读者称为贡生，贡生坐监期满则称为监生。具备生员或监生资格者，方可参加乡试。

④ 八股：明清科举应试时文。参见第59页第12则注释③。

⑤ 何常之有：用反问语气表示未曾有之。何常，亦作"何尝"。

17. 买东西考

明崇祯时，曾遣中官问词臣，今市肆交易止言"买东西"，而不及南北，何也？ 词臣莫能对。辅臣周延儒曰[①]："南方火，北方水，昏夜叩人之门户求水火，无弗与者，不待交易[②]。故但言买东西，而不及南北。"帝善之。然亦太穿凿。愚以此语定起东汉，其时都市之盛，侈陈东西两京[③]，俗语买东、买西，言卖买者，非东即西，沿习日久，遂以东西为货物替身；如方言称主人贵东、敝东之类，着落东西二字，而不言南北可知。（《巢林笔谈续编》卷上）

【注释】

① 周延儒：字玉绳，明宜兴（今属江苏无锡市）人。万历四十一年（1613）会试、殿试皆第一，授修撰。天启中，官至少詹事掌南京翰林院事。思宗即位，召为礼部右侍郎。崇祯二年（1629），拜礼部尚书兼东阁大学士入参机务。四年，为首辅，进少傅兼太子太傅、吏部尚书、建极殿大学士。与温体仁争权，寻以叛将李九成等陷登州事被劾，六年，引疾乞归。十四年，诏起复为首辅，加少师兼太子太师、吏部尚书、中极殿大学士。十六年，进太师，帝益尊礼。然延儒实庸驽无材略，且性贪。时天下大乱，一无所谋划，信用文选郎吴昌时弄权。清兵入关，周延儒自请视师，避不敢战，惟与幕下客饮酒娱乐，日草章奏捷。后为锦衣卫指挥骆养性发其真相，帝大怒，遣其归。未几，言官劾吴昌时赃私巨万，大抵牵连延儒。冬十二月，昌时弃市，勒令延儒自尽，籍其家。

② 不待：不欲；不愿意。

③ 侈陈：此指陈列繁多。　　东西两京：东汉以首都洛阳（今属河南）为东京，以西汉旧都长安（今陕西西安市西北）为西京。

关于"东西"之辩，清梁章钜《浪迹续谈》卷七则另有其说："伊墨卿太守语余曰：'向闻朱石君师言，世俗通行之语，但举东西而不言南北者，东谓吾儒之教，即孔子之东家某，西即彼教，谓西方之圣人，举此二端，足以函盖一切矣。惜当时未闻所据何书。'余尝私质之纪文达师,师笑曰:'石君笃信彼教,故其论如此。'然余尝闻明思陵偶问词臣曰:'今市肆交易,但言买东西,而不及南北,何也?'辅臣周延儒对曰:'南方火,北方水,昏暮叩人之门户求水火,无弗与者,此不待交易,故但言东西耳。'思陵善之。余谓周乃小人捷给,取辨一时,亦未见确凿。《齐书·豫章王巘传》:'上谓巘曰:"百年亦何可得,止得东西一百,于事亦得。"'似当时已谓物为东西,物产四方而约举东西,正犹史记四时而约言春秋耳。"

18. 菊　花

花中最耐久者,无如菊花,极爱之,而苦于不善培植。犹忆少时有仆嘉定人,知艺菊,先君令栽数十本,中有松子、鹤翎等种①。花时陈列,由粗及细,可得一二月赏玩。草堂胜事,已成陈迹久矣。戊午秋杪②,过槎溪③,适神庙赛会,时有维扬富宦④,大陈供具于庙中⑤,旁列菊花甚盛,多细种,惜置之热闹之地,幽赏不足耳。甲申初冬至甫里⑥,与一友谈及菊谱,云邻舍尚有松子,拉与俱往,所见一二株已残,不足观矣。前年,笏侄曾有此兴,小艺数种,颇可观,寻亦兴阑⑦。秋来,辄问亲友家有菊花否?自笑生负花癖,但思看现成花,亦太自适意。(《巢林笔谈续编》卷下)

【注释】

① 松子、鹤翎:皆菊花品种名。

② 戊午:指乾隆三年(1738)。　秋杪:暮秋,秋末。

③ 槎溪:嘉定南翔镇古称。参见第 124 页第 5 则注释⑦。

④ 维扬:扬州之古称。清扬州府治所(今属江苏)。

⑤ 供具:指供佛的香花、饮食、幡盖等物。

⑥ 甲申:指乾隆二十九年(1764)。　甫里:即苏州府甪直镇(今属江苏苏州市吴中区)。唐诗人陆龟蒙,号甫里先生,曾隐居于此,故名。

⑦ 兴阑:兴残;兴尽。

履园丛话

《履园丛话》二十四卷，清钱泳撰。泳初名鹤，字立群，号台仙，一号梅溪、金匮（今江苏无锡市）人。一生未事举业，长期为幕客，足迹遍及大江南北。能诗、工书，尤善隶篆，临摹汉魏及唐碑刻达数十百种。著述颇丰，有《说文识小录》《守望新书》《履园金石目》《梅溪诗钞》《兰林集》等三十馀种行世。道光二十四年（1844）卒，年八十六。

《履园丛话》分门记事，计有《旧闻》《阅古》《考索》等二十三门，涉及典章制度、天文地理、金石考古、文物书画、诗词小说、异闻轶事、鬼神精怪、笑话梦幻等内容，可谓包罗万象。作者《序目》云：「虽遣愁索笑之笔，而亦《齐谐》《世说》之流亚也。」而孙原湘《序》曰：「举凡人情物理，宇宙间可喜可愕之事，无不备也。」以为「非遣愁索笑之为」是书所载，虽有怪力乱神、虚妄报应之瑕，然其广征博引、考辨释疑、讽世警俗等，亦皆有可观，为清人笔记颇具价值者。

选文标题为原书所有。

1. 沈 百 五

　　明末崇明有沈百五者①,名廷扬,号五梅,家甚富,曾遇洪承畴于客舍②。是时洪年十二三,相貌不凡,沈以为非常人,见其穷困,延之至家,并延其父为西席③,即课承畴。故承畴感德,尝呼沈为伯父。后承畴已贵,适山东河南流贼横行,淮河粮运辄阻,当事者咸束手。于是洪荐百五,百五乃尽散家财,不请帑藏④,运米数千艘,由海道送京。思陵召见⑤,授户部山东清吏司郎中加光禄寺卿⑥。不数年承畴已归顺本朝,百五独不肯,脱身走海,尚图结援⑦,为大兵所获。洪往谕降,百五故作不识认,曰:"吾眼已瞎,汝为谁?"洪曰:"小侄承畴也,伯父岂忘之耶?"百五大呼曰:"洪公受国厚恩,殉节久矣,尔何人? 斯欲陷我于不义乎!"乃揪洪衣襟,大批其颊。洪笑曰:"钟鼎山林⑧,各有天性,不可强也。"遂被执。至于江宁,戮淮清桥下⑨。妾张氏收其尸,尽鬻衣装,葬之虎丘东麓,庐墓二十年而死⑩。初百五结援时,手下有死士五百人,沈死后哭声震天,一时同殉,殆有惨于齐之田横云⑪。(《丛话一·旧闻》)

【注释】

① 崇明:明苏州府崇明县(今上海市崇明区西北)。明时,崇明岛尚未连成一体,由平洋沙、三沙、长沙、南沙诸岛组成,置海所,县治在平洋沙。清时,诸岛连接,县治迁长沙,隶太仓州。　沈百五:沈廷扬,字季明,号五梅,崇明人。由国子生为内阁中书舍人。崇祯十二年(1639),山东运道多梗,廷扬陈海运之策,帝喜,即命造海舟试之。廷扬乘舟由淮安出海,抵天津仅半月,帝大喜,加户部郎中。十五年,命再赴淮安督海运,事竣,加光禄少卿。及南都溃,廷扬航海至舟山依鲁王。明年,督舟师北上至鹿苑,飓风起,舟胶于沙,为清兵所执,不屈被戮。乾隆四十一年(1776),赐谥忠烈。

② 洪承畴:字彦演,号亨九,明南安(今福建泉州市南安市丰州镇)人。万历四十四年(1616)进士。崇祯时官至兵部尚书、蓟辽总督。崇祯十四年(1641),率兵与清军会战于松山,大败,被俘降清,隶汉军镶黄旗。顺治元年(1644),从清军入关,次年至南京总督军务,以功迁内翰林国史院大学士、兵部尚书兼都察院右副都御史、武英殿大

学士,经略湖广、两广、滇黔。十六年,攻克云南后返京。圣祖即位,退职。康熙四年
(1665)卒,谥文襄。

③ 西席:对受业之师或幕友的尊称。古人席次尚右,右为宾师之位,居西而面东。清
　梁章钜《称谓录》卷八:"汉明帝尊桓荣以师礼,上幸太常府,令荣坐东面,设几。故师
　曰西席。"

④ 帑藏:指国库钱财。

⑤ 思陵:明思宗朱由检陵墓名,以代思宗。

⑥ 户部山东清吏司郎中:宣德十年(1435),明户部定河南、山东、山西、陕西、浙江、江
　西、湖广、广东、广西、四川、福建、云南、贵州十三清吏司,各设郎中一人(正五品)、员
　外郎一人(从五品)、主事一人(正六品)。自弘治后,户部十三司仅以郎中一人治事,
　各掌其分省户口田赋、钱粮盐课之事。　　光禄寺:明五寺之一。长官为卿(从三
　品),副官为少卿(正五品),掌祭享、宴劳、酒醴、膳羞之事,听于礼部。此言沈廷扬
　"加光禄寺卿",而据《大清一统志》卷七十一,谓为"光禄寺少卿"。

⑦ 结援:结为外援。此指沈廷扬附南明鲁王朱以海。

⑧ 钟鼎山林:喻指朝野。钟鼎,高官重任。山林,隐逸之地。

⑨ 淮清桥:在南京城南青溪与秦淮河交汇处(今南京夫子庙东)。南朝时建。旧有亭,
　亭联集唐诗人刘禹锡、韩偓句:"淮水东边旧时月,金陵渡口去来潮。"

⑩ 庐墓:服丧期间在墓旁盖庐守护。

⑪ 田横:秦狄县(今山东淄博市高青县东南)人。本齐国贵族。秦末从兄田儋起兵,重
　建齐国。楚汉争战时,自立为齐王,不久为汉军所破,投彭越。汉立,率徒属五百馀
　亡于海岛。汉高帝五年(前202),高祖遣使召之,被迫前往洛阳,因不愿称臣,自杀
　于途。居海岛徒属闻横死,亦皆自杀。

2. 王 永 康

苏州王永康者,逆臣吴三桂婿也①。初,三桂与永康父同为将校,曾许以女妻
永康。时尚在襁褓②,未几父死,家无担石③,寄养邻家。比长飘流无依,至三十馀
犹未娶也。一日有相者谓永康云:"君富贵立至矣。"永康自疑曰:"相者言我富贵立

至,从何处来耶?"有亲戚老年者知其事,始告永康。时三桂已封平西王,声威赫弈④。永康偶检旧箧,果得三桂缔姻帖,始发奇想。遂求乞至云南,无以自达⑤,书子婿帖诣府门,越三宿乃得传进。三桂沉吟良久,曰:"有之。"命备一公馆,授为三品官,供应器具,立时而办,择日成婚,妆奁甚盛。一面移檄江苏抚臣,为其买田三千亩,大宅一区,在今郡城齐门内拙政园⑥,相传为张士诚婿伪驸马潘元绍故宅也⑦。永康在云南不过数月,即携新妇回吴,终未接三桂一面。永康既回,穷奢极欲,与当道往来,居然列于公卿之间。后三桂败事,永康先死,家产入官,真似邯郸一梦⑧,吴中故老尚有传其事者。(《丛话一·旧闻》)

【注释】

① 吴三桂:字长白,祖籍高邮(今属江苏扬州市),入辽东(治今辽宁辽阳市)籍。锦州总兵吴襄之子。明崇祯元年(1628)举武科,以父荫为都督指挥。官至宁远总兵,封平西伯,驻山海关。李自成克北京,招降不从,引清兵入关,大败李自成,受封为平西王。后为清军先驱,平李自成、张献忠,灭南明,镇守云南。拥兵自重,与福建靖南王耿精忠、广东平南王尚可喜并称"三藩"。康熙十二年(1673),清圣祖下令撤藩,吴三桂举兵反,自称周王。十七年,在衡州称帝,国号大周,建元昭武,寻病死。其孙吴世璠继位,旋为清所灭。

② 襁褓:亦作"襁葆"。背负婴儿用的宽带和包裹婴儿的被子,后泛指婴儿包。亦借指婴幼儿。

③ 担石:一担一石之粮。

④ 赫弈:亦作"赫奕"。显赫貌。

⑤ 自达:表达自己的意思。

⑥ 齐门:苏州府城东北门。参见第110页第11则注释⑪。　　拙政园:在苏州府城东北隅。明正德初(1506),御史王献臣罢归时所建,取晋潘岳《闲居赋》"灌园鬻蔬,以供朝夕之膳;牧羊酤酪,以俟伏腊之费。孝乎惟孝,友于兄弟,此亦拙者之为政也"之意,名曰"拙政园"。筑有堂、楼、亭、轩等三十一景,为江南一时名胜。园后归徐氏,百馀年间已渐荒圮。明末至清,园林数度易主,且分割为三:东部"归园田居"、中部"复园"和西部"书园",各有所经营。

⑦ 张士诚：幼名九四，元泰州白驹场（今江苏盐城市大丰西南）人。盐贩出身。至正十三年（1353），与弟士德、士信率盐丁起兵，攻下高邮等地。次年称诚王，国号周，渡江攻常熟、湖州、松江、常州等地。十六年，定都平江（治今江苏苏州市）。次年降元，封太尉。割据范围南至浙江绍兴、北至山东济宁、西至安徽北部。后屡为朱元璋部所败。二十七年秋，朱元璋破平江城，俘士诚至金陵，自缢死。　潘元绍：元扬州路通州（今江苏南通市）人。张士诚婿。士诚据吴时，官至江浙行省左丞。能礼下文士。朱元璋破吴，兵败被俘死。

⑧ 邯郸一梦：又作"黄粱一梦"。唐沈既济《枕中记》载：卢生于邯郸客店中遇道士吕翁，翁探囊中枕以授之，曰："子枕吾枕，当令子荣适如志。"其枕青瓷，而窍其两端。生就枕入梦，历尽人间富贵荣华。梦醒，店主蒸黄粱未熟。后以喻虚幻之事和不能实现之欲望。

3. 善 知 识

吾乡华公亦祥①，中顺治十六年进士第二人，圣眷甚优。康熙初，尝随车驾幸香山②。有某禅师者，德望素著，圣祖见之如礼佛然，而此僧箕踞自若也③，亦祥含怒未发。顷之，车驾出门，亦祥遂取所持锡杖痛殴之④，慢骂曰："尔何人，敢受天子拜耶！"僧曰："不拜我，拜佛。"华亦曰："我不打你，打佛。"僧乃合掌曰："阿弥陀佛，善知识⑤。"（《丛话一·旧闻》）

【注释】

① 华亦祥：字缵夫，无锡（今属江苏）人。顺治十六年（1659）进士第二名，授编修。累迁侍读，以文学启渥受知。居家孝友，常周宗党之急，乡人德之。

② 香山：在顺天府宛平县西北三十里许（今属北京市海淀区）。金大定（1161—1189）间始建园于此，元、明时皆有营造。有香山寺，为京西寺庙之冠。清乾隆十年（1745），皇家复大兴土木于香山，赐名"静宜园"。

③ 箕踞（jījù）：席地而坐，随意伸开两腿，像个簸箕，是一种不拘礼节的坐法。

④ 锡杖：僧人所持禅杖。其制，杖头有一铁卷，中段用木，下安铁纂，振时作声。

⑤ 善知识：佛教语。闻名为"知"，见形为"识"，即友善、好伴侣之意。亦泛指高僧或有德行善教导之人。

4. 陆 清 献 公

陆稼书先生宰嘉定①，日坐堂上课子读书，夫人在后堂纺绩。民有事控县者②，即出票交原告③，唤被告，如抗出差④。其听讼也，以理喻，以情恕，如家人父子调停家事，渐成无讼之风。有兄弟争讼不休，公谓之曰："弟兄不睦，伦常大变，予为斯民父母，皆予教训无方之过也。"遂自跪烈日中，讼者感泣，自此式好无尤⑤。呜呼！若先生者，诚圣人所谓"道之以德，齐之以礼，有耻且格"者也⑥。公生辰，贫不能备寿筵，夫人笑之，公曰："汝且出堂视之，较寿筵何如？"但见堂上下，香烛如林，斯民敬之若神明焉。相传稼书先生殁后，为嘉定县城隍⑦，县民数百人直至平湖接公上任。时先生夫人尚在，谓县人曰："公在县时不肯费民一钱，今远道见迎，恐非公意耳。"（《丛话一·旧闻》）

【注释】

① 陆稼书：陆陇其，字稼书，平湖（今属浙江嘉兴市）人。参见第122页第3则注释①。
   宰：古代官吏的通称。《周礼》中有冢宰、大宰、小宰、内宰、里宰等。春秋卿大夫家臣与采邑长官，亦皆称宰。后世即以为敬称官吏。此用作动词。

② 控县：上县衙告状或申诉。

③ 出票：明清府州县官府出具的办事信牌。信牌又称"牌票""朱票""票"，为纸质。上以墨笔写明所办之事，限定日期，以朱笔签押并加官印。

④ 如抗出差：意谓对等差遣，传唤原告、被告。

⑤ 式好无尤：谓骨肉和好无相欺。无尤，应为"无犹"。语出《诗经·小雅·斯干》："兄及弟矣，式相好矣，无相犹矣。"式，语助词。犹，欺诈。

⑥ 道之以德三句：意谓以德导民，以礼治民，使民知廉耻而归心。道，引导。格，来，至。语见《论语·为政》。

⑦ 城隍：守护城池之神。

5. 为政不相师友

雍正间,朱文端公轼以醇儒巡抚浙江①,按古制婚丧祭燕之仪以教士民,又禁灯棚、水嬉、妇女入寺烧香、游山、听戏诸事②。是以小民肩背资生③,如卖浆市饼之流,弛担闭门④,默默不得意。迨文端去后,李敏达公卫莅杭⑤,不禁妓女,不擒挦蒲⑥,不废茶坊酒肆。曰:"此盗线也,绝之则盗难踪迹矣。"公虽受知于文端,而为政不相师友,一切听从民便,歌舞太平,细民益颂祷焉。人谓文端是儒者学问,所谓"齐之以礼"⑦;敏达是英雄作为,所谓"敏则有功"也⑧。(《丛话一·旧闻》)

【注释】

① 朱轼:字若瞻,号可亭,高安(今属江西宜春市)人。康熙三十二年(1693)举乡试第一,明年成进士,改庶吉士,授潜江知县。历刑部主事、郎中、陕西学政、光禄寺少卿、奉天府尹、通政使。五十六年,授浙江巡抚,疏请修筑海塘,擢左都御史。六十一年乞假葬父归。世宗即位,召诣京师,充《圣祖实录》总裁。雍正元年(1723),命直南书房,加吏部尚书,为高宗师傅。二年,命勘江浙海塘,还,拜文华殿大学士兼吏部尚书,佐怡亲王胤祥总理畿辅水利营田。八年,怡亲王薨,命轼总理水利营田,寻兼兵部尚书,署翰林院掌院学士。十三年,议筑浙江海塘,轼请董其役,命督抚及管理塘工诸大臣咸听节制。高宗即位,召还,充《世宗实录》总裁。乾隆元年(1736)卒,年七十二。赠太傅,谥文端。 醇儒:学识精纯的儒者。

② 水嬉:水上游戏。形式多样,如歌舞、竞渡、杂技等。

③ 肩背资生:谓依靠肩挑背扛做小生意而生活。资生,赖以生存。

④ 弛(chí)担:放下担子;息肩。弛,同"弛"。

⑤ 李卫:字又玠,铜山(今江苏徐州市)人。捐资为员外郎,补兵部。康熙五十八年(1719),迁户部郎中。世宗即位,为云南盐驿道、布政使。雍正三年(1725),擢浙江巡抚,兼理两浙盐政,寻授浙江总督。在浙莅政开敏,令行禁止。七年,加兵部尚书,入觐遭母丧,命回任守制。十年,召署刑部尚书,授直隶总督。乾隆元年(1736),命兼管直隶总河。三年卒,年五十一。谥敏达。

⑥ 摴蒲(chūpú)：亦作"摴蒱"。古代博戏名。汉代即有之，晋时尤盛行。以掷骰决胜负，得采有卢、雉、犊、白等称，视掷出的骰色而定。其术久废。后泛指掷骰。此指掷骰赌博者。

⑦ 齐之以礼：以礼仪制度治理。参见上则注释⑥。

⑧ 敏则有功：勤敏则能获得功绩。语见《论语·阳货》："恭则不侮，宽则得众，信则人任焉，敏则有功，惠则足以使人。"

6. 书 周 孝 子 事

　　周孝子名芳容，字铁岩，华亭人①。其父文荣，弱冠游楚，自楚归娶时，年二十有八。其明年生芳容，又明年复往楚。越五载，以省亲旋里，不数月即去。芳容才六岁，稍能记其声音笑貌。后八年，楚中移文至华亭，则客死归州官舍矣②，实乾隆五十八年九月十七日也③。时芳容已十四岁，祖父母犹在堂，家无毫末之产，赖其母汪勤事纺织，仰事俯畜④。又以门祚衰薄，亲戚皆闻讣而叹，岂能往楚迎柩？乃招魂设奠，丧不成礼。既而祖父母相继死，临终抚芳容叹曰："安得汝为寻亲孝子，使我瞑目九泉乎！"芳容泣而志之，由是始有负骨归葬之念。而连遭丧病，家亦奇贫，笔耕所出不能谋半菽之养，欲行复止者数载。春秋家祭，闻其母哭声甚哀，而芳容自顾年已及壮，可跋涉险阻，乃自奋曰："天下岂有无父之人哉！"遂屏弃荤血，茹斋衣素，节日用，为母氏馀粮。焚香告家庙曰："此去不得父骨，誓不归矣！"又思途长费重，孤贫下士，岂能徒手遄征⑤，必至京随宦游者以往，事或稍易。因于嘉庆十七年二月附漕艘佣书入都⑥。

　　先是芳容尝为童子师，见人画兰竹，窃效其法。又于书肆中得《曹全碑》残本⑦，亦时时临仿。既登舟，以其馀暑学书作画⑧，又取官僚中启事尺牍，晨书夕写，以为数者兼习之，庶可藉以游楚也。

　　六月抵京师，寓西河沿之泰来店⑨，遍谒同郡官辇下者⑩，泣告之故，皆悯然叹息，许为觅楚馆。初意江汉为天下通途，吴中往仕者指不胜屈，橐笔幕游，意不计重值，当无所难，乃迟之。又久竟不可得，芳容自思曰："必待游幕往楚，则就道无时。吾为寻亲而出，无论佐人持筹握算，下至佣保傔从⑪，苟可因以到楚者，皆所愿也。"

又以此意告同郡诸公，亦皆哀怜其志，而楚馆仍不可得。遂拟行乞道路，访求踪迹。而寓京半年，典衣度日，积逋甚多，寓主人督促旅费又甚急。时当十二月，同里耿君省修方以需次在京⑫，其笃交谊，乃往告其事，求其资以薄少为出都计。耿以岁将逼除⑬，期于正月初商之。至时复往，适有朝士在坐，阍者导入傍舍，则故乡数客在焉。坐有戴宝德者，年逾六旬，曾与文荣同客归州。芳容向之号泣叩头，求示以旅瘗处⑭。耿适至，为详述其故，宝德挟芳容起，曰："汝即周文荣之子，今已成立，将入楚寻亲耶？孝哉！孝哉！虽然，自京师至归州，水陆数千里，观汝形容，儽然一寒士⑮，势不能枵腹往返⑯，其难一也。归州于戊午、己未间遭白莲教之乱⑰，城垣房舍尽已焚毁。今庐而处此者，皆流移雁户⑱。汝父渴葬乱冢中⑲，兵火之馀，安能寻觅，其难二也。孤子当室家有内顾之忧，自宜昌以上，江波绝险，舟行稍一失势，即下饱鱼鳖。汝纵孝不顾身，其如母夫人倚闾之望何⑳？其难三也。为今之计，莫如暂且归里，尽洁白之养㉑。我官江夏日久㉒，宾客多有从归州来者，当代汝访之。候有影响㉓，即以相告，然后往寻未晚也。"芳容哭不止，耿复告以将行乞往寻之事。宝德叹曰："愚哉！愚哉！虽然其愚不可及也。汝既有此孝思，当为汝图之。今归州吏目江宁锺君光范㉔，我友也。作书付汝，赍以往见。锺君乃好义之士，不汝欺也。"是日耿首倡馈赆，袁方伯秉直、赵侍郎秉冲辈俱有所赠，足以稍资扉屦㉕。明日戴持书至，复出路程目一纸，曰："自汉口西上㉖，记载极详，不忧迷道。戴因亲老，乞改近地，归时当相见里门也。"乃敦勉而去㉗。

　　芳容走别耿君，将束装向汉口。有同寓张某者，金陵人㉘，曾为某郡司阍㉙，熟游齐、鲁各官署，适流落在京，乃曰："子善书画而无门可投，吾多交游而无物为贽㉚，盍牵连南行㉛，彼此各有所济。且南京楚船甚多，屈指可达也。"遂于十八年正月二十四日相伴出京，一路取笔墨所给，仅足糊口。抵临淮关㉜，张以访友他去，芳容独坐旅舍，愁思凄然。忽念同郡史君本泉方为颍上教谕㉝，盍往访之，兼问入楚道路，乃与张分手。

　　自出都后，芳容日行风霜雨露中，寒燠失度，饥饱无时，精神日烁㉞。由临淮至正阳关㉟，舟行四日，始投止旅店，头目晕眩，遍身焦灼如火，饮井水数升，神思稍定。次日，病不能起。时夏令初届，淮、泗间疠疫流行，多朝发夕死者。主人见芳容病状，惧不敢留，欲徙置邻庙。庙故摧颓无主，旅病者移置其中，无不即毙。芳容乃曰:"吾本孤客,主人虑之固当。然吾病虽剧,心实了然,药之可以即愈。且吾有大事未了,为吾招里正㉟,当告以故。"未几,里正至,语以将入楚寻亲,迂道往颍上访史君事,又出戴君书及囊中银二铤,曰:"吾命悬此书,恐病中失去,故以相托。"因指银曰:"尽此医病,病如不起,即以具殓,遇松江人过此,以书视之,必有反吾枢者。"里正阅书色动,邀邻医至。医乃寿州诸生,受业于史君者,见书甚骇,叩得其详,曰:"此吾师之戚,大孝子也。病必无虞,汝辈勿草草。"时观者甚多,皆怂恿主人相留,不复议徙。医者以史君故,尽力诊治,日或二三至。七日,热稍退,渐能餔糜㊲,又七日,病愈。因急欲登途,当风剃发,病复大作。自此之后,或因食复病,或因劳复病,直至六月初旬,始能步履。已留滞正阳关两月,资斧衣装又复罄尽。乃步至颍上,谒史君于学舍。见芳容病容柴瘠㊳,体无完衣,固止其行,言其次子熙文将就试江宁,若同舟以往,则旋松江甚便。以死父而缺生母之养,孝者不为也。芳容志不可转,史恻然怜之,乃命作书画数十幅,以己名刺遣斋夫遍投门下诸生,诸生有答者馈银或四三钱,或五六钱,聚之得二十馀两。因具衣履,别史君而行。

自颍上至汉口,道经商、雒、黄、麻间㊴,一路人烟稀少,崇岩巨岭,绵亘千馀里,为车马所不通行者。惟乘竹轿,轿日费千钱,非有力者不能也。加以秋暑未退,草木正盛,瘴烟毒雾,终日不一开霁。又滑县邪教将乱㊵,奸人乘间伏莽,道多梗塞。芳容则麻鞋短服,日行三四十里,遇无旅舍处,辄据石倚树,露宿草间,或风雨骤至,往往淋漓达旦。尝宿山家檐下,梦中为物所惊,觉则有长蛇一条,黑质白章,从领穿袖而出,芳容悸不敢动。又夜行青石岭下,山半双灯炯然,以为人也。呼之,灯忽不见,听猛虎一声,遮道而立,因窜身荒堑间以免。又山蹊过雨,水势汹汹,赤脚行石齿中,忽踬决肤裂,流血不已。时有卖草帽者,数人同行。有地名往流集者,芳容至此不能复前,数人先去。未几,有两人仓皇而反,曰:"过此八九里,峰回路转处,突出十馀人,挺刃交下,劫所有以去,已毙一人,馀各他窜。吾所以逃归者,欲诉之官也。"芳容骇甚,明日俟多人为伴,始敢前行。山中所经危险之地,不可胜数。及抵汉口,则已清风戒寒矣㊶。

前在京时,戴君以路程目相赠,凡江途夷险、城市疏密,及停帆易艇、旅行水宿之事,无不详备。遂依目中所载,附估客船以行㊷。适公安水发不能前进㊸,枉道由洞庭湖折而西上。舟中侧席而坐,临食而叹,时时以泪洗面,或竟夜不眠,咄咄自语。同舟者怪而问之，不以实告也。

　　至宜昌㊹，空囊如洗，饮食俱缺，检随身物凡值一钱半镪者，悉付质库㊺，得钱一千馀文，易舟就道。是夕芳容梦其父形貌如昔，诫曰："明日上滩，汝宜留意。"明日过青滩㊻，水势狂悍，石角参错波涛间，触舟，舟漏，几沉没江中。既出险，各贺重生。乃于九月初一日抵归州城下。自宜昌浮江上溯，滩滩梯接，势若建瓴。归州城濒江设险，鸡鸣犬吠，恍在霄汉。明初崇墉屹立㊼，后为张献忠所夷㊽，乃栅要害守之。近复毁于寇乱，重事版筑，官府方招集流亡，疏节阔目㊾，与民生聚，由是间阎阛阓㊿，较旧制更严且整。

　　芳容就寓州署之侧，乃持戴君书谒吏目锺君。锺见书骇然，一再阅之，蹙然曰㊿："此乡自被寇后，城郭人民皆非畴昔㊿，即十年前事，知者甚鲜，况二十年耶？土著之民墓田丙舍㊿，皆已为谷为陵，矧旅榇耶㊿？汝既来此，且少弛担簦㊿，当行寻郊外，裹草根片土招魂归葬，于孝子之心亦可无憾。如欲求真骨以归，正恐徒劳无益耳。"芳容固求公访之，因遍询州役及城内外琳宫佛宇，讫无知者。州有老役徐某，避乱居巴、巫间㊿，常回州应役。一日至署，芳容适在座。锺问曰："前二十年，浙有黄公锺岱官此，汝知之乎？"曰："知之。"曰："黄有幕客周病殁于署，汝知之乎？"曰："知之。其年某为役总，董率各役，黄本官系六月到任，携幕客三人，一戴一许一周。周到署已病，一童子侍汤药。一日童子唤某人，则已气绝床上，药瓯犹在手也。时黄本官与戴姓者在省未归，惟许姓为具棺殓。虽事越二十馀年，犹能记其仿佛。"芳容闻之，感泣不能止，急询瘗埋之所。曰："似在东关外骨坟塘，依稀偏左。自遭教匪蹂躏，恐迷其处矣。"锺谓芳容曰："今略得影响，子宜移寓就近，东关外有太平庵者，可往居之，明当遣徐某为导，求其殡所。"芳容乃移寓庵中。

　　次日，乞徐为导，至骨坟塘。塘去城一二里，荒山乱草，四周立石为界，为商旅丛葬之所。芳容伛偻草际，求之不可得。次日复往寻觅，日将趺㊿，仍不可得。芳容自念曰："此间四五里，白骨如莽，陈陈相因，拟尽半月之功，穷索瘗所。吾万里远来，不得父骨，当投江而死耳。"正然疑间，忽见十馀步外，片石半没土中，亟掊土视之，石上字凡三行，中一行云："清故周文荣，系江苏松江府华亭县人。"左行云："殁于癸丑年九月十七日卯时㊿。"右行云："某年月日同人公立。"芳容心喜极而悲，号恸不能起，欲露宿冢上。徐某谓地多豺虎，常白昼啮人，因挟芳容归寓。

明日，趋告锺，锺欣然曰："亲骸既获，大志已慰。若迎归故里，则江路辽远，约略计之，非二百金不可。且掩土已久，不如无动。南宋大儒多有父母异葬者，可法也。"芳容决意负骨归，锺不能止，曰："此事宜告本州。"次日乃告州牧刘公清祥，刘悯芳容志，命里正与伍伯为助⑤。锺亦遣人来，预具水瓮二，黄布囊一，油纸数幅，绵纸八番⑥，蚕绵一束，线一绚⑥，及笔墨疏布小刀之属，择于重九日登山收骨。是日天朗气清，雇土工二人，持祭物偕往。至则里正、州役咸在，乃陈祭冢下，启土见棺，则前和已朽⑥，触处糜滥，棺破而骸见。芳容擗踊哀号⑥，以口衔左臂肉，右手持刀割之，用力过猛，皮裂及肘，又割之，以肉抵父颏腭间，辄胶合如漆。左臂血沾渍骨上，亦深入不流。乃掬泥掩创，裹以疏布，匍匐拾骨。伍伯展油纸陈之，土工次第加纩⑥，裹以绵纸。芳容乃以血和墨，寸别件记，凡若干股装为一囊，护以绵被。又以馀墨拓石上字数纸，为归日征信，然后掩石入土。

归州江山雄奇，东郭尤胜。时登高者数十百人，闻有此事，至骨坟塘环而视之，无不泪下称叹。乃负骨至太平庵，冀卖书画作归计。而穷途踯躅⑥，费无所出。有湖州商人某亦来游，叩及里居，因曰："今游击张将军廷国亦松江人也⑥，子如未相识，当为之介绍。"乃谒将军于江上，各叙故旧，并告以不能归骨之故。将军恻然，许为谋之。次日锺欢笑而至，曰："大好遭际⑥，昨有晏会，文武官皆集。张将军以汝事告刘公，公谓孝行如某而困不能归，官斯土者之咎也。首赙白银五两，馀官皆三两，幕客三人各二两，已二十馀两矣。张将军赙钱十缗⑥，遣旗牌檄江船送至汉口⑥，刻期于三日后起程，岂非大好遭际哉！"芳容惘然不知所对，因遣仆导芳容谢刘公。刘延至书室，命以隶写《孝经》数幅，曰："藏此孝子手迹，可为吾子孙劝也。"又遍谢文武诸官。

芳容临行，锺君持刘公官封书一通，俾归投华亭县，互相咨照。遂白衣冠负骨登舟，居人出郭争视，途为之塞，时嘉庆十八年九月二十日事也。及解缆，风顺水急，不数日即达汉口，作书托旗牌谢张将军，乃由汉口易舟而东。舟人于柁楼祀金龙神甚虔⑩，芳容亦早晚焚香稽首，祷求默助。半月馀，竟达里门。急省其母，虽望眼将穿，犹幸康健如昔。因寄骨城东佛舍，悬所拓石刻字于前，扶老母哭而祭之，闻者皆为酸鼻。既而卜兆于祖墓之旁,营治井椁,即于十一月初九日安葬。时戴君宝德改官金华尉①,乞假省亲。适芳容负骸骨归,亦来送葬,则又相顾诧为奇绝也。归时以刘公官封书投华亭周公炜。葬既毕,周招至署中,奖叹不置,以为至性至情,非寻常庸行所及,将闻其事于朝,旌门如制。

是役也,芳容在京师时几冻饿死,正阳关几病死,商、雒万山中几中蛇虎盗贼死,宜昌滩险几破舟死,盖及于死者数矣。非耿君不能出京,非戴君书,即往归州,与不往等,非史君济以资斧不能至汉口,非锺君遣老役指迷,力任其事,无由觅冢得棺,非刘州牧与张将军倡赙赠舟,不能浮江归里。乃濒死更生,负骨窀穸②,得报其祖父母遗命于地下者,皆其父文荣之灵,其母汪氏之节,乡邦亲故赈穷救患之德,而尤敬芳容之至孝为不可及也。其事与苏州黄向坚万里寻亲相类③,记之以传其人焉。道光三年三月勾吴钱泳书④。(《丛话五·景贤》)

【注释】

① 华亭:清松江府华亭县(今上海市松江区)。

② 归州:清宜昌府归州(治今湖北宜昌市秭归县归州镇)。

③ 乾隆:清高宗爱新觉罗·弘历年号(1736—1795)。

④ 仰事俯畜:谓对上侍奉父母,对下养育妻儿。亦泛指维持全家生活。《孟子·梁惠王上》:"是故明君制民之产,必使仰足以事父母,俯足以畜妻儿。"

⑤ 遄(chuán)征:急行;迅速赶路。

⑥ 嘉庆:清仁宗爱新觉罗·颙琰年号(1796—1820)。　漕艘:供漕运的船。　佣书:受雇为人抄书。亦泛指为人做笔札工作。

⑦ 曹全碑:全称《郃阳令曹全碑》。东汉碑刻。隶书。灵帝中平二年(185)立。记曹全爵里行谊及为西域戊部司马时与疏勒交战事。碑阴岐茂等题名,分书。明万历初(1573),在西安府郃阳县(今陕西渭南市合阳县)莘里村出土,未久即断裂。

⑧ 馀晷(guǐ):闲暇;剩馀的时间。

⑨ 西河沿:街名。在京城正阳门以西,沿城南护城河,故名。

⑩ 辇下:即"辇毂下"的省称。犹言在皇帝车舆之下。代指京城。

⑪ 佣保傔(qiàn)从:指雇工和仆从。

⑫ 需次：指官吏授职后，按资历依次补缺。

⑬ 逼除：指年终逼近除夕的几日。

⑭ 旅瘗(yì)：犹旅葬。谓客死葬于他乡。

⑮ 儽(léi)然：颓丧貌。

⑯ 枵(xiāo)腹：空腹。指饿着肚子。

⑰ 戊午、己未：指嘉庆三年(1798)、四年(1799)。　白莲教：亦称"白莲社"。起源于宋，流行于元、明、清的秘密宗教组织。混合有佛教、明教、弥勒教等内容，崇奉阿弥陀佛。其教派纷杂，教徒常聚集滋事，乃至武装暴动，故为朝廷所忌。元末曾有红巾军反，明洪武末则有陕西田九成之乱。此处指嘉庆元年至十年(1796—1805)，川楚陕边境地区白莲教徒大暴动。

⑱ 雁户：指流动无定的民户。

⑲ 渴葬：古礼称死者未及葬期而提前埋葬。

⑳ 倚闾之望：谓父母望子归来之心殷切。闾，里巷大门。

㉑ 洁白之养：此谓孝亲敬长。古以孝敬为清正纯洁之品行，故称。

㉒ 江夏：清武昌府江夏县(今湖北武汉市武昌区)。

㉓ 影响：音信；消息。

㉔ 吏目：清州属官。从九品，掌司奸盗、察狱囚、典簿录。

㉕ 扉屦：屋舍和鞋子。此处代指旅行。

㉖ 汉口：清汉阳府汉阳县汉口镇(今湖北武汉市江汉区)。嘉庆时，与河南朱仙、江西景德、广东佛山并称四大名镇。

㉗ 敦勉：劝勉。

㉘ 金陵：清江宁府古称(今江苏南京市)。

㉙ 司阍：看门人。

㉚ 贽：古代初次拜见尊长时所送的礼物。

㉛ 牵连：联袂。

㉜ 临淮关：地名。在清凤阳府凤阳县东北(今安徽滁州市凤阳县临淮关镇)，东濠水入淮河口处。古濠州治所。

㉝ 颍上：清颍州府颍上县(今属安徽阜阳市)。　教谕：明清县学学官，正八品。参见

第 2 页第 1 则注释②。

㉞ 烁：通"铄"。耗损；损伤。

㉟ 正阳关：古镇名。又名"颍尾""颍口""羊市"。在清凤阳府寿州西南(今安徽六安市寿县正阳关镇)，淮、颍、淠三水交汇处。自古为淮河中游商贸集散地，明成化间曾设收钞大关于此。

㊱ 里正：古乡官。春秋时，以里中能治事者为里正。北齐以来多置之，明改称里长。清代实行保甲制，十户为牌，设一牌头；十牌为甲，设一甲头；十甲为保，设一保长。保长，又称"地保"，相当于过去的里长，掌乡里户政、治安与赋役。

㊲ 餔(bū)糜：亦作"餔糜"。吃粥。

㊳ 柴瘠：骨瘦如柴。

㊴ 商、雒、黄、麻：商，清光州商城县(今属河南信阳市)；雒，疑为信阳州罗山县(今属河南信阳市)；黄，黄州府黄安县(今湖北黄冈市红安县)；麻，黄州府麻城县(今湖北黄冈市麻城市)。商城、罗山与黄安、麻城间为大别山脉，关隘众多。

㊵ 滑县：清卫辉府滑县(今属河南安阳市)。嘉庆间，滑县有八卦教，推木工李文成为教主。李曾入塾读书，不喜四书五经，而好天文算术。其掌教后，聚敛钱粮，广收教徒，并改教名为天理教。嘉庆十八年(1813)九月，率天理教暴动，攻占县城，称"大明天顺李真主"。寻为清军所灭。

㊶ 清风戒寒：谓清风告诫人备寒。亦借指霜降以后天气。《国语·周语中》："驷见而陨霜，火见而清风戒寒。"韦昭注："戒寒，谓霜降以后，清风先至，所以戒人为寒备也。"

㊷ 附：搭乘。　估：行商；商人。

㊸ 公安：清荆州府公安县(今湖北荆州市公安县西北)。

㊹ 宜昌：清宜昌府(今湖北宜昌市)。

㊺ 质库：当铺。

㊻ 青滩：又称"新滩"。在长江三峡西陵峡下游。旧为峡中险滩之一。

㊼ 崇墉：高城；高墙。

㊽ 张献忠：字秉吾，号静轩，明延安卫柳树涧(今陕西榆林市定边县东)人。初从军，为人所诬革役。崇祯三年(1630)，据米脂十八寨反，自号八大王，因身长面黄，人称黄

虎。后为王自用三十六营主要首领之一。时献忠与高迎祥、罗汝才、马守应等头目率众并无专主,遇敌各自为战,胜则争进,败则流窜,陕西、河南、湖广、四川、江北等地,尽为涂炭。十一年,受兵部尚书熊文灿招抚,驻兵谷城,俄复叛。以走制敌,入蜀出蜀,破襄阳,杀襄王朱翊铭,迫督师杨嗣昌自杀。十六年,取武昌,称大西王,旋克长沙。次年,再取四川,称帝,国号大西,改元大顺。清顺治三年(1646),清兵入川,献忠中箭死于西充凤凰山。

㊾ 疏节阔目:意谓宽简礼法约束。

㊿ 闾阎阛阓(lǘyán huánhuì):里巷街市。

(51) 蹙然:忧愁不悦貌。

(52) 畴昔:过去;以前。

(53) 丙舍:墓地中的房屋。

(54) 矧(shěn):况且。 旅榇(chèn):客死者的灵柩。

(55) 担簦(dēng):背着伞。谓奔走跋涉。

(56) 巴、巫:清宜昌府巴东县(今属湖北恩施州)、夔州府巫山县(今属重庆市)。两地均在长江三峡中。

(57) 趖(suō):走。引申为太阳西斜。

(58) 癸丑:指乾隆五十八年(1793)。 卯时:早上五至七时。

(59) 伍伯:伍长。古代军制以五人为伍,户籍则以五家为伍,每伍有一人为长,称伍长。

(60) 番:量词。张;幅。

(61) 絇(qú):量词。用于丝线绳索等。

(62) 前和:棺的前额。

(63) 擗(pǐ)踊:悲痛时捶胸顿足。

(64) 纩(kuàng):棉絮。

(65) 跼蹐(jújí):困顿窘迫。

(66) 游击:武职官名。始于汉,称游击将军。自唐至明,沿用为武官官阶。清绿营(汉兵)设游击,职位次于参将。此外,漕标的副将以下,亦设游击,分掌催护粮运等事。清各省绿营组织为提标,长官为提督(从一品),掌一省军政,亦称"封疆大吏"(大区则设将军、总督)。省下各镇为镇标,长官为总兵(正二品),掌本标及所属协、营,镇守辖区,受大区总督与本省提督节制。各镇总兵以下有:副将(从二品),分别为将军、总督、提督统理军务,称军标中军、督标中军、提标中军;为河道总督稽核工汛,称河标中军;为漕运总督催护漕船,称漕标中军;为总督、提督、巡抚分守险要,称协标。参将(正三品),受总督、提督、巡抚、总兵管辖,为提督统理营务,称提标中军;为巡抚统理营务,称抚标中军。游击(从三品),掌分领营兵。都司(正四品),职同游击。守备(正五品),掌营务与粮饷。其下有千总(正六品)、把总(正七品)、外委(正九品)等官,各掌营哨。

(67) 遭际:犹际遇。

(68) 赙(fù):赠送财物助人治丧。　缗(mín):穿铜钱的绳子。此处用作量词,表示一串钱,每串一千文。

(69) 旗牌:旗牌官。清军中掌传递号令的兵吏。

(70) 柁(duò)楼:船上操舵之室。亦指后舱室。因高起如楼,故称。　金龙神:姓谢名绪,行四,南宋钱塘安溪村(今浙江杭州市余杭区良渚镇北)人。隐于金龙山。德祐二年(1276),南宋亡,投苕水死。明太祖取临安,见神金甲横槊空中助战,其后拥护漕河,屡著灵异。天启四年(1624),诏封"护国济运金龙四大王"。清康熙四十年(1701),加封"显佑通济昭灵效顺金龙四大王",春秋致祭。

(71) 金华尉:清金华府金华县(今浙江金华市)典史。清县衙长官为知县(正七品),属官有县丞(正八品)、主簿(正九品)、巡检(从九品)、典史(未入流)。清不设县尉,以典史掌监察狱囚,如县无丞、簿,则兼领之。

(72) 窀穸(zhūnxī):墓穴。

(73) 黄向坚:字端木,长洲(今江苏苏州市)人。父孔昭,明崇祯六年(1633)举人,为云南姚安府大姚知县,兵阻不得归。向坚忧泣,徒步往寻,茧足黧面,遍历滇中。至白盐井,得遇二亲,迎还故里。里人称"完孝"。《江南通志》卷一百五十七载其事。向坚善画山水,师法王蒙,有黄公望笔意。今存《寻亲图》《巉崖陡壁图》《剑川图》《秋山听瀑图》《点苍山色图》等。

(74) 道光:清宣宗爱新觉罗·旻宁年号(1821—1850)。　勾吴:即吴国。钱泳乃无锡人,故称。

7. 随 园 先 生

钱塘袁简斋先生名枚①，字子才。少聪颖，年十二能为文，尝作高帝、郭巨二论②，莫不异之。乾隆元年，先生游广西，省其叔父于巡抚金公幕③。金公奇其状貌，命为诗，下笔千言，遂大为赏叹。适是年有诏旨举博学鸿词科④，金公专折奏闻云："有袁枚者，年未弱冠，经史通明，足应是选。"乃送入京师。当是时，海内老师宿儒贤达之士计九十有八人，而先生年最少，天下骇然，无不想望其丰采也。居无何，报罢⑤，旋中戊午科顺天乡试⑥。其明年成进士，入翰林，散馆以知县用⑦，分发江南，年二十五耳。越十年，乃致仕，筑随园于石头城下⑧，拥书万卷，种竹浇花，享清福者四十馀年。著作如山，名闻四裔⑨。年八十二而卒，学者称随园先生云。（《丛话六·耆旧》）

【注释】

① 袁枚：字子才，号简斋、随园，钱塘（今浙江杭州市）人。乾隆四年（1739）进士，选庶吉士，改知县江南。历溧水、江浦、沭阳，调江宁。辞官后侨居江宁，筑园林于小仓山，自是优游其中者五十年。时出游佳山水，尽其才以为文辞诗歌。诗与赵翼、蒋士铨并称为"乾隆三大家"。著作宏富，有《小仓山房集》《随园诗话》《子不语》等。嘉庆三年（1798）卒，年八十二。

② 高帝、郭巨二论：指袁枚少时所作《高帝论》《郭巨论》。《高帝论》评汉高祖刘邦"用天下之兵，不知用天下之锋"；《郭巨论》驳"二十四孝"中"郭巨埋儿"事，以为不慈不廉，何为"孝人"。后作者编入《小仓山房文集》卷二十，并撰自纪云："虽于事理未协，而笔情颇肆，存之以志今昔之感。"

③ 金公：金鉷，字震方，汉军镶白旗人，世居登州（今山东烟台市蓬莱市）。初自监生授广昌知县，升太原知府。雍正五年（1727），擢广西按察使，寻迁布政使。明年，擢巡抚。乾隆元年（1736），提督劾鉷言躁气浮，失封疆大臣之体，高宗召入京，授刑部侍郎。临行，借铜务充公银一千二百两，被劾夺官，交刑部严讯，后免罪。五年，授河南布政使，而鉷已卒。

④ 博学鸿词科：清沿唐宋之制，于科举考试之外，特设制科，以招揽人才。清制科主要有博学鸿词科、孝廉方正科等。孝廉方正科多在皇帝即位之年举行，重在品德。博学鸿词科仅开设两次：康熙十八年(1679)，应试一百四十三人，录取五十人，授翰林院官；乾隆元年(1736)，应试一百七十六人，录取十五人，一等五人授翰林院编修，二等科甲出身五人授检讨，二等未中举五人授庶吉士，次年复取四人。"鸿词"本作"宏词"，清乾隆时改。

⑤ 报罢：指考试落第。

⑥ 戊午：指乾隆三年(1738)。是年各省乡试，直隶乡试在顺天府举行。

⑦ 散馆：明清时翰林院设庶常馆，新进士朝考得庶吉士资格者入馆学习，三年期满举行考试，成绩优良者留馆，授以编修、检讨之职，其馀分配各部为给事中、御史、主事，或出为州县官，谓之"散馆"。

⑧ 石头城：古城名。又名"石首城"。故址在江宁清凉山。本楚金陵城。汉建安十七年(212)，孙权重筑改名。城负山面江，南临秦淮河口，当交通要冲，六朝时为建康军事重镇。唐以后，城废。此处代指南京。

⑨ 四裔：本指北裔幽州、南裔崇山、西裔三危、东裔羽山。后泛指四方边远之地。

8. 秋 帆 尚 书

镇洋毕秋帆先生①，负海内重望，文章政绩，自具国史。乾隆五十二年，先生为河南巡抚。六月廿四日夜，湖北荆州府江水暴涨②，堤溃城决，淹没田庐，人民死者以数十万计。七月朔日③，得襄阳飞信④，先生即于是日先发藩库银四十万两⑤，星夜解楚赈济，一面奏闻。高宗皇帝大加奖赏，以为有督抚才。不数日即擢授两湖总督，兼理巡抚事务。泳时在幕中，亲见其事。先生为人仁而厚，博而雅，见人有一善，必咨嗟称道之不置⑥。好施与，重然诺，笃于朋友。如蒋莘畬、程鱼门、曹习庵诸公身后事⑦，皆为料理得宜，虽千金不顾也。家蓄梨园一部⑧，公馀之暇，便令演唱。余少负戆直，一日同坐观剧，谓先生曰："公得毋奢乎？"先生笑曰："吾尝题文文山遗像⑨，有云：'自有文章留正气，何曾声妓累忠忱。'所谓大德不逾闲⑩，小德出入可也。"余始服其言。时和公相⑪，声威赫奕，欲令天下督抚皆欲奔走其门以为快，而先生澹然置之。五十四年夏,和相年四十,自宰相而下皆有币帛贺之。惟先生独赋诗十首,并检书画铜瓷数物为公相寿。余又曰:"公将以此诗入《冰山录》中耶^⑫?"先生默然,乃大悟,终其身不交和相。六十年二月,贵州苗民石柳邓、湖南苗民石三保等聚众劫掠,人民震恐。先生闻之,即驰赴常德筹办灭贼之计^⑬。事既平,尚驻辰州^⑭,以积劳成疾,卒于当阳旅馆^⑮,年六十七。后二年,和相果伏法。先生著作甚多,一时不能尽记,尤好法书名画,尝命余集刻《经训堂帖》十二卷,海内风行,至今子孙尚食其利云。(《丛话六·耆旧》)

【注释】

① 毕秋帆:毕沅,字纕蘅,一字秋帆,号灵岩山人,镇洋(今江苏苏州市太仓市)人。乾隆二十五年(1760)进士第一,授修撰。历甘肃巩秦阶道员、安肃道员、陕西按察使、陕西布政使、陕西巡抚、河南巡抚,官至兵部尚书、湖广总督。嘉庆元年(1796),枝江聂人杰等挟邪教为乱,沅以平乱功授二等轻车都尉世职。二年病卒,年六十七。赠太子太保。四年,追论沅教乱初起失察,夺世职,籍其家。沅工诗文,通经史,旁及小学、金石、地理之学。著有《灵岩山人诗集》《灵岩山馆文钞》《续资治通鉴》《经典文字辨证书》等,又辑刊《经训堂丛书》。

② 荆州:清荆州府,治江陵(今湖北荆州市荆州区)。

③ 朔日:农历每月初一。

④ 襄阳:清襄阳府,治襄阳(今湖北襄阳市襄城区)。

⑤ 藩库:即省库。清布政司所属储藏钱谷的仓库。

⑥ 咨嗟:赞叹。　　不置:不舍;不止。

⑦ 蒋苕畲:蒋士铨,字心馀(苕畲),号藏园,铅山(今江西上饶市铅山县永平镇)人。乾隆二十二年(1757)进士,授编修。二十九年辞官南归,曾讲习于绍兴戴山书院、扬州安定书院。五十年病卒于南昌藏园,年六十一。作有杂剧、传奇十六种,均存,其中《临川梦》等九种合集,称《藏园九种曲》。其诗同袁枚、赵翼并称"江右三大家"。著有《忠雅堂诗集》《忠雅堂文集》《南北杂曲》等。　　程鱼门:程晋芳,字鱼门,号蕺园,江都(今江苏扬州市)人。家世业盐,殷富豪侈,晋芳独好儒学,购书五万卷。少同经义于从父廷祚,学古文于刘大櫆。乾隆七年(1742)召试,授内阁中书。三十六年成

进士，授吏部员外郎、四库馆纂修。书成，改编修。晚居京师贫病交加，往依陕西巡抚毕沅。四十九年(1784)，抵关中一月卒，年六十七。晋芳于五经皆有撰述，家富藏书，与袁枚、蒋士铨等诗酒唱和，又与吴敬梓、戴震等交谊颇厚。有《萼园诗文集》。

　　曹习庵：曹仁虎，字来殷，号习庵，嘉定(今属上海市)人。乾隆二十六年(1761)进士，改庶吉士，授编修。历右中允，累迁侍讲学士。五十一年，视学粤东，方按试连州，遭母忧，酷暑奔丧，竟以哀毁卒于途。博学有文才，与王鸣盛、王昶、钱大昕、赵文哲、吴泰来、黄文莲并称"吴中七子"。有《宛委山房诗集》《蓉镜堂文稿》。

⑧　梨园：因唐玄宗时教习艺人于梨园，后以泛称戏班或演戏之所。

⑨　文文山：文天祥，字履善，一字宋瑞，号文山，南宋吉州庐陵(今江西吉安市)人。宝祐四年(1256)进士第一。历刑部郎官，知瑞、赣等州。德祐元年(1275)，元兵东下，自赣州率义军入卫临安。二年，拜右丞相，使元军议和，被扣。后于镇江脱险，由海路南下至福建，与张世杰、陆秀夫等合抗元。景炎二年(1277)，进兵江西，收复州县多处。未几，为元重兵所败，退入广东，明年被俘于五坡岭(在今广东汕尾市海丰县北)。次年，拘送大都，迭经威胁利诱，终不屈。元至元十九年(1282)十二月九日，被杀于柴市，年四十七。

⑩　逾闲：越出法度。语出《论语·子张》："子夏曰：'大德不逾闲，小德出入可也。'"何晏集解引孔安国曰："闲，犹法也。"大德、小德，犹言大节、小节。

⑪　和公：和珅，字致斋，钮祜禄氏，满洲正红旗人。生员出身，袭世职。乾隆时由侍卫擢户部侍郎兼军机大臣，执政二十馀年，累官至文华殿大学士。高宗晚年倚任极专，故其任职植党营私，招权纳贿。仁宗亲政，即令逮治，以二十款罪责令自杀，抄没家产，所得极多，时有"和珅跌倒，嘉庆吃饱"之语。有《嘉乐堂诗集》。

⑫　冰山录：即《天水冰山录》。明嘉靖朝首辅严嵩罢官后，籍没其家产，列为清册。清周石林从残本重钞，辑为一卷，取"太阳一出冰山颓"意，题曰《天水冰山录》，以为后人炯戒。雍正年间刊行。

⑬　常德：清常德府，治武陵(今湖南常德市)。

⑭　辰州：清辰州府，治沅陵(今属湖南怀化市)。

⑮　当阳：清荆门州当阳县(今湖北宜昌市当阳市)。

9. 覆 育 之 恩

锡山北门外冶坊有名王仙人者①，爱畜珍禽奇兽，群呼之曰仙人。乾隆己酉六月②，余与仙人遇于汉口，见其寓中养一小鹿甚驯，架上有白鹦鹉，能言"天子万年""吉祥如意"等语。自言尝得一弥猴，高不过六七寸，与老母鸡同宿。猴索食，鸡啄庭中虫蚁哺之，猴不顾，猴亦将所食果栗与鸡，久之竟成母子。猴每夜宿，鸡必以两翼覆护，以为常也。又芜湖缪八判官亦爱畜禽兽虫鱼之属③，官扬粮厅④，驻邵伯镇⑤，余过访之，锦鸡鸣于座，白鹤行于庭。有孔雀生卵两枚，取以与母鸡哺之，半月馀，果出二雏，一雄一雌。缪大喜。两雏渐长，身高二三尺，犹视鸡为母，飞鸣宿食，刻刻相随，殊不自知其羽毛之多彩；而母鸡行动居止，喔喔相呼，亦不自知其族类之不同也。大凡覆育之恩⑥，虽禽兽亦知之，似较人尤为真切。呜呼！可以人而不如鸟乎？（《丛话七·臆论》）

【注释】

① 锡山：在清常州府无锡县（今江苏无锡市）西五里，惠山之东支。周秦间曾产铅锡，故名锡山。传说昔有樵者于山下得古铭，云："有锡，兵天下争；无锡，宁天下清。有锡，沴天下弊；无锡，乂天下济。"自东汉光武以后不复有锡，故设无锡县。　冶坊：冶炼金属的作坊或矿场。

② 乾隆己酉：指乾隆五十四年（1789）。

③ 芜湖：清太平府芜湖县（今安徽芜湖市）。　判官：清指州判（从七品）。与州同（从六品）分掌粮务、水利、防海、管河诸职。

④ 扬粮厅：或清坐粮厅扬州分署。坐粮厅，清户部仓场衙门特设官署，驻通州（今北京市通州区），掌漕粮验收、水陆运输及通济库银出纳和北运河疏浚工程。

⑤ 邵伯镇：在清扬州府江都县（今江苏扬州市江都区）西北。明清时设巡检司。

⑥ 覆育：抚养；养育。

10. 不 多 不 少

银钱一物，原不可少，亦不可多，多则难于运用，少则难于进取。盖运用要紧心①,进取亦要萦心,从此一生劳碌,日夜不安,而人亦随之衰惫。须要不多不少,又能知足撙节以经理之②,则绰绰然有馀裕矣。余年六十,尚无二毛③,无不称羡,以为必有养生之诀。一日,余与一富翁、一寒士坐谭,两人年纪皆未过五十,俱须发苍然,精神衰矣。因问余修养之法,余笑而不答,别后谓人曰:"银钱怪物,令人发白。"言其一太多,一太少也。(《丛话七·臆论》)

【注释】

① 萦心:牵挂心间。

② 撙(zǔn)节:抑制;节制。

③ 二毛:指斑白头发。常用以指老年人。《左传·僖公二十二年》:"君子不重伤,不禽二毛。"杜预注:"二毛,头白有二色。"

11. 培　　养

大凡一花一木,虽得雨露自然之功,而欲其本根之蕃茂,花叶之鲜新,非培养不能也。先君子偶种凤仙花数十盆①,置于庭砌②,朝夕灌溉,颇费精神。及花开时,千枝万蕊,五色陆离③,竟有生平未经见之奇者。次年灌溉稍懈,仍是单叶常花,平平无奇矣。乃知培养人材,亦犹是耳。或曰:"每见丛莽中时露好花一枝,则谁为之培养耶?"余曰:"本根有花,虽不培养,亦能开放;然狂风撼其枝,严霜凌其叶,吾见其有花亦不舒畅矣。"子弟如花果,原要培植,如所种者牡丹,自然开花,所种者桃李,自然结实;若种丛竹蔓藤,安能强其开花结实乎? 虽培植终年,愈生厌恶。(《丛话七·臆论》)

【注释】

① 先君子:称已故父亲。钱泳父钺,本书谓"养竹公"。

② 庭砌:庭院。

③ 陆离:光彩绚丽貌。

12. 不 会 做

后生家每临事,辄曰"吾不会做",此大谬也。凡事做则会,不做则安能会耶?又做一事,辄曰"且待明日",此亦大谬也。凡事要做则做,若一味因循,大误终身。家鹤滩先生有《明日歌》最妙①,附记于此:"明日复明日,明日何其多。我生待明日,万事成蹉跎②。世人苦被明日累,春去秋来老将至。朝看水东流,暮看日西坠。百年明日能几何,请君听我《明日歌》。"(《丛话七·臆论》)

【注释】

① 鹤滩先生:钱福,字与谦,号鹤滩,明松江府华亭(今上海市松江区)人。弘治三年(1490)进士第一,授翰林院修撰。少而颖悟,诗文以敏捷见长。登第后,名声烜赫,远近以笺版乞题者无虚日。十七年卒,年四十四。有《鹤滩集》。关于《明日歌》作者,今存三说:一为本则所载钱福。一为文嘉,见《文氏五家集》卷九:"明日复明日,明日何其多。日日待明日,万事成蹉跎。世人皆被明日累,明日无穷老将至。晨昏滚滚水东流,今古悠悠日西坠。百年明日能几何,请君听我《明日歌》。"文嘉,字休承,号文水道人,明长洲(今江苏苏州市)人。文徵明次子。官至和州学正。工书画,精于鉴藏。万历十一年(1583)卒,年八十三。有《钤山堂书画记》。又一说为高公玄,见明汪砢玉《珊瑚网》卷十五《文衡山今日歌行草》评注:"今日复今日,今日何其少。今日又不为,此事何时了?人生百年几今日,今日不为真可惜。若言姑待明朝至,明朝又有明朝事。为君敬诵今日诗,努力请从今日始。徵明。'余就塾师时,先君以此诗挂斋壁,余虽不敢不努力,然下劣徒虚今日耳。崇祯改元,成渊儿习业藤花阁,余偶简得前轴,仍悬昔年故处,为儿师高公玄和之,云:'明日复明日,明日何其多。明日待明日,万事成蹉跎。世人皆被明日累,明日无穷老将至。晨昏滚滚水东流,古今悠悠日西坠。百年明日复几何,请君听我《明日歌》。'读之益深余明日之感也。抚髀废人识于伏枥处。"高公玄,未详何许人。此处所录,与文嘉诗文字大致相同。

② 蹉跎:失意;虚度光阴。

13. 高 柏 林

　　江阴高柏林者，少无赖①，貌韶秀②，住广福寺旁③。偶于佛前求终身，得吉筶④。心窃喜，私计他日得志，当新是寺。及长，有某邑宰召为长随⑤，颇宠任之，呼曰小高。宰治故冲繁⑥，差使络绎。一日，有钦差过，召小高，付以千金，令办供应⑦。小高至驿中，前站已到，仓皇迎接，忽失金，愤极拟投水死，忽有一老人救之，曰：“汝命应发大财，此非汝死所也。”自此供应铺设，一无所备。钦差故廉吏，一见大悦，以为此人是干仆⑧，即令跟随。嗣后势益大，凡关差盐政，皆任为纪纲⑨，不十年号称数十万。至郡守监司皆与通兰谱⑩，出入衙门，延为上客。后果重建广福寺。地方官仰体小高意，亦为科派民间⑪，未免太过，百姓哗然。有作碑记一篇假官封直达抚军者⑫，抚军察其事，乃据实奏闻，有钦差讯办。先是，小高感老人恩得不死，乃塑像于家，每晨必礼拜。至是而泣跪像前：“尚求救我。”其夕，家中闻马喘声，明晨视塑像汗出。如是者三夜，忽闻事得轻办矣。或曰即此老人往托某公为缓颊⑬，小高实不知。后闻老人乃狐也。（《丛话十六·精怪》）

【注释】

① 无赖：即无赖子。参见第51页第7则注释②。

② 韶秀：美好秀丽。

③ 广福寺：在江阴城东。唐时始建，名“崇圣”。北宋太平兴国（976—983）间赐额“乾明”，至和（1054—1056）时又建子院。南宋绍兴（1131—1162）中，改“广福”，乾道九年（1173）并二寺为一。寺规制宏敞，殿阁崇严，为邑中诸刹之冠。

④ 吉筶：犹吉签。

⑤ 长随：官府雇用的仆役。亦泛指仆役。

⑥ 冲繁：谓地当冲要，事务繁重。

⑦ 供应：供给所需财物。

⑧ 干仆：办事能干的仆役。

⑨ 纪纲：仆役统领。

⑩ 兰谱："金兰谱"的省称。旧俗结拜盟兄弟时互换的谱帖。金兰，比喻情投意合。

⑪ 科派：谓摊派力役、赋税或索取（钱财）。

⑫ 抚军：巡抚别称。

⑬ 缓颊：谓婉言劝解或代人讲情。

14. 石 钟 山

石钟山在湖口县城外①，临江。乾隆己酉八月十六日②，余从楚北回吴，偶泊舟北门外杨港③，遂由西门乘一小舟游石钟④，土人谓之上钟崖、下钟崖者也。初见巨石无数，如楼阁然，汩没中流，而又有如牛马、如虎豹者，盘踞于楼阁之下。又有一石人，高三丈许，作弯弓引箭之势，上题"英雄石"三字。时东北风甚急，仰见石壁，一削千仞，而怒涛搏击石罅，其声果如洪钟。正骇愕间，忽见红墙古庙，隐隐有人，舟师指曰："此观音崖也。"乃摄衣而上，登一小阁，阁之左崖有"凌波仙掌"四大字。旁有石穴，深不可测，曰黄龙洞。凭阁而望，但见风帆乱飞，半入九江，半入鄱阳湖也。余急登舟，更欲游所谓下钟崖者，舟人且棹且唱，其歌云："荒城正对白沙洲，但听江声日夜流。人家富贵无三代，每有清官不到头。"其声宛转，亦可以见风土人情之一斑耳。顷之，回过城西门，系舟普陀庵下。循迳而上，登怀苏亭，亭中有碑刻东坡《石钟山记》。亭右即为大江，丹崖林立，嵌空瓏珑⑤，俯听钟声，宛在足底。亭左右皆石壁，莫能名状，石上题名甚多，其王文成一题⑥，在白云洞之上，文云："正德庚辰三月丁未⑦，都御史阳明王守仁献俘⑧，自南都还登此。参政徐达同行。"凡四行。其旁又有五言诗一首，不复记忆，似即纪擒宸濠以后事也⑨。读毕而下，复乘舟循石壁行，其洞壑之奇，不亚上钟崖。而两壁如剪，夹一小阁，则奇险更甚于观音崖也。是时日色已晚，风亦稍定，始命舟回，已上灯矣。余生平所历佳山水，若江宁之燕子矶⑩，镇江之金、焦两山⑪，和州之天门⑫，彭泽之小姑⑬，黄州之道士洑⑭，严州之钓台⑮，绍兴之绕门山与吼山⑯，皆不足奇，得此而叹观止矣。（湖口）（《丛话十八·古迹》）

【注释】

① 湖口：清九江府湖口县（今属江西九江市）。

② 乾隆己酉：指乾隆五十四年(1789)。

③ 杨港：港口名。在湖口城北二里许。山势开豁，可泊巨艘。明万历间设榷关，改名武曲港。

④ 石钟：山名。在湖口城西北长江、鄱阳湖交汇处，号为"江湖锁钥"。因山石多隙，水石相搏，响若洪钟，故名。北宋苏轼尝游此，作《石钟山记》，后人乃立亭刻碑焉。

⑤ 瓏珑：亦作"玲珑"。明彻貌。

⑥ 王文成：王守仁，字伯安，世称阳明先生，谥文成。参见第34页第27则注释②。

⑦ 正德庚辰：明正德十五年(1520)。　三月丁未：三月十九日。

⑧ 都御史：明都察院长官左、右都御史，正二品。常作为派遣到外省任总督、巡抚者所带职衔。时王守仁为提督南赣军务都御史。　献俘：指王守仁平定宁王朱宸濠反叛事。正德十四年(1519)六月，宁王朱宸濠反于南昌，仅四十馀日，为王守仁所败被俘。明年，押解至南京，献于南巡至此的武宗。然据《明武宗实录》卷一百九十、《明史·武宗纪》，献俘在十五年闰八月，不在三月。又据《明史·王守仁传》及《王阳明年谱》，守仁擒获宸濠后，奏请献俘，以止武宗南征，不许。守仁至钱塘，遇督军太监张永，以宸濠付之。武宗幸南京，有诬守仁与宸濠通者，赖张永居间保全之，帝乃释疑。庚辰七月，令守仁重上江西捷音，功归天子临讨，帝遂返京。

⑨ 宸濠：即宁王朱宸濠。其先祖朱权封宁献王，永乐元年(1403)改封南昌。正统十三年(1448)权薨，孙靖王奠培嗣。弘治四年(1491)奠培薨，康王觐钧嗣。十年，觐钧薨，子上高王宸濠嗣。正德十四年(1519)，经密谋而反，兵败被俘，废为庶人，后伏诛，除封。

⑩ 燕子矶：在清江宁府北郊临江直渎山上(今江苏南京市燕子矶公园)。因危石突兀江上，势如飞燕，故名。明洪武时即山建观音阁，正统时因阁建寺，赐名弘济寺。殿阁皆缘崖而构，为金陵绝景。清康熙、乾隆二帝下江南时，均在此泊舟，有乾隆帝题刻。

⑪ 金、焦：金山与焦山。两山均在清镇江府(今江苏镇江市)。金山在府西北长江中，上有金山寺。焦山在府东北长江中，与金山东西对峙，相去十五里，上有摩崖题刻多处。

⑫ 天门：即东、西梁山。东梁山，又名博望，在清太平府(今安徽马鞍山市当涂县)西南

三十里,西梁山,又名梁山,在清和州(今安徽马鞍山市和县)南七十里。二山夹大江,对峙如门。唐李白《望天门山》诗:"天门中断楚江开,碧水东流至此回。两岸青山相对出,孤帆一片日边来。"(《李太白全集》卷二十一)

⑬ 小姑:即小孤山。在清安庆府宿松县(今属安徽安庆市)东南一百二十。孤峰峭立,直插半空,与南岸彭浪矶(今属江西九江市彭泽县)相对峙。大江之水至此,临束而出,奔腾如沸。上有神女庙,俗称小姑庙,故有小姑嫁彭郎之语。元天历中立铁柱于上,镌曰"海门第一关"。

⑭ 道士洑:即西塞山。在清武昌府大冶县(今湖北黄石市大冶市)东九十里。竦峭临江,急湍回旋,形如关塞。三国吴孙策击黄祖于此。唐宋以降,山下屯兵设府,渐成市镇。而唐张志和《渔父词》"西塞山前白鹭飞"之"西塞山",乃在浙江湖州西南二十里,亦名"道士矶",下有桃花坞、凡常湖。

⑮ 钓台:即严子陵钓台。在清严州桐庐县(今属浙江杭州市)南三十里富春山下,临富春江。相传为东汉严光隐居垂钓处。严光,字子陵,会稽馀姚(今属浙江宁波市)人。西汉末,与光武帝同游学。光武即位,乃变名姓,隐于富春山。后人名其钓处为严陵濑。建武十七年(41)卒,年八十。宋范仲淹知睦州,建钓台、子陵祠于富春江严陵濑,并作《桐庐郡严先生祠堂记》。

⑯ 绕门山:即箬篑山。在清绍兴府(今浙江绍兴市)东十二里。相传秦始皇东游至此,供刍草。汉以后,因凿山采石,成峭壁深潭,遂名东湖。　吼山:即犬亭山,又名狗山。在府东南三十里。相传越王勾践畜犬猎南山白鹿,即此。

15. 随　园

随园在江宁城北,依小仓山麓①,池台虽小,颇有幽趣。乾隆辛亥春二月初②,余始游焉。时简斋先生尚健,同坐蔚蓝天③,看小香雪海,梅花盛开,读画论诗者竟日。至道光二年九月,偶以事赴金陵,则楼阁倾隤④,秋风落叶,又是一番境界矣。其旧仆某尚识余姓名,真所谓"犹有白头园叟在,斜阳影里话当年"也。近年闻先生长君兰村又葺而新之⑤,游人杂遝矣⑥。(《丛话二十·园林》)

【注释】

① 小仓山：在清江宁府北门桥西(今南京市广州路五台山体育场)。清凉山支脉。

② 乾隆辛亥：指乾隆五十六年(1791)。

③ 蔚蓝天：随园中屋舍。皆以蓝玻璃嵌窗，故称。下文"小香雪海"，亦随园中景致。

④ 倾陨(tuí)：倾颓；倒塌。

⑤ 长君：尊称他人成年公子。袁枚嗣子名通，字达夫，号兰村，钱塘(今浙江杭州市)人。监生。历官汝阳、河内知县。著有《捧月楼诗》二卷。

⑥ 杂遝(tà)：亦作"杂沓"。纷杂繁多貌。

16. 阆　玻　楼

　　太仓东门有王某者，以皮工起家至巨富，构一楼，求吴祭酒梅村榜额①。梅村题曰"阆玻楼"，人咸不喻其意，以为必有出典，或以询梅村，梅村曰："此无他意，不过道其实，东门王皮匠耳②。"闻者皆大笑。乾隆中，铅山蒋心馀题一医者之堂曰"明远堂"③。人问其典，心馀曰："子不闻不行焉，可谓明也已矣；不行焉，可谓远也已矣④。"尤妙。(《丛话二十一·笑柄》)

【注释】

① 吴梅村：吴伟业，号梅村。参见第57页第11则注释①。

② 东门王皮匠：东门合为"阆"字，王皮合为"玻"字。

③ 蒋心馀：蒋士铨，字心馀。参见第156页第8则注释⑦。

④ 子不闻等句：《论语·颜渊》："子张问明。子曰：'浸润之谮，肤受之诉，不行焉，可谓明也已矣；浸润之谮，肤受之诉，不行焉，可谓远也已矣。'"意谓日积月累逐渐渗入的谗言和肌肤所受利害切身的诽谤，皆对你行不通，则可谓看得明白看得远了。

17. 性　畏　蟢　子

　　王司农茂京性畏蟢子①，每见必惊惧失色。西田相国其叔也②，一日令舆夫密置数枚于肩舆中,嘱勿使知之。明日司农升舆,忽见蟢子,惶惧仆地,将责舆夫,从者具以实告,然司农之愤,犹未释也,计思有以报之。越日命工修足,呼僮聚其皮,将酒醋蔗糖共贮于瓶,以遗相国。明旦遇于朝,谓司农曰:"昨日见惠之品③,大嚼之而无味,究系何物耶?"司农莞尔答曰:"老叔以蟢子见吓④,小侄不得不以老脚皮奉敬也。"(《丛话二十一·笑柄》)

【注释】

① 王茂京:王原祁,字茂京,号麓台,太仓(今属江苏苏州市)人。王时敏孙。康熙九年(1670)进士,授知县。历给事中,改中允直南书房,累擢户部侍郎,人称王司农。擅画山水,常召入御前染翰,与王时敏、王鉴、王翚并称"四王"。五十四年卒于官,年七十四。   蟢子:蜘蛛的一种。

② 西田:王揆,字藻儒,号西田主人。参见第107页第8则注释⑩。

③ 见惠:谦词。谢人贶赠。

④ 见吓(hè):恐吓我。

18. 此亦妄人也已矣

松江张公星为诸生,有才名,嗜酒而狂。尝以夏日浴于泮池,门斗禁之弗听也①,后渐闻于正副两学师②,乃出而呵责之。张则以污泥浮藻覆面,赤身立水中,两手击水拒之。学师怒,因命门斗拘之尊经阁,令作文,以"此亦妄人也已矣"句命题③。张援笔立就,其后二比出股云④:"此其人不可以教谕者也。"对股云:"此其人不可以训导者也,此亦妄人也已矣。"两学师愈怒,欲斥除之,然爱其才竟释焉。(《丛话二十一·笑柄》)

【注释】

① 门斗:官学中的仆役。

② 学师:以称府、州、县学学官。

③ 此亦句:《孟子·离娄下》:"有人于此,其待我以横逆,则君子必自反也:'我必不仁

也,必无礼也,此物奚宜至哉?'其自反而仁矣,自反而有礼矣,其横逆由是也,君子必自反也:'我必不忠。'自反而忠矣,其横逆由是也,君子曰:'此亦妄人也已矣。如此,则与禽兽奚择哉? 于禽兽又何难焉?'"意谓假如有人在此对我蛮横无理,是君子就一定会反躬自问:我一定不仁,一定无礼,不然,他何来这种态度? 反躬自问后,我确实是仁,确实有礼,而那人蛮横无理还是不改,君子一定又反躬自问:我一定不忠。反躬自问后,我确实忠心耿耿,而那人态度依然不变,君子就会说:这不过是一个狂人罢了。既然这样,那与禽兽有何区别? 对于禽兽还责备什么呢?

④ 后二比:指八股文的后股。因八股文后四段每段皆由两股排比对偶文字组成,故又称"二比"。前者称"出股"或"出比",后者称"对股"或"对比"。参见第 59 页第 12 则注释③。

19. 两 槐 夹 井

旧传有一秀才,于岁试前一日偕友闲步,见道旁有两槐树,中界一井,戏谓其友曰:"明日入场,即用此典故也。"一时笑其妄言。试后出场验其文,果有"自两槐夹井以来"一段云云。及案发,列高等,得补廪饩①。苏州有徐孝廉者②,肄业紫阳书院③,课题是"九人而已,至三分天下有其二"④,后二比有"九貂九骚"对"三薰三栗",发案亦前列。同人叩问用何书,徐曰:"吾昨见市中有乞儿抢薰肉三块,物主殴以栗子拳三下⑤。至九貂九骚,俗语所谓'十个胡子九个骚,十个鬎鬁九个刁⑥',此其典耳。"满座大笑。近时风气,衡文者大率类此。胸既空疏而喜用典故,明知獭祭而视为妙文⑦,所以受人欺妄,而诸生之以聪明自用者,亦以此欺人。时文变迁,皆由此辈,可叹也已。(《丛话二十一·笑柄》)

【注释】

① 廪饩(xì):旧时指由公家供给的粮食之类生活物资。此指补为廪生。参见第 49 页第 5 则注释⑧。

② 孝廉:明清指举人。参见第 19 页第 16 则注释①。

③ 肄业:修习课业。古人书所学之文于方版谓之业,师授生曰授业,生受之于师曰受业,

习之曰肄业。　紫阳书院：在清苏州府学后。康熙五十二年(1713)，巡抚张伯行建，崇祀朱子，为诸生肄业之所。有康熙、乾隆二帝御赐匾额"道学还淳"和"白鹿遗规"。

④ 九人两句：《论语·泰伯》："孔子曰：'才难，不其然乎？唐虞之际，于斯为盛。有妇人焉，九人而已。三分天下有其二，以服事殷。周之德，其可谓至德也已矣。'"意谓人才难得。唐尧虞舜之间，人才最为兴盛。而周武王十位人才之中，还有一位是妇女，实际只有九人而已。周文王已得天下三分之二，仍向殷商称臣，周室具有最高道德啊。此处可见当时应试之题，不顾文意而随意抽取四书语句之弊。

⑤ 栗子拳：即栗爆。谓将食指、中指弯曲起来敲击人头。

⑥ 鬎鬁(làlì)：亦作"鬎鬁""瘌痢"。秃发疮，黄癣。

⑦ 獭祭：即"獭祭鱼"之省。谓獭常捕鱼陈列水边，如同陈列供品祭祀。比喻罗列故实，堆砌成文。

20. 狗　　医

　　吴郡新郭里有药材铺①，铺主人姜姓者，浙江慈溪人②。姜素知医理，里中有疾病，辄请其调治，颇有验。家畜一狗甚驯，姜每出诊，狗必随之，摇尾侍坐以为常。一日主人偶他出，有乡人患湿气③，一腿甚红肿，不知其所由，来以示姜。此狗忽向其腿上咬一口，血流满地，作紫黑色。主人归，痛打其狗，而以末药敷之④，一宿而愈。有患隔症者⑤，姜误以为虚弱，开补中之剂，狗又号其旁，乃改焉，饮数服即痊。有孕妇腹便便⑥，饮食渐减，姜认其水痼⑦，狗侍其侧作小儿声，乃悟其旨，而以安胎药治之，越月而孪生，产母无恙也。姜以此狗知医，每出诊必呼其同行，一时哄传有狗医之目。后狗忽亡去，不知所之，姜叹曰："吾道其衰乎！"未几亦病死。余闻之笑曰："江南之人最信医药，而吴门尤甚，是狗既知内外科，而又兼妇人科，以匡主人之不逮，历数诸医中岂可多得哉！以视今之舟舆出入，勒索请封⑧，若有定价，而卒无效验，或致杀人者，真狗彘之不若也。"(《丛话二十一·笑柄》)

【注释】

① 新郭里：在清苏州府西南石湖北岸(今属江苏苏州市吴中区)。

② 慈溪：清宁波府慈溪县（今浙江宁波市江北区慈城镇）。

③ 湿气：中医病症名。指湿疹、手癣、脚癣等病。

④ 末药：即没药。黑色块状。味苦，性平，无毒。主治外伤。

⑤ 隔症：中医病症名。指气塞阻隔之病。

⑥ 便便（pián—）：腹部肥满貌。

⑦ 水瘤：亦称"水肿"。中医病症名。指水气所致肿胀之病。

⑧ 请封：犹索取钱财。封，裹扎物。

21. 袁 简 斋

　　袁简斋先生一生不信释氏，每游寺院，僧人辄请拜佛，先生以为可厌，乃自书五言四句于扇头云："逢僧必作礼，见佛我不拜。拜佛佛无知，礼僧僧见在①。"似深通佛法者。又先生一生不讲《说文》②，一日宴会，家人上羊肉，客有不食者。先生曰："此物是味中最美，诸公何以不食耶？试看古人造字之由，美字从羊，鲜字从羊，善字从羊，羹字从羊，即吉祥字亦从羊，羊即祥也。"满座大笑，似又深通《说文》者，皆可以开发人之心思。（《丛话二十三·杂记上》）

【注释】

① 见（xiàn）在：即现在佛。三世佛之一。佛教谓过去、现在、未来三世，各有佛出世。过去佛为迦叶诸佛，现在佛为释迦牟尼佛，未来佛为弥勒诸佛。此处用作调侃语。宋欧阳修《归田录》卷一："太祖皇帝初幸相国寺，至佛像前烧香，问当拜与不拜，僧录赞宁奏曰：'不拜。'问其何故，对曰：'见在佛不拜过去佛。'赞宁者，颇知书，有口辩，其语虽类俳优，然适会上意，故微笑而领之，遂以为定制。至今行幸焚香，皆不拜也。议者以为得礼。"

② 说文：即《说文解字》的简称。字书。东汉许慎撰。慎字叔重，汝南召陵（河南漯河市召陵区）人。师事贾逵。章帝时尝官太尉南阁祭酒。博通经籍，有"五经无双许叔重"之评。著《说文解字》十四卷，又叙目一卷。今存宋初徐铉校订本，每卷分上下，共三十卷。收字九千三百五十三，重文一千一百六十三。按字形及偏旁分列五百四

十部,并首创部首排检法。字体以小篆为主,有古文、籀文等异体,则列为重文。每字下解释,大抵先说字义,再说形体构造及读音,依据六书解说文字。是书成于建光元年(121),为我国第一部系统分析字形、考究字源的字书。

22. 苏东坡生日会

毕秋帆先生自陕西巡抚移镇河南,署中筑嵩阳吟馆,以为燕客之所。先生于古人中最服苏文忠[1],每到十二月十九日,辄为文忠作生日会。悬明人陈洪绶所画文忠小像于堂上[2],命伶人吹玉箫铁笛,自制迎神送神之曲,率领幕中诸名士及属吏门生衣冠趋拜,为文忠公寿,拜罢张宴设乐,即席赋诗者至数百家,当时称为盛事。迨总督两湖之后,荆州水灾既罢[3],苗疆兵事又来[4],遂不复能作此会矣。呜呼! 以公之风雅爱客,今无其继,而没后未几,家产籍没,子孙式微[5],可慨也已。(《丛话二十三·杂记上》)

【注释】

[1] 苏文忠:北宋文学家苏轼。字子瞻,号东坡居士,南宋时追谥文忠。生于仁宗景祐三年(1036)十二月十九日,卒于徽宗建中靖国元年(1101)七月二十八日,年六十六。

[2] 陈洪绶:明末画家。字章侯,诸暨枫桥(今属浙江绍兴市诸暨市)人。崇祯十五年(1642),入赀为国子监生。明年还里。赋性狂散,研心书画,所作博古人物多有秦汉风味,世所罕及。

[3] 荆州水灾:指乾隆五十三年(1788),江决荆州。时毕沅复授湖广总督,发帑百万治工,奏请筑江堤洲坝。

[4] 苗疆兵事:指乾隆六十年(1795),湖南苗民石三保等为乱,毕沅受命赴荆州、常德督饷。嘉庆元年(1796),湖北枝江聂人杰等挟邪教为乱,沅又自辰州至枝江捕治。参见第156页第8则注释[1]。

[5] 式微:衰微;衰败。《诗经·邶风·式微》:"式微式微,胡不归。"朱熹集传:"式,发语辞。微,犹衰也。"

23. 刺 史 新 闻

有某州刺史者，故贼也。先是壬子、癸丑间[1]，有云南刘某入京谒选[2]，随一仆住驴马市[3]，箧中颇裕。有同寓客知之，故与仆善，殷勤异常。仆偶出，客必为其主左右之，较仆尤为周慎，刘甚感。未一年，掣签得县丞[4]，分发河南。客大喜，诡曰："小人有胞弟在河南藩署当门上[5]，拟随老爷同行可乎？"刘亦喜，乃束装，虽僮仆之亲，无以过也。行至邯郸[6]，刘忽病瘵[7]，一日死，仆与客俱大哭，抱持殡殓，寄棺古寺中。客忽向仆曰："吾两人所恃者主人耳，今主人死，尚复何言。虽然，有计焉，幸箧中凭文在，吾为官，尔为官亲，谁复知之耶？"遂与仆行。未渡河，仆又死，客抵省中，只一人耳。乃缴凭，未匝月[8]，委署某县丞，获巨盗有功，题升知县[9]，乃改名。不数月，屡获盗，连破七案，又升某州刺史[10]，以良能称。一日有探差来报云，探得州境百里外某铺，有夫人自云南来，随一弟曰舅爷，早晚将抵署矣。刺史佯喜，即遣两妾前迎，询其所来。妾还报曰："太太衣履甚破，行囊亦罄竭矣。"刺史急取衣饰满一箱，白金百馀两，仍遣两妾前为开发路费，且曰某日最良，可以进署。复以白金二百两与舅爷，辞以署斋甚窄，断不能款留，请即回滇，命一差送之。越四五日，刺史命仆从执事鼓吹人等接太太入署，而刺史托故他往，谓家人曰："今夜回衙恐迟，尔等勿伺候，宜早息，仅留一妪守内宅门可也。"至三更时始回署，而直入夫人之室，诸妾婢仆皆早睡，但闻主人进房，切切私语而已。后二年正月，有老僧踵辕门[11]，适刺史回署，遥拱手曰："僧与大老爷别二十年，今为大官矣。"刺史惧，不与言，使家人许其三千金，僧不允，谩骂曰："汝今逃避何处去耶？"盖此僧是名捕也。刺史急吞金死，而刘夫人亦为殡殓，寄棺于某寺，而与两妾收拾行李，积蓄万馀金，同归云南，车辆甚多。（《丛话二十三·杂记上》）

【注释】

① 壬子、癸丑：指乾隆五十七(1792)、五十八年(1793)。

② 谒选：官吏赴吏部应选。

③ 驴马市：明清北京西城阜成门外有驴市、骡马市。

④ 掣签：抽签。削竹为签，配以标志或语词，抽取后用以决定次序或吉凶。亦特指明后期至清吏部选授迁除官吏的方法。万历二十二年(1594)，吏部尚书孙丕扬首创，以拒中贵请谒。后相沿为例。　县丞：清县级佐官，正八品。

⑤ 藩署：清布政使司衙门。　门上：即门上人。在门房从事传达的仆役。

⑥ 邯郸：清直隶广平府治(今属河北)。

⑦ 痧：病名。中医指霍乱、中暑等急性病。

⑧ 匝月：满一个月。

⑨ 知县：清县长官，正七品。掌一县治理。

⑩ 刺史：清州长官知州的别称。直隶州知州，正五品；散州知州，从五品。掌一州治理。

⑪ 踵辕门：此指登上官署外门。踵，登门。辕门，地方官署外门。

榆巢杂识

《榆巢杂识》二卷，清赵慎畛撰。慎畛字遵路，号笛楼，武陵（今湖南常德市）人。嘉庆元年（1796）进士，选庶吉士，授编修，迁御史、给事中。历广西按察使、广东布政使、广西巡抚、闽浙总督，累官至云贵总督。道光五年（1825）卒于任，年六十五。赠太子少保，谥文恪。

《榆巢杂识》多记政坛掌故、文臣轶事，亦涉地方财政民俗、山川地理。作者出身翰林，又历任京官及封疆，熟知典籍与中外政务，故所述无不翔实可征，足资参考。

除是书而外，作者尚有《奏议》八卷、《从政录》八卷、《载笔录》四卷、《省愆室续笔记》一卷、《读书日记》四卷、《惜日笔记》二十卷、《诗文集》六卷。

选文标题为原书所有。

1. 平 定 三 藩

初,孔有德、尚可喜、耿仲明均以故明将佐①,于太宗时率众来归②,随八旗征讨③,多立战功。有德封定南王,可喜封平南王,仲明封靖南王。吴三桂,本明总兵,世祖驱除流寇,定鼎燕京,亦以效命执殳④,得邀封平西王。后有德死殉孤城,至今庙食⑤;仲明分藩于福建;可喜分藩于广东;三桂分藩于云南。仲明殁,以其孙精忠嗣封。可喜年老乞闲,以其子之信摄军事。三桂独称宿将⑥,列重镇于西南,遂于康熙十二年十一月称戈抗命⑦,进薄衡湘⑧,与官军相拒于常德。之信、精忠亦乘机蠢动。圣祖仁皇帝特简八旗劲旅,指授方略,剿抚并用。三桂势蹙忧怖,旋经病殁⑨,孽孙世璠⑩,游魂釜底。既而之信、精忠穷迫归正,均正刑章。至康熙二十年十月,世璠惶惧自戕,三逆并灭。二十一年,以大学士等为正、副总裁官,纂修《平定三逆方略》六十卷⑪。三逆恃恩骄恣,日形跋扈。康熙十二年,因其自乞移藩,诏允所请,逆谋即发。是年十一月,三桂举兵反,直窥湖广。乃遣驰赴荆州,进据常德,以遏贼势。三桂既死,逆孙世璠尚踞滇中拒命。而耿精忠自请入朝,旋讯得其通贼反覆,决磔于市⑫。尚之信虽尝归正,而心怀两端,鞫实赐死⑬,广东平。二十年十月,大兵攻围云南省城,世璠自杀,其属悉以众降,乃戮世璠首,献于京师,云南平。(上卷)

【注释】

① 孔有德:字瑞图,明辽东盖州卫(今辽宁营口市盖州市)人。初为辽东总兵毛文龙部属,任登州参将。崇祯四年(1631),率部援辽,至吴桥起兵叛,据登莱之地。六年,渡海降后金,隶汉军正红旗。崇德元年(1636),皇太极改国号为清,封有德恭顺王、耿仲明怀顺王、尚可喜智顺王,时号"三顺王"。出征朝鲜、锦州、松山等地。入关后,从豫亲王多铎征战江南。顺治六年(1649),改封定南王,率兵平粤西,遂留镇桂林。九年,原张献忠部将、南明西宁王李定国攻围桂林,有德麾下将领俱战死,知其不可守,乃拔剑自刭,妻李氏以下并投缳。事闻,谥武壮。 尚可喜:字元吉,号震阳,其先洪洞(今属山西临汾市)人,明万历时其祖迁居海州卫(今辽宁鞍山市海城市),遂家

焉。初投毛文龙帐下,官至广鹿岛副将。崇祯六年(1633),携军航海归后金,封总兵官,隶汉军镶蓝旗。崇德元年,封为智顺王。从征朝鲜、松山等地,有战功。顺治六年,改封平南王,下广东,留镇广州。康熙十二年(1673),疏请归老,以其长子之信执军事。朝廷以之信跅弛难制,下令撤藩。可喜方登册动迁,云南平西王吴三桂反,福建靖南王耿精忠起兵响应,可喜部属亦有反叛者。十四年正月,圣祖以可喜独立拒贼,加可喜为平南亲王。十五年二月,尚之信发兵围王府,夺父之位。十月,可喜病薨,年七十三。赐谥敬。　　耿仲明:字云台,明盖州卫人。初为登州参将。崇祯六年(1633),随孔有德浮海降后金,隶汉军正黄旗。崇德元年,封怀顺王,后从清军入关。顺治六年,改封靖南王,寻进军广东途中,因部将违法,惧罪自缢。其子继茂袭爵,初驻广州,又移福建。康熙十年(1671),继茂薨,子精忠袭。为清初三藩之一。

② 太宗:清太宗爱新觉罗·皇太极。太祖爱新觉罗·努尔哈赤第八子。后金天命十一年(1626)九月即位,年号天聪(1627—1635)、崇德(1636—1643)。崇德元年,改国号为大清。

③ 八旗:满族社会组织形式。努尔哈赤在"牛录制"基础上初建黄、白、红、蓝四旗,后增建镶黄、镶白、镶红、镶蓝四旗,改前四旗为正黄、正白、正红、正蓝旗,共八旗。每旗(满语称"固山")下辖五参领("甲喇"),每参领下辖五佐领("牛录"),每佐领统三百人,后增至四百。凡满族成员分隶各佐领,平时生产,战时从征。皇太极时,又就降附的蒙古人和汉人编为"八旗蒙古""八旗汉军",与"八旗满洲"共同构成清代八旗的整体。入关后,八旗制生产职能日趋缩小,主要发挥其军事职能,八旗兵与绿营兵(汉兵)共同构成清代军事整体。八旗兵分为京营与驻防两类。京营兵又分为郎卫和兵卫。郎卫侍卫帝室,由上三旗(镶黄、正黄、正白)中挑选,组成亲军;兵卫负责拱卫京师,主力有骁骑、前锋、护军、步军等营。驻防兵由下五旗担任,分驻各省冲要;下五旗组成的亲军,隶属于各王公。

④ 执殳(shū):谓为皇室效力或作士兵。《诗经·卫风·伯兮》:"伯也执殳,为王前驱。"毛传:"殳,长丈二而无刃。"

⑤ 庙食:谓死后立庙,受人奉祀,享受祭飨。

⑥ 宿将:久经战阵的将领。

⑦ 称戈:本谓举戈,后用以指动用武力,发动战争。《尚书·牧誓》:"称尔戈,比尔干,

立尔矛,予其誓。"

⑧ 衡湘:衡山与湘水并称。代指湖南。

⑨ 旋经(jìng):立刻就。经,通"径"。即,就。

⑩ 世璠:吴三桂之孙,应熊庶子。康熙十七年(1678),吴三桂在衡州称帝,国号大周,建元昭武。寻病死。世璠自云南奔丧,至贵阳,其下拥立为帝,改元洪化,退守云南。二十年,清军围昆明。十月,世璠自杀,传其首至京。

⑪ 平定三逆方略:康熙二十一(1682),三藩既平,敕修《平定三逆方略》。以大学士勒德洪、明珠、李霨、王熙、黄机、吴正治为总裁官,内阁学士阿兰泰、达岱、张玉书、翰林院掌院学士牛钮为副总裁官。二十五年,书成,凡六十卷。

⑫ 决磔(zhé):判决凌迟处死。磔,凌迟。分割犯人肢体、切断咽喉的一种酷刑。

⑬ 鞫(jū)实:审讯核实。

2. 解 惑 十 则

桂林陈文恭公作《解惑十则》云①:"言学,则止知有人,不知有己;言仕,则止知有己,不知有人;居官,则止知有上官,不知有百姓;论事,则止见己之是,不见己之非,止见人之非,不见人之是;涉世,则不求己之可以取信,惟欲人之见信,动辄致疑于人,不喜人致疑于己;处境②,则常以己为不足,不以己为有馀;值患难,则觉人之有负于己,不觉己之有负于人;值富贵,则恐人有所干求于己③,不思己有所利济于人;亲友交际,则止觉人之缺情于己,不觉己缺情于人;僚属共事,则乐人顺从于己,不乐己顺从于人。此十惑也。"(上卷)

【注释】

① 陈文恭:陈宏谋,原名弘谋,因避乾隆帝讳,改宏谋,字汝咨,号榕门,临桂(今广西桂林市)人。雍正元年(1723)举乡试第一,又中进士,改庶吉士,授检讨。乾隆时历官江西、陕西、甘肃、湖南、江苏、河南、湖北等省巡抚,湖广、陕甘、两江总督,有政声。累官至东阁大学士兼工部尚书、吏部尚书。乾隆三十六年(1771),以老乞归,卒于兖州韩庄舟次,年七十六。谥文恭。宏谋早岁刻苦自励,治宋程朱之学。著有《培远堂

全集》。

② 处境：所处境地。此谓持守之境界。

③ 干(gān)求：请求；求取。

3. 鄂 文 端 公

鄂文端公以举人充侍卫①，四十初度，有句云："四十犹如此，百年待若何。"后年至七十，以大学士充翰林掌院学士②，招诸老辈饮，乞联句，限一"死"字，有某呈一联云："丹心已向军前死，白发独从战后生。"举人充会试总裁者，惟文端一人。闻乾隆某科，上欲用阿文成公为总裁③，文成免冠叩首，奏云："臣非进士出身，不与文衡④，宪皇帝曾有旨⑤，不敢自臣破例。"老臣远见，意固在防其渐也。（上卷）

【注释】

① 鄂文端：鄂尔泰，字毅庵，西林觉罗氏，满洲镶蓝旗人，世居汪钦（今吉林延边州汪清县）。康熙三十八年（1699）举人，四十二年袭佐领，授三等侍卫，与田文镜、李卫并为雍亲王（世宗）腹心。雍正时，历云贵总督兼辖广西，实行改土归流，设置州县。雍正十年（1732），官至保和殿大学士兼兵部尚书、军机大臣。世宗崩，受遗命与张廷玉等辅政，为总理事务大臣，加太保。乾隆十年（1745）病卒，年六十九。谥文端。著有《西林遗稿》。

② 翰林掌院学士：清翰林院设掌院学士（满汉各一人，从二品），由大学士、尚书内特简。参见第58页第12则注释②。

③ 阿文成：阿桂，字广庭，章佳氏，初为满洲正蓝旗人，以平回部驻伊犁治事有劳改隶正白旗。乾隆三年（1738）举人。历吏部中外郎、军机处章京，以军功擢伊犁将军，入为兵部尚书、吏部尚书，累官至武英殿大学士兼军机大臣。为高宗所倚任，曾参与平定准噶尔部、天山南路小和卓木叛乱。后屡任统帅，征讨缅甸，用兵大小金川，平定西北回部。又多次察看黄河决口、江浙海塘工程。嘉庆元年（1796），高宗内禅，阿桂奉册宝，领班千叟宴，疏请辞官。二年卒，年八十一。赠太保，谥文成。

④ 文衡：谓评定文章高下以取士之权。评文如以秤衡物，故云。

⑤ 宪皇帝：清世宗爱新觉罗·胤禛，谥曰宪皇帝。

4. 钱 南 园

钱南园师以大银台督学吾楚①，公正清严，风裁峻厉②，不独士子慑服③，官寮无不畏之。留任六年，将及瓜期④，以内艰归⑤，旋丁外艰。先有会同匿丧案，办结，移交抚军浦苏亭（霖）⑥。浦于先生去官后，巧饰入告，绝不留学臣地⑦。上责之，降补部主事。乾隆五十九年赴部补官，已有缺矣。适同乡一友精六壬⑧，代先生占之，云："此缺决不能补，当仍复清要之秩。"先生笑置之。不数日引见，上问："汝是参国泰的钱某⑨，何久居里舍耶？"谨奏："两次居忧之故。"上命查，有员外缺出，令钱某补。逾日，特旨补授湖广道监察御史，旋命入军机处行走⑩。乃知圣人恩眷，非媢嫉者所能料也⑪。后浦以闽抚获罪，先生以疾卒。灵輤将发之日⑫，正值浦抚肆市⑬，人诵熊江陵文云⑭："君子、小人之所终，不亦皎然可睹乎⑮？"（上卷）

【注释】

① 钱南园：钱沣，字东注，一字约甫，号南园，昆明（今属云南）人。乾隆三十六年（1771）进士，改庶吉士，授检讨。历江南道监察御史，疏劾贪吏不徇私情。四十八年，迁太常寺少卿，再迁通政司副使出督湖南学政，以亲丧去官。服除，补户部主事，迁员外郎，复授湖广道监察御史。又命稽查军机处，疏劾军机大臣和珅不遵制度，和珅深衔之，凡遇劳苦事多委之，沣遂得疾。六十年卒，年五十六。或谓沣将劾和珅，和珅实鸩之。沣工书，正楷学颜真卿，晚年兼法欧阳询、褚遂良；行书参用米芾笔法，峻拔多姿。亦擅画马。后人辑有《南园先生遗集》。　　大银台：明清通政司。通政司，即"通政使司"。明洪武十年（1377）创置，掌受内外章疏、敷奏、封驳之事。清沿之，设通政使二人（满汉各一人，正三品）、副使二人（满汉各一人，正四品）、参议二人（满汉各一人，正五品）、经历二人（满汉各一人，正七品）、知事二人（满汉各一人，正七品）、笔帖式八人（满六人，汉二人）、经承十五人。其职任与宋银台司相当，故称通政司为银台，或称"银台通进司"。乾隆四十八年（1783），钱沣以通政司副使出督湖

南学政。

② 风裁：风宪；风纪。

③ 攫(sǒng)服：亦作"悚服"。畏服。

④ 瓜期：原指戍守一年期满。后用以指官吏任期届满。语出《左传·庄公八年》："齐侯使连称、管至父戍葵丘。瓜时而往，曰：'及瓜而代。'期戍，公问不至。"

⑤ 内艰：旧时遭母丧，称"丁内艰"。遭父丧或承重祖父之丧，称"丁外艰"。丁，遭。

⑥ 浦苏亭：浦霖，"苏亭"或为其号，嘉善(今属浙江嘉兴市)人。乾隆三十一年(1766)进士，授户部主事，再迁郎中。外授湖北安襄郧道，累迁福建巡抚。六十年，以贪纵罪与闽浙总督觉罗伍拉纳、布政使伊辙布、按察使钱受椿等并夺官戍伊犁，史称"乾隆末福建大狱"。《清史稿·觉罗伍拉纳传》引高宗语曰："伍拉纳未尝学问，或不知洁己奉公之义，霖以科目进，起自寒素，擢任封疆，乃贪黩无厌，罔顾廉耻，尚得谓有人心者乎？"

⑦ 学臣：学官。此指钱沣。此句意谓绝不给钱沣留有馀地。据《清史稿·钱沣传》："五十一年任满，命留任湖北。荆州水坏城郭，孝感土豪杀饥民，上责沣在邻省何不以闻，下部议。诸生或匿丧赴试，又有上违禁书籍者，沣按治未竟，闻亲丧去官，以事属巡抚浦霖，霖遂并劾沣，坐夺职，命左授六部主事。"

⑧ 六壬：以阴阳五行占卜吉凶的方术之一。与遁甲、太乙合称三式。其占法，以天盘十二辰分野、地盘十二辰方位相叠，转动天盘得出所占干支与时辰，判别吉凶。六壬占术由来甚古，《隋书·经籍志》以下收录颇多。

⑨ 国泰：富察氏，满洲镶白旗人。初为刑部主事，迁郎中。历山东按察使、布政使，迁巡抚。国泰本纨绔子，早贵，遇属吏不以礼。乾隆四十七年(1782)，御史钱沣劾国泰贪纵营私，征赂诸州县，诸州县仓库皆亏缺。高宗命尚书和珅、左都御史刘墉按治，沣与俱。和珅故袒国泰，墉则持正，与沣验得其实，国泰逮系刑部狱，狱中赐自裁。

⑩ 军机处：清最高军政决策和执行机构。雍正七年(1729)，用兵西北，始设军机房。十年，改称"办理军机事务处"，简称"军机处"。其任职者，称军机大臣，俗称"大军机"，由满汉大学士、各部尚书、侍郎、总督等奉特旨应召入值，为兼差，无定员，最多时六七人。凡经皇帝选调入军机处者，依资历或能力分别称为"军机处行走""军机大臣上行走""军机大臣上学习行走"。其僚属称军机章京，俗称"小军机"，掌缮写谕

旨、记载档案、查核奏议等，有满汉两班，每班八人，后增至四班三十二人。每班设领班、帮领班各一人，满语称"达拉密"。军机处之设，军国要务皆由此出，内阁宰辅名存而已。

⑪ 媢（mào）嫉：嫉妒。

⑫ 灵輀（ér）：丧车。

⑬ 肆市：古谓处死刑后陈尸示众。

⑭ 熊江陵：熊赐履，字敬修，一字青岳，号素九，别号愚斋，孝感（今属湖北）人。顺治十五年（1658）进士，选庶吉士，授检讨。历国子监司业、弘文院侍读。康熙初，疏言朝政积习，隐指鳌拜专权。充经筵讲官，纂修实录总裁。康熙三十八年（1699），累迁东阁大学士兼吏部尚书，四任会试正考官。四十二年乞休备顾问，四十五年乞归江宁，四十八年卒，年七十五。赠太子太保，谥文端。赐履治程朱之学，著有《经义斋集》等。江陵，为熊氏郡望。

⑮ 皎然：清晰貌；分明貌。

5. 郑 板 桥 之 画

闽中郑板桥胸次潇洒①，零纸剩墨，随意点染，具有清夷出尘之致②。尝见一小幅，写一花尊③，供兰枝，飞竹叶数个，左侧一水盂，浸兰花朵朵，横写一如意④。题句云："年年风景皆如意，水暖花香竹叶肥。"其风韵可想也。（上卷）

【注释】

① 闽中：古郡名。秦置。治东冶（今福建福州市）。此处指郑氏郡望。郑氏最初最大祖居地为河南荥阳，其次则为福建莆田。 郑板桥：郑燮，字克柔，号板桥，兴化（今属江苏泰州市）人。乾隆元年（1736）进士。历山东范县、潍县知县，有惠政。以助民胜讼及赈济事触忤豪绅而罢官，归扬州鬻画。擅写兰竹，以草书中竖长撇法运笔，风格疏朗劲峭。又工书，以隶体参入行楷，非古非今，非隶非楷，自称"六分半书"。为"扬州八怪"之一。诗词皆别调而有挚语，慷慨啸傲。有《板桥全集》。

② 清夷出尘：清净恬淡，超拔凡俗。

③ 花尊：犹花瓶。

④ 如意：器物名。古之爪杖。用骨、角、竹、木、玉、石、铜、铁等制成，长三尺许，前端作
手指形。脊背有痒，手所不到，用以搔抓，可如人意，故名。或作指划和防身之用。
又，梵语"阿那律"的意译。僧尼宣讲佛经时，亦持之，记经文于上，以备遗忘。按，近
代如意长一二尺，其端多作芝形、云形，因其名吉祥，以供赏玩而已。今之搔痒器具，
谓"痒痒挠""不求人"，即古之爪杖遗制。

6. 宋小坡之胆识

宋小坡（澍）侍御督学秦中①，值教匪流毒正酷②，案临巩昌③，距府城数十里外。
郡守驰报贼信，请勿至，小坡毅然往。出廉俸二千金④，募回兵为防御计⑤。贼侦
知，遁去，城藉无恙⑥。前任陈远山闻贼到汉中⑦，即他避，生童随散⑧，多为贼所戕。
远山闻之，郁郁成疾，卒于任。可见临大事，存乎胆识，胆识不足，而欲以济事也，难
哉。（下卷）

【注释】

① 宋小坡：宋澍，字沛青，号小坡，兰山（今山东临沂市）人。乾隆四十六年（1781）进
士，选庶吉士，授吏部文选主事。历考功员外郎、验封郎中，迁江南道、京畿道监察御
史，有政声。嘉庆三年（1798），提督陕甘学政。时值寒冬，教乱未息，澍按临各地，端
执仪，崇经术，勤功课，严坊刻，稽考勉励。后以疾辞归。十二年卒，年五十七。赠中
宪大夫。澍承家学，著有《易图汇纂》《石经堂文稿》。　秦中：即关中（今陕西中部
平原地区）。

② 教匪流毒：指嘉庆年白莲教之乱。参见第 150 页第 6 则注释⑰。

③ 巩昌：清巩昌府，治陇西（今属甘肃定西市）。

④ 廉俸：清官吏养廉银和常俸的合称。养廉银，为官吏于常俸之外，规定按职务等级
每年另给的银钱。文职始于雍正五年（1727），武职始于乾隆四十年（1775）。

⑤ 回兵：回族军队。

⑥ 藉（jiè）：同"借"。因；凭借。

⑦ 汉中：清汉中府,治南郑(今陕西汉中市)。

⑧ 生童：生员和童生。府县学秀才和儒生。

7. 成汝舟制怒

　　乙丑嘉平十六日①,余在署出言不谨,被同事韩芸昉同年瞪目一视,心为之动,始知言不可追矣。次日芸昉谈及,愈觉内惭。因言伊一亲长成姓(汝舟),以南汇县丞坐补本县知县②,有能声。县门旧砌瓮城③,一日逢朔旦,成自外行香回④,突有人持污泥掷舆中,污公服。成怒,拿至案下。忽思此人何无惧至此,是必有故,笑释之。后侦知此人已服毒而来拼命者。非得此机警,宁不罹害？成后官至湖南臬司⑤。无故加之而不怒一语,殊令人深长思也。(下卷)

【注释】

① 乙丑：指嘉庆十年(1805)。　　嘉平：腊祭的别称。亦为腊月的别称。时赵慎畛任都
　察院六科给事中。

② 南汇：清松江府南汇县(治今上海市浦东新区惠南镇)。

③ 瓮城：城门外的小月城。即城外所筑半圆形小城,作掩护城门、加强防御之用。

④ 行香：明清官吏每至朔望入庙焚香叩拜,或新官赴任后举行入庙焚香仪式,均称
　行香。

⑤ 臬司：明清各省提刑按察使司的别称。长官为按察使,正三品,掌一省司法。世称
　"臬台"。

8. 天一阁与《四库全书》

　　藏书之家,推浙之范氏天一阁为最①。阁建自前明嘉靖末,至今二百馀年,因时修葺,未曾改移。阁之间数及梁柱宽长尺寸皆有精义,盖取"天一生水,地六成之"之意②。辑《四库全书》时③,疆吏图阁式以进④,谕仿式建阁于御园中,是为文源阁。《四库全书》分三类：一刊刻,一抄录,一只存书目。其刊刻者,便于行世,用武

英殿聚珍版刷印⑤,边幅颇小。其抄录依《永乐大典》之例⑥,缮正本各四部。贮文源阁者其一也。外贮紫禁者,曰文渊阁;贮盛京者⑦,曰文溯阁;贮避暑山庄者,曰文津阁。(下卷)

【注释】

① 范氏天一阁:明范钦藏书阁,在鄞县城内月湖西(今浙江宁波市海曙区天一街)。钦字尧卿,号东明。嘉靖十一年(1532)进士,累官至兵部右侍郎。嘉靖末,钦辞官归鄞,建天一阁,藏书七万馀卷,后多散失。今尚存一万三千馀卷,又访归三千馀卷,其中明代地方志及科举史料尤称要籍。

② 天一生水,地六成之:谓天地阴阳相生相成之次。古人以天为奇数(阳数),地为偶数(阴数),天地阴阳相匹偶,所以变化万物。《周易·系辞上》:"天一,地二,天三,地四,天五,地六,天七,地八,天九,地十。"孔颖达正义:"此言天地阴阳自然奇偶之数也。"《尚书·洪范》:"五行:一曰水,二曰火,三曰木,四曰金,五曰土。"孔颖达正义:"《易·系辞》曰:'天一,地二,天三,地四,天五,地六,天七,地八,天九,地十。'此即是五行生成之数。天一生水,地二生火,天三生木,地四生金,天五生土,此其生数也。如此则阳无匹,阴无耦,故地六成水,天七成火,地八成木,天九成金,地十成土。于是,阴阳各有匹偶,而物得成焉,故谓之成数也。"又《礼记·月令》孔颖达疏引郑注:"天一生水于北,地二生火于南,天三生木于东,地四生金于西,天五生土于中,阳无耦,阴无配,未得相成。地六成水于北,与天一并;天七成火于南,与地二并;地八成木于东,与天三并;天九成金于西,与地四并;地十成土于中,与天五并也。"

③ 四库全书:丛书名。乾隆三十八年(1773)开馆纂修,以纪昀、陆锡熊、孙士毅为总纂官,陆费墀为总校官,下领纂修官、分校官及监造官等四百馀人,征选抄写人员三千八百馀人,经十年完成。共收书三千四百六十馀种,计七万九千三百馀卷(文渊阁本)。分经史子集四部,故名四库。全书内容丰富,具有保存和整理乾隆以前文献的作用,但也抽毁窜改了不少不利于大清的著作。全书初誊缮四部,分藏于文渊阁(紫禁城)、文源阁(圆明园)、文溯阁(盛京)、文津阁(承德避暑山庄)。此为北四阁,供皇室阅览。后又缮写三部,分藏于文汇阁(扬州天宁寺大观堂)、文宗阁(镇江金山寺)、

文澜阁（杭州圣因寺行宫）。此为南三阁，可供士人入阁阅览。文汇、文宗、文源阁先后毁于战火，所藏尽毁；文澜阁本亦多散失，经补抄得全，然已非原书，今存浙江省图书馆；文渊阁本于民国三十八年（1949）移至台湾，今存台北故宫博物院；文溯阁本在文化大革命初（1966），由沈阳调运至甘肃，今存甘肃省图书馆；文津阁本自民国四年（1915）移存京师图书馆，今存北京国家图书馆。

④ 疆吏：亦作"疆臣"。清称镇守一方军政长官为封疆大吏。此句谓浙江地方长官进献天一阁构造图式。《四库全书》成，高宗命仿天一阁之制，建文华殿后文渊阁、御园文源阁及避暑山庄文津阁以贮之。

⑤ 武英殿：明清北京皇宫宫殿名。在太和门西侧，与文华殿东西相对。清初为皇帝问政之所，康熙之后，成宫廷修书处。武英殿聚珍版，是指用武英殿特制木活字排版的书，多为从《永乐大典》中辑出的宋元著作，定名"聚珍版"。

⑥ 永乐大典：类书名。明成祖命解缙等辑。初名《文献大成》，后更广收各类图书七八千种，辑成二万二千八百七十七卷，凡例、目录六十卷，定名《永乐大典》。始辑于永乐元年（1403），成于六年。全书按韵目分列单字，按单字依次辑入相关文史记载。嘉靖、隆庆间，又依永乐所缮正本另摹副本一份。正本约毁于明亡之际，副本至清咸丰时亦渐散失。今有中华书局征集影印本七百三十卷。

⑦ 盛京：清留都。奉天府治（今辽宁沈阳市）。参见第43页第2则注释⑫。

9. 红 柳 娃

红柳娃产塞外山中，乃僬侥之民①，并非山兽。色泽肤理明秀端正，如三四岁小儿。每折红柳为圈，戴之而舞，其声呦呦。或至行帐窃食②，为人掩得，辄泣涕拜跪求去。不放之，则不食死。放之，则且行且顾，俟稍远乃疾驰。颇不易见，亦无能生畜之者③。闻之河间师云④。（下卷）

【注释】

① 僬侥（jiāoyáo）：古代传说中的矮人。因以名其国。

② 行帐：行军或出游时所搭的篷帐。

③ 生畜：此谓活养。

④ 河间师：指纪昀。昀字晓岚、春帆，号石云、观弈道人，河间府献县(今属河北沧州

市)人。乾隆十九年(1754)进士，改庶吉士，授编修。累官至礼部尚书、协办大学

士。嘉庆十年(1805)卒，年八十二。谥文达。学问博深而通达，曾任《四库全书》

总纂官，又主持编撰《四库全书总目提要》。工诗文，亦作小说。有《纪文达公遗

集》《阅微草堂笔记》。"红柳娃"一事，亦见载于《阅微草堂笔记》卷三《滦阳消夏

录三》。

10. 罗 仙 坞

桃源罗仙坞先生令中部时①，有妇人以夫久出不归，求判改嫁。先生云："焉有

为汝父母官而忍听汝改嫁耶？计汝母女二口，升米可活。"手写朱票②，令此妇于每

月朔，执票支仓米三斗。并谕以"我在此一日，无虑一日失养。唯嘱汝守分，毋使我

气短"。感谢而去。一日夫回，偕妇来叩谢。先生欲杖之，妇代乞免。先生曰："为

善必终。"仍令支一月粮去，而收回朱票。此事可谓仁至义尽。又尝上省谒秦芝轩

中丞③，中丞言："尔守中部，好处我不深知，丑处亦未闻。固不见所长，却不见所

短，似不应久屈在下邑④。"先生正色答云："且不必论长短好丑，只以国士遇我，我

不敢当，若以众人待我，我亦不受。"即日禀辞去。盖中丞微示以调繁意⑤，先生之

应答也有礼。（下卷）

【注释】

① 桃源：清常德府桃源县(今属湖南常德市)。　　中部：清鄜州中部县(今陕西延安市

黄陵县)。

② 朱票：即朱笔官票。旧时官府用朱笔写的传票或批条。

③ 中丞：代指巡抚。参见第47页第4则注释⑪。

④ 下邑：小县；小地方。

⑤ 调繁：谓调任政务繁剧的州县。

11. 温 都 斯 坦

温都斯坦[1]，亦西域回国之大者。叶尔羌西南[2]，马行六十馀日至克什米尔[3]，由克什米尔复西南行四十馀日始至其国。水亦可通，两地贸易之人，多资舟楫。其都城雄壮[4]，围六十馀里，辖大小回城三百七十馀。其人深目、高鼻、多须，睛如琉璃，面黑唇青。言语类鸟鸣，回子亦不能辨。地极溽暑，瘴疠为害。以象耕地，谷、蔬、瓜果靡不繁植，槟榔、桄榔、棕榈、橘柚经冬不凋。人习技巧，金漆雕镂，精奇绝伦，所制玉器薄如蝉翼，抽金银丝织绸缎、毡布，遍货于西域各国及各回城。所居穴地深数丈，旁掘土洞为室，室亦绝精，饰以金玉，从无地上起屋者。城村旷邈，似无人烟处也。凡其地之公私事务及一切农、工、商旅，操作交易皆于夜间为之，日出则伏。有玉山，独少白金，价过黄金。最贵中国磁器[5]，或有携至者，争以白玉盘、碗易之。而大黄尤为至宝[6]，以黄金数十倍兑换。盖其地之一切疾病，得大黄即愈。大筵宴皆以大黄代茶，人若经年不服大黄必死，故虽贫回亦必有一半两，囊系胸前，舌舐鼻嗅之。其地之江河皆通海洋，时有闽广海航到彼停泊，多以大黄渔利。其国西隅有巨泽，围数千里，泽中有山，围逾千里，高入云天。或曰此人间第一高山也，名曰"字各里麻胆达拉斯"[7]。山中产狮，恒于秋月皎洁，负雏于山中往来。头大尾长而细毛蛇尾，形如帚，黄质黑章如虎皮，长六七丈。时登山绝顶，望月垂涎，咆哮跳掷，猛飞吞月，有飞去八九里、十馀里而坠死山谷者。其国人以豢养狮子为上户。当秋月，其汗使人取狮，以精铁作柱，大如瓮，密布层遮围畜之，饲以牛。时而吼如雷霆，满城震动。取之之法：择炮手最精者，开地为阱，人匿其中，遇有负雏者来，乘其不备，燃炮毙之而取其雏。倘一炮不中，则抛山裂石，人无类矣[8]。（下卷）

【注释】

① 温都斯坦：乾隆时亦译作"痕都斯坦"。印度半岛北部伊斯兰教国莫卧儿帝国（1526—1857）。"莫卧尔"为"蒙古"一词的变音，因其创建者巴卑尔自称为蒙古人，故名。首都德里（或阿格拉）。阿克巴在位期间（1556—1605），对外扩张，疆域东起阿萨姆，西达阿富汗东部。奥朗则布统治时期（1658—1707），征服德干高原，国势最

盛,经济、文化发达。其后遭波斯、阿富汗入侵,欧洲殖民者渗入,帝国趋于衰落。末代统治者巴哈杜尔·沙二世(1837—1857),沦为英国东印度公司附庸,终为其所废。

② 叶尔羌:故叶尔羌汗国都城(今新疆喀什地区莎车县)。叶尔羌汗国(1514—1678),由察合台汗国后裔蒙兀儿人赛义德创立,史籍中亦称"赛义德汗国""蒙兀儿汗国""喀什噶尔汗国"。第三代汗阿不都克里木在位期间(1559—1591),吞并吐鲁番、哈密等东部地区,统一西域。其后,因争夺汗位而致内部分裂,伊斯兰教亦分成"黑山派"与"白山派"两派和卓势力。阿不杜拉统治时期(1627—1665),曾有过短暂统一,并向清朝称臣。十馀年后,为天山北路准噶尔汗国所灭。乾隆二十二年(1757),清军彻底平定准噶尔部,随后又平定天山南路大小和卓,新疆全域归于一统。

③ 克什米尔:在喀喇昆仑山南、喜马拉雅山西段。元代称怯失迷尔,明代称卡契,清代至今称克什米尔。居民多信伊斯兰教。清初,其地属莫卧儿帝国,后隶英国东印度公司,继而为英属印度土邦。二十世纪第二次世界大战后,分属巴基斯坦和印度。

④ 都城:此指温都斯坦都城德里(今印度首都新德里东北)。

⑤ 磁器:本指宋磁州窑所产瓷制品。后泛指瓷制器具。

⑥ 大黄:药草名。亦称"川军"。多年生草本,分布于中国湖北、陕西、四川、云南等省。根茎入药,性寒,味苦。功能攻积导滞、泻火解毒,主治实热便秘、腹痛胀满、瘀血闭经、痈肿等症。

⑦ 孛各里麻胆达拉斯:山名未详。莫卧儿帝国西隅为印度河流域,流域西北部有兴都库什山脉,西南部有俾路支高原。

⑧ 无类:犹言无遗类。谓无幸存者。

浪迹丛谈

《浪迹丛谈》十一卷《续谈》八卷《三谈》六卷，清梁章钜撰。章钜字茞林，又字闳中，号退庵，其先长乐（今福建福州市长乐市）人，后迁居福州。嘉庆七年（1802）进士。历军机章京、礼部仪制司员外郎、荆州知府、广西巡抚，官至江苏按察使、江苏布政使、甘肃布政使、广西巡抚，官至江苏巡抚兼署两江总督。道光二十二年（1842）以疾归，侨居浦城，晚移扬州，专事著述。二十九年卒，年七十五。

《浪迹》三集内容颇为博杂，朝野时事、典章制度、风土名胜等皆有记述，亦兼及名物史事考订、诗画剧目评价与医术方药辑录。然大抵记载翔实，考证允当，且文笔甚佳，足以广闻见、辨讹谬、增学识耳。章钜著作宏富，于四部各有纂述，如《论语集注旁证》《孟子集注》《文选旁证》《退庵诗存》《归田琐记》等，凡六十馀种。

选文标题为原书所有。

1. 浪　　迹

　　余于道光丙午由浦城挈家过岭^①，将薄游吴会^②，问客有诵杜老"近侍即今难浪迹，此身那得更无家"之句以相质者^③，余应之曰："我以疆臣引退，本与近侍殊科^④，现因随地养疴，儿孙侍游，更非无家可比，惟有家而不能归，不得已而近于浪迹。"或买舟，或赁庑^⑤，流行坎止^⑥，仍无日不与铅椠相亲^⑦。忆年来有《归田琐记》之刻^⑧，同人皆以为可助谈资，兹虽地异境迁，而纪时事，述旧闻，间以韵语张之，亦复逐日有作。岁月既积，楮墨遂多^⑨，未可仍用"归田"之名，致与此书之例不相应，因自题为《浪迹丛谈》。"浪迹"存其实，"丛谈"则犹之琐记云尔。（《浪迹丛谈》卷一）

【注释】

① 道光丙午：指道光二十六年(1846)。　浦城：清建宁府浦城县(今属福建南平市)。其地在武夷山脉仙霞岭南，过岭则为浙江衢州府境。

② 薄游：漫游；随意游览。　吴会(kuài)：秦汉会稽郡治在吴县，郡县连称为吴会。东汉时又分会稽郡为吴郡、会稽郡，并称吴会。后泛指江浙二郡故地为吴会。

③ 近侍两句：见杜甫《曲江陪郑八丈南史饮》诗，曰："雀啄江头黄柳花，鸂鶒鸂鶒满晴沙。自知白发非春事，且尽芳樽恋物华。近侍即今难浪迹，此身那得更无家。丈人才力犹强健，岂傍青门学种瓜。"所引两句，仇兆鳌注："官居近侍，既难浮沉浪迹，回念此身，更无家计可资。见尸位不可，去官不能，进退两难也。"（《杜诗详注》卷六）

④ 殊科：不同。

⑤ 赁庑：租借房屋。

⑥ 流行坎止：乘流而行，遇坎而止。比喻依环境顺逆确定进退行止。

⑦ 铅椠(qiàn)：古人书写工具。铅，铅粉笔；椠，木板片。代指写作、校勘等。

⑧ 归田琐记：书名。梁章钜以疾引退，侨居浦城时所撰。成书于道光二十四年，二十五年以自家北东园之名刻印。是书凡八卷，多记朝廷轶事、士人谈谐，亦有述及师友论学、科第制度，兼及园林街巷、碑帖楹联、酒食医方等杂事。

⑨ 楮(chǔ)墨：纸与墨。此处借指文稿。

2. 金　山

　　余不到金山已十六年，今夏舟至丹徒①，为守风不能渡江②，又贪看都天庙会③，泊京口者三日④，乘暇率恭儿偕其妇婉蕙，挈佳年、俦年两孙，坐红船游金山⑤。适丹徒县官饬纪纲⑥，就山中设午餐，遂憩而饮焉。婉蕙喜谈诗，席间问余曰："金山寺诗，自以唐张祜一首为绝唱⑦，此外，果无人不阁笔乎？"余曰："记得孙鲂亦有诗云⑧：'万古江心寺，金山名日新。天多剩得月，地少不生尘。橹过妨僧定，涛惊溅佛身。谁言张处士，题后更无人？'可谓夸矣，而实不及张之自然。乃李翱亦有诗云⑨：'山载江心寺，鱼龙是四邻。楼台悬倒影，钟磬隔嚣尘。过橹妨僧梦，惊湍溅佛身。谁言题韵处，流响更无人？'后四句全袭孙意，不知何故，三人皆唐人也。郎仁宝谓明人莆田黄谦者⑩，乃次张韵而又不及，尤为可笑。余谓袭前人名作不可，次名作之韵尤难，然亦视其人之才力何如耳。在京师时，尝与吴兰雪谈诗⑪，兰雪极笑黄仲则《黄鹤楼诗》必次崔颢韵为'胆大气粗'⑫，且'悠'韵如何押得妥？虽以仲则之才，我断其必不能佳耳。适架上有《两当轩诗钞》，余因捡示之，兰雪读至'坐来云我共悠悠'，乃拍案叫绝曰：'不料云字下但添一我字，便压倒此韵，信乎天才，不可及矣！'"饮次，有导佳年等观郭璞墓者⑬，婉蕙问曰："窃闻郭璞善葬，而必择此地，其理何居？"余无以判其说，但谓此是历来相传，究竟无碑碣可据，因举《金山寺志》中所载前明日本使臣中天叟诗告之云⑭："遗音寂寂锁龙门，此日青囊竟不闻！水底有天行日月，墓前无地拜儿孙。"（后尚有四句，忘不能举其词）又有沈石田一诗云⑮："气散风冲岂可居，先生埋骨理何如？日中数莫逃兵解⑯，世上人犹信葬书。"如扣晨钟，寐者可以深省，然不如"墓前无地拜儿孙"七字深切而有味也。（《浪迹丛谈》卷一）

【注释】

① 丹徒：清镇江府丹徒县（今江苏镇江市）。

② 守风：等候适合行船的风势。

③ 都天庙会：都天庙在镇江府东郊宝塔山东南侧。江淮之地，多立都天庙，以祀都天

神。所谓都天神,乃唐张巡也。张巡当安禄山之乱,死守睢阳,令江淮以南得免胡骑残掠,后人仰其忠义,立庙奉祀。至清康熙、雍正间,镇江府城于每岁四月必赛都天盛会。行会参庙日(四月廿日),四方商民齐集,仪仗执事,羽葆香亭,皆鲜妍夺目,极欲穷奢。内有"锺馗嫁妹"一会,更是令人发噱,沿为传统。晚清时,以庙会劳民伤财、装神弄鬼、聚众滋事为由,屡有禁止。

④ 京口:镇江府城古称。东汉建安十四年(209),孙权将首府自吴迁此,称为京城;十六年,再迁治建业后,改称京口镇。东晋、南朝时,称京口城。

⑤ 红船:清代长江中的官船,承担救生、防汛、驿邮及客运之务。本书卷一有《红船》条,曰:"今大江来往之船,以云台师巡抚江西时所制红船为最稳,且最速。嘉庆十八九年间,始创为于滕王阁下,后各处皆仿造,人以为利。今湖北、安徽以迄大江南北,吾师所制之船随在,而有船中小扁,多师所手题,有沧江、虹木、兰身、曲江舫、宗舫诸号,数十年来利济行人,快如奔马,开物成务之功伟矣!"

⑥ 饬:命令;告诫。 纪纲:仆役总管。

⑦ 张祐:应为"张祜"。字承吉,唐贝州清河(今河北邢台市清河县西北)人。初寓姑苏,后至长安,为元稹排挤,漫游各地,晚至淮南,隐居润州曲阿地。约大中六年(852)卒,年六十左右。其诗多写落拓不遇情怀与隐居生活,以宫词著名。《全唐诗》存其诗二卷,有《题润州金山寺》曰:"一宿金山寺,超然离世群。僧归夜船月,龙出晓堂云。树色中流见,钟声两岸闻。翻思在朝市,终日醉醺醺。"元方回《瀛奎律髓》卷一:"此诗金山绝唱。"

⑧ 孙鲂:字伯鱼,唐洪州豫章郡南昌(今江西南昌市)人。唐末从郑谷为诗,颇得郑体,与沈彬、李建勋友善。唐亡,事吴为宗正郎。《全唐诗》存其诗七首,有《题金山寺》曰:"万古波心寺,金山名目新。天多剩得月,地少不生尘。过橹妨僧定,惊涛溅佛身。谁言张处士,题后更无人?"文字与此则所引略有不同。

⑨ 李翱:据上下文,此应指南唐李翱。未详何许人。宋马令《南唐书》卷二:保大初(943),"以饶州刺史李翱为百胜军节度留后"。李翱作金山寺诗亦未见载,此则所引多归于孙鲂名下,如马氏《南唐书》卷十三、宋胡仔《渔隐丛话》后集卷十八、宋蔡正孙《诗林广记》卷九、清郑方坤《五代诗话》卷三等,皆谓"山载江心寺"诗为孙鲂所作。

⑩ 郎仁宝:郎瑛,字仁宝,明仁和(今浙江杭州市)人。生有异质,淡于进取,家藏书史

杂家言甚富,日围坐讽诵其中。嘉靖四十五年(1566)卒,年八十。著书凡数种,以《七修类稿》五十五卷最为著名。是书按类编排,分天地、国事、义理、辩证、诗文、事物、奇谑七类,记有明一代史事掌故、风俗琐闻、艺文学术等。　黄谦:字益甫,明莆田(今属福建)人。永乐二年(1404)进士,授鲁府伴读。善诗文,工书。郎瑛评其诗,见《七修类稿》卷三十七《诗文类·金山诗》:"'一宿金山寺,微茫水国分。僧归夜船月,龙出晓堂云。树影中流见,钟声两岸闻。因悲在城市,终日醉熏熏。'又'万古江心寺,金山名日新。天多剩得月,地少不生尘。橹过妨僧定,涛惊溅佛身。谁言张处士,题后更无人。'二诗乃唐人张祜、孙鲂者也,皆号绝唱。而《青琐集》尚以'虽为警联,亦可移于南康之落星、永嘉之江心'。予则以为首起既以言出金山,就可移彼,此谓无过中寻有过,亦刻矣。但孙诗似夸,则不当也。若以'涛惊溅佛身'言,山不应如此之低。此痴人前又不可说梦。第同时李翱亦有诗,而后四句全同孙句,不知当时何意向之若是。李云:'山载江心寺,鱼龙是四邻。楼台悬倒影,钟磬隔嚣尘。过橹妨僧梦,惊湍溅佛身。谁言题韵处,流响更无人。'此则可笑,而人反不知而未讥也。又闻本朝莆田黄谦,自来未闻有次张诗之韵者,彼独和之,且又不及,此尤可笑。"

⑪吴兰雪:吴嵩梁,字子山,号兰雪,晚号澈翁,东乡(今属江西抚州市)人。少孤贫,有异才,尝从蒋士铨学诗,渐有诗名。嘉庆五年(1800)举人,授国子监博士,改内阁中书。道光十年(1830),知黔西州,有惠政。十四年卒,年六十九。著有《香苏山馆集》五十七卷,声播外夷。日本商人斥四金购其诗扇,朝鲜吏曹判书金鲁敬得其诗集,以梅花一龛供奉之,称为"诗佛"。

⑫黄仲则:黄景仁,字仲则,自号鹿菲子,武进(今江苏常州市)人。家贫早孤,以母老客游四方,觅升斗为养。入安徽督学朱筠幕府,诗名大噪。乾隆四十一年(1776),高宗东巡,召试列为二等,例得主簿。四十六年,陕西巡抚毕沅奇其才,助其纳资为县丞。四十八年,为债家所迫,抱病逾太行,道卒,年三十五。著《两当轩集》,与洪亮吉、孙星衍、赵怀玉、杨伦、吕星垣、徐书受号"毗陵七子"。其用唐崔颢《黄鹤楼》诗韵之作,见《两当轩集》卷二,题为《黄鹤楼用崔韵》。诗曰:"昔读司勋好题句,十年清梦绕兹楼。到日仙人俱寂寂,坐来云我共悠悠。西风一雁水边郭,落日数帆烟外舟。欲把登临倚长笛,滔滔江汉不胜愁。"

⑬ 郭璞：字景纯，晋河东闻喜(今属山西运城市)人。博学，好古文奇字，又喜阴阳卜筮之术。东晋初，升至著作佐郎，后将军王敦任为记室参军。敦欲谋逆，命其卜筮，璞谓其无成，被杀，年四十九。及王敦平，追赠弘农太守。

⑭ 中天叟：清朱彝尊《明诗综》卷九十五作"中心叟"，录其诗《吊郭璞墓》曰："遗音寂寂锁龙门，此日青囊竟不闻！水底有天行日月，墓前无地拜儿孙。秋风野寺施香饭，夜月渔灯照断魂。我有诔歌招不返，停船空见白鸥群。"

⑮ 沈石田：明书画家沈周。参见第106页第8则注释②。《石田诗选》卷三有《郭璞墓》诗曰："气散风冲岂可居，先生埋骨理何如？日中数莫逃兵解，世上人犹信葬书。漂石龙涎春雾后，交沙鸟迹晚潮馀。只怜玉立三峰好，浮弄江心月色虚。"

⑯ 兵解：旧称学道者死于兵刃为"兵解"，意谓借兵刃解脱得道。

3. 相府新旧门联

云台师旧宅在旧城之公道巷①，自回禄后②，始迁居新城南河下康山草堂之右③。余于数年前初到扬州，即谒师于旧宅，巷口有石牌楼，大书"福寿庭"三字，大门口贴八字大联云："三朝阁老④，一代伟人。"时观者多以为疑，谓师之枚卜在道光年间⑤，何以有三朝阁老之称？不知师于乾隆六十年九月已授内阁学士兼礼部侍郎，则阁老之称由来已久。或又疑"一代伟人"四字颇嫌自夸，余初亦无以应之，后读《雷塘庵主弟子记》⑥，乃知师于嘉庆五年在浙江巡抚任内，奏陈筹海捕盗等，因曾奉有"显亲扬名，为国宣力，成一代伟人"之谕，此是敬录天语⑦，并非自夸也。后吾师亦微闻人言，遂于新宅大门改书云："三朝阁老，九省疆臣⑧。"则更不招拟议矣⑨。按王兰泉先生《湖海诗传》中吾师诗下小传⑩，有"年华正盛，向用方殷⑪，加之以开物成务之功⑫，进之以诚意正心之学，洵一代伟人⑬"云云，似亦敬本褒嘉之语，而吾师究以为涉于自炫，故改书之。老臣谦抑之盛心，可以风矣。(《浪迹丛谈》卷一)

【注释】

① 云台：阮元，字伯元，号云台(又作芸台)，仪征(今属江苏扬州市)人。乾隆五十四年

(1789)进士,选庶吉士,授编修。擢少詹事,直南书房、懋勤殿,迁詹事。后督山东、浙江学政,迁兵部、礼部、户部侍郎。嘉庆时,两任浙江巡抚,历漕运总督、江西巡抚、湖广总督、两广总督。在粤期间,增建大黄滘、大虎山两炮台,分兵驻守,以防英吉利之患。道光元年(1821),兼署粤海关监督,严办挟带鸦片之洋船。六年,调云贵总督。十五年,召拜体仁阁大学士,管理刑部,调兵部。十八年,以老病致仕,居扬州。二十九年卒,年八十六。谥文达。元博学淹通,曾在杭州创立诂经精舍,在广州创立学海堂,主编《经籍籑诂》,校刻《十三经注疏》,汇刻《皇清经解》等。著有《琅嬛仙馆诗略》《揅经室文集》等,后合为《揅经室集》。　公道巷:在扬州旧城东(今扬州广陵区大东门桥南侧)。

② 回禄:传说中的火神,后用以指火灾。道光二十三年(1843)清明前三日,阮宅失火,所藏文物尽毁。

③ 康山草堂:明永乐间疏浚扬州护城河时,堆淤泥于城外东南隅,日久成丘。正德时,状元康海筑堂于此,名曰康山草堂。至清乾隆间,草堂为两淮商总江春所有,高宗下江南,尝幸此。后江春以亏欠公款遭籍没,草堂充公入官,园渐荒芜。阮元旧宅失火后,购得康山草堂,稍加修葺,作康山正宅,于二十三年八月迁入,居此而直至去世。

④ 阁老:明清对内阁大学士的称呼。

⑤ 枚卜:一一占卜。古代以占卜法选官,因以指选官。明清则专指选大臣为大学士,入内阁主事。此处指道光十五年,阮元拜体仁阁大学士。

⑥ 雷塘庵主弟子记:清张鉴等撰。系阮元弟子及其子所记,详尽记述了阮元历官各地政绩、奏疏、皇帝谕旨及赏赐等。后人依此点校而成《阮元年谱》。

⑦ 天语:谓天子诏谕。

⑧ 疆臣:即疆臣。封疆大吏。

⑨ 拟议:揣度议论。

⑩ 湖海诗传:清诗总集。王昶撰。昶字德甫,号兰泉,青浦(今属上海市)人。乾隆十九年(1754)进士,累官至刑部侍郎。是书凡四十六卷,选录自康熙五十一年(1712)至嘉庆八年(1803),近百年间六百馀人诗作,附诗人小传、诗评及交游轶闻。

⑪ 向用方殷:谓任用之意正深切。向用,有意任用。

⑫ 开物成务:指通晓万物之理并按此行事而获得成功。《周易·系辞上》:"夫《易》,开

物成务,冒天下之道,如斯而已者也。"孔颖达疏:"言《易》能开通万物之志,成就天下之务。"

⑬ 洵:诚然;实在。

4. 颜 柳 桥

道光二十二年六月初七日,嘆夷兵船闯入圌山关①,将犯扬州,周子瑜观察札委馀东场盐大使颜柳桥崇礼驰往招抚②。颜有胆略,素喜任事,遂与办事商人包恪庄计议,禀商但云湖都转③,许即相机办理。颜即于初八日随带羊酒鸡豚等物赴瓜洲④,渡江至象山⑤,纤道瞭望。值夷船飞帆驶进,势甚凶猛,象山与焦山紧对,颜伺其抵焦山马头,以礼招呼,效郑商人弦高故事⑥,头顶说帖,跪献江干,因得上夷船,见其头目郭士利,引与郭富相见。词色慷慨,晓以敬天心保民命诸语,郭漫应之。次日,复带金币等物以婉词导之,时夷人已将瓜洲民房占踞,并遍树赤帜,将江路全行堵截,无一民船往来,而火轮船及三板船已有七八十只,尽拦入金山、北固之麓⑦。颜探闻郭酋主战,嘆酋主和,正在设法谋见嘆酋,而镇江已破。传闻驻防海都统闭城锢民⑧,尽遭屠戮。颜心胆俱碎,即欲为脱身计,而包以扬城危在旦夕,力怂恿之,颜亦以扬州若失,则夷船必溯江而上,金陵、皖江一带俱不可问,遂激于义愤,幡然复出,因吗利逊见嘆酋。吗能通汉语,颜晓以战争之害,和议之利,转述于嘆酋,始有献银百万,不入扬城之议。归复于包,包为转请于都转,时城中人人危惧,移徙者十之七八。颜复上夷船,嘱吗酋与嘆酋,允为减银数。往复数四,议定给洋银五十万元,每元作银七钱一分,遂面与嘆酋定约,旋即分次送给,而扬城安保无恙,居民亦旋定安辑矣⑨。余初闻颜柳桥之名,住扬州半载,未见其人,故无由详其通款之事⑩。后遍询同人,得包松溪、程柏华所述,其胆略识力颇有过人处,柏华复嘱颜来谒,因悉其颠末而叙次之如此。是役固由但都转、周观察主持,而颜与包之功亦不可没也。包现为总商⑪,家门鼎盛,颜亦得运同衔⑫,其子某孝廉,且以郡守候选矣。(《浪迹丛谈》卷二)

【注释】

① 嘆夷：清代对英国入侵者的蔑称。　　圌（chuí）山：在镇江城东北三十里长江边，形势险要。宋在此置"圌山寨"，建炎时韩世忠曾驻军防金兵由海路攻江浙。明嘉靖时设"游兵厅"，遣把总镇守。清改称"圌山关"，道光时置炮台于大矶头、二矶头。

② 观察：清代对道员的尊称。参见第53页第8则注释④、第80页第1则注释⑤。　　札委：旧时官府委派差使的公文。此处用作动词。　　馀东场：盐场名。明设两淮盐运使司，下设泰州分司、通州分司、淮安分司。其中，通州分司下辖丰利场、马塘场、掘港场、石港场、西亭场、金沙场、馀西场、馀中场、馀东场、吕四场十个盐场。清沿用之。

③ 都转：明清"都转盐运使司盐运使"之省称。常兼以都察院盐课御史衔。

④ 瓜洲：古津名。位于扬州府京杭大运河与长江交汇处（今属江苏扬州市邗江区南），与镇江府隔江斜对，为漕运、盐运要冲。南宋乾道中始筑城建镇，明在此设有同知署、工部分司署、管河通判署等机构，清则设有巡检行署、漕运府、都督府等。清末，因长江北岸坍塌，瓜洲全镇没入江中。今瓜洲镇为民国初重建。

⑤ 象山：在镇江府东北长江之畔（今江苏镇江市京口区焦山风景区内），与江中焦山南北对峙。

⑥ 弦高：春秋时郑国商人。周襄王二十五年（前627），弦高往成周经商，路过滑国时，遭遇奔袭郑国的秦军。弦高冒充郑使，先以四张皮革、再以十二头牛犒劳秦军，暗示郑已预知秦师来袭。同时，遣使告急于郑。秦帅孟明以为郑已有防备，于是领兵灭滑而还。事见《左传·僖公三十三年》。

⑦ 北固：山名。在镇江府城北一里，位于金山、焦山之间。三面临江，其势险固，因以为名。梁武帝尝幸此，登望久之，故又名北顾山。上有甘露寺。

⑧ 海都统：海龄，郭洛罗氏，满洲镶白旗人。由骁骑校授张家口守备，累擢大名、正定两镇总兵。历西安、江宁、京口副都统。道光二十二年（1842）六月，英兵既陷吴淞，江南提督陈化成殉职，英舰入江犯镇江，提督齐慎、刘承孝败退，遂攻城。海龄率驻防兵死守二日，禁居民不得出，敌以云梯入城，屠旗民，海龄与全家殉难。事闻，谥昭节。都统，清武官名，从一品。清制：驻防京师八旗兵，每旗设都统一人；驻防地方全国仅设都统二人，分驻于张家口与热河。清旗兵驻防地方最高长官为将军，从一品；其下为副都统，正二品。驻地若有将军者，则由将军兼辖副都统；若无将军者，则

由副都统独立行使职权。清江宁将军兼辖副都统二人，江宁、京口各一人，江宁一人与将军同城驻防。此处称海龄为"都统"，实为驻防京口的副都统。

⑨ 安辑：安定；使安定。

⑩ 通款：谓与敌方通和言好。

⑪ 总商：亦称"商总"。清朝廷在垄断行业特许经营者中指定为首领的殷实商户。如嘉庆年间在广州十三行中设立总商，总理洋行事务；道光时在盐商中亦设有总商。

⑫ 运同：盐政官名。位次于运使。

5. 吴槐江督部

过苏州时，寻当日问梅诗社诸老①，如韩桂舲尚书②，石竹堂、吴棣华二廉访③，彭莘间太守④，尤春樊中翰⑤，皆早经凋谢，惟董琴南观察及寓公中朱兰坡、杨芸士二君健在而已⑥。过平桥里⑦，访吴槐江督部⑧，门庭尤阒寂⑨，询其孤，不可得见。督部系先资政公戊子同年⑩，复与先叔父太常公同登己丑中正榜⑪，余以子弟礼晋谒，问政采风，最叨教益。余将以疾引退，公遽昌言于众曰⑫："如此好藩伯⑬，而为上台所挤，不能安其位，如地方何！"盖误闻人言，以与程梓庭抚部不协之故⑭，虽非事实，亦足见其期待之殷矣。公家居，久不亲笔墨，独喜余修沧浪亭⑮，为作五古长篇纪之。又尝与余觏缕枢廷遗事⑯，娓娓不倦，多余内直时所未闻，余曾撰入《国朝臣工言行录》中，书多，一时未能付梓，先附著其逸事于此云。公举顺天戊子乡试，出编修秦公承恩之门⑰，时尚书父学士推公星命⑱，讶曰："师为假总督，弟乃真总督耶。"后秦公果以吏部尚书署直督，而公历楚督、直督，以两广总督终。公由中书入枢直⑲，洊历台谏⑳，擢通政司参议㉑。时和珅为枢长，即欲令公出直，曰："通参班厕大九卿㉒，应退出军机。"阿文成故善公㉓，争之曰："故事，副宪及通正、通副、理正、理少不得直军机㉔，通参阶止五品，不在此例；且前此给事亦官五品㉕，并未出直也。"和珅益衔之。嘉庆初元，纯庙以训政忧勤㉖，丙夜即起视事㉗，召军机大臣，皆未到，旋召章京，惟公与戴衢亨二人已上直㉘，入对称旨。少顷，和珅入，上曰："军机事繁，吴熊光甚明干，可在军机大臣上行走。"和珅谓吴某官才五品，与体制未符。上即命加吴三品衔。和又奏曰："吴某家贫，大臣例应乘轿，恐力不办。"上命赏户部饭银一千两。和珅与公共事，每多龃龉，欲私拔一人以抗之，以日前吴与戴本同被召，奏曰："戴衢亨由状元出身，已官学士，在军机日久，用吴不如用戴。"上哂曰："此岂殿试耶！"和珅语塞。未几，戴卒与公同加三品衔入直，而班次仍居公下。公以忠直为上所知，屡欲简畀封圻㉙，商之和珅，和奏曰："适有直隶布政使缺，可补也。"上从之。后悟外省布政阶资远出军机大臣下，以让和珅，和奏曰："吴某以三品顶戴骤易红顶㉚，已被深恩矣。"上颔之。旋授河南巡抚。公在楚督时，有劾公擅作威福，下行文檄，语气竟与上谕相同，上笑曰："吴熊光在军机年久，每日拟写谕旨，手笔已熟，故外任亦不觉信手直书，此后宜痛自检点，毋得颟顸干咎㉛。"寄谕饬之。公初赴楚督任，未出豫境，有协防陕西兵赵士福等二百馀人，以缺饷两月逃回本营，而陕省咨会亦至㉜，公命集讯，或言是皆应死法，公非豫抚，可无理此。公曰："察其情形，苦累缺饷必矣。协防非临阵，回本营非逃匿山海，岂可同论哉！"遂杖首谋者二人，馀悉分拨豫边防堵，诸镇将给与口粮。公由楚督调直督，引对时，上曰："教匪净尽，天下自此太平矣。"公奏曰："督抚率郡县加意抚循，提镇率将弁加意训练㉝，使百姓有恩可怀，有威可畏，太平自不难致。若稍形松懈，则伏戎于莽，吴起所谓舟中皆敌国也㉞。"上韪之。嘉庆十年东巡盛京，旋跸驻夷齐庙㉟，公与董文恭、戴文端同起引对㊱。上曰："外人言不可听，此次有言道路崎岖、风景略无可观者，今到彼，道路甚平，风景甚好，人言岂尽信哉？"公越次对曰："皇上此行，欲面稽祖宗创业艰难之迹，以为万世子孙法，岂宜问道路风景耶？"上曰："卿，苏州人也，朕少扈跸过苏州，风景诚无匹矣。"公曰："皇上前所见，剪彩为花，一望之顷耳㊲。苏州城外惟虎丘称名胜，实则一坟堆之大者，城中街皆临河，河道逼仄，粪船络绎而行，午后臭不可耐，何足言风景乎？"上曰："如若言，皇考何为六度至彼耶？"公对曰："先朝至孝冒天下，臣从前曾侍皇上进谒，亲奉圣谕曰：'朕临御天下六十年，并无失德，惟六次南巡，劳民伤财，实为作无益害有益，将来皇帝如南巡，而汝不阻止，汝系朕特简之大臣，必无以对朕。'仁圣之所悔言犹在耳也。"上动容纳之。公尝语人曰："刑赏者，国家之大权，而寄于封圻大吏，若徒以有司援例求免斥驳之术处之，失其旨矣。例有一定，情有万端，故遇事必当详审而后行。赏一人而有裨于吏治，有益于民生，虽不符例，赏所必加也。刑一人而有裨于世道，有益于人心，虽不符例，刑所必及也。虽不得请，亦必再三力争之，乃为不负；若忧嫌畏讥，随波逐流，其咎岂但溺职已

哉⑧！"（《浪迹丛谈》卷三）

【注释】

① 问梅诗社：道光年间苏州颇有声望的诗人社团。其成员有本郡知名文士、退归官吏黄丕烈、尤兴诗、彭希郑、石韫玉、张吉安、彭蕴章、董国华、韩崶、朱琦、吴廷琛、潘世璜等，以及官吴地方长官如陶澍、梁章钜、林则徐、潘奕隽、潘世恩、卓秉恬等。道光三年（1823）春，由黄丕烈发起。至十三年，为诗社活动鼎盛期，集会达一百三十九次以上；其后，随着社中元老相继去世，诗社雅集渐趋停滞。有黄丕烈编刻《问梅诗社钞》五卷。九年会于沧浪亭时，命画师作有《小沧浪七友图》，七友为陶澍、梁章钜、朱琦、吴廷琛、卓秉恬、顾莼、朱士彦等，皆嘉庆壬戌同年，朱琦为图记附后。后期又有好事者所绘《问梅七贤图》，七贤者，石韫玉、韩崶、彭希郑、尤兴诗、吴廷琛、朱琦、潘世璜也。

② 韩桂舲：韩崶，字禹三，号桂舲，元和（今江苏苏州市）人。乾隆四十二年（1777）拔贡，廷试一等，授刑部七品小京官。历广东高廉道、福建按察使、湖南布政使、广东巡抚署总督，官至刑部尚书。后以失察侯际清案夺职，逾岁召署刑部侍郎。道光六年（1826）以病乞归。十四年卒，年七十七。工诗，有《还读斋诗稿》二十卷。

③ 石竹堂：石韫玉，字执玉，号琢堂，晚号竹堂居士，吴县（今江苏苏州市）人。乾隆五十五年（1790）进士，授翰林院编修，累官山东按察使。后坐事被革，引疾归。掌苏州紫阳书院二十馀年，修《苏州府志》，为世推重。道光十七年（1837）卒，年八十二。工诗文，喜藏书，有《独学庐诗文集》《晚香楼集》《花韵庵诗馀》《花间九奏乐府》等。

吴棣华：吴廷琛，字震南，号棣华，元和人。嘉庆七年（1802）会试、廷试皆第一，授修撰。历知金华、杭州府，累官云南按察使。后以四品京堂官引疾归。道光二十四年（1844）卒，年七十二。有《归田集》《池上草堂诗集》。 廉访：明清以称按察使。

④ 彭茝间：彭希郑，字会英，号茝间，长洲（今江苏苏州市）人。乾隆五十四年（1789）进士，授礼部祠祭司主事。嘉庆初丁母忧归，越十五年始出，历官常德知府，迁岳常澧道。道光二年（1822）病归，十一年卒，年六十八。有《酌雅斋文集》《汲雅山馆诗钞》等。

⑤ 尤春樊：尤兴诗，字肆三，号春樊，长洲人。乾隆五十一年（1786）举人。历内阁中

书、上谕事件处行走、方略馆总校。嘉庆七年(1802)丁忧归,淡于仕,进主平江书院讲席。工诗文,论性理,亹亹不倦。　中翰:明清以称内阁中书。

⑥ 董琴南:董国华,字荣若,号琴南,吴县人。嘉庆十三年(1808)进士,由编修改御史。累官至广东雷琼兵备道。致仕归,主云间书院、紫阳书院讲席。道光三十年(1850)卒,年七十八。工诗赋,有《云寿堂诗文集》。　朱兰坡:朱珔,字玉存,号兰坡,一号兰友,其先吴人,徙泾县(今属安徽宣城市)。嘉庆七年(1802)进士,授编修。累官右春坊右赞善。告养归,历主钟山、正谊、紫阳书院。道光三十年(1850)卒,年八十二。工诗文,尤精小学,有《小万卷斋诗文稿》。　杨芸士:杨文荪,字秀实,号芸士,海宁(今浙江嘉兴市海宁市盐官镇南)人。未仕。嘉庆时应阮元之聘,与顾广圻等同辑《十三经校勘记》。道光七年(1827)为贡生。喜藏书,筑稽瑞等楼于苏州,收藏颇富。咸丰三年(1853)卒,年七十二。

⑦ 平桥里:苏州里坊(今苏州市沧浪区平桥直街)。

⑧ 吴槐江:吴熊光,字槐江,昭文(今江苏苏州市常熟市)人。乾隆三十七年(1772)会试登中正榜,授内阁中书,充军机章京,累迁刑部郎中改御史、通政司参议。嘉庆二年(1797),高宗幸热河,入对称旨,超擢军机大臣。为和珅所忌,出为直隶布政使。四年,仁宗亲政,和珅伏诛,熊光奏请拨乱反正,擢河南巡抚,再迁湖广总督。七年,以平三省教匪有功,加太子太保。十年,调两广总督。十三年,英吉利兵船擅入澳门、黄埔,熊光以英人志在贸易,未能调兵驱逐,以示弱不战褫职,遣戍伊犁。逾年召还,授兵部主事,引疾归。道光十三年(1833)卒于家,年八十四。　督部:清总督兼兵部侍郎、尚书或右都御史衔者,尊称为"督部"或"督宪"。

⑨ 闲寂:亦作"阒寂"。静寂;宁静。

⑩ 先资政公:指梁章钜之父梁赞图。资政,指明清文官散阶第三级资政大夫,正二品。　戊子:指乾隆三十三年(1768)。是年,吴熊光举顺天乡试。

⑪ 己丑:指乾隆三十四年(1769)。　中正榜:乾隆时,从当年会试落第者间再简选合格者,任为内阁中书或国子监学等职,称为中正榜。据《清史稿·吴熊光传》:"(熊光)乾隆三十七年登中正榜,授内阁中书,充军机章京。"此处与史未合。

⑫ 昌言:谓直言不讳。

⑬ 藩伯:明清指布政使。道光六年(1826),梁章钜任江苏布政使,至十二年奏请养病

归,七年间尝四代巡抚,有政声。

⑭ 程梓庭:程祖洛,字问源,号梓庭,歙县(今属安徽黄山市)人。嘉庆四年(1799)进士,授刑部主事。历江西按察使,湖南、山东布政使。道光二年(1822),擢陕西巡抚,寻调河南,治理漳、卫水患。又历湖南、江西巡抚。十二年,擢闽浙总督。十六年,丁父忧去官。二十八年病卒,赠太子太保,谥简敬。　抚部:清巡抚兼兵部右侍郎或右副都御史衔者,尊称为"抚部"或"抚台"。

⑮ 沧浪亭:苏州名园。在府城平桥里西南。初为五代吴越广陵王钱元璙之花园,后归宋苏舜钦。舜钦在园内建亭曰"沧浪",遂因亭名园。后又归韩世忠所有,俗称韩王园。明清时多有修缮。此则言梁章钜任江苏布政使时,曾修葺过沧浪亭。

⑯ 觬(luó)缕:亦作"觬缕"。谓详述。　枢廷:亦作"枢庭"。政权中枢;内廷。

⑰ 秦承恩:字芝轩,江宁(今江苏南京市)人。乾隆二十六年(1761)进士,选庶吉士,授编修,擢侍讲。历直隶布政使,迁陕西巡抚。嘉庆初,教匪起三省,以承恩进剿久无功,褫职遣戍伊犁。后释还,累迁至刑部尚书,署直隶总督。嘉庆十四年(1809)卒。

⑱ 尚书父学士:指秦承恩尚书之父秦大士。大士字鲁一,号涧泉。乾隆十七年(1752)进士第一,授修撰。累官至侍读学士。　星命:术数家认为人的祸福寿夭,与天星的位置、运行有关,因据人的生辰,配以干支,来推算命运,附会人事,称为"星命"。亦指人命八字。

⑲ 中书:清内阁属官,掌撰拟、翻译。清内阁置大学士(满汉各二人,正一品)、协办大学士(满汉各一人,尚书内特简,从一品)、学士(满六人汉四人,兼礼部侍郎,从二品)、侍读学士(满四人,蒙汉各二人,从四品)、典籍(满汉及汉军各二人,正七品)、中书(满七十人,蒙十六人,汉八人,从七品)。　枢直:清谓入值军机处。此指吴熊光任军机章京。

⑳ 洊(jiàn)历:经历;荐任。

㉑ 通政司参议:清通政使司属官,正五品。参见第178页第4则注释①。

㉒ 大九卿:明指六部尚书及都察院都御史、通政司使、大理寺卿。清初沿之。此句意谓通政司参议班秩在大九卿之次。

㉓ 阿文成:阿桂,字广庭,谥文成。乾隆时官至武英殿大学士兼军机大臣。参见第177页第3则注释③。

㉔ 副宪：都察院左副都御使（正三品）。　通正、通副：通政使司通政使（正三品）、副使（正四品）。　理正、理少：大理寺卿（正三品）、少卿（正四品）。

㉕ 给事：此指都察院六科给事中（正五品）。

㉖ 纯庙：清高宗爱新觉罗·弘历，谥曰纯皇帝。

㉗ 丙夜：三更。古代夜分五更：一更为甲夜（十九时至二十一时），二更为乙夜（二十一时至二十三时），三更为丙夜（二十三时至一时），四更为丁夜（一时至三时），五更为戊夜（三时至五时）。

㉘ 戴衢亨：字莲士，大庚（今江西赣州市大余县）人。年十七，举于乡。乾隆四十一年（1776），召试，授内阁中书，充军机章京。四十三年，成一甲一名进士，授修撰。历典湖北、江南、湖南乡试，督山西、广东学政，累迁侍讲学士。嘉庆元年（1796），内禅礼成，凡大典撰拟文字皆出其手。二年，命随军机大臣学习行走，以秩卑特加三品卿衔。仁宗亲政后，累官兵部尚书、协办大学士、体仁阁大学士兼掌翰林院。十六年，扈跸五台，染病卒，年五十七。赠太子太师，谥文端。

㉙ 简畀封圻：谓经过选择而授为封疆大吏。

㉚ 顶戴：清用以区别官员品级的帽饰。依顶珠品质、颜色不同而区分官阶大小。文武官一品，红宝石（亮红）顶；二品，红珊瑚（涅红）顶；三品，蓝宝石（亮蓝）顶；四品，青金石（涅蓝）顶；五品，水晶石（亮白）顶；六品，砗磲（涅白）顶；七品，素金顶；八品，缕花阴文金顶，无饰；九品，缕花阳文金顶，无饰；未入流，同九品。

㉛ 颠舛：疑为"颠顸"二字。颠顸干咎，意谓糊涂马虎而自取罪咎。

㉜ 咨会：犹照会。官署或军中有关事务行文。

㉝ 提镇：清各省绿营提标提督与省下镇标总兵。参见第152页第6则注释㊶。

㉞ 吴起：战国初卫人。兵家。历仕于鲁、魏、楚三国。仕魏武侯时，为西河守。武侯舟游西河，赞山河之固，起对曰："若君不修德，舟中之人，尽为敌国也。"（见《史记·孙子吴起列传》）

㉟ 夷齐庙：在直隶永平府（今河北秦皇岛市卢龙县）西。奉祀伯夷与叔齐。明景泰五年（1454），永平知府张茂移建于此。参见第114页第16则注释③。清帝幸盛京，亦常驻跸，多有题咏。

㊱ 董文恭：董诰，字雅伦，号蔗林，富阳（今属浙江杭州市）人。乾隆二十八年（1763）进

士,选庶吉士,授编修。以书画受知,累迁内阁学士。历工部、户部、吏部、刑部侍郎,充四库馆副总裁。四十四年,命为军机大臣。嘉庆四年(1799),累擢文华殿大学士兼刑部尚书。二十三年乞休,寻病卒,年七十九。赠太傅,谥文恭。

㊲ 一望之顷(qǐng):指目力所及的范围。

㊳ 溺职:犹失职,不尽职。

6. 吴退旆尚书

吴退旆尚书①,壬戌同年中至好也②。自乙未年在杭州城中一夕之谈③,遂成死别,今秋其灵榇过扬州,适余有海陵之游④,不获登舟一哭。逾月,其孤昌照以行状来⑤,读之黯然以伤。余在京日,尝与同年言退旆生平有四反:体极羸弱,而豪饮之气,辟易万夫⑥,一也;不喜谈文章,而屡司文枋⑦,二也;家居极俭约,而推财济物,毫无所吝,三也;贰司空时⑧,以不谙工作为歉,而督办浙江海塘将数十年,未修之工,同时竣事,四也。其平生最得意者,道光己丑科⑨,以光禄寺卿与朱咏斋、李芝龄二同年同日被命为会试副考官⑩,礼部凡题请会试考官,光禄卿例不列衔,此数十年来异数也。行状言体弱畏寒,冬必着皮衣五层,或言此琐事,行状中似不必及,余初亦以为疑,后晤沈鼎甫⑪,始知此事实达天听⑫,屡承垂询及之,则亦不可不载也。鼎甫又言退旆每严冬必着夹裤、棉裤、皮裤三层,京中戏称之为"三库大臣",则聊资谈柄可矣。(《浪迹丛谈》卷三)

【注释】

① 吴退旆:吴椿,字荫华,号退旆,歙县(今属安徽黄山市)人。嘉庆七年(1802)进士,选庶吉士,授编修。历给事中、福建学政、监察御史、都察院左都御史,累迁礼部、户部尚书。道光十九年(1839)以病免职,二十五年卒,年七十六。工诗,与陶澍、朱琦、梁章钜等相唱和,为消寒诗社创建者之一。

② 壬戌:指嘉庆七年(1802)。吴椿、梁章钜皆壬戌科进士。

③ 乙未:指道光十五年(1835)。十二年,梁章钜奏请归福州养病,十五年奉召入京,授甘肃布政使。此处应指章钜入京途中,经杭州与吴椿相晤。时吴椿为工部侍郎,或

正督办浙江海塘而居杭。

④ 海陵：清扬州府泰州(今属江苏)旧称。

⑤ 行状：旧时称记录死者生平事迹(世系、名字、爵里、行治、寿年等)的文字为"状"或"行状"。

⑥ 辟(bì)易：拜服；倾倒。此处用为使动。

⑦ 文枋(bǐng)：亦作"文柄"。考选文士或评定文章的权柄。

⑧ 贰司空：指工部左右侍郎。贰，副职。司空，明清以称工部尚书。

⑨ 道光己丑科：指道光九年(1829)会试。

⑩ 朱咏斋：朱士彦，字休承，号咏斋，宝应(今属江苏扬州市)人。少入府学，长于强记，为"扬州十秀才"之一。嘉庆七年(1802)一甲三名进士，授编修。历河南乡试主考官，督湖北、浙江、安徽学政，屡充殿试读卷官。熟悉河工，撰《国史·河渠志》，先后督察江淮堤防、浙江海塘工程。道光十八年(1838)，累迁协办大学士兼兵部尚书，改吏部。是年卒于官，年六十八。赠太子太保，谥文定。　　李芝龄：李宗昉，字静远，号芝龄，山阳(今江苏淮安市淮安区)人。嘉庆七年一甲二名进士，授编修。典陕甘乡试，督贵州、浙江学政，迁内阁学士。道光元年(1821)，授礼部侍郎，又历户部、工部、吏部，兼管国子监、顺天府尹事。自七年至十年，典顺天乡试二、会试一、浙江乡试一，得士称盛。累官左都御史、礼部尚书。二十四年，以疾乞休。二十六年卒，年六十八。

⑪ 沈鼎甫：沈维鐈，字子彝，一字鼎甫，嘉兴(今属浙江)人。嘉庆七年(1802)进士，选庶吉士，授编修。历国子司业、洗马，与修《全唐文》《西巡盛典》《一统志》，督湖北学政，迁侍读学士。后迁大理寺少卿，转太仆寺卿，迁宗人府丞，督顺天、安徽学政，累官工部侍郎。道光十八年(1838)以耳疾求免，逾年卒于家，年七十二。维鐈学以宋儒为归，校刊程朱诸书以教士，时称其醇谨。

⑫ 天听：帝王听闻。

7. 陈玉方侍御

陈敦之郡丞延恩①，前侍御玉方先生之子②，文采书名，克继前武③，而才气通达,则有跨灶之称④,不似侍御之古执也。相传侍御在刑曹时⑤,一日司厅门外车夫喧斗,究主名者,咸指是江西陈老爷所役使,拘至堂中,交侍御自行处置,侍御熟视半晌,曰:"此人我所不识。"车夫曰:"小人伺候主人多年,何不识也?"侍御不得已,令转其背视之,曰:"诚然。"一时传为笑柄。按《名臣言行录》中⑥,载魏国王文正公宅中有控马卒⑦,岁满辞去,公问:"汝控马几时?"曰:"五年矣。"公曰:"吾不省有汝。"既去,复呼回曰:"汝乃某人乎?"于是厚赠之。乃是逐日控马,但见其背,未尝视其面,因去,见其背方省耳。然则今之玉方先生,亦暗合古名臣风味,未可厚非矣。(《浪迹丛谈》卷三)

【注释】

① 陈延恩:字登之,新城(今江西抚州市黎川县)人。少习举子业,不中,遂捐监生,援例补松江府柘林通判。继代江阴知县,修治水利,有政声。又代淮南盐司、扬州知府兼淮徐扬海道。工书法。

② 玉方先生:陈希祖,字敦一,号玉方。延恩之父。乾隆五十五年(1790)进士,授刑部主事。历刑部郎中,累官浙江道监察御史。嘉庆二十五年(1820),乞归养病,卒于途。通经义、诗文及天文历算,尤精于书法,得董其昌笔意。

③ 前武:前人的足迹。喻前人的典范。此指延恩能承续其父的书学造诣。

④ 跨灶:本指良马奔驰时后蹄印跃过前蹄印,以喻儿子胜过父亲。灶,马前蹄之上有两空处,曰灶门。马之良者后蹄印在前蹄印之前,故名跨灶。

⑤ 刑曹:指刑部官署或属官。

⑥ 名臣言行录:即《宋名臣言行录》,朱熹撰。分前集十卷、后集十四卷,汇编北宋八朝名臣言行事迹,凡九十七人。后由李幼武补编续集八卷、别集二十六卷、外集十七卷,收录两宋人物事迹至二百二十五人。

⑦ 王文正:王旦,字子明,宋大名莘县(今属山东聊城市)人。太平兴国进士。咸平四年(1001)任参知政事,澶渊之役时留守京师。景德三年(1006)接替寇准拜相,监修《两朝国史》。天禧元年(1017),因病以太尉领玉清昭应宫使罢相,荐准以继。寻病卒,年六十一。赠太师、尚书令、魏国公,谥文正。

8. 庄虞山总戎

　　武臣以不惜死为要义,言语小节,在所轻也。余同乡庄虞山总戎芳机①,曾为京口参将②,有遗爱③。余今年过镇江,尚有询其近况,及闻总戎已物故④,并有含涕吁嗟者,武员之得民心如此!忆任参将时,与余同官,值入觐回,告余曰:"我此行几误事!入见时,上问:'汝自江南来时,可见过蒋攸铦⑤?'我对曰:'没有。'三问三对如前。上变色曰:'汝太糊涂!岂有江南武官来京,而不向江南总督辞行者乎?'我急对曰:'有,有,有。'上容稍霁,数语毕即出,而浑身汗透矣。"余诘其故,庄曰:"我只晓得江南总督,或蒋中堂⑥,他从来没有名帖拜我,我又未尝请他写过一联一扇,那知什么蒋攸先蒋攸后乎?"余笑曰:"此自君之疎失⑦,然无碍于理,主上宽仁,断不汝罪也。"庄颔之。未几,即升广东总戎去。余初次引疾旋里时,卢敏肃公正为两广总督⑧,一日见庄,曰:"汝识梁茝邻否⑨?"曰:"同乡旧好也。"卢:"茝邻近作神仙,汝知之乎?"庄大惊曰:"作何处神仙?"卢笑曰:"已引疾归田矣。"庄始晤。此亦总戎回闽时向余面述者。记得乾隆间有南省某总戎入觐者,时值南河漫口⑩,奏至,上问:"汝过清江浦时⑪,情形若何?"对曰:"浩浩怀山襄陵⑫。"上首肯,曰:"然则百姓光景如何?"对曰:"百姓如丧考妣。"上斥出之。翼日即有嗣后凡武臣引对,不准通文之谕。此则无理取闹矣。按宋臣高琼⑬,尝从宋主幸澶渊⑭,琼请幸河北,曰:"陛下不登北城,百姓如丧考妣。"上乃幸北城。虏退后,命寇準戒琼曰⑮:"卿本武臣,勿强学儒士作书语也。"语载《名臣言行录》。古今人事暗合有如此者。(《浪迹丛谈》卷三)

【注释】

① 庄芳机:号虞山,平和(今福建漳州市平和县九峰镇)人。行伍出身。嘉庆中荐为广东潮州中军侍卫。道光六年(1826),由烽火门参将授台湾水师协副将。七年,调江南京口参将、协副将。十二年,迁广东南澳水师总兵。累官浙江绿营温州总兵,授武显将军。二十二年乞休,退居潮州,后卒于南澳。　总戎:总兵。清绿营武职(正二品)。参见第152页第6则注释⑯。

② 参将：清绿营武职(正三品)。低于副将,高于游击。参见第152页第6则注释㊿。

③ 遗爱：谓留于后世而被人追怀的德行、恩惠与贡献等。

④ 物故：死亡。

⑤ 蒋攸铦(xiān)：字颖芳,号砺堂,汉军镶红旗人。其先由浙江迁辽东,从入关居宝坻(今属天津市)。乾隆四十九年(1784)进士,选庶吉士,授编修。嘉庆时,历江西吉南赣道、广东惠潮嘉道、江西按察使、云南布政使、江苏巡抚、两广总督、四川总督。道光二年(1822),授刑部尚书,寻拜直隶总督。五年,拜体仁阁大学士,充军机大臣,管理刑部。七年,授两江总督。十年病卒,年六十五。

⑥ 中堂：唐于中书省设政事堂,以宰相领其事,后因称宰相为中堂。明清则用以称大学士。

⑦ 踈失：亦作"疏失"。疏忽失误。踈,同"疏"。

⑧ 卢敏肃：卢坤,字静之,号厚山,涿州(今属河北保定市)人。嘉庆四年(1799)进士,选庶吉士,授兵部主事。历兵部郎中、广东惠潮嘉道、山东兖沂曹济道、湖北按察使、甘肃布政使。道光三年(1823),迁陕西巡抚。七年,授山东巡抚,寻调山西巡抚。八年,调广东巡抚。十年,擢湖广总督,平瑶王赵金龙之乱,赐世袭一等轻车都尉。十二年,调两广总督,兼署广东巡抚。次年,英商律劳毕挟兵船入虎门,坤率军与之战,逐之出。十五年卒于任,年六十四。赠太子太师、兵部尚书,谥敏肃。

⑨ 梁茞(chǎi)邻：本书作者梁章钜。字闳中,又字茞林或茞邻,号退庵。

⑩ 南河：清雍正七年(1729),改河道总督为江南河道总督,掌管防治江南(今江苏、安徽两省)境内黄河、运河、洪泽湖、海口等,时称总督为南河总督,所管理诸河为南河。

⑪ 清江浦：淮安府清河县(今江苏淮安市清江浦区)。参见第121页第2则注释①。

⑫ 怀山襄陵：谓洪水汹涌奔腾溢上山陵。《尚书·尧典》:"汤汤洪水方割,荡荡怀山襄陵,浩浩滔天。"蔡沈集传:"怀,包其四面也。襄,驾出其上也。"

⑬ 高琼：北宋大将。家世燕人。不识字而晓达军政,屡建战功。后累官至检校太尉、忠武军节度。景德三年(1006)卒。赠侍中,封烈武王。

⑭ 澶(chán)渊：古地名。唐武德四年(621)置澶州(治今河南濮阳市西南)。北宋改澶州为开德府。景德元年(1004)冬,契丹军大举入境,进逼澶州。参知政事王钦若、签书枢密院事陈尧叟主张迁都南下,宰相寇準力排众议,促真宗亲征,真宗遂至澶州督

战。宋军鼓舞。契丹兵败,适逢大将挞览已中弩死,请和。真宗乃遣阁门祗候崇仪副使曹利用赴契丹营谈判,往返两次,终以每年输契丹岁币绢二十万匹、银十万两成约,契丹罢兵。因澶州古谓澶渊郡,故史称"澶渊之盟"。

⑮ 寇準:字平仲,北宋华州下邽(今陕西渭南市北)人。太平兴国进士。淳化五年(994)为参知政事,景德元年(1004)自三司使、行尚书兵部侍郎,加同中书门下平章事、集贤殿大学士。时值契丹攻宋,力促真宗往澶州督战,订澶渊之盟。三年,为王钦若所谮罢相,以刑部尚书知陕州。天禧三年(1019)再起为相。四年,真宗病重,因奏太子监国事泄,又罢,封莱国公。时宦官周怀政忧惧不安,乃谋杀大臣丁谓等,请罢皇后预政,奉帝为太上皇,而传位太子,复相準。被人以告丁谓,丁谓倾构,诛怀政,降準为太常卿知相州,徙安州,贬道州司马。乾兴元年(1022)再贬雷州司户参军,明年卒。殁后十馀年,赐谥忠愍。真宗命寇準戒高琼事,《宋名臣言行录》前集卷四引司马光《涑水记闻》卷六:"上在澶渊南城,殿前都指挥使高琼固请幸河北,曰:'陛下不幸北城,北城百姓如丧考妣。'冯拯在旁呵之曰:'高琼何得无礼!'琼怒曰:'君以文章为二府大臣,今虏骑充斥如此,犹责琼无礼,君何不赋一诗咏退虏骑邪?'上乃幸北城,至浮桥,犹驻辇未进,琼以所执槌筑辇夫背,曰:'何不亟行!今已至此,尚何疑焉?'上乃命进辇。既至,登北城门楼,张黄龙旗,城下将士皆呼万岁,气势百倍。会虏大将挞览中弩死,虏众遂退。他日,上命寇準召琼诣中书,戒之曰:'卿本武臣,勿强学儒士作经书语也。'"

9. 嘆夷

嘆夷初至中国,未尝不驯谨,自道光二十年以后,始逐渐骄肆,名为恭顺,实全无恭顺之心。尝与云台师谈及往事①,师深为扼腕,曰:"尚记得嘉庆二十二年,我为两广总督时,首以严驭夷商、洋商为务,盖洋商受嘆夷之利益,嘆夷即仗洋商之庇护,因此愈加傲黠不驯,我每遇事裁抑之。时嘆船在黄浦与民人争水②,用鸟枪击死民人,我严饬洋商必得凶犯,方登船,而此犯即拔刀自刎死。又咈囒哂国夷人打死民妇③,我立获凶犯,照例绞决抵罪。道光初,嘆夷有护货之兵船,在伶仃山用枪击死小民二人④,我饬洋商向嘆国大班勒取凶手⑤,大班诡言只能管贸易事务,兵船有兵头，职分较大，我令不能行于彼。我旋饬传谕兵头，兵头复诡称夷人亦有被民伤重欲死者多人，欲以相抵，我察其诡诈，传谕大班，如不献出凶手，即封舱停止贸易。大班又称实不能献出凶手，无可如何，情愿停贸易。时兵船已诡避在外洋，将匝月⑥，我持之益坚，大班乃率各夷人全下黄浦大船，禀称无可如何，只好全帮回国，不做买卖。我发印谕，言尔愿回即回，天朝并不重尔等货税。于是唭国大货船二十馀号，收拾篷桅，作为出口之势，仍上禀云：'大人既许回国，何以炮台上又设兵炮？'我又加印谕，言虎门炮台本是终年常设⑦，并非此时待尔等出口欲加轰击，且天朝示人以大公，岂有许尔等回国复行追击之事。于是各船不得已而出口，复又旋转在外洋校椅湾⑧，停泊多时，而其兵船遂真远遁矣。未几，大班又禀'兵船不知何时远遁，我等实愧无能，大人如准入口贸易，固是恩典，否则亦只好回国'等语，而洋商亦代为禀求，并令大班寄禀回国，告知国王，下次货船来粤，定将凶犯缚来，方准入口，否则不准。大班亦同此禀求，我始应允。直至三年春，始照旧开舱通货。此事冬末春初，凡夷商人等皆惶惶，言关税必由此大缺，且恐别滋事端，城中各官亦有为缓颊者，我一人力持，以谓国体为重，货税为轻，索凶理长，断不可受其欺胁。并饬其以后兵船不许复来，非是护货，适以害货等印谕。及四、五年货船来粤，禀称前此犯事兵船不敢回国，委不知向何处逃散，无从寻获，而四、五、六年间此种兵船亦实不复至。我对众曰：此所谓'可欺以其方'也⑨。自我去粤后，兵船复来，门人卢厚山亦仿我之意行之⑩。时有褒嘉之旨云：'玩则惩之⑪，服则舍之，尚合机宜，不失国体也。'闻此后惟林少穆督部亦守此法⑫，而情事顿殊，为之慨然而已！"（《浪迹丛谈》卷五）

【注释】

① 云台：阮元，字伯元，号云台。参见第 194 页第 3 则注释①。

② 黄浦：应作"黄埔"。广州外港，在府城东南珠江之滨（今广州市海珠区新港东路）。清康熙间开放海禁，粤海关在此设"黄埔挂号台"，令外国商船停舶装卸货物及交纳货税。

③ 唭嚧唎：今译作"法兰西"，即法国。

④ 伶仃山：即内伶仃岛。在珠江口海中（今属广东深圳市南山区）。清道光间，英商曾

以此作为走私鸦片基地。

⑤　大班：旧称外国公司、洋行经理。

⑥　匝月：满一个月。

⑦　虎门：在珠江口东岸(今广东东莞市西南)。道光十九年(1839)六月，钦差大臣林则徐销毁鸦片于虎门海滩，又与水师提督关天培在虎门要塞积极布防，设置威远、镇远、南山等炮台。鸦片战争爆发后，林则徐被革职。二十一年一月，英军乘广州裁撤武备，突袭沙角、大角炮台，宣布《穿鼻草约》成立，强占香港，索取赔款。二月，英军攻陷虎门，关天培在虎门靖远炮台孤军奋战，不敌殉国。

⑧　校椅湾：在珠江口外。清魏源《海国图志》卷七十七："南山东南三四十里为校椅湾，略如郊关形，而已旷廓，外绝涯涘矣。"

⑨　可欺以其方：谓用合乎情理的方式欺骗别人。《孟子·万章上》："故君子可欺以其方，难罔以非其道。"

⑩　卢厚山：卢坤，字静之，号厚山。参见第208页第8则注释⑧。

⑪　玩：轻慢；刁顽。

⑫　林少穆：林则徐，字元抚，一字少穆，侯官(今福建福州市)人。嘉庆十六年(1811)进士，选庶吉士，授编修。历典江西、云南乡试，迁御史，出为杭嘉湖道。道光元年(1821)引疾归，起历浙江盐运使、江苏按察使、陕西按察使、江宁布政使、湖北布政使、河南布政使。十一年，擢东河河道总督。明年，调江苏巡抚。十八年，在湖广总督任内严厉禁烟，成效卓著，旋受命为钦差大臣赴广东查禁鸦片。次年六月，收缴英美烟贩鸦片二百三十七万馀斤，当众销毁于虎门海滩。又积极筹备海防，屡挫英军挑衅。二十年，任两广总督。六月，鸦片战争爆发，因广州防守严密，英军转攻厦门、定海，又北犯大沽。十月，钦差大臣琦善赴广州议和，则徐被革。次年，受遣赴浙江镇海协办海防，寻以广州禁烟不能德威并重，褫衔遣戍伊犁。在新疆兴办水利，开辟屯田。二十五年，召还，授陕西巡抚，迁云贵总督，以病乞归。三十年，授钦差大臣赴广西进剿洪秀全捻乱，途中病卒于广东普宁，年六十六。赠太子太傅，谥文忠。

10. 睢 工 神

小住袁浦日①，有一河员来谒②，意气轩昂，语言无忌，自言系由衡工投效③，得官甚速,并述彼时有一对句云:"捷径不在终南④,河水洋洋大有佳处;补缺何须吏部,睢工衮衮竞开便门⑤。"且言亲在睢口工次⑥,目击合龙时⑦,实有神助显应,众目共睹,但不知此神何名耳。余记得嘉庆初在京,日阅邸抄⑧,是时和珅初伏法,先是拿问入狱时,作诗六韵云:"夜色明如许,嗟予困不伸。百年原是梦,卅载枉劳神。室暗难挨暮,墙高不见春。星辰环冷月,累缧泣孤臣⑨。对景伤前事,怀才误此身。馀生料无几,辜负九重仁⑩。"赐尽后,衣带间复得一诗云:"五十年前幻梦真,今朝撒手撇红尘。他时睢口安澜日⑪,记取香烟是后身。"事后刑部奏闻,奉御批云:"小有才,未闻君子之大道也。"然则睢工之神,其即和珅乎?和珅音与河神同,或其名已为之兆矣。(《浪迹丛谈》卷六)

【注释】

① 袁浦:在杭州府西南(今属杭州市西湖区),三江(钱塘江、富春江、浦阳江)汇合处。

② 河员:亦称"河官"。专掌各地河道治理。清河道长官为河道总督,设有北河总督(直隶总督兼)、南河总督(漕运总督兼)、东河总督;下设管河道员、管河同知、管河通判、管河州同、管河州判、管河县丞、管河主簿、管河巡检等。其品级同于地方各级官员。

③ 衡工:指衡家楼治河工程。嘉庆八年(1803)九月,黄河决于封丘衡家楼(今河南新乡市封丘县大功灌区),下游十九州县皆被水成灾。仁宗命河南、山东疆吏堵筑,工役繁巨。

④ 终南:山名。位于古都长安南。秦汉以来即为游览胜地。唐卢藏用举进士,隐于终南山中,以冀征召,后果以高士名被召入仕,时人称之为随驾隐士。司马承祯尝被召,将还山,藏用指终南山曰:"此中大有嘉处。"承祯徐曰:"以仆视之,仕官之捷径耳。"事见唐刘肃《大唐新语·隐逸》。后因以"终南捷径"喻谋求官职或名利的捷径。

⑤ 睢工:指睢水治理工程。清康熙至乾隆间,黄河、淮河屡塞屡决,睢水处于黄、淮之间,因而成为治理水患的关键。

⑥ 睢口:睢水注入泗水处。明时在宿迁县小河口(今江苏宿迁市南),后向南改道于白洋河口入黄河。清乾隆中,黄河河床淤垫,睢水无法注入黄河,再改道入洪泽湖。

⑦ 合龙:亦称"合龙门"。修筑堤坝或桥梁时,从两端开始施工,最后在中间接合。

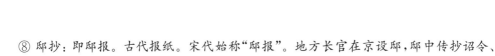

⑧ 邸抄：即邸报。古代报纸。宋代始称"邸报"。地方长官在京设邸，邸中传抄诏令、奏章等，以报于诸藩，故称。

⑨ 累绁(léixiè)：缧绁。捆绑犯人的绳索。

⑩ 九重：此指帝王。

⑪ 安澜：水波平静。喻太平。

11. 写　　真

　　吾闽曾波臣以传神擅名①，如镜之取影，为写真绝技，《图绘宝鉴》称其开辟门庭②，前无古人。先此，惟戴文进为妙艺③。相传永乐间文进初到南京，将入水西门④，转盼之际⑤，一肩行李被脚夫挑去，莫知所之，文进遂向酒家借纸笔，追写其像，聚众脚夫认之，众曰："此某人也。"同往其家，果得行李。又相传吴小仙春日同诸王孙游杏花村⑥，酒后渴甚，从竹林中一妪索茶饮之。次年，复至其地，妪已下世，小仙目想心存，遂援笔写其像，与生时无异，妪之子为哭失声。(《浪迹丛谈》卷九)

【注释】

① 曾波臣：曾鲸，字波臣，莆田(今属福建)人，居南京。明末画家。擅画人物，吸取西洋明暗技法，重烘染与墨骨，以凸凹传其神。此法风行一时，著名弟子有谢彬、沈韶、徐易、张远等，称"波臣派"。

② 图绘宝鉴：绘画史传，五卷。元夏文彦撰。辑录三国吴至元画家小传凡一千二百馀人。末附补遗一卷，续补一百馀人。明韩昂有《图绘宝鉴续编》一卷，补录洪武元年至正德十四年(1368—1519)间画家一百馀人。清初，坊间又增补上述二书刻成《增补图绘宝鉴》八卷。此处应指增补本。

③ 戴文进：戴进，字文进，号静庵、玉泉山人，明钱塘(今浙江杭州市)人。早年为金银匠，后改习书画。宣德间以画供奉内廷，官直仁殿待诏。进《秋江独钓图》，为谢庭循所谗，放归。天顺六年(1462)，穷困而卒，年七十五。擅画山水、人物、花鸟、虫草，为浙派开山鼻祖。

④ 水西门：明南京西南城门。以城外江中有三山，故又名"三山门"。

⑤ 转盼：犹转眼。喻时间短促。

⑥ 吴小仙：吴伟，号小仙。明成化、弘治间画家。参见第31页第24则及注释①。

12. 王弇州鉴赏

朱国桢《涌幢小品》云①："王弇州不善书②，好谈书法，其曰：'吾腕有鬼，吾眼有神。'此说一唱，于是不善画者好谈画，不善诗文者好谈诗文。古语云：'知者不言，言者不知③。'吾友董思白于书画一时独步④，然对人绝不齿及也。"其诋诃弇州至矣，然弇州品题书画，赏鉴家实不以为谬也。王弇州购得赵文敏《济禅师塔铭》⑤，为之跋云："月来买文，钱为之一洗，恐儿辈厌，不能浮大白快赏之⑥。"按此与王右军以丝竹陶写⑦，恒恐儿辈觉，情事正同。然一恐觉，一恐厌，两家儿遂分高下；而一不废丝竹，一不能浮大白，古今人信不相及乎⑧？（《浪迹丛谈》卷九）

【注释】

① 朱国桢：《明史》作"朱国祯"。字文宁，明乌程（今浙江湖州市）人。万历十七年（1589）进士。官至祭酒，谢病归。天启三年（1623），拜礼部尚书兼东阁大学士，入阁。累迁建极殿大学士为首辅，与魏忠贤不协去。崇祯五年（1632）卒，年七十五。赠太傅，谥文肃。有《朱文肃公集》《皇明史概》《涌幢小品》等。《涌幢小品》三十二卷，记历代掌故，品评人物，多录明人逸事。

② 王弇州：王世贞，字元美，号凤洲、弇州山人，明太仓（今属江苏苏州市）人。嘉靖二十六年（1547）进士，授刑部主事。累官至南京刑部尚书。有诗文名，与李攀龙同为"后七子"首领，时称"王李"。万历二十一年（1593）卒，年六十八。著有《弇州山人四部稿》《读书后》《艺苑卮言》《弇山堂别集》《嘉靖以来首辅传》等。其谈书法，见《弇州四部稿》卷一百五十四《艺苑卮言附录三》："吾眼中有笔，故不敢不任识书；腕中有鬼，故不任书。记此以解嘲。"

③ 知者两句：意谓明智的人不随便说话，随便说话的人往往没有智慧。知，同"智"。语出《老子》五十六章。

④ 董思白：董其昌，字元宰，号思白，明华亭（今上海市松江区）人。万历十七年（1589）
进士，改庶吉士，授编修。累官南京礼部尚书。崇祯九年（1836）卒，年八十二。赠太
子太傅，谥文敏。其书从颜真卿入，兼采众长，率易中得秀色。其画山水，学董源、巨
然及黄公望、倪瓒，讲究韵致，画格清润明秀。论画倡南北宗之说，并以南宗为文人
画正脉。有《容台集》《容台别集》《画禅室随笔》等。

⑤ 赵文敏：赵孟頫，字子昂，号松雪道人、水精宫道人，中年曾作孟俯，湖州（今属浙江）
人。宋宗室。入元，荐授刑部主事，累官翰林学士承旨，封魏国公，谥文敏。工书画，
有"元人冠冕"之称。《济禅师塔铭》全称《灵隐大川济禅师塔铭》，为其行书名作。

⑥ 浮大白：满饮一杯酒。汉刘向《说苑·善说》："饮不釂者，浮以大白。"原意为罚饮一
满杯酒，后称满饮或畅饮一杯酒。

⑦ 王右军：王羲之，字逸少，东晋琅邪临沂（今属山东）人。书法家。官至右军将军、会
稽内史，人称王右军。　丝竹陶写：谓借音乐怡情悦性，消愁解闷。南朝刘义庆《世
说新语·言语》："谢太傅语王右军曰：'中年伤于哀乐，与亲友别，辄作数日恶。'王
曰：'年在桑榆，自然至此，正赖丝竹陶写。恒恐儿辈觉，损欣乐之趣。'"

⑧ 信：果真；确实。

13. 考试画师

　　前明英宗试天下画师于京中，以"万绿枝头红一点，动人春色不须多"为题①，
诸画工皆于花卉上妆点，独戴文进画天松，顶立一仙鹤，一人画芭蕉下立一美人，于
唇上作一点红，朝廷竟取画美人者，时皆为戴惜不遇。余谓戴画用意固高，然于春
色二字究未关会也②。或云，此是宋徽宗时画工戴德淳事③。德淳画"蝴蝶梦中家
万里"，作苏武牧羊卧草蝶中④，亦善用意。（《浪迹丛谈》卷九）

【注释】

① 万绿两句：据《全唐诗》卷七百九十六辑无名氏联句："浓绿万枝红一点，动人春色不
须多。"宋人则传为王安石所作，阮阅《诗话总龟》卷二十："荆公作相，苑中有石榴一
丛，枝叶甚茂，止发一花，题诗云：'浓绿万枝红一点，动人春色不须多。'"

② 关会：关系到；涉及。

③ 戴德淳：宋以来书画史传多作"战德淳"。宋邓椿《画继》卷六："战德淳，本画院人，因试'蝴蝶梦中家万里'题，画苏武牧羊假寐，以见万里意，遂魁。能著色，山、人、物甚小，青衫白裤，乌巾黄履，不遗毫发。又作'红花绿柳，清江碧岫'，一扇之间，动有十里光景，真可爱也。"

④ 苏武：字子卿，西汉杜陵（今陕西西安市东南）人。天汉元年（前100）以中郎将出使匈奴，因匈奴内乱受牵连被拘，多方威胁诱降而不屈。后迁至北海（今贝加尔湖）边牧羊，饥寒时啮雪啖毡，历十九年。始元六年（前81）被遣回朝，任典属国。神爵二年（前60）卒，年八十馀。

14. 苏 小 小 墓

特鉴堂将军于西湖修治苏小小墓①，建亭其前，题曰"慕才"，好事者竞歌咏之，而于苏小小之人，实未深考也。按苏小小有二：一为南齐人，见何薳《春渚纪闻》②，南齐名倡也，墓在钱唐县廨舍后③。考旧县治在钱唐门边④，距西泠桥不远⑤，似即今之苏小小墓。一为宋人，见郎仁宝《七修类稿》⑥，云苏小小，钱唐名倡也，容俊丽，工诗词。姊名盼奴，与太学生赵不敏款洽二年⑦，赵益贫，盼奴周之，使笃于业，遂捷（原误为栖）南省⑧，得官，授襄阳府司户⑨，盼奴未能落籍⑩，不能偕行。赵赴官三载卒，有禄俸馀资，嘱其弟赵院判分作二分⑪，一以与弟，一致盼奴，且言盼奴妹小小可谋致之，佳偶也。院判如言至钱唐，有宗人为杭倅⑫，托召盼奴，而盼奴已一月前没矣，小小亦为於潜官绢事⑬，系厅监。倅遂呼小小诘之曰："於潜官绢，汝诱商人百匹，何以偿之？"小小曰："此亡姊盼奴事，乞赐周旋，非惟小小感生成之德，盼奴泉下亦不忘也。"倅喜其言婉顺，因问："汝识襄阳赵司户耶？"小小曰："赵司户未仕之日，盼奴周给之，后授官去久，盼奴想念，因是致疾不起。"倅曰："赵司户亦谢世矣，遣人附一缄及馀物一箧⑭，外有伊弟院判寄汝一缄。"乃拆书，惟一诗云："昔时名妓镇东吴，不恋黄金只好书。试问钱唐苏小小，风流还似大苏无？"小小默然，倅令和之，和云："君住襄阳妾住吴，无情人寄有情书。当年若也来相访，还有於潜绢事无？"倅乃尽以所寄付之，力主小小归院判偕老焉。此则宋之苏小小也。元人张光弼诗云⑮:"香骨沈埋县治前,西陵魂梦隔风烟⑯。好花好月年年在,潮落潮生最可怜。"注:"坟在嘉兴县前。"朱竹垞先生遂据此力辨苏小小墓在秀州⑰,而以钱唐之墓为附会,盖尚不知钱唐名倡原有两苏小小,杭、嘉之墓,不妨各得其一也。(《浪迹续谈》卷一)

【注释】

① 特鉴堂:特依顺,字鉴堂,他塔喇氏,满洲正蓝旗人。福州驻防,累迁协领。道光十三年(1833),平台湾张丙乱,擢荆州副都统,历腾越镇总兵、密云副都统、宁夏将军。二十一年,予都统衔授参赞大臣督师广东,寻命改赴浙江办理军务,驻守省城署杭州将军,遂实授。英军侵浙东,乍浦陷,坐革职留任,和议成,命筹办浙江善后事宜。二十六年,调乌里雅苏台将军。二十九年卒。《浪迹丛谈》卷一作"特依慎",其《西湖船名》云:"杭州特鉴堂将军特依慎,儒将风流而怀抱深稳,当道光壬寅,嗅夷犯东浙,公以参赞与扬威将军相抗,扬威甚齮龁之,而朝廷素知其忠勇,故扬威蹶而公独全也。"

② 何薳:字子远,一字子楚,宋建州浦城(今属福建)人。历哲宗、徽宗、钦宗三朝,入南渡尚存。常感时事日非,遂不仕。因其父葬于杭州富阳之韩青谷,乃卜筑于此,自号韩青老农。撰《春渚纪闻》十卷,杂引轶闻及诗词,并列专卷以记苏轼。卷七《诗词事略》中有《司马才仲遇苏小》云:"司马才仲初在洛下,昼寝,梦一美姝牵帷而歌曰:'妾本钱塘江上住。花落花开,不管流年度。燕子衔将春色去,纱窗几阵黄梅雨。'才仲爱其词,因询曲名,云是《黄金缕》,且曰后日相见于钱塘江上。及才仲以东坡先生荐,应制举中等,遂为钱塘幕官,其廨舍后,唐苏小墓在焉。时秦少章为钱塘尉,为续其词后云:'斜插犀梳云半吐。檀板轻笼,唱彻《黄金缕》。梦断彩云无觅处,夜凉明月生春渚。'不逾年而才仲得疾,所乘画水舆舣泊河塘,柁工遽见才仲携一丽人登舟,即前声喏,继而火起舟尾,狼忙走报,家已恸哭矣。"文中言苏小为唐人,未谓为南齐人也。而苏小小非唐人之说,实据宋郭茂倩《乐府诗集》,其《杂歌谣辞三·苏小小歌》题解引《乐府广题》曰:"苏小小,钱塘名倡也,盖南齐时人。"

③ 廨舍:官署。

④ 钱唐门:又作"钱塘门"。宋杭州城西门之一。临西湖,门内为钱塘县治。

⑤ 西泠桥:在西湖西北栖霞山与孤山间。

⑥ 郎仁宝：郎瑛，字仁宝。明藏书家。参见第192页第2则注释⑩。其《七修类稿》卷二十七《辩证类》有《苏小小考》一文，此则所记与之同。

⑦ 款洽：亲密；亲切。

⑧ 南省：宋谓尚书省或尚书省礼部为南省。此句谓赴礼部试而考中。

⑨ 司户：即"司户参军事"，简称"司户"或"司户参军"。宋各州所置诸曹官之一。诸曹官有：录事参军，掌州院庶务、纠诸曹稽违；司户参军，掌户籍、赋税、仓库受纳；司法参军，掌议法断刑；司理参军，掌讼狱勘鞫之事。

⑩ 落籍：除籍。指从官府乐籍中除名，脱离妓女身份。

⑪ 院判：宋中央某些官署属官。如宣徽院判官等。

⑫ 宗人：同族之人。　杭倅(cuì)：杭州佐官。倅，州郡副职官员。

⑬ 於潜：宋两浙路杭州於潜县(今浙江杭州市临安区於潜镇)。　官绢：官府的绢帛。

⑭ 一缄：一封；一件。　一罨(yǎn)：一捆；一扎。

⑮ 张光弼：张昱，字光弼，自号一笑居士，庐陵(今江西吉安市)人。元末，左丞杨旺扎勒镇浙江，昱入参谋军府。官至浙江左右司员外郎、行枢密院判官。世乱，弃官不仕，张士诚招礼之，不屈。明太祖征之，至京召见，悯其老曰"可闲矣"，厚赐遣归。遂更号"可闲老人"，放浪山水，以诗酒自适，年八十三乃卒。

⑯ 西陵：即西泠。宋以前亦称"西林"或"西村"，为古渡口。《乐府诗集·杂歌谣辞三·苏小小歌》："我乘油壁车，郎乘青骢马。何处结同心，西陵松柏下。"题解："西陵在钱塘江之西。"

⑰ 朱竹垞：朱彝尊，字锡鬯，号竹垞，秀水(今浙江嘉兴市)人。康熙十八年(1679)举博学宏辞科，授检讨，与修《明史》。仅二年而降职罢归。通经史，兼擅诗词古文。诗宗唐而求变，与王士禛齐名，时称"南朱北王"。作词风格清丽，为浙西词派创始者，与陈维崧并称"朱陈"。著有《经义考》《日下旧闻》《曝书亭集》等，编有《词综》《明诗综》等。　秀州：清嘉兴府旧称。

15. 江心寺门联

孙雨人学博《永嘉闻见录》云①："江心寺外门旧有联云②：'云朝朝朝朝朝朝

朝散,潮长长长长长长长长消。'旁署'宋状元梅溪王十朋书题'③。余谓此等似巧实拙,断非梅溪手笔。即如联意,亦止须'云朝朝朝散,潮长长长消',何烦重叠至八字耶?"并引蔡葵圃之言曰④:"题曰宋,曰状元,本人断无此款式,其为好事者假托无疑。"忆余四十三年前到此,亦曾目击此联,以其费解,笑置之。旋里后,乃知闽县乌龙江之东山上罗星塔⑤,旧有七字联,不知何人所撰,其句云:"朝朝朝朝朝朝夕,长长长长长长消。"过客皆不知所谓。相传康熙中,有一道人到此,读而喜之,众请其说,道人笑曰:"此山为海潮来往之区,此联出语第一、第二朝字上平声,第三朝字下平声,通作潮字,第四朝字下平声,第五朝字上平声,第六朝字又下平声,凡下平声者,皆应作潮字读;对语第一、第二长字平声,第三长字上声,第四长字平声,第五长字上声,第六长字又是平声。如此读之,自不烦言而解,不过是言潮汐长消而已。"言讫。道人遂不见,或以为纯阳现身也⑥。按此塔联与寺联字句互异,共为仙笔与否,不可知,而塔联似较简明有意趣,故余曾录入《楹联续话》中⑦。学博言道光壬辰⑧,风痴大作,此联吹入江中,不知飘流何处。而余今冬重游,则寺门仍有此联,却无前款,后题"章安蔡朝珂重录"⑨。(《浪迹续谈》卷二)

【注释】

① 孙雨人:孙同元,字雨人,仁和(今浙江杭州市)人。嘉庆十三年(1808)举人。道光中,任永嘉教谕。著有《永嘉闻见录》二卷、《今韵三辨》二卷。　学博:唐制,府郡置经学博士各一人,掌以五经教授学生。后泛指学官为学博。此指孙同元任温州府学教谕。

② 江心寺:在温州府城北瓯江中孤岛(今浙江温州市鹿城区江心屿)。唐咸通时建,初名普寂禅院。南宋建炎四年(1130),高宗航海驻跸于此,御书"清晖""浴光"二轩,刻于石。

③ 王十朋:字龟龄,号梅溪,南宋乐清(今属浙江温州市)人。少颖悟,日诵数千言。及长,有文行,聚徒梅溪书院,受业者以百数。入太学,屡试不第。绍兴二十五年(1155),秦桧死,高宗策士,以十朋陈朝政切直,擢为进士第一,授绍兴府签判。历秘书郎兼建王府小学教授,累迁大宗正丞,请祠归。孝宗受禅,起知严州,寻拜司封郎中,迁国子司业,升侍讲,任侍御史。每见上,必言恢复,以怀奸误国劾时相史浩。隆

兴元年(1163),张浚北伐失利,十朋以主战出知饶州,又移知夔州、湖州、泉州,皆有政声。乾道七年(1171),除太子詹事,以龙图阁学士致仕,命下而卒,年六十。谥忠文。十朋学识渊博,工诗文,有《梅溪集》五十四卷。

④ 蔡葵圃:蔡天任,字弼卿,号葵圃,同安(今福建厦门市同安区)人。幼颖异,博涉书史,年弱冠能诗。道光时,与许象峰、蓝春园等诗酒唱和。著有《雾隐草》。

⑤ 乌龙江:闽江支流。闽江至闽县(今福建福州市)分流为二,北支曰白龙江,南支曰乌龙江。　罗星塔:在闽江、白龙、乌龙三水汇合之江中。宋时所建,俗称"磨心塔"。明天启间重修。

⑥ 纯阳:亦作"纯阳子"。传说中神仙吕洞宾别号。相传为唐末人,名岩,举进士不第,后隐居终南山,不知所终。元明小说中列为八仙之一。

⑦ 楹联续话:梁章钜编撰《楹联丛话》十二卷、《楹联续话》四卷、《楹联三话》二卷,其三子梁恭辰编撰《楹联四话》六卷。四书分门裒集各处楹联,叙其缘起,附以品题,可谓集其大成。

⑧ 道光壬辰:指道光十二年(1832)。

⑨ 章安:三国吴临海郡治所(今浙江台州市椒江区北岸)。　蔡朝珂:字石次,瑞安(今属浙江温州市)人。生平未详。工书。瑞安古属临海郡,故朝珂以"章安"称乡贯。

16. 绍 兴 酒

今绍兴酒通行海内,可谓酒之正宗,而亦有横生訾议者①,其于绍兴酒之致佳者,实未曾到口也。世人每笑绍兴有三通行,皆名过其实者。如刑名钱谷之学②,本非人人皆擅绝技,而竟以此横行各直省,恰似真有秘传。州人口音实同鴃舌③,亦竟以此通行远迩,无一人肯习官话而不操土音者。即酒亦不过常酒,而贩运竟遍寰区,且远达于新疆绝域。平心而论,惟口音一层,万无可解,刑钱亦究竟尚有师传,至酒之通行,则实无他酒足以相抗。盖山阴、会稽之间④,水最宜酒,易地则不能为良,故他府皆有绍兴人如法制酿,而水既不同,味即远逊。即绍兴本地,佳酒亦不易得,惟所贩愈远则愈佳,盖非致佳者亦不能行远。余尝藩甘陇⑤,抚桂林⑥,所得酒皆绝美,闻嘉峪关以外则益佳⑦,若中土近地,则非藏蓄数年者,不堪入口。最佳者名女儿酒,相传富家养女,初弥月,即开酿数坛,直至此女出门,即以此酒陪嫁,则至近亦十许年,其坛率以彩繢⑧,名曰花雕,近作伪者多,竟有用花坛装凡酒以欺人者。凡辨酒之法,坛以轻为贵,盖酒愈陈则愈缩敛,甚有缩至半坛者,从坛旁以椎敲之,真者其声必清越,伪而败者其响必不扬,甚有以小锥刺坛,斟出好酒⑨,而以水灌还之者,视其外依然花雕,而一文不值矣。凡蓄酒之法,必择平实之地,用木板衬之,若在浮地,屡摇之,则逾月即坏,又忌居湿地,久则酒味易变。凡煮酒之法,必用热水温之。贮酒以银瓶为上,瓷瓶次之,锡瓶为下。凡酒以初温为美,重温则味减,若急切供客,隔火温之,其味虽胜,而其性较热,于口体非宜,至北人多冷呷,据云可得酒之真味,则于脾家愈有碍⑩。凡此皆嗜饮者所宜知也。今医家配药用酒,必注明无灰酒,佥言惟绍兴酒有灰⑪。近闻之绍兴人,力辨绍酒无灰,其偶有灰者,以酒味将离,用灰制之,非常法也,语似可信。(《浪迹续谈》卷四)

【注释】

① 訾议:非议。

② 刑名钱谷:本指刑律与财政。此指地方官府所聘精通并主管刑律赏罚、钱粮会计的幕僚,清俗称师爷。因绍兴人多任此职,故有"绍兴师爷"之称。

③ 鴂(jué)舌:如伯劳弄舌啼聒。比喻语言难懂。鴂,鸟名,通称伯劳。

④ 山阴、会稽:清绍兴府属县。府河西为山阴县,府河东为会稽县。民国元年(1912),并二县为绍兴县(今浙江绍兴市)。

⑤ 甘陇:清甘肃省,简称"甘"或"陇"。道光十五年(1835),梁章钜任甘肃布政使。

⑥ 桂林:清广西省治。道光十六年(1836),梁章钜升广西巡抚。

⑦ 嘉峪关:清属甘肃省肃州直隶州(治今甘肃酒泉市)。关在嘉峪山麓(今甘肃嘉峪关市西)。明长城终点,为东西交通要冲。明洪武五年(1372)建,称"天下雄关"。

⑧ 彩繢(huì):犹彩绘。以彩色绘饰。

⑨ 斟(jū):舀;酌。

⑩ 脾家:脾脏所在之处。泛指腹部。

⑪ 佥言:皆云,都说。

17. 烎 春

恭儿于立春日①,率属在郡堂上照例鞭春②。礼成后,忽一声炮响,不知其故,询之属吏,乃知温俗于春至时,大户院落及小户门首,皆预折樟树一小枝,带叶烧之,并有俚俗咒语,名之曰烎春③。按《集韵》④,烎音谈,燎也。瑞安洪守一《重辑俗字编》⑤,谓温人于立春日焚樟叶曰烎春。孙雨人云:"温州土语,凡小儿退热谓之疰夏⑥,杭州人谓自立夏多疾者为疰夏,其义各别,然恰与烎春二字成一妙对也。"(《浪迹续谈》卷五)

【注释】

① 恭儿:梁章钜之子。以捐输官至知府。

② 鞭春:亦作"打春"。旧时地方州县于立春日鞭打春牛,以祈丰年。

③ 烎(chán 或 tán):燃烧。

④ 集韵:韵书。共十卷。宋丁度等奉诏修订。收字五万三千馀个,比《广韵》增一倍多。因《广韵》多承用唐代韵书旧文,繁略失当,故重修此书。是书注重文字形体与训诂,并参当时读音更订反切。清方成珪编《集韵考正》,对书中讹谬多有订正。

⑤ 洪守一:其先歙县(今属安徽黄山市)人,后经商迁居瑞安(今属浙江温州市)。少负隽才,淡于仕进,筑棣花书屋,潜心读书著述。道光时,与修《瑞安县志》,撰《瓯乘拾遗》《重辑俗字编》等。又斥巨资修筑温瑞官塘,有乡望。

⑥ 疰(zhù)夏:通常指夏季身倦、体热、食少等症。

18. 看 戏

吾乡龚海峰先生官平凉时①,其哲嗣四人②,皆随侍署斋读书。一日偶以音觞召客斋中③,四人者,各跃跃作看戏之想,先生饬之曰:"试问读书好乎?看戏好乎?可各以意对。"其少子文季观察瑞穀遽答曰④:"看戏好。"先生艴然斥之退⑤。长子端伯郡丞式穀对曰⑥:"自然是读书好。"先生笑曰:"此老生常谈也,谁不会说。"次

子益仲孝廉受毂对曰⑦："书也须读,戏也须看。"先生曰:"此调停两可之说,恰似汝
之为人。"三子小峰邑侯对曰⑧:"读书即是看戏,看戏即是读书。"先生掀髯大笑曰:
"得之矣。"闻其时甘肃有谭半仙者,颇能知未来事,先生延致署中数月,临行,手画
四扇:一作老梅数枝,略缀疏蕊,以赠端伯;一作古柏一树,旁无他物,以赠益仲;一
作牡丹数本,以赠小峰;一作芦苇丛丛,以赠文季。且语先生曰:"将来四公子所成
就,大略视此矣。"由今观之,则与所答看戏之言,亦隐隐相应也。(《浪迹续谈》
卷六)

【注释】

① 龚海峰:龚景瀚,字海峰,闽县(今福建福州市)人。幼承家学。乾隆三十六年
　(1771)进士,归班铨选。四十九年,授甘肃靖远知县,未到官,总督知其能,檄署中卫
　县。疏浚诸渠,遏水溉田,民享其利。五十二年,调平凉,有惠政,累迁陕西邠州知
　州。嘉庆元年(1796),擢庆阳知府,平白莲教乱,奏《坚壁清野议》,开办团练。五年,
　调兰州知府。七年,送部引见,卒于京师。　平凉:此指清平凉府平凉县(今属甘
　肃)。

② 哲嗣:敬称他人之子。

③ 音觞:谓乐曲酒宴。

④ 文季观察瑞毂:指龚景瀚幼子。名瑞毂,字文季,官至道员。清以观察称道员。

⑤ 艴(bó)然:恼怒貌。

⑥ 端伯郡丞式毂:指龚景瀚长子。名式毂,字端伯,官至同知。清以郡丞称同知。

⑦ 益仲孝廉受毂:指龚景瀚次子。名受毂,字益仲,为举人。明清以孝廉称举人。

⑧ 小峰邑侯:指龚景瀚三子。据《清史稿·龚景瀚传》:"景瀚子丰毂,官湖北天门知
　县,亦有治绩,不隳家声焉。"可知三子名丰毂,"小峰"为其小名,官至知县。邑侯,
　县令。

19. 秋　香

　　姚旅《露书》云①:"吉道人父秉中②,以给谏论严氏③,廷杖死。道人七岁为任

子④,十七与客登虎丘,适上海有宦家夫人⑤,拥诸婢来游,一婢秋香姣好,道人有姊之丧,外衣白衫,里服紫袄绛裙⑥,风动裙开⑦,秋香见而含笑去。道人以为悦己,物色之,乃易姓名叶昂,改衣装作媭人子⑧,往赇宦家缝人⑨,鬻身为奴。宦家见其闲雅,令侍二子读书,二子爱昵焉。一日求归娶,二子曰:'汝无归,我言之大人,为汝娶。'道人曰:'必为我娶者,愿得夫人婢秋香,他非愿也。'二子为力请,与之。定情之夕,解衣,依然紫袄绛裙也,秋香凝睇良久,曰:'君非虎丘少年耶? 君贵介⑩,何为人奴?'道人曰:'吾为子含笑目成,屈体惟子故耳。'会勾吴学博迁上海(原误为"游")令,道人尝师事者,下车⑪,道人随主人谒焉。既出,窃假主人衣冠入见⑫,令报谒主人⑬,并谒道人,旋道人从兄东游,其仆偶见道人,急持以归,宦家始悉道人颠末,具数百金,装送秋香归道人。道人名之任,字应生,江阴人⑭,本姓华,为母舅赵子。"按今演其事为剧,移以属唐伯虎云⑮。(《浪迹续谈》卷六)

【注释】

① 姚旅:初名鼎梅,号园客,明莆田(今属福建)人。少负才名,而屡试不第。后放浪湖海,以布衣游四方,大约天启末卒于燕。据其经历闻见,撰《露书》十四卷,分为核篇、韵篇、华篇、杂篇、迹篇、风篇、错篇、人篇、政篇、籁篇、谐篇、规篇、技篇、异篇,杂举经传旁证俗说,取东汉王充所谓"口务明言,笔务露文"之意,名曰"露文"。

② 道人:道士;道教徒。

③ 给谏:明以称六科给事中。参见第126页第7则注释④。 严氏:严嵩,字惟中,明分宜(今属江西新余市)人。弘治十八年(1505)进士,改庶吉士,授编修。历国子祭酒、南京礼部尚书改吏部、礼部尚书兼翰林学士。嘉靖二十一年(1542),拜武英殿大学士入阁,仍掌部事。二十三年,进吏部尚书兼谨身殿大学士。为首辅十五年,铲除异己,擅专朝政。又擢其子世蕃为工部侍郎,内结中官,贪贿纳奸,至政以贿成,官以赂授,朝纲大坏。四十一年,得御史抗疏极论嵩父子不法,乃令嵩致仕,世蕃远戍。寻世蕃坐大逆,伏诛,黜嵩及诸孙皆为民。隆庆元年(1567),嵩老病寄食墓舍以死,年八十八。

④ 任子:因父兄功绩,得保任授官职。此指以父荫获得任子身份。

⑤ 上海:明松江府上海县(今上海市黄浦区东南)。嘉靖三十二年(1553),为御倭寇而

筑上海城。

⑥ 绛裩(kūn)：深红裤子。裩，亦作"裈"。古代称合裆裤。

⑦ 裾(jū)：衣服的前后襟。亦泛指衣服的前后部分。

⑧ 窭(jù)人子：贫寒家子弟。

⑨ 缝人：古官名。掌王宫内缝纫之事。此指官府制衣人。

⑩ 贵介：尊贵；高贵。

⑪ 下车：指官吏到任。

⑫ 窃假：偷借。

⑬ 报谒：回访；回拜。

⑭ 江阴：明常州府江阴县(今属江苏无锡市)。

⑮ 唐伯虎：唐寅，字伯虎，一字子畏，号六如居士、桃花庵主、逃禅仙吏等，明吴县(今江苏苏州市)人。弘治十一年(1498)，举乡试第一。明年会试，因牵涉科场舞弊案而被黜。江西宁王宸濠厚币聘之，寅察其有异志，佯狂使酒得还。后游名山大川，致力绘事，卖画为生。擅山水，多取法南宋李唐、刘松年，兼采元人法。亦工人物、花鸟，工笔、写意俱佳。与沈周、文徵明、仇英并称"明四家"。兼善诗文书法，与祝允明、文徵明、徐祯卿并称"吴中四才子"。嘉靖二年(1523)卒，年五十四。

20. 元 旦 开 笔

今人于每年元旦作字，必先用红笺庄书两语，如"元旦开笔，百事大吉"之类，或作"动笔"，或作"举笔"，士农工商皆然，随人所写无一定也。记余少时，先资政公于开年必令书"元旦开笔，读书进益"八字①。乾隆辛亥年②，则令书"元旦开笔，入泮第一"③，是年秋，果入县庠第一名。甲寅年元旦④，语余曰："汝现应举，但书'元旦举笔'可也。"是年果举于乡。此后则违侍之日多⑤，音容杳不可复接矣。忆余偶问此事起于何时，公曰："似前明即有之，前人多作'把笔'。《五灯会元》载净慈道昌举此语云⑥：'岁朝把笔，万事皆吉。此是三家村里保正书门的⑦。'又大梅祖镜云：'岁朝把笔，万事皆吉。记得东村黑李四年年亲写在门前。'则此事由来久矣。"按吴中相传林少穆、陈芝楣二公⑧，同在百文敏公金陵节幕度岁⑨，署中宾朋颇盛，元旦清晨,齐至林少穆房中贺岁,见壁间贴"元旦开笔,领袖蓬山"一红笺⑩,次至陈芝楣房中,见所贴红笺正同此八字,不谋而合,二公亦相视而笑,是岁少穆即登馆选⑪,逾数科,芝楣亦以鼎甲入翰林⑫,遂为一时佳话。忆余于道光辛丑冬在江苏巡抚任内⑬,引疾奏请开缺⑭,岁除尚在节署候旨,权篆者为程晴峰方伯⑮,与同僚商同劝余销假,时余闭门谢客已久,晴峰拟以元旦入见时面陈,是日直入余卧室,见余几上有红笺,楷书"元旦开笔,归田大吉"八字,默然而出,语同僚曰:"宪意已决⑯,似无烦口舌矣。"同年吴棣华闻之⑰,笑曰:"'元旦开笔'等字,无人不写,而'归田大吉'之语,似前此竟未之闻,可为此事开山手矣。"(《浪迹续谈》卷七)

【注释】

① 先资政公:指梁章钜之父。参见第201页第5则注释⑩。

② 乾隆辛亥:指乾隆五十六年(1791)。

③ 入泮:指学童入学为生员。参见第81页第2则注释②。

④ 甲寅:指乾隆五十九年(1794)。

⑤ 违侍:谓离家不能伺候尊长。

⑥ 五灯会元:书名。宋普济撰。二十卷。以《景德传灯录》《天圣广灯录》《建中靖国续灯录》《联灯会要》《嘉泰普灯录》等五种灯录为蓝本,删繁就简,合而为一,故名。用师徒问答体裁,汇辑佛教从过去七佛到唐宋时期禅宗各派名僧关于教义的论证和故事。下引净慈道昌、大梅法英祖镜二禅师之语,见于卷十六,其《大梅法英禅师》:"明州大梅法英祖镜禅师,本郡张氏子。弃儒试经得度,肆讲延庆。凡义学有困于宿德,辄以诘师。师纵辞辨之,为众所敬。……拈拄杖曰:'岁朝把笔,万事皆吉。急急如律令。大众,山僧怎么举唱,且道还有祖师意也无?'良久曰:'记得东村黑李四,年年亲写在门前。'卓拄杖,下座。"又《净慈道昌禅师》:"临安府净慈月堂道昌佛行禅师,湖州宝溪吴氏。……岁旦,上堂,举拂子曰:'岁朝把笔,万事皆吉。忽有个汉出来道:和尚,这个是三家村里保正书门底,为什么将来华王座上当作宗乘?只向他道,牛进千头,马入百匹。'"

⑦ 三家村:偏僻的小乡村。 保正:一保之长。宋十户为一保,设保长。《宋史·兵志六》:"熙宁初,王安石变募兵而行保甲,帝从其议。三年,始联比其民,以相保任。乃

诏畿内之民,十家为一保,选主户有干力者一人为保长;五十家为一大保,选一人为大保长;十大保为一都保,选为众所服者为都保正,又以一人为之副。"

⑧ 林少穆:林则徐,字少穆。参见第 211 页第 9 则注释⑫。　陈芝楣:陈銮,字芝楣,江夏(今湖北武汉市)人。为诸生时,尝入两江总督百龄幕府。嘉庆二十五年(1820)一甲三名进士,授编修。道光五年(1825),出为松江知府,调署江宁。值水灾,赈恤得宜。历苏松太道、江西粮道、苏松粮道、广东盐运使、浙江按察使署布政使、江苏布政使、江西巡抚,再调江苏。十九年,代陶澍署两江总督,严烟禁,筹海防,甚被倚畀。是年冬卒,年五十四。赠太子少保。

⑨ 百文敏:百龄,字菊溪,张氏,汉军正黄旗人。乾隆三十七年(1772)进士,选庶吉士,授编修。嘉庆五年(1800),出为湖南按察使,调浙江。历贵州、云南布政使,擢广西巡抚,调广东。十四年,擢两广总督。十六年,授刑部尚书,改左都御史兼都统,未几授两江总督,加协办大学士。二十年,卒于江宁。谥文敏。　金陵节幕:此指两江总督幕府,因总督官署驻江宁,故称。

⑩ 蓬山:唐指秘书省。此指翰林院。

⑪ 馆选:谓被选任馆职。林则徐于嘉庆十九年(1814)授翰林院编修,充国史馆协修。

⑫ 鼎甲:明清科举制度中状元、榜眼、探花之总称。以鼎有三足,一甲共三名,故称。是则言陈銮事,与史未合。嘉庆二十年(1815),百龄病卒,而陈銮中探花在二十五年。

⑬ 道光辛丑:指道光二十一年(1841)。

⑭ 开缺:旧时官吏因故不能留任,免除其职务,准备另选人充任。此谓自请去职。

⑮ 权篆:谓权且署理某一官职。篆,官印。　程晴峰:程矞采,字晴峰,新建(今江西南昌市)人。嘉庆十六年(1811)进士,授礼部主事。历甘肃按察使、广东按察使、广西布政使、浙江布政使、江苏布政使,擢江苏巡抚,调广东。升云贵总督,调湖广。咸丰七年(1857)卒,年七十二。　方伯:此指地方长官。

⑯ 宪意:敬词。旧称上司心意。

⑰ 吴棣华:吴廷琛,字震南,号棣华。参见第 200 页第 5 则注释③。

21. 国 泰 民 安

今人言风调雨顺,必连举"国泰民安"四字。记得《六研斋笔记》载项子京藏芝麻一粒^①，一面书"风调雨顺"，一面书"国泰民安"，云出南宋宫中，异人所献者。然则此八字之相连成文，由来久矣。犹忆观剧时，有一出忘其名，某县令在任，颇作威福，去任之曰，三班六役环送^②，令问曰："自我莅此地后，外间议论如何？"众答曰："自官到此，风调雨顺。"复问曰："今我去此地，外间议论又如何？"众答曰："官今去此，却也国泰民安。"令为嗒然^③。（《浪迹续谈》卷七）

【注释】

① 六研斋笔记：明李日华撰。日华字君寔，嘉兴（今属浙江）人。万历十七年(1589)进士，官至太仆寺少卿。工书画。故是书所记，多论书画及艺文杂事。计《笔记》四卷，《二笔》四卷，《三笔》四卷。　项子京：项元汴，字子京，自号墨林居士，嘉兴人。万历中，征召不应。工绘事，精于鉴赏，其所藏法书名画极一时之盛。本则所记项子京事，见于《六研斋笔记》卷一："虞山王叔远有绝巧，能于桃核上雕镂种种，细如毫发，无不明了者。一日，同陈良卿、屠用明顾余春波新第，贻余核舟一。长仅八分，中作蓬樯，两面共窗四扇，各有枢可开合，开则内有栏楯。船首一老，皤腹匡坐，左右各一方几，一书卷，右几一炉，手中仍挟一册。船尾一人侧坐，一橹置蓬上。其一旁有茶炉，下仍一孔，炉上安茶壶一，仍有味有柄。所作人眉目衣摺皆具。四窗上每扇二字，曰：山高、月小、水落、石出。船底有款'王叔远'三字，仍具小印章如半粟，文云：王毅印。奇哉！余闻古人有棘端沐猴之技，意谓托言。弱冠时，得见项子京先生所藏芝麻一粒，一面书'风调雨顺'，一面书'国泰民安'各四字，云出南宋宫中，异人所献者。当时惊诧，舌桥而不下。今见叔远此技，则又游戏出没，恣取万象于一毫而无不如意者。奇哉！奇哉！即负针绝伎，擘人发以成帷，工射微者，贯虱心而不绝，犹将逊能焉。余何幸见是异人，得是异物，从此印昔木鸢、斫鼻，悉非寓词，咸成实诣矣。"

② 三班六役：又作"三班六房"。旧时州县衙门中吏役的总称。指分掌缉捕罪犯、看守牢狱、站堂行刑职务的快、皂、壮三班和吏、户、礼、兵、刑、工六房的书办胥吏。

③ 嗒(tà)然：灰心丧气貌。

22. 悬　车

余以六十八岁引疾归田，或让之曰："《礼》言七十致仕，故古人以七十为悬车之年①,今君未及年而退,毋乃过隐乎②?"余曰:"《通鉴目录》载韦世康之言曰③:'年不待暮,有疾便辞。'《三国志·徐宣传》云④:'宣曰:七十有悬车之礼,今已六十八,可以去矣。乃辞疾逊位。'今余之退,不犹行古之道哉?且吾子亦尝深考悬车之义乎?《白虎通·致仕篇》云⑤:'悬车,示不用也。'此常解也。抑余尝读《公羊·桓五年传》疏云⑥:'旧说,日在悬舆,一日之暮,人生七十亦一世之暮,而致其政事于君,故曰悬舆致仕。'《淮南子·天文训》亦云⑦:'日至于悲泉,爰息其马,是谓悬车。'此古义也。大约皆言迟暮宜息之期,初何尝必以七十为限乎?"(《浪迹续谈》卷八)

【注释】

① 悬车:致仕。古人一般至七十岁辞官家居,废车不用,故云。

② 毋乃:莫非;岂非。此句意谓岂不过分退让了。

③ 通鉴目录:即《资治通鉴目录》。宋司马光撰。光字君实,号迂叟,陕州夏县(今属山西运城市)涑水乡人,世称涑水先生。宝元进士。仁宗末任天章阁待制兼侍讲知谏院。英宗朝进龙图阁直学士,判吏部流内铨。治平三年(1066)进《通志》八卷,英宗命设局续修。神宗时赐名《资治通鉴》。因反王安石新法,熙宁三年(1070)出知永兴军,次年退居洛阳,续编《通鉴》,至元丰七年(1084)成书。八年,哲宗即位,高太后听政,召入。元祐元年(1086),拜尚书左仆射兼门下侍郎,废除新法,罢黜新党。为相仅八月卒,年六十八。赠太师、温国公,谥文正。《通鉴目录》三十卷,按年表形式,摘录《通鉴》精要之语,举其事目,以备检阅。此处所引韦世康之言,见于《目录》卷十七《隋高祖开皇十五年》:"韦世康曰:'禄岂须多,防满则退。年不待暮,有疾便辞。'"

　　韦世康,京兆杜陵(今陕西西安市东南)人。仕北周为司州总管长史。入隋,累官吏部尚书。和静谦恕,屡乞骸骨。开皇十五年(595),出为荆州总管。为政简静,百姓爱悦。十七年卒,年六十七。赠大将军,谥曰文。

④ 三国志:西晋陈寿撰。寿字承祚,安汉(今四川南充市北)人。少好学,师事谯周。仕蜀汉为观阁令史,以不屈事宦官而屡遭谴黜。入晋,历著作郎、治书侍御史。晋灭吴后,搜集三国官私著作,撰成《三国志》。元康七年(297)卒,年六十五。是书为纪传体三国史,凡六十五卷,分魏、蜀、吴三志。于魏君则称帝,叙入纪中;吴、蜀则称主不称帝,叙入传中。有南朝宋裴松之注,补阙备异、惩妄论辩,保存史料颇丰。　徐

宣：字宝坚，广陵海西(今江苏连云港市灌南县东南)人。东汉末，投效曹操，授齐郡太守，入为门下督。魏立，历御史中丞、司隶校尉、散骑常侍，累封津阳亭侯，官至左仆射，加侍中、光禄大夫。辞官，明帝终不许。青龙四年(236)薨。赠车骑将军，谥曰贞侯。

⑤ 白虎通：即《白虎通义》。亦称《白虎通德论》。东汉班固等编撰。固字孟坚，扶风安陵(今陕西咸阳市东北)人。初续其父彪所著《史记后传》，以私改国史下狱。弟超上书力辩，得释。后召为兰台令史，典校秘书。永元元年(89)，从大将军窦宪征匈奴，为中护军。宪擅权被杀，固受牵连死狱中。所著《汉书》八表及《天文志》尚未竟功，由妹昭与马续续成。另编《白虎通义》，记录章帝建初四年(79)，在白虎观辩论经学的结果，为今文经学之提要。此处所引，见于卷上《致仕》。

⑥ 公羊：即《春秋公羊传》。旧题公羊高撰。战国时齐人，相传为子夏弟子。起初为口说流传，西汉景帝时，传至玄孙公羊寿，始与齐人胡母生(子都)著于竹帛。有东汉何休《春秋公羊解诂》、唐徐彦《公羊传疏》。此处所引，见于《公羊传·桓公五年》徐彦疏。

⑦ 淮南子：亦称《淮南鸿烈》。西汉淮南王刘安及其门客苏非、李尚、伍被等著。《汉书·艺文志》著录内二十一篇，外三十三篇。内篇论道，外篇杂说。今仅流传内二十一篇。以道家思想为主，糅合了儒、法、阴阳五行等家思想，一般认为它是杂家著作。注本有东汉高诱《淮南子注》。此处所引，见于卷三《天文训》："(日)至于悲泉，爰止其女，爰息其马，是谓悬车。"悲泉，古水名，后以喻日落之处。

23. 黎　明

余于逆旅中，见壁上近人所书朱柏庐先生《格言》①，首句作"犁明即起"，同行者笑以为误笔，余谓此非误也，今人但知作"黎明"，而不知古人正作"犁明"。《史记·吕后纪》注②："徐广曰：犁犹比也，诸言犁明者，将明之时。"又作"犁旦"，《南越传》③："犁旦，城中皆降伏波。"《索隐》云④："犁，黑也，天未明而尚黑也。"是作"犁明"正合古义。又今人以"早晨"为"清早"，而不知古人但作"侵早"。杜老《赠崔评事》⑤："天子朝侵早。"贾岛《新居诗》⑥："门尝侵早开。"王建《宫词》⑦："为报诸王侵早人。"翟晴江曰⑧："侵早即凌晨之谓,作清早者非。"然杜老诗"老夫清晨梳白头"⑨,"清早"即"清晨"之意,亦未为不可也。(《浪迹续谈》卷八)

【注释】

① 朱柏庐：朱用纯,字致一,号柏庐,昆山(今属江苏苏州市)人。明末,父集璜殉难时,用纯方补郡诸生,茹哀隐痛,遂弃举业。居乡授徒赡母,潜心理学。四子六经,及濂洛关闽之书,探索融会,务在躬行实践。所著有《四书讲义》《治家格言》等。《格言》又称《朱子家训》,曰："黎明即起,洒扫庭除,要内外整洁。既昏便息,关锁门户,必亲自检点。一粥一饭,当思来处不易;半丝半缕,恒念物力维艰。宜未雨而绸缪,毋临渴而掘井。自奉必须俭约,宴客切勿流连。器具质而洁,瓦缶胜金玉;饭食约而精,园蔬愈珍馐。勿营华屋,勿谋良田。三姑六婆,实淫盗之媒;婢美妾娇,非闺房之福。童仆勿用俊美,妻妾切忌艳妆。祖宗虽远,祭祀不可不诚;子孙虽愚,经书不可不读。居身务期质朴,教子要有义方。勿贪意外之财,勿饮过量之酒。与肩挑贸易,毋占便宜;见贫苦亲邻,须加温恤。刻薄成家,理无久享;伦常乖舛,立见消亡。兄弟叔侄,须分多润寡;长幼内外,宜法肃辞严。听妇言,乖骨肉,岂是丈夫;重资财,薄父母,不成人子。嫁女择佳婿,毋索重聘;娶媳求淑女,勿计厚奁。见富贵而生谄容者,最可耻;遇贫穷而作骄态者,贱莫甚。居家戒争讼,讼则终凶;处世戒多言,言多必失。勿恃势力而凌逼孤寡,毋贪口腹而恣杀生禽。乖僻自是,悔误必多;颓惰自甘,家道难成。狎昵恶少,久必受其累;屈志老成,急则可相依。轻听发言,安知非人之谮诉,当忍耐三思;因事相争,焉知非我之不是,须平心再想。施惠无念,受恩莫忘。凡事当留馀地,得意不宜再往。人有喜庆,不可生妒忌心;人有祸患,不可生喜幸心。善欲人见,不是真善;恶恐人知,便是大恶。见色而起淫心,报在妻女;匿怨而用暗箭,祸延子孙。家门和顺,虽饔飧不济,亦有馀欢;国课早完,即囊橐无馀,自得其乐。读书志在圣贤,非徒科第;为官心存君国,岂计身家。守分安命,顺时听天。为人若此,庶乎近焉。"

② 史记：原名《太史公书》。西汉司马迁撰。迁字子长,夏阳(今陕西渭南市韩城市南)人。少而好学,游历四方。继任太史令,得以博览皇家藏书。后因替投降匈奴的李陵辩解,触怒武帝,被处腐刑。司马迁忍辱含垢,发愤著述,完成巨著《史记》。是书

为中国第一部纪传体通史。记事起于传说中的黄帝,迄于汉武帝,首尾共三千年左右。一百三十篇,分本纪、世家、列传、书、表,以记人物、国家民族、制度沿革和史事脉络,为后世各史所沿用。注本有南朝宋裴骃《集解》,唐司马贞《索隐》、张守节《正义》。此处所引,见于卷九《吕后本纪》"犁明,孝惠还"裴骃《集解》。

③ 南越传:即《史记·南越尉佗列传》。

④ 索隐:即《史记索隐》。此处所引,见于《史记·南越尉佗列传》"犁旦,城中皆降伏波"司马贞《索隐》。

⑤ 杜老:唐诗人杜甫。字子美,尝自称少陵野老,祖籍襄阳(今属湖北),自其曾祖时迁居巩县(今河南巩义市西南)。杜审言之孙。开元后期,举进士不第,漫游各地。以献赋始得官,曾任左拾遗、检校工部员外郎。世称杜拾遗、杜工部。晚年居成都,后携家出蜀,病死湘江途中。一说死于耒阳。诗与李白齐名,宋以后称为"诗圣"。有《杜工部集》。杜诗注本较多,清仇兆鳌《杜诗详注》是其中较著名的一种。《赠崔评事》见于《杜诗详注》卷十五,题作《赠崔十三评事公辅》。

⑥ 贾岛:唐诗人。字浪仙,一作阆仙,范阳(今河北保定市涿州市)人。初落拓为僧,名无本,后还俗,屡举进士不第。文宗时,曾任长江县主簿,世称贾长江。其诗多以寒苦之辞,刻画荒凉枯寂之境,尤以五律见长。有《长江集》。《新居诗》见于《长江集》卷四,题作《早春题友人湖上新居》。

⑦ 王建:唐诗人。字仲初,许州(今河南许昌市)人。出身寒微。元和间为昭应丞、渭南尉,太和初官至陕州司马。擅长乐府诗,与张籍齐名,世称"张王"。有《王司马集》。《宫词》一百首,本则所引为其十四,见于《王司马集》卷八。

⑧ 瞿晴江:瞿灏,字大川,改字晴江,仁和(今浙江杭州市)人。乾隆十九年(1754)进士,官至金华、衢州府学教授。见闻淹博,能搜奇引瘴。著有《尔雅补郭》。

⑨ 老夫句:见于《杜诗详注》卷六《题李尊师松树障子歌》诗。

24. 十　反

　　世俗相传老年人有十反,谓不记近事偏记得远事,不能近视而远视转清,哭无泪而笑反有泪,夜多不睡而日中每耽睡,不肯久坐而多好行,不爱食软而喜嚼硬,暖不出、寒即出，少饮酒、多饮茶，儿子不惜而惜孙子，大事不问而絮碎事。盖宋人即有此语，朱新中《鄞州志》载郭功父"老人十拗"云云①。余行年七十有四，以病齿不能嚼硬，且饮酒、饮茶不能偏废，只此二事稍异，馀则大略相同。周必大《二老堂诗话》云②："予年七十二，目视昏花，耳中时闻风雨声，而实雨却不甚闻，因成一联云：'夜雨稀闻闻耳雨，春花微见见空花。'"则当去嚼硬、饮茶二事，而以此二事凑成十反也。（《浪迹三谈》卷三）

【注释】

① 朱新中：朱翌，字新仲，宋舒州怀宁（今安徽安庆市潜山县）人。政和八年（1118）登进士第，入江宁王彦昭幕中。南渡后，入馆阁，掌书命文章。绍兴十一年（1141），迁中书舍人兼实录院修撰。旋忤时宰秦桧，谪居韶州。二十五年，起为秘阁修撰，历知睦、宣、平江、饶等州府。三十一年，除敷文阁待制，罢。晚卜居于鄞。乾道三年（1167）卒，年七十一。累赠少师。工诗，有《灊山集》三卷。　郭功父：郭祥正，字功父，一作功甫，宋当涂（今属安徽马鞍山市）人。母梦李白而生。少有诗声，梅尧臣方名擅一时，见面叹曰："天才如此，真太白后身也。"皇祐五年（1053）进士，授秘书阁校理。历州县佐官，元祐中累知端州，弃去，隐于当涂青山，卒。有《青山集》。诗造语豪放，颇类李白。

② 周必大：字子充，自号平园老叟，宋吉州庐陵（今江西吉安市）人。绍兴二十一年（1151）进士。孝宗时官至左丞相。光宗立，拜少保，封益国公。不久为人所劾，罢相。嘉泰中卒于庐陵，谥文忠。工诗文，著述颇富。有《文忠集》二百卷、《玉堂杂记》三卷、《二老堂诗话》一卷，主持校刻《文苑英华》一千卷。此处所引，见于《二老堂诗话》，文字略有出入。

啸亭杂录

《啸亭杂录》十卷、《续录》五卷，清昭梿撰。爱新觉罗·昭梿，号汲修主人，又号檀樽主人，和硕礼亲王代善之后。嘉庆十年(1805)袭王爵，为第八位继承者。自幼好学，尤习国故。二十一年，坐陵辱大臣，滥用非刑，夺爵圈禁。二十二年命释之。道光二年(1822)赏宗人府候补主事，郁郁不得志。九年卒，年五十四。

《啸亭》二集记清道光初年以前掌故遗闻。昭梿身为满族宗亲，又颇好交游，于朝廷政事、制度沿革及人物事迹多所闻见，故其记述可资考据者甚多，不少史事为他书所未载。而《国朝耆献类征》《清史稿》等书，亦有从中采摘录者。

选文标题为原书所有。

1. 设间诛袁崇焕

本朝自攻抚顺后①,明人望风而溃,无敢撄其锋者②,惟明巡抚袁崇焕固守宁远③,攻之六月未下。高皇拂然曰④:"何戆儿乃敢阻我兵力⑤?"因罢兵归。故文皇深蓄大仇⑥,必欲甘心于袁。己巳冬⑦,大兵既抵燕,崇焕千里入援,自恃功高。文皇乃擒明杨太监监于帐中,密札鲍承先在帐外作私语曰⑧:"今日上退兵乃袁巡抚意,不日伊即输诚矣⑨。"复阴纵杨监归。明庄烈帝信其间⑩,乃立磔崇焕。举朝无以为枉者,殊不知中帝之间也。(《啸亭杂录》卷一)

【注释】

① 抚顺:明抚顺所(今辽宁抚顺市西北)。明万历四十六年即后金天命三年(1618)四月,爱新觉罗·努尔哈赤攻取抚顺,明游击李永芳降。五日后,回袭明援军,斩总兵张承胤,毁城。

② 撄:迫近;触犯。

③ 袁崇焕:字元素。明宁远巡抚。参见第6页第3则注释⑦。 宁远:明辽东都指挥使司宁远卫(今辽宁葫芦岛市兴城市)。

④ 高皇:清太祖爱新觉罗·努尔哈赤,谥曰高皇帝。

⑤ 戆(zhuàng 或 gàng)儿:迂愚而刚直的人。

⑥ 文皇:清太宗爱新觉罗·皇太极,谥曰文皇帝。

⑦ 己巳:指明崇祯二年即后金天聪三年(1629)。

⑧ 鲍承先:应州(今山西朔州市应县)人。明万历间累官至参将。泰昌元年(1620),从总兵贺世贤、李秉诚守沈阳城,迁开原东路统领、新勇营副将。后金天命七年(1622),太祖努尔哈赤率军攻克沈阳、辽阳,贺世贤战死,承先退保广宁。次年正月,兵败出降,仍授副将。天聪三年(1629),太宗皇太极伐明,承先从郑亲王济尔哈朗攻马兰峪,屡败明军,招降其守将,以功荐直文馆。又与太宗密议,定计除明帅袁崇焕。崇德元年(1636),皇太极改国号为清,授承先内秘书院大学士。三年,改吏部右参政。四年,创汉军八旗制,以承先隶正红旗。后从世祖入关,顺治二年(1645)卒。

⑨ 输诚：归顺；降服。

⑩ 庄烈帝：明思宗朱由检。清上谥曰庄烈愍皇帝。

2. 用 洪 文 襄

　　松山既破①，擒洪文襄归②。洪感明帝之遇，誓死不屈，日夜蓬头跣足，骂詈不休，文皇命诸文臣劝勉，洪不答一语。上乃亲至洪馆，解貂裘与之服，徐曰："先生得无冷乎？"洪茫然视上久之，叹曰："真命世之主也！"因叩头请降。上大悦，即日赏赉无算，陈百戏以作贺。诸将皆不悦，曰："洪承畴一羁囚，上何待之重也？"上曰："吾侪所以栉风沐雨者，究欲何为？"众曰："欲得中原耳！"上笑曰："譬诸行者，君等皆瞽目，今获一引路者，吾安得不乐也！"众乃服。乃毛西河谓洪初不降③，继命优人诱惑④，洪故闽人，夙习好男宠，因之失节。何厚诬之甚！故明帝初闻其死，设坛以祭，非无因也。（《啸亭杂录》卷一）

【注释】

① 松山：即松山堡。明广宁中屯所（今辽宁锦州市松山镇）。明崇祯十四年、清崇德六年（1641）四月，皇太极率军围锦州（明广宁中左屯卫）。明蓟辽总督洪承畴统兵十三万援锦州，驻师松山。八月，两军大战，明军败，退入城中。次年二月，清兵克松山，生擒洪承畴。三月，明锦州总兵祖大寿亦以城降。史称"松锦之战"。

② 洪文襄：洪承畴，谥文襄。参见第138页第1则注释②。

③ 毛西河：毛奇龄，字大可、齐于，号西河，萧山（今浙江杭州市萧山区）人。明末诸生。南明弘光时，尝参与抗清。清初以仇家构陷，改名甡亡命浪游。康熙十八年（1679），以荐举博学宏词，授翰林院检讨，充明史馆纂修官。二十四年辞馆归，专事著述。五十五年卒，年九十四。长于经学与音韵，工诗词古文。有《西河合集》等。

④ 优人：此称戏曲演员。

3. 旭 亭 家 书

　　韩旭亭先生讳是升①，今大司寇桂舲尊父也②。性和霭，居家勤俭，年四十，即弃儒冠,游食四方。余少及其门。尝语人曰:"天下事多矣! 未有骄盈而不败者。"恒以谦抑自居,虽仆夫媪妇,必接之以温颜。其子虽屡任封疆,而先生朴素如故也。尝寄书与司寇云:"余今年秋收颇佳,所植菽稷,颇足酿酒,笔墨足以代耕③,尽有馀享。汝所获廉俸丰膴④,其养赡妻孥之馀,犹有馀资,切勿贪分外之荣,致使七十垂尽之翁反被汝所累也。"故司寇谨守先生教,始终以敬谨受今上知遇,屡登高位,皆秉其家范也⑤。(《啸亭杂录》卷二)

【注释】

① 韩是升:字东升,号旭亭,元和(今江苏苏州市)人。贡生。客游京师,授经诸王邸,以名德称。嘉庆二十一年(1816)卒,年八十三。有《听钟楼诗稿》。

② 大司寇:明清以称刑部尚书。　桂舲崶:韩崶,字禹三,号桂舲。是升之子。参见第200页第5则注释②。

③ 代耕:指以某种职业或手段谋生,以代农耕所入。

④ 廉俸:清官吏正俸与养廉银的合称。参见第181页第6则注释④。　丰膴(wǔ):丰盛。

⑤ 家范:治家规范与风教。

4. 鄂尔奇短视

鄂司马尔奇①,西林相公胞弟②。目短视,性聪敏,读书数十行。显扬后,颇耽声色,与相公异趣,时人比之以大小宋云③。相公尝浴足,公仓卒至,相公不及摒挡,加足于怀,司马急以烟筒击之。相公矍然④,公曰:"大白猫何罕物,而兄珍之于怀何也?"盖以足为猫云,人传以为笑。(《啸亭杂录》卷二)

【注释】

① 鄂尔奇:西林觉罗氏,满洲镶蓝旗人,世居汪钦(今吉林延边州汪清县)。鄂尔泰之弟。康熙五十一年(1712)进士,改庶吉士,授编修。雍正中,累迁至侍郎,历工、礼二部,署兵部。雍正五年(1727),擢户部尚书,兼步军统领。十一年,直隶总督李卫劾

其坏法营私、紊制扰民,鞫实当治,上以鄂尔泰恩宥之。十三年卒。　司马:明清以称兵部尚书或兵部侍郎。

② 西林相公:鄂尔泰。雍正时官至军机大臣。参见第 177 页第 3 则注释①。

③ 大小宋:指北宋宋庠、宋祁兄弟。宋庠,字公序,安州安陆(今属湖北)人。仁宗天圣初举进士,状元及第。累官至检校太尉同平章事,充枢密使,封莒国公。以司空致仕。卒,赠太尉兼侍中,谥元献。宋祁,字子京。与兄同时举进士,礼部奏祁第一、庠第三,章献太后不欲以弟先兄,乃擢庠第一、祁第十八。官翰林学士、史馆修撰。与欧阳修等合修《新唐书》,书成,迁左丞,进工部尚书,拜翰林学士承旨。卒,谥景文。

④ 矍(jué)然:惊惧貌;惊视貌。

5. 马　彪

马壮节公彪①,固原人。少无赖,尝冲突固原提督仪仗,提督命杖于辕门。公问人曰:“提督品最高②,究竟何如人始为之?”人告以由行伍起者。公奋然曰:“吾以提台皆天人耳③,若由行伍进,吾犹能力致之。”乃誓曰:“吾不致身此官,终不入此城也。”遂仗剑从军。时大兵进讨回部④,公奋身用命,积功至总兵官。路由固原,有邀其入城会饮者,公力辞之曰:“此尚非吾入城时也。”后以平撒拉尔回民功⑤,果授固原提督。公至城门,挥去侍从,步入其闉⑥。至衙中,首命置前提督神主⑦,公朝服祀之,然后接其众乡里父老,设酒欢宴终日,指其牌曰:“吾非为此公所激烈⑧,何能致身至此? 此聊所以报德也。”(《啸亭杂录》卷二)

【注释】

① 马彪:甘肃西宁(今属青海)人。行伍出身。历四川川北镇、云南昭通镇总兵,擢西安提督。乾隆三十六年(1771),平大小金川,图像紫光阁列前五十功臣。移湖广提督。卒,赠太子太保,谥勤襄。此则谓马彪里贯“固原”、谥名“壮节”,皆与《清史稿·马彪传》不合。考马彪同时有“马全”者,字具堂,阳曲(今山西太原市)人。原名马瑔,举乾隆十七年(1752)一甲三名武进士,自二等侍卫出为福建抚标右营游击,与同僚争斗夺职。二十五年,改名全,又中一甲一名武进士,授头等侍卫。历南昌、苏松

诸镇总兵，迁江南、甘肃、四川提督。三十八年，以领队大臣从征金川，力战死之，谥壮节。本书或将马彪、马全二人相混淆。

② 提督品最高：清提督为武职从一品官，与加尚书衔的总督平级，高于文职巡抚，为各省绿营最高长官，管理一省军政，故称"封疆大吏"。参见第152页第6则注释㉖。

③ 提台：提督的尊称。

④ 回部：回疆。清对新疆天山南路的通称。该地为维吾尔族所聚居，因清代对信仰伊斯兰教的民族或地区多加称"回"，故名。清进讨回部，指乾隆二十三年(1758)平定大小和卓之役。

⑤ 撒拉尔：元代迁入青海、甘肃等地的中亚撒马尔罕人，突厥语族，信奉伊斯兰教。清乾隆四十六年(1781)三月，甘肃循化(今属青海海东地区)撒拉尔回人苏四十三等因争立新教，起兵反，杀死兰州知府杨士玑、河州协副将新柱，抢据河州城(今甘肃临夏市)。清廷遣陕甘总督勒尔谨、西安提督马彪等进剿，又命军机大臣阿桂、和珅赴兰州督军。七月，乱平。

⑥ 阇(yīn)：瓮城城门。

⑦ 神主：古代为死者所立牌位，用木或石制成。

⑧ 激烈：此谓激励。

6. 刘文正公之直

刘文正公当乾隆中久居相位①，颇为上所倚任。公性简傲，不蹈科名积习②，立朝侃然③，有古大臣风。尝有世家子任楚抚者④，岁暮馈以千金，公呼其仆入，正色告曰："汝主以世谊通问候，其名甚正。然余承乏政府⑤，尚不需此，汝可归告汝主，赠诸故旧之贫窭者可也⑥。"有贳郎昏夜叩门⑦，公拒不见。次早至政事堂⑧，呼其人至，责曰："昏夜叩门，贤者不为。汝有何禀告，可众前言之，虽老夫过失，亦可箴规也。"其人嗫嚅而退。薨时，上亲奠其宅，门闾湫隘⑨，去舆盖然后入。上归告近臣曰："如刘统勋方不愧真宰相，汝等宜法效之。"(《啸亭杂录》卷二)

【注释】

① 刘文正：刘统勋，字延清，诸城（今属山东潍坊市）人。雍正二年(1724)进士，选庶吉
　士，授编修。先后直南书房、上书房，迁至詹事。乾隆元年(1736)，擢内阁学士。历
　刑部侍郎、左都御史、工部尚书兼翰林院掌院学士、刑部尚书，尝外督河道、海塘及漕
　运，协办用兵准噶尔。二十三年，调吏部尚书，又命为协办大学士。二十六年，拜东
　阁大学士兼管礼部、兵部，为军机大臣。二十八年，充上书房总师傅兼管刑部，教习
　庶吉士。复命往江南，勘查运河疏浚事宜。三十八年十一月卒于上朝途中，年七十
　五。赠太傅，谥文正。

② 科名：科举功名。

③ 侃然：刚直貌。

④ 世家子：显贵人家子弟。

⑤ 承乏：承继空缺职位。多用作任官谦词。

⑥ 贫窭(jù)：贫乏；贫穷。

⑦ 赀郎：谓因家富资财而被朝廷任为郎官者。后即称出钱捐官者为"赀郎"。

⑧ 政事堂：唐宋宰相、参知政事办公处。唐置。初设于门下省，中宗时移至中书省，玄
　宗时改政事堂为中书门下。宋前期沿唐制，设于禁中。政事堂下设舍人院，有知制
　诰或直舍人院，掌撰拟诏旨。元丰改制，称为三省都堂或都堂。明清则为内阁大学
　士办公处。

⑨ 门闾湫隘：指门庭低矮狭小。

7. 刘 文 清

　　刘文清公墉为文正公子①。少时知江宁府，颇以清介持躬②，名播海内，妇人女
子无不服其品谊③，至以包孝肃比之④。及入相后，适当和相专权，公以滑稽自容，
初无所建白⑤。纯皇召见新选知府戴某⑥，以其迂疏不胜方面⑦，因问及公，公以"也
好"对之，为上所斥。谢芗泉侍郎颇不满其行⑧，至以否卦象辞诋之⑨，语虽激烈，公
之改节亦可知矣。然年八十馀，轻健如故，双眸炯然，寒光射人。薨时毫无疾病，是
日犹开筵款客，至晚端坐而逝，鼻注下垂寸馀⑩，亦释家所谓善解脱者。余初登朝，

犹及见其丰度。一日立宫门槐柳下,余问朱文正公五矢之目^⑪,朱未遽答。公喟然曰:"君子务其大者远者。今君以宗臣贵爵,所学者自有在,奚必津津于象物之微者哉^⑫?"宜朱公之不答也^⑬。老成之见,终有异于众也。(《啸亭杂录》卷二)

【注释】

① 刘文清:刘墉,字崇如,号石庵。刘统勋之子。乾隆十六年(1751)进士,自编修迁侍讲。督安徽、江苏学政,授太原知府,擢冀宁道。以失察僚属侵帑,发军台效力,逾年释还,命在修书处行走。寻推父恩,授江宁知府,有清名。累迁内阁学士、吏部尚书。嘉庆二年(1797),授体仁阁大学士。九年卒,年八十五。赠太子太保,谥文清。工书,尤长小楷,有名于时。

② 清介:清正廉直。　持躬:持守与躬行。

③ 品谊:品性道德。

④ 包孝肃:包拯,字希仁,北宋庐州合肥(今属安徽)人。天圣进士。仁宗时累迁监察御史,改知谏院,屡弹劾权幸大臣。授天章阁待制、龙图阁直学士、河北都转运使。后召权知开封府、权御史中丞、三司使等,官至枢密副使。嘉祐七年(1062)卒,年六十四。赠礼部尚书,谥孝肃。

⑤ 建白:谓对国事有所建议及陈述。

⑥ 纯皇:清高宗爱新觉罗·弘历,谥曰纯皇帝。

⑦ 方面:指某一地方军政要职或长官。

⑧ 谢芗泉:谢振定,字一斋,号芗泉,湘乡(今属湖南湘潭市)人。乾隆四十五年(1780)进士,改庶吉士,授编修。五十九年,考选江南道监察御史,寻迁兵科给事中。负经世才,尚气节。巡视东城,有乘违制车骋于通衢者,执而讯之,则和珅妾弟也,语不逊,振定怒笞之,遂焚其车,时称"烧车御史"。和珅借他事劾振定,夺职。和珅败,嘉庆五年(1800)起为礼部主事,迁员外郎。十四年卒。

⑨ 否卦象(tuàn)辞:指《周易》第十二卦《否》的象辞。象辞,是对该卦卦辞的进一步解释。《周易·否》:"否之匪人,不利君子贞,大往小来。""象曰:否之匪人,不利君子贞。大往小来,则是天地不交,而万物不通也。上下不交,而天下无邦也。内阴而外阳,内柔而外刚,内小人而外君子,小人道长,君子道消也。"此处指谢振定借"内小人

外君子"等语斥责刘墉。

⑩ 鼻注：犹鼻柱。指鼻梁或鼻两孔之界骨。

⑪ 朱文正：朱珪，字石君，大兴(今北京市)人。乾隆十三年(1748)进士，选庶吉士，授
编修，累迁侍读学士。历福建粮驿道、福建按察使、湖北按察使、山西布政使署巡抚。
四十年召入，授侍讲学士直上书房，侍仁宗学。后又出督地方学政，为安徽巡抚，调
广东署两广总督，授左都御史、兵部尚书。嘉庆元年(1796)，授两广总督兼署巡抚。
高宗崩，召入，直南书房，寻充上书房总师傅，调户部尚书，复兼署吏部尚书，上尤倚
重之。七年，命协办大学士兼翰林院掌院学士。十年，拜体仁阁大学士，管理工部。
逾岁卒，年七十六。赠太傅，谥文正。　五矢之目：五种箭矢的名称。《周礼·冬官
考工记下》中"矢人为矢"，有"镞矢""茀矢""兵矢""田矢""杀矢"五种。镞(hóu)矢，
金属箭头、剪齐箭羽的箭，用于近射或田猎，亦用于礼射。茀(fú)矢，箭尾系丝绳的
箭，用于弋射。兵矢，主要用于守城与车战的箭。田矢，用于射猎的箭。杀矢，用于
近射或田猎的箭。

⑫ 象物：谓取法于物象。此处言为学者当取其远大，勿拘泥于物象之微末。

⑬ 宜：犹无怪；当然。表示事情本当如此。

8. 岳青天

岳少保起①，满洲人。以孝廉起家。初任奉天府尹，前令尹某以贪黩著，公入
署时，命仆自屋宇器用皆洗涤之，曰："勿缁染其污迹也②。"后与将军某抗，罢官。
今上亲政③，首起用为山东布政使，俄调任江苏巡抚。公以清介自矢④，夫人亲掌签
押，署中僮仆不过数人。出则驺从萧条⑤，屏却舆轿，瘦骖敝服，居然寒素。禁止游
船妓馆，无事不许宴宾演剧，吴下奢侈之风为之一变，实数十年中所未有者。其驭
下甚宽，然不假以事权，尝与客共谈，指其侍从曰："若辈惟可令其洒扫趋走，烹茶吸
烟而已。署中政事，乃天子付我辈者，安可使其与闻？ 从来大吏多不能令终者，皆
倚任若辈为心腹故也。"其夫人尤严正。公尝往籍毕弇山尚书产⑥，归已暮，面微
醺，夫人正色告曰："弇山尚书即以耽于酒色故，至于家产荡然。今相公触目惊心，
方畏戒之不暇，乃复效彼为耶？"公长谢乃已。故吴民至今思之，演为《岳青天歌》，

以汤文正之后一人而已⑦。(《啸亭杂录》卷四)

【注释】

① 岳起:鄂济氏,满洲镶白旗人。乾隆三十六年(1771)举人,历户部员外郎、侍讲学士、少詹事。五十六年,迁奉天府尹。与将军忤。逾年擢内阁学士,出为江西布政使,行勘水灾致疾,许解任养疴。嘉庆四年(1799),起授山东布政使,未几擢江苏巡抚,署两江总督,除弊兴利,疏浚河道,颇有政声。八年入觐,以疾留京,署礼部侍郎。卒,赠太子少保。

② 缁染:受污染。缁,黑色。

③ 今上亲政:指嘉庆四年(1799)正月,太上皇高宗崩,仁宗亲政。

④ 自矢:犹自誓。立志不移。

⑤ 驺从:达官贵人的骑马侍从。

⑥ 毕弇山:毕沅。参见第156页第8则注释①。弇山,毕沅里贯太仓之别称。

⑦ 汤文正:汤斌,字孔伯,号潜庵,睢州(今河南商丘市睢县)人。明末农民军陷睢州,母赵氏殉节死,父契斌避乱浙江衢州。顺治二年(1645),奉父还里。九年成进士,选庶吉士,授国史院检讨。康熙中,历内阁学士、江宁巡抚,体恤民艰,弊绝风清,政绩斐然。康熙二十五年(1686),上为太子择辅导臣,授斌礼部尚书管詹事府事,将行,吴民泣留不得,罢市三日。官至工部尚书。二十六年卒,年六十一。斌习理学,笃守程朱,亦不薄王守仁,身体力行,不尚讲论。有《洛学编》四卷、《汤子遗书》十卷。乾隆元年(1736)追谥文正。

9. 三文敬公拦驾

余外舅三文敬公保①,以翻译进士出身②,任两湖、浙闽总督,入拜东阁大学士。公人愚暗,不悉吏事,动为人欺给。屡任封疆,簠簋不饰③,时人比之李昭信④,而庸劣过之。然幼读宋儒书,大节不苟。癸未夏⑤,纯皇帝巡幸承德府⑥,公时任直隶按察使,至密云⑦,霖雨数日⑧,潮河水骤发。上欲乘骑渡河,公叩马谏曰:“千金之子,坐不垂堂⑨,况万乘至尊⑩,岂可轻试波涛。使御驷有失⑪,虽万段臣等之躯,何可追悔?"上以满洲旧俗,宜亲习劳勋以扬武勇为言⑫。公曰:"皇上此行,奉太后乘舆同至,即使上渡河安便,独不识太后之舆安奉何所?"上动容,为之回銮。又督闽时,浙抚王亶望既丁艰⑬,自以督办海塘为言,夺情视事,又不遣眷属回籍,公恶其蔑伦,密疏劾之,王因此获罪。其为上书房总师傅⑭,尝集古今储贰之事,曰《春华日览》,教授诸皇子。词虽弇陋⑮,为成亲王所讥⑯,然不失师保之体⑰。故卒后,上亲谥文敬,盖取责难于君之义也。(《嘯亭杂录》卷四)

【注释】

① 外舅:岳父。　三文敬公保:三保,一作三宝,伊尔根觉罗氏,满洲正红旗人。乾隆四年(1739)翻译进士,授内阁中书。历直隶、四川、湖北、湖南、贵州诸省布政使。三十七年,擢山西巡抚,移浙江。四十二年,擢湖广总督。四十四年,授东阁大学士兼礼部尚书,督湖广如故,旋移闽浙总督。后命入阁治事,复令在上书房总师傅上行走。四十九年,扈跸热河,以疾还京师,卒。谥文敬。

② 翻译进士:清科举制,为满洲、蒙古、汉军八旗子弟特设翻译科。凡以满文译汉文,并以满文作论者为满洲翻译;以蒙古文译满文者为蒙古翻译。亦分童试、乡试、会试。顺治时只取翻译生员,康熙间取翻译举人,至乾隆时始定会试中式后复试,及格者赐进士出身,无殿试分甲之例。凡由翻译科取得生员、举人、进士者,均加"翻译"二字,以区别于常规文武科考。满洲翻译进士一般以六部主事任用,蒙古翻译进士则分发至理藩院任用。

③ 簠簋(fǔguǐ)不饰:为官不廉的委婉说法。簠簋,本指古代两种盛黍稷稻粱之礼器,引申为贿赂。

④ 李昭信:李侍尧,字钦斋,汉军镶黄旗人。二等伯李永芳四世孙。父元亮官至户部尚书,谥勤恪。乾隆初,侍尧以荫生授章京,累迁汉军正蓝旗副都统。历工部、户部侍郎,授两广总督。三十二年(1767),袭二等昭信伯。三十八年,授武英殿大学士入军机,仍管两广总督事。四十二年,调云贵总督。四十五年,以贪纵营私被劾,逮诣京师斩监候,夺爵以授其弟奉尧。明年,甘肃撒拉尔回苏四十三为乱,起侍尧三品顶戴孔雀翎佐阿桂治军事,旋代勒尔谨为甘肃总督。四十九年,广东盐商诉侍尧在两广任上贪赃,上责偿缴公费免其罪。寻被劾玩忽职守夺官,逮热河行在斩监候。五

十年谕释之,署正黄旗汉军都统、户部尚书。又授湖广总督,调闽浙。五十二年,平台湾之乱,明年复其爵,卒。谥恭毅。侍尧屡以贪黩坐法,上终怜其才,为之曲赦。

⑤ 癸未:指乾隆二十八年(1763)。

⑥ 承德:清直隶承德府(今河北承德市)。清初称热河上营。康熙四十二年(1703),在此建避暑山庄,岁巡焉。雍正元年(1723)设热河厅,十一年置承德直隶州。乾隆七年(1742)仍为承德厅,四十三年升为府。嘉庆十五年(1810)置热河道都统,光绪初(1875)置围场厅。

⑦ 密云:清顺天府密云县(今北京市密云区)。

⑧ 霖雨:连绵大雨。

⑨ 垂堂:靠近堂屋檐下。因檐瓦坠落可能伤人,故以喻危险境地。《史记·袁盎晁错列传》:"文帝从霸陵上,欲西驰下峻阪,袁盎骑并车揽辔。上曰:'将军怯邪?'盎曰:'臣闻千金之子,坐不垂堂,百金之子不骑衡,圣主不乘危而徼幸。今陛下骋六騑,驰下峻山,如有马惊车败,陛下纵自轻,奈高庙、太后何?'上乃止。""千金之子,坐不垂堂",意谓身份高贵,不涉险地。

⑩ 万乘(shèng):天子。周制,天子地方千里,能出兵车万乘。

⑪ 御驷:皇帝车驾。

⑫ 劳勚(yì):劳苦。

⑬ 王亶望:临汾(今属山西)人。以举人捐资得知县。历云南武定知府、甘肃宁夏知府、甘肃布政使、浙江巡抚。乾隆四十六年(1781),大学士阿桂勘察浙江海塘,疑亶望庇护下属贪纵浮冒。同时,甘肃撒拉尔回苏四十三为乱,陕甘总督勒尔谨屡败被逮,命阿桂视师,入境遇连绵大雨,上因疑甘肃频岁报旱不实,谕阿桂、总督李侍尧详查。阿桂、侍尧疏总督勒尔谨、布政使王亶望等令监粮改捐银及虚销赈粟自私等状,帝怒甚,遣人赴浙江严鞠亶望,籍其家。上幸热河,逮勒尔谨、亶望及甘肃布政使王廷赞赴行在,命诸大臣会鞠。狱定,斩亶望,赐勒尔谨自裁,廷赞论绞。此案牵连道州县官六十馀人,冒赈至二万两以上者二十二人坐斩,馀皆谴黜。 丁艰:即丁忧。古制,遭逢父母丧事,子女守丧三年,不行婚嫁,不预吉庆之典,不赴科考,任官须离职。乾隆四十五年(1780),王亶望居母丧,以治海塘疏请百日后留任,帝许之。同官李质颖与亶望意见不相合,入觐奏海塘事,遂言亶望不遣妻孥还里行丧。上降旨责

其忘亲越礼,夺官,仍留塘工自效。

⑭ 上书房:清道光之前称"尚书房"。在皇宫乾清门内东侧南庑。雍正初设,以教导皇子读书。选翰林官分侍讲读,统称入直。乾隆中,始简满汉大学士一至二人充任总师傅。

⑮ 弇陋:浅薄。

⑯ 成亲王:高宗第十一子永瑆。乾隆五十四年(1789)封成亲王。持家苛虐,性阴忮,然工书画。嘉庆时,尝在军机处行走,总理户部三库。道光三年(1823)薨,年七十二。谥曰哲。

⑰ 师保:辅弼帝王和教导皇室子弟的官,有师有保,统称为"师保"。亦泛指老师。

10. 伪 皇 孙 事

庚子春①,纯皇帝南巡回銮时,驻跸涿州②。有僧人某率幼童接驾,云系履端王次子③,以次妃妒嫉,故襁褓时将其逐出,僧人怜而收养,至于成立。初,履端亲王讳永珹,纯皇帝第四子,出继履恭王后④。其侧福晋王氏⑤,王素钟爱,有他侧室产次子,上已命名。时王随上之滦阳⑥,而次子以痘殇告,其邸人皆言为王氏所害,事秘莫能明也。上亦风闻其故,故疑童子近是。讯其嫡福晋伊尔根觉罗氏,嫡妃言:"其子殇时,余曾抚之以哭,并非为王氏所弃者。"言之凿凿。上乃召童子入都,命军机大臣会鞫。童子相貌端庄,颇敦重。坐军机榻上见诸相国,端坐不起,呼和相名曰:"珅来,汝乃皇祖近臣,不可使天家骨肉有所湮没也。"诸大臣不敢置可否。保励堂侍郎成⑦,时为军机司员⑧,乃傲然近前批其颊曰:"汝何处村童,为人所绐,乃敢为此灭门计乎?"童子惶惧,言系树村人⑨,刘姓,为僧人所教者,其谳乃定⑩。时人以保有隽不疑之风⑪。事闻,斩僧人于市,戍童子于伊犁⑫。后又于其地冒称皇孙,招摇愚民,为松相公筠所斩⑬。然闻其邸太监杨姓者云:"履王次子痘时实未尝殇,王氏暗以他尸易之,而命王之弄童萨凌阿负出邸⑭,弃之荒野,嫡妃所抚哭者非真也。"然则僧人之教伪童,盖亦有所凭藉,非无因而至者也。

(《啸亭杂录》卷六)

【注释】

① 庚子：指乾隆四十五年(1780)。乾隆帝依康熙帝之例，亦曾六次巡幸江南，分别在乾隆十六年、二十二年、二十七年、三十年、四十五年、四十九年。

② 涿州：清直隶顺天府涿州(今属河北保定市)。

③ 履端王：高宗第四子永珹。乾隆二十八年(1763)，履亲王胤裪薨，子弘昆先卒，高宗命永珹为胤裪后，袭郡王。四十二年永珹薨，谥端。嘉庆四年(1799)追封亲王，故称履端亲王。

④ 履恭王：应作"履懿王"。圣祖第十二子胤裪。康熙四十八年(1709)封贝子，六十一年授镶黄旗满洲都统。世宗即位，进封履郡王，尝因治事不能，夺爵。高宗即位，进封履亲王。乾隆二十八年薨，谥懿。高宗以其四子永珹袭爵。

⑤ 侧福晋：清制，亲王、郡王及亲王世子的正室称福晋，侧室则称侧福晋。每五年一次，由礼部题准给册。一说，福晋为汉语"夫人"的音译。

⑥ 滦阳：承德府之别称。因在滦河之北，故名。

⑦ 保励堂侍郎成：保成，字励堂，未详何许人。乾隆五十六年(1791)，官至吏部左侍郎。

⑧ 军机司员：即军机章京。参见第179页第4则注释⑩。

⑨ 树村：在京城西北郊圆明园北。

⑩ 谳(yàn)：案件。

⑪ 隽不疑：字曼倩，西汉勃海郡(治今河北沧州市沧县旧州镇)人。初为郡文学，治《春秋》。武帝末，以直指使暴胜之荐为青州刺史。景帝即位，齐孝王孙刘泽交结郡国豪杰谋反，不疑发觉并收捕，擢京兆尹，赐钱百万。始元五年(前82)，识破冒充卫太子者，昭帝与大将军霍光闻而嘉之。光欲以女妻之，固辞不肯当。久之，以疾辞官，终于家。

⑫ 伊犁：清总统伊犁等处将军驻地(今新疆伊犁州霍城县惠远镇)。乾隆二十年(1755)，清廷征讨准噶尔部，平定叛军于格登山，西域统一。二十七年，筑惠远城，设总统伊犁等处将军，为新疆最高行政和军事长官，统辖天山南北各路驻防城镇及归附清廷的中亚和哈萨克各部。

⑬ 松筠：字湘浦，玛拉特氏，蒙古正蓝旗人。翻译生员，授理藩院笔帖式，充军机章京。

能任事，为高宗所知，累迁内阁学士兼副都统。乾隆五十年(1785)，命往库伦治俄罗斯贸易事。历八年召还，授御前侍卫、内务府大臣、军机大臣。五十九年，授工部尚书兼都统，充驻藏大臣，抚番多惠政。仁宗亲政，召为户部尚书，授陕甘总督。嘉庆七年(1802)，擢伊犁将军，引水开渠，垦田六万馀亩。十四年，平蒲大芳之反，以未鞫而杀其属降为喀什噶尔参赞大臣。复授陕甘总督，调两江总督，治河有效。十六年，授两广总督、协办大学士兼内大臣，召为吏部尚书。十八年，复出为伊犁将军，拜东阁大学士，改武英殿。二十二年，抗疏谏阻明年幸盛京，罢大学士，出为察哈尔都统，署绥远城将军。寻授礼部尚书，调兵部，出为盛京将军。二十五年，以兵部丢失行印，迭降为骁骑校。宣宗即位，起授为左都御史、热河都统。道光元年(1821)，召为兵部尚书，调吏部，命为军机大臣，寻暂署直隶总督。后数年，屡遭降职，十四年以都统衔休致。逾年卒，年八十二。赠太子太保，依尚书例赐恤，谥文清。《清史稿·松筠传》曰："松筠廉直坦易，脱略文法，不随时俯仰，屡起屡蹶。晚年益多挫折，刚果不克如前，实心为国，未尝改也。服膺宋儒，亦喜谈禅，尤施惠贫民，名满海内，要以治边功最多。"

⑭ 弄童：娈童。指被玩弄的美貌男童。

11. 武 虚 谷

武虚谷亿①，河南偃师人。中庚子进士，任山东博山县县令②，有德声。甲午秋③，寿张王伦倡乱④，为舒文襄公所扑灭⑤，或传伦实未死，潜匿于他方。庚戌间⑥，山西人董二告王伦藏匿山西某县，和相时专柄，欲希封赏，乃授意觉罗牧庵相公长麟⑦，令其侦缉。牧庵拂其意，以虚妄对，和相艴然⑧。其属番役某⑨，欲获和相欢心，因献计仍向齐省缉访⑩，或可得踪迹。和相乃密签役往山东，至博山县，其役恃和相势，擅作威福。公擒至署中，取捕役签票视⑪，票惟书二公役名，而同夥行者凡十五人。公督责之，捕役抗横无礼，公大怒，以大杖责数十。役归告和相，和相怒曰："县令疯耶！乃敢杖吾胥役⑫？"乃授意于山东抚臣，以他事劾罢公职，公归装惟书数十篓而已⑬。嘉庆己未有荐公于朝者⑭，上命超雪⑮，复公职，而公已先时卒，士论惜之。(《啸亭杂录》卷六)

【注释】

① 武亿：字虚谷，偃师（今河南洛阳市偃师市东南）人。好读书，从大兴朱筠游，益为博通之学。乾隆四十五年（1780）进士，次年授山东博山知县。劝农耕桑，创范泉书院讲授伦理务实之学。五十七年，和珅领步军统领事，闻妄人言山东教匪王伦未死，密遣番役四出侦缉。于是，番役头目杜成德等十一人，横行州县，入博山境，为亿所执，按法痛杖之。巡抚吉庆以滥责平民罪，罢亿职。县民千馀走大府乞留，不可得。亿贫不能归，以经史训诂教授生徒。嘉庆四年（1799），仁宗召用，亿已先卒，年五十五。

② 博山：清青州府博山县（今山东淄博市博山区）。

③ 甲午：指乾隆三十九年（1774）。

④ 王伦：寿张（今山东聊城市阳谷县东南）人。乾隆三十六年（1771），创白莲教支教清水教，自称教主，以教授拳术及运气治病聚徒传教。三十九年秋，稼禾歉收，伦以谶言召众起事，攻克寿张、阳谷、堂邑诸城，又攻临清，断运河漕运。清廷遣大学士舒赫德督军围剿，激战于临清旧城。王伦兵败，自焚死，距起事仅月馀矣。

⑤ 舒文襄：舒赫德，字伯容，舒穆鲁氏，满洲正白旗人。雍正时以笔帖式授内阁中书，累迁御史，充军机处章京。乾隆间，五迁至兵部尚书，移户部。从征金川，平准噶尔部及回部叛乱，图形紫光阁。后历陕甘总督，署户部尚书。乾隆三十三年（1768），忤上旨夺官，以都统衔参赞大臣出驻乌什。三十六年，宣抚自俄罗斯归附土尔扈特部，授伊犁将军。三十八年，加太子太保，授武英殿大学士。次年，督师平寿张王伦之叛，以功复予云骑尉世职。四十二年卒。赠太保，谥文襄。

⑥ 庚戌：指乾隆五十五年（1790）。

⑦ 觉罗长麟：字牧庵，满洲正蓝旗人。乾隆四十年（1775）进士，授刑部主事。历福建兴泉永道，累迁两广总督，署闽浙。乾隆末，以按治闽浙总督伍拉纳贪腐不力，夺职，予副都统衔赴叶尔羌办事。寻授库尔喀拉乌苏领队大臣，调喀什噶尔参赞大臣。仁宗亲政，授云贵总督，调闽浙，又调陕甘。嘉庆八年（1803），授兵部尚书，调刑部，兼管户部三库。十一年，命协办大学士。十五年，以疾辞，逾年卒。谥文敏。

⑧ 鲃（bó）然：恼怒貌。

⑨ 番役：明清时缉捕罪犯的差役。

⑩ 齐省：山东省。

⑪ 签票：旧时官府交给差役拘捕犯人的凭证。

⑫ 胥役：胥吏与差役。

⑬ 篼（lǐ）：竹编盛器。亦用作量词。

⑭ 嘉庆己未：指嘉庆四年（1799）。

⑮ 超雪：谓洗雪冤枉。

12. 张文和之才

张文和公辅相两朝①，几二十馀年，一时大臣皆出后进。年八十馀，精神矍铄，裁拟谕旨，文采赡备②。当时颇讥其祖庇同乡，诛锄异己，屡为言官所劾。然其才干实出于众，凡其所平章政事及召对诸语③，归家时，灯下蝇头书于秘册，不遗一字。至八十馀，书尝颠倒一语，自掷笔叹曰："精力竭矣！"世宗召对，问其各部院大臣及司员胥吏之名姓，公缕陈名姓籍贯及其科目先后，无所错误。又以谦冲自居，与鄂文端公同事十馀年④，往往竟日不交一语。鄂公有所过失，公必以微语讥讽，使鄂公无以自容。暑日鄂公尝脱帽乘凉，其堂宇湫隘，鄂公环视曰："此帽置于何所？"公徐笑曰："此顶还是在自家头上为妙。"鄂神色不怡者数日。然其善于窥测圣意，每事先意承志，后为纯皇帝所觉，因下诏罪之，逐公还家。致使汪文端、于文襄辈⑤，互相承其衣钵，缄默成风。朝局为之一变，亦公有以致之也。（《啸亭杂录》卷六）

【注释】

① 张文和：张廷玉，字衡臣，桐城（今属安徽安庆市）人。大学士张英次子。康熙三十九年（1700）进士，改庶吉士，授检讨。入直南书房，累迁刑部侍郎，调吏部。世宗即位，擢礼部尚书，加太子太保兼翰林院掌院学士。雍正四年（1726），授文渊阁大学士，仍兼户部尚书、翰林院掌院学士。五年，进文华殿大学士。六年，进保和殿大学士，兼吏部尚书。七年，设军机房，以怡亲王胤祥、张廷玉及蒋廷锡领其事。嗣改称办理军机处，廷玉定其规制。十三年，世宗疾大渐，与鄂尔泰等同被顾命。高宗即位，为总理事务大臣，兼《明史》《大清会典》等重要典籍总裁官。乾隆十四年（1749），

进三等勤宣伯,旋削爵命致仕。二十年卒,年八十四。命仍遵世宗遗诏配享太庙,谥文和。

② 赡备:谓充足完备。

③ 平章:评处;商酌。

④ 鄂文端:鄂尔泰。参见第 177 页第 3 则注释①。

⑤ 汪文端:汪由敦,字师茗,原籍休宁(今属安徽黄山市),后移居钱塘(今浙江杭州市)。雍正二年(1724)进士,选庶吉士。遭父丧,以纂修《明史》命在馆守制。丧终,三迁内阁学士,直上书房。乾隆二年(1737),左授侍读学士。累迁工部尚书,调刑部兼署左都御史。十一年,以张廷玉荐,命在军机处行走。十四年,金川平,加太子少师,署协办大学士,累官至吏部尚书。二十三年卒,年六十七。赠太子太师,谥文端。 于文襄:于敏中,字叔子,金坛(今属江苏常州市)人。乾隆二年(1737)一甲一名进士,授修撰。二十五年,累迁至户部侍郎,入为军机大臣。三十六年,以户部尚书命协办大学士。三十八年,进文华殿大学士。请开《四库全书》馆,为正总裁。四十四年卒,年六十六。谥文襄。

13. 徐 中 丞

徐中丞讳士林①,山东文登人。父农也。公幼闻邻儿读书声,乐之,跪太母前曰②:"愿送儿置村塾中。"许之。遂中康熙癸巳进士③,累迁至福建汀漳道。漳俗,斗杀人,捕之辄聚众据山。或请用兵,公曰:"无庸。"命壮士分扼要隘三日,度其食且尽,遣人深入,怵以好语曰④:"垂手出山者免。"如其言,果逐对出。乃伏其仇于傍,仇大呼曰:"为首者某也。"立擒以徇,众惊散,嗣后捕犯,犯无据山者。迁江苏布政使。丁父忧,诏夺情,不起,服阕入都。纯皇帝问:"山东、直隶麦何如?"曰:"旱且萎。"问:"得雨如何?"曰:"虽雨无益。"问:"何以用人?"曰:"工献纳者,虽敏非才;昧是非者,虽廉实蠹⑤。"上深然之。寻迁江苏巡抚。公于要路不通一刺,而于乡会师门惓惓不忘⑥,曰:"此人生遇合之始也。"治狱如神,有宿松民媳田氏⑦,事姑孝,兄某利其产,逼嫁之,与群匪篡焉⑧。妇刭于途,诬以坠水。公坐堂上,见黑衣女子啾啾如有诉,召兄某质之,则毛发析洒⑨,口吐实情。公深愧以鬼道设教⑩,而满庭胥吏皆有见闻，不能掩也。凡谳，决宪于辕垣⑪，绝人影射⑫。守令来谒，命判试其才，教曰："深文伤和⑬，姑息养奸，戒之哉。夫律例犹医书《本草》也⑭，不善用药者杀人，不善用律者亦如之。"性廉信而绝不自矜。尝贺长至节⑮，天寒裘秃，按察使包括以貂假公⑯，公披之如忘，涕唾交挥，家人耳语曰："此包公衣也。"公大惭谢过。少顷，论公事快，挥洒如故。听讼饥，家人供角黍⑰，且判且啖，少顷，髭颐尽赤，盖误朱为饴糖，笔箸交下不能复辨也。晚坐白木榻，一灯荧荧然，手披目览，虽除夕元辰勿辍。幕下客怜之，治具邀公⑱，公猛啖，不问是何膳饮。其平素精神瘄寐、偃仰唾涕⑲，知爱民忧国，惟日不足而已。故于服食居处，人以是供，公以是受，不容心于丰，亦不容心于俭也。抚吴未逾年，以疾乞归养，舟次于淮安卒。其遗疏云："愿皇上除弊政毋示纷更，广视听而中有独断，爱民勿使之骄，用人先求其直。"章上，人以比朱文端公云⑳。上悼惜，赐祀贤良祠，年五十八。(《啸亭杂录》卷七)

【注释】

① 徐士林：字式儒，文登(今属山东威海市)人。康熙五十二年(1713)进士，授内阁中书，再迁礼部员外郎。雍正五年(1727)，授安庆知府。十年，擢江苏按察使，坐事左迁福建汀漳道。乾隆元年(1736)，迁河南布政使，以父病乞归，旋居父丧。命署江苏布政使，又以母病父未葬辞。四年，除江苏布政使，次年迁江苏巡抚。核定淮盐市价，赈济徐海水灾，颇有能声。六年，以疾辞，行至淮安卒，年五十八。命祀京师贤良祠。　中丞：此指巡抚。参见第47页第4则注释⑪。

② 太母：指祖母。然据下文，此处应作"大母"。大母，旧时庶子称父亲的嫡配。

③ 康熙癸巳：指康熙五十二年(1713)。

④ 怵(xù)：诱导；诱惑。

⑤ 蠹：蛀虫。比喻祸国害民的人。

⑥ 乡会师门：指乡试、会试主考官。　惓惓(juàn—)：深切思念；念念不忘。

⑦ 宿松：清安庆府宿松县(今属安徽安庆市)。

⑧ 篡：用强力夺取。

⑨ 析酒：披散貌。

⑩ 以鬼道设教：谓凭借鬼神实施教化。此指利用女鬼托言来判案。

⑪ 决宪：谓作出惩处决定；定罪。　辕垣：官署。

⑫ 影射：蒙混；假冒。

⑬ 深文：谓制定或援用法律条文苛细严峻。

⑭ 本草：《神农本草经》的省称。古代著名医书。因所记各药以草类为多，故称《本草》。南朝梁阮孝绪《七录》始著录《神农本草经》，共收药三百六十五种。唐宋均有增补。至明代李时珍，荟萃前人成果，考订谬误，删繁补阙，著《本草纲目》五十二卷，收药一千八百九十二种，药方一万一千馀首，为《本草》总结性著作。《神农本草经》原书已佚，有清孙星衍辑本。

⑮ 长至节：即冬至。因冬至后日渐长，故曰长至。古代帝王冬至祭天于南郊。五代十国时始立长至节，明清沿之。清《皇朝文献通考》卷一百二十五《冬至朝贺》："崇德元年定长至，进表庆贺，不设宴。顺治元年十一月戊申，以南郊礼成，上御殿受诸王、贝勒及文武群臣朝贺。八年，定长至节，于次日御殿受贺如元日仪。"

⑯ 包括：未详何许人。雍正时，历常州知府、江苏太通道、江南驿盐道。乾隆五年（1740），官至江西巡抚。

⑰ 角黍：即粽子。以箬叶或芦苇叶裹米蒸煮使熟。状如三角，古用黏黍，故称。

⑱ 治具：备办酒食。

⑲ 精神窹寐：犹精神恍惚；半梦半醒。　偃仰唾涕：犹举止言谈。

⑳ 朱文端：朱轼，谥文端。参见第143页第5则注释①。

14. 马　僧

江宁严星标、常熟徐芝仙①，皆以耆士在大将军年羹尧幕府②。雍正元年，青海罗卜藏丹津不顺③，宪皇帝命年为抚远大将军④，岳锺琪为奋威将军⑤，率兵讨之。功成，年亦骄抗，二生恐为所累，以年衰辞归，年厚赠金币送还。宿蒲州⑥，有两骑客来，状虓猛⑦，所肩行李担，铁也。天明行，晚复来宿，心悸之，卒无如何。又客馆逢二僧，皆狷黠少年⑧。二叟目之，一僧吴语曰："谁无眷属，何看为？"始知其一为尼，急乱以他语。出不敢按站，行十馀里即宿。僧来排闼踞上坐⑨，扬其目而视之曰："我疑若书生也，乃亦盗耶！橐内赤金二千从何来？"二叟骇曰："天下财必为盗而后得耶？朋友赠何妨？"僧曰："若然，二君必年大将军客也。"曰："然。"曰："几杀好人。"起挟女尼走东厢，酌酒饮，倚而歌，听之，秦声也。抵暮，两骑客亦来，解鞍宿西舍。庭月大明，二叟闭门卧，僧独步檐外，啧啧曰："好马！好马！"亡何^⑩，两骑客去，僧闯然叩门，严窘，挺身出曰："事至此，尚何言？行李、头颅都可将去，但有所请于和尚。"指芝仙曰："此吾老友，七十无儿，杀之耶？释之耶？"僧笑曰："我不杀汝，先去之两骑客，乃杀汝者也。"诘其故，曰："凡绿林豪测客囊，皆视马蹄尘，金银铜分量，望尘了然。两盗，雏耳^⑪，虽相伺而眼眯，误赤金为钱镪^⑫，故不直一下手。然非我在此，二君殆矣。"问僧何来，曰："余亦从年大将军处来也。公等知将军平青海是谁助之功耶？余故吴人，少无赖，好勇，被仇诬作太湖盗，不得已逃塞外。随蒙古健儿盗马久，性遂爱马。亡何，见岳公锺琪所乘，彪彪然名马也，夜跳匿厩中，将牵其缰。未三鼓，公起视，自饲马，四家僮秉灯至，余不能隐，被擒。公下上视，问：'行刺者乎？盗马者乎？'曰：'盗马。'问：'白日阑入者^⑬，夜逾墙者乎？'曰：'逾墙。'公微瞠若有所思。秣马讫，命随入室，案上酒肴横列，公饮巨觥，而以一盏见赐。随解衣卧，大鼾迟明^⑭，公起，盥沐毕，唤盗马人同往大将军府。公先入，良久，闻军门传呼曰：'岳将军从者某，赏守备衔^⑮，效力辕下。'岳旋出上马，顾曰：'壮士努力，将相宁有种耶^⑯？'亡何，余醉与材官角斗^⑰，将军怒，赐杖，甫解裤，岳公至，曰：'我将征西藏，为汝乞免，汝从我行。'时雍正二年二月八日也。公命副都统达鼐、西宁总兵黄喜林各领兵，先自领五百人为一队，约某日会于青海界之日月山^⑱。至期天暮，公立营门谕二将曰：'此行非征西藏也！青海酋罗卜藏久稽天诛^⑲，昨其母与其弟红台吉二酋密函乞降^⑳，机不可失。'手珠宝一囊，金二饼，顾余曰：'先遣汝召贼母来。贼所驻穹庐外有网城^㉑，结金铃于上，动辄人知，非善逾者不能入。贼营帐四，上有三红灯者，其母也，对面帐居罗卜藏，左右居丹津、红台吉二酋，珠宝与金将以为犒。此大事，汝好为之。'解腰下佩刀授余，余受命叩头出，公起身入。天大雾，余乘雾行三十馀里，至贼网城，果如公言。余腾身而入，果帐烛荧然，母上座，二酋侍侧。母六十许，面方，发微白，披红锦织金袍。叱余何人，余曰：'年大将军以阿娘解事，识顺逆，故遣奴来问好。囊宝贝奉赠，金二饼馈两台吉。'二人闻之喜，叩头谢。余知功将成，诈曰：'将军在三十里外待阿娘，阿娘速往。'三人相顾犹豫。余解佩刀插其座毡，厉声曰：'去则去，不去，我复将军。'其母曰：'好蛮子，行矣！'上马与二酋随十馀骑行。不十里,岳公迎来,将其母与二酋交达、黄二将分领之。须臾前山火光起,夹道炮发,斩母与二酋,回入军营。次日,谍者来报,罗卜藏丹津已逃准噶尔部落,岳公命竿三头徇㉒,三十三家台吉皆震悚乞降。二十二日,至年大将军营,往返才十五日。三月朔凯旋,岳公首举余功,大将军赏游击衔。余诣军门谢岳曰:'某杖此仅半月耳,大丈夫何颜复来,愿辞公归,别图所报。'公笑曰:'咄,吾知汝终为白首贼也㉓。'厚赐而别。归次泾州㉔,宿回山王母宫㉕。昵妓女金环,年馀,资用荡尽,不能归。忆幼时习少林寺手搏法㉖,彼处可栖,遂与金环同削发赴中州㉗。苦无马,逢两盗骑善马,故夺之。"二叟不信,曰:"彼不受夺奈何?"僧笑,拉二叟出视厩,则夜间已将所肩铁担屈而圆之,束二马首于内,不可开。二盗气夺,故遁去。言毕,挟女尼舒其担,牵马门外,拱手作别曰:"二君有戒心,勿北行,可南去,凡李卫、田文镜两总督所辖地方㉘,毋忧也。"后三十馀年,二叟亡。严之孙用晦过河南登封县㉙,遇少林僧论拳法,曰:"雍正中异僧来传,技尤精,然无姓名,好养马,因称马和尚。后总督田文镜禁严,僧转授永泰寺环师㉚,今环师亦亡,其徒惠来者,能传其术。"用晦心知马和尚即此僧,环师者金环妓也。欲访惠来,以二寺相距十馀里,天大雪不果往。
(《啸亭杂录》卷七)

【注释】

① 严星标、徐芝仙:严馨,字星标,江宁(今江苏南京市)人。徐芝仙,字芬若,号芝仙,常熟(今属江苏苏州市)人。工诗画。康熙末,二人以名士供职于川陕总督年羹尧幕府。雍正元年(1723),羹尧为抚远大将军平青海,功成,以二人年老,赠金帛以归。

② 耆士:犹师傅。 年羹尧:字亮工,汉军镶黄旗人。康熙三十九年(1700)进士,改庶吉士,授检讨,累迁内阁学士。四十八年,擢四川巡抚。五十七年,特授四川总督,办理松藩军务,配合入藏各军,平定乱事。未几,升川陕总督。世宗即位,任为抚远大将军,率岳钟琪等平定青海罗卜藏丹津。因素为世宗心腹,恃势骄纵,遭世宗猜忌。雍正三年(1725)末,下狱赐死,年四十三。

③ 罗卜藏丹津:青海和硕特蒙古首领。固始汗孙。康熙五十三年(1714)袭亲王爵。五十九年,随清军护送达赖喇嘛入藏,旋击退入藏准噶尔兵。雍正元年(1723),胁迫青海蒙古各部会盟于察罕托罗海,阴谋割据,清廷命年羹尧率军征讨。罗卜藏丹津

兵败,逃奔准噶尔部。乾隆二十年(1755),清平定伊犁时被俘,后令居京。

④ 抚远大将军:清因军事征讨而设武职名。有抚远、宁远、安东、征南、平西、平北等大
将军。

⑤ 岳锺琪:字东美,成都(今属四川)人。由捐纳同知改武职。康熙末率军入藏平乱,
师还,累擢四川提督。复随年羹尧入青海,破罗卜藏丹津。后又率军攻准噶尔部。
官至川陕总督,为宁远大将军。尝疏请改土归流、丁银摊入地亩征收等,朝廷著为定
例。雍正六年(1728),乡儒曾静使学生张熙劝其反清,为锺琪告发。十年,以误国负
恩罪罢。乾隆十三年(1748)起为四川提督,参与大金川之战。十九年卒,年六十八。
谥襄勤。　奋威将军:清因军事征讨而设武职名。康雍乾间,有靖寇、安远、奉命、平
逆、平寇、建武、讨逆、宁远、靖边、定边、绥远、振武、靖逆、荡寇、奋威等将军。

⑥ 蒲州:清蒲州府(治今山西运城市永济市蒲州镇)。

⑦ 虓(xiāo)猛:威武勇猛。

⑧ 狷黠:狂妄而狡猾。

⑨ 排闼(tà):推门;撞开门。

⑩ 亡(wú)何:不久。

⑪ 雏:泛指幼禽幼兽。借指小儿幼儿,引申为生手或新手。

⑫ 钱镪(qiǎng):钱贯。即成串的钱。

⑬ 阑入:无凭证而擅自进入。

⑭ 迟(zhì)明:黎明。

⑮ 守备:清绿营统兵官,正五品。分领营兵,称营守备;漕运总督辖下各卫分设守备,
统运军及漕粮,称卫守备;四川、云南等土司中设守备,称土守备。

⑯ 将相宁有种耶:意谓将相岂是世代相传。《史记·陈涉世家》:"且壮士不死即已,死
即举大名耳,王侯将相宁有种乎?"

⑰ 材官:武卒或供差遣的低级武职。

⑱ 日月山:即清甘肃西宁府丹噶尔城(今青海西宁市湟源县)西南拉萨拉岭,时为甘肃
与青海界。

⑲ 久稽天诛:意谓久经征讨。久稽,长期延续。天诛,上天诛罚,引申为帝王的征讨。

⑳ 台吉:旧时蒙古王公爵位名号。后亦用作军衔或行政区长官称号。

㉑ 穹庐：古代游牧民族居住的毡帐。 网城：以绳索等建成的网状护卫设施。

㉒ 竿三头徇：意谓悬挂三人头颅于竿以示众。

㉓ 白首贼：谓以贼身终老。

㉔ 泾州：清甘肃直隶州泾州（治今甘肃平凉市泾川县）。

㉕ 回山王母宫：在泾州城西里许。西汉时建有西王母庙。

㉖ 少林寺：在清河南府登封县（今河南郑州市登封市）西北二十五里少室山北麓。始建于北魏太和二十年（496）。梁时达摩居此面壁九年。隋文帝改名"陟岵"，唐改名"少林"。内有唐武德初（618）秦王告少林寺主教碑。

㉗ 中州：古豫州地处九州之中，故称中州。后因指河南地。

㉘ 李卫：字又玠，江南铜山（今江苏徐州市）人。入资为兵部员外郎。雍正二年（1724），迁云南布政使兼管盐务。后历浙江总督，官至署理刑部尚书、直隶总督。乾隆三年（1738）卒，年五十一。谥敏达。 田文镜：汉军正黄旗人。以监生授福建长乐县丞，累迁内阁侍读学士。雍正元年（1723），命署山西布政使，次年署河南巡抚，官至河南山东总督。十年病卒，年七十二。谥端肃。二人皆以廉能著。

㉙ 严用晦：严长明，字道甫，号用晦，江宁人。严馨之孙。年少时尝从方苞受业，寻借馆扬州马氏，尽读其藏书。乾隆二十七年（1762）高宗南巡，以诸生献赋赐举人，用为内阁中书，入军机。通古今，工于奏牍，大学士刘统勋最奇其才。官至侍读。后以忧归，不复出，入毕沅幕为奏词。又主讲庐阳书院，讲学著述。撰有《毛诗地理疏证》《五经算术补正》《三经三史答问》等书。

㉚ 永泰寺：在清河南府登封县北二十二里太室山西麓。与少林寺遥对。北魏孝文帝公主焚修地，为女僧寺院。

15. 画 眉 杨

京师有善作口伎者①，能为百鸟之语，其效画眉尤酷似，故人皆以"画眉杨"呼之。余尝见其作鹦鹉呼茶声，宛如娇女窥窗。又闻其作鸾凤翱翔戛戛和鸣，如闻在天际者。至于午夜寒鸡，孤床蟋蟀，无不酷似。一日作黄鸟声，如睍睆于绿树浓阴中②，韩孝廉崧触其思乡之感③，因之落涕，亦可知其伎矣。（《啸亭杂录》卷八）

【注释】

① 口伎：亦作"口技"。杂技之一种。运用口腔发音技巧来模仿各种声音。古时常隔壁表演，故亦称隔壁戏。又称像声。

② 睍睆(xiànhuǎn)：形容鸟色美好或鸟声清和圆转貌。

③ 韩孝廉崶：未详何许人。孝廉，举人。

16. 书 剑 侠 事

余友毕补垣云①："粤西永宁州有陈氏者②，家巨富。尝饮于州署中，席间有伟丈夫闯然至，衣服鲜美，年甚髫稚③，与州牧款洽④。陈异其人，讯诸州牧，牧曰：'此所谓李氏子，至州已三载，惟以交纳官吏为事，实未详其世族。'陈有少女，因欲赘李为婿，倩州牧为媒。李慨允之，惟约曰：'每月有数夕，吾应夜出会客，莫相为阻。'陈允之。既赘数月，每夕出，终夜不返，所招徕者皆峨冠奇服，相貌儌丑之辈⑤。陈叟亦颇悔为姻，既已赘之，无如何也。吴中有叶氏子者，少无赖，好剑术，有老妪导之，能以剑为双丸，纳诸口中，又能使人以白刃击其肩背，终无血迹。老妪因曰：'此麻姑避剑法也⑥。'叶拜学其术，因出游于外。时王师征缅甸⑦，有转饷至楚南沅州者⑧，一夕忽失银数百鞘⑨，守吏大惊，因督责胥隶捕缉，终日笞挞。有老胥曰：'银至数百鞘，非一人之所能持，如其夥众多，声应喧沓，何以守者阒然无所闻见？其中必有异也。'因号泣路旁。叶氏子适至沅，异而问之，老胥告其故。叶怜其老，曰：'吾可为代觅之。'因赴滇、黔物色之，终不得其要领。一日，路之永宁，遇李生于途，诧曰：'此小李将军也！奚以至此？'因问诸路人，曰：'此陈氏赘婿也。'叶氏子遂至陈宅，告楚中失帑之故。陈亦讶曰：'数日前吾婿颇暴富，未审其财物所自，岂即盗官项耶？'叶曰：'夜中令汝女细询之。'陈叟告其女。晚间李生至，入户，见妻色凄然，曰：'此必有异。'因究诘之，女战栗无人色，长跽以谢⑩。李生疑有他故，因拔壁上剑将斩之。叶氏子自窗跃入曰：'不可害良家女，泄其机者为某甲⑪，请斩吾首可也。'李嗒然弃剑曰⑫：'吾兄奚至此？吾事败矣，不可久居于此。'叶氏子忿然责之曰：'吾侪以义为重，岂可盗官家物，使遗祸于他人以遭天谴也？'李生曰：'诺，兄可速回楚，官帑保无遗失，吾亦弃此而他徙矣。'叶氏子因辞陈叟归，李生亦以其日弃家去,不知所之。是夜沅库得所失鞘,封印如故。叶氏子既归吴中数载,相物色者愈众⑬,叶氏子曰:'布衣而享妖异之名,其祸足以杀身。'因辞其父母云:'欲之点苍山学道⑭。'至今未归"云。此甲寅秋日告余者⑮。今补垣已殁廿载,未知其事确否,聊漫录之,以志异云。(《啸亭杂录》卷八)

【注释】

① 毕补垣:毕敦,字补垣。里贯未详。出仕浙江衢州府开化县丞,溺水毙。

② 永宁州:清桂林府永宁州(治今广西桂林市永福县百寿镇)。

③ 髫稚:幼年;儿童。此指年少。

④ 州牧:清称知州为州牧。

⑤ 傲(qī)丑:丑陋。

⑥ 麻姑:神话中仙女名。传说东汉桓帝时,尝应仙人王方平召,降于蔡经家,为一美貌女子,年可十八九岁,手纤长似鸟爪。蔡经见之,心中念曰:"背大痒时,得此爪以爬背,当佳。"方平知之,使人鞭经,且曰:"麻姑,神人也,汝何思谓爪可以爬背耶?"麻姑自云:"接待以来,已见东海三为桑田。"又能掷米成珠,为种种变化之术。事见晋葛洪《神仙传》卷三。

⑦ 王师征缅甸:指乾隆间清廷对缅甸的四次用兵。乾隆三十年(1765)三月,缅兵进入车里司(治今云南西双版纳州景洪市)掳掠,云贵总督刘藻领兵围剿。次年正月,清军遇伏击失利,刘藻革职后自刎。高宗调大学士、陕甘总督杨应琚为云贵总督,率军攻入缅甸,蛮暮、木邦诸土司内附。三十二年正月,清军败于新街(今缅甸八莫),旋又败于猛卯(今云南德宏州瑞丽市西),缅兵由铜壁关、铁壁关攻入云南内地。三月,杨应琚褫职,宣示贻误罪状,以伊犁将军明瑞为云贵总督兼兵部尚书。五月,官军失利于木邦(治今缅甸兴威),寻赐杨应琚自尽。清廷遣额尔景额为参赞大臣领兵由铁壁关出为北路军,明瑞领兵由宛顶出为南路军,分路进击缅甸。十二月,北路军抵新街附近老官屯,额尔景额病亡,令其弟额勒登额代。南路明瑞经木邦深入缅境,迫近缅都阿瓦(今缅甸曼德勒西南)。因轻敌,遭缅兵反击,明瑞退至木邦被围。上命北路军增援木邦,然额勒登额畏敌,迁延不前,至明年二月始抵宛顶,而木邦清军已溃,明瑞自缢,官兵死伤无算。帝怒,逮额勒登额入京,磔于市。命大学士傅恒为经略,

阿里衮、阿桂为副将军,舒赫德为参赞大臣,鄂宁为云贵总督,调满洲兵及贵州兵、福建水师赴云南,征讨缅甸。三十四年二月,傅恒率兵出征。四月,进驻永昌(今云南保山市)。七月,以两路入缅境。十月,与缅兵主力激战于新街、老官屯一带。两军交战久,清兵伤病日增,皆不得进,因隔大金沙江(今缅甸伊洛瓦底江)相对峙。十一月,缅帅乞和,清军还。至五十三年六月,缅甸国王孟陨遣使奉表纳贡,遂终其事。

⑧ 沅州:清沅州府(今湖南怀化市芷江县)。

⑨ 鞘(qiào):饷鞘。古时贮银以便转运的空心木筒。

⑩ 长跽:长跪。谓双膝着地,上身挺直。

⑪ 某甲:自称之代词。

⑫ 嗒(tà)然:沮丧怅惘貌。

⑬ 物色:访求。

⑭ 点苍山:即苍山。在清大理府(治今云南大理州大理市大理镇)西。宋元时,有"苍山剑派"。

⑮ 甲寅:指乾隆五十九年(1794)。

17. 高 江 村

高江村士奇①,华亭人②。家甚贫窭,鬻字为活,纳兰太傅明珠爱其才③,荐入内庭。仁皇喜其才便捷④,凡遇巡狩出猎,皆命江村同禁籞羽林诸将校并马扈从⑤。故江村诗曰:"身随翡翠丛中列,队入鹅黄者里行。"盖纪实也。江村性趫巧⑥,遇事先意承志,皆惬圣怀。一日,上猎中马蹶,上不怿,江村闻之,乃故以潴泥污其衣⑦,趋入侍侧。上怪问之,江村曰:"臣适落马堕积潴中,衣未及浣也⑧。"上大笑曰:"汝辈南人,故懦弱乃尔。适朕马屡蹶,竟未坠骑也。"意乃释然。又上登金山,欲题额,濡毫久之,江村乃拟"江天一览"四字于掌中,趋前磨墨,微露其迹,上如其所拟书之。其迎合皆若此也。(《啸亭杂录》卷八)

【注释】

① 高士奇:字澹人,号江村,钱塘(今浙江杭州市)人。幼好学能文,家贫,以监生就顺

天乡试。工书，明珠荐入内廷供奉，授詹事府录事，迁内阁中书。康熙十九年
(1680)，授额外翰林院侍讲。二十二年，补侍读，充日讲起居注官。迁右庶子，累擢
詹事府少詹事。二十八年，从上南巡至杭州。未几，左都御史郭琇劾奏士奇结党营
私、贪赃受贿，令休致回籍。三十三年，召来京修书，直南书房。三十六年，以养母乞
归，诏允之。四十二年，上南巡，士奇迎驾淮安，扈跸至杭州，及回銮，复从至京师，屡
入对。寻遣归，病卒，年六十。谥文恪。

② 华亭：清松江府华亭县(今上海市松江区)。此言高士奇里贯，与史未合，误。士奇祖
上于宋靖康之变后，自汴京南迁至越州馀姚。清顺治末，入籍钱塘，补杭州府学生员。

③ 明珠：字端范，纳喇氏，满洲正黄旗人。初授侍卫。康熙十一年(1672)，迁兵部尚
书，坚主削藩，为圣祖所倚重，累官至武英殿大学士、太子太傅。充《太祖太宗实录》
《大清会典》《平定三逆方略》《明史》等书总裁官。二十七年，以植党营私、招权纳贿
为御史郭琇劾奏，革去大学士，仍用为内大臣。四十七年卒，年七十四。

④ 仁皇：指圣祖爱新觉罗·玄烨，谥曰仁皇帝。

⑤ 禁籞(yù)羽林：指宫廷禁卫军。禁籞，亦作"禁藥"，禁苑周围的藩篱。指禁苑。羽
林，禁卫军。清宫廷警卫由前锋营担任，官兵皆选自满洲、蒙古八旗，司职宫廷守卫、
扈从宿卫、阅兵前队等。

⑥ 趫(qiáo)巧：敏捷机巧。

⑦ 潴泥：蓄聚的淤泥。

⑧ 浣(huàn)：洗涤。

18. 花 老 虎

　　花军门连布①，满洲人。以世职洊至南笼镇总兵官②。性质直，与人交有肝胆。
少时读书，曾习《左传》，故于战法精妙。乙卯春③，方入觐，半道值铜仁红苗杀官吏
反④，福文襄王以总督进剿⑤，檄留公随营。素稔公勇，令首先解永绥围⑥。公率百
馀骑长驱直入，破毁苗寨数十。苗人皆乌合众，未见大敌，大惊曰："天人神兵至耶，
何勇健乃尔？"因远相奔溃，永绥之围立解。时公着豹皮战裙，故苗人呼为"花老虎"
云。王大军至，令公结一营，当大营前御贼，悉以剿事委之。王日置酒宴会，或杂以

歌舞,公则昼夜巡徼⑦,饥不及食,倦不及寝。苗匪既知王持重不战,乃兽骇豕突⑧,或一日数至,公竭力堵御,贼已退,乃敢告王知。如此百昼夜,须发尽白,而旁有忌其功者,互相肘掣⑨,故不及成功。小竹山贼匪叛⑩,黔督勒公保檄公督兵往剿⑪。公御贼山梁上,转战益奋,中鸟枪三,堕入深涧中,诟骂不绝口。贼欲钩出之,乃自力转入岩石中,折颈而死。事定,诸将弁百计出其尸,颅骨皆寸寸断矣。事闻,上震悼,特赐祭葬云。(《啸亭杂录》卷九)

【注释】

① 花连布:额尔德特氏,蒙古镶黄旗人。始充健锐营前锋,历火器营委署鸟枪护军参领、武昌城守营参将,累迁贵州南笼镇总兵。乾隆六十年(1795),福康安征贵州苗乱,令将三千精兵为前驱,解永绥之围,赐孔雀翎,授贵州提督。后与额勒登保等合军,攻克苗寨无算。嘉庆元年(1796)九月,又破贵州青溪民高承德于小竹山,追击馀贼至夏家冲时,中石坠入深涧,折颈死。加太子少保,赐骑都尉兼云骑尉世职,谥壮节。此言花连布为"满洲人",与史未合。　军门:清对提督或总兵加提督衔者的尊称。

② 世职:世代承袭的职位。　洊(jiàn):荐举提升。　南笼:清南笼府。嘉庆二年(1797)改兴义府(治今贵州黔西南州安龙县)。

③ 乙卯:指乾隆六十年(1795)。

④ 铜仁:清铜仁府(今贵州铜仁市)。　红苗:清廷根据贵州苗族头饰、服饰颜色,将其划分为"红苗""黑苗""青苗""白苗"与"花苗"等。铜仁府为红苗,男椎髻,约以红帛;女戴紫笠,短衣绛裙,缘以锦垂带如佩。黎平府等处为黑苗,其人衣短尚黑,女绾长簪,垂大环,衣裙缘以色锦,皆跣足。贵阳府修文、安顺府镇宁等处为青苗,其人衣尚青,出入必佩刀携弩;妇人以青布蒙首,缀以珠石,短衣短裙。贵阳府贵定、龙里及黔西等处为白苗,男科头赤足,妇女盘髻长簪,衣尚白,短仅及膝。大定府等处为花苗,衣以蜡绘花于布而染之,既染则花纹似锦;男子以青布裹头,女子以马尾杂发编髻,大如斗,拢以木梳。

⑤ 福文襄王:福康安,字瑶林,富察氏,满洲镶黄旗人。大学士傅恒子。初以云骑尉世职授三等侍卫,累擢户部侍郎、镶黄旗满洲副都统。乾隆三十七年(1772),命赴大小

金川平叛,佐阿桂为领队大臣。四十一年,以平金川功封三等嘉勇男,授正白旗满洲都统。寻出为吉林将军,调盛京将军。四十五年,授云贵总督,旋调四川总督兼署成都将军。四十九年,擢兵部尚书、总管内务府大臣。从将军阿桂赴甘肃讨回民之乱,授陕甘总督,进封嘉勇侯,转户吏二部尚书、协办大学士。五十二年,率军赴台湾平林爽文之乱,调闽浙总督。五十四年,移两广总督。五十七年,又率师出青海,抵御廓尔喀侵后藏,收复失地。还,加封嘉勇忠锐公,移四川、云贵总督。六十年,平贵州苗乱,染瘴病,于嘉庆元年(1796)五月卒于军,年四十三。命加郡王衔,谥文襄。

⑥ 永绥:清湖南永绥直隶厅(治今湖南湘西州花垣县)。

⑦ 巡徼(jiào):巡查。

⑧ 兽骇豕突:形容敌人乱冲乱撞。兽骇,野兽惊窜。豕突,野猪奔突。

⑨ 肘掣(chè):同"掣肘"。拉住胳膊。谓从旁牵制阻挠。

⑩ 小竹山:在清思州府青溪县(今贵州黔东南州镇远县青溪镇)。

⑪ 勒保:字宜轩,费莫氏,满洲镶红旗人。大学士温福子。由中书科笔帖式充军机章京,历兵部郎中、江西赣南道、安徽庐凤道、库伦办事章京。乾隆五十年(1785),授山西巡抚,擢陕甘总督。五十六年,大军征廓尔喀,治西路驼马装粮台站。六十年,调云贵总督,佐福康安进讨铜仁、镇远苗乱。嘉庆二年(1797),又督师讨南笼叛苗,封一等侯爵,号威勤。寻调湖广总督,总统诸军。次年,赴四川梁山讨贼,调四川总督。四年,以所办乱贼不尽褫职,部属为之讼冤,坐论大辟,帝念前功,改斩监候,解部监禁。五年,川事不平,起勒保为四川提督兼署总督,以功累封一等伯爵,仍以"威勤"为号。十年,匪平,加太子太保,回镇四川。官至武英殿大学士,充军机大臣兼管理藩院。二十四年卒,年八十一。赠一等侯,谥文襄。

19. 满洲嫁娶礼仪

满洲氏族,罕有指腹定婚者,皆年及冠笄①,男女家始相聘问②。男家主妇至女家问名,相女年貌,意既洽,赠如意或钗钏诸物以为定礼,名曰小定。择吉日,男家聚宗族戚友同新婚往女家问名,女家亦聚宗族等迎之。庭中位左右设,男家入趋右位,有年长者致词曰:"某家男某虽不肖,今已及冠,应聘妇以为继续计。闻尊室女,颇贤淑著令名,愿聘主中馈③,以光敝族。"女家致谦词以谢。若是者再,始定婚。令新婿入拜神位前,及外舅父母如仪。既进茶,女家趋右位,男家据宾席④,或设酒宴以贺。改月择吉,男家下聘,用酒筵、衣服、绸缎、羊鹅诸物,名曰过礼,女家款待如仪。男家赠银于妇家,令其跳神以志喜焉⑤。既定婚期,前一日,女家赠妆奁嫁赀视其家之贫富,新婿乘骑往谢。五鼓,鼓乐娶妇至男家,竟夜笙歌不绝,谓之响房。新妇既至,新婿用弓矢对舆射之。新妇怀抱宝瓶入,坐向吉方。及吉时,用宗老吉服致祭庭中⑥,奠羊、酒诸物。宗老以刀割肉,致吉词焉。礼毕,新婿新妇登床行合卺礼⑦,男女争坐被上,以为吉兆,因交媾焉。次早五鼓兴,始拜天地、神像、宗祠,翁姑坐而受礼如仪。其宗族尊卑以次拜谒。三日或五日妇归宁父母⑧,婿随至女家,宴享如仪。满月期,妇复归宿女家,数日始返,然后婚礼毕焉。(《啸亭杂录》卷九)

【注释】

① 冠笄(guànjī):指古代男二十、女十五时分别举行的冠礼、笄礼,曰"及冠""及笄",以示成年。《礼记·乐记》:"婚姻冠笄,所以别男女也。"郑玄注:"男二十而冠,女许嫁而笄,成人之礼。"

② 聘问:谓男方向女方行聘定婚。古代六礼中有"问名",故曰聘问。六礼,指婚姻中纳采、问名、纳吉、纳徵、请期、亲迎(yìng)等六种礼仪。

③ 主中馈:主持家中供膳诸事。此指正妻。

④ 宾席:宾客的席位。古代室内宾席为坐北面南。

⑤ 跳神:亦称"跳布札",喇嘛教习俗,在宗教节日或喜庆日里,喇嘛装扮成神佛魔鬼等,诵经跳舞以驱邪祈福。

⑥ 宗老:称族中尊长。

⑦ 合卺(jǐn):古代婚礼中的一种仪式。剖一瓠为两瓢,新婚夫妇各执一瓢,斟酒以饮。后因以指代成婚。卺,婚礼用酒器,以瓢为之。

⑧ 归宁:已嫁女子回娘家看望父母。

20. 何 义 门

　　何义门先生值南书房时①,尝夏日裸体坐,仁皇帝骤至,不及避,因匿炉坑中。

久之不闻玉音^②，乃作吴语问人曰："老头子去否？"上大怒，欲置之法。先生徐曰："先天不老之谓老，首出庶物之谓头^③，父天母地之谓子，非有心诽谤也。"上大悦，乃舍之。此钱蘀堂侍郎樾亲告余者^④，以南书房侍臣相传为故事云。（《啸亭杂录》卷九）

【注释】

① 何义门：何焯，字屺瞻，长洲（今江苏苏州市）人。通经史百家之学，家富藏书，得宋元刊本必手加雠校，无不考订详审。其先世尝旌以"义门"，故学者称"义门先生"。康熙四十一年（1702），直隶巡抚李光地以草泽遗才荐，召入南书房。明年，赐举人，试礼部下第，复赐进士，改庶吉士，仍直南书房，兼武英殿纂修。连丁内外艰，久之，复以光地荐，召授编修。后遭人诬陷被囚，尽籍其书册文字。帝亲览之，未见失职犯上语，又见其手稿有退还吴县令赠金事，乃发还书籍，仅解官，仍参书局。六十一年卒，年六十一。特赠侍讲学士。有门生四百人，传录其说为《义门读书记》五十八卷。

　　南书房：在皇宫乾清门内西侧南庑。初为圣祖读书处。康熙十六年（1677），始选翰林官入内当值，称"南书房行走"，设侍监首领一人。除应制撰写文字外，还秉承皇帝意旨，起草诏令，一度为发布政令之所在。雍正时军机处成立，南书房各官不再参预机务，专司文词书画等事。

② 玉音：尊称帝王言语。

③ 庶物：众物；万物。

④ 钱樾：字蘀棠，嘉善（今属浙江嘉兴市）人。乾隆三十七年（1772）进士，选庶吉士，授编修。直上书房，累擢少詹事。嘉庆四年（1799），骤迁内阁学士、礼部侍郎，督江苏学政。寻调吏部、户部，九年坐失察革职。后官至大理寺少卿，以母忧归。二十年卒。

21. 刘 文 定

刘文定公纶^①，武进人。少时家贫窭，曾至绝食^②。尝以竹烟筒乞烟草于邻家，邻人诮曰："烟草消食，勿多吸也。"公笑受之。后受知尹文端公^③，首荐博学宏词。

张文和公喜其文颖锐④,既读其诗,至"可能相对语关关"句⑤,曰:"真奇才也。"因擢第一。后致位宰相,本朝汉阁臣不以科目进者,惟公一人而已。(《嘯亭杂录》卷十)

【注释】

① 刘纶:字眘涵,武进(今江苏常州市)人。少隽颖,工古文辞。乾隆元年(1736),以廪生举博学鸿词试第一,授编修。预修《世宗实录》,迁侍讲,累擢内阁学士。十四年,直南书房,授礼部侍郎,调工部,寻命军机处行走。十八年,除户部侍郎,寻兼顺天府尹。大军西征准噶尔,治办粮草车供行役一切无误。累官至文渊阁大学士兼工部尚书。三十八年卒。赠太子太傅,谥文定。

② 曾(zēng):乃;竟。

③ 尹文端:尹继善,字元长,章佳氏,满洲镶黄旗人。大学士尹泰子。雍正元年(1723)进士,改庶吉士,授编修。历内阁侍读学士协理江南河务、江苏巡抚、署河道总督、署两江总督、云贵广西总督。乾隆二年(1737),授刑部尚书兼管兵部。未久,授川陕总督,署两江总督协理河务。十三年,授户部尚书、协办大学士、军机处行走。累迁至文华殿大学士、翰林院掌院学士。三十六年,上东巡,命留京治事。四月卒,年七十七。赠太保,谥文端。继善莅政明敏,督江南最久,民甚德之。

④ 张文和:张廷玉,谥文和。参见第251页第12则注释①。

⑤ 关关:鸟类雌雄相和的鸣声。喻男女对语的和谐安适。

22. 权 臣 奢 俭

世之论人者,莫不以奢为骄汰①,以俭为美德者。然大臣臧否②,自当论其大节,初不在奢与俭也。汾阳王姬妾数十人③,寇莱公蜡泪成堆④,卒为名臣。秦桧之不著黄衫⑤,王安石之囚首垢面⑥,非不俭朴,然终不免为小人,此史策之尤著者。近日某阁臣历任封圻⑦,簠簋不饰⑧,其家奢汰异常,與夫皆著毳毼之衣⑨,姬妾买花日费数万钱。尝操演士卒,有司某适馈银五万,某挥散军士,略无吝色。至于和相则赋性吝啬,出入金银,无不持筹握算⑩,亲为称兑。宅中支费,皆由下官承办,不发私财,其家姬妾虽多,皆无赏给,日飧薄粥而已。然二公贪婪,如出一辙,初不以

奢俭易其行也。(《啸亭杂录》卷十)

【注释】

① 骄汰：亦作"骄泰"。骄恣放纵。

② 臧否(zāngpǐ)：品评；褒贬。

③ 汾阳王：唐大将郭子仪。华州郑县(今陕西渭南市华县)人。子仪平安史之乱有功，肃宗朝迁中书令，封汾阳郡王。后罢兵权。德宗朝尊为尚父。卒谥忠武，赠太师。

④ 寇莱公：寇準，字平仲，宋华州下邽(今陕西渭南市北)人。太平兴国进士。淳化五年(994)为参知政事，景德元年(1004)自三司使、行尚书兵部侍郎，加同中书门下平章事、集贤殿大学士(末相)。时值契丹攻宋，力促真宗往澶州督战，订澶渊之盟。三年，为王钦若所谮罢相，以刑部尚书知陕州。天禧三年(1019)再起为相。四年，真宗病重，因奏太子监国事泄，又罢，封莱国公。时宦官周怀政忧惧不安，乃谋杀大臣丁谓等，请罢皇后预政，奉帝为太上皇，而传位太子，复相準。被人以告丁谓，丁谓倾构，诛怀政，降準为太常卿知相州，徙安州，贬道州司马。乾兴元年(1022)再贬雷州司户参军，明年卒。殁后十馀年，赐谥忠愍。　蜡泪：蜡烛燃烧时流下的蜡油，状如流泪。古代诗文中以喻相思。此处"蜡泪成堆"以喻寇準显达后生活奢靡。陆游《秋风亭拜寇莱公遗像》："江上秋风宋玉悲，长官手自葺茅茨。人生穷达谁能料，蜡泪成堆又一时。"(《剑南诗稿》卷二)秋风亭，在归州巴东县(今属湖北恩施州)。太平兴国五年(980)，寇準年十九中进士，授大理评事知巴东，任满调大名成安县。

⑤ 秦桧：字会之，宋江宁(今江苏南京市)人。政和五年(1115)进士。北宋末历任左司谏、御史中丞。靖康之变被掳至北方，成为金太宗弟挞懒的亲信。建炎四年(1130)随金军至楚州(今江苏淮安市)，自称杀死守兵，夺船逃回。绍兴年间两任宰相，执政达十九年，主持和议，排斥主战大臣和将领。绍兴二十五年(1155)卒，年六十六。赠申王。开禧二年(1206)，追夺王爵。　黄衫：隋唐时少年所穿华贵服装。后泛指飘逸华丽的服装，象征富贵。

⑥ 王安石：字介甫，号半山，宋临川(今江西抚州市)人。庆历二年(1042)进士，历扬州签判、鄞县知县、舒州通判。熙宁二年(1069)，神宗召为参知政事，次年为宰相，实施新法。七年，新政推行遇阻，罢相。逾年再相，九年又罢，退居江宁，封荆国公。元祐

元年(1086)卒,年六十六。赠太傅,谥文。安石性简率而不事修饰。苏洵《辨奸论》:"夫面垢不忘洗,衣垢不忘澣,此人之至情也。今也不然,衣臣虏之衣,食犬彘之食,囚首丧面而谈《诗》《书》,此岂其情也哉!"朱弁《曲洧旧闻》卷十:"王荆公性简率,不事修饰奉养,衣服垢污,饮食粗恶,一无所择。自少时则然。苏明允著《辨奸》,其言'衣臣虏之衣,食犬彘之食,囚首丧面而谈《诗》《书》',以为不近人情者,盖谓是也。"囚首丧面,头不梳如囚犯,脸不洗如居丧。

⑦ 封圻:即封疆。指封疆大吏。

⑧ 簠簋不饰:意谓为官不廉。参见第245页第9则注释③。

⑨ 毳毲(cuìdòu):毛皮或毛织品所制的衣服。

⑩ 持筹握算:精打细算。持筹,手持算筹,多指理财或经商。

23. 索 家 奴

索相当权时①,性贪黩,一时下属多以贿进。然多谋略,三逆叛时②,公料理军书,调度将帅,皆中肯要,吴逆患之,乃密遣刺客刺之。公正秉烛治军书,见一修髯伟貌者立其傍,问曰:"汝得非吴王刺客乎?"客长跪俯首。公曰:"然则取吾头。"客曰:"若果害公,早取公首领去,不待公命也。吾至良久,见公批示军机,咸如身至其地,料理军书,竟夕不寐,诚良相也。某虽愚,岂敢刺贤相?"因反接请死③,公笑挥之去。次日乃投公邸中,执奴仆役甚恭,公驱使无不如意。后公下狱,客潜入狱馈饮食,及公伏法,客料理丧殓事毕,痛哭而去,不知所终。按公此事可比张魏公④,然张以忠贞立朝,名播后世,公乃苞苴不禁⑤,致干国纪,反有负于客所望矣。(《啸亭杂录》卷十)

【注释】

① 索相:索额图,赫舍里氏,满洲正黄旗人。大学士索尼第三子。初授侍卫。康熙七年(1668),授吏部侍郎,寻命为一等侍卫,佐圣祖翦除辅政大臣鳌拜,授国史院大学士兼佐领。九年,改保和殿大学士兼户部尚书事。后与兵部尚书明珠坚主削藩,赞画机宜,平定三藩之乱。十九年,以贪恶革退,改命为内大臣,寻授议政大臣。二十

八年,以领侍卫内大臣偕都统佟国纲与俄罗斯使节议界,力斥其无理之求,订立《中俄尼布楚条约》,划定中俄东段边界,立碑而还。二十九年、三十五年,两次参与平定准噶尔部噶尔丹之叛。四十二年,因坐皇太子之争,被执交宗人府拘禁,幽死。

② 三逆:指平西王吴三桂、靖南王耿精忠、平南王尚可喜。康熙十二年(1673)叛。参见第 56 页第 10 则注释⑪。

③ 反接:指反绑双手。

④ 张魏公:南宋大臣张浚。字德远,汉州绵竹(今属四川德阳市)人。政和八年(1118)进士。靖康初,为太常簿。高宗即位,驰赴南京,擢殿中侍御史、礼部侍郎。建炎三年(1129),除知枢密院事,为川陕宣抚处置使。绍兴五年(1135),除尚书右仆射同中书门下平章事,重用岳飞、韩世忠,罢黜庸懦刘光世。秦桧执政,浚被排斥在外二十年,尝于永州贬所连上五十疏,反对议和。三十一年,金海陵王攻宋,复被起用,判建康府兼行宫留守。孝宗即位,除少傅、江淮东西路宣抚使,进封魏国公,再拜相。主持北伐,因将领不和,符离之战失利,又为议和派所挤。隆兴二年(1164)卒,年六十八。赠太保,后加赠太师,谥曰忠献。

⑤ 苞苴不禁:同"篚篚不饰"。指收受贿赂。苞苴,用苇或茅编织成的包裹鱼肉之类的蒲包。引申为贿赂。

24. 苗 氏 妇

嘉庆戊午春①,和相妻死,发殡于朝阳门外②,一时王公大臣无不往送,余亦从众而行。比至,车马壅阻,因饭于农家。逆旅苗姓有老妇云:"观君容止③,必非不智者。今和相骄溢已极,祸不旋踵④,奈何趋此势利之途,以自伤其品也?"余赧颜以退⑤。不逾年,和相果败,卒应其妇之言。嗟夫!当和相擅权时,一时贵位无不仰其鼻息,视之如泰山之安,初欲终身以赖之者,乃其智反不若一村妇识也。(《啸亭杂录》卷十)

【注释】

① 嘉庆戊午:指嘉庆三年(1798)。

② 朝阳门：明清京城(内城)九座城门之一。东有东直门、朝阳门，南有崇文门、正阳门、宣武门，西有西直门、阜成门，北有德胜门、安定门。

③ 容止：仪容举止。

④ 旋踵：掉转脚跟。形容时间短促。

⑤ 赧颜：羞惭脸红；惭愧。

25. 甘 庄 恪

　　甘庄恪汝来①，吴江人②。少任涞水令③，有德政。时有御前侍卫某，往放御鹰，蹂躏田苗，公即命锁至庭，大杖数十。大吏闻之，惊曰："某令疯耶？"因共劾之。圣祖笑曰："不畏强梁，真民父母也。"因擢其官。后迁至吏部尚书。乾隆初，纯皇坚意复三年丧，诸臣莫详其制，公时任礼部，依据经注，参定大礼，繁俭当理，后皆遵之。后暴薨于署，同事者为相公讷亲④，因亲送其丧归。讷先入，见老妪缝纫于庭，讷误以为奴婢，因呼曰："传语夫人，相公暴薨于署矣。"妇愕然曰："汝为谁？"讷备告其故，老妇汪然大泣⑤，始知即夫人也。讷因问有馀赀否，夫人曰："有。"启囊出银八金，曰："此志书馆月课俸也⑥。俸本十六金，相公俭，计日以用，此所馀半月费也。"讷因感泣，代以衣衾殓之，归奏于上。上亦感动，命内务府代理其丧⑦，入贤良祠。(《啸亭杂录》卷十)

【注释】

① 甘汝来：字耕道，奉新(今属江西宜春市)人。康熙五十二年(1713)进士，以教习补直隶涞水知县。请罢杂派，禁庄田无故增租易佃，约束旗丁。有三等侍卫毕里克调鹰至涞水，袭扰民家，汝来逮毕里克。雍正时，历官吏部主事、广西太平知府、广西巡抚、都察院左副都御史、礼部侍郎。高宗即位，请行三年守丧仪制，擢兵部尚书。乾隆三年(1738)，调吏部尚书兼领兵部。次年病卒于官廨，年五十七。谥庄恪。此则言汝来"吴江人"，误。

② 吴江：清苏州府吴江县(今江苏苏州市吴江区)。

③ 涞水：清直隶易州涞水县(今属河北保定市)。

④ 讷亲：钮祜禄氏，满洲镶黄旗人。额亦都曾孙，遏必隆孙。雍正五年（1727），袭公爵，授散秩大臣。历官銮仪使、办理军机处行走。高宗即位，授镶白旗满洲都统、领侍卫内大臣，协办总理事务，进一等公。乾隆二年（1737），迁兵部尚书，授军机大臣，寻迁吏部尚书。廉介自敕，人不敢干以私。然亦早贵，意气骄溢，治事深刻，为刘统勋所劾。官至保和殿大学士仍兼吏部尚书。十三年，为经略大臣率师征讨大小金川，指挥不力败，上封遏必隆遗刀授侍卫鄂实，于次年正月诛讷亲。

⑤ 汪然：泪多貌。

⑥ 志书馆：讲授典章制度、天文地理等志乘之所。　月课：明清时每月对学子的课试。

⑦ 内务府：清官署名。掌宫廷事务。长官称总管大臣，无定员，由满洲大臣兼充，秩从二品，乾隆时改正二品；其属有堂郎中、主事及笔帖式。总管大臣掌内府政令、供御诸职，靡无不综；堂郎中、主事掌文职铨选、章奏文移。内务府下设广储、会稽、掌礼、都虞、慎刑、营造、庆丰诸司。广储司，掌银、皮、瓷、缎、衣、茶六库出纳，织造、织染局隶之；会稽司，掌本府出纳，凡果园、地亩、户口、徭役，岁终会核以闻；掌礼司，掌本府祭祀与其礼仪乐舞，兼稽太监品级、果园赋税；都虞司，掌武职铨选，稽核俸饷恩恤、珠轩岁纳、佃渔岁输，并定其额以供；慎刑司，掌本府刑名，依律拟罪，重谳移三法司会讯；营造司，掌本府缮修；庆丰司，掌牛羊群牧嘉荐牺牲。每司皆设郎中、员外郎诸官。此外，内务府又设有钱粮衙门，掌皇庄租赋；内管领处，掌承应中宫差务；官房租库，掌收房税；养心殿造办处，掌制造器用；中正殿各司员，掌喇嘛唪经；武英殿修书处，掌监刊书籍；雍和、宁寿二宫司员，掌陈设氾埽兼稽宫监勤惰；御书处，掌镌摹御书；御茶膳房，掌供饮食；御药房，掌合丸散等药物；牺牲所，掌牧养黝牛；总理工程处，掌行营工作。又，府外所属上驷院，掌宫廷所用马匹；武备院，掌宫廷所用兵器、鞍辔、甲胄、被具等；奉宸苑，掌有关苑囿河道事务。内务府自成系统，所属机构达五十处以上，职官三千馀人，与外廷职官无涉，上三旗包衣之政及宫禁事务，全由其主管。

26. 张 夫 子

明监军张公春①，于大凌河被擒②，见太宗不屈，上挽弓欲射之。先烈王谏曰③：

"此人既不惧死，奈何杀之以成其名！"上从之，命达文成厚养之④。公独处萧寺中，聚徒课读，一时开创名臣如范忠贞、宁文成辈⑤，皆曾执经受业者也。居数年卒，上厚葬之，时人比之文中子教授河汾诸徒⑥，所以启唐之基也。自古款待胜国忠臣⑦，莫之能及，既能全彼之忠，又不伤我之德，以元世祖之戮文文山⑧，视我文皇殊有愧也。满大臣某入都后，告明臣某曰："汝国有一张夫子而不知用，反为我国教育英才，诚可惜也！"余尝读明臣奏疏，至有毁公为李陵、卫律者⑨，真所谓颠倒黑白矣！（《啸亭续录》卷二）

【注释】

① 张春：字泰宇，明同州（今陕西渭南市大荔县）人。万历二十八年（1600）举人。历刑部主事、永平燕建二路兵备道。崇祯元年（1628），改关内道，寻被诬嗜杀削籍下狱。明年，法司以无实据，乃释之。三年，永平失守，起春为永平兵备参议。进言兵事，诸将收复永平，以功授太仆少卿，仍莅兵备事。四年，后金兵围大凌河新城，命春为监军统兵往救，兵溃被俘，守志不屈，羁居三官庙，着故衣，不剃发。后金有议和意，春为言之，明廷哗然，系其二子死于狱。十三年，清军攻锦州，春绝食而死，年七十六。

② 大凌河：明广宁中左所大凌河堡（今辽宁锦州市凌海市）。

③ 先烈王：指昭梿先祖代善。太祖努尔哈赤次子。后金天命元年（1616），封和硕贝勒，以序称"大贝勒"。清崇德元年（1636），封和硕礼亲王。顺治五年（1648）薨，年六十六。康熙时追谥曰烈。据《皇清开国方略》卷十五："先是，围大凌河城，击败锦州援兵，生擒明监军道张春及副将以下三十三人，独张春见上不跪。太宗欲诛之，大贝勒代善奏曰：'前此阵获之人无不收养，此人欲以死成名，勿杀之，使遂其志。'是晚，太宗遣巴克什达海、库尔禅以珍馔与食。张春不食，固求死，饿至三日，复赐食，乃受而食之。"

④ 达文成：达海，觉尔察氏，满洲正蓝旗人。幼慧，通满汉文义。弱冠，太祖召直左右，赐居内院司文翰。太宗时，始置文馆，分为两直，达海等多译汉字书籍，库尔缠等记注国政。天聪三年（1629），太宗伐明，进逼明京师，遣达海赍书与明议和，明廷拒之，复命留书置得胜门、安定门外，引军还。四年，再伐明至沙河驿，命达海以汉语谕降，克永平。五年，赐号巴克什。寻破大凌河城，命达海以汉语招总兵祖大寿降。六年，

定朝仪,改善满文"十二字头",便于传习。寻病卒,年三十八。谥文成。

⑤ 范忠贞:范承谟,字觐公,沈阳(今属辽宁)人,隶汉军镶黄旗。大学士范文程次子。顺治九年(1652)进士,选庶吉士,授弘文院编修。累迁秘书院学士。康熙七年(1668),授浙江巡抚,请免诸府赋额,得民望。十一年,擢福建总督。十二年,三藩之乱,承谟为靖南王耿精忠所执,绝食十日不得死,囚于土室。十五年,清军克仙霞关,精忠恐承谟暴其罪,逼承谟就缢,同死者五十三人。明年,丧还京师,赠兵部尚书、太子少保,谥忠贞。   宁文成:未详何许人。"文成"或为其谥号。与范承谟父文程同时事太宗者有宁完我,文成或为完我之子耶?完我字公甫,辽阳(今属辽宁)人,隶汉军正红旗。天聪时召直文馆,为参将。师克永平,命与达海宣谕安抚;又从攻大凌河,及招抚察哈尔,皆有功,授世职备御。顺治时官至内国史院大学士、议政大臣。康熙元年(1662),圣祖念其事太宗、世祖有劳,命官一子为学士。完我四年卒,谥文毅。其官学士一子,史不载其名。

⑥ 文中子:王通,字仲淹,隋河东郡龙门(今山西运城市河津市)人。文帝时,尝上太平策,未见用,退居河、汾之间,开馆授徒。受业弟子有千馀人,时称"河汾门下"。唐初名臣如房玄龄、杜如晦、魏徵、李靖、薛收等皆从其学。大业十三年(617)卒,年三十四。门人私谥文中子。著有《中说》十卷。

⑦ 胜国:被灭亡之国。此指明朝。

⑧ 文文山:南宋名臣文天祥。参见第157页第8则注释⑨。

⑨ 李陵:字少卿,西汉陇西成纪(今甘肃静宁西南)人。李广之孙。善骑射。汉武帝时为骑都尉,率五千人出击匈奴,被单于大军围困,力战,以矢尽援绝而降。居匈奴二十馀年,病卒。   卫律:父为归汉胡人,居长安长水。卫律生长于汉,与协律都尉李延年交好。武帝时,延年荐律出使匈奴。使还,会延年败,律惧而降匈奴。匈奴喜之,常在单于左右。李陵降,封为右校王,立卫律为丁灵王。苏武出使匈奴被拘,命卫律胁之使降,不果。又贰师将军李广利出塞,战不利而降,匈奴尊宠之,为卫律设计所杀。后为匈奴谋与汉和亲,归汉使不降者苏武、马宏等。

27. 王西庄之贪

王西庄未第时①,尝馆富室家,每入宅时必双手作搂物状。人问之,曰:"欲将其财旺气搂入己怀也。"及仕宦后,秦诿楚諈②,多所干没③,人问之曰:"先生学问富有,而乃贪吝不已,不畏后世之名节乎!"公曰:"贪鄙不过一时之嘲,学问乃千古之业。余自信文名可以传世,至百年后,口碑已没而著作常存,吾之道德文章犹自在也。"故所著书多慷慨激昂语,盖自掩贪陋也④。(《啸亭续录》卷三)

【注释】

① 王西庄:王鸣盛,字凤喈,号西庄,嘉定(今属上海市)人。幼从长洲沈德潜受诗,又从惠栋问经义,遂通经史之学。乾隆十九年(1754)一甲二名进士,授编修。历侍读学士、内阁学士兼礼部侍郎,坐滥支驿马左迁光禄寺卿。二十八年,丁内艰,遂不复出,家于苏州,专事著述。嘉庆二年(1797)卒,年七十六。撰有《十七史商榷》一百卷、《蛾术编》一百卷、《尚书后案》三十卷,另有《耕养斋诗文集》《西沚居士集》等。

② 秦诿楚諈(zhuì):形容办事不负责,相互扯皮。诿,推诿。諈,嘱托。

③ 干没(gānmò):侵吞公家或别人财物。

④ 贪陋:贪婪鄙陋。

清嘉录

《清嘉录》十二卷，清顾禄撰。禄字总之，一字铁卿，号茶磨山人，苏州（今属江苏）人。生卒年不详。据当时人韦光黻《闻见阐幽录》略述其生平曰："顾铁卿禄，吴附生。恃才华，纵情声色，婪妾居山塘之抱绿渔庄。刻《清嘉录》《桐桥倚棹录》。外洋日本国重锓其版，称为才子。为友人陈某诱致邪僻，事连，同系于官。陈某逸去，禄旋以疾卒。"学者推测其殁于道光末(1850)，年约五十六七。

《清嘉录》每月一卷，分条记载吴中民间令节风俗，引录有关诗词歌赋，凡二百四十二则。而于每则之末加上按语，不惮烦琐，搜罗群书，援以为证，洵为雅俗共赏之作。是书本晋陆机乐府诗《吴趋行》中"土风清且嘉"之句，以节候而罗列吴中掌故与风谣，故名之曰《清嘉录》。原版遗失已久，光绪四年(1878)，仁和葛元煦据日本刻本翻刻。

选文标题为原书所有。

1. 拜　年

男女以次拜家长毕,主者率卑幼出谒邻族戚友,或止遣子弟代贺,谓之"拜年"。至有终岁不相接者,此时亦互相往拜于门。门首设籍①,书姓氏,号为"门簿"。鲜衣炫路,飞轿生风,静巷幽坊,动成哄市②。薄暮至人家者,谓之"拜夜节"。初十日外,谓之"拜灯节"。故俗有"有心拜节,寒食未迟"之谑③。琳宫梵宇④,亦交相贺岁。或粘红纸袋于门以接帖,署曰"接福",或曰"代僮"。范来宗《拜年》诗云⑤:"走贺纷阗岁籥更⑥,素非识面也关情。添丁夸列怀中刺⑦,过午飞留簿上名。羽士禅师同逐逐⑧,东家西舍尽盈盈。春明旧梦还能记,驰遍轮蹄内外城⑨。"

案:《艮斋杂记》⑩:"拜年,无论识与不识,望门投帖,宾主不相见,登簿而已。"然长、元《志》皆载⑪:"俗尚拜年,有从未识面互相投帖以多为荣者。此风不行于守礼清门⑫。"(卷一)

【注释】

① 籍:人名记录簿。

② 哄(hòng)市:闹市。哄,喧闹。

③ 寒食:指寒食节。古以清明前一天(一说前两天)为寒食节,禁火冷食。

④ 琳宫:仙宫。亦为道观之美称。　梵宇:佛寺。

⑤ 范来宗:字翰尊,号芝岩,一号支山,吴县(今江苏苏州市)人。范仲淹后裔。乾隆四十年(1775)进士,官翰林院编修。五十馀告归,主范氏义庄。工书画,善行楷与花卉。亦工诗,有《㳜园诗稿》十八卷。嘉庆二十二年(1817)卒,年八十一。

⑥ 纷阗(tián):纷乱拥塞貌。　岁籥(yuè):犹岁月。籥,古管乐器。《诗经·邶风·简兮》:"左手执籥,右手秉翟。"孔颖达疏:"籥虽吹器,舞时与羽并执,故得舞名。"《礼记·文王世子》:"春夏学干戈,秋冬学羽籥,皆于东序。"

⑦ 刺:名帖。

⑧ 羽士:道士的别称。　禅师:和尚之尊称。

⑨ 轮蹄：车轮与马蹄。代指车马。

⑩ 艮斋杂记：即《艮斋杂说续说》。尤侗撰。侗字展成，一字同人，号悔庵、艮斋、西堂老人等，长洲(今江苏苏州市)人。顺治拔贡。康熙十八年(1679)举博学宏词科，授翰林院检讨，与修《明史》三年，辞归。工诗词与骈文，亦作有传奇、杂剧多种。其作大多收入《西堂全集》。《艮斋杂说续说》十卷，"原本经史，旁涉百家。大之朝章国故，小之名物器用，以及诗词歌曲，释道伎艺，无所不谈"(徐德明《清人学术笔记提要上》)。

⑪ 长、元《志》：指《长洲县志》与《元和县志》，乾隆年间成书。长洲、元和皆苏州府属县(今江苏苏州市)。

⑫ 清门：书香门第。

2. 接 路 头

五日①，为路头神诞辰。金锣爆竹，牲醴毕陈②，以争先为利市，必早起迎之，谓之"接路头"。蔡云《吴歈》云③："五日财源五日求，一年心愿一时酬。堤防别处迎神早，隔夜匆匆抢路头。"

案：《无锡县志》："五路神，姓何名五路。元末御倭寇死，因祀之。"今俗所祀财神曰五路，似与此五路无涉。或曰即陈黄门侍郎先希冯公之五子④，当黄门建祠翠微之阳⑤，并祀五侯。见元初《石函小谱》及崇祯间《武陵小史》⑥。明初号五显灵顺庙⑦，曰显聪、显明、显正、显直、显德。姑苏上方山香火尤盛⑧，号为五圣。昆山家瑞屏公锡畴⑨，撰《黄门祠碑记》云："公墓在楞伽山侧，子五侯从祀于山之阳。"家行人公陈埥《无益之言》⑩，云"尝度仙霞岭⑪，后经一岭，名五显岭。岭有五显庙，极整丽。黄门子孙，世居光福⑫，吴郡乃五侯父母之邦，而楞伽俗名上方，尤五侯正首之丘也⑬。妖由人兴，遂淫昏相凭⑭，奸愚互惑"云云。康熙间，汤文正斌巡抚江苏⑮，毁上方祠，不复正五显为五通之所讹，而祀者皆有禁矣。因更其名曰"路头"，亦曰"财神"。予谓今之路头，是五祀中之行神⑯。所谓五路，当是东、西、南、北、中耳。黎里汝秋士亦谓是行神⑰，尝有诗云："人为利所昏，所见无非利。路头古行神，今作财神例。门户与中霤⑱，我乡已废祀。祀灶并祀行,五祀犹存二。粝粢堆满盘⑲,媚灶值廿四⑳。虽等燔柴愚㉑,尚不失祭义。云何年初五,相传路头至。神或临其室,获利亿万计。拜跪肃衣冠,馈献罗酒食。所祷非所司,明神应吐弃。谁欤矫其失,正俗重为祭。供虽异饩羊㉒,爱礼情自挚。有功当报享,尚及猫虎类。况此路头神,司行职攸寄㉓。丈夫志四方,驰驱所有事。要皆邀神庥㉔,明禋敢或替㉕。去其谬悠论,引之合礼意。行神非财神,慎勿索祈岠㉖。"(卷一)

【注释】

① 五日:此指正月初五。

② 牲醴:指祭祀用的牺牲与甜酒。

③ 蔡云:字立青,号铁耕,元和(今江苏苏州市)人。嘉庆九年(1804)贡生。工诗文。性嗜饮,每作诗文,尤须以酒助其心思。道光四年(1824)卒,年方逾六十。有《借秋亭诗草》六卷、《吴歈百绝》一卷、《铁翁小品》。 吴歈(yú):即蔡云所撰《吴歈百绝》。语出《楚辞·招魂》:"吴歈蔡讴,奏大吕些。"王逸注:"吴、蔡,国名也;歈、讴,皆歌也。"

④ 陈:指南朝陈(557—589)。 黄门侍郎:秦汉官名。因给事宫门之内,掌左右侍从,故称。后世沿之。隋唐改称门下侍郎,为门下省次官,掌传达诏书和机要文书,备皇帝顾问。 希冯:顾野王,字希冯,南朝吴郡吴(今江苏苏州市)人。幼好学,读五经,略知大旨。少随父之建安,遍观经史,天文地理、蓍龟占候、虫篆奇字无所不通。梁大同四年(538),除太学博士,迁中领军,尝入诸王府为宾客。入陈,历国子博士、太子率更令,累迁黄门侍郎、光禄卿知五礼事。太建十三年(581)卒,年六十三。诏赠秘书监、右卫将军。撰有《玉篇》三十卷、《舆地记》三十卷等。

⑤ 翠微之阳:此泛指青山之南。

⑥ 石函小谱:未详何书。或为顾氏家谱。 武陵小史:据《千顷堂书目》卷十,录有《武陵小史汇编》一卷,注曰"顾氏家谱"。

⑦ 五显灵顺庙:唐僖宗光启时,五显神传说兴起于江南东道徽州婺源县(今属江西上饶市)一带,并立庙于斯,至宋理宗时始定封号。其后,流播于江南两浙及东南沿海。据《绘图三教源流搜神大全》卷二《五圣始末》:"五显公之神,在天地间相与为本始,

至唐光启中乃降于兹邑。图籍莫有登载，故后来者无所考据，惟邑悼耄口以相传。言邑民王喻，有园在城北偏。一夕，园中红光烛天，邑人麇至观之，见神五人自天而下，导从威仪如王侯状，黄衣皂绦坐胡床，呼喻而言曰：'吾授天命当食此方，福祐斯人，访胜寻幽而来。至止，我庙食此则祐汝亦无忧。'喻拜首曰：'惟命。'言讫，禅云四方，神升天矣。明日，邑人来相宅，方山在其东，佩山在其西，左环杏墩，右绕蛇城，南北两潭而前坐石，大溪出来，萦纡西下，两峰特秀，巇然水口，良然佳处也。乃相与手来斩竹剃草，作为华屋，立像肖貌，揭虔安灵，四远闻之，鳞集辐凑。自是神降格，有功于国，福祐斯民，无时不显。先是，庙号上名'五通'，大观中始赐庙额曰'灵顺'。宣和年间封两字侯，绍兴中加四字侯，乾道年加八字侯；淳熙初封两字公，甲辰间封四字公，十一年加六字公；庆元一年加八字王，嘉泰三年封两字王，景定元年封四字王，累有阴助于江左，封六字王，六年十一月告下封八字王，理宗改封八字王号：

　　第一位，显聪昭应灵格广济王，显庆协惠昭助夫人；

　　第二位，显明昭列灵护广祐王，显惠协庆善助夫人；

　　第三位，显正昭顺灵卫广惠王，显济协佑正助夫人；

　　第四位，显直昭佑灵贶广泽王，显佑协济喜助夫人；

　　第五位，显德昭利灵助广成王，显福协爱静助夫人。

　　王祖父启佑喜应敷泽侯，祖母衍庆助顺慈贶夫人，长妹喜应赞惠淑显夫人，次妹懿顺福淑靖显夫人。

　　至有吏下二神者，盖五公既贵，不欲以祸福惊动人之耳目，而委是二神司之欤！"

⑧ 上方山：在苏州城西南郊。其东南有石湖，山上有楞伽寺，故又名楞伽山。

⑨ 瑞屏公锡畴：顾锡畴，字九畴，号瑞屏，明昆山（今属江苏苏州市）人。万历四十七年（1619）进士，改庶吉士，授检讨。天启时忤魏忠贤，指为东林党，削籍。崇祯初（1628）复故官，累迁国子祭酒。又忤杨嗣昌，削籍归。十五年，起为南京礼部左侍郎。福王立，进本部尚书。又与马士英不合，乞休。南都失守，乡邑亦破，遂间关赴闽。唐王命以官，力辞不拜，居温州江心寺。总兵贺君尧挞辱诸生，锡畴将论劾，君尧夜使人杀之，投尸于江。温人觅之，三日乃得，棺殓。

⑩ 陈埛：顾陈埛，字玉停，镇洋（今江苏苏州市太仓市）人。康熙五十四年（1715）举人，

授行人司行人。雍正三年(1725),以目疾乞归,闭门撰述。性耿介,敦于内行,精字学、算学、乐律,时称三绝。乾隆六年(1741)卒,年七十。有《洗桐集》《抱桐集》。

⑪ 仙霞岭:在清衢州府江山县(今浙江衢州市江山市)南。有仙霞关。过关为福建建宁府界。

⑫ 光福:清苏州府吴县光福里(今江苏苏州市吴中区光福镇)。吴中名镇之一。

⑬ 正首之丘:亦即"正丘首"。传说狐将死时,必先摆正头的方向,使头朝着其穴所在的故丘。《礼记·檀弓上》:"古之人有言曰:'狐死正丘首,仁也。'"郑玄注:"正丘首,正首丘也,仁思也。"后以喻不忘本或对乡土的思念。

⑭ 淫昏:淫乱昏愦。江南民间又祀"五通神"。五通,传说为专事奸恶、淫人妻女之妖鬼,民祀之为神以求福避患,乃淫祀之一。此谓后人误将"五显神"作为"五通神"而祀之。

⑮ 汤文正斌:汤斌,谥文正。参见第244页第8则注释⑦。

⑯ 五祀:古代祭祀的五种神祇。此指祭祀住宅内外五种神。《礼记·月令》:"(孟冬之月)天子乃祈来年于天宗,大割祀于公社及门闾,腊先祖五祀。"郑玄注:"五祀,门、户、中霤、灶、行也。"行神,即路神。

⑰ 汝秋士:汝垲玉,吴江黎里(今江苏苏州市吴江区黎里镇)人。工诗。有《秋士诗抄》,嘉庆年间刻本。

⑱ 中霤(liù):五祀所祭神祇之一。即后土之神或宅神。《礼记·郊特牲》:"家主中霤而国主社。"孔颖达疏:"中霤谓土神。"

⑲ 粔籹(jùnǚ):古代一种食品。以蜜和米面,搓成细条,纽之成束,扭作环形,用油煎熟,犹今之馓子。

⑳ 媚灶:本指贿赂灶神。后喻阿附权贵。《论语·八佾》:"与其媚于奥,宁媚于灶。"何晏集解引孔安国曰:"奥,内也,以喻近臣也。灶,以喻执政也。"此用本意。民间于腊月廿三或廿四日祭灶神,谓之"灶王节"或"小年"。

㉑ 燔(fán)柴:古代祭天时积柴加牲其上而焚之。

㉒ 饩(xì)羊:古代用为祭品的羊。

㉓ 攸:助词。所。

㉔ 神庥:神灵护佑。

㉕ 明禋(yīn)：洁敬。指明洁诚敬的献享。

㉖ 祈衈(èr)：古代杀牲取血涂祭之礼。

3. 玄墓看梅花

暖风入林，玄墓梅花吐蕊①，迤逦至香雪海。红英绿萼，相间万重。郡人舣舟虎山桥畔②，櫑被邀游③，夜以继日。李福《玄墓探梅歌》云④："雪花如掌重云障，一丝春向寒中酿。春信微茫何处寻，昨宵吹到梅梢上。太湖之滨小邓林⑤，千株空作横斜状。铜坑寥寂悄无踪，石壁嵯峨冷相向。踏残明月锁香痕，翠羽啾啾共惆怅。报道前村消息真，冲寒那顾攀层嶂。玉貌惊看试半妆，霜华喜见裁新样。酹酒临风各有情，小别经年道无恙。此花与我宿缘多，冰雪满衿抱微尚⑥。相逢差慰一春心⑦，空山不负骑驴访。"

案：徐崧、张大纯《百城烟水》⑧："邓尉在光福里，去城七十里，因后晋青州刺史郁泰玄葬此⑨，又名'玄墓'。"又引《吴县志》："玄墓在邓尉西南六里⑩，然相连，实一山。故《一统志》及《山志》合为一山。今俗通称玄墓，间呼邓尉山。人以圃为业，尤多树梅。"《府志》："玄墓之西为弹山，弹山西北为西碛，铜坑与西碛并峙。西碛之南为孙堰，东为马驾，向未有名。山不甚高，四面皆树梅。康熙中，巡抚宋荦题'香雪海'三字于崖壁，其名遂著。"乾隆《吴县志》云："梅花以惊蛰为候⑪，最盛者以玄墓、铜坑为极。马家山、费家河头、蟠螭山、石壁、弹山、石楼，皆游赏处也。而邓尉山前，香花桥上，坐而玩之，日暖风来，梅花万树，真香国也。"梅花最深处在铜坑，中有吟香阁，宋高士先朝仪凤所建⑫，阁已久亡。嘉庆初，乡先生范芝岩、吴县绣诸公⑬，皆有唱和诗，家文源集刻行世。先世有玄墓探梅路径一则，由光福至三官堂前，至费家河头，抵涧里、乌山头、铜坑，寻吟香阁遗址，过巉山头及草庵、金鱼涧，登官山岭，取董份墓至玄墓山⑭，从蔡家坞一直至柴庄岭、老虎洞，姚家河头宿。越日，从姚家河头经光福凤鸣冈，上峙崦岭、司徒庙，看清、奇、古、怪四大树，上香雪海，由倪家巷、铜井山下至潭东，上弹山，登石楼，转天井，上看红梅、绿萼之和丰庵。登六浮阁，看太湖。至潭西，访五侯公墓。过蟠螭山，上大石壁，归绣球山。由潭东上长旗岭，过钱家碛，一直仍上柴庄岭。归舟梅花数十里，历历在目。若误趋他涂，往往有不能遍历者。汪琬诗云⑮："新柳条垂著水齐，画桥行傍虎山堤。卷帘渐觉香风入，一路梅花到崦西。"又沈朝初《忆江南》词云⑯："苏州好，鼓棹去探梅。公子清歌山顶度，佳人油壁树间来。玄墓正花开。"（卷二）

【注释】

① 玄墓：山名。在苏州府西南约七十里（今江苏苏州市吴中区光福镇南）。康熙时改名元墓山。参见第 92 页第 10 则注释⑤。清张郁文《光福诸山记·山水》，于此则所涉山水名胜记述颇详，录于次：

> 邓尉山，在吴县西五十里光福乡。汉有邓尉者隐此，故名。山巅曰妙高峰，东下有七宝泉，至理街迤北逾寺崦岭曰凤冈，光福镇在焉。岭右费家河有徐大司寇墓，迤西南与铜井、青芝、玄墓诸山相连，故四周皆蒙邓尉之名。自宋淳祐间高士查莘休宁人居山坞植梅，土人效之，至今山中皆以圃为业。梅花开时，一望如雪，行数十里香风不绝，为吴中绝景云。

> 光福山，在邓尉西北。一曰龟山。有光福塔及寺，梁九真太守顾氏舍宅建。山不甚高，市廛环绕之，盖山以寺得名，镇又以山得名也。西北为虎山，中通一溪，跨以石梁，连东西二崦，风景绝胜。唐顾在镕有光福上方诗，见后。宋范成大《过光福》诗："指点炊烟隔莽苍，午飧应可寄前庄。鸡声人语小家乐，木叶花草深巷香。春去已空衣上絮，雨来何晚稻初芒。只今农事村村急，第一先陂贮水塘。"清汪琬《光福诗》："春寒布谷啼，散步向村堤。雨过泉声急，烟凝柳色低。湖鱼论斗换，野蕈满筐提。稍待杨梅熟，拿舟入崦西。"吴苟鹤《光福山居杂咏》："王气钟何有，东西两崦穿。华宗千指散，荒政一堤蹁。夹岸繁花映，中央画舫联。而今陈迹杳，谁刺采莲船。西去铜坑近，游湖抗上流。渡桥三洞敞，野庙一墩浮。细柳今公廨，荒苔旧戍楼。崔蒲谁告警，唱晚泊渔舟。方塔龟峰顶，晴云护赤阑。挂帆双崦隐，晒席半山摊。闹市鱼虾贱，贵粮斗斛宽。昔年光福酒，谋醉重词坛。"

> 玄墓山，在邓尉西南六里，相连不断，实一山也。相传晋青州刺史郁泰玄葬此，故名。明初，万峰和尚居之，又名万峰山。袁袠《游记》云："吴之山，惟玄墓最僻，亦最奇。面湖而险隩，丹霞翠阁，望之如屏，背邓尉而来，法华障其前，铜井、青芝迤逦其右，游龙界其左，妙在绝顶，一登则洞庭诸山悉陷伏于湖，而湖波遂混，茫荡为一

色。山有圣恩寺，即万峰道场，寺有喝石，相传穿井有巨石下坠，万峰喝止之，故名。西南有八德泉，水如沸珠，又名沸珠泉，今乡人取以缫丝，色更光洁。寺后奇石，俗谓之真假山，嵌空玲珑，巧若天成。卢雍题"神狮出岫""海涌门""汲砚泉""涵辉洞""峭壁岩""螺髻峰""流云洞""凌空桥"八景。寺门外，左有钟楼，御道直接苏州，清圣祖、高宗驾幸山寺所筑。山前为钱家碛，今称坎上。东南逾柴庄岭为米堆山。王士祯《登玄墓由米堆山下行至上阳村钱家碛遥望渔洋法华诸山》诗："杖策信忘疲，行行画图里。崎岖下云壑，苍茫望烟水。石径何盘纡，疏篱照梅蕊。寥落重湖滨，柴门数家市。居人太古风，但解数鸡豕。语我种植法，敦朴有奇理。虽非角里俦，颇谓桃源比。逶迤到湖滨，浩渺叹观止。震泽控三江，波澜此方始。法华表东陲，渔洋正相似。烟雨春空濛，峰峦暮傲诡。昨朝梵天阁，远眺如隐几。岂知方丈山，忽落芒鞋底。欲乞五湖长，垂钓将已矣。"释德元《玄墓探梅》："石墙茅屋老梅丛，仄径危崖处处通。半岭人烟香雪里，下方鸡犬白云中。溪边杨柳萌新绿，谷口樱桃缀小红。还拟放舟明月夜，虎山桥北太湖东。"

青芝山，在邓尉西。漫山多松柏，而春梅秋桂各擅胜景。袁宏道《记》谓"山间松万本，参云翳日，碧栏红树与白波翠嶫相映发"者是也。北为珍珠坞，董份、徐枋墓俱在山中。西北麓有地名天井，多红梅，盆景最盛。居民皆黄姓，宋学士黄策后也。有张京堂祠，西接弹山，南逾长岐岭为竹山，突入太湖矣。沈颢《青芝坞》诗："山中花市在中秋，日夜提筐采未休。卖与维扬商客去，香油都上美人头。董家坟上桂连冈，采去花行动斗量。才到开时旋摘尽，不留枝上有馀香。"

弹山或作潭山，在玄墓、西碛中间，绵亘六七里。北接青芝，南拥石楼精舍，赵宦光题字，篆书。前有万峰台，所据极胜，钮树玉隶书题石。滨湖有七十二峰阁，顾氏所筑，今废。石楼多荡竹，巨者三四围，而山径高高下下，触处皆梅，看梅最盛处也。陈炳有《石楼诗》。稍西南为聚坞，有潭山神庙及顾文康公墓。别有小阜峙湖边曰查山，俗作茶山，一名绣球山，又曰小鸡山，见《笠泽丛书》。土多石寡，无大林木。以宋高士查莘隐此得名，莘筑有梅隐庵，又题"梅花潭"三字，后乃有潭东西之称。查山南去太湖不百步，俯瞰湖中，六浮小峰若杯楪在案间。明万历间，李流芳拟建六浮阁，未果。康熙中，张氏始建成之。今亦废。缪应让《潭山至顾墓登七十二峰阁》诗："花似仙姝山似屏，山光叠翠护婷婷。荒祠神降灵风满，远浦龙过水气腥。墓上石麟今卧草，楼边沙鸟自梳翎。年华一似湖流疾，七十二峰依旧青。"

蟠螭山，俗呼为南山，在弹山西南斗入湖中，作蜿蜒状，以此得名，亦称石壁。《太湖备考》："石碑山有若穹碑立者，太湖七十二峰之一也。"《县志》："其阴多桃花，春日望之，如锦步幛，陟其岭，则琉璃万顷横陈于前，想阳侯怒时，兹山当岑岑欲动也。"山顶有坞，大可数亩，奇峭崭巉如削。又有蜂腰石、龙泉诸胜。明尊生斋主人王稚登题额，今沿称石壁精舍。姜埰《石壁庵》诗："六朝遗迹倚崔嵬，欲削芙蓉护讲台。山色晴空还易雨，人家桑柘更宜梅。佛香入院双林净，湖水遥天百道回。几度登临看不尽，晴川华薄又相催。"

铜井山，在邓尉西，去青芝仅半里。一山两名：北曰铜坑，相传晋宋间凿坑取沙土煎之成铜，故名。王世贞有《铜坑看梅》诗。南曰铜井山，顶有岩洞，其悬溜汇而为池，名曰铜泉，亦有庵。张羽、徐贲有《游铜井》诗。山之西为孙家岭，有堰，今名涧里。东为马驾山，汪琬有《记》，略云：马驾山在光福镇西，与铜井并峙。山中人率树梅、艺茶、条桑为业，梅五之，茶三之，桑视茶而又减其一，号为光福幽丽奇绝处也。俗称吾家山，不甚高而四面皆树梅。康熙中，巡抚宋荦题"香雪海"三字于崖壁。圣祖、高宗南巡皆临幸驻跸，旧有亭及御碑，今亭圮。下即司徒庙及涧上村。北为观山，在铜坑、铜井两山中四处，名官山村。朝士坞，又北为乌龙山。

西碛山，在铜井西、弹山西北，方广五六里，其巅有划船石，西麓怪石巉岩，有泉注出曰夹石泉，味浓厚。吴宽有《游西碛诸山》诗。山北麓为窑上村，旧有内窑、外窑。多果木，枇杷尤夥，居民百余家。有小丘曰熨斗柄，长百余丈，斗入湖中。唐寅为绘图，题曰"黄茅小景"，并系以诗，文徵明、祝允明、张灵诸人皆有和作。唐寅《为邱舜咨画熨斗柄图》诗："震泽东南称巨浸，吴郡繁华天下胜。衣食肉帛百万户，樵山汲水投其剩。我生何幸厕其间，短笠扁舟水共山。黄茅石壁一百丈，熨斗湖水三十湾。北风烈烈耳欲堕，十里梅花雪如磨。地炉通红瓶酒热，日日蒲团对僧坐。四月清和雨乍晴，杨梅满树火珠明。岸巾高屐携小伎，低唱并州第四声。人生谁得常如此，此味惟君曾染指。若还说与未游人，生盲却把东西指。"山之西南曰迪山，有程氏逸园，下即潭西村。清高宗尝临幸其地。东南为铁山，石色如铁，故名。

安山，在铜坑隔岸。西北近游湖，东麓居民多种杨梅，有钱武肃王庙，子孙世守其祀。附近有岰里、葛沙二小山。

竹山，在青芝山南，上有缪状元彤墓。

米堆山，自玄墓东麓过柴庄岭，别为米堆山，以形似得名。山半有五云洞，至种福庵前与穹窿山脉分界，亦滨太湖，迤南有和合山坞，属香山区。又东南为吕山，俗所谓山西湾也。

渔洋山，在吕山西南，属香山区，与法华相连，上有董文敏公墓。清初王士祯登玄墓遥望，爱其幽胜，因自号渔洋山人。

法华山，又在渔洋西，一名乌钵山。以上有法华寺，更名二山。西南北三面皆在湖中，峰坞幽阒，游者鲜至，而自玄墓遥望，若翠屏横列于前，天然图画也。渔洋东南小黄山麓有教场，相传伍子胥练水军所筑，亦曰教场山。或谓孙武教吴宫美人战地者，误也。

太湖包光福区西境，铜坑口为之锁钥，有巨桥，西受太湖水，过东西二崦为光福塘。旧设铜坑汛，今废。

东西二崦，亦称上崦、下崦，在虎山桥左右。旧传此地有王气，沈氏居焉，伪吴张士诚凿分二崦而族人散。王世贞《虎山桥诗注》，唐寅题光福图有"东崦荷花西崦菱"之句。乌程董氏筑堤栽柳，益称胜景。袁宏道记述："长堤一带桃柳相间，每三月时，灿缦如万丈锦，妖童丽人，歌板相属，不减西湖。僧为予言，董氏创此堤，费不赀，时年饥甚，民无所得粟，董氏令载土一舟易米数斗，数日之间遂成大堤。"《吴门表隐》："樱鸭墩，在光福上崦内，有古僧万祖■（原注：此字未详）塔。浮庙墩，在下崦内，明董氏所筑。"

虎山桥，跨虎山峡，宋嘉泰中建，元改三洞，明申文定公时行重建。徐枋《记略》："凡游邓尉者，必游虎山桥，虎山固邓尉诸山之始也。其地四面皆山，中汇二堰以受诸山之水，回环上下约二十馀里，有石梁在乱山中，雄跨二堰间，层峦映带，波光极目，如长虹天矫，横亘碧落。予避世土室，尺［足］不窥户，惟春秋一出，展先文靖公之墓，而独以酷爱邓尉山水之胜，不得不破土室之戒。一岁中，尝三四过之，每至虎山桥，辄徘徊不能去也。"吴宽《虎山桥》诗："南人相见诧杭州，自料西湖让一筹。天为渔家开下崦，晚宜画舫驻中流。新诗已判纵横写，佳景从教次第游。孺子歌声何处起,落霞孤鹜水悠悠。"王鏊诗:"湖上仙山翠巘重,画阑面面对芙蓉。人家斜日东西巘,野寺浮岚远近钟。我欲濯缨来此处,谁能筑室傍前峰。放舟又过溪桥去,恐有桃源此际逢。"王世贞诗:"桥外天空自爽然,青山面面吐青烟。千花映水霞争发,双巘分流月对悬。踞石醉呼光福酒,隔林歌起太湖船。不须指点论王气,麋鹿苏台更可怜。"汪琬诗:"新柳条垂著水齐,画桥[船]行傍虎山堤。卷帘渐觉香风入,一路看梅到巘西。"张尔泓诗:"湖绕青山山映湖,绿杨隐隐下飞凫。桥边一望僧归路,欲带残钟入画图。"

　　光福塘,自上巘分流,东过福利、张墅官二桥,计十四里而达善人桥。又东十三里为香山溪,通木渎斜桥为南塘。东渚塘,自下巘分流,东北行至东渚龙塘桥。又东北流达浒墅关为北塘,其支渠通箽村。(《木渎小志·附录》,苏州华兴印书局)

② 舣舟:划船靠岸。

③ 襥(fú)被:用包袱裹束的衣被。

④ 李福:字子仙,又字备五,吴县(今江苏苏州市)人。嘉庆十五年(1810)举人,官州同。能诗文,擅书画,尤精行、楷。晚侨昆山,寓拱玉楼,求书者踵至,时与李存厚、王学浩诗酒唱和。

⑤ 邓林:古代神话传说中的树林。此指邓尉(玄墓)梅林。

⑥ 微尚:微小的志趣、意愿。常用作谦词。

⑦ 差慰:颇感安慰。

⑧ 徐崧:字松之,号曜庵,吴江(今江苏苏州市吴江区)人。清初不仕,负诗名,好作名山游。著《百城烟水》九卷,记苏州府及其所属吴县、长洲、吴江、常熟、昆山、嘉定、太仓、崇明等州县山川形胜、寺观园林、古迹宅第,并于各条目下辑录唐宋以降诗家登临怀古之作,尤以明末清初为多。盖仿宋祝穆《方舆胜览》之例,以词藻为尚,而不主考证。　张大纯:字文一,号松斋,长洲人。素与徐崧友善,为莫逆交。崧卒,大纯重辑《百城烟水》,补缀完篇,刊于康熙二十九年(1690)。

⑨ 后晋:应作"东晋"。　郁泰玄:东晋青州刺史。一说为南朝宋青州刺史。据《太平御览》卷九百二十二引《苏州冢墓记》:"宋青州刺史郁泰玄,字义贞。好黄老,性仁恕,德感禽兽。初葬之日,群燕数千衔土于冢上,冢高,与他有异。村乡岁时迄今祭祀。"康熙时改作"郁泰元"。

⑩　西南：应为东南。玄墓山在邓尉山东南,实为一山两峰。

⑪　惊蛰：二十四节气之一。春季的第三节气。此时气温上升,春雷始鸣,蛰伏过冬的动物惊起活动,故名。

⑫　宋高士：《光福诸山记》中指查莘。休宁(今属安徽黄山市)人,生活于南宋淳祐间(1241—1252)。见注①。　先朝仪凤：指宋之前朝唐。仪凤,唐高宗年号(676—678)。

⑬　范芝岩：范来宗,号芝岩。参见第278页第1则注释⑤。　吴昙绣：吴俊,字奕千,一字蠡涛,号昙绣,吴县人。乾隆三十七年(1772)进士,授编修。历内阁中书、军机章京,累官至山东布政使。擅书画。

⑭　董份：字用均,号泌园,明湖州乌程(今浙江湖州市)人。嘉靖二十年(1541)进士,累官至礼部尚书兼翰林学士。四十四年,因收受严世蕃贿赂,诏黜为民。病卒,葬吴中青芝山。有《泌园集》。

⑮　汪琬：清初诗人。参见第58页第12则注释②。

⑯　沈朝初：字洪生,号东田,吴县人。康熙十八年(1679)进士,改庶吉士,授编修。官至侍读学士。丁忧归,以哀毁卒。著有《不遮山阁诗馀》。

4. 放 断 鹞

纸鸢,俗呼鹞子。春晴竞放,川原远近,摇曳百丝。晚或系灯于线之腰,连三接五,曰"鹞灯"。又以竹芦黏簧,缚鹞子之背,因风播响,曰"鹞鞭"。清明后①,东风谢令乃止②,谓之"放断鹞"。杨韫华《山塘棹歌》云③:"春衣称体近清明,风急鹞鞭处处鸣。忽听儿童齐拍手,松梢吹落美人筝。"

案：唐高承《事物纪原》④:"纸鸢,其制不一,上可悬灯。又以竹为弦,吹之有声如筝,故又曰'风筝'。"明徐充《暖姝由笔》谓⑤:"纸鸢,鹞子也。一曰'风筝'。"褚人穫《坚瓠集》云⑥:"吴中小儿好弄之,然当其抟风而上⑦,盖亦得时则驾者与！张元长《笔谈》载⑧:'梁伯龙戏以彩缯作凤凰⑨,吹入云端,有异鸟百十拱之,观者大骇。'近作女人形,粉面黑鬓,红衣白裙,入于云霄,袅娜莫状。悬丝鞭于上,辄作悦耳之音。春日放之,以春之风自下而上,纸鸢因而起,故有'清明放断鹞'之谚。"《常昭合志》⑩:"儿童放纸鸢,以清明日止,曰'放断鹞'。"今俗扎作人物、故事、虫介诸式,皆加以鹞之名。且作鹰隼、鸿雁之形,呼曰老鹰鹞、雁鹅鹞,真昧于鹞之义矣。吴毅人《新年杂咏》小序云⑪:"杭俗,春初竞放灯鹞,清明后乃止。谚云:'正月鹞,二月鹞,三月放个断线鹞。'"陈迦陵《春城望纸鸢》词⑫:"急景难淹⑬,又天半夜灯初上。见火蛾,旋绕飞下,雪梨十丈⑭。"注:"风筝入夜,必缒灯火⑮,并于其上高放梨花雪爆。"今吾乡亦不乏此好事者。(卷三)

【注释】

① 清明:二十四节气之一。春季的第五节气。谓物生清净明洁,民间有踏青、扫墓习俗。

② 谢令:谓更替时令。

③ 杨韫华:字稚筠,号迟云,元和(今江苏苏州市)人。天才俊逸,古文学柳宗元,诗学陶渊明、韦应物,皆入格。性狷介,不耐应试时文,科场不利,遂弃去。偶画松,兼写梅,亦颇得疏冷之趣。道光时,与同郡友结社唱和,又与镇海姚燮、钱塘丁柱等交游。咸丰二年(1852)卒。

④ 高承:宋神宗元丰时人,非唐人也。籍贯开封(今属河南)。撰《事物纪原》十卷,记一千七百馀事,分五十五部排列。是书于每事每物,皆考索古书,推其原始,虽不能尽确,亦可资博识。然是书后世多有增益,今本已非原貌。据四库本卷八《纸鸢》,未见此则所引文字。

⑤ 徐充:字子扩,号兼山,明江阴(今属江苏无锡市)人。工诗擅画,有《铁研斋稿》及杂著二十馀种。嘉靖三十二年(1553)卒。撰《暖姝由笔》三卷,书名取《庄子·徐无鬼》"所谓暖姝者,学一先生言,则暖暖姝姝而私自说也"及《扬子法言·问道》"孰有书不由笔,言不由舌"之意,记风物民俗诸杂事。

⑥ 褚人穫:字稼轩,一字学稼,号石农,长洲(今江苏苏州市)人。入清不仕。有文名,与吴中名士尤侗、洪昇、顾贞观、张潮、毛宗岗等过从甚密。著有《坚瓠集》《读史随笔》《隋唐演义》等。《坚瓠集》有正集、续集、广集、补集、秘集、馀集,共十五集六十六卷,于古今典章制度、人物事迹、诗词艺术、社会琐闻、诙谐戏谑无所不记,尤以明清轶事为多。

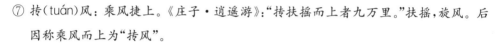

⑦ 抟(tuán)风：乘风捷上。《庄子·逍遥游》："抟扶摇而上者九万里。"扶摇，旋风。后因称乘风而上为"抟风"。

⑧ 张元长：张大复，字元长，自号寒山子、病居士，明昆山(今属江苏苏州市)人。少英迈绝伦，好读书，父维翰授以经史百家之学。父殁哀毁，双目丧明，犹著述不辍。崇祯三年(1630)卒。有《梅花草堂笔谈》十四卷、《二谈》六卷，凡二十卷，乃其丧明以后追忆而作。所记皆同社友人酬答之语，间及乡里琐事及诗文曲艺。后归于《梅花草堂集》。

⑨ 梁伯龙：梁辰鱼，字伯龙，号少白、仇池外史，明昆山人。尝师从"昆曲始祖"魏良辅，熟悉戏曲音律。晚年作有以昆腔演唱的传奇《浣纱记》，影响深广。万历十九年(1591)卒，年七十三。

⑩ 常昭合志：指常熟、昭文两县《合志》。常熟、昭文皆苏州府属县(今江苏苏州市常熟市)。

⑪ 吴毅人：吴锡麒，字圣征，号毅人，钱塘(今浙江杭州市)人。乾隆四十年(1775)进士，选庶吉士，授编修。历右赞善，入直上书房，累迁国子监祭酒。乞归后，主讲扬州安定、乐仪书院。嘉庆二十三年(1818)卒，年七十三。诗词骈文并工。有《有正味斋集》七十三卷。

⑫ 陈迦陵：陈维崧，字其年，号迦陵，宜兴(今属江苏无锡市)人。明末诸生。明亡，科举不第，遂漫游南北，文名远播。晚年举博学宏词科，授检讨，纂修《明史》。康熙二十一年(1682)卒，年五十八。工骈文，尤擅词，为清初词坛"阳羡词派"领袖。有《陈迦陵集》五十四卷。

⑬ 急景：急驰的日光。形容时光急促。

⑭ 雪梨：烟花爆仗名。

⑮ 絚(gēng)：粗绳。此指用绳索连缀。

5. 谷雨三朝看牡丹

牡丹花，俗呼"谷雨花"，以其在谷雨节开也①。谚云："谷雨三朝看牡丹。"无论豪家名族，法院琳宫②，神祠别观，会馆义局③，植之无间。即小小书斋，亦必栽种一二墩，以为玩赏。俗多尚"玉楼春"，价廉而又易于培植也。然五色佳本，亦不下十馀种。艺花者，率皆洞庭山及光福乡人④。花时，载至山塘花肆求售⑤。郡城有花之处，士女游观，远近踵至，或有入夜穹幕悬灯，壶觞劝酬，迭为宾主者⑥，号为"花会"。蔡云《吴歈》云："神祠别馆筑商人⑦，谷雨看花局一新。不信相逢无国色，锦棚只护玉楼春。"

案：欧阳修《牡丹记》⑧："洛阳以谷雨为牡丹开候。"《司马光集》注⑨："洛阳人谓谷雨为牡丹厄⑩。"僧仲休《越中牡丹花品叙》云⑪："越之所好尚惟牡丹，其绝丽者三十二种。始乎郡斋，豪家名族，梵宇道宫，池台水榭，植之无间。赏花者不问亲疏，谓之看'花局'。"范石湖《吴郡志》⑫："牡丹出洛阳。顷时，朱勔家圃在阊门内⑬，植牡丹数万本，以缯采为幕，每花身饰金为牌，记其名。勔败，皆拔为薪。中兴以来⑭，洛阳花种至吴中者，肉红则观音、崇宁、寿安、王希、叠罗等；淡红则风娇、一捻红；深红则朝霞、红鞓、红云叶；及茜金球、紫中贵、牛家黄等不过十数种。"旧志云："今诸种皆不传，近时有玫瑰紫、紫云红、玉楼春、傅家白、新红娇艳、西瓜瓤、绿牡丹等名。今复有锦帐、小桃红、紫袍金带、墨紫、御黄、碧月诸名。"《长洲县志》云："开封蓝思稷所居万华堂⑮，在资寿寺后⑯，植牡丹至三千株，多于洛中名品。"沈石田《赏玉楼春牡丹》诗⑰："春粉腻霞微著晕，露红渐玉淡生痕。"（卷三）

【注释】

① 谷雨：二十四节气之一。春季的第六节气。谷雨前后，雨水增多，有利于作物生长。

② 法院：此指佛院。

③ 会馆：明清由士绅设于京师、省城或大商埠的机构，供同乡、同业者聚会或寄寓。

　义局：犹义舍。无偿供给行旅食宿的邸舍。

④ 洞庭山：指太湖东南洞庭东山、洞庭西山。清隶苏州府太湖厅（今江苏苏州市吴中区东山镇）。

⑤ 山塘：苏州山塘街。参见第 121 页第 2 则注释④。

⑥ 迭：更迭；轮流。

⑦ 筑：装填；充塞。

⑧ 欧阳修：字永叔，号醉翁，晚年又号六一居士，北宋吉州吉水(今属江西吉安市)人。仁宗天圣八年(1030)进士。因直言敢谏，曾贬知夷陵、滁州。后累官至翰林学士、枢密副使、参知政事。神宗熙宁五年(1072)卒，年六十五。谥文忠。诗词文赋俱善，北宋文坛领袖之一。今有《欧阳修全集》一百五十八卷。《洛阳牡丹记》见《全集》卷七十五，曰："一百五者，多叶白花。洛花以谷雨为开候，而此花常至一百五日开，最先。"

⑨ 《司马光集》注：四部丛刊本《温国文正司马公文集》卷十四，有《其日雨中闻姚黄开戏成诗二章呈子骏尧夫》诗，其一曰："谷雨后来花更浓(原注：洛人谓谷雨为牡丹厄，今年谷雨后名花始开)，前时已见玉玲珑(原注：前时与尧夫游西街，得新出白千叶花以呈潞公，潞公名之曰'玉玲珑')。客来更说姚黄发，只在街西相第东(原注：园夫张八家在富相宅东)。"

⑩ 牡丹厄：牡丹之灾祸。此谓牡丹花期以谷雨为界，盛极而衰。

⑪ 仲休：宋越州会稽(今浙江绍兴市)云门寺僧。精习天台教，圆寂后得紫衣海慧号。间作诗，与李沆、钱易等交游。撰《越中牡丹花品》二卷，约雍熙(984—987)间成书，为有宋第一部牡丹花专谱。原书已佚。

⑫ 范石湖：范成大，字致能，号石湖居士，南宋平江吴县(今江苏苏州市)人。绍兴二十四年(1154)进士。历著作佐郎、吏部郎官、知处州，累迁礼部员外郎兼崇政殿说书。乾道中，尝假资政殿大学士使金，慷慨有节，归除中书舍人。后历知静江府兼广南西道安抚使、四川制置使、参知政事等。晚年以资政殿学士退居故乡石湖。绍熙三年(1192)加大学士，次年卒，年六十八。工诗词，有《石湖集》《揽辔录》《桂海虞衡志》等行于世。《吴郡志》五十卷，分三十九门，征引浩博而叙述简核，为地方志之善本。此则所引，见四库本《吴郡志》卷三十《土物下》，文字略有出入。

⑬ 朱勔：北宋苏州人。出身微贱，与父冲谄事蔡京、童贯，皆得官。时徽宗垂意花石，勔搜求奇石异卉以献。政和年间，主持苏州应奉局，搜罗花石，运往东京，号"花石纲"。此役连年不绝，百姓备遭涂炭，凡官吏居民旧有睚眦之怨者，无不生事陷害。流毒东南二十年，为"六贼"之一。钦宗即位，削其官，籍其资财，放归田里，后又羁之衡州，徙韶州、循州，寻遣使斩之。　　阊门：苏州城西门，在胥门北。春秋时吴国所建古城八门之一，高楼阁道，雄伟壮丽。

⑭ 中兴：指南宋孝宗在位期间。孝宗即位后，整顿吏治，裁汰冗官，加强集权，力主恢复，使南宋进入一个政治、经济、文化相对繁盛期，史称"孝宗中兴"。

⑮ 蓝思稷：应为"蓝师稷"。字叔诚，宋开封府（今属河南）人。历官两浙路提点刑狱公事、知抚州。所居万华堂，在宋平江府城东。明王鏊《姑苏志》卷三十一："万华堂在资寿寺后，蓝师稷提刑所居。植牡丹至三千株，多于洛中名品。后惟胜云红存焉。"

⑯ 资寿寺：在宋平江府长洲县治东（今江苏苏州市平江路纽家巷口寿安桥西）。唐代古刹。至明清已不存。

⑰ 沈石田：沈周，字启南，号石田，明书画家。参见第106页第8则注释②。《赏玉楼春牡丹》诗，见四库本《石田诗选》卷九："白头杯酒重临轩，喜见名花又一番。春粉腻霞微著晕，露红渐玉淡生痕。酷怜似醉还饶笑，尽是多情尚欠言。老者相看聊见在，远谋何暇为儿孙。"其中"露红渐玉"之"渐"，此则作"渐"。渐（jiān），滋润，润泽；以"渐"是。

6. 小满动三车

小满乍来①，蚕妇煮茧，治车缫丝②，昼夜操作。郊外菜花，至是亦皆结实，取其子，至车坊磨油，以俟估客贩卖③。插秧之人，又各带土分科④。设遇梅雨泛滥⑤，则集桔槔以救之⑥。旱则用连车递引溪河之水⑦，传戽入田⑧，谓之"踏水车"。号曰"小满动三车"，谓丝车、油车、田车也。蒋士烉《南园戽水谣》云⑨："日脚杲杲晒平地⑩，东家插秧西家莳⑪。养苗蓄水水易干，农夫踏车声如沸。车轴欲折心摇摇，脚跟皲裂皮肤焦。堤水如汗汗如雨，中田依旧成槁土。农夫尔弗忧，天心或怜汝。尔不见南门已阖铁冶闭，即看好雨西畴至。"

案：徐炬《事物原始》云⑫："西陵氏制缫车⑬，以缫丝。"《震泽志》⑭："黄茧绪粗，不中织染，另缫以为丝缚。惟细长而莹白者，留种茧外，乃缫细丝。"又云："岁既获，即播菜麦。至夏初，则摘菜薹以为蔬，舂菜子以为油，斩菜萁以为薪，磨麦穗以为面，杂以蚕豆，名曰'春熟'。郡人又谓之'小满见三新。'"长、元《志》皆云："油坊，以菜子压油，在娄、葑两门⑮。"《吴县志》云："在新郭、横塘、仙人堂⑯。"并云："吴农治田，男女皆效力。春耕馌饷⑰，夏耘踏车，老幼俱前。人力少者，雇单丁以襄其事。

或长雇,或短雇,总名曰长工,又曰忙工。厚其酒肉以饲之。即《诗》所云'侯强侯以'之意也⑱。"(卷四)

【注释】

① 小满:二十四节气之一。夏季的第二节气。谓物至于此,小得盈满。

② 缫(sāo)丝:抽茧出丝。

③ 估客:行商。

④ 分科:犹分秧。将稻种播于秧田中,待成苗后拔起,分而插于水田。

⑤ 梅雨:指初夏产生于江淮流域持续较长的阴雨天气。因时值梅子黄熟,故称黄梅天。此季节空气长期潮湿,器物易发霉,故又称霉雨。

⑥ 桔橰(jiégāo):亦作"桔皋"。井上汲水工具。在井旁搭架,置一杠杆,一端系汲器,一端绑重石等物,用不大力量即可将装满水的汲器提起。

⑦ 连车:指多部水车相连合作,分段将水引入高田。

⑧ 传戽(hù):即戽水。用戽斗、水车汲水灌田。

⑨ 蒋士煐:道光朝诗人。生平事迹未详。

⑩ 日脚:太阳穿过云隙射下的光线。　杲杲(gǎo—):明亮貌。

⑪ 蒔(shì):移栽;种植。

⑫ 徐炬:明临安(今属浙江杭州市)人。生平事迹未详。撰《古今事物原始》三十卷。《四库全书总目提要》曰:"是书仿《事物纪原》之体,稍附益之,而芜杂太甚。盖制度、器数皆可考其渊源,至日月星辰、山川草木、鸟兽虫鱼,与天地而俱生,岂能确究其始?辗转援引,弥见纠纷。至于鸟兽花草诸门,每类之首或括以偶语一联,或括以律诗二句,乃从而释之,尤夐陋之甚矣。"

⑬ 西陵氏:即古国西陵之女嫘祖。《史记·五帝本纪》:"黄帝居轩辕之丘,而娶于西陵之女,是为嫘祖。"张守节正义:"西陵,国名也。"相传嫘祖发明养蚕缫丝,泽被后世,故而尊为"蚕神"。

⑭ 震泽:清苏州府震泽县(治今江苏苏州市吴江区)。

⑮ 娄、葑两门:苏州城东门。春秋时,吴国所建姑苏古城门,西为阊门(阊阖门、破楚门)、胥门(姑胥门);南为盘门(蟠门)、蛇门;东为娄门、相门(匠门、干将门);北为平

门（巫门）、齐门（望齐门）。西汉时，又在城东相门南开有葑门。

⑯ 新郭、横塘、仙人堂：皆苏州府吴县里坊名。

⑰ 饁（yè）饷：送食物到田头。

⑱ 侯强侯以：意谓雇佣强壮有力者耕作。侯，助词。以，用。语见《诗经·周颂·载芟》。

7. 挂锺馗图

堂中挂锺馗画图一月①，以祛邪魅。李福《锺馗图》诗云："面目狰狞胆气粗，榴红蒲碧座悬图。仗君扫荡么麽技②，免使人间鬼画符。"又卢毓嵩有诗云③："榴花吐焰菖蒲碧，画图一幅生虚白④。绿袍乌帽吉莫靴⑤，知是终南山里客⑥。眼如点漆发如虬，唇如腥红髯如戟。看彻人间索索徒⑦，不食烟霞食鬼伯。何年留影在人间，处处端阳驱疠疫。呜呼，世上罔两不胜计⑧，灵光一睹难逃匿。仗君百千亿万身，却鬼直教褫鬼魄。"

案：《唐逸史》⑨："明皇因疾⑩，昼梦蓝袍鬼从一小鬼，攫而啖之⑪，自称终南山进士，誓除天下虚耗之业⑫。乃诏吴道子⑬，如梦图之。批其后曰：灵祇应梦，厥疾全瘳⑭，烈士除妖，实须称奖。因图异状，颁显有司，岁暮驱除，可宜遍识，以祛邪魅，兼靖妖氛。"又孙逖、张说文集有《谢赐锺馗画表》⑮。又刘禹锡有《代杜相公及李中丞谢赐锺馗历日表》⑯。又《五代史·吴越世家》："岁除，画工献锺馗击鬼图。"沈存中《补笔谈》⑰："熙宁五年，上令画工模拓吴道子锺馗像镂版。除夜，遣内供奉官梁楷就东西府给赐⑱。"但考刘宋征西将军宗悫⑲，有妹名锺葵，见其母郑夫人墓志，《梦溪笔谈》载之。家雪亭云⑳："今俗有锺馗嫁妹图，以此而讹。"又后魏有李锺馗。《北史》："尧暄本名锺葵，字辟邪。"又《恩幸传》有宫锺馗㉑。又《杨慎外集》云㉒："锺馗即终葵，古人多以终葵为名，其后误为锺馗。俗画一神像帖于门，手执椎以击鬼。好怪者遂相传锺馗能啖鬼，又作锺馗图，言锺馗为开元进士，尤为无稽。"是锺馗之名，由来已久，特开元始有画耳。胡浩然《除夕》诗云㉓："灵馗挂户。"则知古人以除夕，今人以端五，其用亦自不同。俗又称水墨画者曰"水墨锺馗"。蔡铁翁诗㉔："掀髯墨像聊惊鬼。"又吴曼云《江乡节物词》小序云㉕："杭俗，锺进士画像,端午悬之以逐疫。"诗云:"进士头衔亦恼公,怒髯皤腹画难工。终南捷径谁先到,按剑输君作鬼雄。"江、震《志》云⑱:"五日,堂中悬锺馗画像。"谓旧俗所未有。(卷五)

【注释】

① 锺馗:民间传说中驱妖逐邪之神。一说由"终葵"(即椎)演化而来。古代民俗以椎逐鬼,六朝人认为"终葵"可驱鬼避邪,后演化为"锺馗"。一说由商代仲傀演化而来。仲傀为巫相,兼驱鬼之方相,后由驱鬼之巫成为食鬼之神。一说唐玄宗于病中,梦一大鬼捉一小鬼啖之,玄宗问之,自称名锺馗,生前尝应武举未中,死后托梦欲灭天下妖孽。玄宗醒后,命画工吴道子绘成图像。破帽、蓝袍,眇一目,左手捉鬼,右手抉鬼眼。旧俗,端午节多悬其像,五代时则悬于除夕。

② 么(yāo)麽:亦作"幺麽"。微不足道的人或事。

③ 卢毓嵩:字立峰,元和(今江苏苏州市)人。嘉庆二十五年(1820)进士。官至户部郎中、御史。

④ 虚白:谓心中纯净无欲。语本《庄子·人间世》:"虚室生白,吉祥止止。"

⑤ 吉莫靴:用吉莫皮制成的靴子。吉莫,一种皮革名。北朝时从北方民族传入。

⑥ 终南山:在古都长安南。参见第212页第10则注释④。

⑦ 索索徒:此指鬼魅。索索,冷漠而无生气貌。

⑧ 罔两:亦作"罔阆"。古代传说中的一种精怪。《左传·宣公三年》:"故民入川泽山林,不逢不若;螭魅罔两,莫能逢之。"杜预注:"罔两,水神。"

⑨ 唐逸史:唐志怪传奇小说集。卢肇撰。肇字子发,唐袁州(今江西宜春市)人。会昌三年(843)举进士第一。咸通间历歙、宣、池、吉四州刺史,所至有治声,累官集贤学士。中和二年(882)卒,年六十五。肇以文瀚知名,精小学,工书画。有《文标集》三卷。《逸史》原书久佚,《太平广记》存其佚文七十馀条。

⑩ 明皇:唐玄宗李隆基。其谥曰至道大圣大明孝皇帝,后世多称为明皇。

⑪ 擘(bò):剖开;分裂。

⑫ 虚耗之业:民间传说中的恶孽。虚耗,招惹祸害、擅长偷窃的鬼怪。

⑬ 吴道子:唐阳翟(今河南许昌市禹州市)人。少孤贫,年未弱冠,穷丹青之妙。漫游

洛阳时,玄宗闻其名,授以内教博士,改名道玄,召入宫中作画。至肃宗乾元初(758)尚在。擅画佛道人物,画其衣褶每每有飘举之势,人称"吴带当风",对后世宗教人物画或雕塑具有很大影响。

⑭ 瘳(chōu):病愈。

⑮ 孙逖:唐潞州涉县(今属河北邯郸市)人。自幼能文,才思敏捷。开元初(713),应哲人奇士举,授山阴尉,迁秘书正字。十年,应制登文藻宏丽科,拜左拾遗。历集贤修撰、中书舍人、权判刑部侍郎、太子左庶子,累官太子詹事。上元二年(761)卒,年六十七。追赠尚书右仆射,谥文。　张说(yuè):字道济,一字说之,唐洛阳(今属河南)人。睿宗朝官至同中书门下平章事、监修国史。玄宗朝召为中书令,封燕国公。曾任朔方节度使。明练边事,擅长文辞。开元十八年(730)卒,年六十四。谥文贞。

⑯ 刘禹锡:字梦得,唐洛阳人,自言系出中山(治今河北保定市定州市)。贞元九年(793)进士及第,又登博学宏辞科,入淮南节度使杜佑幕。从佑入朝,为监察御史。贞元末,参加王叔文集团反宦官与藩镇割据,贬朗州司马。元和十年(815),自武陵召还。作诗咏玄都观看花君子,执政不悦,改迁连州刺史。太和二年(828),以裴度力荐,召还,为主客郎中,迁太子宾客、分司东都,加检校礼部尚书。会昌二年(842)卒,年七十一。赠户部尚书。与柳宗元、白居易等唱和颇多。

⑰ 沈存中:沈括,字存中。北宋学者。参见第40页第1则注释⑤。

⑱ 内供奉官:宋内侍省宦官职衔。有内东头供奉官、内西头供奉官。

⑲ 宗悫:字元幹,南朝宋南阳涅阳(今河南南阳市邓州市东北)人。少有大志,曾谓"愿乘长风破万里浪"。文帝时,屡立战功。元嘉三十年(453),太子刘劭杀文帝自立,授南中郎咨议参军。孝武即位,任左卫将军,累迁豫州刺史监五州诸军事。大明三年(459),竟陵王刘诞据广陵反,率军平定其乱。前废帝刘子业即位,为雍州刺史,寻卒。赠征西将军,谥肃侯。

⑳ 雪亭:顾张思,字怀祖,号雪亭,太仓(今属江苏苏州市)人。诸生。秉承家学,阅览博物,擅考据。著有《土风录》《谈书录》各十八卷。

㉑ 恩幸传:指《北史·恩幸传》。其《齐诸宦者》中有"宫锺馗"。

㉒ 杨慎外集:即《升庵外集》。杨慎撰。慎字用修,号升庵,明新都(今四川成都市新都区)人。正德六年(1511)殿试第一,授翰林修撰。后以疾归。世宗嗣位,起充经筵讲

官。嘉靖三年(1524)，以"大礼议"事下狱，谪戍云南永昌卫。三十六年还蜀，又二年卒，年七十二。隆庆初赠光禄少卿，天启中追谥文宪。慎少警敏，能诗文，尝受业于李东阳门下。既投荒多暇，读书著述不辍。著有《丹铅馀录》《升庵集》《诗话补遗》等百馀种。

㉓ 胡浩然：胡浩，字浩然，北宋词人。生平事迹未详。其词后人以庸俗恶札目之。南宋《草堂诗馀》卷四录其《送入我门来·除夕》曰："茶垒安扉，灵馗挂户，神馁烈竹轰雷。动念流光，四序式周回。须知今岁今宵尽，似顿觉明年明日催。向今夕，是处迎春送腊，罗绮筵开。　　今古遍同此夜，贤愚共添一岁，贵贱仍偕。互祝遐龄，山海固难摧。石崇富贵钱铿寿，更潘岳仪容子建才。仗东风尽力，一齐吹送，入此门来。"此则所引为词，非诗也。

㉔ 蔡铁翁：蔡云，号铁耕。参见第280页第2则注释③。

㉕ 吴曼云：吴存楷，字端父，号缦云，钱塘(今浙江杭州市)人。嘉庆十年(1805)进士，官当涂县令。工诗，善隶书。有《江乡节物诗》一卷，收入《武林掌故丛编》第八集。

㉖ 江、震《志》：指《吴江县志》与《震泽县志》。吴江、震泽皆清苏州府属县(今江苏苏州市吴江区)。

8. 狗 醮 浴

谚云："六月六，狗醮浴①。"谓六月六日牵猫犬浴于河，可避虱蛀。郭麐《浴猫犬词》云②："六月六，家家猫犬水中浴。不知此语从何来，展转流传竟成俗。流传不实为丹青，孰知物始睹厥形。孰居庄严成坏住③，劫前八万四千横竖飞走一一知其名。而况白老乌龙不同族④，何以降日为同生？一笑姑置之，听我为媒词⑤。司马高才号犬子⑥，拓跋英雄称佛狸⑦。乌员锦带纷绮丽⑧，韩卢宋鹊尤魁奇⑨。世上纷纷每生者，李义府与景升儿⑩。金钱犀果洗若属⑪，但有痴骨无妍皮⑫。猫乎犬乎好自爱，洞里云中久相待。伐毛洗髓三千年，会见爬沙登上界⑬。"

案：孙德符《野获编》⑭："六月六日，本非令节，猫犬之属，俾浴于河。"田汝成《西湖游览志》⑮："郡人于六月六日昇猫狗浴于河，致有汩没淤泥，踉跄就毙者，其义不可晓。"徐祯《尧山堂外记》载⑯："明毛栗庵埕往谒杨南峰⑰，适浴，阍人以告，不获见。后南峰答拜，栗庵亦以浴辞。南峰即题所投刺曰⑱：'君来拜我我沐浴，我来拜君君沐浴。君拜我时四月八，我拜君时六月六。'谓俗有六月六浴猫犬之谣也。"钱思元《吴门补乘》云⑲："六月六日浴猫狗，吴郡他邑咸有是说。"丁度《集韵》⑳：靧，音悔，洗也。同頮，义同。《玉藻》㉑："沐稷而靧梁。"吴人"悔"作入声，为"忽"音之转耳。（卷六）

【注释】

① 靧(huì)：洗面。

② 郭麐(lín)：字祥伯，号频伽，一号蘧庵，晚号复翁，吴江(今属江苏苏州市)人。乾隆中补诸生。工词章，擅篆刻兼画竹石，书法黄庭坚。喜交游，与袁枚友善。有《灵芬馆集》《灵芬馆诗话》《灵芬馆词》《灵芬馆词话》等。

③ 坏住：指坏、住二劫。佛教有成、住、坏、空四劫之说，意谓世界生灭变化须经历成立、持续、破坏、空无四个时期，且依次循环往复。成劫，为器世间(山河、大地、草木等)与众生世间(一切有情众生)成立之时期。住劫，又称续成劫，为器世间与众生世间安稳、持续之时期。此一时期，世界已成，人寿由无量岁渐次递减，至人寿十岁，称为住劫中第一中劫；此后十八中劫亦皆一增一减，人寿从十岁增至八万四千岁，复由八万四千岁减至十岁；最后一中劫为增劫，即由十岁增至八万四千岁。坏劫，为火、水、风三灾毁坏世界之时期。众生世间首先破坏，称为趣坏、有情坏；其后，器世间亦随之破坏，称为界坏、外器坏。空劫，此时世界已坏灭，入于长期空虚之中。四大劫各有二十中劫，总合为八十中劫。

④ 白老：猫的别称。　乌龙：泛指犬。

⑤ 媒词：犹言缘由。

⑥ 司马：指司马相如。字长卿，西汉蜀郡成都(今属四川)人。辞赋家。景帝时官武骑常侍，以病免。之梁(治今河南商丘市睢阳区)，从枚乘等游。作《子虚赋》，为武帝召见，又作《上林赋》，用为郎。后为孝文园令。元狩五年(前118)卒。据《史记·司马相如列传》："(相如)少时好读书，学击剑，故其亲名之曰'犬子'。"

⑦ 佛狸(bìlí)：指北魏太武帝拓跋焘，字佛狸。据《宋书·索虏传》："嗣死，谥曰明元皇帝，子焘字佛狸代立。"

⑧　乌员：猫的别称。唐段成式《酉阳杂俎续集》卷八《支动》："猫一名蒙贵，一名乌员。"

⑨　韩卢：战国时韩国良犬，色墨。《战国策·秦策三》："以秦卒之勇，车骑之多，以当诸侯，譬若放韩卢而逐蹇兔也。"后泛指良犬。　宋鹊：春秋时宋国良犬。后亦泛指良犬。

⑩　李义府：唐瀛州饶阳（今属河北衡水市）人。善属文。贞观八年（634），以荐封策擢第，补门下省典仪。历监察御史、太子舍人。高宗嗣位，迁中书舍人，加弘文馆学士。高宗将立武昭仪为皇后，义府力助之，寻擢拜中书侍郎同中书门下三品、监修国史，赐爵广平县男。龙朔三年（663）迁右相，知选事。入则谄言自媚，出则肆其奸究，百僚畏之。后坐事长流巂州，乾封元年（666）卒。义府貌状温恭，与人语必和颜悦色，然心褊狭阴毒，稍忤意辄加倾陷，故时人言义府"笑中有刀"，又谓之"李猫"。　景升儿：指东汉末荆州牧刘表之子。表字景升，山阳高平（今山东济宁市邹城市西南）人。汉远支皇族。初平元年（190）为荆州刺史。后割据，为荆州牧。建安十三年（208）病卒。子琮降于曹操。《三国志·吴志·孙权传》："十八年正月，曹公攻濡须，权与相拒月馀。曹公望权军，叹其齐肃，乃退。"裴松之注引《吴历》曰："权行五六里，回还作鼓吹。公见舟船、器杖、军伍整肃，喟然叹曰：'生子当如孙仲谋！刘景升儿子若豚犬耳。'"

⑪　若属：汝辈；你们。

⑫　痴骨：谓资质愚钝。　妍皮：指美丽的外表。成语有"妍皮不裹痴骨"，谓外美必内慧，表里一致，秀外慧中。

⑬　上界：天界。指仙佛所居之地。

⑭　孙德符：点校者注："日本校刊本云：'孙当作沈。'本书皆误作'孙德符'。"沈德符，字景倩，明嘉兴（今属浙江）人。幼随父祖居于京师，多闻朝廷故事。后读书于家，撰录见闻。万历四十六年（1618）举乡试，明年会试不第，遂绝意仕进，以著述为务。崇祯十五年（1642）卒，年六十五。撰《万历野获编》二十卷、《续编》十二卷。清钱枋重排为三十卷，分四十八门。沈氏后人又搜辑《补遗》八卷，仍钱氏例裁为四卷，附于书后。原作仿欧阳修《归田录》例，上记朝章典故、治乱得失，下及山川风物、琐事逸闻，尤以记明嘉靖、万历两朝掌故最为详赡。此则所引，见是书卷二十四《风俗》。

⑮　田汝成：字叔禾，明钱塘（今浙江杭州市）人。嘉靖五年（1526）进士，授南京刑部主

事。历祠祭郎中、广东金事、贵州金事、广西右参议分守右江，累迁福建提学副使。归田后盘桓浙西诸名胜，撰《西湖游览志》二十四卷，见称于时；又撰《西湖游览志馀》二十六卷，记南宋史事遗闻。其他著述甚多，时称博洽。此则所引，见《志馀》卷二十《熙朝乐事》。

⑯ 徐祯：字世兆，明长洲(今江苏苏州市)人。嘉靖十一年(1532)进士，历官广东参政。清黄虞稷《千顷堂书目》卷二十三著录其《尧山诗集》。点校者注："《尧山堂外纪》刊本题明蒋一葵撰。"蒋一葵，字仲舒，明武进(今江苏常州市)人。举人。万历中历知灵川，累迁南京刑部主事。撰《尧山堂外纪》一百卷，《四库全书总目提要》云："尧山，其读书堂名也。是书取记传所载轶闻琐事，择其稍僻者辑为一编，上起古初，下迄明代，每代俱以人名标目。雅俗并陈，真伪并列，殊乏简汰之功。"另有《尧山堂偶隽》七卷、《长安客话》八卷。

⑰ 毛珵：字贞伯，号栗庵，明吴县(今江苏苏州市)人。成化二十三年(1487)进士，授南京工科给事中。参劾巨珰、权臣，无所畏避。后以平宸濠功进南京右副都御史，致仕。　杨南峰：杨循吉，字君谦，号南峰，明吴县人。成化二十年(1484)进士，授礼部主事。好读书，每得意手足踔掉不能自禁，因获"颠主事"之名。多病，弘治初致仕归，年才三十一。结庐姑苏支硎山下课读经史。武宗驻跸南京，召赋《打虎曲》称旨，易武士装日侍御前，帝以俳优待之，不授官，循吉以为耻而辞归。嘉靖中卒，年八十九。其诗文自定为《松筹堂集》。

⑱ 投刺：投递名帖。

⑲ 钱思元：字宗上，号止庵，吴县人。幼从沈德潜学诗，及长则专事著述，有《止庵随录》《止庵闻见录》等。又辑《吴门补乘》十卷，录苏州郡城三邑故实，可视作乾隆《苏州府志》之补编。有嘉庆年间刻本，今收入《苏州文献丛书》第三辑。

⑳ 丁度：字公雅，北宋祥符(今河南开封市)人。大中祥符(1008—1016)中，登服勤词学科，为大理评事、通判通州。累官至观文殿学士、尚书左丞。卒，赠吏部尚书，谥文简。仁宗时，奉诏与李淑等刊修《韵略》，改称《礼部韵略》。又依例刊修《广韵》成《集韵》，增字至五万三千五百二十五个，仍分韵部二百六，而于韵目名称与次序略有更动，同用韵则有所改并，又据当时读音更订反切，重视文字形体与训诂。清方成珪编《集韵考证》，对书中讹谬多有订正。

㉑　玉藻：《礼记》中篇名，为第十三篇。曰："日五盥，沐稷而靧粱。"孔颖达疏："日五盥
　　者：盥，洗手也。沐稷而靧粱者：沐，沐发也；靧，洗面也。取稷粱之潘汁，用将洗面
　　沐发，并须滑故也。"

9.青龙戏

　　老郎庙①，梨园总局也。凡隶乐籍者②，必先署名于老郎庙。庙属织造府所
辖③，以南府供奉需人④，必由织造府选取故也。每岁竹醉日后⑤，炎暑逼人，宴会渐
稀，园馆暂停烹炙，不复歌演，谓之"散班"。散而复聚，曰"团班"。团班之人，俗称
"戏蚂蚁"。中元前后⑥，择日祀神演剧，谓之"青龙戏"。迤逦秋深，增演灯戏。灯
戏出场，先有坐灯，彩画台阁人物故事⑦，驾山倒海而出，锣鼓敲动，鱼龙曼衍，辉煌
灯烛，一片琉璃。盖金阊戏园不下十馀处⑧，居人有宴会，皆入戏园，为待客之便。
击牲烹鲜，宾朋满座。栏外观者，亦累足骈肩，俗目之为"看闲戏"。有无名氏《新乐
府》云："金阊市里戏馆开，门前车马杂遝来。烹羊击鲤互主客，更命梨园演新剧。
四围都设木栏杆，栏外容人仔细看。看杀人间无限戏，知否归场在何地。繁华只作
如是观，收拾闲身闹中寄。"

　　案：钱思元《吴门补乘》："老郎庙，在镇抚司前，梨园弟子祀之。其神白面少
年，相传为明皇，因明皇兴梨园故也。"又引郭璞《山海经》云"騩山，耆童居之，其音
常如钟磬音"⑨，云："耆童，老童也，颛顼之子⑩。老郎疑即老童，为音声之祖，郎与
童俱年少称。"介休刘澄斋观察有《老郎庙》诗亦作唐明皇⑪，有句云："梨园十部调
笙簧，路人走看赛老郎。老郎之神是何许？乃云李氏六叶天子唐明皇。"王梦楼太
守又谓是唐庄宗⑫，尝题《老郎画赞》有句云："人言天宝，我为同光。"沈朝初《忆江
南》词云："苏州好，戏曲协宫商。院本爱看新乐谱，舞衣不数旧霓裳。昆调出吴
阊。"（卷七）

【注释】

①　老郎庙：在苏州府西城内镇抚司前（今苏州市姑苏区干将西路铁瓶巷西）。庙内原
　　有雍正至民国间所立二十二座石碑，今已不存，仅有碑文拓片传世。老郎，元明时说

话艺人对本行前辈的尊称,后渐演化为戏班供奉的"祖师神"。

② 乐籍:乐户的名籍。古代官妓属乐部,故称。亦指乐户或官妓。

③ 织造府:即织造衙门或三织造处。明清两代于南京(江宁)、苏州、杭州设立专局,掌织造各项丝织品,供皇室之用。明在三处各置提督织造太监一人。清沿此制,置织造监督一人,不用宦官,改由内务府司官充任。除自设机房织造外,亦兼管机户、征收机税等。

④ 南府:乾隆时,移内中、和乐、内学等太监,习艺于南花园,隶内务府,因称南府,以别于西华门内的内务府。后规模逐渐扩大,亦选征民间艺人入宫供奉教习,至道光七年(1827),改南府为升平署,专掌宫廷戏曲演出。

⑤ 竹醉日:栽竹之日,在农历五月十三日。宋范致明《岳阳风土记》:"五月十三日谓之龙生日,可种竹,《齐民要术》所谓竹醉日也。"亦称"竹迷日"。

⑥ 中元:指农历七月十五日。唐以后有"中元节"。此日道观作斋醮,僧寺作盂兰盆会,民俗则有祭祀亡故亲人等活动。

⑦ 台阁人物:指朝廷高官。台阁,汉尚书台。后泛指中央政府机构。

⑧ 金阊:指苏州城西阊门。因阊门为商贸繁华之地,胥门次之,故吴谚有"金阊银胥"之称。

⑨ 山海经:书名。十八卷,包括《山经》五卷和《海经》十三卷。作者未详。为战国、西汉初作品。内容为民间传说中山川地理、民族风俗、物产医药、巫术祭祀、神话故事等。晋郭璞作注,并为《图赞》,今图佚而赞存。 騩(guī)山:在三危山(今甘肃酒泉市敦煌市东)西。《文赋·嵇康〈琴赋〉》:"慕老童于騩隅,钦泰客之高吟。"李善注:"騩山在三危西九十里。" 耆童:老童。神话中的神名。

⑩ 颛顼(zhuānxū):号高阳氏,居帝丘(今河南濮阳市西南)。传说中古代部族首领。

⑪ 刘澄斋:刘锡五,字受兹,号澄斋,介休(今属山西晋中市)人。乾隆四十六年(1781)进士,改庶吉士,授检讨。历官武昌知府。工诗,与袁枚等唱和。有《随侯书屋诗集》。

⑫ 王梦楼:王文治,字禹卿,号梦楼,丹徒(今江苏镇江市)人。乾隆二十五(1760)进士,改庶吉士,授编修。历官云南临安知府。工诗善书,能得董其昌精髓。 唐庄宗:五代后唐开国皇帝李存勖。沙陀部人。唐末晋王李克用之子。后梁开平二年

(908)袭爵,据太原,与后梁连年征战。龙德三年(923),在魏州自立为帝,国号唐,建元同光,史称"后唐"。同年攻灭后梁,定都洛阳。同光四年(926),因兵变被杀。谥曰庄宗。

10. 走 月 亮

　　妇女盛妆出游,互相往还,或随喜尼庵①,鸡声喔喔,犹婆娑月下②,谓之"走月亮"。蔡云《吴歈》云:"木犀球压鬓丝香③,两两三三姊妹行。行冷不嫌罗袖薄,路遥翻恨绣裙长。"

　　案:《昆新合志》④:"中秋夕,游人踏月马鞍山前⑤。"《吴江志》:"是夕,群集白漾欢饮⑥,竹肉并奏⑦,往往彻晓而罢。"震泽旧《志》:"中秋夜,携榼胜地⑧,联袂踏歌。"《昭文志》:"八月望,游人操舟集湖桥望月。"又卢《志》及长、元《志》皆云⑨:"中秋,倾城士女出游虎丘,笙歌彻夜。"《吴县志》又云:"作腹会⑩,各据胜地,延名优清客,打十番⑪,争胜负,十二三日始,十五止。"邵长蘅《冶游》诗有"中秋千人石,听歌细如发"之句⑫。又沈朝初《忆江南》词云:"苏州好,海涌玩中秋。歌板千群来石上⑬,酒旗一片出楼头。夜半最清幽。"今虎丘踏月听歌之俗,固不逮昔年,而画舫妖姬,征歌赌酒,前后半月,殆无虚夕。并录蔡云《吴歈》于此,词云:"七里山塘七里船,船船笙笛夜喧天。十千那觳一船费⑭,月未上弦直到圆⑮。"(卷八)

【注释】

① 随喜:佛教语。谓欢喜之意随瞻拜佛像而生。因以称游谒寺院。

② 婆娑:盘桓;逗留。

③ 木犀:通称桂花。

④ 昆新合志:指昆山、新阳两县《合志》。昆山、新阳皆苏州府属县(今江苏苏州市昆山市)。

⑤ 马鞍山:在苏州府昆山县北三里。参见第129页第10则注释①。

⑥ 白漾:湖泊名。太湖支派,在吴江县南。

⑦ 竹肉：《晋书·孟嘉传》："(桓温)又问：'听妓，丝不如竹，竹不如肉，何谓也?'嘉答曰：'渐近使之然。'"丝，弦乐；竹，管乐；肉，歌喉。后以"竹肉"泛指器乐与歌唱。

⑧ 榼(kē)：古代盛酒的器具。

⑨ 卢《志》：明洪武时吴县教谕卢熊所撰《苏州府志》，五十卷，图一卷。

⑩ 作腹会：犹包场。

⑪ 十番：亦称"十番鼓"。一种器乐合奏名。因演奏时轮番用鼓、笛、木鱼等十种乐器，故名。起于明万历时，流行于苏、浙、闽等地。初以打击乐器为主，后亦杂以多种管弦乐器，有不限于十种者。

⑫ 邵长蘅：字子湘，号青门山人，武进(今江苏常州市)人。十岁补诸生，因事除名。弱冠以诗文名。客游京师，与施闰章、汪琬、陈维崧、朱彝尊等时相过从。旋入太学，应顺天乡试，报罢归。尝入宋荦幕府，编选王士禛、宋荦诗为《二家诗钞》并作序。有《青门全集》。

⑬ 歌板：即拍板。歌唱时用以打节拍的乐器，故名。

⑭ 觳(gòu)：够。数量上可以满足需要。

⑮ 上弦：农历每月初七或初八，月相称"上弦"。

11. 重 阳 信

重阳将至，盲雨满城①，凉风四起，亭皋落叶②，陇首飞云③。人以是为立秋后第一寒信④，谓之"重阳信"。俗又有"九月九日，蚊虫叮石臼"之语。又谓"重阳日晴，则一冬无雨雪"，谚云"夏至有风三伏热，重阳无雨一冬晴"。李福《重阳日风雨》诗云⑤："重阳七字足千古，断句不劳后人补。天公也似可其诗，到此年年例风雨。昨朝皎日悬清光，秋花弄影留馀芳。彻夜狂飙作势急，半庭冷绿芭蕉湿。纵然佳节不宜晴，那见登高笠屐行。落帽清狂兴既阻，题糕雅韵诗谁赓⑥。破寂聊凭一杯酒，唤起东篱吾老友。篱边但听雨声喧，不见黄花开笑口。时序炎凉感递迁，重阳一过将残年。屋角群鸦飞作阵，漫天都是催寒信。催来寒信莫便嗔，多少寒衣未制人。"

案：《荆楚岁时记》⑦："重阳日，常有疏风冷雨。"吾乡呼为秋风盲雨。长、元、吴

《志》皆云:"九月九日晴,冬无雨雪。"马大壮《天都纪载》谓⑧:"钦天监柱联作'夏至酉逢三伏热,重阳戊遇一冬晴'⑨。"吴人谓"有风""无雨",当是"酉逢""戊遇"之误。(卷九)

【注释】

① 盲雨:急雨;暴雨。

② 亭皋:水边平地。

③ 陇首:泛指高山之巅。宋柳永《醉蓬莱》词:"渐亭皋叶下,陇首云飞,素秋新霁。"

④ 立秋:二十四节气之一。秋季的第一节气,在农历七月初。　寒信:严寒将至的信息。

⑤ 李福:嘉庆朝诗人。参见第288页第3则注释④。

⑥ 题糕:指重阳题诗。源于唐刘禹锡重阳题诗不敢用"糕"字的故事。宋邵博《闻见后录》卷十九:"刘梦得作《九日诗》,欲用糕字,以《五经》无之,辍不复为。宋子京以为不然,故子京《九日食糕》有咏云:'飙馆轻霜拂曙袍,糗糍花饮斗分曹。刘郎不敢题糕字,虚负诗中一世豪。'"后遂以"题糕"作为重阳题诗的典故。　赓(gēng):继续;连续。

⑦ 荆楚岁时记:笔记。南朝梁宗懔撰。懔字元懔,江陵(今湖北荆州市荆州区)人。承圣(552—554)中官吏部尚书。是书记楚地岁时节令风物故事,自元旦至除夕,凡二十馀条。有注,传为隋杜公瞻作。

⑧ 马大壮:字仲复,明徽州(今安徽黄山市歙县)人。嘉靖学者罗汝芳之门人。尝筑天都馆读书,因以名其所著。撰《天都载》六卷,采录异闻,间有考证,然往往务求博引不核虚实。此则作"《天都纪载》",点校者注:"《四库提要》著录作《天都载》,见子部杂家类存目。"

⑨ 钦天监:古代掌天文历算的官署。五代至宋初称"司天监",明初改"钦天监",设监正、监副等官。清沿明制,设管理监事王大臣一人,监正正五品,监副正六品,俱满汉各一人。　夏至:二十四节气之一。夏季的第四节气。此日昼最长而夜最短。酉:十二地支的第十位。此处用以纪日。　三伏:农历夏至后第三庚日起为初伏,第四庚日起为中伏,立秋后第一庚日起为末伏。是一年中最热的时候。"夏至酉逢

三伏热"，指夏至碰上庚日，则三伏天更为炎热。　戊：天干的第五位。与地支相配，可用以纪年或纪日。"重阳戊遇一冬晴"，指重阳遇到戊日，则一冬多晴日。

12. 天平山看枫叶

郡西天平山为诸山枫叶最胜处①。冒霜叶赤，颜色鲜明，夕阳在山，纵目一望，仿佛珊瑚灼海。在三太师坟者②，俗呼为"九枝红"。游者每雇山篼③，以替足力。蔡云《吴歈》云："赏菊山塘尚胜游，一年游兴尽于秋。天平十月看枫约④，只合诗人坐竹兜。"

案：徐崧、张大纯《百城烟水》⑤云："常熟吾谷⑤，霜后丹枫，望若锦绣。骚人韵士，往往觞咏其下。"而《吴县志》只载："枫似白杨，叶作三脊，霜时色丹，故有'枫落吴江冷'之句。"不言游赏处。高平范氏墓⑥，在天平山，俗称三太师坟者，葬赠太师徐国公梦龄、赠太师唐国公赞时、赠太师周国公墉。坟前大枫九枝，非花斗妆，不春争色，远近枫林，无出其右。李悔庐有《天平山看枫叶记》⑦，中有云："泛舟从木渎下沙河⑧，可四里，小溪萦纡。至水尽处登岸，穿田塍行⑨，茅舍鸡犬，遥带村落。纵目鸡笼诸山⑩，枫林远近，红叶杂松际。四山皆松、栝、杉、榆，此地独多枫树，冒霜则叶尽赤，天气微暖，霜未著树，红叶参错，颜色明丽可爱也。"沈朝初《忆江南》词云："苏州好，船泛洞庭秋。一片枫林围翠嶂，几家楼阁叠丹丘。仿佛到瀛洲⑪。"似当时洞庭东、西两山，亦有枫林也。（卷十）

【注释】

① 天平山：在苏州府城西二十里。山中群石林立，名万笏林；山顶平正，有望湖台。其南址为白云寺，宋范仲淹祖墓在焉，旁即范氏义庄，后阁有乾隆帝所赐额"高义园"。有"吴中第一山"美誉。

② 三太师坟：指范仲淹曾祖梦龄、祖赞时、父墉墓。范梦龄，仕吴越，官至节度推官；范赞时，仕吴越，官至秘书监；父范墉，随吴越王钱俶降宋，官至武宁军节度掌书记。三人皆以仲淹功追赠太师，分别封为徐国公、唐国公、周国公。

③ 篼(jiāo)：轿子。

④ 枫约：犹红枫笼罩。

⑤ 吾谷：在常熟西门外二里虞山南麓。明天启时植枫成林，号"吾谷枫林"，为虞山十八景之一。

⑥ 高平：古郡名。西晋泰始元年（265）置，治昌邑（今山东菏泽市巨野县南）。范氏郡望。

⑦ 李悔庐：李果，字实夫，一字硕夫，号客山、在亭，晚号悔庐，长洲（今江苏苏州市）人。布衣诗人，历康熙、雍正、乾隆三朝。与沈德潜同学于叶燮，时人以"沈李"并称。有《在亭丛稿》十二卷、《咏归亭诗钞》八卷。

⑧ 木渎：古镇名。在苏州府城西南。明清吴县六镇之一（今属苏州市吴中区）。

⑨ 田塍（chéng）：田埂。

⑩ 鸡笼：山名。在苏州府城西北三十里阳山之北。以形似鸡笼，故名。

⑪ 瀛洲：传说中的仙山。《史记·秦始皇本纪》："齐人徐市等上书，言海中有三神山，名曰蓬莱、方丈、瀛洲，仙人居之。请得斋戒，与童男女求之。"

13. 冬至大如年

　　郡人最重冬至节①。先日，亲朋各以食物相馈遗，提筐担盒，充斥道路，俗呼"冬至盘"。节前一夕，俗呼"冬至夜"。是夜，人家更速燕饮②，谓之"节酒"。女嫁而归宁在室者，至是必归婿家。家无大小，必市食物以享先③，间有悬挂祖先遗容者。诸凡仪文④，加于常节，故有"冬至大如年"之谚。蔡云《吴歈》云："有几人家挂喜神，匆匆拜节趁清晨。冬肥年瘦生分别，尚袭姬家建子春⑤。"

　　案：周遵道《豹隐纪谈》⑥："吴门风俗，多重至节，谓曰'肥冬瘦年'。"又云："互送节物，颜侍郎度有诗云⑦：'至节家家讲物仪，迎来送去费心机。脚钱尽处浑闲事⑧，原物多时却再归。'"又江、震《志》皆云："邑人最重冬至节。前夕，名'节夜'。"又《昆新合志》云："冬至节，亲朋各相馈遗。"（卷十一）

【注释】

① 冬至：二十四节气之一。冬季的第四节气。此日昼最短而夜最长。

② 更速：轮番召请。

③ 享先：祭祀祖先。

④ 仪文：礼仪形式。

⑤ 姬家：周朝的代称。周人为姬姓，故以之相代。　建子：周朝以夏历十一月为岁首，
称子月或建子。"建子春"，即以子月为春之始。此句意谓重冬至节乃沿袭周代以建
子为春的习俗。

⑥ 周遵道：宋临川(今江西抚州市)人。绍圣四年(1097)进士。仕履未详，徽宗时曾入
"元祐党籍碑"。撰《豹隐纪谈》一卷，已佚，元陶宗仪《说郛》卷二十下录有十馀则。

⑦ 颜度：字鲁子，宋昆山(今属江苏苏州市)人。以文章政事名于一时。历知临海、长
兴，累官至权工部侍郎、直宝文阁，封长洲男。乾道(1165—1173)间卒，年七十五。

⑧ 脚钱：旧时给送礼人的赏钱。　浑闲事：犹言寻常事。

14. 腊 八 粥

　　八日为腊八，居民以菜果入米煮粥，谓之"腊八粥"。或有馈自僧尼者，名曰"佛
粥"。李福《腊八粥》诗云："腊月八日粥，传自梵王国①。七宝美调和，五味香糁入。
用以供伊蒲②，藉之作功德。僧尼多好事，踵事增华饰。此风未汰除，歉岁尚沿
袭③。今晨或馈遗，啜之不能食。吾家住城南，饥民两寺集(时开元、瑞光两寺④，官
设粥厂，救济贫民)。男女叫号喧，老少街衢塞。失足命须臾，当风肤迸裂。怯者蒙
面走，一路吞声泣。问尔泣何为，答言我无得。此景亲见之，令我心凄恻。荒政十
有二，蠲赈最下策⑤。悭囊未易破⑥，胥吏弊何极。所以经费艰，安能按户给。吾佛
好施舍，君子贵周急。愿言借粟多，苍生免菜色。此志虚莫偿，嗟叹复何益。安得
布地金，凭仗大慈力。眷焉对是粥，跂望蒸民粒⑦。"

　　案：《荆楚岁时记》："十二月初八日为腊日。"《魏台访议》⑧："汉以戌腊⑨，魏
以丑腊。"是腊非定以初八日也。又《西域诸国志》云⑩："天竺国，以十二月十六
日为腊。"而《唐书·历志》以十二月为腊月⑪，故八日为腊八。吴自牧《梦粱录》
云⑫："十二月八日，寺院谓之腊八。大刹等寺，俱设五味粥，名曰'腊八粥'。"又
孟元老《东京梦华录》⑬："十二月初八日，诸僧寺送七宝五味粥于门徒斗饮，谓之

'腊八粥'。"一名"佛粥"。陆放翁诗:"今朝佛粥更相馈,反觉江村节物新。"周密《武林旧事》云⑭:"寺院及人家,皆有腊八粥,用胡桃、松子、乳蕈、柿栗之类为之。"又孙国敉《燕都游览志》云⑮:"十二月八日,民间作腊八粥,以米果杂成,多者为胜。"又吴曼云《江乡节物词》小序云:"杭俗,腊八粥一名七宝粥,本僧家斋供,今则居室者亦为之矣。"诗云:"双弓学得僧厨法⑯,瓦钵分盛和蔗饴。莫笑今年榛栗少,记曾画粥断齑来⑰。"而九县《志》亦皆云⑱:"十二月八日,以菜果入米煮粥,名曰腊八粥。"(卷十二)

【注释】

① 梵王国:此指佛国。梵王,指色界初禅天的大梵天王;亦泛指此界诸天之王。

② 伊蒲:即伊蒲馔。斋供;素食。

③ 歉岁:荒年。

④ 开元寺:在苏州府城南盘门内。　瑞光寺:在府城西南隅。

⑤ 蠲(juān)赈:亦作"蠲振"。免除租税,救济饥贫。

⑥ 悭(qiān)囊:即扑满。聚钱器。口小,钱易入不易出。故名。此喻官府衙门。

⑦ 跂(qǐ)望:举踵翘望。跂,踮起脚跟。　蒸民:亦作"烝民"。众民;百姓。　粒:以谷米为食。《尚书·益稷》:"烝民乃粒。"孔传:"米食曰粒。"

⑧ 魏台访议:《新唐书·艺文志》归于故事类,不著撰人。记曹魏君臣访议。后世有题王肃撰,有题高堂隆撰。王肃,字子雍,东汉东海(郡治今山东临沂市郯城县西北)人。王朗之子。三国魏时官至中领军,加散骑常侍。善贾逵、马融之学,遍注群经,作《孔子家语》等书,与郑学对立,称"王学"。高堂隆,字升平,三国魏泰山平阳(今山东泰安市新泰市)人。官至侍中、太史令、光禄勋。学业修明,志在匡君,以立朝正直著称。《魏台访议》已佚,元陶宗仪《说郛》卷五十九上录有四则。

⑨ 汉以戌腊:意谓汉朝以冬至后第三戌日为腊。腊,祭名。古代祭祀百神称"蜡",祭祀祖先称"腊",秦汉以后统称为"腊"。腊祭通常在岁末,即农历十二月或冬月,故此月又称腊月。下文"魏以丑腊"义同,说明腊祭虽在冬月,但日子并不固定。

⑩ 西域诸国志:旧题东汉班勇撰。已佚。残文见《太平御览》,存八则。此处所引,见《太平御览》卷三十三。

⑪ 唐书：即《新唐书》。此处所引，见《新唐书·历志二》。

⑫ 吴自牧：南宋钱塘（今浙江杭州市）人。仕履未详。撰《梦粱录》二十卷，仿《东京梦华录》之体，记南宋郊庙宫殿、百工杂戏之事。

⑬ 孟元老：生平未详。约为北宋京城旧人，南渡后追忆汴京繁盛，撰《东京梦华录》十卷，记当时都城坊市、节序风俗、典礼仪卫等事，具有较高历史文化价值。

⑭ 周密：字公谨，号草窗，晚年又自号四水潜夫、弁阳老人等，南宋吴兴（今浙江湖州市）人。宋季曾任临安府幕属、义乌令等职，宋亡不仕。有词名，并能诗文书画。有词集《蘋洲渔笛谱》《草窗词》，诗集《草窗韵语》；笔记有《齐东野语》《武林旧事》《癸辛杂识》《云烟过眼录》《浩然斋雅谈》等。又编选南宋词人佳作为《绝妙好词》。《武林旧事》十卷，亦仿《东京梦华录》之体，记南宋都城临安杂事，词华典赡，南宋人遗篇剩句颇赖以存。

⑮ 孙国敉：字伯观，明六合（今属江苏南京市）人。天启朝官至中书舍人。撰《燕都游览志》四十卷，记北京风物遗迹。已佚。

⑯ 双弓：旧时喻指缠足妇女的一双小脚。此处代指女性。

⑰ 画粥断齑(jī)：谓生活贫困，仅以冷粥咸菜充饥。用范仲淹穷困力学事。参见第54页第9则注释②。

⑱ 九县：指清苏州府所辖吴县、长洲、元和、昆山、新阳、常熟、昭文、吴江、震泽等九县。

15. 年 夜 饭

除夜，家庭举宴，长幼咸集，多作吉利语，名曰"年夜饭"，俗呼"合家欢"。周宗泰《姑苏竹枝词》云①："妻孥一室话团圞②，鱼肉瓜茄杂果盘。下箸频教听谶语③，家家家里合家欢。"

案：褚人穫《坚瓠集》云："除夕，家庭举宴，长幼咸集，谓之'合家欢'。"沈朝初《忆江南》词云："除夕合家欢。"《府志》："除夜，长幼聚饮，祝颂而散，谓之'分岁'。"考宋时分岁，犹以脆饧为节物④。石湖词云⑤："就中脆饧专节物，四坐齿颊锵冰霜。"今久不传。（卷十二）

【注释】

① 周宗泰：字或号竹君，吴县（今江苏苏州市）人。乾隆时诸生。撰有《岂有此理》《更岂有此理》二书，为清廷所禁。

② 团圞（luán）：亦作"团栾"。团聚。

③ 谶（chèn）语：预言。

④ 脆饧（xíng）：脆薄甜饼。饧，用麦芽或谷芽熬成的饴糖。

⑤ 石湖：宋范成大，号石湖。参见第 293 页第 5 则注释⑫。

冷庐杂识

《冷庐杂识》八卷，清陆以湉撰。以湉字敬安，号定甫，嘉兴桐乡（今属浙江嘉兴市）人。道光十六年（1836）进士，历官台州、杭州教授。咸丰十年（1860），太平军攻占杭州，遂辞官归。后挈家至上海，为忠义局董事。太平军退出杭州，充紫阳书院讲席。同治四年（1865）卒，年六十五。著述除此书外，尚有《甦庐偶笔》四卷《杭州纪难诗》六十首。

《冷庐杂识自序》曰：「暇惟观书以悦志，偶有得即书之，兼及平昔所闻见，随笔漫录，不沿体例，积成八卷，名曰《杂识》。」故是书记清及前代学人学行与交游，评骘其人其作，爬梳其师承源流，可补史传之阙；又记当时闻见，于东南沿海军民抗英事迹及太平军之乱，多所著录；又稽考古代兵法、诗文书画、金石碑铭、地理沿革、医术药方等，亦间有精当之处。

选文标题为原书所有。

1. 有美堂后记

　　吴山有美堂①,故址久废,今杭州府治后堂乃袭是名,刊欧阳公记于屏门②。嘉庆癸酉夏四月③,大兴翁覃溪学士方纲为严少峰太守荣作后记④,手书刻石于堂之西偏。记为欧公作驳难⑤,纡折淡荡之致不及欧公⑥,而意义深密有裨吏治,特录于此:"昔欧阳子为梅公仪作记⑦,以游览之胜归于斯堂,愚窃非之。梅公取赐诗'地有吴山美'之句,以名其堂,而欧公实切杭、湖言之,曷为而非之乎? 君子于友,宜择所当务者以告之,钱塘湖山之美,则一语足矣,何赖乎作记? 为斯记者,宜举习俗之工巧,邑屋之华丽,悉衷诸质朴⑧,而勉以勤俭,持以淳厚,然后所谓富完安乐者,贞之于永久⑨。必如是以言,所有者有风俗之美焉。又言临是邦者,选公卿侍从之臣,因而言宾客、占形胜。此则宜导以早作夜思,黜贪举廉,惩奸剔弊,厘案牍以靖闾阎,防微而烛隐。必如是以言,所有者有吏治之美焉。杭人文艺,甲于东南。往者,浙西文汇紫阳院课诸编⑩,多尚华缛。是宜崇经术,使士皆研精传注,不苟为炳烺之观⑪,然后风会益趋于醇实。必如是以言,所有者有文章之美焉。欧阳子岂不知此,而徒娱意繁华之是称耶? 今则官清而政平,士务学而民安业,胥入于圣天子绥和煦育之中⑫,使欧阳子居今日,其文当不如彼矣。吾友严子少峰,即欧阳子所谓清慎好学者也。故窃举曩所疑于欧阳文者,为吾严子记之。"(卷一)

【注释】

① 有美堂:在杭州府城内吴山最高处。北宋嘉祐二年(1057),梅挚出守杭州,仁宗赐诗有"地有吴山美"之句,挚因作堂名之。欧阳修为记,蔡襄书。

② 欧阳公记:指欧阳修《有美堂记》,见《欧阳修全集》卷四十。《记》曰:"嘉祐二年,龙图阁直学士、尚书吏部郎中梅公出守于杭。于其行也,天子宠之以诗,于是始作有美之堂,盖取赐诗之首章而名之,以为杭人之荣。然公之甚爱斯堂也,虽去而不忘。今年自金陵遣人走京师,命予志之,其请至六七而不倦,予乃为之言曰:夫举天下之至美与其乐,有不得而兼焉者多矣。故穷山水登临之美者,必之乎宽闲之野、寂寞之乡而后得焉;览人物之盛丽、夸都邑之雄富者,必据乎四达之冲、舟车之会而后足焉。

盖彼放心于物外，而此娱意于繁华，二者各有适焉。然其为乐，不得而兼也。今夫所谓罗浮、天台、衡岳、庐阜、洞庭之广，三峡之险，号为东南奇伟秀绝者，乃皆在乎下州小邑、僻陋之邦，此幽潜之士、穷愁放逐之臣之所乐也。若乃四方之所聚，百货之所交，物盛人众，为一都会，而又能兼有山水之美，以资富贵之娱者，惟金陵、钱塘。然二邦皆僭窃于混世。及圣宋受命，海内为一。金陵以后服见诛，今其江山虽在，而颓垣废址，荒烟野草，过而览者莫不为之踌躇而凄怆。独钱塘自五代时，知尊中国，效臣顺，及其亡也，顿首请命，不烦干戈，今其民幸富完安乐。又其俗习工巧，邑屋华丽，盖十馀万家。环以湖山，左右映带。而闽商海贾，风帆浪舶，出入于江涛浩渺、烟云杳霭之间，可谓盛矣。而临是邦者，必皆朝廷公卿大臣若天子之侍从，又有四方游士为之宾客，故喜占形胜，治亭榭，相与极游览之娱。然其于所取，有得于此者必有遗于彼。独所谓有美堂者，山水登临之美，人物邑居之繁，一寓目而尽得之。盖钱塘兼有天下之美，而斯堂者又尽得钱塘之美焉，宜乎公之甚爱而难忘也。梅公，清慎好学君子也，视其所好，可以知其人焉。四年八月丁亥，庐陵欧阳修记。"

③ 嘉庆癸酉：指嘉庆十八年（1813）。

④ 翁方纲：字正三、忠叙，号覃溪，晚号苏斋，直隶大兴（今北京市）人。乾隆十七年（1752）进士，选庶吉士，授编修。历充江西、湖北、江南乡试考官，广东、江西、山东学政，累迁内阁学士。嘉庆九年（1804）命致仕。二十三年卒，年八十六。工书画，精鉴赏，经其考证题跋著名碑帖颇多；又为当时金石大家，著有《两汉金石记》二十二卷；能诗文，论诗创肌理说，著有《复初斋文集》三十五卷、《复初斋诗集》六十六卷。　严荣：字瑞唐，号少峰，苏州（今属江苏）人。乾隆六十年（1795）进士，选庶吉士，授编修。嘉庆四年（1799），出为金华知府。十五年，调杭州。与翁方纲交好。

⑤ 驳难：驳诘责难。

⑥ 纡折淡荡：迂回曲折、平淡悠荡。

⑦ 梅公仪：梅挚，字公仪，宋成都新繁（今四川成都市新都区新繁镇）人。进士。庆历中，擢殿中侍御史，言事有体。历判吏部流内铨、龙图阁学士知滑州、杭州，累迁右谏议大夫，徙知江宁、河中，卒。

⑧ 衷：蕴藏；蕴含。

⑨ 贞：安定；稳定。

⑩ 紫阳：杭州书院名。康熙时建，初名"紫阳别墅"。后毁于兵燹，同治时重建，改名"紫阳书院"。与"敷文（万松）书院""崇文书院""诂经精舍"并称明清杭州四大书院，为浙西学术荟萃之地。

⑪ 炳烺：亦作"炳琅""炳朗""炳朖"。光辉闪耀。此指文采华丽。

⑫ 胥：皆。　绥和：安和。　焘（dào）育：覆育；抚养。

2. 形 容 失 实

　　史传有形容失实之语，如《史记·蔺相如传》记相如持璧却立倚柱①，则曰"怒发上冲冠"；《赵奢传》记秦军鼓噪勒兵武安②，则曰"屋瓦尽振"；《项羽本纪》记羽与秦军战③，则曰"楚兵呼声动天"，皆描摹传神之笔。事虽虚而不觉其虚，弥觉其妙，此龙门笔法所以独有千古也④。《晋书·王逊传》袭其语而增一句⑤，曰"怒发冲冠，冠为之裂"，则近于拙矣。（卷一）

【注释】

① 蔺相如：战国时赵国大臣。赵惠文王时，得"和氏璧"，秦昭王谎称愿以十五城易璧。相如奉命携璧入秦，当廷力争，坚持先割城再交璧，使完璧归赵。事见《史记·廉颇蔺相如列传》。

② 赵奢：战国时赵将。初为田部吏，掌收租税，因奉公执法，由平原君荐于赵王，主治国赋。后任将军，善用兵。赵惠文王二十九年（前270），秦军攻阏与，奢奉命救援，大破秦军，以功赐号马服君。事见《史记·廉颇蔺相如列传》。　武安：战国时赵邯郸郡属邑（今河北邯郸市武安市西南）。

③ 项羽：项籍，字羽，秦末下相（今江苏宿迁市西南）人。楚将项燕之后。秦二世元年（前209），从叔父项梁起兵于吴。明年，项梁战死，秦将章邯围赵，楚怀王命宋义为上将军，羽为次将，率军往救。宋义逗留于安阳，羽杀之，亲率兵渡漳水救赵，破釜沉舟，一以当十，击破秦军主力于巨鹿。事见《史记·项羽本纪》。

④ 龙门：代指司马迁。迁出生于龙门（今陕西渭南市韩城市东北），故以"龙门"代之。

⑤ 王逊：字邵伯，西晋魏兴郡（治今湖北十堰市郧西县上津镇）人。初举孝廉，历吏部

令史、殿中将军,累迁上洛太守、魏兴太守。永嘉四年(310),为南夷校尉、宁州刺史。收聚离散,诛杀豪强,征伐诸夷,咸行宁土。累加散骑常侍、安南将军等,赐爵褒中县公。东晋太宁时,因部属征伐不力,怒甚,夜中卒。事见《晋书·王逊传》。

3. 徐霞客游记

　　明江阴徐霞客宏祖《游记》[①],叙生平游历之处,由中国遍及遐荒。自万历丁未年二十二即出游[②],至崇祯己卯自滇得足疾归[③],几于无岁不游,无地不到。其游也,持数尺铁作磴道[④],穷搜幽险。能霜露下宿,能忍数日饥,能逢食即饱,能襆被单夹耐寒暑[⑤]。其尤异者,脚力健捷,日从丛箐悬崖,历程过百里,夜即就破壁枯树下,然松拾穗记之[⑥]。盖他人之游,偶乘兴之所至,惟霞客聚毕生全力,专注于游,勇往独前,性命不顾。其游创千古未有之奇,其《游记》遂擅千古未有之胜。霞客亦能诗,《题小香山梅花堂》云:"春随香草千年艳,人与梅花一样清。"流利可讽。(卷一)

【注释】

① 徐霞客宏祖:徐弘祖(清避乾隆帝讳,改"弘"为"宏"),字振之,号霞客,明江阴(今属江苏无锡市)人。参见第 26 页第 22 则及注释①。

② 万历丁未:明万历三十五年(1607)。

③ 崇祯己卯:明崇祯十二年(1639)。

④ 磴(dèng)道:登山石阶。

⑤ 襆(fú)被:用包袱裹束衣被。泛指铺盖卷或行李。

⑥ 然:同"燃"。

4. 秦 殿 撰

　　嘉定秦簪园殿撰大成[①],事母纯孝,先意承志[②],母稍不悦,则长跪请罪。家贫,躬啖藜藿[③],奉母必甘旨。尝续娶某氏女,婚夕,女泣不止,询知已有夫,父母以其贫,逼改嫁。急招其夫至,令即夕成婚,以奁具赠之④。迨乾隆癸未⑤,春闱报捷⑥,房师戴太史第元见其字甚劣⑦,谓之曰:"子字仅可三甲,速学焉,或可望二甲耳。"乃昼夜临池,功日进,比殿试对策,字益工。先是诸城刘文正公统勋阅卷⑧,已定长洲褚廷璋第一⑨,同郡某,素有隙,语文正云:"外间早已迎新鼎甲矣。"公勃然曰:"岂我亦有弊乎?"遂以十一卷至二十卷进,而改置卷一至十卷于后,秦竟大魁多士⑩。岂非德行格天,有此美报耶?(卷一)

【注释】

① 秦大成:字澄叙,号籫园,嘉定(今属上海市)人。幼孤。乾隆二十八年(1763)进士第一,授修撰,掌修国史。后请辞归养老母。四十四年卒于家,年六十。 殿撰:宋集英殿修撰、集贤殿修撰(后改为右文殿修撰)的省称。元张起岩以进士第一名特授集贤院修撰,明清沿其制,以进士一甲第一名例授翰林院修撰,故"殿撰"遂成状元通称。

② 先意承志:此谓孝子先父母之意而承顺其志。后亦泛指揣摩人意、谄媚逢迎。

③ 藜藿:泛指粗劣饭菜。

④ 奁具:嫁妆。

⑤ 乾隆癸未:乾隆二十八年(1763)。

⑥ 春闱:明清京城会试,均在春季举行,故称春闱。

⑦ 房师:明清乡、会试,中试者尊称主考官为座师,分房阅卷同考官为房师。 戴第元:字正宇,号籫圃,又号省翁,大庾(今江西赣州市大余县)人。乾隆二十二年(1757)进士,改庶吉士,授编修。历江南、四川道监察御史,官至太仆寺卿。其弟均元、长子心亨同举四十年进士,次子衢亨为四十三年进士第一,四人皆居馆职,迭任文衡,人称"西江四戴"。

⑧ 刘统勋:谥文正。参见第241页第6则注释①。

⑨ 褚廷璋:字左莪,号筠心,长洲(今江苏苏州市)人。乾隆二十八年(1763)进士。官至侍读学士。乞归,为沈德潜弟子,与曹仁虎等结社唱和,以诗名。著有《筠心书屋诗钞》等。

⑩ 大魁多士:谓在众多贤士中夺得第一。大魁,称科举考试殿试第一,即状元。

5. 桑水部

　　杭州桑弢甫水部调元游五岳归①,题联书室云:"六经读罢方持笔,五岳归来不看山。"其为塾师时,先命徒读经,背诵如童蒙,经熟始教以文法。选天崇文二十六篇②,详加评语,令熟诵之,以是登科第者甚多。绍兴某名士经术湛深,而文格重钝,不利于试,年逾四旬,犹困场屋③,因受业于门。桑阅其文曰:"病已深矣。"悉屏其所习文,戒勿寓目。授以曹垂灿进士《君子之至于斯也》文④,令专诵三月,始课作文。迄一年,诵曹作数万遍,竟易重钝为轻灵。乃曰:"此后惟子所诵,投无不利矣。"次岁即举乡闱⑤,联捷成进士。(卷一)

【注释】

① 桑调元:字弢甫,钱塘(今浙江杭州市)人。受业于劳史(馀山先生),得闻性理之学。雍正十一年(1733)召试,钦赐进士,授工部主事,寻引疾归。后主九江濂溪书院,构须友堂以祠馀山先生。又于东皋别业辟馀山书院,友教四方之士。为人清鲠绝俗,足迹遍五岳。晚主溧源书院,益畅师说。　　水部:隋唐至宋均以水部为工部四司之一,明清改为都水司,掌有关水道之政令。此沿旧称以呼工部司官。

② 天崇文:指明天启、崇祯两朝时文。清乾隆时,嘉兴朱蕅佩编选有《天崇文欣赏集》四卷。

③ 场(chǎng)屋:科场。科举考试的场所。

④ 曹垂灿:顺治丁亥进士榜作"曹垂璨"。字天祺,号且闲道人,上海人。顺治四年(1647)进士,官遂安知县。所居曰"且闲亭",有诗名。其子曹一士,字谔廷,雍正七年(1729)进士,官至工科给事中,建白皆有益于民生世道,朝野传诵。

⑤ 乡闱:科举时代士人应乡试之地。亦代指乡试。

6. 卷 面 题 诗

　　咸丰壬子①,浙江乡试第二场,山阴某生闱中发狂病,曳白而出②。卷面题二绝句云:"记否花前月下时,倚栏偷赋定情诗。者番新试秋风冷③,露湿罗鞋君未知。""黄土丛深白骨眠,凄凉情事渺秋烟。何须更作登科记,修到鸳鸯便是仙。"款书"山阴胡细娘"。某生旋卒于寓所,轻薄之报,可不畏欤!(卷二)

【注释】

① 咸丰:清文宗爱新觉罗·奕詝年号(1851—1861)。　壬子:指咸丰二年(1852)。

② 曳白:谓考试交白卷。

③ 者番:此番;这次。

7. 穷 通 翁

太仓王相国掞之督学浙江也①,取士公明,人有"穷通翁"之谣,言所取皆寒士宿学而能文者也。后湖北李某来督浙学,不喜典重文字,好取短篇,士之美秀者拔置前列,貌不扬者虽已入彀②,必摘其文中疵累黜之。时有谣云:"文宜浅淡干枯短,人忌胡麻胖黑长。"(卷二)

【注释】

① 王掞:字藻儒,太仓(今属江苏苏州市)人。参见第107页第8则注释⑩。

② 入彀(gòu):本指弓箭射程之内。《庄子·德充符》:"游于弈之彀中。"成玄英疏:"其矢所及,谓之彀中。"后因以喻人才入其掌握,被笼络网罗。亦指应科举考试。王定保《唐摭言》卷一《述进士上篇》:"盖文皇帝(唐太宗)修文偃武,天赞神授,尝私幸端门,见新进士缀行而出,喜曰:'天下英雄入吾彀中矣!'"

8. 顾 　母

顾亭林先生之母王氏①,崇祯时,旌表节孝,即《明史·列女传》所称王贞女也。先生有《与叶讱庵书》②,辞荐举云:"先妣国亡绝粒③,以女子而蹈首阳之烈④。临终遗命,有'无仕异代'之言,载于志状。故人人可出,而炎武必不可出矣。《记》曰⑤:

'将贻父母令名,必果;将贻父母羞辱,必不果。'七十老翁何所求? 正欠一死! 若必相逼,则以身殉之矣! 一死而先妣之大节愈彰于天下,使不类之子得附以成名⑥,此亦人生难得之遭逢也。"盖其辞决,而其志弥可哀矣。(卷二)

【注释】

① 顾亭林先生:顾炎武,初名绛,字宁人,自署蒋山傭,学者称亭林先生,昆山(今属江苏苏州市)人。明末诸生。入复社,反朝廷权宦。清兵南下,参与昆山、嘉定抗清活动。事败,十谒明陵,遍游华北,致力边防与西北地理研究,垦荒种地,纠合同道,不忘兴复。学问广博,凡国家典制、郡邑掌故、天文仪象、河漕兵农以及经史百家、音韵训诂之学,莫不穷原究委、改正得失。康熙十七年(1678),诏举博学鸿儒科,又修《明史》,大臣争荐,以死拒之。二十一年卒,年七十。著有《日知录》《天下郡国利病书》《肇域志》《音学五书》《韵补正》《顾亭林诗文集》等。　王氏:《明史·列女传三》记为"王贞女"。嫁同里顾同吉。未几,夫死,事舅姑甚谨。姑病,侍汤药,断一指煮药中,姑病速愈。人皆称贞孝女。

② 叶讱庵:叶方蔼,字子吉,号讱庵,昆山人。顺治十六年(1659)一甲三名进士及第,授编修。十八年,受"江南奏销案"牵连夺官。后判定与此案无关,仍复原官。康熙时,历侍讲、侍读学士,充《孝经衍义》编纂总裁,累迁刑部右侍郎,《明史》编纂总裁。康熙二十一年(1682)卒,年五十四。赠礼部尚书,谥文敏。方蔼尝举荐炎武,炎武作书答之。书见《顾亭林诗文集》卷三。

③ 先妣(bǐ):亡母。

④ 首阳之烈:指商末伯夷、叔齐不食周粟,隐于首阳山之典。参见第114页第16则注释③。

⑤ 记:此指《礼记》。下引见《礼记·内则》:"父母虽没,将为善,思贻父母令名,必果;将为不善,思贻父母羞辱,必不果。"孔颖达正义:"此一节论子事父母。父母虽没,思行善事,必果决为之;若为不善,思遗父母羞辱,必不得果决为之。"

⑥ 不类:犹不肖。自谦之词。

9. 罗 提 督

东乡罗提督思举①,战功见于魏默深州牧源《圣武记》者详矣②。偶阅富阳周芸皋观察凯所述逸事③,其智能亦自可称,非徒以武力雄一时也。公尝率兵入南山搜馀贼,村人苦猴群盗食田粮,晨必发火器惊之。公问故,令获一猴来,剃其毛,画面为大眼诸丑怪状,衔其口。明晨俟群猴来,纵之去,皆惊走。猴故其群也,急相逐,益惊,越山数十重,后不复至。官夔州游击④,夔关临峡,山水迅急,瞬息千里。盐枭及贩鬻人口者,至则鸣金叫呼,越关以过。船皆设炮械,两旁系大竹,弯如弓,他船追及,断系发之,船必覆,人莫敢撄⑤。公募善泅者,持利锯匿上流水中,俟船过,附而锯其舵,抵关适断,船不能行,触石破,尽获之。又有巨恶某唆讼⑥,守欲得之,以属公,公佯不悦曰:"是文官事,何语我?"夜逾垣入其室,见为草状及稿匿所,出使数人候门外,复入起屏⑦,人稿俱获。曰:"昨所以不许者,彼耳目众,欲令不为备也。"(卷二)

【注释】

① 罗思举:字天鹏,东乡(今四川达州市宣汉县)人。少贫,为盗秦豫川楚间,结客报仇,数杀不义者。遭厄,幸不死,久之自悔。白莲教匪起,充乡勇,誓杀贼立功名。嘉庆中,以战功累迁总兵。道光元年(1821),擢贵州提督。历四川、云南、湖北提督,平贼无数,屡建奇功,赐双眼花翎,予一等轻车都尉世职。二十年卒于官,年七十七。赠太子太保,谥壮勇。

② 魏源:原名远达,字默深,邵阳(今属湖南)人。道光二年(1822),举顺天乡试。然会试落第,入赀为内阁中书。二十四年成进士,官至高邮知州。咸丰四年(1854),辞官赴兴化。七年卒,年六十四。源从刘逢禄学《春秋公羊传》,为"今文"经学。尝参与浙江抗英战役,痛愤时事,作《圣武纪》十四卷,以纪事本末体记清立国以来征战史。又受林则徐之托,据《四洲志》和中外文献资料,编成《海国图志》,主张"师夷之长技以制夷"。著作另有《古微堂集》《元史新编》《老子本义》《诗古微》等。

③ 周凯:字仲礼,号芸皋,富阳(今属浙江杭州市)人。少从恽敬、张惠言习古文。嘉庆十六年(1811)进士,改庶吉士,授编修。在京与林则徐、魏源、龚自珍等交游,入"宣南诗社"。道光时,历襄阳知府、汉黄德道、兴泉永道,累迁河南按察使。工诗画,著有《襄阳杂识》《澎海纪行诗》等。周凯所述罗思举逸事,未详出处。

④ 夔州:清夔州府,治奉节(今属重庆市)。 游击:清绿营武职名。参见第152页第6

则注释⑥。

⑤ 撄(yīng)：迫近；触犯。

⑥ 唆讼：谓挑唆人打官司。

⑦ 起扃(jiōng)：(从门内)开启门闩。

10. 山斋留客图

　　道光己亥①，余选台郡教授②，廨近阛阓③，榱栋多倾④，而地势宏敞，西南诸山列户外。余稍稍葺治，隙地皆补以花，众香满室，每与二三佳客清言竟日，几忘身在城市。爰作《山斋留客图》⑤，并赋诗以寄兴云："空斋闭门居，闲散伍丞掾⑥。经世愧无术，幸惬庭闱恋。廊庑日清旷，一毡此安宴。迤逦城外山，浓翠扑人面。烟云莽终古，倏忽状万变。于斯悟尘幻，荣利又奚羡！愿偕素心侣，抚景恣笑抃⑦。情真略形迹，俯仰任所便。品题各挥毫，秀绿入吟卷。回睇阶下花，深丛正摛绚⑧。""浮生役万事，形悴神亦伤。岂如适我性，优游饫众香。韶春淑气转，繁英媚晴光。花开杂五色，轩楹列成行。佳客抱琴至，角巾共倘佯。客至不常聚，花开不恒芳。见花复见客，曷不尽百觞！酒罢乐未已，揽衣舞回翔。江湖多风波，吾党兴自狂。淹留日既夕，月华吐遥冈。"(卷二)

【注释】

① 道光己亥：道光十九年(1839)。

② 台郡：清台州府，治临海(今属浙江台州市)。

③ 阛阓(huánhuì)：街市。

④ 榱(cuī)栋：屋椽及栋梁。

⑤ 爰：于是。

⑥ 伍丞掾：与丞掾结为伙伴。丞掾，泛指属官。

⑦ 抃(biàn)：拍手。

⑧ 摛绚(chīxuàn)：铺陈绚采。

11. 朋　友

太仓陆桴亭先生世仪《思辨录》有云^①："朋友之功可以配天，何者？君子能著书，不能使之传世，惟天能使之传世。然天亦不能使之传世，读其书而心好之者能使之传世，故曰朋友之功可以配天。子云《太玄》曾何足云^②？然微桓谭则几不传^③，而况不为子云者乎！乃读书而心好之者不可得，甚至有嫉其书而惟恐其传者，朋友之害又可以配兵火。"其论至奇，亦至确。（卷二）

【注释】

① 陆世仪：字道威，号桴亭、刚斋，太仓（今属江苏苏州市）人。明末诸生。少从赵自新学经，又从石电习武，著《八阵说明》，论用兵之策。又撰《思辨录》，仿《大学》章句，论述儒经、玄学、天文、地理、农学、水利、兵法、制度等，卷帙浩繁。清顺治十八年（1661），《思辨录》刊行。世仪晚年讲学、游历各地，康熙十一年（1672）卒，年六十二。私谥尊道、文潜。

② 子云：扬雄，字子云，西汉蜀郡成都（今属四川）人。成帝时任给事黄门郎。王莽时为大夫，校书天禄阁。为人口吃，不能剧谈，以文章名世。作品主要有《长杨》《甘泉》《羽猎》诸赋，及《法言》《太玄》《方言》等著作。《太玄》又称《太玄经》，十卷，仿《周易》之体，融儒、道、阴阳三家之学。

③ 微：无；没有。　桓谭：字君山，汉沛国相县（今安徽淮北市西北）人。成帝时，以父任为郎。王莽时为掌乐大夫。东汉建武中，官至议郎给事中。善鼓琴，博学多通，遍习五经，喜非毁俗儒。因极言谶纬之学非经，被光武帝目为"非圣无法"，几遭处斩，出为六安郡丞。建武中元元年（56），病卒于道，年七十六。著有《新论》二十九篇，早佚。清严可均《全汉文》录有辑本。桓谭称许扬雄之作，见《汉书·扬雄传》："（雄）家素贫，耆酒，人希至其门。时有好事者，载酒肴从游学，而巨鹿侯芭常从雄居，受其《太玄》《法言》焉。刘歆亦尝观之，谓雄曰：'空自苦！今学者有禄利，然尚不能明《易》，又如《玄》何？吾恐后人用覆酱瓿也。'雄笑而不应。年七十一，天凤五年卒。侯芭为起坟，丧之三年。时大司空王邑、纳言严尤闻雄死，谓桓谭曰：'子常称扬雄

书，岂能传于后世乎？'谭曰：'必传！顾君与谭不及见也。凡人贱近而贵远，亲见扬子云禄位、容貌不能动人，故轻其书。昔老聃著虚无之言两篇，薄仁义，非礼学，然后世好之者尚以为过于《五经》，自汉文景之君及司马迁皆有是言。今扬子之书，文义至深，而论不诡于圣人，若使遭遇时君，更阅贤知，为所称善，则必度越诸子矣。'"

12. 茌平旅壁词

　　至京师沿途旅壁题咏其多，往往有佳者。道光癸巳①，春闱被放还南②，于茌平旅壁见江南念重学人赠歌者秋桂二词③，情味苍凉，殆下第后有托而言者，惜未知其姓名。其词云："茅店月昏黄，不听清歌已断肠。况是鹍弦低按处④，凄凉，密雨惊风雁数行。　　我自鬓毛苍，怪汝鸦雏恨也长⑤。等是天涯沦落者，苍茫，烛炧樽空泪满裳⑥。""宛转拨檀槽⑦，浑似秋江涌怒涛。乐府于今如呓语，魂销，劝汝人前调莫高。　　上客《郁轮袍》⑧，惭愧村姝慢拊挑。卿唱新词吾亦和，萧骚⑨，今古怜才是尔曹。"(卷三)

【注释】

① 道光癸巳：道光十三年(1833)。

② 春闱被放：谓会试落第。

③ 茌平：清东昌府茌平县(今属山东聊城市)。

④ 鹍弦：用鹍鸡筋制作的琵琶弦，以铁拨弹之。鹍鸡，一种似鹤的鸟。

⑤ 鸦雏：幼鸦。喻女子黑发。

⑥ 烛炧(xiè)：灯烛馀烬。

⑦ 檀槽：檀木制成的琵琶等弦乐器上架弦的槽格。亦指琵琶等乐器。

⑧ 郁轮袍：琵琶古曲名。相传唐王维作。元辛文房《唐才子传》卷二："维字摩诘，太原人。九岁知属辞，工草隶，闲音律，岐王重之。维将应举，岐王谓曰：'子诗清越者，可录数篇，琵琶新声，能度一曲，同诣九公主第。'维如其言。是日，诸伶拥维独奏，主问何名，曰：'《郁轮袍》。'因出诗卷，主曰：'皆我习讽，谓是古作，乃子之佳制乎？'延于上座，曰：'京兆得此生为解头，荣哉！'力荐之。"

⑨ 萧骚：本谓风吹树木的声音。此指心境萧索凄凉。

13. 朱笠亭说诗

　　海盐朱笠亭大令炎①，博雅工诗。其评沈归愚尚书《唐诗别裁集》②，直抉作者心源。弁言一则尤足为后学指迷③，云："是集严于持择，辨格最正，一切傍门外道，芟除殆尽，以之导后学，是为雅宗。入手须辨雅俗，近今有两种格体，一为考试起见，读试帖如翦彩刻绘，全无生气；一为应酬起见，翻类书④，用故事，如记里点鬼⑤，绝少性情。此固毕劫不知诗也⑥。又或取法于古，各立门仞，亦有两体：其从《瀛奎律髓》入手者⑦，多学山谷、江西一派⑧，或失之俚；从二冯所批《才调集》入手者⑨，多学晚唐纤丽一派，或失之浮。是皆不能无偏。且《律髓》止载律诗，《才调集》第及中、晚，亦颇未备。又若阮亭《三昧集》立论太高⑩，《十种唐诗》散入各集⑪，未易寻其涂径，故惟归愚先生此书最便拾诵。此书外，更取阮亭《古诗选》玩习⑫，则五七言诗已得其大凡。再以《十种唐诗》参看，近体亦略该备。然后于《文选》《乐府》采撷菁华⑬，于宋、元名人诗集博其机趣，挥霍万象，惟我所欲矣。"（卷三）

【注释】

① 朱炎：初名琰，字桐川，号笠亭，又号樊桐山人，海盐（今属浙江嘉兴市）人。乾隆三十一年（1766）进士，官阜城知县。善画山水，亦精小学，工篆印。著有《笠亭诗文钞》等。　大令：对县官的尊称。

② 沈归愚：沈德潜，字确士，号归愚，长洲（今江苏苏州市）人。父祖皆为塾师。幼有诗才，然仕途多舛，应乡试十七次不第，年六十六始为举人。乾隆四年（1739）成进士，改庶吉士，授编修。历左春坊中允、詹事府詹事、内阁学士，命在上书房行走，累迁礼部右侍郎。十四年致仕归，主紫阳书院。二十二年，加礼部尚书衔，后再加太子太傅。三十四年卒，年九十七。赠太子太师，谥文悫。四十三年，举人徐述夔诗集中有悖逆之言，而德潜尝为其作传，以此罢祠削谥，夺去赠官。德潜从叶燮受诗法，论诗主格调说。著作有《归愚诗文钞》五十七卷、《说诗晬语》二卷，编选有《古诗源》十四

卷、《唐诗别裁集》二十卷、《明诗别裁集》十二卷、《国朝诗别裁集》三十二卷、《唐宋八家文选》三十卷、《吴中七子诗选》十四卷、《杜诗偶评》等。

③ 弁言：前言、序言。因冠于前，故名。

④ 类书：辑录各门类或某一门类的资料，并依内容或字、韵分门别类编排以供寻检、征引的工具书。以门类分的类书有二：兼收各类的，如《艺文类聚》《太平御览》《玉海》《渊鉴类函》等；专收一类的，如《小名录》《职官分记》等。以字分的类书亦有二：齐句尾之字，如《韵海镜源》《佩文韵府》等；齐句首之字，如《骈字类编》。

⑤ 记里点鬼：即"点鬼簿"。唐张鷟《朝野佥载》卷六："时杨（炯）之为文，好以古人姓名连用，如'张平子之略谈，陆士衡之所记'，'潘安仁宜其陋矣，仲长统何足知之'。号为点鬼簿。"后用"点鬼簿"讥刺诗文滥用古人姓名或堆砌故实。亦省作"点鬼"。

⑥ 毕劫：犹毕强。敏捷而强劲。

⑦ 瀛奎律髓：元代方回编选的诗歌总集。所选皆唐宋律诗，序谓取"十八学士登瀛洲，五星奎聚"之义，故名。分四十九类编排，有评语、圈点。以杜甫为一祖，黄庭坚、陈师道、陈与义为三宗。是一部体现江西派诗论的选本。

⑧ 山谷：黄庭坚，字鲁直，号山谷道人、涪翁，北宋洪州分宁（今江西九江市修水县）人。治平进士，以校书郎迁著作佐郎。后以修实录不实遭贬。出苏轼门下，而与苏轼齐名，世称"苏黄"。有诗名。论诗标榜杜甫，主张"无一字无来处"和"夺胎换骨，点铁成金"，开创江西诗派。又能词，兼擅行草。有《山谷集》。北宋末，吕本中作《江西诗社宗派图》，自黄庭坚以下，列陈师道、潘大临、谢逸等二十五人，以为法嗣。以后又补曾几、陈与义诸人。其中作者，不全是江西人。论诗崇尚瘦硬风格，喜作拗体，每袭用前人诗意而略改其词，以为工巧，后更有活法、悟入之说。在南宋前期和清代后期曾有较大影响。

⑨ 才调集：五代后蜀韦縠编选的诗歌总集。十卷。每卷录诗一百首，包括唐代各时期，但不按时代先后编排。选诗宗尚晚唐温（庭筠）、李（商隐）一派，以"秾丽宏敞"为宗，题材偏重闺怨别情。有清初冯舒、冯班评点本。

⑩ 阮亭：王士禛，字子真，又字贻上，号阮亭、渔洋山人。参见第39页《池北偶谈》题解。论诗主"神韵说"，编选《唐贤三昧集》以标宗旨。三卷。专录盛唐诗，自王维以

下凡四十三人,收诗四百八十馀首。有乾隆间吴煊、胡棠笺注本,及潘德舆、姚鼐评点本。

⑪ 十种唐诗:指王士禛编选《十种唐诗选》。取唐人所选总集八家,及摘宋姚铉《唐文粹》所载诸诗各为删汰,加《才调集》而为十家。十七卷。凡元结《箧中集》一卷、殷璠《河岳英灵集》一卷、芮挺章《国秀集》一卷、令狐楚《御览诗》一卷、高仲武《中兴间气集》一卷、姚合《极玄集》一卷、韦庄《又玄集》一卷、佚名《搜玉小集》一卷、韦縠《才调集》三卷、《唐文粹》诗六卷。

⑫ 古诗选:王士禛编选。三十二卷。五言古诗十七卷,七言古诗十五卷。以持源流正变之说,选五言,自汉迄唐,于汉代作品几乎全录,魏晋以下从严,推重曹植、陶渊明、谢灵运诸人,唐人仅采陈子昂、张九龄、李白、韦应物、柳宗元五家。七言,自古歌至元,则谓以杜甫为“千古标准”。有清闻人倓注本,名《古诗笺》。

⑬ 文选:又名《昭明文选》。总集。南朝梁昭明太子萧统编。选录先秦至梁各体诗文,分三十七类,三十卷。为我国现存最早的文学总集。唐显庆中李善作注,分为六十卷。开元六年(718),吕廷祚集吕延济、刘良、张铣、吕向、李周翰五人注,称“五臣注”。其注偏重于解释字句,与李善注时有出入。南宋以后,两本合刻,称《六臣注文选》。　　乐府:即《乐府诗集》。北宋郭茂倩编。一百卷。分十二类:郊庙歌辞、燕射歌辞、鼓吹曲辞、横吹曲辞、相和歌辞、清商曲辞、舞曲歌辞、琴曲歌辞、杂曲歌辞、近代曲辞、杂歌谣辞、新乐府辞。辑录汉魏至唐五代乐府歌辞,兼及先秦至唐末歌谣,包括乐曲原辞与后人仿作。各类有总序,每曲有题解,对各曲调及歌辞起源与发展皆有考订。每题以古辞居前,后人拟作列后。通行有影印汲古阁本。

14. 下　第　词

沈锡田戊寅下第①,赋《陌上桑》词②,语绝凄婉:“传来一纸魂销,顷刻秋风过了,旧侣新俦,半属兰堂蓬岛③。升沈异数如斯也,漫诩凌云才藻。忆挑灯,昨夜并头红蕊,赚人多少。　　愧刘蕡策短④,江淹才退⑤,五度青衫泪。绕桂魄年年⑥,只恐嫦娥渐老。清歌一曲,凭谁诉,惹得高堂烦恼⑦。梦初回,窗外芭蕉夜雨,声声到

晓。"(卷四)

【注释】

① 沈锡田：沈垛晋，字锡田，归安(今浙江湖州市)人。茂才。克承家学，有诗才，然屡应乡试皆不中。嘉庆二十四年(1819)，应己卯科乡试，仍下第，投井死。　戊寅：指嘉庆二十三年(1818)。是年为乡试恩科，下一年己卯为乡试正科。

② 陌上桑：亦称"陌上歌"。乐府《相和曲》名。晋崔豹《古今注·音乐》："《陌上桑》出秦氏女子。秦氏，邯郸人，有女名罗敷，为邑人千乘王仁妻。王仁后为赵王家令。罗敷出采桑于陌上，赵王登台，见而悦之，因饮酒欲夺焉。罗敷乃弹筝，乃作《陌上歌》以自明焉。"亦省作"陌桑"。

③ 兰堂蓬岛：此处借指朝廷或官府。兰堂，厅堂的美称。蓬岛，蓬莱山，传说中的仙境，亦代指朝廷秘阁。此句意谓同伴多半考中入朝为官，嗟叹自己再次落第。

④ 刘蕡：字去华，唐幽州昌平(今北京市昌平区西南)人。博学善属文，浩然有救世志。宝历二年(826)擢进士第。时宦官专横，蕡常痛疾。太和初(827)，举贤良方正直言极谏，作策以进，指斥宦官乱政误国。是年，冯宿等为考策官，见策嗟服，以为汉之晁错、董仲舒无以过，然畏而不敢取。蕡下第，朝士为之扼腕，言官疏请，不纳。令狐楚、牛僧孺皆延之为幕府，授秘书郎，以师礼待之。而中官深疾之，诬以罪，贬柳州司户参军，卒。

⑤ 江淹：字文通，南朝济阳考城(今河南商丘市民权县东北)人。历仕宋、齐、梁三朝。梁时官至金紫光禄大夫。少孤贫好学，以文章著名，晚年所作大不如前，人称"江郎才尽"。赋以《恨赋》《别赋》较有名，文辞精美，情调悲凉凄惋。

⑥ 桂魄：指月。

⑦ 高堂：指父母。沈垛晋父焯，字鹿坪，乾隆六十年(1795)进士，官至台州教授。焯有二子，长珠復(字还浦)，次垛晋(字锡田)。垛晋嘉庆己卯不售投井，焯因是凄郁，乞病归；珠復亦屡荐不售，未及中寿而卒。俱可哀也。

15. 煮 人 狱

霍邱范二之为某媪赘婿①，逾年忽不见，范父讼于官。县令王某雇乳妇为媪同村人，问以媪婿事，曰："闻之邻家，知以奸被害。"王信之，严刑拷讯，范某氏供与义兄韩三有奸，恐败露，共杀范二之，剉碎其骨②，煮化其肉以灭迹。韩三与媪供皆同，旋于其房后检得碎骨，定案达府。犯供翻异，府以碎骨为证，犯谓是牛骨，非人骨也。府不听，遂达臬司③。时秉臬者为夏邑李书年少保④，鞫之，供如前。惟犯无戚容，供词太熟，疑有冤。反覆阅牍，得间曰⑤："死者肉煮骨剉固已，肺胃肝肠等物何在耶？"复以是讯之，犯皆愕然，供各异词。公曰："是真有冤矣。"遂停鞫以待。越半载，突有人至臬司大堂哭喊，问之，即范二之也。因负博进他遁⑥，探知家难，特来前。冤狱因是得解。使因犯无翻供，定案申详，立杀三命，则院司得重咎，府县且拟实抵。一时无不服公之识，并谓有盛德者，必有厚报。是时公年五十馀，尚未有嗣，次年举一子，名曰铭皖，以地志也。后又连举数子。公中乾隆庚子进士⑦，铭皖中道光庚子进士⑧。公年八十馀，重遇恩荣宴，父子相隔六十年作同年，为熙朝之盛事⑨，殆天佑之，以彰平反巨案之德也乎？公从弟检斋大令道融《疆恕堂文稿》记此事甚详⑩，因节其略，为世之司狱者告。（卷四）

【注释】

① 霍邱：清颍州府霍邱县（今属安徽六安市）。

② 剉（cuò）：铡切；斩剁。

③ 臬司：省提刑按察使司的别称。参见第182页第7则注释⑤。

④ 李书年：李奕畤，字书年，夏邑（今属河南商丘市）人。乾隆四十五年（1780）进士，改庶吉士，授检讨。历宁武、平阳知府，有政声，迁江苏粮道、山东按察使。嘉庆十一年（1806），坐巡抚保荐属吏违例，左迁江南河库道。十三年，迁安徽按察使，治狱明慎，多平反。十八年，擢浙江巡抚、漕运总督。二十五年，宣宗即位，命以尚书守护昌陵。道光二年（1822），以原品休致。十九年，重宴鹿鸣，加太子少保。明年，会榜重逢，子铭皖登进士第，同与恩荣宴，称盛事焉。二十四年卒，年九十有一。

⑤ 得间：有隙可乘；得到机会。此谓找到破绽。

⑥ 博进：赌博所用的钱。进，会礼之财。字本作"賥"，音同而转借。

⑦ 乾隆庚子：乾隆四十五年（1780）。

⑧ 道光庚子：道光二十年（1840）。此谓两科同为庚子，却相隔六十年。

⑨ 熙朝：兴盛的朝代。

⑩ 李道融：字(号)检斋，夏邑(今属河南商丘市)人。道光十五年(1835)进士，官至平阳知县。著有《强恕堂文稿》。此则"疆恕堂"应作"强恕堂"。强(qiǎng)恕，勉力于忠恕之道。语出《孟子·尽心上》："强恕而行，求仁莫近焉。""强(疆)"与"疆"形近而误。

16. 葛壮节公

　　山阴葛壮节公云飞①，为定海总兵②，以父忧去官。逾年，英夷陷定海，大府以书属公墨经从军事③。公方督耕田间，即趋归白母，母张太夫人曰："金革无避④，汝受国恩厚，行矣，勿复疑。"遂诣镇海⑤，请尽出劲兵扼金鸡、招宝两山间⑥，又以计俘夷军师安突得，夷大惊扰。公设计请乘机收复，巡抚乌不能用⑦。已而有通市之议，大府命公率所部往收定海，而以寿春镇总兵王锡朋、处州镇总兵郑国鸿帅师协守⑧，时道光辛丑二月也⑨。公以南道头空旷，增筑土门。又请自竹山门至摘箬山遍列炮，县治后晓峰岭筑炮台，以杜侵越；小竹山门下塞其江路，对土城诸岛均置防守，使夷舟不得近，谓必如是则定海可固。督师裕谦以费辞⑩，则请借三年俸廉兴筑，督师怒曰："是挟我也！"坚不许。八月，夷再犯定海，众二万馀，我兵合三镇仅四千。飞书大营请济师，督师疑其张大，戒死守毋望援。公苦战六昼夜，日仅啖数饼，耆老有煎参以进者，公投诸水与众共饮之，士卒皆感奋。戊戌⑪，天大雾，夷全队逼土城。公闻风帆海水声，知夷舻将至，炮击焚之。夷倏遁，分道攻晓峰、竹山，晓峰无炮，夷众夺间道上，并攻破竹山门，遂下薄土城⑫。时土城兵分守他所，麾下仅二百人。公率以拒敌，持短兵奋呼而进，杀戮无算。至竹山门方仰登，一酋长刀劈公面，去其半，血淋漓，径登，酋骇，乃以炮背击公，洞胸，穴如碗，前后四十馀创，遂卒。定海义勇徐保夜迹公尸于竹山门，雨霁，月微明，见公半面宛然立崖石上，两手握刀不释，左一目睒睒如生⑬。欲负之行，不能起，拜而祝曰："盍归见太夫人乎？"负之起，乘夜内渡。大吏护公丧还山阴⑭，张太夫人一恸而止，曰："吾有子矣。"时王、郑二总兵皆死难，而公死尤烈。事闻，上悼甚，赏加提督衔，世荫骑都尉又一云骑尉⑮。赐长子以简文举人，次子以敦武举人，予谥壮节，祔昭忠祠，且立专祠以祀。

御制祭文云：“朕惟良臣蹇蹇^⑯，昭大义于匪躬^⑰；巨典煌煌^⑱，沛鸿恩于赐恤。唯忠贞之克笃，斯褒予之重申。尔原任浙江定海镇总兵提督衔葛云飞，识邃韬钤^⑲，律娴步伐^⑳。初膺甲第，旋摄水师。荐牍屡登，不愧干城之选^㉑；崇阶洊陟^㉒，叠邀纶綍之荣^㉓。迩以螳怒当车，蛙鸣自井。念兵戎之未靖，资骠骑之先驱。叱咤风云，施壮士天山之箭^㉔；超腾矢石，帅丈人地水之师^㉕。同仇者一德一心，贾其馀勇^㉖；连战于六昼六夜，誓不空还。军鹅鹳而皆惊^㉗，贼鲸鲵而待扫^㉘。方谓金精气壮，离披麾下之尘；何期石鼓声沈，仓卒矛头之恸。忠魂不返，毅魄犹馨。览奏心伤，为之涕陨。界殊恩更及其子，式焕新纶^㉙；命大吏常恤其家，重颁内帑^㉚。秩均一品，义设专祠。於戏^㉛！鼓鼙思将帅之臣，易名两字^㉜；俎豆视功宗之礼^㉝，炳节千秋。灵如有知，尚其歆格^㉞。”天语褒忠，至优极渥。同时避敌幸生之臣，读之当益滋愧矣。（卷四）

【注释】

① 葛云飞：字雨田，山阴（今浙江绍兴市）人。道光三年（1823）武进士，授守备，隶浙江水师。以缉盗功擢瑞安协副将。十一年，署定海镇总兵，寻实授。以父忧归。二十年，英兵犯定海，巡抚乌尔恭额、提督祝廷彪强起云飞，总督邓廷桢亦荐其可倚，署定海镇。请筑土城，增炮台，钦差大臣裕谦以费巨未尽许。英兵复来犯，奋战六昼夜，迭却之。城破，率亲兵二百持刀血战二里许，身被四十馀创，炮洞胸而死。事闻，依提督例，予骑都尉兼一云骑尉世职，谥壮节，赐两子以简、以敦文武举人。

② 定海：清宁波府定海县（今浙江舟山市定海区）。

③ 大府：明清对总督、巡抚的尊称。 墨绖（dié）：即“墨衰（cuī）绖”。古代黑色丧服。亦省作“墨衰”“墨绖”。

④ 金革：谓军械与军服。此借指战争。

⑤ 镇海：清宁波府镇海县（今浙江宁波市镇海区）。与定海隔海相对。

⑥ 金鸡、招宝：镇海东北二山。分立甬江东西两岸，为由海沿江进入镇海及宁波的扼要处。

⑦ 乌：乌尔恭额，满洲镶黄旗人。历军机章京、知府、按察使等职。道光十四年（1834），迁浙江巡抚。二十年，英军入侵，乌尔恭额作战不利，致定海等重镇失陷，被

革。二十二年病卒。

⑧ 王锡朋：字樵傭，顺天宁河(今天津市宁河区宁河镇)人。以武举授兵部差官，迁固原游击。以征回疆功擢湖南临武营参将。道光十八年(1838)，授寿春镇总兵。二十年，偕提督陈化成防吴淞，旋调援宁波，偕葛云飞等守定海。敌至，力战遇害。予骑都尉兼一云骑尉世职，谥刚节。　　郑国鸿：字雪堂，凤凰厅(治今湖南湘西自治州凤凰县)人。袭伯父爵为云骑尉。以剿苗功授永绥屯守备，擢宝庆副将。道光二十年(1840)，擢处州镇总兵，调防镇海，又移兵守定海竹山。敌至，短兵相接，被数十创而殒。予骑都尉世职，追谥忠节。

⑨ 道光辛丑：道光二十一年(1841)。

⑩ 裕谦：原名裕泰，字鲁山，博罗忒氏，蒙古镶黄旗人。出身将军世家。嘉庆二十二年(1817)进士，选庶吉士，授礼部主事，迁员外郎。道光六年(1826)，出为荆州知府，始改今名。历武昌知府、荆宜施道、江苏按察使。十九年，就迁布政使署巡抚，寻实授。二十年，英兵陷定海，伊里布奉命往剿，裕谦代署两江总督，赴宝山、上海筹防。后英人以香港换出定海，代伊里布为钦差大臣赴镇海，寻实授两江总督。二十一年，英兵再犯，裕谦命葛云飞、郑国鸿、王锡朋率五千兵守定海，自率江宁、徐州镇兵守镇海。八月，三将战殁，定海陷。越数日，英军攻占镇海金鸡、招宝要冲，镇海守兵溃，裕谦投学宫前泮池，副将丰伸泰等救之，以小舟载往馀姚，裕谦昏迷不省人事，卒于途。事闻，赠太子太保，予骑都尉兼一云骑尉世职，祔祀京师昭忠祠，于镇海立专祠，谥靖节。

⑪ 戊戌：此指八月十七日。是日，定海失守。

⑫ 薄：逼近；靠近。

⑬ 睒睒(shǎn—)：光闪烁貌。

⑭ 大吏：此指部将。

⑮ 骑都尉、云骑尉：清功臣、外戚爵号。清功臣、外戚封爵，依次有：公、侯、伯(以上超品)，子、男、轻车都尉(以上俱分三等，一等分别为正一品、正二品、正三品，二三等分别为从一品、从二品、从三品)，骑都尉(正四品)、云骑尉(正五品)、恩骑尉(正七品)。

⑯ 蹇蹇(jiǎn—)：忠直貌。

⑰ 匪躬：谓忠心耿耿，不顾自身。

⑱ 巨典煌煌：形容朝廷大法昭彰醒目。

⑲ 识邃韬钤(qián)：意谓深知用兵谋略。韬钤，古代兵书《六韬》《玉钤篇》的并称，借指用兵谋略。

⑳ 律娴步伐：意谓熟习行军之法。

㉑ 干(gàn)城：喻捍卫或捍卫者。

㉒ 崇阶浒陟：谓被荐举提升到高位。

㉓ 纶绋(fú)：指帝王诏令。语出《礼记·缁衣》："王言如丝，其出如纶；王言如纶，其出如绋。"郑玄注："言言出弥大也。"孔颖达疏："王言初出，微细如丝，及其出行于外，言更渐大，如似纶也。'王言如纶，其出如绋'者，亦言渐大，出如绋也。绋又大如纶。"

㉔ 天山之箭：喻安定边疆。唐李益《塞下曲》："伏波惟愿裹尸还，定远何须生入关。莫遣只轮归海窟，仍留一箭定天山。"首句咏东汉伏波将军马援，尝以"男儿要当死于边野，以马革裹尸还葬耳"自誓，出征匈奴、乌桓；次句咏东汉班超，投笔从戎，平定西域叛乱，封定远侯。后二句表示灭敌守边的决心，用唐薛仁贵西征突厥，"三箭定天山"之典。

㉕ 帅丈人地水之师：谓以德才尊重者统兵打仗。语出《周易·师》："师，贞，丈人，吉无咎。"孔颖达疏："师，众也；贞，正也；丈人，谓严庄尊重之人。言为师之正，唯得严庄丈人监临主领，乃得吉无咎。若不得丈人监临之，众不畏惧，不能齐众，必有咎害。"《师》卦"坎下坤上"，"坎"为水，"坤"为地，故"象曰：地中有水，师。君子以容民畜众。"谓水聚地中，犹民聚而为众。古代兵农合一，平时耕种，战时集中为出征之师。

㉖ 贾(gǔ)其馀勇：亦作"贾勇"。语本《左传·成公二年》："齐高固入晋师，桀石以投人，禽之，而乘其车，系桑本焉。以徇齐垒，曰：'欲勇者，贾余馀勇。'"杜预注："贾，卖也。言己勇有馀，欲卖之。"后用为鼓足勇气之意。

㉗ 鹳鹅：此指敌方军阵。《左传·昭公二十一年》："丙戌，与华氏战于赭丘。郑翩愿为鹳，其御愿为鹅。"杜预注："鹳、鹅皆陈名。"

㉘ 鲸鲵：此喻凶敌。《左传·宣公十二年》："古者明王伐不敬，取其鲸鲵而封之，以为大戮。"杜预注："鲸鲵，大鱼名，以喻不义之人吞食小国。"

㉙ 式焕新纶：亦作"式贲新纶"。意谓现赐诏书以明示。新纶，刚下的诏书。

㉚ 重颁内帑(tǎng)：意谓用国库的钱财厚赏。内帑，国库或国库的钱财。

㉛ 於戏（wūhū）：同"呜呼"。叹词。

㉜ 易名两字：指赐谥号"壮节"。

㉝ 俎豆：俎和豆。古代祭祀时盛食物的礼器。此指祭祀，奉祀。　功宗：功绩之尊显者。

㉞ 尚其歆格：犹"尚飨"。旧时用作祭文结语。意谓希望来享用祭品。歆，飨。

17. 十 目 一 行

阮文达公《题严厚民杰书福楼图》（厚民湛深经术，精校勘，因昔人云："书不饱蠹鱼，经俗子误改，书之福也。"因以名楼）诗云①："严子精校雠，馆我日最长。校经校文选，十目始一行。"自注："世人每矜一目十行之才②，余哂之。夫必十目一行，始是真能读书也。"公此语可为粗心读书者针砭③。夫一目十行，由于天资过人。诚使质之钝者十目一行④，则用心密而获效宏，岂逊于一目十行者乎？所谓学知、困知，及其知之一也⑤。（卷四）

【注释】

① 阮文达：阮元，谥文达。参见第194页第3则注释①。　严杰：字厚民，号鸥盟，馀杭（今杭州市馀杭区馀杭镇）人。屡试不第，遂潜心经术。嘉庆时，阮元督学、巡抚浙江时，聘入府，参与编校《经籍纂诂》《十三经注疏》。嘉庆二十二年（1817），阮元调两广总督，杰亦从之，为《皇清经解》总编。自著有《小尔雅疏证》《蜀石经残本毛诗考证》等。　蠹鱼：虫名。即蟫（yín），又叫衣鱼。蛀蚀书籍、衣物。

② 矜：指夸耀别人。

③ 针砭：古代用以治痈疽、除脓血的石针。此谓治病针灸。

④ 诚使：假使，假如。　质：衡量；评判。

⑤ 所谓学知、困知两句：意谓有人通过学习而获知，有人通过解难而获知，但只要他们最终都能获知，就是一样的了。语见《中庸》："或生而知之，或学而知之，或困而知之，及其知之，一也。"

18. 为 学 之 道

　　凡为学之道,见闻欲其博,术业欲其约。萧山毛太史奇龄作诗、古文①,必先罗列满前,考核精细,方伸纸疾书。其夫人陈氏性悍妒,以毛有妾曼殊,辄詈于人前曰:"尔辈以毛大可为博学耶? 渠作七言八句②,亦必獭祭所成③。"毛笑曰:"动笔一次,展卷一回,则典故纯熟,终身不忘。日积月累,自然博洽。"嘉兴钱文端公陈群④,少时尝问于秀水徐阁学嘉炎曰⑤:"学何以博?"徐曰:"读古人书,就其篇中最胜处记之,久乃会通。"后述于朱太史彝尊⑥,朱曰:"斯言是也。世安有过目不遗一字者耶?"姚姬传比部尝效作词⑦,嘉定王太常鸣盛语休宁戴太史震曰⑧:"吾昔畏姬传,今不畏之矣。彼好多能,见人一长辄思并之,夫专力则精,杂学则粗,故不足畏也。"姚闻之,遂不作词,且多所舍弃,以古文名世。余按:此三者,皆为学切要之言,有志者当奉以为法。(卷五)

【注释】

① 毛奇龄:字大可,号西河,萧山(今浙江杭州市萧山区)人。参见第 237 页第 2 则注释③。

② 渠:他;它。

③ 獭祭:亦作"獭祭鱼"。谓獭常捕鱼陈列水边,如同陈列供品祭祀。今学者认为:"祭"本义为残杀,因獭食鱼时必残杀和吃剩许多鱼,故称"獭祭"(参见陆宗达、王宁《古汉语词义答问·说"祭"字》)。比喻罗列故实,堆砌成文。

④ 钱陈群:字主敬,号修亭、香树、柘南居士,嘉兴(今属浙江)人。康熙六十年(1721)进士,改庶吉士,授编修。参与编纂《大清一统志》《大清会典》等。历侍讲、直隶学政,累迁刑部左侍郎。乾隆十七年(1752)以疾辞归。高宗第四次南巡,与沈德潜等迎驾,特赐太傅衔。三十九年卒,年八十九。谥文端。

⑤ 徐嘉炎:字胜力,秀水(今浙江嘉兴市)人。明兵部尚书必达曾孙。幼警敏,强记绝人。康熙十八年(1679),荐试博学宏辞科,授检讨。官至内阁学士兼礼部侍郎,充三朝国史及《会典》《一统志》副总裁。四十二年卒,年七十三。工诗,有《抱经斋诗集》二十卷。　阁学:内阁学士省称。

⑥ 朱彝尊：字锡鬯,号竹垞。参见第218页第14则注释⑰。与徐嘉炎同里而争名,不

　　相得。　　太史：明清时,修史归于翰林院,故称翰林官为太史。彝尊举博学宏辞后,

　　授翰林检讨,尝与修《明史》,故称太史。

⑦ 姚姬传：姚鼐,字姬传、梦穀,以惜抱轩名其斋,世称惜抱先生,桐城(今属安徽安庆

　　市)人。乾隆二十八年(1763)进士,选庶吉士,授礼部主事。历充山东、湖南乡试官,

　　所得多知名士。又充《四库全书》纂修官,累迁刑部郎中。乞归养,主讲江南紫阳、钟

　　山书院四十余年。嘉庆二十年(1815)卒,年八十四。少从刘大櫆受学,长通经史,尤

　　以古文名世,与方苞、刘大櫆并称桐城派"三祖"。著有《惜抱轩全集》,选编有《古文

　　辞类纂》等。　　比部：明清以称刑部属官。

⑧ 王鸣盛：字凤喈,号西庄,嘉定(今属上海市)人。参见第275页第27则注释①。

　　太常：太常寺卿的省称。据《清史稿·王鸣盛传》,鸣盛官至光禄寺卿。此称"太

　　常",与史未合。　　戴震：字东原,号杲溪,休宁(今属安徽黄山市)人。少好读书,精

　　研学问,著《考工记图注》而一举成名。乾隆十六年(1751)补诸生,著《屈原赋注》。

　　后避仇赴京,从钱大昕游,荐于秦蕙田,参与编纂《五礼通考》。二十七年举乡试,后

　　四次会试皆不第,主讲于金华书院。三十八年,荐充四库馆纂修。四十年,特命与会

　　试中式者同赴殿试,赐同进士出身,改庶吉士,仍为四库纂修,校书颇富。四十二年

　　卒,年五十五。后人辑有《戴氏遗书》《戴东原先生全集》。

19. 义　　田

　　吾郡石门蔡学博载樾①,承其父大令德淳遗命②,仿范文正公义庄之法③,为田
以赡其族人。乃与从弟载坤合出七百万钱,以七之一为祠祀先人。又思田不可遽
得,以六百万钱入质库④,岁得息钱四十二万。族中之茕独五十以上者⑤,妇女寡而
不嫁者,幼孤无养者,废疾者,计日给米五合、钱十文,青年守节者倍之,冬夏各给以
衣帐。敛死者,买公地葬之。大小试各有赠,获隽者加厚焉⑥。六十以上遇生辰各
有赠,视其年以定轻重。贪墨酷吏及民为匪类堕其家声者,虽妻子屏不与。告于邑
令为规条,以垂永久。其时在道光六年九月,宝应朱文定公师士彦为作记以传⑦。
窃思：尊祖收族之道⑧,莫善于义田,自文正公创始后,效法者代不乏人。此举规模

虽不及前人，然量力而行，俾族人不至失所，其意甚厚。诚使世之拥高赀者^⑨，皆能遵而行之，其有裨于风俗人心岂浅鲜欤？（卷五）

【注释】

① 蔡载樾：号砚香，石门（今浙江嘉兴市桐乡市崇福镇）人。嘉庆十三年（1808）生员，历官安吉、馀杭县学训导。淹雅好古，博学多识，工诗，喜收藏。筑待雪楼，与文士相与唱和。著有《待雪楼丛》《西窗听雨集》等。　学博：泛指学官。参见第 219 页第 15 则注释①。

② 蔡德淳：字朴园。嘉庆七年（1802）进士，官至济南齐东知县。

③ 范文正：宋范仲淹。字希文，谥文正。参见第 54 页第 9 则注释②。　义庄：旧时族中所置赡济族人的田庄。《宋史·范仲淹传》："置义庄里中，以赡族人。"宋钱公辅《义田记》："范文正公方贵显时，置负郭常稔之田千亩，号曰'义田'，以养济群族之人。"

④ 质库：当铺。

⑤ 茕独：指孤独无依者。

⑥ 获隽：会试得中。亦泛指科举考试得中。

⑦ 朱士彦：字修承，宝应（今属江苏扬州市）人。幼承家学。嘉庆七年（1802）一甲三名进士，授编修，纂国史《河渠志》。历赞善、侍读学士、少詹事、内阁学士。道光二年（1822），擢兵部侍郎，寻督浙江学政。十一年，迁工部尚书，督运河保固工程。十七年，授兵部尚书，查勘浙江海塘。十八年，兼管顺天府尹事，典会试，调吏部尚书，奉使按事皆称旨。卒，年六十八。赠太子太保，谥文定。

⑧ 收族：谓以上下尊卑、亲疏远近之序团结族人。

⑨ 高赀：亦作"高资"。谓富有资财。

20. 吴祭酒尺牍

钱塘吴榖人祭酒锡麒^①，官京师时，耽情《骚》《雅》^②，不屑奔走权门，以故品望日高，而生计日薄。尝贻友人书云："弟藏身人海，终日闭门，亦谓软红不到^③，而釜中鱼长④，甑里尘生，几欲服却粒丹，行食气法⑤，修到太虚真人地位⑥。"又云："自唱还云之曲⑦，本拟有田可种，藉奉晨昏。无如饥来驱我，遂复入春明之梦⑧。两年羁绊，一步不移。大抵生平好作冷人，天故以冷待之。破帐纸窗，索索然若时有西风吹到，不自知砭肌消骨也。"读之可想见清寒风味。（卷五）

【注释】

① 吴锡麒：字圣征，号穀人，钱塘（今浙江杭州市）人。参见第291页第4则注释⑪。

② 骚、雅：《离骚》与《诗经》中《大雅》《小雅》的并称。此泛指辞赋与诗歌。

③ 软红：犹言软红尘。飞扬的尘土。形容繁华热闹。

④ 釜中鱼长：釜中已生长出鱼或水生物来。谓生活贫困，断炊已久。

⑤ 食气：服食空气或芝兰之气。道家养生法之一。

⑥ 太虚真人：道教崇奉的神仙之一。所指不一，一说为赤松子，一说为炎老君。唐李冲昭《南岳小录》引《上真记》云："太虚真人领南岳司命，即炎老君也。"元陶宗仪《说郭》卷五十七上："左圣南极南岳真人左仙公太虚真人赤松子。"

⑦ 还云：常与"雨绝"连用。本指雨水落地，不可能再返回云层，以喻事情之不可挽回。《文选·陈琳〈檄吴将校部曲文〉》："又诸将校，孙权婚亲，皆我国家良宝利器，而并见驱迮，雨绝于天。"吕延济注："雨绝谓雨下于地，无还云之期也。"此借"还云"以喻致仕归田。

⑧ 春明：喻指仕宦。唐都长安有春明门，因以指代京都。后世士子以入都门为仕途之始，故称"春明之梦"。

21. 姚文僖公

姚文僖公官内阁中书时①，常至阁取历科状元殿试卷观之，日必书卷一本。嘉庆己未科②，大魁天下，论者谓殿试卷字为本朝状元之冠。公秉性刚正，尝以事忤某协揆意③，殿试时，某适阅卷，匿其卷他处。仁和孙补山相国士毅觅得之④，必欲置之前列，谓："此卷写作俱佳，摈之何以服人？"某不得已，改置第九本，进呈御览，特拔第一。此固由于天定，而相国怜才之意亦可感也。公时艺绝高⑤，初为广东主试(嘉庆庚申)⑥,所取文皆古淡,通榜无人登第。继为福建主试(辛酉)⑦,乃降格取之,遂有登第者。后为山东主试(丁卯)⑧,皆取才气发皇之作⑨,登第者独多。自谓取士后盛于前,取文则前胜于后,常以为憾。(卷六)

【注释】

① 姚文田:姚文田,字秋农,号梅漪,归安(今浙江湖州市)人。乾隆五十九年(1794),高宗幸天津,文田以举人应召试列第一,授内阁中书,充军机章京。嘉庆四年(1799)一甲一名进士,授修撰。迭典广东、福建、山东乡试,督广东、河南、江苏学政,累迁国子祭酒。十八年,入直南书房。屡上疏陈事,帝嘉纳之。擢兵部侍郎,历户部、礼部。道光七年(1827),官至礼部尚书。寻卒,年七十。谥文僖。文田性刚直,勤于政务,颇得士论。学尊宋儒,著书则宗汉学。后人辑有《姚文僖公所著书》。

② 嘉庆己未:嘉庆四年(1799)。

③ 协揆:清对协办大学士的称呼。意谓协助百揆(大学士)管理政务。参见第202页第5则注释⑲。

④ 孙士毅:字智冶,号补山,仁和(今浙江杭州市)人。乾隆二十六年(1761)进士,以知县归班待铨。二十七年,高宗南巡,召试授内阁中书,充军机章京,迁侍读。历户部郎中、大理寺少卿、广西布政使、云南巡抚。四十五年,坐云贵总督李侍尧贪赃案夺职,录其家,不名一钱,帝嘉其廉,命纂校《四库全书》,授编修。书成,累迁两广总督。五十二年,台湾林爽文为乱,士毅诣潮州,遣兵助剿,加太子太保,赐一等轻车都尉世职,图形紫光阁。明年,又率军征安南,先胜后败,还京,授兵部尚书,充军机大臣,入直南书房。未几,命为四川总督,调两江总督。五十六年,召授吏部尚书、协办大学士,督廓尔喀之役军饷。廓尔喀平,再图形紫光阁,寻授文渊阁大学士兼礼部尚书。嘉庆元年(1796),进剿湖北、四川教匪,卒于军中,年七十七。赠公爵,谥文靖。有《百一山房诗集》十二卷。按:此则所记不实。姚文田殿试在嘉庆四年,而孙士毅已卒于嘉庆元年,如何得以阅卷?

⑤ 时艺:时文。即科举应试的八股文。

⑥ 嘉庆庚申:嘉庆五年(1800)。

⑦ 辛酉:嘉庆六年(1801)。

⑧ 丁卯：嘉庆十二年(1807)。

⑨ 发皇：奋发；焕发。

22. 不 系 园

明季钱塘汪然明孝廉汝谦①，啸傲湖山，制一舟名"不系园"，题诗云："种种尘缘都谢却，老耽一舸水云间。"又作《不系园记》，其略云："自有西湖，即有画舫。《武林旧事》艳传至今②，其规至种种，不可考识矣。往见包观察始创楼船③，余家季元继作'洗妆台'④，玲珑宏敞，差足相敌。然别渚幽汀，多为双桥压水锁之⑤，不得入。癸亥夏⑥，偶得木兰一本斫而为舟，长六丈二尺，广五之一。入门数武⑦，堪贮百壶，次进方丈，足布两席。曲藏斗室，可供卧吟。侧掩壁厨，俾收醉墨。出转为廊，廊升为台，台上张幔，花晨月夕，如乘彩霞而登碧落⑧。若遇惊飙蹴浪⑨，欹树平桥，则卸栏卷幔，犹然一蜻蜓艇耳。中置家僮二三擅红牙者⑩，俾佐黄头以司茶酒⑪。客来斯舟，可以御风，可以永夕⑫，远追先辈之风流，近寓太平之清赏。陈眉公先生题曰'不系园'⑬，佳名胜事，传异日西湖一段佳话。岂必垒石凿沼围丘壑而私之，曰'我园我园'也哉？黄参议汝亨为作《不系园约》⑭，标以十二宜九忌。十二宜云：名流、高僧、知己、美人、妙香、洞箫、琴、清歌、名茶、名酒、殽不逾五簋⑮、却驺从⑯。九忌云：杀生、杂宾、作势轩冕⑰、苛礼、童仆林立、俳优作剧、鼓吹喧填、强借、久借。"汪又有小艇曰"随喜庵"，曰"观叶"，曰"小团瓢"，曰"雨丝风片"。近日西湖船若"半湖春""摇碧斋""四壁花""宜春舫""十丈莲""烟水浮家""小天随"等，皆堪游憩，然如"不系园"之有廊有台，则未之见也。（卷六）

【注释】

① 汪汝谦：字然明，明徽州歙县（今属安徽黄山市）人。明末移居杭州，招集吴越胜流，为湖山诗酒之会。与冯梦祯、徐桂、黄汝亨、陈继儒、钱谦益、李渔等过从甚密。顺治十二年(1655)卒，年七十九。有《绮咏》《绮咏续集》各一卷。

② 武林旧事：笔记名。南宋周密撰。参见第 312 页第 14 则注释⑭。

③ 包观察：包应登，字涵所，明钱塘（今浙江杭州市）人。万历进士，官至福建提学副

使。后归卧西湖,以声色自娱。据明张岱《陶庵梦忆》卷三:"西湖之船有楼,实包副使涵所创为之。"

④ 季元:汪汝俊,字季元。汪汝谦之弟。亦雅好文学。

⑤ 双桥:即西湖长桥。又名双投桥。在西湖东南角,钱湖门外与雷峰塔、净慈寺间。据明田汝成《西湖游览志》卷三:"长桥颇短,而以长名者,先时水口甚阔,桥分三门,有亭临之,壮丽特甚。其后浸淫填塞,两傍皆民居矣。"又卷十六:"淳熙初,行都角妓陶师儿与荡子王生狎,甚相眷恋,为恶姥所间,不尽绸缪。一日,王生拉师儿游西湖,唯一婢一仆随之。寻常游湖者逼幕即归,是日王生与师儿有密誓,特故盘桓,比夜达岸,则城门锁不可入矣。王生谓仆曰:'月色甚佳,清泛不可,再市酒殽复游湖中。'迤里更阑,举舟倦寝,舟泊净慈寺藕花深处,王生、师儿相抱投入水中,舟人惊救不及而死。都人作'长桥月,短桥月'以歌之。"俗因以呼"双投桥"或"双桥"。

⑥ 癸亥:指明天启三年(1623)。

⑦ 数武:几步。武,半步。亦泛指脚步。

⑧ 碧落:道教语。天空;青天。

⑨ 惊飙:突发的暴风;狂风。　蹴浪:谓波浪涌聚翻腾。

⑩ 红牙:乐器名。檀木制的拍板,用以调节乐曲的节拍。

⑪ 黄头:即黄头郎。汉代掌船舶行驶的吏员,因着黄帽,故称。后泛指船夫。

⑫ 永夕:谓度过长夜;消磨夜间时光。

⑬ 陈眉公:陈继儒,字仲醇,号眉公,明华亭(今上海市松江区)人。幼颖异,能文章,受知于同郡徐阶。长为诸生,与董其昌齐名,太仓王锡爵招与其子读书支硎山下,王世贞亦雅重之。年二十九,隐于昆山之阳。锡山顾宪成讲学东林,招之,谢弗往。亲亡,遂筑室东佘山,杜门读书著述,诗文书画皆善,三吴名士争欲得为师友。崇祯十二年(1639)卒,年八十二。

⑭ 黄汝亨:字贞父,明仁和(今浙江杭州市)人。万历二十六年(1598)进士,授进贤知县。官至江西提学金事转布政司参议。明末以疾辞归,结庐西湖南屏,与友诗酒唱和。有《寓林集》三十卷。

⑮ 殽(yáo):通"肴"。带骨的熟肉。亦泛指菜肴。　簋(guǐ):古代盛食物的器具。圆腹,大口,圈足,有两耳。

⑯ 骖从：骑马的侍从。

⑰ 轩冕：古代大夫以上官员的车乘和冕服。借指官位爵禄。

23. 夜纺授经图

　　嘉兴钱文端公陈群之母南楼老人善绘事①，公曾进画册于高宗纯皇帝，题诗卷首，并题"清芬世守"四字②。公幼时，父省亲于信安③，南楼老人授公兄弟经，夜必篝灯课读④，以其馀辉躬自纺绩。后三十年，公奉母于京师，写《夜纺授经图》，题诗云："母兮，儿饥，终朝诵读，不可以为粟。母兮，儿寒，终夜呷呷，不可以为衣(一解)⑤。秋夜长，秋月白。母曰嗟！汝父行役⑥，儿不学，我废绩，废绩妇所羞，不学人所惜。绅之绎之永今夕⑦，谁予和？鸣促织(二解)⑧。促织鸣，络绎声⑨。桁上衣⑩，手中丝。手中丝，槃中餐。儿毋啼饥，儿毋号寒，为诵《孟子》终七篇(三解)。昔孟有母，恃子实怙⑪。汝今不勤学，吾何见汝父？他日父归，行见挞汝⑫。挞汝犹可，毋弃先人绪。譬厥纺，千万缕，一失理，纷莫数。思之思之，泪下如雨(四解)。儿跽膝下，将母勿怒⑬，儿请卒业，然后寝处。奇文难字，母训母诂。英声华词，是猎是咀。母曰乐哉！天实助予。圣贤在上，实闻此语(五解)。"后高宗纯皇帝阅公《香树斋集》，见其诗，特赐题二绝句，云："篝灯课读澹安贫，义纺经锄忘苦辛。家学白阳谙绘事⑭，成图底事待他人。""五鼎儿诚慰母贫⑮，吟诗不觉鼻含辛。嘉禾欲续贤媛传⑯，不愧当年画荻人⑰。"公复乞当代名公题咏成轴。其孙润斋中丞臻因索观者众⑱，虑其致损，乃摹勒于石，恭和御韵题诗于后，有"愿将'世守清芬'句，凛诵王言励后人"之句⑲。(卷六)

【注释】

① 南楼老人：陈书，秀水(今浙江嘉兴市)人。幼端静，读书通大义，适嘉兴钱纶光为妻，善事舅姑。纶光卒，教子尤有法度。工诗画。诗号复庵，画号南楼老人。其画山水人物花草，皆清迥高秀，力追古作。

② 清芬：喻高尚的德行。

③ 信安：清衢州府古称(今浙江衢州市)。钱纶光父瑞微尝官衢州县学教谕，纶光从侍

久之。

④ 籫灯：谓置灯于笼中。籫，竹笼。

⑤ 解：诗、文、乐的章节。一解，即第一节。

⑥ 行役：旧指因服兵役、劳役或公务而出外跋涉。

⑦ 绌(chōu)之绎(yì)之：绌绎。引出头绪。

⑧ 促织：蟋蟀的别称。

⑨ 络绎：连续不断。

⑩ 桁(héng)：谓悬挂于横木上。

⑪ 恃子实怙(hù)：意谓为子之母实则为子之父。恃，母亲。怙，父亲。孟子幼失怙，由
母养育长大。

⑫ 行：辄；即。

⑬ 将：扶持。

⑭ 白阳：陈淳，字道復，后以字行，改字復甫，号白阳山人，明长洲(今江苏苏州市)人。
诸生。少从文徵明游，以书画擅名，其作为世宝重。有诗集《白阳集》。

⑮ 五鼎：即五鼎食。列五鼎而食。喻高官厚禄。

⑯ 嘉禾：嘉兴古称。秦置由拳县。三国吴黄龙三年(231)，以田生嘉禾，改县名由拳为
禾兴；赤乌五年(242)，避吴太子孙和讳，又改禾兴为嘉兴。北宋政和七年(1117)，赐
名嘉禾郡。南宋庆元元年(1195)，升嘉兴府。其后沿用不变。明清时，诗文中常称
嘉兴为嘉禾。

⑰ 画荻：宋欧阳修四岁而孤，家贫，母郑氏以荻管画地写字，教其读书。后以"画荻"为
称颂母教之典。

⑱ 钱臻：字润斋。钱陈群之孙，钱汝诚之子。历仕乾隆、嘉庆、道光三朝。嘉庆时，累
官右副都御史、山东巡抚。道光初，以衰老左授湖南布政使，寻乞休归。

⑲ 凛(lǐn)：严肃；庄敬。

24. 陈忠愍公

同安陈忠愍公化成①，由行伍积军功，官至提督，封振威将军②。故例，提镇不

得官本乡,上以非公莫能膺海疆重任,破格授厦门提督。道光庚子③,英夷扰浙东,命沿海严防,特移公江苏。抵署甫六日,闻舟山失守④,即帅师驰赴吴淞口⑤,审度险要,列帐西炮台侧以居,三易寒暑,未尝解衣安寝。优待士卒,犒之厚,而自奉甚俭,或馈酒肉,必峻却之,时有“官兵都吸民膏髓,陈公但饮吴淞水”之谣。每潮来,必登瞭望,戒军士曰:“平时宜休养,毋辄来辕,如有警呼之不应,刑毋赦。”尝与制府牛某大阅⑥,见近地兵多弱,而上江各营较强,牛曰:“是可当前锋乎?”公曰:“近者皆有家室虑,且服吾久,无离心。客兵恐难恃。”及战,果先遁。壬寅四月⑦,乍浦失守⑧,公益鼓励军士,以大义喻之。时他邑皆骚动,惟吴淞左右恃有公,安堵如故⑨。五月,夷船大集,公登台守御,日夜不息。初八日,自卯至巳,发炮千馀门,伤大夷船五,火轮船二,夷人势欲却,适牛制府携兵出城,夷从樯头望见,置炮于樯击之。牛急召守小沙背之徐州总兵王志元来,而王已遁去,牛惧亦遁,众兵随之皆窜。夷人复奋力攻击,公孤立无助,犹手发炮数十次,身受重伤,炮折足,枪穿胸,伏地喷血而死,年七十六⑩。民闻公死,皆大惊曰:“长城坏矣!”老幼男女无不号泣奔走。夷酋入城,登镇海楼酣饮,或作华语曰:“此战最危险,但有两陈公,安能破耶?”酋大笑。有武进士太湖刘国标为公所赏识,随行戎间,忍创负公尸藏芦丛中,阅十日,以告嘉定县令,舁尸入城,殡于武帝庙,面如生。事闻,诏赐专祠,予骑都尉世职。淞江人哭公哀,作诗成帙,颜曰《表忠崇义集》⑪,宝山王树滋为作《殉节始末记》。余特撮其大略,并录诗之佳者于左,云:“一木难支大厦倾,将军殉节万民惊。丹心料有天垂鉴,白日愁看鬼横行。公已成仁甘就死,士惟见义竟忘生。怒涛夜激芦花岸,阴雨灵旗战鼓声。”(上海王城)“皓首不能生击贼,丹心惟此死酬君。”(上海陈培庭)“肘常旁掣生馀愤,掌仅孤鸣死竭忠。”(崇明施子良)“右师邴泄驱车后⑫,壮士勾卑在列时⑬。”(上海林曜)“事到艰难惟一死,身经保障已三年。”(上海曹树杏)(卷七)

【注释】

① 陈化成:字业章,号莲峰,同安(今福建厦门市同安区)人。由行伍授水师把总,累迁
　　水师提督。道光二十年(1840),调江南提督,积极布防,枕戈待旦,两江总督裕谦倚
　　为长城。二十二年,英兵犯吴淞口,督部发炮,击伤英舰多艘。总督牛鉴溃逃后,英

兵抄后路袭击西炮台,化成孤军奋战,中弹喷血而殒,年六十七。事闻,予骑都尉兼一云骑尉世职,谥忠愍。

② 振威将军:清武官散阶,从一品。陈化成授此阶,史未见载。

③ 道光庚子:道光二十年(1840)。

④ 舟山:即清定海县。参见第334页第16则注释②。

⑤ 吴淞口:清隶太仓州嘉定县(今属上海市宝山区)。

⑥ 制府:明清称总督为"制府"。 牛某:牛鉴,字镜堂,号雪樵,武威(今属甘肃)人。嘉庆十九年(1814)进士,选庶吉士,授编修。道光二十一年(1841),两江总督裕谦殉难,以鉴代之。二十二年五月,英兵攻吴淞,徐州镇总兵王志元军溃,致陈化成战死,鉴亦退至嘉定,再退昆山、京口、江宁,议和后英军方撤退。寻以贻误封疆罪褫职下狱,二十四年释之,官至河南按察使。咸丰八年(1858)卒。

⑦ 壬寅:道光二十二年(1842)。

⑧ 乍浦:清嘉兴府平湖县乍浦镇(今属浙江嘉兴市平湖市)。时为东南沿海十五口岸之一,设有海关,号"东南雄镇"。

⑨ 安堵:犹安居。

⑩ 年七十六:误。应为"六十七"。

⑪ 颜:额。此指题额。

⑫ 郰泄:春秋时鲁臣。鲁哀公十一年(前484)春,齐师伐鲁。鲁以孟孺子泄率右军,颜羽驾御战车,郰泄为车右;以冉求率左军,管周父驾御战车,樊迟为车右,迎战于郊外。鲁军攻入齐军,孟孺子不思战,郰泄先惧而劝其驱车奔逃,致右军溃败,为齐军追赶,幸得冉求左军力战方获胜。事后,孟孺子语人曰:"我不如颜羽,而贤于郰泄。子羽锐敏,我不欲战而能默,泄曰'驱之。'"见《左传·哀公十一年》。此句以郰泄比临阵脱逃的总督牛鉴。

⑬ 句卑:亦作"句卑"。春秋时吴人。鲁定公四年(前506),蔡侯、吴子、唐侯联合伐楚,楚败,吴师入郢。楚左司马戌三战皆伤,戌初为吴王阖庐臣,故耻于为所擒,问属下谁能保护其首不为吴所得,随戌入楚之吴人句卑愿为之。戌自杀死,句卑铺开其裳,割下其首而裹之,藏其身,其首乃得以免。见《左传·定公四年》。此句以句卑比忍创义藏陈公尸的刘国标。

25. 袁 随 园

袁随园诗名重一时①，近则訾为佻薄者多②，且诋其晚年放荡之失。平心而论，其为宰时，清勤明决，无愧循吏③。尝言："为守令者，当严束家奴吏役，使官民无壅隔④，则百弊自除。"其为政，终日坐堂皇⑤，任吏民白事。有小讼狱，立判遣，无稽留者。多设耳目方略⑥，集乡保询盗贼及诸恶少姓名⑦，出所簿记相质证，使不能隐，则榜其姓名，许三年无犯，湔雪之⑧，奸民皆敛迹。又其生平事母孝，友于姊弟，笃于故旧。尝为亡友沈凡民司祭扫⑨，三十年如一日。程编修晋芳死⑩，负五千金，往吊，焚其券，且抚立其孤。喜汲引后进，成就者众。盖其经济行谊⑪，皆可师法，惜为才名所掩也。（卷八）

【注释】

① 袁随园：袁枚，字子才，号简斋、随园。参见第 154 页第 7 则注释①。

② 訾(zǐ)：指责；诋毁。　佻(tiāo)薄：轻浮浅薄。

③ 循吏：守法循理的官吏。

④ 壅隔：阻隔。

⑤ 堂皇：指官吏治事之厅堂。

⑥ 耳目方略：此指侦察打探、谋划设计者。

⑦ 乡保：乡约、地保的并称。泛指乡中小吏。

⑧ 湔(jiān)雪：洗雪；洗刷。

⑨ 沈凡民：沈凤，字凡民，以字行，号补萝，江阴（今属江苏无锡市）人。家贫，尝从王澍学。雍正十三年(1735)拔贡，署南河同知。乾隆二年(1737)，署江宁南捕厅通判，再署徽州同知，历知宣城、灵璧、舒城、建德、盱眙、泾县等，多善政。二十年卒，年七十一。工书画篆刻，淹通博鉴。自言生平篆刻第一，画次之，字又次之。与李方膺、袁枚等过从甚密，时号"三仙令"。

⑩ 程晋芳：字鱼门，号蕺园。参见第 156 页第 8 则注释⑦。

⑪ 经济：谓治世济民之才。　行谊：品行；行为。

上海市『十二五』重点图书

本书由上海文化发展基金会图书出版专项基金资助出版

清代笔记选注

倪　进　选注

上海教育出版社

下册

序

看到《笔记选注》这样的书，有些读者也许会有陌生感。他们熟悉的是《古诗文选注》之类的书目，对笔记不太了解。其实，笔记可是中华文化府藏中的一大宗财宝。

于今被称为"笔记"的，是指古人的随笔杂记类著作。其中多为轶事琐闻的记述，也有考订辨证等议论。因为是随手记录所见所闻所思所想，所以与写作时即准备公之于世的反复推敲的文章，自然会有所不同。笔记更为广泛地反映社会生活，记录当时难以见于史书文集的细节，对于今人更为具体地了解古代社会的政治、经济、文化等各个方面，是大有助益的。笔记能较为自由地表达作者的思想情绪，而存世文集中的文字，往往由于种种顾忌，不如笔记率性真实。笔记中流露出的真思想真感情，可以让我们更为感性地体味那个时代士人的精神状态。笔记多为信笔著录，较少字斟句酌，不大会刻意模仿经传史汉，因而其语言较之有为而作的文字，往往显得生动活泼，也会在不经意中用上了当时的鲜活的语词，是我们了解语言变迁的重要资料。

笔记有如此之价值，然而尚未得到充分的关注。以"选注"而言，本人孤陋寡闻，仅见20世纪50年代吕叔湘的《笔记文选读》，不过七万馀字的小册子而已。试想，历代的笔记，汗牛充栋，今日之读者，何从下手？故而出版一部历代笔记选注，乃是极有价值和极为迫切的事情，确实可以称之为填补空白。应感谢倪进先生，感谢上海教育出版社，办成了这件大事。

倪进先生长期从事古代文学、文艺学的教学和研究，以他的学力，任笔记之选注，实在恰当不过。选注之难，首先在"选"。须于海量的笔记中选取若干种，再须于每种之中选取若干则，这固然耗费时间和精力，但更要有眼光。倪君的取舍标准，将思想性、学术性与趣味性结合成一体。我敢说，诸位将此书逐篇读去，不会感到某篇选录不当。倪君的判断力是可以信赖的。

上海人称赞办事认真，常说"一点一画"，即是一丝不苟。倪君写东西，可真是"一点一画"，相当之慢。五六年前，就听说他有选注历代笔记的计划，由唐迄清，以后凡见面，必定询问著述进度，这当然有催促之意。现在看到书稿，不得不承认，慢工出细活。此书的注释，史实典故，名物训诂，无不考订翔实，申说清晰，且多有创获。如陆游为其前妻所作《钗头凤》词、《沈园》诗，注家多本《齐东野语》诸书，断唐氏为陆游表妹，且有确指其名为"琬"者。倪君对《齐东野语》"放翁钟情前室"一则之注释，考辨甚详，足证陈说之不确。又若《兰亭帖》如何为唐太宗所得，《南部新书》选注引《隋唐嘉话》《法书要录》等以供参考，注文篇幅为原文之数倍，故事亦生动，平添不少阅读趣味。司马光《涑水记闻》素负盛名，"杯酒释兵权"的故事即首见于此书，学界或以为并非信史，但如此著名的历史故事，毕竟值得一读。其中"以散官就第"一语，读过未必留心，倪君竟将它拈出加上长注，且把极为复杂的宋代官制陈说了个大概，举重若轻，亦启发读者如何于不疑处生疑。倪君注释，注重与史籍及前后笔记相互印证，每每指示与史合与不合，用工颇深。语词训释亦有如是佳例。若李廌《师友谈记》"东坡言勾当自家事"篇，有"只且第一五更起"句，注释曰："只且，宋人习用语，犹言'就该'。"之后列举《近思录》一例、《朱子语类》两例为证；又引《诗经》中"只且"作比较，以免读者误读误解。"只且"这样的语词，在阅读时是极容易被忽略的，遍查手头的辞书亦未见，而宋人习用语之说，或为倪君之创获耶。这样的例子，书中还有很多。

在本文的末尾，照例要对这部选注作些批评。考虑到现今社会大众文言阅读能力的实际情况，就该书总体而言，愚以为对语言文字的解说疏通尚嫌太少。这对读者群的扩大，也许会有不利影响，修订再版之时，或可考虑适当增补。以上仅供倪进先生及出版社参考而已。

蒋人杰

2019 年 11 月

中国古代笔记是一份丰厚的文化学术遗产,是人文学科、社会学科乃至自然学科研究的重要资料来源。长期以来,国内学术界就十分重视古代笔记的整理,陆续出版了一系列作品。如近几年中华书局的《历代史料笔记丛刊》、上海师范大学古籍所的《全宋笔记》等。但是,古代笔记卷帙浩繁,即使专门治学者也很难得窥全豹,何况普通读者和青年学子。因此,从继承和光大中华文化的意义出发,出版一部分量适中的选注本,是非常必要的,也是适应当今社会需求的。

《历代笔记选注》可以说填补了这方面的空白。从所选书目看,注意到题材的多样性,有助于读者全面了解古代笔记的丰富内容,能够激发他们阅读、研究中国古代典籍的兴趣。从选文标准看,作者的取舍坚持了传承文明、陶冶情操的原则,去除了古代笔记中掺杂的不良记载,说明其立意的雅正,同时还注意到作品思想性与可读性的统一。而在注释方面,恐怕是作者最为用心的地方。不难看出,作者对古代笔记中的名物故实、语词典章等,花费了大量功夫和精力进行爬梳抉理、考订辨正,并在吸收前人与今人研究成果的基础上渐出己意、自成一家,以科学的笺注方法保证了该书的学术价值。

孙玉文

2019 年 11 月于北京

一、所选笔记均据中华书局《历代史料笔记丛刊》点校本。

二、选文取舍依李肇《国史补自序》例,凡"纪事实,探物理,辨疑惑,示劝戒,采风俗,助谈笑"则取之;"言报应,叙鬼神,征梦卜,近帷箔"则去之。旨在芟其芜杂,扬其菁华。

三、所选作者作品首次出现时,作简要介绍和评价。

四、选文注释以名物制度、史实人物、词章典故为主,亦兼及天文地理、风土习俗等内容。

五、选文原有标题者一仍其旧,无标题者均加拟标题,另标注阿拉伯数字为序。选文皆注明原卷数,以备查检。

目录

水窗春呓　十五则 　（清）欧阳兆熊　金安清

1.祁门移营(352)　2.左相少年事(353)　3.李金旸(355)
4.英雄必无理学气(357)　5.夫人俭朴(359)　6.一生三变
(361)　7.虚怀纳谏(363)　8.香莲薄命(365)　9.淮盐忘本
(367)　10.参戎异才(368)　11.秦淮粉黛(369)　12.叫名读书
(370)　13.铜人写字(370)　14.三老一变(371)　15.罢官得官
(372)

庸闲斋笔记　二十二则 　（清）陈其元

1.武夫不知文字(376)　2.李地山殉难(377)　3.三千金不及一
鱼(379)　4.福建宰白鸭之惨(380)　5.地方官微行之利弊
(381)　6.中西礼俗之异点(383)　7.制造食物之秽(385)
8.袁痴(386)　9.朱文正之风趣(387)　10.曾左友谊之始末
(388)　11.詹长人(393)　12.婺州斗牛俗(394)　13.纪文达烟
量(396)　14.马通人性(396)　15.海宁陈氏安澜园(398)
16.寿春亭之诙谐(399)　17.今时之桃花源(400)　18.《红楼
梦》之贻祸(402)　19.鉴别书画无真识(403)　20.谐语(405)
21.富贵中之苦境(406)　22.女子从戎(407)

墨馀录　十五则　（清）毛祥麟

1. 九老会（412）　2. 瞿松涛传（413）　3. 赵枚（415）　4. 陈箍桶（417）　5. 夜游秦淮记（419）　6. 眠云山人（420）　7. 名针赛社图（422）　8. 风月谈资（424）　9. 豫园（426）　10. 庙园记（430）　11. 北城观西戏记（433）　12. 华十五传（434）　13. 醒睡先生（436）　14. 奕艺（437）　15. 姚蒙（440）

蕉轩随录　九则　（清）方濬师

1. 雷同被黜（444）　2. 半圈主人（446）　3. 容甫书函（448）　4. 退一步斋（449）　5. 记游四松园事（451）　6. 烟草鼻烟（452）　7. 鱼鹰（455）　8. 自有留人处（456）　9. 民呼故官（456）

郎潜纪闻　三十四则　（清）陈康祺

1. 温壮勇公守六合县（460）　2. 沈侍御谏罢重修圆明园（462）　3. 赐紫禁城骑马（464）　4. 孙渊如洪稚存气节（465）　5. 难倒彭元瑞（467）　6. 陈亦韩先生（468）　7. 林文忠临殁大呼星斗南（468）　8. 和珅蒙恩眷之缘（470）　9. 曾文正公不禁秦淮灯舫（472）　10. 严武伯不愧古之义侠（473）　11. 甘泉黄隐士（474）　12. 于清端嗜酒（476）　13. 于清端之廉俭（477）　14. 于清端忧谗畏讥（479）　15. 关忠节早定死志（479）　16. 老吏论各省吏事之坏（482）　17. 纪文达不轻著书之原因（483）　18. 杨臷之治行（484）　19. 诗人遭际以沈归愚为最隆（485）　20. 凌晓楼贫而好

学(487)　21. 邓完白立品(488)　22. 纪文达奏对之敏(490)
23. 强记之法(491)　24. 汪容甫少时之狂放二则(492)　25. 卢
抱经怜才爱士(494)　26. 破肚将军(495)　27. 戴东原幼时之质
疑问难(497)　28. 李文藻才名(498)　29. 徐骏恃才累身(500)
30. 邹光骏不以阿堵物污家风(502)　31. 蓬门贤母(503)
32. 江浙三布衣(505)　33. 方观承片语回天(506)　34. 为人奴
者上言致死(507)

蕉廊脞录　十则　(清) 吴庆坻

1. 神机营(512)　2. 胡林翼临终异闻(513)　3. 丁澎谪居轶事
(514)　4. 方孝孺后人(517)　5. 沈齐贤(518)　6. 王云廷家戒
(520)　7. 赵大鲸论巧宦(520)　8. 曾国藩家训(521)　9. 施成
章(522)　10. 义犬(523)

苌楚斋随笔　二十则　(清) 刘声木

1. 梁简文帝入华林园语(526)　2. 论明七子诗(526)　3. 陆游挟
妓为妾(527)　4. 柳如是事迹(528)　5. 戒之在色等解(531)
6. 海外恸哭记(532)　7. 林纾致蔡元培书摘要(534)　8. 锦瑟
解(535)　9. 唐文治言泰西女校所重二事(537)　10. 本自江海
人(538)　11. 感恩马夫(539)　12. 李鸿章致死之由(541)
13. 扬镇寺院势利(542)　14. 李太白酒楼联语(543)　15. 出试
题致祸(545)　16. 宋司马光论读书(546)　17. 请安折不可错
误(547)　18. 洋进士等事(548)　19. 俞樾行古道(550)　20. 曾
国藩与李鸿章家属同乘事(551)

花随人圣盦摭忆　二十则　黄　濬

1. 为官三字诀(554)　2. 相人术(558)　3. 历代文化之摧残
(559)　4. 桃花六趣(562)　5. 王玉峰三弦妙艺(564)　6. 珍妃
投井(565)　7. 景善日记言内廷事(569)　8. 西后为德宗选妃
(572)　9. 曾左二人赋性不同(574)　10. 狱卒谈六君子及三忠
(576)　11. 林琴南翻译小说之始(581)　12. 陈伯弢杂记(583)
13. 振奇人魏勉公(585)　14. 翁叔平与谭钟麟之戏谑(589)
15. 杨乃武案(590)　16. 胡文忠少年好冶游(597)　17. 曾国藩
谓天下无真是非(599)　18. 赛金花(600)　19. 圆明园(605)
20. 奸细考(610)

人名索引 / 613

后记 / 632

水窗春呓

《水窗春呓》二卷，上卷清欧阳兆熊撰，下卷金安清撰。兆熊字小岑，号匏叟，湘潭（今属湖南）人。道光十七年（1837）举人，历新宁教官。工诗古文，豪爽喜任事。与曾国藩有布衣交，尝诊治国藩之病。及国藩督师，招之不赴，偶客军中，去留听便。后开医药局于湘潭城，聘医治民病。年近七十卒。安清字眉生，号偈斋，嘉善（今属浙江嘉兴市）人。道光时为国子生。历升至湖北督粮道、两淮盐运使、江苏按察使。游公卿间，林则徐等知之尤深。后以言忤漕帅，被劾罢归。光绪初卒。善属文，熟谙古今掌故。

上卷以记湘军首领曾国藩、左宗棠、江忠源、罗泽南等事迹为多，其评述曾国藩尤为中肯。下卷则以记清代关税、盐务财政为主，兼记人物言行。两卷内容多涉道光、咸丰、同治三朝闻见，无所隐讳掩饰，可补史书之不足。光绪三年（1877），上海机器印书局合两卷以《水窗春呓》为名刊印。

选文标题为原书所有。

1. 祁门移营

　　在祁门之三月①,文正忽欲自攻徽州②,力谏不止,因送至齐云山而别③。至徽,一战大败,叶小鹤副将阵亡,文正驻休宁城④,羞忿不肯回营,已书遗嘱,部署后事。军中皇皇⑤,莫知为计。乃寄书与之,论死生之道、进退之义,其略云:"死有重于泰山,凡欲求死者,必求死所,休宁非死所也。"又云:"公为两江总督,两江之地皆其地,何者谓之进?何者谓之退?愚谓祁门居万山之中,况是绝地,不如退至东流⑥,兼顾南北两岸,亟应早为定计,何必以退为耻乎?"其书去后,数日回营,又十数日移节东流⑦。书中所言,并无一字回覆,盖公欲自作主张,不以人言为行止耳。其不可测度如此。

　　文正困于祁门不肯移营,幕中人皆以祁门非应殉节处谏之,文正笑曰:"何根云去常州时⑧,大约左右亦如此说耳。"众为默然,无以难也。(卷上)

【注释】

① 祁门:清徽州府祁门县(今属安徽黄山市)。

② 文正:曾国藩,初名子城,字伯涵,号涤生,湘乡(今属湖南湘潭市)人。道光十八年(1838)进士,授检讨。累迁内阁学士、礼部侍郎,历署各部侍郎。从唐鉴治义理之学。咸丰元年(1851),太平军起于广西,并迅速蔓延至湖南、湖北,沿江而下,直取南京,定以为都。三年,国藩奉命归湖南组建团练,旋扩编为湘军,由罗泽南之"湘勇"、江忠源之"楚勇"以及其他各部组成。明年,发布《讨粤匪檄》,率湘军出省作战,收复武昌、田家镇等,然亦败于湖口、九江,退守南昌。六年,太平天国因"杨韦之变",其势衰减,国藩乃再克武昌。后又得其弟国荃吉字营之援,收复九江。十年,为取安庆,进驻祁门。授两江总督,加钦差大臣统领江南军事。时英法联军攻入北京,朝廷避走热河,议请国藩遣兵入卫,然国藩已为太平军困于祁门,无力驰援。寻左宗棠等部增援祁门,围得以解,继而国荃部收复安庆。旋以江苏军事付李鸿章,浙江军事付左宗棠,国藩亲统安徽军事,三面合围南京。同治元年(1862),擢协办大学士,遣国荃攻南京。三年,乃克。天子褒功,加太子太傅,封一等毅勇侯。四年,督直隶、山

东、河南三省军务,进剿捻军。战不利,回两江总督任。与李鸿章创办上海江南机器制造总局,奏请派幼童留学美国。七年,授大学士,调直隶总督。九年,命查办天津教案,为朝中主战派所劾,复任两江总督。十一年卒,年六十二。赠太傅,谥文正。有《曾文正公全集》。此则述国藩军困祁门事,在咸丰十年至十一年。　徽州:清徽州府,治歙县(今属安徽黄山市)。

③ 齐云山:古称白岳。道教圣地之一。在休宁县西四十馀里,与黄山南北相望。

④ 休宁:清徽州府休宁县(今属安徽黄山市)。

⑤ 皇皇:惶恐貌。皇,通“惶”。

⑥ 东流:清池州府东流县(今安徽池州市东至县东流镇)。县濒长江南岸。

⑦ 移节:旧时大吏转任或改变驻地。

⑧ 何根云:何桂清,字丛山,号根云,昆明(今属云南)人。道光十五年(1835)进士,选庶吉士,授编修。迁赞善,直南书房,累迁内阁学士。咸丰二年(1852),太平军扰江南,桂清方督江苏学政,上疏言兵事,帝奇之。四年,调仓场侍郎,旋授浙江巡抚。以拒守功擢两江总督,驻常州。十年,太平军李秀成部攻杭州,桂清遣兵驰援,击退之。太平军又合攻溧阳,陷句容,窥常州、苏州,桂清应对失措,致江南大营及常州、常熟、苏州相继失守。出逃时,常州绅民塞道请留,从者枪击十馀人始得脱。帝诏褫职逮京治罪,会英法联军犯京师,迁延两年,至同治元年(1862)正式下狱,遂弃市。　常州:清常州府,治武进(今江苏常州市)。

2. 左相少年事

左恪靖小予五岁①,其中乡榜却先予四科。戊戌计偕北上②,遇于汉口③,即结伴同行,自诵其题洞庭君祠联云④:“迢遥旅路三千,我原过客;管领重湖八百⑤,君亦书生。”意态雄杰,即此可见。

是日,各寄家信,见其与筠心夫人书云:“舟中遇盗,谈笑却之。”因问其仆:“何处遇盗?”曰:“非盗也,梦呓耳。前夜有误牵其被者,即大呼捉贼,邻舟皆为惊起,故至今犹声嘶也。”予嗤之曰:“尔闺阁中亦欲大言欺人耶?”恪靖正色曰:“尔何知巨鹿、昆阳之战⑥,亦只班、马叙次得栩栩欲活耳⑦。天下事何不可作如是观!”相与大

笑而罢。(卷上)

【注释】

① 左恪靖：左宗棠，字季高，湘阴(今属湖南岳阳市)人。道光十二年(1832)举人。三赴会试不第，遂绝意仕进，潜心于舆地兵家之学。与编修胡林翼友善，荐于湖南巡抚张亮基幕。以守长沙功，由知县擢同知直隶州。后又入巡抚骆秉章幕，协办湖南军务，秉章倚之如左右手。咸丰十年(1860)，赴安徽宿松，入曾国藩大营，旋受命在湖南摹勇五千，号曰楚军，发江西、安徽与太平军作战。同治元年(1862)，迁浙江巡抚，寻擢闽浙总督。三年，收复杭州，以功加太子少保，封一等恪靖伯。复节制江西、广东、福建三省军务，进剿太平军残部。六年，调陕甘总督，剿灭回民及捻军之乱。光绪元年(1875)，为钦差大臣督办新疆军务，率军征讨阿古柏，收复迪化、和阗等地，迫俄国归还伊犁。创办兰州机器织呢局等。七年，任军机大臣，调两江总督兼南洋通商大臣。十年，中法纠纷起，督办福建军务。数月后病卒，年七十四。赠太傅，谥文襄。有《左文襄公全集》。

② 戊戌：指道光十八年(1838)。左宗棠于是年第三次赴京会试。 计偕：举人赴京会试。

③ 汉口：清汉阳府汉口镇(今湖北武汉市江汉区)。古称汉皋。在汉水、长江交汇处北岸。隔江与武昌相望，隔水与汉阳并峙。明末清初，与朱仙、景德、佛山合称"四大名镇"，向为商业、交通重镇。道光二十二年(1842)鸦片战争结束，辟为通商口岸。

④ 洞庭君：传说中的洞庭湖神，居君山。唐时立祠于岳阳城南以祀。

⑤ 重(chóng)湖：洞庭湖的别称。以洞庭湖南与青草湖相通，故称。

⑥ 巨鹿之战：指秦二世二年(前208)，秦将章邯围赵，楚怀王命宋义为上将军，项羽为次将，率军往救。寻羽杀宋义而代之，率兵渡漳水救赵，破釜沉舟，一以当十，击破秦军主力于巨鹿(今河北邢台市平乡县西南)。事见《史记·项羽本纪》。 昆阳之战：指王莽新朝末，南方绿林军刘玄建立更始政权，恢复汉制。更始元年(23)，新莽以大司空王邑、司徒王寻为统帅，率兵四十馀万讨刘玄，围于昆阳(今河南平顶山市叶县)。汉将王凤、王常、刘秀困城中，新莽军以楼车、地道攻城，苦战月馀，城不下。刘秀突围以求援军，各地援军将至，刘秀乘新莽军轻敌懈怠，又率精兵三千突入敌阵中

坚,杀死王寻,王邑逃走。城内守军乘势出,内外夹攻,尽歼新莽主力。事见《汉书·王莽传下》。两战皆为史上以少胜多、以弱胜强之著名战例。

⑦　班、马:东汉班固与西汉司马迁的并称。二人分别著有《汉书》和《史记》。　　叙次:此指按顺序叙写。

3. 李 金 旸

李金旸①,年未三十,勇悍绝伦,群以为跋扈将军②,绰号冲天炮。积功保至副将,赏勇号统兵③,在江西战败,被陷贼中,旋又逃归。营官张光照,在毓抚军处控其通贼④,遂将二人并解至东流大营。文正力辩其冤,谓张光照诬告统领上司,先行正法。是日,李来谒,盛称中堂明见万里,感激至于泣下。不料旋又传令:李金旸虽非通贼,既打败仗,亦有应得之罪,着以军法从事。即派亲兵营哨官曹仁美绑至东门外处斩⑤,闻者无不骇怪。李本以符水治病,最著灵验,曹受其法,有师弟之谊,又怜其无辜罹法,故令行刑者身首不殊,尸诸江干⑥,覆以芦席,亲兵十人守之。适予小厮往观,闻呻吟之声,方知未绝。傍晚即扬帆而去,不知所之。后闻其削发入空门,号为更生和尚,姬妾三人,亦均为比丘尼⑦,斯亦奇矣。

予尝从容问李金旸何以事白而见杀,文正曰:“左季高、赵玉班俱称其材可大用⑧,若不能用,不如除之。且江西纷纷言其通贼,吾既违众而戮张矣,亦何能不稍顺人心乎?”文正此等举动,真有非恒情所能窥测者矣。

曹后随郭子美征捻湖北阵亡⑨,又已数载,故敢笔之以广异闻。(卷上)

【注释】

①　李金旸:本为天地会员,在湖南起兵,称统领元帅。咸丰五年(1855)降清,为湘军将领。据罗尔纲《增补本李秀成自述原稿注》:八年,府幕左宗棠遣守备李金旸带勇至蒋益沣军中,贵书曰:“(金旸)即冲天炮也。有血性,善冲锋,熟悉楚、粤边界情形,故遣其来。此子要善驾驭,以之冲锋恐太轻,以之打接应则无不胜矣。”十一年,太平军李秀成部退入江西瑞州府,金旸以副将率清兵来攻,败于高安西南阴岗岭,为所擒。秀成招降不从,乃释之。金旸走归南昌自首。左宗棠致书曾国藩曰:“江西于李金旸

事,似颇难处。弟意欲其解送敝军了之,以除一患。此辈不用则杀,别无处置也。"然江西巡抚毓科仍将金旸解送至东流曾国藩处,国藩以失律罪斩之。

② 跋扈:骄横勇壮貌。东汉有外戚权臣梁冀,人称跋扈将军。《后汉书·梁冀传》:"帝少而聪慧,知冀骄横,尝朝群臣,目冀曰:'此跋扈将军也。'"

③ 勇号:清赏赐作战英勇、立有战功之人的称号,如称"巴图鲁"。"巴图鲁"为满语"英雄"或"勇士"的音译。赏赐勇号有两种:一种只称"巴图鲁";另一种在"巴图鲁"上加字,如满字勇号"达桑巴图鲁",汉字勇号"劲勇巴图鲁"等。初,加字勇号满汉并无高低差别,且满人可得汉字勇号,汉人亦可得满字勇号。至同治、光绪间,武将获战功后,常以受赏满字勇号为荣,已授汉字勇号者则求改易满字勇号,称之为"晋号"。

④ 毓抚军:毓科。生平仕履未详。咸丰十年(1860)为江西巡抚,十一年褫职。同治元年(1862),起为西宁办事大臣,寻以病免。

⑤ 曹仁美:字择庵,湘潭(今属湖南)人。初隶曾国荃军,援江西立有战功。咸丰十年(1860),改隶曾国藩麾下,征战安徽各地。尝乘夜雾,梯入敌垒,纵火袭之,大胜而归。迁都司,赐号励勇巴图鲁。后又从李鸿章征福建。同治五年(1866),曾国荃巡抚湖北,檄仁美与郭松林募军,进至唐县,会捻军自信阳窜入,追至钟祥臼口,遇伏力战而死。赏世职,予钟祥及原籍建祠。

⑥ 尸诸江干:意谓陈尸于江岸。

⑦ 比丘尼:亦作"比邱尼"。梵语译音。佛教出家"五众"之一。指已受具足戒的女性,俗称尼姑。

⑧ 左季高:左宗棠,字季高。参见第354页第2则注释①。 赵玉班:湘乡(今属湖南湘潭市)人。生平仕履未详。与曾国荃等为湘军将领。

⑨ 郭子美:郭松林,字子美,湘潭(今属湖南)人。咸丰六年(1856),入曾国荃军,从援江西,以功迁把总。先后与石达开、陈玉成等太平军作战。十一年,克安庆,擢游击,赐号奋勇巴图鲁。同治初(1862),又从李鸿章收复江南各地,授总兵。五年,曾国荃调松林率新募湘军剿捻,与曹仁美同遇敌于钟祥臼口,负重伤。六年,李鸿章命统武毅军,剿灭东、西捻,予轻车都尉世职,授湖北提督。光绪六年(1880)卒于官。优恤建专祠,谥武壮。 捻:即捻子,又称捻党。太平天国时期活跃于皖北等地的农民武装,盟主为张乐行。同治三年(1864),太平天国覆亡后,捻军主力亦受重挫。后于

河南分为东西两路。赖文光、任化邦率东捻转战鄂、豫、皖、鲁、苏等地,张宗禹率西捻进入陕西。七年,东西捻先后覆灭于扬州、山东茌平。

4. 英雄必无理学气

江忠烈少时游于博①,屡负,至褫衣质钱为博资,间亦为狭斜游②,一时礼法之士皆远之。予独决其必有所建竖③,故南屏集中与予书④,颇以为怪。

忠烈用兵以略胜,在中兴诸公之右⑤,至今名满天下。初至京师,人未之奇也。惟黎樾乔侍御一见⑥,即言此人必死于战场,人亦不之信,亦不知其以何术知之也。

其下第回南时,三次为友人负枢归葬,为人所难为。曾文正以此赏之,令阅儒先语录,约束其身心。忠烈谨受教,然其冶游自若也。

吾观历代史书人物,跅弛不羁之士建立奇功者有之⑦,至号为理学者却少概见,何哉?乃近年来,又有一班深情厚貌小廉曲谨之人⑧,军中并无劳绩,往往致身通显。即不必深入理窟⑨,并不知《二程遗书》《朱子大全》为何说⑩,但袭其貌,敝车羸马,布衣粗粝,量盐数米,锱铢计算,即可以得理学名。以故后辈群效之,为厚实之所归。无论其他,即如胡文忠以纨绔少年一变而为头巾气⑪,亦不能舍此时趋,究竟文忠之所以集事者,权术而非理学也。大君子取人之法,殆别有深意,间亦得一二朴谨之士而用之,独其谬种流传,遂成风气,流弊所至,恐不免如晋人清谈之祸耳⑫!(卷上)

【注释】

① 江忠烈:江忠源,字常孺,号岷樵,新宁(今属湖南邵阳市)人。道光十七年(1837)举人。会试屡不第。二十四年,举"大挑"特试(专为三次会试落第者而设),授教职回籍。招训乡勇,平教匪之乱,以功擢知县,署理浙江秀水,寻实授丽水知县。文宗即位,曾国藩应诏举其才,以丁父忧归。时广西兵事起,大学士赛尚阿督师剿太平军,调忠源军前效力。忠源守制服阕,即率乡勇以往,号曰"楚勇",初战告捷,擢同知。忠源有谋略,善用兵,然诸将多不见采,故常独领军转战南北。后又解桂林之围,升知府。太平军攻长沙,忠源协守之,以功迁道员,旋授湖北按察使,任上政绩斐然。

咸丰三年(1853)，命帮办江南军务。寻驰援南昌而被困，三月后为罗泽南等部所解。擢安徽巡抚，率兵守庐州，被围。庐州知府胡元炜阴通太平军，城破，忠源身受七创，投古塘死。事闻，赠总督，予骑都尉兼云骑尉世职，谥忠烈。同治三年(1864)，江南平，追予三等轻车都尉世职。后人辑有《江忠烈公遗集》三卷。

② 狭斜：小街曲巷。多指妓院。

③ 建竖：犹建树。谓建立功绩。

④ 南屏：吴敏树，字本深，号柈湖，巴陵(今湖南岳阳市)人。因建书斋于南屏山，学者称南屏先生。道光十二年(1832)举人。以"大挑"授浏阳训导，旋自免归。工诗文，通经学，为古文近于桐城派。尊崇归有光、方苞，对刘大櫆、姚鼐颇有微词。曾国藩与之交最笃，视为畏友。有《柈湖文录》等。

⑤ 中兴诸公：指咸丰末与同治年间重臣。是时，清廷与英法媾和，平定太平天国，开启以后洋务运动等，史称"咸同中兴"或"同治中兴"。中兴重臣有奕䜣、曾国藩、左宗棠、李鸿章、胡林翼等。

⑥ 黎樾乔：黎吉云，初名光曙，字云征，号樾乔、月乔，湘潭(今属湖南)人。道光十三年(1833)进士，选庶吉士，授编修。二十年，充乡试同考官，为江南道监察御史。咸丰四年(1854)卒，年六十。工书，其八分书尤著名。

⑦ 跅(tuò)弛：放荡。

⑧ 深情厚貌：亦作"厚貌深情"。指外貌厚道，内心不可测度。《庄子·列御寇》："凡人心险于山川，难于知天。天犹有春秋冬夏旦暮之期，人者厚貌深情。"　小廉曲谨：小事上廉洁谨慎。意谓拘于小节，不识大体。宋朱熹《答或人》："乡原是一种小廉曲谨、阿世徇俗之人。"

⑨ 理窟：义理奥秘。

⑩ 《二程遗书》：记载北宋程颢、程颐理学思想的著作。二程门人所记，南宋朱熹编次，凡二十五卷，附录一卷。　《朱子大全》：即《晦庵先生朱文公文集》。记载南宋朱熹理学思想的著作。凡《文集》一百卷，朱熹季子朱在辑；《续集》十一卷，不知何人所辑；《别集》十卷，余师鲁辑。北宋二程早年受业于周敦颐，接受其道德性命之学，构建起以"理"为最高范畴的哲学体系。二程之学，至南宋朱熹而集大成。朱熹在二程思想的基础上，提出"格物致知"与"知行"等性命及修养学说。后来学者合称为程朱

学派,为理学的主流学派。

⑪ 胡文忠:胡林翼,字贶生,号润之、润芝、咏之,益阳(今属湖南)人。父达源以理学闻,林翼承其学。道光十六年(1836)进士,选庶吉士,授编修。历内阁中书,署贵州知府,倡办团练剿平盗匪,擢贵东道。太平军进入两湖,林翼率黔勇以往。驰援九江,收复武昌,授湖北巡抚。咸丰九年(1859),与曾国藩部协同进攻安庆,久围不克。既而江南大营溃,曾部被困祁门,林翼力促国藩急攻安庆,自领军迁回湖北击退太平军。十一年,克安庆,国藩疏陈首功应归林翼,因加太子太保,予骑都尉世职。寻病卒于武昌任所,年五十。赠总督,谥文忠。同治元年(1862),加予一等轻车都尉世职。后人辑有《胡文忠公遗集》十卷。　头巾气:读书人迂腐习气。此指书生气。言胡林翼统军时,常以儒家忠孝之说激励兵士。

⑫ 清谈:亦作"玄谈""谈玄"。魏晋时崇尚虚无、空谈名理的风气。始于魏何晏、夏侯玄、王弼等。上承汉末清议,从品评人物转向玄理,以《周易》《老子》《庄子》"三玄"为基本内容,以此解释儒家经义,摈弃世务,专谈本末、有无、体用、性命等抽象玄理。至晋王衍辈,清谈之风大盛。东晋佛学兴起后渐衰。

5. 夫 人 俭 朴

曾文正夫人,为衡阳宗人慕云茂才之妹①;冢妇刘氏②,即陕抚霞仙中丞女也③。衡湘风气俭朴,居官不改常度。在安庆署中④,每夜姑妇两人纺棉纱,以四两为率,二鼓后即歇。是夜不觉至三更,劼刚世子已就寝矣。夫人曰:"今为尔说一笑话以醒睡魔可乎?有率其子妇纺至深夜者,子怒詈谓纺车声聒耳不得眠,欲击碎之,父在房中应声曰:'吾儿可将尔母纺车一并击之为妙。'"翌日早餐,文正为笑述之,坐中无不喷饭。

吾乡农家妇女勤于纺绩,市人则以针黹为务⑤。时有邓伯昭孝廉者⑥,性情古执,在江达川方伯幕中⑦,闻夫人纺声,极为叹美,谓可以破除官场家人骄惰之习,力劝方伯制纺车,强其妾效之,终日不能成一纱,人笑以为迂。孝廉每谈及世风奢靡,人心浇薄⑧,辄皱眉唏嘘不已,故李芋仙呼之为"五代史"⑨,言其开口即曰"呜呼"也。(卷上)

【注释】

① 衡阳：清衡州府衡阳县（今湖南衡阳市）。　宗人：同族之人。此指本书作者欧阳兆熊族人欧阳慕云。曾国藩娶衡阳欧阳凝祉长女为妻，凝祉有两子，长慕云，次凌云。　茂才：秀才。明清以称入府州县学生员。

② 冢妇：嫡长子之妻。曾国藩长子早夭，以次子纪泽为长。曾纪泽，字劼刚，号梦瞻。承其家学，习六艺，袭侯爵。曾出使俄国、英国、法国等。光绪七年（1881）使俄，签署《中俄伊犁条约》，收回伊犁主权。累官户部左侍郎、总裁同文馆。十六年卒，年五十二。谥惠敏。纪泽元配贺氏，难产死。又娶刘氏为继配。

③ 霞仙：刘蓉，字孟容，号霞仙，湘乡（今属湖南湘潭市）人。好读书，习古文。尝入曾国藩幕。又从罗泽南援武昌，将左营克崇通，与胡林翼会师攻蒲圻。咸丰十年（1860），荐擢知府，率军入川，歼灭太平军石达开部。同治元年（1862），督军川北，寻授陕西巡抚。四年，免归。著有《养晦堂文集》等。

④ 安庆：清安庆府，治怀宁（今安徽安庆市）。咸丰十一年（1861）九月，曾国藩收复安庆，即驻此统安徽诸路大军，遣李鸿章统江苏、左宗棠统浙江，合围南京。

⑤ 针黹（zhǐ）：针线活。

⑥ 邓伯昭：邓瑶，字伯昭，号小芸，宝庆新化（今属湖南娄底市）人。道光十七年（1837）拔贡，授麻阳教谕。其叔邓显鹤，主讲宝庆濂溪书院，瑶从其学。咸丰元年（1851），显鹤卒，瑶继主书院，校书治学，教育生徒。曾国藩、骆秉章颇赏其才，屡荐而不就。

⑦ 江达川：江忠濬，字达川。江忠源之弟。参见前则注释①。从忠源于军中，屡建功勋，累官四川布政使，调广西。故称之为方伯。

⑧ 浇薄：指世风人情浮薄。

⑨ 李芋仙：李士棻，字重叔，号芋仙，忠州（今重庆市忠县）人。道光二十九年（1849）拔贡，授彭泽知县，调临川，有政声。后辞官寓居上海，遍搜古籍，构楼藏之，收书达四万馀卷。　五代史：即《新五代史》。北宋欧阳修撰。纪传体五代史，不分后梁、后唐、后晋、后汉、后周五史，通为纪传，凡七十四卷。列传类别有《家人》《臣》《一行》《义儿》《伶官》《杂》等，十国则称《世家》。文辞力求高简，每发议论于传后，首起则曰"呜呼"，慨叹盛衰矣。

6. 一　生　三　变

文正一生凡三变。书字初学柳诚悬①，中年学黄山谷②，晚年学李北海③，而参以刘石庵④，故挺健之中，愈饶妩媚。其学问初为翰林词赋，既与唐镜海太常游⑤，究心儒先语录，后又为六书之学⑥，博览乾嘉训诂诸书⑦，而不以宋人注经为然。在京官时，以程朱为依归⑧，至出而办理团练军务⑨，又变而为申韩⑩。尝自称欲著"挺经"⑪，言其刚也。

咸丰七年，在江西军中丁外艰，闻讣奏报后，即奔丧回籍，朝议颇不为然。左恪靖在骆文忠幕中⑫，肆口诋毁，一时哗然和之。文正亦内疚于心，得不寐之疾。予荐曹镜初诊之⑬，言其岐黄可医身病⑭，黄老可医心病⑮，盖欲以黄老讽之也。先是文正与胡文忠书，言及恪靖遇事掣肘，哆口谩骂⑯，有欲效"王小二过年，永不说话"之语。至八年夺情再起援浙⑰，甫到省，集"敬胜怠，义胜欲；知其雄，守其雌"十二字，属恪靖为书篆联以见意，交欢如初，不念旧恶。此次出山后，一以柔道行之，以至成此巨功，毫无沾沾自喜之色。尝戏谓予曰："他日有为吾作墓志者，铭文吾已撰：不信书，信运气；公之言，告万世。"故予挽联中有"将汗马勋名，问牛相业⑱，都看作秕糠尘垢"数语，自谓道得此老心事出。盖文正尝言"吾学以禹墨为体⑲，庄老为用⑳"，可知其所趋向矣。（卷上）

【注释】

① 柳诚悬：柳公权，字诚悬，唐京兆华原（今陕西铜川市）人。元和进士。官至太子少师。咸通六年（865）卒，年八十八。工书，正楷尤知名。初学王羲之，遍阅近代笔法，而得力于颜真卿、欧阳询。

② 黄山谷：黄庭坚，字鲁直，号山谷，北宋洪州分宁（今江西九江市修水县）人。书善行草，与蔡襄、苏轼、米芾并称"宋四家"。参见第 329 页第 13 则注释⑧。

③ 李北海：李邕，字泰和，唐扬州江都（今江苏扬州市）人。李善之子。少知名，以荐为左拾遗。天宝中为汲郡北海太守，人称李北海。工文善书，尤擅行楷写碑，取法二王而有所创造，世谓"右军如龙，北海如象"。

④ 刘石庵:刘墉,字崇如,号石庵,诸城(今属山东潍坊市)人。参见第242页第7则注释①。

⑤ 唐镜海:唐鉴,字镜海,号翁泽,善化(今湖南长沙市)人。嘉庆十四年(1809)进士,选庶吉士,授检讨。历御史、知府、道员、布政使等。道光中内召为太常寺卿,以海疆事严劾琦善、耆英等,直声大振。潜研性理之学,宗尚程朱,倭仁、曾国藩、吴廷栋等皆从鉴考问学业。年七十致仕,主讲金陵书院。咸丰十一年(1861)卒,年八十四。著有《朱子年谱考异》《学案小识》等。

⑥ 六书之学:研究文字造字之本的学问。六书即象形、指事、会意、形声、转注、假借。

⑦ 乾嘉训诂:亦称"乾嘉之学"。乾隆、嘉庆年间讲究训诂考据的经学流派。导源于明清之际顾炎武,主张据经史立论,以达"明道救世"之目的。至乾嘉时,学者继承古文经学训诂方法而加以条理发明,用于古籍整理和语言文字研究,形成"朴学"或"考据学"。主要分为以惠栋为首的"吴派"和以戴震为首的"皖派"两大支。从校订经书扩大到史籍和诸子,从解释经义扩大到考究历史、地理、天文历法、音律、典章制度,对古籍和史料的整理,有较大贡献。由于以汉儒经注为宗,推崇东汉许慎、郑玄之学,与偏重心性义理抽象议论的宋明理学不同,故乾嘉之学又称为"汉学"。

⑧ 程朱:宋理学家程颢、程颐与朱熹合称。因三人提倡性理之学,后人称为"程朱学派"。

⑨ 团练:宋以降,于正规军之外就地选取丁壮,加以训练,组成地方武装,称团练。

⑩ 申韩:战国时申不害、韩非二人的合称。后世以之代表法家。其核心思想是以耕战致富求强,厉行严刑峻法,讲究统治威势与权术。

⑪ 挺经:曾国藩生前未完成之书。为其"精通造化,守身用世"的处世宝诀。今人吴樵子从曾氏文集及其僚属、弟子文集等一百二十余种典籍中辑录而成《挺经》,按李鸿章所称"挺经十八诀"分为十八卷,每诀一卷,计有《入局》《励志》《坚忍》《刚直》《克己》《笃学》《爱民》《识人》《英才》《驭下》《纳言》《浑含》《治政》《整军》《决胜》《自强》《外交》《峻法》等。

⑫ 骆文忠:骆秉章,原名俊,以字行,改字籥门,花县(今广东广州市花都区花山镇)人。道光十二年(1832)进士,选庶吉士,授编修。历御史、给事中、鸿胪寺少卿、右庶子、按察使、布政使等,累迁湖南巡抚。咸丰元年(1851),广西太平军起,旋入湖南,秉章

坐未能预防,革职留任。守长沙八十馀日,以功命留湖北襄办防守事务,寻署湖北巡抚。未几,再授湖南巡抚,赞助曾国藩治团练立湘军,又延湘阴举人左宗棠襄理戎幕,破江西、两广等地太平军。十一年,命为四川总督。同治二年(1863),剿灭石达开部,加太子太保,后予一等轻车都尉世职。六年,授协办大学士,卒于任,年七十五。赠太子太傅,谥文忠。

⑬ 曹镜初:曹耀湘,字镜初,长沙(今属湖南)人。学者。治诸子之学及《诗经》《楚辞》,亦兼通医药。有《墨子笺》《广瘟疫论》《曾文正公年谱》等。

⑭ 岐黄:岐伯与黄帝。相传为医家之祖。亦借指中医。

⑮ 黄老:黄帝与老子。后世道家奉为始祖。战国至汉初,发展为黄老之学,代表人物有齐稷下学者慎到、田骈、接子等。主张"清净无为""执道者生法而弗敢犯""阴阳备物,化变乃生"等观点。

⑯ 哆(chǐ)口谩骂:谓张口乱骂。

⑰ 夺情:此指因战事起,居丧任公职。参见第5页第3则注释③。咸丰七年(1857)二月,曾国藩闻父忧径归,给三月假治丧,坚请终制,已允。未几,太平军石达开部攻浙江,浸及福建,分股又犯江西,因诏国藩出办浙江军务。

⑱ 问牛相业:此喻执政事功。问牛,用西汉丞相丙吉之典。丙吉,字少卿,鲁国(治今山东济宁市曲阜市)人。初为鲁狱史,累迁廷尉监。武帝末,治巫蛊狱,曾救护皇曾孙(宣帝)。后为大将军霍光长史,建议迎立宣帝。封博阳侯,为丞相,为政宽大。据《汉书·丙吉传》载:丙吉为相,见人逐牛,牛喘吐舌。吉问牛行几里。或谓牛喘细事,吉曰:"方春少阳用事,未可大热,恐牛近行用暑故喘,此时气失节,恐有所伤害也。三公典调和阴阳,职当忧,是以问之。"后用为称颂官员关怀民间疾苦之典。

⑲ 禹墨:夏禹与墨翟。夏禹有治水之功,墨子则主张兴利除害,皆为务实力行之道。

⑳ 庄老:庄子与老子。老子、庄子为道家代表人物,主张清静无为、道法自然,为修身处世之道。

7. 虚怀纳谏

丁雨生中丞①,吏治精敏,综核名实②,为近日督抚之冠,而虚怀纳谏,能受尽言,尤不可及。任两淮都转时③,予亦捧檄办理楚楚招商公事④,交涉甚多,中丞与予约限时日了事,以故案无留牍,属吏亦惴惴恐后。旋奉命回潮办理夷务⑤,来局作别,予送之,将登舆矣,忽执予手曰:"先生会客之所,窗间有所见否?"予愕然趋视,则"丁成亡八蛋"五字耳。丁成者,予司阍家丁⑥,五字则僚仆所戏书也。中丞疑其詈己,故以相诘。予不得已,裂窗纸附函呈览,以书辩明之。并云:"家人小子之言,固不足较,况阁下指日封疆,方欲出而任天下之事,凡任事者难免怨谤,即如子产亦有孰杀之歌⑦,吾恐从此以后,天下人以此三字相赠者,尚不乏人也,又何足介意乎?"旋接覆函云:"得书具悉,此中已冰释矣。至书中任事难免怨谤一语,千古至论,谨当书绅⑧。"以此见中丞非仅以才胜,其器量亦非时流所及也。(卷上)

【注释】

① 丁雨生:丁日昌,字持静,一字雨生或禹生,丰顺(今广东梅州市丰顺县丰良镇)人。道光中捐监生。咸丰时,治乡团数却潮州寇,选琼州府学训导,补江西万安知县。咸丰十一年(1861),署庐陵知县,坐失守被罢,入曾国藩幕,旋复官。同治二年(1863),奉李鸿章檄主上海、苏州机器局制造兵器,积勋至知府,擢苏松太道,掌海关及办外交事。四年,迁两淮盐运使,禁私贩,纠贪吏,岁入骤增。擢江苏布政使,授巡抚江南,屡随鸿章办理外交。光绪元年(1875),调福建巡抚。三年,以疾辞。五年,复起为总督衔,督理南洋海防及外交。八年卒,年六十。日昌好藏书,多收善本,著《持静斋书目》五卷。

② 综核名实:谓对事物进行综合考核以察其名称与实际是否相符。一般用于吏治。

③ 两淮都转:即清"两淮都转盐运使司盐运使"之省称。

④ 捧檄:东汉毛义有孝名。张奉前往拜访,刚好府檄至,要毛义出任守令。毛义捧檄色喜,张奉因此看不起他。后来毛义母死,毛义终于不再出去做官,张奉才知毛义不过是为亲屈,感叹自己知之不深。事见《后汉书·刘平等传序》。后以"捧檄"为为母入仕之典。

⑤ 回潮:归返潮州。清潮州府,治海阳(今广东潮州市)。丁日昌乡贯丰顺县,清隶潮州府。

⑥ 司阍：看门人。

⑦ 子产：春秋时郑国执政。名侨，字子产，一字子美。郑穆公之孙，又称公孙侨。郑简公三年(前563)，平定四族攻杀子驷之乱。二十三年，为执政，实施改革，整顿田地疆界和沟洫，按丘征赋，以刑书铸于鼎，不毁乡校等，带给郑国新气象。卒谥成子。 孰杀之歌：指子产行新政之始，郑人有诵歌谣欲杀之。《左传·襄公三十年》："(子产)从政一年，舆人诵之曰：'取我衣冠而褚之，取我田畴而伍之。孰杀子产，吾其与之。'及三年，又诵之曰：'我有子弟，子产诲之；我有田畴，子产殖之。子产而死，谁其嗣之？'"

⑧ 书绅：把要牢记的话写在绅带上以备忘。后亦称牢记他人良言为书绅。绅，古代士大夫束于腰间，一头下垂的大带。

8. 香 莲 薄 命

　　戊戌下第南归①，与湘阴吴西桥偕行②，至洧川县古东里地③，游历曲巷，掀芦帘而入，见一丽人，年约十八九，钗荆裙布④，不施脂粉，而风神绝世，秋波炯然，不似勾栏中人⑤。询其姓字，自言"孔姓，无字，此间人号我为香莲耳"。细致研诘⑥，方将酬答，忽有艳服妖姬闯门入，欲言还止，心知为鸨家姊妹行⑦。瞥见此女项有刀痕，诧曰："咄哉！艳如桃李而冷若冰霜，此间必有一重公案，能枉顾细聆清谈否⑧？"渠谓："此须破钞。妾不工唱曲，又不善侑酒，两君意欲何为？"予慨然曰："我欲悲天悯人耳，岂效彼寻花问柳者哉？"既至，沥陈本系山左旧族⑨，父母早世⑩，随伯父游幕楚中，归过汴梁⑪，联姻李氏，颇谐伉俪。不料所天被匪徒诱赌⑫，家资荡尽。今年三月竟将妾鬻与杜鸨，逼令接客，持刀自刎不果。展转又鬻扶沟驿马鸨家⑬，悬梁者再，投井者一，均被邻人救苏，欲以鸣官，故逃避此间，冀与官署远隔也。妾念求死不得，不如物色风尘⑭，万一有人怜念，拔出火坑，婢妾均所甘心，唯不能作野合鸳鸯耳。两君如有意，愿充下陈⑮。否则投入空门，更是清凉世界！时有仆王俊未授室，拟令娶之。而旅赀已罄，典质不毅百金⑯，鸨母欲壑难填，计惟有先藉官威，再以利哜⑰，庶谐所愿⑱。翌日绕道四十里至洧川，适值县令卸事，毫无心绪，言新任数日可到，盍与商之。予不能待，驱车而去。先是，分手时，予谓天下事不可知,倘不如意,将如之何？女曰:"待君一月,若无佳耗⑲,唯有一死耳!"予颔之。时安福蒋镜初观察任河陕汝道⑳,友人彭晓航在其幕中,因借官封函告之,乞为援手。归家后接晓航书云:"观察得函,即驰介携重赀往赎蛾眉㉑,不料已于先数日死矣。"盖洧川距道署数百里,此函迟达故也。

至辛丑㉒,再过东里侦访,则孔女绝命词尚在壁间,曾赋七古一篇纪其事。惜稿已散佚,他日当为补之。(卷上)

【注释】

① 戊戌:指道光十八年(1838)。是年,欧阳兆熊赴京会试不第。

② 吴西桥:吴英樾,字子略,号西桥,湘阴(今属湖南岳阳市)人。道光二十四年(1844)进士。历昌化、山阴、黄岩知县。有《西桥诗草》六卷。

③ 洧川:清开封府洧川县(今河南开封市尉氏县洧川镇)。

④ 钗荆裙布:以荆代钗,以布作裙。比喻贫困。

⑤ 勾栏:此指妓院。

⑥ 研诘:仔细询问;盘问。

⑦ 鸨家姊妹行:谓妓院姐妹们。鸨,老妓或妓女假母。

⑧ 枉顾:敬辞。称人屈尊前来看望。

⑨ 山左:特指山东省。因在太行山之左,故称。

⑩ 世:或为"逝"之误,或"世"前脱"离"字。

⑪ 汴梁:河南开封之古称。

⑫ 所天:所依靠的人。可指君主、父亲或丈夫。此处指丈夫。

⑬ 扶沟驿:清陈州府扶沟县驿(今属河南周口市)。

⑭ 物色风尘:意谓从风月场中寻访挑选可依靠之人。

⑮ 下陈:古代殿堂下陈放礼品、站列婢妾的地方。借指后宫中地位低下的姬侍。此泛指姬妾。

⑯ 典质:以物为抵押换钱,可在限期内赎回。

⑰ 利啖:利诱。

⑱ 庶谐所愿:或许可以达成其愿望。

⑲ 佳耗：好消息。

⑳ 蒋镜初：安福（今湖南常德市临澧县）人。仕履未详。　河陕汝道：辖河南府、陕州、
　　汝州及十七县。道治陕州（今河南三门峡市西）。

㉑ 驰介：犹驰使。谓速派使者。

㉒ 辛丑：道光二十一年（1841）。

9. 淮 盐 忘 本

　　俞陶泉都转吏治精敏①，任淮盐数年尤有奇效。其座师为卓相国秉恬②，时以
侍郎主江南试，以库案赔款，索助千金，俞勿应。试竣，还京过扬，俞往谒，适有盐大
使钱某亦在焉。钱为卓之座主次轩观察子③，卓乃引钱上座而处俞于下。钱乃俞
属吏，谢不敢，卓强之。坐次④，乃垂涕谓钱曰："我辈非师门无今日，然目下时风，
率皆忘本，是可慨叹！"遽执钱手入后舱午餐，置俞于外。俞惭恨归，不数日遂卒。
俞虽失弟子礼，其为卓所窘辱，固属咎由自取，而卓之所为，几使俞无地自容，似亦
未免太过矣。（卷下）

【注释】

① 俞陶泉：俞德渊，字原培，号陶泉，平罗（今属宁夏石嘴山市）人。嘉庆二十二年
　　（1817）进士，选庶吉士，授荆溪知县，调长洲。历苏州督粮同知，迁常州知府，调江
　　宁。道光十年（1830），擢两淮盐运使，除盐政之弊，不徇私情，力崇节俭，扬州华侈之
　　俗亦为之一变。十五年病卒于官，年五十七。有《默斋存稿》《默斋公牍》。

② 座师：明清乡、会试中试者，对主考官的尊称。　卓秉恬：字静远，华阳（今四川成都
　　市）人。嘉庆七年（1802）进士，选庶吉士，授检讨。历御史、给事中、鸿胪寺少卿、顺
　　天府丞、内阁学士。道光十五年（1835），典江南乡试，迁礼部侍郎，调吏部，督浙江学
　　政，擢左都御史。召还，兼顺天府尹事。二十四年，拜文渊阁大学士，晋武英殿，历管
　　兵部、户部、工部。咸丰五年（1855）卒，年七十四。赠太子太保，谥文端。

③ 座主：唐宋时，进士称主试官为座主。明清举人、进士亦称其本科主考官为座主或
　　座师。　钱次轩：钱杶，字次轩，仁和（今浙江杭州市）人。乾隆四十三年（1778）进

士,选庶吉士,授编修。嘉庆六年(1801),为河南道监察御史,典四川乡试。

④ 坐次:座位次序、位置。此指按次序就座。

10. 参 戎 异 才

师庚山参戎①,余之妻兄,挥霍豪迈。始从事河工,继而带兵剿贼,纪律严整,能用众,虽以十万乌合隶之,数日后即部勒成军②,真异才也。

第性豪侈,厨传丰美③,姬侍皆殊色。好结交士大夫,人多称之。在杭州,赁居金衙庄④,园林为一城冠,绿窗朱户,翠袖红裙,座上客常满。余每酒酣,辄笑之曰:"君自命盖世豪杰,以吾意度之,必死妇人女子之手。君年漫暮,盍以雏鬟中尤丽者见赠,以省他日卖履乎⑤!"师大笑而颔之。未几,以偏师千人防婺源⑥,困于贼,以槊自刺其腹死⑦。君本可不出省,特以费用日广,无以取悦闺房,外防冀有获,遂殉难焉。余之言验矣。

君好负气。余曰:"使我二人对阵争衡⑧,日施一二小计,可使君一愤而卒,不张一弓、不折一矢也。"君无以应。然其才略,武人中至今未见其偶云。(卷下)

【注释】

① 师庚山:师长镳,字庚山,嘉善(今属浙江嘉兴市)人。咸丰五年(1855),官南河参将,从琦善入江北大营,驻守扬州。以带勇溃散,革职发遣新疆,为大臣论救,改派浙江效力赎罪。后委赴各地防堵,在杭州练兵弹压,均能得力。七年,太平军自景德镇犯徽州,长镳率军守婺源,孤立无援,力战阵亡,敌锉其尸甚惨。其妹妙婪适同里金安清。 参戎:参将。清绿营武职,正三品。参见第152页第6则注释㊻。

② 部勒:部署;约束。

③ 厨传(zhuàn):本指古代供应过客食宿、车马的处所。此指厨膳。

④ 金衙庄:在杭州东城土桥畔(今浙江杭州市解放路与环城东路交叉处)。明隆庆二年(1568),福建巡抚金学曾所建别业,有望江楼。顺治时,其大半为户部右侍郎严沆所有,改名"皋园",因"古树当轩,流泉绕户",得"杭州第一好园林"之称。

⑤ 卖履：即"卖履分香"。典出东汉末曹操《遗令》："馀香可分与诸夫人，不命祭。诸舍中无所为，可学作组、履卖也。"后因以指死者临终前对妻妾的留恋。

⑥ 偏师：指主力军以外的部分军队。　　婺源：清徽州府婺源县（今属江西上饶市）。

⑦ 槊：长矛。古代兵器。

⑧ 争衡：较量；比试。

11. 秦淮粉黛

　　秦淮河面不宽①，南北皆有水榭。寇乱前，珠帘画舫，比户皆青楼中人②。红板桥低③，紫金山远④，时时见双桨掠波而来，必有名姝绝艳徙倚其右。端节竞渡时，游人尤盛。贡院即在其地⑤，乡试各官，皆赁居焉。而楼以上，固皆衣香鬓影也，虽道府大员，亦皆藉以流连忘返者，殆近于销金窝矣⑥。曲中酬酢⑦，风味与苏杭绝不同，落落有大方家数，鲜脂粉俗态。昔人云：金陵城中，即卖菜佣亦有六朝烟水气⑧。信然。（卷下）

【注释】

① 秦淮：水名。流经江宁入长江。参见第60页第13则注释⑥。

② 比户：家家户户。

③ 板桥：在江宁府城西南四十里。

④ 紫金山：在江宁府城东北。古称金陵山。汉时称钟山。汉末有秣陵尉蒋子文逐盗于此，三国吴孙权为立庙山中，因改称蒋山。东晋时因山多紫岩，阳光照映，远望呈紫金色，故又名紫金山。南齐称圣游山。明称神烈山。山有三峰，形如笔架。山势险峻，蜿蜒如龙。明有孝陵、灵谷寺等。

⑤ 贡院：科举考试士子的场所。清江苏省贡院在府城内（今南京夫子庙）。

⑥ 销金窝：喻大量花费金钱的处所。

⑦ 曲（qū）中：妓坊的通称。

⑧ 六朝：指三国吴、东晋和南朝宋、齐、梁、陈，相继建都于建康（吴称建业），史称六朝。"六朝烟水气"，指金陵古城山水、建筑、风土人情，与深厚的历史文化积淀相结合所

形成的风致气韵。

12. 叫 名 读 书

钱箨石侍郎引年归里^①，真率高雅，乡望极重。其子与吾乡王氏订姻。王乃富室，不知书，往晋谒焉，钱猝问曰："子在家读书否？"王无以应，乃强答曰："叫名读书^②。"钱遽厉声诟之曰："读书即读书，不读书即不读书，何谓叫名读书？"乃挥之出。老辈方严^③，无所顾惜。使今日，必攘臂挥老拳矣。（卷下）

【注释】

① 钱箨石：钱载，字坤一，号箨石、觕尊，晚号万松居士，秀水（今浙江嘉兴市）人。乾隆十七年（1752）进士，选庶吉士，授编修。七迁内阁学士，直上书房，累迁礼部侍郎充江南乡试考官。四十八年致仕，五十八年卒，年八十六。工诗文，书画亦精。尝从钱陈群母南楼老人陈氏受画法，尤善兰竹。有《箨石斋诗文集》。

② 叫名：谓名义上。

③ 方严：方正严肃。

13. 铜 人 写 字

乾嘉间，西洋通商只广东一口，钟表呢羽各玩物，其精致工巧胜今日百倍，价亦极昂。时高宗八旬万寿^①，两淮盐政办贡^②，有粤人以一巨厨售之^③，中具庭舍，门启，则一洋人出，对客拱手，能自研墨，取红笺作"万寿无疆"四字，悬之壁后，拱手而退。人皆惊为神异，定价五万两。将交价矣，盐政门丁索费五千，粤人愕不与，门丁曰："过明日一钱不值矣。"粤人不之信。次日，果退货不复购，不得其故，徐侦之，盖门丁说其主曰："物虽巧，全由关掭耳^④。设解京有损^⑤，进御时脱落末一字，则奇祸至矣。"盐政深然之，遂不售^⑥。小人谖构之功^⑦，真可翻复黑白。其言诚有至理，且亦老成远虑，但以索费不得而出之，则真小人也已。（卷下）

【注释】

① 万寿：皇帝、皇太后生日。高宗八十万寿在乾隆五十五年(1790)八月十三日。

② 盐政：巡视盐务的官员。此指地方都转盐运使司盐运使，从三品。

③ 厨：橱，柜子。

④ 关捩(liè)：能转动的机械装置。

⑤ 设：假使；倘若。　解(jiè)：发送；交付。

⑥ 售：买。

⑦ 谗构：谗害构陷。

14. 三 老 一 变

　　乾隆六十年停止捐纳①，外官府以下皆正途，督抚司道则重用旗人，而吏治蒸蒸日上。旗人外放者大都世家子弟，正途入官者不过书生耳，而何以如此见效？则以有三老在焉。一老吏，二老幕，三老胥。一省必有一省之老吏，皆曾为府、州、县同通而解组者②，熟悉一省之情形，刚方端直，虽督抚到任，亦必修式庐之敬③，后辈更争礼之，诸事求教，自有入德之门④。老幕则皆通才夙学，不利场屋，改而就幕，品学俱优，崖岸尤峻⑤，主者尊之如师，不敢以非礼非义相加。礼貌偶疏，即拂衣而去，通省公论便哗然矣。至于吏胥亦皆老成谨笃，办事不苟，义所不可，本官不能夺其志。故有此三老朝夕相处，蓬生麻中，不扶自直⑥。道光以后，此风渐微，三老者变而为老贪、老滑、老奸，无人敬礼，高才之士率唾弃之，而国家二百年纪纲法度皆失传矣。

　　余少时见老辈徐仰亭之待沈观察⑦，有所不合，观察年逾六十，尚长跪谢过始已。后来我师陈稻庄先生⑧，即近乎圆通矣。（卷下）

【注释】

① 捐纳：捐资纳粟以换取官职、官衔。此制始于秦汉，称纳粟。清中叶后大盛，称捐纳。朝廷视作正项收入，明订价格行之，加剧吏治腐败，成为一大弊政。康熙、雍正、乾隆三朝曾有过短暂停捐，嘉庆以后至咸丰、同治则愈加冗滥，直至清亡。

② 同通：此泛指清府、州、县地方属官。清府设知府(从四品)、同知(正五品)、通判(正

六品)，直隶州设知州(正五品)、州同(从六品)，散州设知州(从五品)、州同(从六品)、州判(从七品)，县设知县(正七品)、县丞(正八品)、主簿(正九品)、巡检(从九品)、典史(未入流)等。　　解组：解下印绶。谓辞免官职。

③ 式庐：亦作"式闾"。指车过里闾大门，人立车中，俯凭车轼，表示敬意。式，通"轼"。后引申为登门拜谒以敬贤。

④ 入德：进入圣贤品德修养之境。

⑤ 崖岸：喻人严肃端庄。晋袁宏《后汉纪·献帝纪二》："同郡陈仲举名重当时，乡里后进莫不造谒，邵独不诣。蕃谓人曰：'长幼之序不可废也，许君欲废之乎？'邵曰：'陈侯崖岸高峻，百谷莫得而往。'遂不造焉。"

⑥ 蓬生两句：语出《荀子·劝学篇》："蓬生麻中，不扶而直。"指蓬草生于麻丛中，不用扶持也能挺立。

⑦ 徐仰亭：未详何许人。　　沈观察：沈涛，字西雝，号匏庐，嘉兴(今属浙江)人。嘉庆十五年(1810)举人，授如皋知县。咸丰初(1851)，署江西盐法道。太平军攻南昌，随巡抚张芾守城，围解，授兴泉永道。未到官卒。尚考订之学，喜金石。有《常山贞石志》《说文古本考》等。

⑧ 陈稻庄：未详何许人。

15. 罢 官 得 官

　　吾浙有宦家子，以县令仕福建，亏空巨万，公事废弛，已将登白简矣①。适其父执来抚闽②，迎谒时，于众中大遭辱詈，且涕泣而诉之曰："我与若父同衙门、同外吏、同遭患难于塞外，不啻手足，乃汝颓家声至此，冥冥中何以对我良友③？"叱之使出，某长跪痛哭谢过，怒犹不解。及抵署，而夫人嘱其公子出视其老母，时时周恤之。公虽自此屏不使见，而府县等皆知为大府至交④，乃设法弥缝其官亏，而月致薪水焉。某亦自此杜门学律⑤，三年后，颇见称于人。而中丞公擢总督他去⑥，临行，司道以请⑦，且告以改行甚确⑧，中丞始微颔之。未几补优缺，升直隶州⑨，日进蔗境矣⑩。昔日大吏之一颦一笑，矜重有似此者，不似近人之请托无忌，仍无益于本人也。(卷下)

【注释】

① 白简：古时弹劾官员的奏章。

② 父执：父亲的朋友。

③ 冥冥：阴间。

④ 大府：指巡抚。参见第 334 页第 16 则注释③。

⑤ 杜门学律：闭门学习律令法规。

⑥ 中丞：代称巡抚。参见第 47 页第 4 则注释⑪。

⑦ 司道：指布政使司、按察使司和道台官。参见第 89 页第 8 则注释⑤。

⑧ 改行：改变行为。

⑨ 直隶州：清行政单位。直属于省布政使司，其规制与府同，下有属县。直隶州知州，
　 正五品。

⑩ 蔗境：喻人的晚景美好。

庸闲斋笔记

《庸闲斋笔记》十二卷，清陈其元撰。其元字子庄，晚号庸闲老人，海宁（今浙江嘉兴市海宁市盐官镇南）人。少从姚光晋学，有文名。屡为诸生试，不利，乃入资为金华训导，旋擢富阳教谕。太平军攻占杭州，留江苏巡抚李鸿章幕中，复返浙佐宁绍台道治军，见知于左宗棠，荐署南汇知县。同治中，为江苏巡抚丁日昌所重，调青浦、新阳，再署上海。积功晋阶知府，加秩道员。同治十一年（1872）以年老乞休，侨寓杭州，泉石优游，著述以自娱。光绪七年（1881）卒，年七十一。

海宁陈氏，为东南『名宗望姓，鼎族高门』。其元生于其中，及壮又宦游四方，见多识广，故于国典朝章、文学政事、军情夷务、异闻趣谈等无所不涉。俞樾《序》曰：『（子庄）著《庸闲斋笔记》一书，首述家门盛迹、先世轶事，次及游宦见闻，下追谈游戏之类，斐然可观。』以为南宋范公偁《过庭录》之流亚。是书先成八卷，后又增补四卷，所记多留心世事，持论亦平实公允，考据则谨案典册，其中咸同政坛名流轶事，或为他书所未载，属于珍贵之史料。然记见闻，每以神鬼报应附之，实不足取焉。

选文标题为扫叶山房宣统刻本所有。

1. 武夫不知文字

张璧田军门玉良①，起于行伍，目不识丁。余初于兰溪军次见之②，适有急牒至，军门折阅，点首攒眉者良久，乃举付从兵，令送文案处。余询牒中何事，笑而不答，以为秘不肯宣也。越日，又见持一札颠倒观之，大惑不解，既乃知其本不知书，特为此以掩饰人之耳目。尝与程印鹊太守换帖③，三代中有名"蚤"者，颇以为怪；继复见其一帖，则是"早"字矣。因询其文案某君，答曰："渠不能指定一字，第随其口语而书之，是以如此。"同时有吴总戎再升者④，眇一目，每战必先登，贼畏之，呼为"吴瞎子"。尝延僧追荐先人⑤，僧请三代讳氏，张目不能答，急召文案委员，令撰一好名字与之。闻者捧腹。此与侯景之托王伟撰七庙讳者何异⑥？善乎，国初之马惟兴也⑦。惟兴以孙可望将来降⑧，官至福建总兵。顺治之季，尝赐诸将三代封典，惟兴久之不上，抚臣问之，愀然曰："某少时为寇虏，相从作贼，今幸际会风云⑨，实不知父何名、母何氏，若私撰之，不惟欺君，亦自诬其先人矣。愿公以此语上闻，但恩荣及身而已。"一时皆是其言。惜无人以是说告之军门及吴总戎也。（卷二）

【注释】

① 张玉良：字璧田，四川人。由行伍从向荣自广西转战江宁，积官至广西提督。短小精悍，骁勇善战，威名甚著。咸丰十年（1860），解杭州之围，声威大振。未几，向荣江南大营告急，驰援途中，大营已破，常州、苏州均不能守，乃返于杭。既遭连败，不为杭人所重。复援金华、攻严州皆不利，再援杭州时，力战而死。谥忠壮。本书卷十有传。　军门：清以尊称提督或总兵加提督衔者。

② 兰溪：清金华府兰溪县（今属浙江金华市）。咸丰末，张玉良军驰援严州，尝屯驻兰溪大洋镇（今属浙江杭州市建德市）。

③ 程印鹊：程兆纶，字印鹊，歙县（今属安徽黄山市）人。仕履未详，历官知府。　太守：清依旧例称知府为"太守"。　换帖：旧时异姓结拜兄弟时，互换书有姓名、年龄、籍贯、家世的柬帖。

④ 吴再升：咸丰末官至副将。　总戎：总兵。清绿营武职（正二品）。参见第152页第

6 则注释⑯。

⑤ 追荐：诵经礼忏，超度死者。

⑥ 侯景：字万景，北朝怀朔镇（今内蒙古包头市固阳县西南）人。羯族。先属北魏尔朱荣，继归高欢，为镇守河南大将。西魏大统十三年（547），以河南叛降西魏，旋又降梁，受封河南王。梁太清二年（548），勾结梁宗室萧正德举兵叛，破建康；三年，下台城，武帝愤恨而死。景改立简文帝，分兵攻广陵、吴郡、吴兴、会稽等地。大宝二年（551），景废简文帝，立萧栋为梁帝，旋废梁自立，国号汉，建元太始。明年，梁将陈霸先（陈武帝）、王僧辩等破建康，景败走时为部下所杀。　王伟：陈留（今安徽亳州市）人。侯景谋臣。初为行台郎，累官尚书左仆射。景之表启书檄皆出其手。及景败，囚送江陵，烹于市。景废梁自立，伟请建七庙，景仅记父名标，部属中有知其祖名周，其他祖先名讳皆不知，乃托伟生造，以汉司徒侯霸为始祖，晋名士侯谨为七代祖，追尊祖侯周为大丞相，父侯标为元皇帝。

⑦ 马惟兴：南明旧将。初为明徐州总兵李成栋部将。顺治二年（1645），从成栋降清，攻取江南、福建、广东等地。五年，已为清广东提督李成栋复反清归顺于南明，惟兴亦以"反正"功受封兴山伯。明年，成栋在江西信丰为清军所败，溺死，惟兴逃归孙可望部。十四年，孙可望欲取代永历帝自立，命惟兴等三人为前锋，与李定国部交战。三人阵前倒戈，可望败走降清，惟兴再以"反正"功晋封叙国公。未几，清军大举进攻南明，惟兴等退至云南鹤庆，被围而降。

⑧ 孙可望：原名可旺。延长（今属陕西延安市）人。明崇祯时入张献忠军，为其养子，授平东将军。顺治三年（1646），献忠死，可望与李定国、刘文秀、艾能奇等率馀部入贵州，自称平东王。六年，归奉南明永历帝，逾年封秦王。尝挟持永历帝至安隆，后迁贵阳。永历帝暗中求助于李定国，得机逃焉，可望遂与定国反目。十四年，可望欲自立为帝，与定国战于贵阳西南三岔河，兵败走长沙，降清。清封之以义王。明年，召入京，奏请从征西南，未准。十七年，暴病卒于京。谥恪顺。

⑨ 际会风云：亦作"风云际会"。指君臣遇合。

2. 李地山殉难

粤匪之难，浙江之官绅殉义者最多。余之所不相识者无从论定，相识中则当为李地山明府首屈一指①。地山名福谦，湖北之监利人②，咸丰戊午来摄金华县事③。会粤匪石达开由处州攻陷永康、武义④，迳逼金华，一时佐贰诸君多托故引去，官舍一空，城中现任地方官只太守及明府二人耳。士民奔走，不可禁止。虽复力事城守，然风声鹤唳，一夕数惊，贼苟乘锐来攻，实无抵御之法。余见人心摇动有不终日之势，慷慨谓明府曰："以金郡之大，若无一二死节之官，不亦辱朝廷而羞当世之士哉！"明府持其衣带间所赍药示余曰："子无虑，我必死之。"因与谋所以死之处。余曰："闻古人有止水之说，今大桥下水清而深，当可为葬身之地。"明府曰："不然，投水而或为人所援救，或为贼所钩获，求死不死，反受玷辱，不如仰药自尽之有把握。"遂指永福寺内之塔曰⑤："我死必于更上一层，所谓置身百尺也。"余笑曰："君可谓得死所矣。"比贼退，明府调摄仁和县事⑥，余送其行曰："腰间药可弃之矣。"明府曰："不然。今贼虽窜去，并非败灭，安见其不再来？我仍当戒备耳。"庚申二月⑦，贼破杭州，明府时在局中⑧，闻贼已陷城，乃步出局门，谓同行某公曰："子当何如？"曰："有老母在。"明府曰："然，各行其志可也。"遂登吴山之麓⑨，坐城隍神位前⑩，吞药而死。所谓置身百尺之上，竟践其言。庙中道士取民家所寄棺盛之。比城复改殓，已半月馀矣，面色尚如平生。呜呼！慷慨赴死，从容就义，明府二者殆兼之矣。同时殉难为余所识者，有太仓葛小铁主簿家遴⑪，江涨分司无锡倪时帆景炘⑫，皆曾宦金华者也。（卷二）

【注释】

① 明府：古代以称县令。

② 监利：清荆州府监利县（今属湖北荆州市）。

③ 咸丰戊午：咸丰八年（1858）。　金华：清金华府金华县（今浙江金华市）。

④ 石达开：贵县（今广西贵港市）人。客家。咸丰初加入上帝会，携家资入太平军，任为左军主将，封翼王。率军征战，克安庆、武昌，攻占南京。四年，督师西征，在湖口、九江击败曾国藩水师，夺回武昌。六年，又攻破清军江南大营。寻东王杨秀清谋篡位，北王韦昌辉杀之。达开自武昌返天京，因不满韦滥杀，险被害，遂集所部讨韦。天王洪秀全杀韦，旋返京辅政。复受天王猜忌，自天京出走安徽，率兵二十馀万转战浙江、福建、江西、湖南、广西、贵州等地，进军四川。同治二年（1863）五月，在四川大渡河畔

紫打地(今四川雅安市石棉县安顺场)失利,被诱至清营,旋解送成都,四川巡抚骆秉章审讯后,令处凌迟极刑,至死默默无声,年仅三十三。　处州:清处州府,治丽水(今属浙江)。　永康、武义:清金华府永康县、武义县(今皆属浙江金华市)。

⑤ 永福寺:在金华府城东,府衙北百四十五步。吴越钱氏建,宋大中祥符间更名密印寺。寺有万福塔,高九层。抗日战争时期寺与塔俱毁。

⑥ 摄:代理;假代。　仁和:清杭州府仁和县(今浙江杭州市)。

⑦ 庚申:成丰十年(1860)。

⑧ 局:官署。此指县衙。

⑨ 吴山:在杭州府城内西南隅。旧名胥山,上有子胥祠。清乾隆时建有行宫。

⑩ 城隍神:守护城池之神。

⑪ 太仓:清太仓州(今属江苏苏州市)。　主簿:清县属官。参见第153页第6则注释⑦。

⑫ 江涨分司:江涨,即江涨桥。在仁和县北九里,有桥跨官河,明洪武中设税课司于此。清则于都转盐运使司下设分司,为管理盐务官员。　无锡:清常州府无锡县(今属江苏)。

3. 三千金不及一鱼

"好名之人,能让千乘之国①;苟非其人,箪食豆羹见于色②。"此真孟子通达世故语也。余尝见慷慨之士挥斥千金③,毫不吝惜,于一二金出纳或不免断断者④,事过之后,在己未尝不失笑也。五茸叶桐山为河间通判⑤,治饷宣府⑥,当更代日,积资馀三千金,桐山悉置不问。主者遣一吏持至中途,以成例请,桐山曰:"不受羡⑦,即吾例也。"命归之。晚居春申故里⑧,饘粥不继⑨。一日梅雨中,童子张网失一大鱼,桐山为呀叹,其妻闻之曰:"三千金却之,一鱼能值几何!"桐山亦抚掌大笑。虽然,居今之世,桐山可不谓贤乎?(卷二)

【注释】

① 千乘(shèng)之国:战国时期诸侯国,小者称千乘,大者称万乘。千乘,指兵车千辆。

古以一车四马为一乘。

② 箪食豆羹：一箪饭食，一豆羹汤。谓少量饮食。亦喻小利。箪，古代用以盛饭食的器具。以竹或苇编成，圆形，有盖。豆，古代食器。亦用作盛酒肉的祭器。形似高足盘，大多有盖，以陶、青铜、竹、木等制成。此处引文见《孟子·尽心下》。朱熹集注："好名之人，矫情干誉，是以能让千乘之国。然若本非能轻富贵之人，则于得失之小者，反不觉其真情之发见矣。"

③ 挥斥：散发。

④ 龂龂(yín—)：争辩貌。

⑤ 五茸：春秋时吴王的猎场。又称五茸城。在松江府城西(今属上海市)。故松江别名茸城。　河间通判：清河间府(治今河北沧州市河间市)属官，正六品。《清史稿·职官志三》："同知、通判，分掌粮盐督捕、江海防务、河工水利、清军理事、抚绥民夷诸要职。"

⑥ 宣府：清直隶宣化府(治今河北张家口市宣化区)。

⑦ 羡：羡馀；盈馀。

⑧ 春申：指战国时楚春申君。黄氏，名歇。顷襄王时，官左徒。考烈王即位，迁令尹，封淮北十二县。考烈王十五年(前248)，改封于吴，号春申君。门下有食客三千，与齐孟尝君、魏信陵君、赵平原君合称"战国四公子"。尝遣兵救赵攻秦，后又灭鲁。考烈王死后，为李园伏兵刺杀。此处"春申故里"，指松江府。以松江府境内黄浦江误传为春申君所凿，故称江为"春申江"或"黄歇浦"，又以江称其地也。

⑨ 饘(zhān)粥：稠粥。饘粥不继，形容生活困窘。

4. 福建宰白鸭之惨

福建漳、泉二府①，顶凶之案极多，富户杀人，出多金给贫者，代之抵死，虽有廉明之官，率受其蔽，所谓"宰白鸭"也。先大夫在谳局②，尝讯一斗杀案，正凶年甫十六岁，检尸格则伤有十馀处③，非一人所能为，且年稚弱，似亦非力所能为。提取覆讯，则供口滔滔汩汩，与详文无丝忽差④。再令覆述，一字不误，盖读之熟矣。加以驳诘，矢口不移。再四开导，始垂泣称冤，即所谓"白鸭"者也。乃驳回县更讯。未几,县又顶详⑤,仍照前议。再提犯问之,则断断不肯翻供矣。他委员嗤先大夫之迂⑥,迳行提讯,遂如县详定案。比臬使过堂问之⑦,仍执前供。因讯:"尔年纪甚轻,安能下此毒手?"则对曰:"恨极耳。"案定后发还县,先大夫遇诸门,问曰:"尔何故如是执之坚?"则涕泗曰:"极感公解网恩⑧,然发回之后,县官更加酷刑,求死不得;父母又来骂曰:'卖尔之钱已用尽,尔乃翻供,以害父母乎? 若出狱,必处尔死!'我思进退皆死,无宁顺父母而死耳⑨。"先大夫亦为之泪下。遂辞谳局差。噫! 福建人命案,每年不下百数十起,如此类者良亦不少,为民牧者如何忍此心也⑩!
(卷三)

【注释】

① 漳、泉二府:清漳州府(治今福建漳州市)、泉州府(治今福建泉州市)。

② 先大夫:犹先父。已故父亲。陈其元父鳌,嘉庆八年(1803)举人,官至福建同安知县。　谳局:审理案件机关。

③ 尸格:验尸单。亦称验状、尸单。

④ 详文:旧时官吏向上级官署呈报请示的文书。　丝忽:犹丝毫。形容极小或极少。

⑤ 顶详:谓呈报详文。

⑥ 委员:被委派担任特定任务人员。此指被委派参加审讯的人员。

⑦ 臬使:清以称省提刑按察使司按察使。参见第56页第10则注释⑩。

⑧ 解网:亦作"解罔"。解开罗网。比喻宽宥、仁德。

⑨ 无宁(nìng):宁可;不如。

⑩ 民牧:旧时谓治理民众的君王或地方长官。

5. 地方官微行之利弊

顾淡如先生菊生摄理绍兴府事①,有父母神明之誉。尝闻某镇有开场聚赌者,派员访之,返命则云:"逃散久矣。盖有一人状貌与先生类者,泊舟市桥,至镇上买少物,不计值而去②。于是匪党疑先生亲访,即刻奔走。"先生笑曰:"吾安得如是百十化身,使入县乡间,处处有一顾淡如哉!"余在南汇鞫一狱③,讯问之词偶中其隐,案中人疑数日前烟馆内话是事，有一苍髯者在彼吸烟，谓是余私访得其情，遽吐实。实则余并未出门也。在青浦时④，至金泽镇勘案⑤，微服步行，村落中遇一老妪，妪问余曰："今日官来此，先生其随官来者耶？"余佯为不知，询其故，妪以勘案告。余因问其官之贤否，妪曰："官甚好，但有一件恶处。"余惊问之，则曰："我处每年春日演戏，自此官到来，禁不复作耳。"俄而骖从毕集⑥，妪惊，余慰之曰："妪勿怪，我之禁戏，乃以兵燹之后为若等惜物力也⑦，与其看一日戏费钱数百文"，因指其身之敝衣曰："何如到冬日制一新棉袄乎？"妪笑，余亦笑而去。又尝至章练塘镇比卯⑧，众尚未集，乃易服至镇庙瞻眺，归则绕镇后田塍中行，绮交绣错，迷不得路，无可问津。正犹豫间，忽田间来一人曰："官其迷路耶？"余曰："然。"遂引余出，意甚殷勤，且延至家献茶。余谢之，睇其面，似曾相识者，因询之曰："记在何处见尔？"耸然曰："小人徐德全也。"徐德全者，曾因夺荡田⑨，聚众斗殴，余杖之一百者也。余不觉骇然，遂谓之曰："此后宜作好人，争斗非好事，切须戒之。"徐唯唯，送至道左而别。归后，与友人言："此人曾受满杖，乃邂逅相遇，既无怨，且知敬爱。小人革面，亦见青邑民俗之淳。"然自后思之，白龙鱼服，困于豫且⑩，微行究非正道也。（卷三）

【注释】

① 顾菊生：字师陶，号淡如，永丰（今江西上饶市广丰区）人。同治元年（1862）进士，授户部员外郎。以郎中承办左宗棠差委，核查浙江各处钱粮事务，宗棠颇称赏之，奏请以道员留浙补用。寻代绍兴知府，下车伊始，即捕治蟊蝛，为民除害，郡民称庆。四年，署金衢严道，抵任即兴修水利、整治荒田、振兴文教，终以劳瘁卒于官，年四十九。

② 计值：亦作"计直"。计算货物的价值。

③ 南汇：清松江府南汇县（治今上海市浦东新区惠南镇）。　鞫一狱：审理一个案件。

④ 青浦：清松江府青浦县（今上海市青浦区）。

⑤ 金泽镇：青浦县属镇。在县西南，淀山湖南隅，与浙江嘉兴府交界处。

⑥ 骖从毕集：骑马的侍从全部聚集。

⑦ 兵燹（xiǎn）：因战乱所造成的焚烧破坏等灾难。

⑧ 章练塘镇：青浦县属镇（今上海市青浦区练塘镇）。在县南。　比卯：旧时地方官府缉拿人犯或征收租赋、额派人役，限期催逼，谓之"比卯"。比，指定期催逼。卯，

期限。

⑨ 荡田。即荡地。积水长草的洼地。

⑩ 白龙两句：汉刘向《说苑·正谏》："昔白龙下清泠之渊，化为鱼，渔者豫且射中其目。"后以此比喻贵人微服出行，恐有不测之虞。

6. 中西礼俗之异点

崇地山宫保厚使法国归①，言泰西各国人亦知尊敬孔子②。在彼处曾见洋官家供奉一泥塑之土地神，云是孔子像。则圣教固被于海外矣。孙稼生观察家榖游历各国还③，言外国仪文简略④，见国王只须馨折致敬⑤，无所谓拜跪也。独布国以新战胜故⑥，于礼节大为增加。其贵臣谓观察曰："我国仪文繁重，见皇帝须三虾腰⑦。"然亦不过三馨折，而已谓为繁缛矣。每到一国，必见其后妃，大都以接唇为礼。观察告以中国以是为亵狎，不肯从，彼亦不强也。在法国，偶于街市闲步，忽传言曰："皇帝来矣。"人皆旁立摘帽，皇帝步行，一狗在前，一公主在后，别无从者，更无论仪卫矣。皇帝见众人之摘帽，亦以手稍掀其帽为答礼然，疾趋而去⑧。俄罗斯国之皇帝，曾隐姓名赴荷兰国做工，学制火轮船，学成，国人来迎，彼国始知之。各外国之称其主，惟俄、法、日本、布鲁斯四国称皇帝；若英，若比利时、奥斯马、日斯尼亚、北德意志及丹国、义国⑨，皆称君主。米唎坚其君三年一代⑩，故称大伯理玺天德⑪。今法国之主为布国所掳，国人奉故相摄君事，故亦同此称。余在上海与各国领事官互相往还，皆各尽其礼。日本新通商换约，其代理领事官神代延长最恭顺，谓余曰："我国读中国书，写中国字，行中国礼，本是一家。"云云。曾文正公莅沪，其人来见，至门则科头而入。科头者，伊国之大礼，即古之免冠徒跣也。奥斯马国亦于日本通商之年换约，恩竹樵方伯奉命为换约大臣⑫，讫事之后，其国之公使及提督领事官相率来谒，方伯张筵款之，余等皆陪宴。公使等遇菜即食，噙声如流⑬，使翻译官致辞曰："莫笑贪吃，中国之滋味极好也。"席罢，鼓腹欢笑而去。英吉利之副领事达文波亦谓余曰："久居中国，饮膳俱精美；泊回至本国，虽同是牛羊肉食，反觉不惯矣。"日斯尼亚国之领事官每见余等补服⑭，必啧啧曰："中国衣裳好看。"再三言之，殊有夫差好冠之意⑮。俄罗斯国之代理领事官聂鼎者，自言"到中国十五年，未尝归去，喜读中国书,《论语》《孟子》略皆上口,觉甚有意味"等语。此则几几乎有用夏变夷之道矣⑯。大抵各国领事等官久在内地,与中国官交际谈谳⑰,颇有中外一家气象,第一涉及利字,则必攘臂而争,无交情之可论;惟以理折之,以不遵和约责之,虽强项亦无他说⑱。即使故为狡辩,终必为俯就戎索也⑲。(卷三)

【注释】

① 崇厚:字地山,完颜氏,内务府镶黄旗人。道光二十九年(1849)举人,选知阶州。历迁直隶长芦盐运使。咸丰十一年(1861),充三口通商大臣驻天津。在任十年,先后与丹麦、荷兰、西班牙、比利时、意大利、奥地利等国签署条约及通商章程。同治九年(1870),"天津教案"起,法国领事被杀,朝廷遣崇厚出使修好。事毕即返,迁兵部左侍郎入直总理衙门。光绪四年(1878),授全权钦差大臣出使俄国,贸然签署"利伐第亚条约",乃丧权辱国之举,朝野大哗。下崇厚狱,定斩监候,以俄人之请改羁禁。诏驻英、法公使曾纪泽往俄更约,争回伊犁地。十年,崇厚输银三十万两济军,释归。十九年卒,年六十七。 宫保:明清以称太子太保、太子少保。崇厚累官至太子少保,故称。

② 泰西:犹极西。旧泛指西方国家,一般指欧美各国。

③ 孙家毅:字贻生,号稼生,寿州(今安徽六安市寿县)人。咸丰六年(1856)进士。历荆宜施道,迁浙江按察使。同治中,入总理各国事务衙门,充办理中外交涉事务大臣,出使美、法等国。光绪十四年(1888)卒,年六十六。

④ 仪文:礼仪形式。

⑤ 磬折:同"磬折"。曲躬如磬,表示谦恭。

⑥ 布国:即下文"布鲁斯"。通译作普鲁士。德意志邦国。1871年,普法战争中获胜,建成统一的德意志帝国。

⑦ 虾腰:像虾一样弯腰。

⑧ 趋(qū):同"趋"。疾行;奔跑。

⑨ 奥斯马:通译作奥斯曼。 日斯尼亚:通译作西班牙。 丹国:丹麦。 义国:意大利。

⑩ 米唎坚:通译作美利坚。即美利坚合众国。简称美国。

⑪ 伯理玺天德：英语"president"的译音。总统。美国总统选举每四年一次，非三年一次。

⑫ 恩竹樵：恩锡，字竹樵，满族完颜瓜尔佳氏。道光时历刑部员外郎，累迁山东沂州知府。咸丰三年(1853)，迁安徽按察使，复兼军职，往返于安徽、江苏、山东间，督理粮饷。光绪初卒。工诗词，有《承恩堂诗集》《蕴兰吟馆诗馀》等。

⑬ 噇(tǎn)声：众人饮食声。

⑭ 补服：明清时官服。因其前胸及后背缀有用金线和彩丝绣成的补子，故称。通常文官绣鸟，武官绣兽。各品补子纹样，均有定规。清代补服：一品，文官鹤，武官麒麟；二品，文官锦鸡，武官狮；三品，文官孔雀，武官豹；四品，文官雁，武官虎；五品，文官白鹇，武官熊；六品，文官鹭鸶，武官彪；七品，文官鸂鶒，武官犀牛；八品，文官鹌鹑，武官犀牛；九品，文官练雀，武官海马。另，都御史(从一品)、副都御史及按察使(三品)、给事中及监察御史(五品)补服皆绣獬豸。

⑮ 夫差好冠：春秋周敬王三十八年(前482)，吴王夫差欲称霸中原，与鲁哀公、晋侯等会于黄池。夫差恐诸侯不从，欲沿用鲁国之礼仪，承袭晋国之霸权，请袭封衣冠，故进献贡品于周天子。于是，夫差弃"王"号而称"子"，曰："好冠来。"实不知冠带有尊卑等差之别。意谓夫差不知中原冠带礼仪而欲号令诸侯。事见《春秋穀梁传·哀公十三年》："公会晋侯及吴子于黄池。黄池之会，吴子进乎哉，遂子矣。吴，夷狄之国也，祝发文身，欲因鲁之礼，因晋之权，而请冠端而袭，其籍于成周，以尊天王。吴进矣。吴，东方之大国也，累累致小国以会诸侯，以合乎中国。吴能为之，则不臣乎？吴进矣。王，尊称也；子，卑称也。辞尊称而居卑称，以会于诸侯，以尊天王。吴王夫差曰：'好冠来。'孔子曰：'大矣哉！夫差未能言冠而欲冠也。'"

⑯ 几几乎：几乎。

⑰ 谈讌：亦作"谈燕"。谓边宴饮边叙谈。

⑱ 强项：强横。

⑲ 戎索：法令。

7. 制造食物之秽

饮食日用之物，非目睹不知其制造之秽。余在福建见制冰糖者，皆杂以猪脂。

在兰溪观制南枣,用牛油拌之乃见光彩,故嗅之微有膻气也。富阳竹纸名天下①,造时竹丝不用小便煮则不能烂。淮甸虾米贮久变色②,浸以小便即红润如新。河南鱼鲊在河上斫造③,盛以荆笼,入汴,道中为风沙所侵,有败者乃以水濯,小便浸一过,控干入物料,肉益紧而味回。然僧家以冰糖、南枣供佛,道家用竹纸书符、上表④,至虾米、鱼鲊,江南人家均珍为美味,习而不察,无乎不可也。先大父尝言:嘉庆初年,在四川一驿遇福文襄郡王行边⑤,州县极供张之盛⑥。以王喜食白片肉,肉须用全猪煮烂味始佳,乃设一大镬,投全猪于中煮之。未及熟,而前驱至,传王谕,以宿站尚远,一到即饭,以便赶行。无如肉尚未透⑦,庖人窘甚,忽焉登灶解裤,溺于镬中。先大父惊询其故,则曰:"忘带皮硝⑧,以此代之。"比王至,上食,食未毕,忽传呼某县办差人,先大父惊曰:"必觉其臭矣。"既乃知王以一路猪肉无若此驿之美者,赏办差者宁绸袍褂料一副⑨。(卷三)

【注释】

① 富阳:清杭州府富阳县(今属浙江杭州市)。　竹纸:以嫩竹为原料制成的纸。

② 淮甸:淮河流域。

③ 鱼鲊(zhǎ):腌鱼;糟鱼。鲊,用腌、糟等方法加工的鱼类食品。

④ 书符:即画符。道士画符箓。　上表:道士为信徒书写敬神表文。

⑤ 福文襄郡王:福康安,追赠郡王,谥文襄。参见第263页第18则注释⑤。　行边:巡视边疆。

⑥ 供张(zhàng):亦作"供帐"。陈设供宴会所用帷帐、饮食、器具等物。亦指宴会。

⑦ 无如:无奈。

⑧ 皮硝:亦称"芒硝""芒消"。硫酸钠。多产于含盐卤的湖泽地,状似末盐。亦入药,中医称为"朴硝",治肠胃实热积滞、大便燥结、痰热壅积等症。明李时珍《本草纲目·石五·朴消》:"此物见水即消,又能消化诸物,故谓之消。"

⑨ 宁绸:丝织品。蚕丝织成,有斜纹,绸面平挺,质地结实。织造前预先染色,有素织与花织两种。因产于南京,故称。

8. 袁　痴

袁丹叔先生国梓①,文章尔雅②,而性痴绝,人皆以"袁痴"目之。自郡守解组归,居于茸城③,屋滨大河,乡人每泊粪船于门外,先生恶之,乃买羊肉一样④,密置河畔。乡人担粪归,将饭,见肉,疑为人所遗者,大喜,呕啖之。先生俟食讫,乃至岸侧,佯为周视,故作喜状曰:"这畜生今日必死矣!"乡人惊问故,则曰:"此地有恶狗,吾买砒霜置肉内毒之,今既食,除一害矣。"乡人大恐,承系已食,恳其救解。先生阳惊曰⑤:"我毒狗,不毒人,此系尔自作之孽,非我罪过。"乡人愈哀恳,至涕泗,乃指粪曰:"呕啖此,或可解。"乡人畏死,从之,大吐,委顿⑥。则抚掌笑曰:"尔他日仍泊船于此,当令再吃粪也!"一日者,立于门前,适府公遣仆奉书于先生⑦。仆见先生,不识也,因询曰:"此间有一袁痴,居何处?"先生引之至家,携书入,良久,什袭一巨函出⑧,交仆曰:"此系宝物,尔主向借,不能不与。尔主书中言,惟尔诚实可靠,须亲携去,毋易人致损坏。"郑重言之再三。仆负之归,物已重,路又远,汗流浃背。府公见之不解,拆封,乃一粗石,重二十馀斤,上书十六字曰:"尊价无礼⑨,呼我袁痴。无法处治,以石压之。"府公大笑,即其仆亦自笑也。(卷四)

【注释】

① 袁国梓:字丹叔,华亭(今上海市松江区)人。顺治六年(1649)进士。累官至衢州知府。

② 尔雅:文雅;雅正。

③ 茸城:松江别称。参见第380页第3则注释⑤。

④ 样(pán):同"槃"或"盘"。盘子。此处用为量词。

⑤ 阳惊:假装惊讶。

⑥ 委顿:疲困;颓丧。

⑦ 府公:知府。此指松江知府。

⑧ 什袭:重重包裹。谓郑重珍藏。什,十。

⑨ 尊价:亦作"尊介"。旧称他人之仆。

9. 朱文正之风趣

大兴朱文正公①,乾嘉时名臣也。厓岸高峻②,清绝一尘,虽官宰相,刻苦如寒士,馈遗无及门者。与新建裘文达公最善③,一日至裘处,谭次④,忽叹曰:"贫甚,奈何? 去冬上所赐貂褂亦付质库矣。"裘笑曰:"君生成穷命,复何言! 我管户部,适领得饭食银千两,可令君一扩眼界。"因呼仆陈之几上,黄封灿然。公注视良久,忽起手攫二元宝⑤,疾趋登车去。(卷四)

【注释】

① 朱文正:朱珪,谥文正。参见第243页第7则注释⑪。

② 厓岸:犹崖岸。喻人严肃端庄。

③ 裘文达:裘曰修,字叔度,新建(今江西南昌市)人。乾隆四年(1739)进士,选庶吉士,授编修。历兵吏户诸部侍郎、军机处行走。尝奉命会山东、河南、安徽诸巡抚巡视黄河,画疏浚之策,又督各地河工。累迁至工部尚书,命南书房行走。三十八年病卒,年六十二。谥文达。

④ 谭次:言谈之际。

⑤ 元宝:旧时铸成马蹄形的银锭。大者重百两或五十两,小者二三两。常作为货币流通。

10. 曾左友谊之始末

曾文正公与左季高相国同乡,相友善,又属姻亲①。粤逆猖獗,蔓延几遍天下,公与左相戮力讨贼,声望赫然。合肥相国后起②,战功卓著,名与之齐。中兴名臣,天下称为曾、左、李,盖不数唐之李、郭③,宋之韩、范也④。比贼既荡平,二公之嫌隙乃大构。盖金陵攻克⑤,公据诸将之言,谓贼幼逆洪福瑱已死于乱军中⑥。顷之,残寇窜入湖州,左公谍知幼逆在内,会李相之师环攻之,而疏陈其事。公以幼逆久死,疑浙师张皇其词而怒,特疏诋之;左公具疏辨,洋洋数千言,辞气激昂,亦颇诋公。两宫、皇上知二公忠实无他肠⑦,特降谕旨两解之。未几,洪幼逆遁入江西,为沈幼丹中丞所获⑧,明正典刑,天下称快,而二公怨卒不解,遂彼此绝音问。余为左公所荐举,公前在安庆时,亦曾辟召之。同治丁卯⑨,谒公于金陵,颇蒙青眼。洎摄南汇县事,丁雨生中丞时为方伯⑩,具牍荐余甚力,公批其牍尾曰:"曾见其人,夙知其贤,惟系左某所保之人,故未能信。"云云。蒯子範太守以告余⑪,谓公推屋乌之爱也⑫。辛未⑬,公再督两江,张子青中丞欲调予上海⑭,商之于公,公乃极口赞许。是冬来沪阅兵,称为著名好官,所以奖勖者甚至。闻余欲引退,特命涂朗轩方伯再四慰留⑮,谓公忘前事矣。后见常州吕庭芷侍读⑯,谈及二公嫌隙事,侍读云:"上年谒公于吴门,公与言左公致隙始末,谓'我生平以诚自信,而彼乃罪我为欺,故此心不免耿耿。'"时侍读新自甘肃刘省三军门处归⑰,公因问左公之一切布置,曰:"君第平心论之。"侍读历言其处事之精详,律身之艰苦,体国之公忠,且曰:"以某之愚,窃谓若左公之所为,今日朝端无两矣。"公击案曰:"诚然! 此时西陲之任,倘左君一旦舍去,无论我不能为之继,即起胡文忠于九原⑱,恐亦不能为之继也! 君谓为'朝端无两',我以为天下第一耳!"因共叹公憎而知善,居心之公正若此。余又谓:"洪逆未死,公特为诸将所欺,并非公之自欺,原可无须芥蒂也⑲。"公殁后,左公寄挽一联云:"知人之明,谋国之忠,我愧不如元辅⑳;攻金以砺,错玉以石,相期无负平生。"读者以为生死交情于是乎见。昔韩忠献与富文忠皆为一代贤臣㉑,第以撤帘事意见不合,终身不相往来,洎韩公薨㉒,富公竟不致吊。今观曾、左二公之相与,贤于古人远矣。(卷四)

【注释】

① 姻亲:由婚姻关系而结成的亲戚。今考曾国藩与左宗棠传略,二人实非姻亲。"姻亲说"未知起于何时,恐一时谬传耳。

② 合肥相国:李鸿章,字少荃,合肥(今属安徽)人。道光二十七年(1847)进士,改庶吉士,授编修。从曾国藩游,潜心于经世之学。咸丰三年(1853),在籍办团练抵抗太平军。明年,入安徽巡抚福济幕,以收复含山、合肥等地有功,累授按察使衔,用为道员。八年,赴南昌入曾国藩幕。十一年,奉命编练淮军,赴上海署理江苏巡抚。与由外国人指挥的"常胜军"合作,攻取苏、常等地,后以平乱功封一等肃毅伯。同治四年(1865),署两江总督。寻继国藩为钦差大臣征伐东、西捻军,赏骑都尉世职,加太子太保兼协办大学士。九年,由湖广总督继国藩为直隶总督兼北洋通商事务大臣,授武英殿、文华殿大学士,掌朝廷外交、军事、经济大权。先后创办江南制造局、轮船招商局、开平煤矿、天津电报局、津榆铁路、上海机器织布局、上海广方言馆,建立北洋

海军;分别与英国签订《烟台条约》,与法国订立《中法新约》,甲午海战后赴日本签订《马关条约》等。光绪二十五年(1899),授两广总督。八国联军入侵京师,又北上与列强谈判,次年签订《辛丑条约》。寻病卒,年七十九。赠太傅,晋一等侯,谥文忠。有《李文忠公全集》。

③ 唐之李、郭:指平定安史之乱、中兴唐室的功臣李光弼、郭子仪。李光弼,唐营州柳城(今辽宁朝阳市)人。契丹族。有勇谋,善骑射。曾任河西节度副使、朔方节度副使等职。安禄山叛,任河东节度使,与郭子仪进攻河北,收复十馀郡,后坚守太原。乾元二年(759),迁天下兵马副元帅。宝应元年(762),出镇徐州,进封临淮王。因久握重兵遭忌,求自保不回朝,卒于镇。郭子仪,唐华州郑县(今陕西渭南市华县)人。以平乱有功,肃宗朝迁中书令,封汾阳郡王。后罢兵权。德宗朝尊为尚父。卒谥忠武,赠太师。

④ 宋之韩、范:指北宋名臣韩琦、范仲淹。韩琦,字稚圭,宋相州安阳(今属河南)人。天圣进士。庆历三年(1043)任枢密副使,与范仲淹、富弼等同时登用。嘉祐中迭任枢密使、宰相,经英宗至神宗,执政三朝。神宗即位后,出知相州、大名等地。封魏国公。熙宁七年(1074)卒,年六十七。赠尚书令,谥忠献。范仲淹,参见第54页第9则注释②。

⑤ 金陵攻克:同治三年(1864)七月,曾国荃部攻入南京,太平天国天王洪秀全先已服毒自尽,忠王李秀成率残部携天王幼子洪福瑱出逃。

⑥ 洪福瑱:即洪天贵福。太平天国幼天王。洪秀全长子。同治三年六月,洪秀全自杀死,福瑱继天王位,时年十六。七月城破,李秀成护以出城,予以良马,秀成则自乘劣马,行未远而被执。福瑱与从者数百骑走广德、湖州、徽州、开化至江西玉山、广昌,被围于石城(今属江西赣州市),为湘军席宝田部所擒,江西巡抚沈葆桢审讯后命处死。

⑦ 两宫:指慈安太后、慈禧太后。慈安太后,文宗后。满族钮祜禄氏。咸丰十一年(1861)七月,文宗崩于热河,穆宗即位,尊为皇太后,徽号"慈安"。与慈禧太后同垂帘听政,实权则操于慈禧之手。同治十二年(1873)归政。明年,穆宗崩,德宗即位,复听政。光绪七年(1881)三月崩(一说为慈禧毒死),年四十五。宣统时,加谥孝贞慈安和庆和敬诚靖仪天祚圣显皇后。慈禧太后,亦称"西太后""那拉太后"。文宗

妃。满族叶赫那拉氏。咸丰十一年,文宗崩,子载淳六岁即位,年号祺祥,尊为皇太后,徽号"慈禧"。与恭亲王奕䜣谋,杀辅政大臣载垣、端华、肃顺,与慈安太后同垂帘,改年号同治。平太平天国、捻军等乱。穆宗崩,立四岁侄载湉为帝,年号光绪,仍垂帘听政。采纳洋务之政,开办军事工业,建立近代海军和陆军,对外和议,签署系列条约,被指丧权辱国。后又幽禁光绪帝,杀害维新派谭嗣同等六人。为义和团所惑,对外宣战,致八国联军侵入京师,退走西安,签订《辛丑条约》。返京后实行新政,废除科举,预备立宪。光绪三十四年(1908)十月崩,年七十四。以累加徽号慈禧端佑康颐昭豫庄诚寿恭钦献崇熙皇太后为谥。　　皇上:此指穆宗爱新觉罗·载淳。时年幼未亲政。

⑧ 沈幼丹:沈葆桢,字幼丹,侯官(今福建福州市)人。道光二十七年(1847)进士,改庶吉士,授编修,迁御史。上疏论兵事,为文宗所知。咸丰五年(1855),出知九江府,以府陷太平军,从曾国藩管营务,寻署知广信府。外出筹饷,城被围,妻林氏(林则徐之女)刺血书求援军拒战。事后,国藩上报沈氏夫妇守城功,遂授候补道员。七年,擢广饶九南道,累迁江西巡抚。令士民筑堡自卫,坚壁清野。同治三年(1864),闻太平军残部拥洪福瑱入江西,葆桢命席宝田追剿至石城,大破之,擒洪仁玕、洪仁政、黄文英等,搜获洪福瑱于荒谷中,皆伏诛。以擒首逆功予一等轻车都尉世职。六年,以左宗棠荐,命为总理船政大臣赴福州,扩建海军求是堂艺局。十三年,巡视台湾兼办各国通商事务。光绪元年(1875),迁两江总督兼署南洋通商大臣,秉政严明。五年卒于任,年六十。赠太子太保,谥文肃。

⑨ 同治:清穆宗爱新觉罗·载淳年号(1862—1874)。　　丁卯:指同治六年(1867)。

⑩ 丁雨生:丁日昌,字雨生。参见第 364 页第 7 则注释①。　　中丞:代称巡抚。　　方伯:此指地方长官,如布政使等。

⑪ 蒯子範:蒯德模,字子範,合肥(今属安徽)人。咸丰末,以诸生治团练,积功荐保知县,留江苏。同治三年(1864),署长洲知县,有善政。七年,署太仓直隶州知州、苏州知府,又署镇江知府、江宁知府,擢夔州知府,卒于官。

⑫ 屋乌之爱:谓推爱之所及。《韩诗外传》卷三:"爱其人及屋上乌,恶其人者憎其胥馀。"

⑬ 辛未:同治十年(1871)。

⑭ 张子青：张之万，字子青，直隶南皮(今属河北沧州市)人。道光二十七年(1847)一甲一名进士，授修撰。咸丰二年(1852)出督河南学政，由侍读累迁内阁学士。同治元年(1862)，擢礼部侍郎兼署工部，寻署河南巡抚。后以平东、西捻，调江苏巡抚，迁浙闽总督，母老乞养归。光绪八年(1882)，起为兵部尚书调刑部。十年，入军机兼署吏部，充上书房总师傅、协办大学士。十五年，擢体仁阁大学士转东阁。二十二年，以病致仕，卒，年八十七。赠太傅，谥文达。

⑮ 涂朗轩：涂宗瀛，号朗轩，六安(今属安徽)人。道光二十四年(1844)举人，铨江苏知县。同治六年(1867)，授江宁知府。九年，擢苏松太道，明年迁湖南按察使，寻改布政使。光绪三年(1877)拜广西巡抚，移抚河南。七年，调湖南巡抚，寻擢湖广总督。未几，称疾乞休归。二十年卒，年八十三。

⑯ 吕庭芷：吕耀斗，字庭芷，号定子，阳湖(今江苏常州市)人。道光三十年(1850)进士，选庶吉士，授编修。同治中，尝入陕甘刘铭传铭军幕府，旋补翰林院功臣馆纂修。光绪元年(1875)，调文渊阁校理。庭芷在翰林二十馀年，屡不得进。六年，以赈捐为道员指分直隶试用，次年调福建船政局提调，官至直隶天津道。

⑰ 刘省三：刘铭传，字省三，合肥(今属安徽)人。少有大志，咸丰中从官军征战。同治元年(1862)，李鸿章募淮军，铭传率练勇从至上海，号"铭字营"。战绩卓著，以功授直隶提督。三年，率中路淮军克无锡、常州，俘太平军两万馀人。后又为攻灭东、西捻军主力，曾国藩、李鸿章奏捷论铭传首功，予三等轻车都尉世职，封一等男爵。命督陕西军务，寻引疾乞罢归。光绪六年(1880)，俄罗斯议还伊犁有违言，急召铭传赴京备边，疏陈练兵造器、兴修铁路。十一年，法国兵扰粤闽，诏起铭传加巡抚衔督台湾军务，击退法军进犯。台湾改行省，实授台湾巡抚。十六年，加兵部尚书衔命帮办海军军务，后以病罢。二十一年朝鲜兵事起，屡召，以病未出，寻卒。赠太子太保，谥壮肃。

⑱ 胡文忠：胡林翼，谥文忠。参见第359页第4则注释⑪。　九原：战国时晋国卿大夫的墓地。后泛指墓地。

⑲ 芥蒂：细小的梗塞物。比喻积在心中的怨恨、不满或不快。

⑳ 元辅：重臣或宰相。此指曾国藩。

㉑ 韩忠献：即韩琦，谥忠献。　富文忠：富弼，字彦国，北宋洛阳(今属河南)人。天

圣八年(1030)举茂才异等。庆历二年(1042)官知制诰,奉使契丹,力拒割地,辩和战之利害。还,拜枢密副使。至和二年(1055),拜同中书门下平章事。英宗即位,召为枢密使,封郑国公。神宗时复入相,会王安石用事,称疾求退,归洛,加拜司空,进封韩国公。元丰六年(1083)卒,年七十九。谥文忠。嘉祐时,韩琦与富弼同为相,琦有事未询于弼,弼颇不怿。嘉祐八年(1063)三月,仁宗崩,英宗即位,因病由皇太后曹氏垂帘听政。治平元年(1064)五月,英宗病愈,琦力劝曹太后撤帘还政。太后降手书还政,弼大惊,以琦不与己协商而独行,怨之益深。

㉒　洎(jì):至,到。

11. 詹 长 人

詹长人者,徽之歙县人①,身九尺四寸以长,人竞以"长人"呼之,遂亡其名,而以"长人"名。长人业墨工②,身长故食多,手之所出不能糊其口之所入,不家食而来上海③,依其宗人詹公五墨店以食④,食虽多,而伎甚拙,志在求食者,论其伎且将不得食,困甚。偶游于市,洋人谛视之,大喜,招以往,推食食之⑤,食既饱,出值数百金,聘之赴外国。长人于是乘长风而出洋矣。出洋三年,历东西洋数十国,旋行地球一周,计水程十馀万里,恣食宇内之异味⑥。每到一国,洋人则帷长人,使外国人观之,观者均出钱以酬洋人。洋人擅厚利,稍分其赢与长人,长人亦遂腰缠数千金,娶洋妇,置洋货而归。昔之长人,今则富人矣。同治辛未⑦,余摄令上海⑧,出城赴洋泾浜⑨,途遇长人,前驱者呵之,见其仓皇走避,入一高门犹伛偻而进⑩,异之。询悉其故,将呼而问之,乃以澳斯马国明年将斗宝⑪,长人又被洋人雇以出洋,往作宝斗矣。闻长人言:所到之国,其国王、后妃以及仕宦之家,咸招之入见,环观叹赏,饮之食之,各有赠遗。外国之山川、城郭、宫殿、人物,皆历历在目中,眼界恢扩,非耳食者可比。噫!昔者一旬三食犹难,今则传食海外,尊为食客之上,可谓将军不负腹矣⑫。际遇亦奇矣哉!(卷五)

【注释】

①　歙县:清徽州府歙县(今属安徽黄山市)。府附郭县。

② 墨工：制墨工匠。

③ 不家食：此谓不食自家之食。

④ 詹公五墨：清代著名徽墨流派之一。因主要产于徽州婺源，亦称"婺源墨"。婺源墨品代表有詹云鹏、詹衡襄、詹致、詹成圭和詹子云等。其特点是"朴实少文"，造型亦颇具民间工艺色彩，故为平民及中下层文士所喜爱，制售经营遍及国中与海外。

⑤ 推食食(sì)之：谓提供食物给他吃。

⑥ 恣食：任意而食。

⑦ 同治辛未：同治十年(1871)。

⑧ 摄令：代理知县。

⑨ 洋泾浜：在上海县城北(今上海市延安东路)。原为黄浦江支流。道光二十五年(1845)以后，其南北曾分别为"法租界"和"英租界"。

⑩ 伛偻(yǔlǚ)：俯身。

⑪ 澳斯马国：奥斯曼帝国。

⑫ 将军不负腹：宋祝穆《古今事文类聚》后集卷二十《腹负将军》："东坡闻子由瘦，云：'十年京国厌肥羜，日日糕花压红玉。从来此腹负将军，今者固宜安脱粟。'俗云：大将军食饱扪腹而叹曰：'我不负汝。'左右曰：'将军固不负此腹，此腹负将军，未尝少出智虑也。'"后以"将军扪腹"形容饱食后的怡然自得；又以"腹负将军"形容腹中空洞无物，缺少智慧。

12. 婺州斗牛俗

燕齐之俗斗鸡，吴越之俗斗蟋蟀，古也有然。金华人独喜斗牛，则不知始于何时。余在婺州十有六年①，每逢春秋佳日，乡氓祈报祭赛之时，辄有斗牛之会，先期治觞延客，竭诚敬，比日至之时，国中千万人往矣。斗场辟水田四五亩，沿田塍皆搭台，或置桌凳，以待客及本村老幼妇女。卖饼饵者，卖瓜果者，装水烟者②，薨薨缉缉然③，猱杂于前后左右。牛之来也，鸣钲前导④，头簪金花，身披红绸，簇拥护之者数十人。既至田中，两家各令健者四人翼其牛，二牛并峙，互相注视，良久乃前斗，斗以角，乘间抵隙⑤，各施其巧，三五合后，两家之人即各将其牛拆开，复簇拥去。

观者不知其孰胜负,而主之者已默窥其胜负矣。胜者亲友欢呼从之,若奏凯状,牛亦轩然自得,徐徐步归。负者意兴索然,即左右者俱垂头丧气焉;小负之牛尚可养成气力,更决雌雄;大负则杀而烹之,盖锐气已挫,不能再接再厉矣。斗之日,聚集群牛不下三五十头,其登场相角者,亦不过十数头,馀皆自崖而返耳。牛之佳者,不大胜,亦不大败;次者,虽败,犹能好整以暇⑥,无辙乱旗靡态;下者,则苍黄抵触⑦,血肉淋漓,奔逃横逸,溅泥满身,冲出堤塍,掀翻台凳,不可牵挽。于是老妇孺子暨粉白黛绿者⑧,哗然争避,或失足田中,或倒身岸下,遗簪坠珥,衣服沾濡,头面污损,相将相扶而去。真可谓"见豕负涂,载鬼一车"矣⑨。斗胜之家,张筵款客,高朋满座,主人轩眉攘臂⑩,矜其牛之能,曰彼之角如何来,我之角如何往;彼如何攻坚,我如何蹈瑕⑪;我意彼必从是出,而彼竟不料我从此出也。言之津津⑫,几忘乎我之为牛,牛之为我焉。其畜牛也,卧以青丝帐,食以白米饭,酿最好之酒以饮之。亲朋相访,主人款之,呼酒必嘱曰:"慎毋以饮牛之酒来。"乍闻者以为敬客之意,殊不知饮牛之酒乃是上上品,客不得而饮之也。牛所买来之家,呼之曰"牛亲家",豢牛之牧童,名之曰"牛大舅",其真正儿女亲家,亲之不若与牛亲家亲。(卷五)

【注释】

① 婺州:金华府古称。隋唐宋元皆称婺州,明洪武时改金华府,清沿之。

② 水烟:用水烟袋装烟丝吸用的烟。吸时,烟从注水的筒管中通过,故称。明时由阿拉伯传入。

③ 薨薨绯绯:形容各种嘈杂、细碎之声。

④ 鸣钲:犹鸣锣。钲,古乐器。形圆似铜锣。

⑤ 抵隙:攻击弱点。

⑥ 好(hào)整以暇:形容既严整有序而又从容不迫。《左传·成公十六年》:"日臣之使于楚也,子重问晋国之勇。臣对曰:'好以众整。'曰:'又何如?'臣对曰:'好以暇。'"

⑦ 苍黄:匆促;慌张。

⑧ 粉白黛绿:形容女子装束。此处代指盛妆妇女。

⑨ 见豕两句:《周易·睽》:"见豕负涂,载鬼一车。"王弼注:"见豕负涂,甚可秽也;见鬼盈车,吁可怪也。"此处借以形容卑秽污浊、离奇古怪之状。

⑩ 轩眉攘臂：指扬眉捋袖。形容得意激奋貌。

⑪ 蹈瑕：利用过失。

⑫ 津津：兴味浓厚貌。

13. 纪文达烟量

河间纪文达公酷嗜淡巴菰①，顷刻不能离，其烟房最大，人呼为"纪大烟袋"。一日当直，正吸烟，忽闻召见，亟将烟袋插入靴筒中，趋入，奏对良久，火炽于袜，痛甚，不觉呜咽流涕。上惊问之，则对曰："臣靴筒内走水。"盖北人谓失火为"走水"也。乃急挥之出，比至门外脱靴，则烟焰蓬勃，肌肤焦灼矣。先是，公行路甚疾，南昌彭文勤相国戏呼为"神行太保"②，比遭此厄，不良于行者累日，相国又嘲之为"李铁拐"云③。（卷五）

【注释】

① 纪文达：纪昀，谥文达。参见第185页第9则注释④。　　淡巴菰：西班牙语"tabaco"的音译。烟草。原产于南美洲安第斯山脉热带、亚热带地区，由西班牙殖民者带入吕宋岛，明嘉靖时再由吕宋传入中国，东南沿海均有种植。一说吕宋岛上有淡巴国，产烟草，传入中国时即以其国名称之。

② 彭文勤：彭元瑞，字芸楣，南昌（今属江西）人。乾隆二十二年（1757）进士，改庶吉士，授编修。迁侍讲，擢少詹事直南书房，迁侍郎，历工、户、兵、吏诸部。官至工部尚书、协办大学士。元瑞博学强记，为《四库全书》副总裁之一。嘉庆八年（1803）卒，年七十三。谥文勤。　　神行太保：谓行走迅疾的好汉。"太保"又为三公之一，故此处语义双关。

③ 李铁拐：即铁拐李。传说中的八仙之一。相传姓李，曾遇太上老君得道。神游时因其肉身误为徒弟火化，游魂无所依归，用附一饿死者尸身而起。蓬首垢面，袒腹跛足，并用水喷倚身竹杖，变成铁杖，故称铁拐李。元代杂剧多演其事。

14. 马 通 人 性

南皮张子青尚书之万①，丁未状元也②。为孝廉时，与同伴数人赴京师，道出天津,公骑一红马,甚神骏,途遇洋官,见而爱之,遣人来买,公不许,则固以请。同伴以外国人不足较,劝公与之,遂牵而去。次日将欲启程,洋官送马来还,询其故,则洋官甫乘,遽被掀下,连易数人,皆掀坠,且蹄啮不可向迩③,以为劣马,故不复留。比公乘之,调良如故,共叹此马之义。此同治辛未公抚苏时为余言者④。余因记乾隆时,来文端相国夙有伯乐之称⑤,尝路见负煤老骥,谓是良马,以重价购之,用以充贡。上试之,果千里马。会降阿睦尔撒纳来朝⑥,酋善骑射,上临滦阳万树园欲试其技⑦,酋辄以无马辞,侍臣遍取上驷马示之⑧,无当意者,文端命圉人牵所贡之老骥使之乘⑨,甫振辔,即坠,如是者三,阿酋大惭。盖良马均通人性,不肯以身为异国人用耳。后阿酋叛于西陲,重烦征讨⑩。上嘉此马之前知,特给三品俸料云⑪。
(卷五)

【注释】

① 张之万:字子青,南皮(今属河北沧州市)人。参见第391页第10则注释⑭。

② 丁未:指道光二十七年(1847)。

③ 蹄啮:指马用蹄踢用嘴咬。　向迩:靠近。

④ 同治辛未:同治十年(1871)。

⑤ 来文端:来保,字学圃,喜塔腊氏,满洲正白旗人。初隶内务府,康熙中自库使授侍卫,雍正时累迁内务府总管署工部尚书。乾隆二年(1737),授工部尚书兼议政大臣。后授内大臣,赐紫禁城内骑马,寻调刑部。十年,授吏部尚书、武英殿大学士,命为军机大臣。十四年金川凯旋,进太子太傅,兼管兵部、刑部事。二十九年卒,年八十四。赠太保,谥文端。善相马,上尝为《相马歌》赐之。

⑥ 阿睦尔撒纳:卫拉特蒙古辉特部的台吉。乾隆十七年(1752),拥立达瓦齐为汗,未几与达瓦齐反目,被击败。十九年降清,晋封亲王,旋引清兵灭达瓦齐,攻占伊犁。二十年,因求封卫拉特四部总台吉未遂,举兵反清。曾遣使俄国,表示臣服,以谋求援助。失败后逃入俄境,二十二年病死。台吉,蒙古贵族称号。源出汉语“太子”。初见于蒙古国时期,原只用于皇子、皇太子称“洪台吉”,后成为成吉思汗后裔的通称。明末,非成吉思汗后裔的卫拉特部首领,亦有自称“洪台吉”“台吉”者。清廷则用此称作为爵号,在王、贝勒、贝子、公之下,以封赠蒙古及西域部族首领。

⑦ 滦阳万树园：在清承德府（今属河北）内，为皇家园林。滦阳，承德别称。

⑧ 驷马：指驾一车之四马。

⑨ 圉（yǔ）人：本指《周礼》中官名，掌养马放牧等事。后泛指养马人。

⑩ 重烦：沉重而烦多。

⑪ 三品俸料：指按三品官员俸料供给。俸料，旧时官员除俸禄外，还供给食料、厨料等，两者合称"俸料"。此处特指饲料。

15. 海宁陈氏安澜园

　　道光戊子①，余年十七岁，应戊子乡试，顺道往海宁观潮②，并游庙宫及吾家安澜园③。时久不南巡，只十二楼新葺，此外台榭颇多倾圮，而树石苍秀奇古，池荷万柄，香气盈溢，梅花大者，夭矫轮囷④，参天蔽日。高宗皇帝诗所谓"园以梅称绝"者是也。厅事中设御座⑤。相传数年前，有一狂生，被酒踞座而遗⑥，忽见一金甲神捽之扑地，头额破损，扶归，大病几死。五十年来之虚位，尚有神物呵护，仰见皇灵之远。同治癸酉重游是园⑦，已四十六载矣。经粤贼之乱⑧，尺木不存，梅亦根拨俱尽⑨，蔓草荒烟，一望无际，殊有黍离之感⑩。断壁上犹见袁简斋先生所题诗一绝云⑪："百亩池塘十亩花，擎天老树绿槎枒⑫。调羹梅亦如松古⑬，想见三朝宰相家。"以后则墙亦倾颓，不能辨识矣。时大府方重修庙宫，以祀海神，奏明动帑六万，不日当可焕然一新。而斯园则零落，与绿野、平泉同其湮没⑭，深可慨也！（卷六）

【注释】

① 道光戊子：道光八年（1828）。

② 海宁：清杭州府海宁州（治今浙江嘉兴市海宁市盐官镇南）。

③ 庙宫：海神庙。俗称"庙宫"。在海宁州城东春熙门内。雍正八年（1730）建，以祀运德海潮王之潮神。　安澜园：古园名。在海宁州城西北隅。本为南宋安化郡王王沆故园。明万历间，太常少卿陈与郊重建，取名"隅园"。清康熙二十四年（1685）后，传至文渊阁大学士陈元龙。元龙殁后，子翰林编修邦直承继之，扩至百亩，置有三十馀景。乾隆二十七年（1762），高宗南巡临幸驻跸，赐名"安澜园"。

④ 夭矫轮囷(qūn)：屈曲高大貌。

⑤ 厅事：私宅堂屋。

⑥ 踞座而遗：谓蹲坐在座位上排泄大小便。

⑦ 同治癸酉：同治十二年(1873)。

⑧ 粤贼：此指太平天国军。咸丰元年(1851)正月，洪秀全在广西桂平金田村起兵，建号太平天国。因广东、广西古为百粤之地，故合称两粤。

⑨ 根拨：花木的根株。

⑩ 殊：甚；极。　黍离：本为《诗经·王风》中篇名。相传西周亡后，周大夫行役，至于宗周，见旧时宗庙宫室，尽为禾黍之地，触景伤怀，感慨而作《黍离》之诗。后遂用作感慨亡国之词。

⑪ 袁简斋：袁枚，号简斋。参见第 154 页第 7 则注释①。

⑫ 槎枒(cháyā)：亦作"槎牙"。树木枝杈歧出貌。

⑬ 调羹：《尚书·说命下》："若作和羹，尔惟盐梅。"后因以"调羹"喻治理国政。此喻治理国政之宰相。

⑭ 绿野、平泉：指唐元和宰相裴度、会昌宰相李德裕在洛阳建造的别业"绿野堂"和"平泉庄"。唐以降诗人墨客多有讽咏。

16. 寿春亭之诙谐

诸暨寿春亭先生于敏①，嘉庆庚午举人，道光年间官汤溪县训导②，时八十馀岁。人极和蔼，健饮啖，健步，所到之处人争迎之，老稚妇女无不识寿老师也。年逾九十，视听不衰。历任督学使者皆引重之，故不丽于计典③。先生善谈，尤喜诙谐。同寮中坐无车公不乐也④。向来府试监场例留校官二人⑤，皆以命年力强壮者，为便于稽察之故，故先生从未监场，颇以为歉。咸丰纪元，太守和君龄，府试忽以命先生，先生大喜，向上揖谢曰："太尊知我尚属有用之材⑥，不是全废之物。"众皆失笑。于是端坐堂上者竟日，不稍跛倚⑦，时先生已九十二岁，人咸服其精神之健焉。会同寮公宴，余与府教授萧山蔡二凤强先生饮酒食肉，进一巨觥⑧，则侑以肉一大卮，先生尽三十馀觥，起而笑曰："昔孔子厄于陈、蔡⑨，饥欲死；我今厄于陈、蔡⑩，饱欲

死。古今人真不相及也！”众俱粲然。（卷七）

【注释】

① 寿于敏：字春亭，诸暨（今属浙江绍兴市）人。嘉庆十五年（1810）举人，官至汤溪县训导。工诗，有《自鸣诗草》二卷。

② 汤溪：清金华府汤溪县（今浙江金华市婺城区汤溪镇）。　训导：清府、州、县学辅助教官。《清史稿·职官志三》：“儒学：府教授、训导，州学正、训导，县教谕、训导，俱各一人。教授、学正、教谕，掌训迪学校生徒，课艺业勤惰，评品行优劣，以听于学政。训导佐之。”

③ 不丽于计典：意谓不施于三年一次的考绩。计典，古代对官吏三年考绩的大计之典。

④ 车公：即指东晋时善于聚集宾客玩赏的车胤。《晋书·车胤传》：“（胤）又善于赏会，当时每有盛坐而胤不在，皆云‘无车公不乐’。”后亦泛指善于集会游赏之人。

⑤ 监场：监视考场。　校官：掌管学校官员。

⑥ 太尊：明清时对知府的尊称。

⑦ 跛（bǐ）倚：偏向某一方。

⑧ 巨觥：角质大酒器。亦泛指大酒杯。

⑨ 孔子厄于陈、蔡：指孔子率其弟子周游列国，自陈至蔡，途中断粮被困。《论语·卫灵公》：“在陈绝粮，从者病，莫能兴。”《孟子·尽心下》：“君子之厄于陈、蔡之间，无上下之交也。”

⑩ 陈、蔡：指陈其元、蔡强二人。时陈为金华府学训导，蔡为金华府学教授。此句为戏谑语。

17. 今时之桃花源

同治戊辰冬十一月①，余在青浦，赴章练塘勘争荡田案。归途飓风大作，舟在荡中颠簸不可泊，乃沿湖溜行②；又被风吹向芦苇中，篙橹无所施，任其飘泛。良久，见一小港，遂努力循之入，入里许，遇丛莽而浅，因系缆焉。随从之船皆四散不可觅。风稍定,夕阳且衔山,舟人方理篷索,余视滩际有小径,摄衣而登③。行数十步,田畴绮错④,麦已萌芽。野鸟饮啄于陇畔,见人不惊。随塍左右,更数百步,得一桥,过桥,升高岸,睹炊烟数缕起木末,纵步赴之。约又里馀,抵一村,屋多茅茨⑤,编槿为界⑥,计十馀家。稻堆在场,如比如栉⑦,高下不一。男子舂揄⑧,妇人织纴⑨,皆熙熙有自得之色⑩。顾见不速客至,鸡飞于坿⑪,犬吠于门,数人杂然问⑫:"客舟避风至此耶?"余应曰:"然。"因询以此地去县几里,皆相顾曰:"不知也。"询其何以不知,则曰:"我等皆佃人田者,家无赋税,又不负租,何缘入城?"指一老者曰:"此人数十年前曾经到过城者。"言未既,老者亦拄杖至,前曰:"客自城中至此耶?"因言年二十馀时,为道光三年,以水灾曾偕里甲至城一次⑬。彼时巨浸滔天,附舟至县,往返二日,亦不能记其里数;屈指计之,将五十年矣。因问:"城中此时较之昔年当益繁盛乎?"余曰:"兵燹之后,遍地瓦砾,所有房屋,十存一二,休养生息,不知何日方复旧观耳。"老者闻之,亦复怅然,顾谓诸人曰:"今生不更作入城想矣。"因言粤逆肆扰时,村人将桥拔断,河中均钉木桩,是以三年中,贼未尝到。兼之连岁丰稔,租赋蠲免⑭,闾里宴然⑮,无异承平时,实不知城中遭此大劫也。言讫,方欲邀余入室献茶,适从者寻至,天已昏黑,遂辞之,徐步而归。村人送至桥畔乃返,究亦不识余为何人。余沿路叹息,谓此亦今时之桃花源也⑯。(卷八)

【注释】

① 同治戊辰:同治七年(1868)。

② 湖漘(chún):湖边。漘,水边。

③ 摄衣:提起衣襟。

④ 绮错:谓如绮纹之交错。

⑤ 茅茨:茅草盖的屋顶。亦指茅屋。

⑥ 编槿:指用槿木条编结成篱。

⑦ 如比如栉(zhì):像梳篦的齿一样紧密相连。形容密密排列。《诗经·周颂·良耜》:"其崇如墉,其比如栉。"

⑧ 舂揄:舂米。捣米于臼曰舂,自臼取出曰揄。《诗经·大雅·生民》:"或舂或揄。"

⑨ 织纴(rèn):亦作"织絍"。指织作布帛之事。

⑩ 熙熙：和乐貌。

⑪ 埘：凿垣为鸡窝曰埘。《诗经·王风·君子于役》："鸡栖于埘，日之夕矣，羊牛下来。"

⑫ 杂然：都；共同。

⑬ 里甲：犹里长。清为保甲制，乡里设保长、甲头。参见第 151 页第 6 则注释㊱。

⑭ 蠲（juān）免：免除。

⑮ 宴然：安定貌；平安貌。

⑯ 桃花源：东晋陶渊明所作《桃花源记》中的世外理想社会。记武陵人误入桃花源事，描绘避世隐居的理想境界。见《陶渊明集》卷六。

18.《红楼梦》之贻祸

淫书以《红楼梦》为最①，盖描摩痴男女情性，其字面绝不露一淫字，令人目想神游，而意为之移，所谓"大盗不操干矛"也。丰润丁雨生中丞巡抚江苏时②，严行禁止，而卒不能绝，则以文人学士多好之之故。余弱冠时，读书杭州，闻有某贾人女明艳，工诗，以酷嗜《红楼梦》致成瘵疾③。当绵缀时④，父母以是书贻祸，取投之火，女在床乃大哭曰："奈何烧杀我宝玉！"遂死。杭州人传以为笑。此书乃康熙年间江宁织造曹楝亭之子雪芹所撰⑤。楝亭在官有贤声，与江宁知府陈鹏年素不相得⑥，及陈被陷，乃密疏荐之，人尤以为贤。至嘉庆年间，其曾孙曹勋以贫故入林清天理教⑦。林为逆，勋被诛，覆其宗。世以为撰是书之果报焉。（卷八）

【注释】

①《红楼梦》：原名《石头记》。长篇小说。书成于乾隆间。一百二十回，前八十回曹雪芹作，后四十回一般认为系高鹗所续。曹作部分在撰写、修改过程中便以抄本流传。乾隆五十六年（1791），程伟元等将前八十回加以修订，与后四十回续稿合为一书，以活字版排印。全书以贾宝玉、林黛玉、薛宝钗的爱情故事以及其他红楼女子的生活经历为中心线索，描述了贾、史、王、薛四大家族的兴衰史，表现出丰富的人性与生存环境的矛盾冲突。作品规模宏大，结构严密，艺术成就颇高。

② 丰润：清直隶遵化州丰润县(今河北唐山市丰润区)。此处"丰润丁雨生"误,丁日昌乃广东丰顺人。参见第364页第7则注释①。

③ 瘵(zhài)疾：痨病。亦指疫病。

④ 绵缀(chuò)：亦作"绵惙"。谓病情沉重,气息仅存。

⑤ 江宁织造：清织造衙门之一。参见第304页第9则注释③。　曹楝亭：曹寅,字子清,号荔轩、楝亭、雪樵,原籍丰润,自其祖起为满洲贵族包衣,隶正白旗。康熙时为近臣,由内务府郎中出为苏州、江宁织造,累官至通政使。善骑射,工诗词,亦能作戏曲。尝奉敕在扬州设局刊刻《全唐诗》。其著作今人辑有《楝亭全集》。据今人考证,曹寅乃曹雪芹祖父,非其父也。其父曹𬒗,雍正时被免职,抄没家产,遂迁居京师。雪芹名霑,字梦阮,号雪芹、芹圃、芹溪。出生于江宁,早岁富贵,北迁后家道衰落,趋于穷困。晚年居北京西郊,以爱子夭折感伤成疾,年未五十四而卒。为人性情放达,嗜酒健谈。工诗善画,尤长于小说,以十年辛苦作成《石头记》。

⑥ 陈鹏年：字沧洲,湘潭(今属湖南)人。康熙三十年(1691)进士,授浙江西安知县。调山阳,迁海州知州。四十二年,以赈济山东饥荒,擢江宁知府。四十四年,与总督阿山有隙,被劾侵蚀关税银等事坐夺职,系江宁狱,江宁民为之呼号罢市,诸生千余亦聚集欲叩阍。谳上,夺官免死,征入武英殿修书。四十七年,复出为苏州知府,禁革奢俗,清理滞狱,关怀民病,寻署布政使。累迁署河道总督。雍正元年(1723),以治河积劳成疾卒,年六十一。谥恪勤。

⑦ 林清天理教：嘉庆十八年(1813)九月,天理教在京畿、河南、山东等地发起暴动。河南由李文成率领,京畿由林清率领,山东由冯克善率领,约定先由林清夺占皇宫,李、冯人马即北上接应。然李文成在河南滑县因机密泄露仓促起事,失败被擒,冯克善亦提前率众救援,不利而溃。林清则不知情,按计划率百余人在内线太监引领下进攻皇宫,旋为清军击退,两日后被俘处死。参见第151页第6则注释㊵。

19. 鉴别书画无真识

　　世之称鉴别书画,大抵皆凭一己之见,不必尽真识也。其识之精者,不过能辨妍媸耳①。近年重钱唐戴文节公山水②,虽一扇一楮③,价抵兼金④,好事者争收藏之。世侄钱伯声太守承其家箨石宗伯画法⑤，花卉妙一时，初不以山水名也。近以世重戴画，偶一临摹，辄觉逼肖，因时时作小幅，署戴名，人争购之。伯声时告余以为笑。前年消夏无事，以文节名作册页十二幅，装潢，交陈仙海司马⑥，戏索廿四金。时某廉访备兵上海⑦，留意翰墨，适欲购文节画，陈以钱作示之，廉访极为赏鉴，即留不还。陈惧以欺获咎，因以实告，廉访笑曰："此子不忍割爱，故造作此语耳！"亟取金如数予之。伯声得重值焉。伯声之画为张子青尚书赏识，余偶举是事告之，尚书言："咸丰年间，偕祁春圃相国入直南书房⑧，蒙文宗召观内府珍秘。见一巨然画手卷⑨，历代名人题跋，无不精绝，惊叹希有。比出，相国告以此卷前曾两见之，于今而三；究之孰真孰赝，却未能辨别也。"则收藏一事，岂易言哉！（卷九）

【注释】

① 妍媸：亦作"妍蚩"。美好和丑恶。

② 戴文节：戴熙，字醇士，号鹿床、榆庵等，钱塘（今浙江杭州市）人。道光十一年（1831）进士。官至兵部右侍郎，致仕归。咸丰十年（1860），太平军破杭州，投水死，谥文节。善画山水，笔致清腴，略见板滞。亦写竹石小品及花卉。亦工诗，有《习苦斋集》。

③ 楮：指纸。楮皮可制皮纸，故有此代称。

④ 兼金：价值倍于常金的好金。古代金、银、铜通言金。亦泛指多量金银钱帛。

⑤ 钱伯声：钱卿铢，一名清禾，字伯声，秀水（今浙江嘉兴市）人。咸丰八年（1858）举人。历官苏州、常州知府。承家学，善画花卉。　箨石：钱载，号箨石，亦作"籜石"。参见第370页第12则注释①。

⑥ 陈仙海：陈方瀛，字仙海，海盐（今属浙江嘉兴市）人。咸丰间，参与办理盐饷、军需、河运等事。叙劳奖通判，分发江苏。后为江苏巡抚张之万幕僚。同治十年（1871）冬，奏补川沙厅抚民同知，协浚吴淞江，修谷仓，增膏火，除奸暴，惩讼师，创接婴、掩埋等所，办理禁赌、禁烟诸政十二年。光绪五年（1879），修成《川沙厅志》。研精词瀚，博考金石，著有《思寒斋文钞》《华山半席诗稿》等。　司马：此指府同知。唐制，每州置司马，以安排贬谪或闲散官员。后世乃称府同知曰"司马"。

⑦ 廉访：明清以称按察使。

⑧ 祁春圃：祁寯藻，字颖叔，号春圃、息翁等，寿阳（今属山西晋中市）人。嘉庆十九年（1814）进士，选庶吉士，授编修。道光元年（1821）直南书房，督湖南学政，累迁庶子。历侍讲学士，迁兵部侍郎，转户部、吏部，擢左都御史，兵、户、工诸部尚书，命为军机大臣。文宗即位，拜体仁阁大学士、户部尚书。咸丰四年（1854）致仕。穆宗即位，特诏起用，以大学士衔授礼部尚书。同治元年（1862），穆宗入学，命直弘德殿讲授。五年卒，年七十四。赠太保，谥文端。寯藻忠清亮直，有"三代帝师"之称。

⑨ 巨然：南唐僧人，画家。降宋后居汴京开宝寺。画风师承董源，专画江南山水，淡墨轻岚为一体。后人并称"董巨"。

20. 谐　　语

　　常州丁少香太守，喜诙谐，出语成趣。官金华府经历时①，会当府试武童，众官皆集。德清杨幹村学博②，宿儒也，言坊行表③，人皆敬之。丁适小遗于中庭④，杨谓之曰："须避三光⑤。"丁忽问曰："天上视吾辈人，有如何大？"杨笑曰："不过犹人之视蚂蚁耳。"丁曰："然则君曾见蚂蚁小遗乎？"众为哄堂，杨乃默然。丁后举以告余，余谓："昔人登泰山诗有'俯视齐州九点烟'之句⑥，夫九州只'九点烟'，又安能见人？第君子戒慎所不睹，恐惧所不闻⑦，当无时无刻不将以敬耳。"丁亦默然。（卷九）

【注释】

① 经历：清知府衙门下置经历司，设经历（正八品）、知事（正九品）各一人。

② 德清：清湖州府德清县（今属浙江湖州市）。

③ 言坊行表：谓言行皆可立为榜样。坊，牌坊。表，石碑。

④ 小遗：小便，撒尿。

⑤ 三光：指日、月、星。

⑥ 齐州：犹中州。古时指中国。《尚书·禹贡》分中国为九州，为冀、兖、青、徐、扬、荆、豫、梁、雍。此引诗句未详何人所作。唐李贺《梦天》诗曰："遥望齐州九点烟，一泓海水杯中泻。"

⑦ 君子两句：意谓君子即使不见不闻，亦须心存敬畏，保持警惕谨慎，此即慎独。语出《礼记·中庸》："是故君子戒慎乎其所不睹，恐惧乎其所不闻。"朱熹集注："是以君子之心常存敬畏，虽不见闻，亦不敢忽，所以存天理之本然，而不使离于须臾之顷也。"

21. 富贵中之苦境

"旁观者审，当局者迷"，古语也。富贵利达之地，当局者第骛于进取①，而不知已蹈危机；纷华靡丽之场，当局者第乐其宴安，而不悟早堕恶趣②。在旁观者，即非明眼人，亦能料其败也。独有富贵纷华中之苦境，则只当局者自喻之，旁观者不能知之也。昔金匮孙文靖公③，以闽浙总督来嘉兴阅兵，千夫拥护，万众观瞻，声势赫奕一时。先大夫谒于舟次，公言："三十年前，以诸生携一仆归家，扁舟泊此。今虽风景如昔，而意兴转觉不如昔时。"先大夫对以"封疆任重，此心不免忧劳耳"。公曰："非也。"因指中间供奉新到之廷寄曰④："外人观总督如何荣耀，而不知总督心中之苦恼。此一件事，令我措置⑤，万分为难矣。"然所为何事公卒未明言也。同治己巳⑥，余令青浦，有洋人为盗，在淀山湖中拒捕⑦，杀炮船哨官都司一人⑧，炮勇七人，百姓三人。余往勘验，盗已远飏，尸骸狼藉，无可如何。姑令收殓，再行缉凶。归时，在舆中筹画此案，中心懊闷欲死。然呵殿驺唱如故也⑨。中途遇二老妪避于道傍，指余啧啧相谓曰："此不知前世如何修行，乃能修到如此。"余闻之，默念我方恨今生何以不修做此知县；而彼乃羡慕谓前世修来者，何见解之相左耶？忽忆孙文靖公事，不禁为之失笑。则"旁观者审"一言，犹为未的也⑩。（卷十）

【注释】

① 骛：追求；追逐。

② 恶趣：犹恶道。不正之道。佛教中指地狱、饿鬼、畜生三道。

③ 孙文靖：孙尔准，字平叔，金匮（今江苏无锡市）人。嘉庆十年（1805）进士，选庶吉士，授编修。十九年，出为汀州知府。历盐法道、江西按察使，调福建，就迁布政使。道光元年（1821），调广东布政使，擢安徽巡抚，调福建。五年，擢闽浙总督，将台湾噶

玛兰山湾收入版籍，剿平彰化匪乱，勘修莆田木兰陂石堤。十一年以病乞休，逾年卒，年六十三。赠太子太师，谥文靖。

④ 廷寄：清皇帝谕旨。时有明发与廷寄两种：明发交内阁发布；廷寄则由军机大臣专寄给外省将军、都统、督抚、钦差等大员，开首有"军机大臣奉面谕旨"等字样，交兵部加封，发驿驰递。

⑤ 措置：处置；安排。

⑥ 同治己巳：同治八年(1869)。

⑦ 淀山湖：在青浦县西。

⑧ 哨官都司：指带都司衔的哨官。清咸丰后军队编制建勇营，以百人为哨，三哨为旗，五哨为营。哨官，即一哨之长。都司，清绿营武职(正四品)。参见第152页第6则注释㊻。

⑨ 呵殿驺唱：谓出行官员的仪卫侍从传呼喝道，令行人避让。

⑩ 未的(dí)：不确。

22. 女 子 从 戎

粤贼洪秀全之自广西窜长沙也①，其妹洪宣娇称元帅②，常骑马，率粤之大脚妇出队，服五彩衣，备极怪状，官军望之夺气③；然第炫人耳目，其实不能冲锋决斗也。其时，唐县李方伯孟群④，有妹名素贞者，知书，工骑射，熟孙吴兵法⑤，于天文占验之学，靡不穷究，父兄皆奇之。咸丰四五年，方伯以知府奉楚抚胡文忠公檄，督师讨贼，招女至军中。女戎装往，代为画策决胜，累建奇功，杀贼逾万。方伯常剿贼失利，被围十馀重，他将军皆不能救。女怒马独出，于枪林炮雨中突围而入，手斩数十人，护方伯归。甲裳均赤，贼众万目注视，惊为天神。后胡中丞攻汉阳，城坚不能下，女与方伯谋夜袭之。孤军深入，中伏，救兵不至，遂血战而死，年二十馀耳。报至，举军皆哭。后二载，方伯亦于安徽战殁。女子从戎，百战捐躯，军兴二十年来，所仅见者也。余有诗吊之曰："百骑甘宁袭贼营⑥，红妆血战独捐生⑦。汉阳若举褒忠祀⑧，先拜英雄李素贞。"(卷十二)

【注释】

① 洪秀全：原名仁坤，花县（今广东广州市花都区花山镇）人。屡应科举不中。道光二十三年（1843），创立拜上帝会，宣教于广州附近各县及广西贵县等地。二十六年，入广西桂平紫荆山区，与冯云山、杨秀清、萧朝贵、韦昌辉、石达开等会谋。咸丰元年（1851）正月，起事于广西桂平金田村，号太平天国，称天王。九月，克永安，封东、西、南、北、翼诸王。二年，攻桂林、克全州，进兵湖南、湖北。三年，定都江宁，称天京。后分兵北伐、西征。六年，击破清军江北、江南大营，而东王杨秀清与北王韦昌辉内讧，翼王石达被迫出走。命陈玉成、李秀成统军，以洪仁玕总理朝政。此后，太平军在清军攻伐下，势渐衰，安庆、苏州、杭州相继失守，天京被围。同治三年（1864）六月，秀全久困孤城，自杀死，年五十一。月馀城破，太平天国亡。

② 洪宣娇：原名杨云娇。洪秀全认作义妹，遂改名。适西王萧朝贵，未几朝贵战死长沙而寡。尝率女营出战，有功。太平军定都天京，改女营为女馆，东王兼领总管，宣娇则任监察。杨韦之变，相传助韦杀杨。后天京城破，不知所终。

③ 夺气：挫伤锐气；丧失勇气。

④ 唐县：清保定府唐县（今属河北保定市）。史载李孟群为光州人，非唐县。　李孟群：字少樵，号鹤人，光州（今河南信阳市潢川县）人。道光二十七年（1847）进士，授广西即用知县，以剿匪功擢南宁同知。咸丰中，入湘军，屡与太平军战，迁知府，累官至安徽布政使、摄巡抚。咸丰九年（1859）二月，被太平军陈玉成部围于庐州西官亭长城，死守十馀日，受伤被执，不屈而死。事闻，谥武愍。

⑤ 孙吴兵法：指春秋战国时兵家孙武、吴起的兵法。孙武，字长卿，春秋末齐国人。以《兵法》十三篇见吴王阖闾，任为将，率吴军攻破楚国。其著有《孙子兵法》。吴起，战国时卫国左氏（今山东菏泽市定陶县西）人。善用兵。初为鲁将，继任魏将，屡建战功，魏文侯命为西河守。文侯崩，被陷害，出奔楚，官至令尹。楚悼王崩，为楚贵族所杀。《汉书·艺文志》著录《吴起》四十八篇，已佚。今本《吴子》六篇系后人所托。

⑥ 甘宁：字兴霸，东汉巴郡临江（今重庆市忠县）人。初依刘表，后归孙权。从周瑜破曹操，攻曹仁，又从吕蒙拒蜀将关羽，以功任吴西陵太守、折冲将军。曹操进军濡须，甘宁亲率百馀兵夜袭曹营，使魏军大惊。建安二十年（215），从孙权攻合肥，吴军失利，力战而死。此处以甘宁比李素贞。

⑦ 捐生：舍弃生命。

⑧ 汉阳：清汉阳府(治今湖北武汉市汉阳区)。咸丰五年(1855)五月,李孟群署湖北按察使统陆师,从胡林翼攻武昌、汉阳。六年十一月,攻克汉阳,加布政使衔。 褒忠祠：清为功臣烈士建祠祭祀。一般设于死者乡里、殉职或建功处。

墨馀录

《墨馀录》十六卷，清毛祥麟撰。祥麟字瑞文，号对山，上海（今上海市黄浦区东南）人。监生。出身于「诗礼之家」，幼承庭训，成童就傅，即究心经史，钻研诗文，及长而不乐仕进，惟以笔墨自怡。尝官浙江候补盐大使。约光绪中卒，年八十馀。其著作尚有《三略汇编》《史乘探珠》《亦可居吟草》等。

《墨馀录》记述颇广，可分为笔记与小说两类，而以笔记为主。作者《自序》曰：「掇旧闻，征近事，倦辞异说，匪意横发，丛篇胜牍，随变杂施。积久成编，厘为一十六卷，以其馀墨所成，即曰《墨馀录》。」是书或论诗文艺流，或传人物节概，或征风土物产，或志人文名胜，或忧世乱时艰，皆有可观。故时人既极称许，朱作霖《墨馀录叙》谓此「惟性情所契，未能忘言，以故笔墨有灵，亦惊知己」。

选文标题为原书所有。

1. 九 老 会

嘉庆九年，八月望，李味庄观察（廷敬）招邑中耆老①，饮于署之嘉荫堂②。首座为凌鹤辉，年百有四岁；次沈文炘，百三岁；次郑盈山，百一岁；次全志南，九十一岁；又次陈熙、胡文纲、乔凤山、陈叙东、桂心堂，俱八十以上，称为九老。观察设盛筵，殷勤进爵，则皆欢呼畅饮，声达户外。日将暮矣，李见诸老兴犹未阑，因曰："公等能卜夜乎③？"佥曰④："能。"乃遂高烧绛蜡⑤，重倒金樽，殊觉兴豪于昼。堂中时悬文待诏所画山水轴⑥，后跋百馀字，作蝇头细楷。主人曰："诸公目力，尚能读画中字乎？"沈曰："读则互相成诵，请各书一纸，错一字，浮一大白。"李公大喜，各授纸笔。内惟凌与陈以不能辞，馀皆摹写无错，观察深为叹赏。酒罢时，漏已三下⑦，而皆无怠容。是会也，同邑得百寿者三，俱矍铄无衰状，真一时盛事。凌翁家与余邻近，闻之先君子云：翁身短微须，年逾百岁，貌若五十许，步履饮啖如少时。尝于浴肆遇一人，须发皓然，出浴时伛偻喘息，翁屡扶掖之，乃谢曰："三代尚齿⑧，喜君犹有古风。然君等壮年，殊不知老来之苦也。"翁曰："长者高寿几何矣？"其人曰："七十称古稀，仆幸及之耳！"因以转问翁岁，翁笑而不答。问再三，有告者曰："此即九老之首凌某也。今百五岁矣！"其人甚惭，众各抚掌，翁亦为之莞尔云⑨。

雨苍氏曰⑩：寿居五福之首⑪，一邑中同时得百寿者三，此真盛事。又闻老人有少意者⑫，寿无量。观凌翁于浴肆中扶掖长者，俨居弟子之列，则其得寿也固宜。（卷一）

【注释】

① 李味庄：李廷敬，字敬止，一字景叔，号味庄，又号宁圃，沧州（今属河北）人。乾隆四十年（1775）进士，官至苏松太道。工诗文，尤嗜名人法书，尝集历代名迹刻《平原山房帖》，墨林宝之。　观察：清以称道员。参见第80页第1则注释⑤。

② 嘉荫堂：在苏松太道署衙内。雍正时，苏松道移驻松江府上海县，建署于大东门内，乾隆时改名苏松太道，辖苏州府、松江府与太仓州。以驻上海兼理江海关，又简称上海道、江海关道等。

③ 卜夜：亦即"卜昼卜夜"。谓尽情欢乐昼夜不止。春秋时齐陈敬仲为工正,请桓公饮酒,桓公喜,命举火继饮,敬仲辞曰："臣卜其昼,未卜其夜,不敢。"事见《左传·庄公二十二年》。

④ 佥：皆。

⑤ 绛蜡：红烛。

⑥ 文待诏：明书画家文徵明。初名壁,字徵明,以字行,更字徵仲,号衡山居士,长洲(今江苏苏州市)人。与祝允明、唐寅、徐祯卿并称"吴中四才子"。嘉靖二年(1523),年五十四,以岁贡生荐试吏部,授翰林院待诏,三年辞归。书画名重当时,学生颇众,号"吴门派"。

⑦ 漏已三下：指过了三更。古代夜分五更：一更为甲夜(十九时至二十一时),二更为乙夜(二十一时至二十三时),三更为丙夜(二十三时至一时),四更为丁夜(一时至三时),五更为戊夜(三时至五时)。漏,本指古代计时器,此指更次、时刻。

⑧ 三代尚齿：谓上古夏、商、周三代尊崇年长者。

⑨ 莞尔：微笑貌。

⑩ 雨苍氏：指《墨馀录叙》作者朱作霖。作霖字雨苍甫,南汇(治今上海市浦东新区惠南镇)人。《墨馀录》书中,多有作霖眉批与尾批,而尾批则以"雨苍氏曰"为起首,对全文进行评点。

⑪ 五福：五种幸福。历代所指不一。《尚书·洪范》："五福：一曰寿,二曰富,三曰康宁,四曰攸好德,五曰考终命。"汉桓谭《新论》："五福：寿、富、贵、安乐、子孙众多。"

⑫ 少意：少年之意气。

2. 瞿松涛传

邑北郭闸镇瞿氏①,称素丰②。有瞿松涛者,幼好音律,童时就塾,恒以曲本藏书袯中。既长,则笙笛三弦,不离座右,吹弹度曲,无不尽妙;而于鼓板,尤为独绝。盖其镂心南曲③,已数十年,迎头拍字,彻板随腔④,不失分黍⑤。且其鼓法,以清点取胜⑥,不染花乱俗习,故其品独高。器必自制,费百金成一器,弗惜也。室有檀几,长丈馀,雕刻精工,非出时手,贾人许以五百金,勿售。或谓几木坚细,作板声必佳,瞿立锯之。其所制鼓,扁形纤腹,板质薄而轻,声甚清越,号为松涛鼓板,梨园都仿其制。时吴门叶广平,精辨四声五音,著《南曲谱》,名闻四方。瞿曾偕友往,各奏所长。叶曰:"诸贤所学,仅可悦时,若瞿君者,足以名世矣!"瞿性朴讷,寡言语,音乐外,一无所好。并不解治生⑦,巨万资因之罄。暮年贫益甚,惟削竹为鼓椎,得百钱以自给。余少与瞿君有同癖,曾识瞿于豫园之磬亭⑧,须发已间白,衣敝缊⑨,携一竹烟管,而陶陶然有自乐之色。余时歌曲,瞿为按板,谓余转喉押调,吐纳自然,殆精于四声者。瞿卒年六十馀。箪瓢屡空⑩,未尝乞怜于戚友,安贫自得,有古君子风。然则若瞿者,当不仅以技称矣。噫!

雨苍氏曰:自昔畸人⑪,身不必士夫,艺亦不必诗文书画,且于富贵利达,往往不屑介怀,有非士夫能及,故奇穷又所不免,此山川清旷之气也。不如是,艺亦安足称? 然则作者之传瞿,亦重其人耳。而剪裁合度,文简澹而笔隽洁,似《虞初新志》中物⑫,于瞿为不负矣。(卷一)

【注释】

① 北郭闸镇:即上海县北门外城老闸市(今上海市福建路一带),在城北三里。

② 素丰:应为"素封"。谓无官爵封邑而富比封君者。《史记·货殖列传》:"今有无秩禄之奉,爵邑之入,而乐与之比者,命曰'素封'。"张守节正义:"言不仕之人自有田园收养之给,其利比于封君,故曰'素封'也。"

③ 镂心:喻苦心钻研、构思。 南曲:宋元时南方戏曲、散曲所用各种曲调的统称。大多渊源于唐宋大曲、宋词和南方民间曲调。盛行于元明。用韵以江浙一带语音为准,有平上去入四声,明中叶以后也兼从《中原音韵》。音乐上用五声音级,声调柔缓婉转,主要以箫笛伴奏。宋元南戏和明清传奇都以南曲为主。

④ 迎头两句:意谓随唱腔而击鼓拍板。

⑤ 分黍:古代度量衡定制之依据。长度,取黍中等子粒,以一个纵黍为一分,百黍即一尺;容量,千有二百黍为一合,十合为一升;重量,千有二百黍重十二铢,二十四铢为一两。参见《汉书·律历志上》。此处泛指较小的长度单位。

⑥ 清点:此指一种击鼓手法,为清脆点击。

⑦ 治生:经营家业。

⑧ 豫园：在今上海市黄浦区，南邻城隍庙。明嘉靖三十八年至万历五年（1559—1577），四川布政使潘允端为其父母而建，取义“豫悦老亲”，故名。清乾隆间重修楼台，增筑山石，有三穗堂、仰山堂、大假山、萃秀堂、亦舫、万花楼、点春堂、鱼乐榭等。

⑨ 敝缊：破旧的绵袍。缊，乱絮。

⑩ 箪瓢屡空：谓饮食不继，生活穷困。

⑪ 畸人：指不同流俗、志行独特之人。

⑫《虞初新志》：文言短篇小说集，二十卷。清张潮编。潮字山来，号心斋居士，歙县（今属安徽黄山市）人。幼颖异，好读书，弱冠补诸生，以文名于江南。康熙中，屡试不第，以赀为翰林郎，不仕，杜门著书。《虞初新志》承明陆采《虞初志》而辑，所收多为明末清初人作品，篇末并附评语。编者意在“表彰逸事，传布奇文”，多数作品文字优美，叙写生动。

3. 赵　枚

赵枚，字子式，邑人也。世居南邑沣溪镇①。祖文哲②，官户部主事，殉金川难③，赠光禄寺少卿。父秉淳，任湖北监利令，有政声。枚生而刚躁善怒，不能容物。每遇权要客，常白眼不与通一语；见田舍翁作富人态④，辄漫骂之。又素性落拓，不治生计，中年家渐落，而意气如故。咸丰辛酉⑤，粤匪陷浙江，破川南⑥，四出焚掠。十二月二十日，贼离镇仅十馀里，居民纷避，枚安然如平时。越日晨起，家人促之行，枚曰：“汝辈惜命，可速去，无烦顾我。”众不复言。稍顷，闻门外奔走声，继闻号哭声，众出探之，见贼骑已入市，则皆惊遁，而枚独置若罔闻。旋群贼至，枚坚坐勿为动。贼曰：“汝何人？”枚不答。又问之，曰：“汝辈皆小贼，何足与语？速唤贼头来，我当责以大义。”贼怒，拉之行，至一处，已有被掳数十人在。枚至，大骂，众骇曰：“詈如此，使怒激而尽杀以泄其忿，则我辈皆死数矣。”内有丁某者，与枚居近，而素相识，乃以足蹑枚，且低语曰：“此何地，尚如此耶？”枚大声曰：“汝辈小人，惟知偷生，安知大义？我家世受国恩，肯效尔等之摇尾乞怜乎？”丁又牵其裾，枚怒甚，踢以足，伤胁，丁负痛伏地。枚益厉声骂。贼争抽刃刺之，遽伤臂，血溅衣襟，涔涔然而神色不稍变⑦，遂牵出杀之。众闻枚骂声，至死犹不绝也。夫贼以乌合之众，构乱边省，凶焰所至，殆多弭首帖耳⑧，莫敢谁何。自楚鄂诸师出，而贼始稍稍有所畏惮。然且苏松数十州县之失，曾不旋踵⑨，意其间岂无世受国恩者？不知当时亦有奋身骂贼，而殉节如枚之烈者乎！明年乱定，事闻，大吏请于朝。奉旨优恤如例。嗟乎！若枚者，真足继其光禄公之烈而无愧矣。同时有镇猾某，迎贼者也。初媚贼目⑩，信之，继亲贼帅，益宠之，终恃帅宠而轻所媚之目，群贼遂妒而杀之。乃亦妄报殉难，滥邀恤典⑪，不知枚于地下见之又何如也。余曾遇丁于他所，为述其事甚悉，且见其胁伤，犹未愈云。

雨苍氏曰：叙枚情性酷肖，馀亦有色有声。拉入贼馆一段，尤精采。得此传神，枚为不死矣。入后夹议夹叙，而以镇猾某作收，居然史裁⑫。（卷二）

【注释】

① 沣溪镇：在上海县东南三林塘附近（今上海市浦东新区三林镇一带）。

② 赵文哲：字升之。生有异禀，好读书，诗与青浦王昶、嘉定王鸣盛、曹仁虎齐名。由廪生应乾隆二十七年（1762）南巡召试，赐举人，授内阁中书，在军机章京上行走。后随阿桂大军征缅甸，又入将军温福幕征金川，以功授户部主事。三十八年，小金川降者叛，与金川合抄清军后路，师将溃，军中相率逃窜。文哲毅然以身为幕府赞画，且叠荷国恩，讵可舍帅臣而去，卒与温福同死，年四十九。赠光禄寺少卿。

③ 金川：土司名。唐置金川羁縻州，辖大金川、小金川之地（今四川阿坝州大渡河流域）。明封哈伊拉木为金川寺演化禅师，世领其地。清康熙五年（1666），授嘉纳巴演化禅师印；后其庶孙莎罗奔以土舍将兵从岳锺琪作战有功，雍正元年（1723）授金川安抚司，莎罗奔自号大金川，而以旧土司泽旺为小金川，自是有大、小金川土司之称。乾隆十一年（1746），大金川莎罗奔劫夺小金川泽旺，又攻明正土司，清廷出兵讨伐，屡不胜。后改傅恒为统帅，起用名将岳锺琪，始破金川军，至十四年正月，莎罗奔降，诏赦之，事遂平。此役为一平金川。三十六年，大金川索诺木（莎罗奔侄孙）与小金川僧格桑（泽旺子）叛，清廷命温福、桂林率军讨之，先攻小金川。明年五月，桂林兵败被黜，以阿桂代之。十二月，攻克小金川美诺寨，僧格桑逃奔大金川，其部皆降。三十八年六月，小金川降众反，大金川派兵援助，清军大败，主帅温福战死。清廷以

阿桂为定西将军,调兵再攻小金川。十月,小金川平。又攻大金川达两年之久,至四十一年正月,攻克索诺木噶尔崖堡寨,大金川平。是役历时五年,耗白银七千万两,官兵阵亡三万馀人。事平后,清廷撤大、小金川土司,设懋功厅,下置懋功、章谷、抚边、绥靖、崇化五屯,驻军屯守。

④　田舍翁:乡巴佬。

⑤　咸丰辛酉:咸丰十一年(1861)。

⑥　川南:清松江府川沙厅(治今上海市浦东新区川沙镇)、南汇县(治今上海市浦东新区惠南镇)。

⑦　淰淰:形容泪、血、汗等液体不断流出或渗出貌。

⑧　弭首帖耳:低头垂耳。表示驯服。

⑨　曾(zēng)不旋踵:意谓转瞬之间。曾,竟。旋踵,掉转脚跟。形容时间短促。

⑩　贼目:此指太平军小头目。

⑪　恤典:指朝廷对去世官吏分别给予辍朝示哀、赐祭、配飨、追封、赠谥、树碑、立坊、建祠、恤赏、恤荫等典例。

⑫　史裁:谓史事裁断之能力。

4. 陈箍桶

陈箍桶,佚其名,宋末隐士,居浦滨①,以箍桶为业②。跣足蓬头,冬夏一衲③,不涤,亦不秽也。须鬓斑白,双瞳湛如碧玉。能言徽、钦时事④,而貌仅如五十许人。常来江浙间,踪迹殊无定。性懒,而好酒善睡。一日醉卧浦滩,潮适大至,顺流五六里,鼻中犹齁齁作声⑤,人以是咸目为仙。时元右丞相伯颜⑥,渡江东下,破常州⑦。江以南盗贼蜂起,积尸遍野,烟火断绝者经月,而陈独安然,日仍醉卧街头,竟不知何从得食也。里有某氏,为陈旧邻,母女遽被贼迫,陈遂挟与俱行,群贼紧追,终不及,怒以火铳击之⑧,陈复以身左右蔽,竟无所损,卒免于难。洎元贞元初⑨,华亭陆正夫⑩,犹遇陈于江宁⑪,后遂不知所终。邑有陈箍桶桥,乃其遗迹,今人呼为陈顾同桥⑫,谓是二姓所造,真臆说也。

雨苍氏曰:踪殊诡异,即谓之仙也亦宜。但同是箍桶,其与程子所遇⑬,能谭

《易》理者，正不知何似？（卷三）

【注释】

① 浦滨：或泛指小水汇入大水之水口边。联系下文"陈箍桶桥"遗迹，或在上海县南黄
浦江边（今上海市黄浦区陆家浜路一带）。南宋时，上海为村镇，隶嘉兴府华亭县。

② 箍桶：用竹篾或金属做成圈形，套在圆桶上，使桶片之间紧固而不渗水。

③ 衲：泛指补缀过的衣服。

④ 徽、钦：指宋徽宗赵佶、钦宗赵桓。靖康二年（1127），金兵攻陷东京，掳徽宗、钦宗二
帝北去，北宋亡。

⑤ 齁齁（hōu—）：熟睡时鼾声。

⑥ 伯颜：蒙古八邻部人。元大将。长于西域伊儿汗国。至元初（1264），奉使入朝，受
世祖忽必烈赏识，拜中书左丞相。十一年，统兵伐宋，进右相。十三年，陷临安，俘谢
太后、恭帝等北去。后出镇和林，数平诸王叛乱。成宗即位，拜太傅。卒，年五十九。
赠宣忠佐命开济功臣、太师、开府仪同三司，追封淮安王，谥忠武。

⑦ 常州：南宋两浙西路常州（今属江苏）。

⑧ 火铳：用火药发射铁弹丸的管形火器。

⑨ 元贞元初：元代无"贞元"年号，但有"元贞"，为元成宗铁穆耳年号（1295—1296）。

⑩ 华亭：元江浙行省松江府华亭县（今上海市松江区）。

⑪ 江宁：元江浙行省集庆路江宁县（今江苏南京市）。

⑫ 陈顾同桥：在上海县南城乔家浜上（今上海市黄浦区乔家路）。

⑬ 程子：北宋程颢、程颐。颢字伯淳，学者称明道先生；颐字正叔，学者称伊川先生。
洛阳（今属河南）人。兄弟二人同为宋理学奠基者，世称"二程"。程子遇箍桶匠事，
据《宋史·隐逸传下·谯定》："初，程颐之父珦，尝守广汉，颐与其兄颢皆随侍。游成
都，见治篾箍桶者，挟册，就视之，则《易》也，欲拟议致诘，而篾者先曰：'若尝学此
乎？'因指'未济男之穷'以发问，二程逊而问之，则曰：'三阳皆失位。'兄弟涣然有所
省。翌日再过之，则去矣。"又南宋黎靖德《朱子语类》卷七十七："伊川说'未济男之
穷'为'三阳失位'，以为斯义得之。成都隐者见张敬夫说：'伊川之在涪也，方读
《易》，有箍桶人以此问伊川，伊川不能答。其人云："三阳失位。《火珠林》上已有。"

伊川不曾看杂书，所以被他说动了。'"

5. 夜游秦淮记

金陵古名郡，地多佳山水。己亥秋^①，客游是邦，与山左陆建堂、武陵杨秋谷、舒城孙彦时^②，结诗社于梁氏之红秋轩。九月既望，应许二南太守之招^③，饮阑月上^④，复携酒瓶果盒，同泛秦淮。惟时凉月乍升，水天明净。东望蒋陵^⑤，随月影为明灭。波天如镜，清风入怀，飘飘然若揭日月而太虚游也^⑥。夜将半，饮正酣，客有请分韵赋诗者，有欲吹洞箫理弦索而度曲者。余曰："探幽觅胜，宜纯任自然。每当景物会意，未妨命酒自饮^⑦，倦即偃卧，岂必以词赋烦其思、丝竹乱其耳哉？"太守曰："子言固当。然良朋聚首，亦安可无诗？"余遂有"倒影迷村路，凉生水底天。三分摩诘画（摩诘有《寒月半江图》）^⑧，一棹米家船^⑨"句。书罢，投笔而起，舍舟登岸。独行里许，四顾寂然，惟见水涵树影，微风动处，与波俱流，意远境空，几忘此身之在尘世也。泊兴尽归舟，尚闻诸子吟哦声。余曰："乐事非遥，君等苦作尔许事^⑩，负此良夜，惜哉！"阅夕^⑪，遂画《秦淮夕泛图》遗太守。转眼已三十馀年矣！癸酉秋^⑫，送孙儿省试，偶同二三契友，乘月泛舟，回想当年，旧游若梦，不无老去悲秋之感，因特信笔而为之记。

雨苍氏曰：近人宴集必以诗，虽云雅事，然酒寒默默^⑬，反觉意兴寂然。何若游行自在之为乐乎！篇中肖景处，声影俱出，非濯笔冰瓯中^⑭，安得静无尘滓？（卷四）

【注释】

① 己亥：此指道光十九年(1839)。

② 山左：山东省。　武陵：清常德府治（今湖南常德市）。　舒城：清庐州府舒城县（今属安徽六安市）。以上陆、杨、孙三人均未详其何许人。

③ 许二南太守：江宁知府许二南。其生平仕履未详。

④ 饮阑：宴饮将尽。

⑤ 蒋陵：三国吴大帝孙权墓。在江宁府城东钟山南麓（今江苏南京市梅花山）。

⑥ 揭：担；负。《庄子·达生》："今汝饰知以惊愚，修身以明污，昭昭乎若揭日月而行也。"

⑦ 未妨：不妨。表示可以这么做。

⑧ 摩诘：唐王维，字摩诘。诗画俱善，有禅意。参见第327页第12则注释⑧。

⑨ 米家船：指北宋米芾的书画。米芾，初名黻，字元章，号襄阳漫士、海岳外史等。世居太原（今属山西），迁襄阳（今属湖北），后定居润州（治今江苏镇江）。徽宗召为书画学博士。曾官礼部员外郎，人称"米南宫"。因举止颠狂，又称"米颠"。行、草书得力于王献之，用笔俊迈豪放，与蔡襄、苏轼、黄庭坚并称"宋四家"。擅画山水，不求工细，多用水墨点染，有"米家山""米氏云山"之称。因常乘舟载书画游览江湖，故以"米家船"借指其书画。

⑩ 尔许：犹如许、如此。

⑪ 阅夕：经一夕。

⑫ 癸酉：指同治十二年（1873）。

⑬ 酒寒默默：形容酒宴上构思词句时的冷寂场面。

⑭ 冰瓯：犹冰盘。洁净的大瓷盘。

6. 眠 云 山 人

吴门眠云山人，姓陆氏，字孟启，吴大司马抗之后也①。好读书，诗才隽逸，文尤跌荡②。屡试秋闱，终不合有司尺度，因弃举子业，放情于山巅水涯。每游，辄从一奴，襆被裹粮，恒数月不返。所历名山大川，不知凡几。迹之所至，必穷其胜而后已。继欲访恒山于九边③，穷昆仑于海外④，以囊金垂尽而归。归即庐于灵岩之麓⑤，绳床石几，安砚其中。辟地半亩许，凿池艺菊，担水灌花以为乐。道光甲辰⑥，余识眠云于沈松湄太守斋⑦，率尔相遭⑧，便如夙昔⑨。明春，余游惠山⑩，便道访之，适眠云赴山僧饮未归。一仆引入小斋，见窗明几净，笔砚精良，因取素纸，写《溪山访友图》，即题二绝云："踏遍空山积翠痕，远寻山客至山村。林深径曲知何处，记取临流白板门。""殷勤访友白云溪，坐久浑忘日影低。怪底小童催我去⑪，夕阳已坠半山西。"自后，余过吴门，辄以眠云为东道主，而眠云泛申浦，亦必主于余家。每顾则携山果数筐，分给儿辈。归时，余无所赠，惟以笔墨报之，而眠云特喜甚。余曰："人言余画疏落,不求晕饰⑫,君独宝蓄之,何也?"眠云曰:"子画乃寒畦蔬味,岂足以供肉食者?"余笑曰:"仅如是乎? 夫肉食者鄙,固无足算。实告君,余画恰以疏淡胜,惟如眠云山人之不火食者⑬,方能赏鉴耳!"乃相与大笑而别。

　　雨苍氏曰:访戴剡溪⑭,兴尽即返,究嫌太岑寂⑮,何若此之读画谈诗,迭为宾主乎? 惟念素心人少,恐以疏淡胜者,罕逢此赏鉴家耳。(卷五)

【注释】

① 吴大司马抗:陆抗,三国吴名将。字幼节,吴郡吴县华亭(今上海市松江区西)人。吴丞相陆逊次子。赤乌八年(245)袭父爵江陵侯,为建武校尉,领其父众五千人。孙皓为帝时,任镇军大将军,都督西陵、信陵、夷道、乐乡、公安诸军事。凤皇元年(272),击退晋将羊祜进攻,并攻杀叛将西陵督步阐。官至大司马、荆州牧。三年,卒于官,年四十九。

② 跌荡:亦作"跌宕"。指文笔豪放,富于变化。

③ 恒山:即北岳恒山。在山西大同府浑源州(今山西大同市浑源县)东。　九边:本谓明代设于北方的九个边防重镇,后为边境的泛称。

④ 昆仑:昆仑山。昆仑山脉东西长约五千馀里,绵延域外。参见第28页第22则注释㉔。

⑤ 灵岩:灵岩山。在苏州府吴县木渎(今江苏苏州市吴中区木渎镇)西北。山多奇石,状如灵芝,故名。山西有石鼓,亦名石鼓山。其山出石,可以为砚,故又称砚石山。

⑥ 道光甲辰:道光二十四年(1844)。

⑦ 沈松湄:生平仕履未详。

⑧ 率尔相遭:急促相遇。

⑨ 凤昔:朝夕。此谓朝夕相处。

⑩ 惠山:在常州府无锡县(今江苏无锡市)西北。上有惠山寺,始建于南朝宋。

⑪ 怪底:亦作"怪得"。难怪。

⑫ 晕(yùn)饰:犹晕渲。一种绘画技法。用水墨或颜色渐次浓淡烘染物象。

⑬ 火食:指煮熟的食物。此谓人间烟火食。

⑭ 访戴剡溪：用东晋王徽之雪夜访戴逵"乘兴而行，兴尽而返"之典。《世说新语·任诞》："王子猷居山阴，夜大雪，眠觉，开室命酌酒，四望皎然。因起仿偟，咏左思《招隐诗》，忽忆戴安道。时戴在剡，即便夜乘小船就之。经宿方至，造门不前而返。人问其故，王曰：'吾本乘兴而行，兴尽而返，何必见戴！'"王徽之，字子猷，琅邪临沂（今山东临沂市北）人，生于会稽山阴（今浙江绍兴市）。王羲之第五子。初为桓温参军，官至黄门侍郎。性卓荦不羁，不修边幅。幼从其父学书，在兄弟中惟"徽之得其势"。又酷爱竹，寄居空宅中，便令种竹，曰："何可一日无此君。"戴逵，字安道，谯郡（今安徽亳州市）人，居会稽剡县（今浙江绍兴市嵊州市）。能鼓琴，工书画，尤乐游燕，多与高门风流者游，不与权贵交，有高尚之称。

⑮ 岑寂：高而静。

7. 名针赛社图

我邑顾绣之妙①，冠绝天下。然人但知露香园遗艺②，而不知大理寺评事顾砚山家③，尤为精绝。砚山宦囊素厚④，好蓄姬妾，不以歌舞宠，惟以刺绣品高下，故虽束发女童，亦解擘丝辨色⑤。有蘋娘者，绣《西村赛社图》⑥，三载始成。描摹村妪牧竖，无不穷形尽相⑦。最精者，一妇于人丛中，解裙带，给儿一钱买果饵，众注目匿笑，妇牵儿欲行，儿尚指卖者筐中，有不舍状。此等处虽唐、仇用笔⑧，不能及也。图成，都人士咸往观。方誉制作之工，一老儒曰："有此工夫，何不停针事纺织，衣被天下？而徒役役于此，何殊我辈文场思索，终无益乎？"言入于闺⑨。明日，遂出《停针图》以示，视之则穷妍色笑，意态尤真。老儒太息曰："作文能用此苦心，何患年年空压线耶⑩！"时有维扬巨贾⑪，慕名甚，特踵门请一观⑫。遂以紫金环、碧玉如意及周昉《美人图》易去⑬，价值六百金云。（卷六）

【注释】

① 顾绣：指明代顾名世家刺绣技法与风格的刺绣品。顾名世，字应夫，号龙泉，上海（今上海市黄浦区东南）人。嘉靖三十八年（1559）进士，官至尚宝司丞。晚居上海"露香园"，其孙媳韩希孟善画工绣，摹绣古今名画，尤为神妙。顾氏后裔，继承绣法，

收徒传艺,专门刺绣各种花鸟走兽的画幅、册页、手卷等陈设品,被誉称"顾绣",亦称"露香园顾绣"。

② 露香园:在松江府上海县北城九亩地(今上海市黄浦区露香园路)。顾名世退居后,辟旷地筑园于此。相传穿池得旧石一方,有"露香池"字,为元赵孟頫笔迹,园遂以名。

③ 大理寺评事:明五寺之一大理寺属官,掌平决诏狱事,正七品。据《明史·职官志二》:大理,"掌审谳平反刑狱之政令"。大理寺在明前期权位较重,与刑部、都察院合称"三法司",朝廷重大案件常由"三法司"会审,"初审,刑部、都察院为主,覆审,本寺为主"。但中期以后,大理寺执法权被夺,仅限审阅案卷而已。　顾砚山:明书画家、藏书家顾从义。字汝和,自号砚山,上海人。嘉靖二十九年(1550),应诏选天下端行善书者,授中书舍人。隆庆初(1567),以修国史擢大理寺评事。精鉴赏,喜藏书,又好收藏石艺,尝得宋宣和内府紫玉泓砚,遂于祖业南溪草堂筑"玉泓馆"藏之。其所藏名家书画、金石、古砚颇丰,富甲江南。

④ 宦囊:指做官所得钱财。

⑤ 擘(bò)丝:此指穿针引线。代刺绣。

⑥ 赛社:古代习俗。一年农事完毕,陈酒食以祭田神,相与饮酒作乐。

⑦ 穷形尽相:形容描摹极其生动逼真。

⑧ 唐、仇:指明画家唐寅、仇英。唐寅,参见第225页第19则注释⑮。仇英,字实父,号十洲,太仓(今属江苏)人,居苏州。出身工匠,后为文徵明所称誉,知名于时。以卖画为生。擅画人物,尤长仕女,亦工水墨山水。

⑨ 阃(kǔn):古代妇女所居内室。

⑩ 压线:谓刺绣缝纫时按压针线。代刺绣。

⑪ 维扬:扬州之古称。

⑫ 踵门:登门;上门。

⑬ 周昉:唐画家。字景玄,又字仲朗,京兆(治今陕西西安市)人。出身于仕宦之家。大历(766—779)中先后官越州、宣州长史。工仕女,初学张萱,后则小异。所画贵妇衣褶劲简,容貌丰肥,色彩柔丽。亦擅作佛道人物像,创制"水月观音",为后来雕塑者所仿效,称为"周家样"。相传《簪花仕女图》《挥扇仕女图》等为其所画。

8. 风 月 谈 资

沪城滨海，商贾咸集，素称繁富。而珠帘十里，风月楼台，亦不减秦淮水榭。西城一带，曲巷幽深，妓家鳞次。每当夕阳西坠时，筝笛声悠扬四起，隔帘花影，弄姿逞媚，到处路迷，入夜尤甚。游其地者，无论乌衣子弟[1]，巨腹胡商，盖靡不魂迷色阵，一掷千金。顾在妓家亦自别门户。声价最高者，名曰私局，或称住家。至门则清昼沉沉，铜镮半启[2]，泊登堂而鸨母欢迎，侍儿供茗，二三姝丽，靓妆出侍，客意既洽，宾筵即张。时则水陆竞陈[3]，殊常精洁[4]，管弦并奏，备极绸缪[5]。未几，灯闪银缸[6]，香迷宝麝[7]，秋波欲转，春意恼人。盖至酒阑入室，而别有会心，魂销真个矣[8]。其次曰堂名。重楼夹室，杂置淫葩妖草，有多至四五十者，然转徙无常，随时更易。其称堂主曰本家，称供役曰外场，妓称曰官人，未梳栊者[9]，加一清字别之。曰时髦，则名噪者也。客入门，外场高声曰客来，诸艳闻声麏至[10]，环坐通名。其间或有色艺超群者，则秘不轻出，非豪贵不能致。岁逢佳节，每以优觞招客，多至百数十席，张灯列炬，彻夜通明，角艺呈能，喧阗达旦[11]。其最次者曰草台。则皆色艺之不入选于堂名者。妓入此门，姐妹行咸为之耻。而衣冠上客，亦无顾而问者矣。计上海一隅，烟花之盛，至斯而极。及自癸丑之乱[12]，城守綦严[13]，入暮即闭，城中花柳，日渐衰落。近岁，多迁城外之夷场，更有广东流倡，与之杂处，妆饰异土著，不梳高髻，不系裙，不裹足，履无跟，饰无珠玉。恰能歌，虽不解其词意，然靡靡之音[14]，亦足动听，人咸呼为咸酸梅。盖言品虽未佳，而亦可以解渴除烦，一若津津乎有馀味也。此外，又有花鼓婆者，日唱淫词，因以招客。而自鸦片盛行，烟馆栉比，黠者往往以花为媒，招聚裙屐[15]。群不逞之徒[16]，亦窟匿于中，易为地方害。至旧日之楚娃郑艳[17]，娟洁自好者[18]，则仍僻处，屋舍清幽，陈设澹雅，往来原多裘马客[19]。其杂居市廛[20]，日倚门龋齿[21]，备诸丑态者，皆蠢俗妖倡也。更可怪者，下开店铺，上列倡楼，甚至避兵而来赁居之僧寺道院，亦与妓家分上下，则几不成世界矣！此实风俗之一大变云。

雨苍氏曰：有《画舫》诸录笔意[22]。然彼写承平之乐，此怀风俗之忧，未可作《南部烟花记》也[23]。（卷七）

【注释】

① 乌衣子弟：又作"乌衣诸郎"。指东晋时王、谢两大贵族子弟。后亦泛指出身贵族的年轻人。《世说新语·雅量》："吾角巾径还乌衣。"余嘉锡笺疏引宋周应合《景定建康志》卷十六："（《旧志》云）乌衣巷在秦淮南。晋南渡，王、谢诸名族居此，时谓其子弟为乌衣诸郎。"

② 铜镮：亦作"铜环"。铜制门环。此代大门。

③ 水陆：水中与陆地所产食物。

④ 殊常：异常，不同寻常。

⑤ 绸缪：形容乐声缠绵萦绕。

⑥ 银缸：银白色灯盏、烛台。

⑦ 宝麝：珍贵的香料。麝，麝香。亦泛指香气。

⑧ 真个：真的，确实。

⑨ 梳栊：亦作"梳拢"。旧指妓女第一次接客伴宿。妓院中处女只梳辫，接客后梳髻，称"梳拢"。

⑩ 麕（qún）至：亦作"麇至"。群集而来。

⑪ 喧阗：亦作"喧填""喧嗔"。喧哗，热闹。

⑫ 癸丑之乱：指咸丰三年（1853）八月，上海小刀会刘丽川等暴动，杀知县袁祖德，执苏松太道吴健彰，攻占县城。继而又陷宝山、南汇、川沙、青浦等县，宣布奉行太平天国法令。后遭清军及英、法军围困，孤立无援，粮草断绝，五年正月，遂弃城突围，溃于西郊虹桥。

⑬ 綦（qí）：极；很。

⑭ 靡靡之音：指柔弱、颓靡的音乐。

⑮ 裙屐：下裳与木底鞋。原指六朝贵游子弟衣着。后泛指富家子弟时髦装束。此代指富家子弟。

⑯ 不逞之徒：泛指歹徒。

⑰ 楚娃郑艳：亦作"楚娃宋艳"。唐徐坚《初学记》卷十九："服虔《通俗文》曰：'南楚以美色为娃。'扬雄《方言》曰：'宋、卫、晋、郑之间，美色曰艳。'"此泛指美女。

⑱ 娟洁：清雅美好。

⑲ 裘马客：指衣轻裘、乘肥马的人。泛指显贵者。

⑳ 市廛（chán）：店铺集中的市区。

㉑ 龋（qǔ）齿：牙齿外露。

㉒《画舫》：指清李斗《扬州画舫录》。凡十八卷。初刻于乾隆末年。是书记扬州一郡园亭奇观、风土人物颇详。袁枚为序，以为胜于宋《洛阳名园记》《东京梦华录》诸作。

㉓《南部烟花记》：或为《南部烟花录》。又名《大业拾遗记》《隋遗录》。写隋炀帝宫中事。二卷。旧题唐颜师古撰，乃后人托名之作。

9. 豫　园

豫园在县治北隅，即今邑庙之西园①，本前明进士四川布政使潘充庵（允端）所建②。充庵系大司空恭定公仲子③，退官后，出资营造，垂二十馀年而成。地约四十馀亩，极亭台池沼之胜。至我朝乾隆间，潘氏子姓式微④，园亦渐圮，急于谋售。时申浦初通海舶，商贾云集，乃以贱价襄金得之⑤。既归邑庙为西园，遂分地修葺，为各业公所⑥。后游人日盛，园中竞设店铺，竟成市集，凡四方之山人墨客，及江河杂技，皆托足其中，迥非当时布置。尝读方伯《豫园记》云⑦："舍西偏，旧有蔬圃。嘉靖己未⑧，下第春官⑨，稍稍聚石凿池，构亭艺竹，作辍二十年，未有成绩。万历丁丑⑩，解蜀藩印绶归，始一意充拓，地加辟者十五⑪，池加凿者十七。每岁耕获，尽供营治，时奉老亲觞咏其间，而园渐称胜区矣。园东架楼数椽，以隔市嚣。正中三楹，为门匾曰'豫园'，取愉悦老亲意。入门西数武，复得门曰'渐佳'。西二十武，折而北，竖一小坊，曰'人境壶天⑫'。过坊得石梁，梁竟，面高墉，上嵌石刻篆文，曰'寰中大快'。循墉西行，得堂曰'玉华'。前临奇石，曰'玲珑玉'，盖石品之甲，传为宣和漏网⑬，因以名堂。后轩一楹，朱槛临流，时饵鱼其下，曰'鱼乐'。由轩而西，得廊十馀武。折而北，有亭翼然覆水面，曰'涵碧'，阁道相属，行者忘其度水也。自亭折西，经三十武，复得门曰'履祥'，则巨石夹峙，有若关然。中藏广庭，纵数仞，衡倍之⑭，甃石如砥⑮，左右各累奇石，作岩峦坡谷状，名花珍木，参差在列。前距大池，限以石阑⑯，有堂五楹，岿然临之，曰'乐寿'，雕镂丹腹⑰，颇尽其美。堂左曰'充四斋'，盖由余之名若号，而题为韦弦之佩⑱。堂有室曰'五可'，则以往昔待罪淮漕时[19]，苦于驱驰，有书请于老亲曰：'不肖自维，有亲可事，有子可教，有田可耕，何恋恋鸡肋为？'比丁丑岁初，又梦神人赐玉章一方，上书'有山可樵，有泽可渔'，而是月即有解官之命，故合而揭焉。嗟嗟！乐寿堂之构，本以娱亲，而竟以力薄愆期[20]，亲不及一视其成。悠悠苍天，曷其有极[21]？池心有岛横峙，搆亭曰'凫佚'。岛之阳，峰峦错叠，竹树蔽亏者，南山是也。由五可而西，南面为'介阁'，东面为'醉月楼'，其下修廊曲折，可百馀武。自南而西，又转而北，有楼三楹，曰'徵阳'，以余揽揆[22]，偶同仙降，亲尝以是命为小字也。下为书室，左右图书，可以习静。前累武康石为山[23]，峻嶒秀润[24]，颇惬观赏。登楼西行，阁道延袤[25]，复得层楼，曰'纯阳阁'，上奉吕仙[26]；中层则祁阳土神之祠，盖府君守祁州时[27]，尝梦神手二桂，携二童，语府君曰：'上帝因大夫惠泽覃流[28]，以此为赠。'已而，诞余兄弟，府君曾命祀之也。由阁而下，为'留春窝'。自窝而南，为葡萄架。循架而西，度短桥，经竹皋，有梅百株，俯以蔽阁，曰'玉茵'。玉茵东为'关侯祠'[29]。出祠东行，高下纡回，为冈，为岭，为涧，为洞，为墅，为梁，为滩，各极其趣。山半为'山神祠'。祠东，有亭北向，曰'挹秀'，在群峰之坳，下临大池，与乐寿堂相望。山行至此，藉以偃息。由亭而东，得大石洞，宜窔深靓[30]，几与张公、善拳相衡[31]。由洞仰出为'大士庵'[32]，东偏禅室五楹，高僧至止，可以顿锡[33]。出庵门，奇峰蠹立，若登虬，若戏马，阁云碍月，为南山最高处。下视溪山亭馆，若御风骑气而俯瞰尘寰，真异境也。自山迤东北下，过留影亭，盘旋乱石间，转而北，得堂三楹，曰'会景'，左通雪窝，右缀水轩。出会景，度曲梁，修可四十武，梁竟，即向之所谓广庭，而乐寿以南之胜，尽于此矣。乐寿之西，构祠三楹，奉高祖而下神主，以便奠享。堂后凿方塘，栽菡萏[34]，周以垣。垣后修竹万挺，竹外长渠，东西咸达于前池，舟可绕而泛也。乐寿堂之东，别为堂三楹，曰'容与'，琴书鼎彝，杂陈其间。内有楼五楹，曰'颐晚'。楼之旁，庖湢盛备[35]，则余栖息所矣。容与堂东，为宅一区，居季子云献，便其定省[36]，其堂曰'爱日'，志养也。大抵是园之胜，虽非辋川、平泉之比[37]，而卉石之适观，堂室之便体，舟楫之沿泛，亦足以送流景而乐馀年。第以经营数稔，家业为虚，余虽嗜好成癖，无所于悔，而实可为士夫殷鉴。若余子孙，惟永戒前车之辙，无更培一土，植一木，则为善云。"噫！此充庵先生笔也。所记为当时原筑，犹在未归邑庙前。及咸丰间，粤逆犯境，英法各国，统兵协防，驻扎园中，越四年始撤。园中花木，荡然无存，旧游之地，几不复识。时观察丁公(日昌)虽尝谕各业重修,然兵燹之后,市肆清寥,加以捐项殷繁,岂能复睹从前之盛乎?适阅潘氏宗谱,因亟录方伯《豫园记》,略以见兴废之由,亦志今昔之慨云。

雨苍氏曰:前人田地后人收,犹有收人在后头。本古今同慨事,而园亭尤甚。岂若江上清风,山间明月,相与于无相与之为得哉?犹幸园记数行,旧观尚堪历溯,始知笔墨之寿,愈于土木丹青。(卷八)

【注释】

① 邑庙:城隍庙。在上海县城北方浜(今上海市黄浦区方浜中路),南临方浜。

② 潘允端:字仲履,号充庵,上海人。明嘉靖四十一年(1562)进士,授刑部主事。历山东参政、漕储道,累迁四川右布政使。万历五年(1577)解官归,筑豫园成。

③ 大司空:明清以称工部尚书。 恭定公:潘恩,字子仁。明嘉靖二年(1523)进士,授祁州知州。历南京刑部员外郎、广西提学佥事、山东按察副使、浙江左参政,累迁刑部尚书、左都御史。万历初卒,年八十七。赠太子少保,谥恭定。明清称刑部尚书为"大司寇",故此处"大司空"应为"大司寇"。

④ 式微:衰败。参见第170页第22则注释⑤。

⑤ 襄金:犹言集资。襄,相助,辅佐。

⑥ 公所:同业或同乡组织。除称会馆外,亦称公所。

⑦ 方伯:泛称地方长官。此指潘允端。

⑧ 嘉靖己未:明嘉靖三十八年(1559)。

⑨ 下第春官:指礼部会试落第。唐光宅年间曾改礼部为春官,后"春官"遂为礼部别称。

⑩ 万历丁丑:明万历五年(1577)。

⑪ 十五:十分之五。古代分数表达方式。下文"十七"同。

⑫ 壶天:传说东汉费长房为市掾时,市中有老翁卖药,悬一壶于肆头,市罢,即跃入壶中。长房于楼上见之,知为非常人。次日复诣翁,翁与俱入壶中,唯见玉堂严丽,旨酒甘肴盈衍其中,共饮毕而出。事见《后汉书·方术传下·费长房》。后即以"壶天"谓仙境;胜境。

⑬ 宣和：北宋徽宗赵佶年号(1119—1125)。

⑭ 衡：横。

⑮ 甃(zhòu)石：砌石；垒石为壁。

⑯ 石阑：石砌栏杆。

⑰ 丹腹(wò)：供涂饰的红颜料。

⑱ 韦弦之佩：《韩非子·观行》："西门豹之性急，故佩韦以自缓；董安于之性缓，故佩弦以自急。故以有馀补不足，以长续短之谓明主。"后因以"韦弦之佩"比喻外界的启迪和教益。用以警戒、规劝。韦，皮绳，喻缓。弦，弓弦，喻急。

⑲ 待罪淮漕：指担任江淮漕运官。潘允端尝任漕储道。待罪，谦称。意谓不胜其职而将获罪。

⑳ 愆(qiān)期：误期；失期。

㉑ 曷其有极：意谓何时才有尽头。《诗经·唐风·鸨羽》："肃肃鸨翼，集于苞棘。王事靡盬，不能艺黍稷。父母何食？悠悠苍天，曷其有极？"

㉒ 揽揆：亦作"览揆"。《楚辞·离骚》："皇览揆余初度兮，肇锡余以嘉名。"王逸注："皇，皇考也。览，观也。揆，度也。初，始也。肇，始也。锡，赐也。嘉，善也。言父伯庸观我始生年时，度其日月，皆合天地之正中，故赐我以美善之名也。"后用以代称生辰。

㉓ 武康石：造假山用石。产于湖州府武康县(今浙江湖州市德清县武康镇)东南封山。

㉔ 峻嶒(céng)：陡峭不平貌。

㉕ 延袤：绵亘；绵延伸展。

㉖ 吕仙：传说中神仙吕洞宾，别号"纯阳子"。参见第220页第15则注释⑥。

㉗ 府君：对已故者的敬称。此指潘允端之父潘恩。　　祁州：明保定府祁州(今河北保定市安国市)。

㉘ 惠泽覃(tán)流：谓恩惠泽被深远。

㉙ 关侯：指东汉末武将关羽。曹操封为汉寿亭侯。参见第6页第3则注释⑬。

㉚ 窅窱(yǎotiǎo)：亦作"窅窕"。幽深阴暗貌。　　深靓：深邃宁静。

㉛ 张公、善卷：即张公洞、善卷洞。二洞皆在常州府宜兴县(今属江苏无锡市)。张公洞，在县南三十五里。其门三面皆飞崖峭壁，惟正北一门可入。洞深邃有水流，石乳

融结石上。相传汉张道陵尝修道于此，故名。善卷洞，一名龙岩洞，在县西国山东南。洞有三：曰干洞，石室也；大、小水洞，泉深不可测，三洞相承如重楼。外峭中坦，其广可坐千人。壁间皆刻佛像，有石笋高丈馀，谓之玉柱。相传周幽王时，洞忽自裂，异形奇状，若飞若堕，见者无不凛然。

㉜ 大士：即观音菩萨。参见第 77 页第 25 则注释⑥。

㉝ 顿锡：谓僧人住止。锡，锡杖。

㉞ 菡萏(hàndàn)：荷花。

㉟ 庖湢(bì)：厨房与浴室。

㊱ 定省(xǐng)：《礼记·曲礼上》："凡为人子之礼，冬温而夏清，昏定而晨省。"郑玄注："定，安其床衽也；省，问其安否何如。"后因称子女早晚向亲长问安为"定省"。

㊲ 辋川：唐诗人王维的辋川别业。在京兆蓝田县(今属陕西西安市)南。《新唐书·文艺传中·王维》："别墅在辋川，地奇胜，有华子冈、欹湖、竹里馆、柳浪、茱萸沜、辛夷坞，与裴迪游其中，赋诗相酬为乐。" 平泉：唐宰相李德裕的平泉庄。在洛阳(今属河南)南三十里。唐康骈《剧谈录·李相国宅》："平泉庄去洛城三十里，卉木台榭，若造仙府。有虚槛，前引泉水，萦回穿凿，像巴峡、洞庭、十二峰、九派，迄于海门，皆隐隐见云霞、龙凤、草树之形。"

10. 庙 园 记

我邑城隍庙，建前明永乐时，旧为金山庙，祀汉博陆侯霍光①，知县张守约改建焉。大门有坊，额曰"保障海隅"，系永嘉幼童书②。门内东西建福德、土地两祠，二门内有台，备宴神演剧，两庑列二十四司③，正殿亦极宏敞，内即神之寝殿。殿左为映苣堂④，供神先代主。主持羽士⑤，分东西两房：东为玉清宫、三圣阁⑥，有双梧道院，颇雅洁；西则许真君殿、文昌宫⑦，重楼曲折，殿宇回环。至康熙己丑⑧，邑人于庙左别构东园，园仅数亩，而修廊曲槛，花木幽深，足供游赏。乾隆间，阖邑士商，又购明潘方伯豫园故址，为西园，兴修历二十馀年始竣，所费累巨万。园基广袤七十馀亩，极泉石之美，遂为邑中名胜。园之公处，任人游览。其间又别构精舍⑨，聚石凿池，栽花艺竹，为各业公墅者，不下数十处。遇佳时令节，花会神诞，各处俱杂陈音乐,盛设玩器,使人游目一新。然园成于乾隆庚辰⑩,迄今已历百年,或造或废,已非旧日规模。阅乔鸥村先生《西园记》⑪,知玉华之南⑫,尚有银杏一株,系恭定手植⑬。西山之阳,有挹翠亭,及茶墙、酒墅、鹤闲亭、春禊阁、吟雪楼诸胜,盖皆不及见矣。若所谓超然台、回迥楼、点春堂、五老峰等,皆后所添设。而玉华之改香雪,万花深处之改为万花楼,及之下神尺堂,则旧址虽存,而悬额已更者。咸丰初,一遭兵燹,再驻西兵⑭,毁石填池,西半之湖山尽废。于是得月楼、花神阁,只存瓦砾;点春堂既作洋房,莲花厅仅留白地⑮。偶步园中,举目荒凉,能无田海变迁之憾! 近虽有几处修葺,然皆为利所使,非设茶坊,即开杂肆,名胜之区,竟成市井,深可慨也!

雨苍氏曰:流水自去,夕阳无言,钟鼓楼台,弹指遂成陈迹。惟佛氏解脱诸相⑯,能作平等观。否则江山如梦,花鸟多愁,俯仰身世,未有不动于中者。(卷九)

【注释】

① 霍光:字子孟,西汉河东平阳(今山西临汾市西南)人。霍去病异母弟。武帝时,为奉车都尉。昭帝即位,受遗诏与金日磾、上官桀等同辅政,为大司马大将军,封博陆侯。昭帝死,迎立昌邑王刘贺为帝,未久即废,又迎立宣帝。前后执政凡二十年,子孙亲属皆为大官,权势显赫。地节二年(前68)卒。以其妻谋害许皇后事遭族诛。传说三国吴末帝孙皓,以霍光为捍海神,立庙祀之。北宋时封忠烈公,南宋为道教供奉,加封忠烈顺济昭应公,立庙于嘉兴府海盐县金山(今上海市金山区),故称金山庙。明时东南沿海地区立有金山庙多处,上海县城内为其中之一。永乐中,知县张守约改建成城隍庙,前殿仍祀霍光,后殿供奉明初受封为上海城隍神秦裕伯。裕伯字惟镜,一字景容,号蓉斋,上海人。元至正四年(1344)进士,累迁行台侍御史。元末,弃官归。明初,太祖屡召乃入,为侍读学士。后出知陇州,以疾辞归。洪武六年(1373)卒。追封显佑伯,为县城隍正堂。

② 永嘉:明温州府永嘉县(今浙江温州市)。

③ 二十四司:道教为城隍神下所设僚佐机构,各以神主之。城隍各司,因各地各庙配置,数目并不相同,有三司、六司至二十四司、三十六司不等;且各司名号亦不尽相同,或用官府六部各司名号,或按士民需求设定,大抵以“阴阳司”为各司之首,辅佐

城隍,协调诸司。明清时,城隍二十四司通行的有:阴阳司、速报司、良愿司、查过司、文书司、地狱司、功曹司、掌案司、检簿司、驱疫司、学政司、典籍司、罚恶司、注福司、注寿司、督粮司、巡政司、感应司、保安司、仪礼司、稽查司、赏善司、提刑司、考功司等。

④ 映芑(qǐ):意谓光耀后裔。芑,白苗。喻指后裔。

⑤ 主持羽士:掌管道教宫观院殿的住持道士。

⑥ 玉清宫:道教宫观。供奉玉皇大帝(天帝)。　三圣阁:道教以玉清元始天尊、上清灵宝天尊、太清道德天尊为"三圣",立阁以祀。三圣,亦称三清尊神。

⑦ 许真君殿:道教殿堂。供奉净明道祖师许真君。许真君名逊,字敬之,西晋豫章南昌(今属江西)人。举孝廉,任旌阳令,有政绩,吏民悦服。西晋末辞官归,寻仙访道,自言得上圣所授"太上灵宝净明法"。北宋徽宗时,追封神功妙济真君,建玉隆万寿宫于豫章西山以祀。元代尊为净明道祖师。　文昌宫:道教宫观。供奉文昌帝君(梓潼帝君)。帝君相传名张亚子,居蜀中七曲山,仕晋战死,后人立庙祀之。唐宋时封英显王,元时封为帝君。掌人间功名禄位事。

⑧ 康熙己丑:康熙四十八年(1709)。

⑨ 精舍:此指道士修炼居住之所。

⑩ 乾隆庚辰:乾隆二十五年(1760)。

⑪ 乔鸥村:乔锺吴,号鸥村,上海人。乾隆二十八年(1763)进士,累官至岷州知州。四十九年,重修豫园功将告成,锺吴请假旋里,展谒城隍庙神,畅览园亭,遂作《西园记》。

⑫ 玉华:即豫园玉华堂。参见上则《豫园》。

⑬ 恭定:潘恩,谥恭定。参见上则《豫园》。

⑭ 咸丰初三句:指咸丰三年(1853),小刀会首领刘丽川夺占上海,以城隍庙西园点春堂为指挥所,历十八月,清军破城后,小刀会退走,庙宇、园亭损坏严重。十年,太平军进攻上海,清廷借师助剿,邀英、法军队进城,驻扎西园,园景破坏殆尽。

⑮ 白地:空地;没有植物或建筑物的土地。

⑯ 解脱诸相:佛教语。指摆脱烦恼业障等一切外在诸相的系缚而复归自在。

11. 北城观西戏记

戊辰秋①，友有邀观西剧者，以入夜方演，因于薄暮出城。北行里许，遥见布帐高出缭垣②，状若巨盖，设有双扉，西人守焉。纳以金，遂入。入见灯采灿然，观者环坐，各铺锦褥，座凡三层，随高下定值，上客得饮酒一器。座既满，即有一西人登场，手执火枪，一举而声发如霹雳，忽现灯光万点，照耀如昼。枪端又出浓烟一缕，高二尺许，结成一雀，飞绕帐中。继忽化作一龙，口吐巨珠，蜿蜒空际。无何③，又化为狮，有球大如斗，转旋不定，狮随之跳跃。忽焉火珠飞溅，其球中裂，内有白光圆如镜，转瞬间大如车轮，变现五色，若月华然，移时始灭④，殆即中国之焰火也。旋又有二人，登场共语，忽作相争状，甲怒，拔剑截乙首；首堕而无血痕，甲复取首置盘中，遍示观者，共骇其逼真，旋以首按乙颈，则仍浑合而无恙焉。此在江左恒有是戏，所谓易眼法者近之⑤。最后出二女，衣皂衣⑥，宽领露胸，肤白似雪，而轻如飞燕，一跃恒去地二三丈。乘骑飞驰，或倒竖鞍鞯⑦，或一足立马背，客方叹其技绝，忽有烟焰从地起，流转如球，众皆迷目，转眼而人骑杳矣。此盖北人走索觝戏之技也⑧。至己巳冬⑨，又有矮小男女四人，云即侏儒人⑩，由美国来，身皆不及四尺，而须发皓然，言已周游海岛。美国主赠以轺车一乘⑪，类鸡栖⑫，而饰甚精；英国主又赐二马以驾，大仅如犬，而行甚捷。留沪十馀日，亦尝杂戏园中，或歌或舞，观者咸以金投之。噫！我邑虽褊小，而见见闻闻，亦足称无奇不有云。

雨苍氏曰：兔起鹘落⑬，尺幅中已觉烟云拉杂，极眼花耳热之娱，在场人想定同声喝采也。然而即色即空⑭，我闻如是，矧此变幻不常，弹指即灭，则即异常绚烂，正可作电光石火观耳。（卷十）

【注释】

① 戊辰：此指同治七年(1868)。

② 缭垣：围墙。

③ 无何：不多时；不久。

④ 移时：经过一段时间。

⑤ 易眼法：犹障眼法。遮蔽或转移别人视线使看不清真相的手法。魔术杂技中常用。

⑥ 皂衣：黑衣。

⑦ 鞍鞒（qiáo）：亦作"鞍桥"。马鞍。其拱起处形似桥，故称。

⑧ 走索觝戏：杂技戏。包括走索、角力、扛鼎及各种乐舞表演等。

⑨ 己巳：同治八年（1869）。

⑩ 侏儒：身材异常矮小者。

⑪ 轺（yáo）车：一马驾之轻便车。

⑫ 鸡栖：鸡窝。制作简陋的小车，称鸡栖车。

⑬ 兔起鹘落：谓兔子刚出窝，鹘立即降落捕捉。极言动作敏捷。

⑭ 即色即空：佛教语。色即是空，空即是色。谓一切事物皆由因缘所生，虚幻不实。

12. 华 十 五 传

华十五①，皖孝廉也②，佚其名，邃于古学，好发奇论，而恃才傲物，诋及前贤，并疵当世之岳立者③。或以经义叩，则曰："汝辈如蝼蚁具足④，不出户庭，乃欲与鸿鹄谈云汉事耶？"邻邑有某生，富于文，意颇自负，而尝慕孝廉名，以为非华不足与谈所学，遂挟生平杰作而造焉。值华卧方起，蓬跣而出⑤。生亟置稿于案，趋前揖之。华瞠目四顾，若未之见。顷之，仆进杯茗，而不及客。华从容盥沐，旁若无人，洗毕，即以生稿抹其桌。生怒不能忍，曰："某文虽鄙，字不当惜耶？"华掷稿曰："正嫌其有字耳。若以古纸斤售人⑥，着水不略重乎？"生取稿恨恨去。其玩世不恭，妄自尊大有如此。后华远出乡里，绝音耗者将十年，金疑已死。一岁，又值开礼闱⑦，榜发，始传华捷南宫⑧。及魁墨出⑨，同学读其文者，咸诧异曰："此果华十五作耶，何索索无生气也？"先是，华登贤书⑩，声称藉甚⑪。有相士见之，曰："此君额有挺骨，棱角太露，虽得文名，异日恐不免冻馁。"闻者咸嗤其妄。及华以兀傲之故，金恶其不近人情，亲友不相顾问，以致厨断炊烟。华始憬然⑫，恐应相士言。时有宦越之戚，华拟投之，匆匆就道，不计赍粮，程未半，而囊金既尽，并罄衣装，复值严寒，枵腹行村落间⑬，朔风侵骨，兼遭雨雪，路滑泥泞，遂陷于淖。良久,始匍匐入一古庙,僵卧神龛下。旋有数丐提筐入,叱曰:"此我侪地,汝垂毙者,何卧于此?"华不语,即被拽出,弃道傍。适有某翁过其处,怜而舁归,饮以温汤,一日夜始有声,询为孝廉,益善视。华因冻血凝结,遍体赤肿,数日后,肿处悉溃成疮。患三年,病始愈,而啖特健,每餐能尽饭一盂⑭,肉一器。又半年,躯体顿伟,迥异昔年。因拜翁而谢曰:"仆受深恩,无以为报,愿授诸郎君业。"翁喜,遂馆于家。凡五年,始终无间,内而婢仆咸称其德,外为乡人所敬礼,以是翁益重之。迨遇春闱,资以多金,应礼部试,遂成进士。时华已历诸艰,平昔桀骜之气⑮,镵除殆尽⑯。是故,言为心声,宜其文之平易近人也。未几,华官县令,历任十馀载,所至有惠政,洎归而宦囊裕矣。亲旧来问,华虚衷款接⑰,曲尽乡谊,又二十年而卒。闻馆翁家时,尝有农工入室,拍华肩曰:"先生今饱暖矣,颇忆庙中时事否?"则肃然起,对曰:"不敢忘。"偶行陇畔,有村童笑指曰:"此固庙中丐也,今俨然为某家师矣!"华闻亦无愠色云。

雨苍氏曰:孝廉天分尽高,故能力返前辙,如出两人。后之成进士,为令长,皆由动心忍性所得,否则以饿殍终矣。余尝有句云:"最甘惟药石,奇暖是冰霜。"在此君似堪书赠。至因恃才傲物,以致亲故不前,允可为目空四海者,借作虞箴也⑱。

(卷十一)

【注释】

① 华十五:此以行第称华氏,即排行第十五。

② 皖:安徽省的简称。因境内西部有皖山(天柱山)而得名。

③ 岳立:耸立,屹立。引申为特出,卓立不群。

④ 如蝼蚁具足:意谓仅具备蝼蚁一般卑微见识。

⑤ 蓬跣:即蓬头跣足。指头发蓬乱、光着脚。

⑥ 斤:用以加在以斤计量的物名后,作为该物的统称。如盐斤、煤斤等。

⑦ 礼闱:会试。因其为礼部主持,故称。

⑧ 南宫:指礼部会试。

⑨ 魁墨:此指进士考试中式文卷。

⑩ 贤书:谓举荐贤能名录。《周礼·地官·乡大夫》:"乡老及乡大夫群吏献贤能之书

于王。"

⑪ 声称藉甚：声誉盛大卓著。

⑫ 憬然：觉悟貌。

⑬ 枵(xiāo)腹：空腹。

⑭ 盂：盛饭食或汤浆的圆口器皿。此作量词。下文"器"同。

⑮ 桀骜：傲慢倔强。

⑯ 镵(chán)除：犹铲除。镵，古代一种铁制掘土工具。

⑰ 虚衷款接：谓虚心款待。

⑱ 虞箴：古代虞人为戒田猎而作的箴谏之辞。《左传·襄公四年》："昔周辛甲之为大史也，命百官，官箴王阙。于《虞人之箴》曰：'芒芒禹迹，画为九州，经启九道。民有寝庙，兽有茂草；各有攸处，德用不扰。在帝夷羿，冒于原兽，忘其国恤，而思其麀牡，武不可重，用不恢于夏家，兽臣司原，敢告仆夫。'《虞箴》如是，可不惩乎？"南朝梁刘勰《文心雕龙·铭箴》："周之辛甲，百官箴阙，唯《虞箴》一篇，体义备焉。"

13. 醒 睡 先 生

　　客言汉滨有异人①，结庐榆山之麓，食藜藿②，衣布帛，虽盛暑不去冠服。又好讲因果事，听者咸集，农工午倦者辄往③，遂呼为醒睡先生。先生见村人有争竞者，必出而为之解，久之乡里不平事，皆鸣之先生而不履公庭。岁逢亢旱时④，见天有片云，先生必殷然下拜曰⑤："愿天之拯万民也。"或遇淫雨，则以祷晴故，肃立庭中，衣履虽尽湿勿顾，曰："天罪我，幸勿伤此田禾也。"一乡之人，以是盛称其德，而名遂远焉。有大吏慕之，敬造其庐，讯一州治状，则曰："州守多有恶之者，上恶其疏，下恶其严，同列恶其异也。"大吏颔之，遂登荐牍⑥。又举一令为问，则言："某闻其卧斋有额，曰'万物静观'，亦可明其志矣，盖取康节诗作歇后语也⑦。"大吏识之，遂挂弹章⑧。呜呼！尝闻世有三锋不可犯，谓文士笔锋、辩士舌锋、勇士剑锋也。若醒睡先生者，固所称隐君子也，而谈言微中⑨，有非辩士所能及，人顾可以皮相乎哉⑩？谓有盛德，虮虱者谁曰不然⑪！

雨苍氏曰：读结处数语，觉作者笔锋，亦殊咄咄可畏⑫。（卷十二）

【注释】

① 汉滨：泛指汉水之滨。

② 藜藿：泛指粗劣饭菜，布衣之食。

③ 午倦：即倦午。午间困倦休息。

④ 亢旱：大旱。

⑤ 殷然：忧虑貌。

⑥ 荐牍：举荐奏牍。

⑦ 康节：邵雍，北宋学者。字尧夫，别号伊川翁，后人称为百源先生，谥康节。幼随父迁共城（今河南辉县市）。隐于苏门山百源之上，屡授官不赴。后居洛阳，与司马光、吕公著从游甚密。理学象数学派的创立者。著作有《皇极经世》《伊川击壤集》等。此则言"万物静观"取于康节诗，非是。乃程颢《秋日偶成二首》（其二）中句也，见《二程文集》卷一。诗曰："闲来无事不从容，睡觉东窗日已红。万物静观皆自得，四时佳兴与人同。道通天地有形外，思入风云变态中。富贵不淫贫贱乐，男儿到此是豪雄。"此处取诗句前四字"万物静观"，隐去后三字"皆自得"，暗示其恬淡之心意，故称歇后语。

⑧ 挂弹章：谓搁置弹劾官吏的奏章。

⑨ 谈言微中：说话隐微曲折而切中事理。《史记·滑稽列传序》："谈言微中，亦可以解纷。"

⑩ 皮相：只从外表上看；不深入。

⑪ 茧茧：敦厚貌。

⑫ 咄咄：感叹声。表示感慨或惊诧。

14. 奕　艺

　　乾嘉时，朝贵盛行奕艺①。以此四方善奕士，咸集京师，而以海宁范西屏（世勋）为巨擘②。有先范得名者黄某，久游公卿间，称国手，年亦倍长于范。及范入都,黄与角艺,卒死范手。于是,慕范者未尝不惜黄,而不知其中自有天焉。先是,富春韩生馆某部郎家③,韩本善奕而人莫知。一日,部郎邀黄奕,韩作壁上观④,局竟,谓部郎曰:"黄君奕,虽名盛一时,而自我观之,其于攻守之法,犹未尽然。谁谓无可敌者?"部郎乃复邀黄,与韩对奕。黄见韩年少,意甚轻之。及布局,觉有异,即极力防拒,而辄为所窘。黄或乘间出奇,韩则信手以应,不费思索。竟三局,黄三北焉⑤。遂推枰起曰:"今余适发隐疾,越日当与君决胜负耳。"嗣是黄名稍逊,而韩技亦有知者。有某王亦精此艺,闻韩名,召与奕,自辰至日中⑥,连和二枰,末局韩负半子。盖应召时,使者以王好胜为嘱,韩欲博王欢,而又不露己名,故于进退间,分毫不失如此。然其心力之劬⑦,恰过常局数倍矣。时,黄已侦知其故,韩出,即要于途,曰:"今日愿与君毕其所长。"韩苦辞不可,乃勉与奕。及争一角,韩反复凝思,卒不能应。黄以冷语迫之,韩神色顿异,遽喷血数升而绝。越后二十馀年,而黄为范乘,若相报复焉。相传范甫垂髫⑧,已精十诀,名闻江左。入都时,黄犹在,诸巨公设彩,邀二人一争其胜。局未分,亦以一角决上下,范见黄握子不落,曰:"先生殆不欲战乎?"黄忽色变曰:"孽也。天夺我矣,又何争为?"方推枰起,遽倒地死。有知前事者,谓韩死而范生,约计岁月既符,所争局又与前无异,天夺之语,信非无自。尔后范名愈盛,无与争者,惟同里施襄夏称亚⑨。嘉庆初,范曾来沪。时,我邑倪克让奕品居第一⑩,次如富嘉禄等数人,皆精其技。惟倪不屑屑与人奕。富等则恒设局豫园,招四方奕客以逐利。范初至局,观人奕,见一客将负,为指隙处,众艴然曰⑪:"此系博采者⑫,岂容多语?君既善此,何不一角胜负?"范曰:"诺。"众请出注,范于怀中出大锭曰⑬:"以此作彩可乎?"众艳其金,争来就。范曰:"余奕不禁人言,君等可俱来耳。"枰未半,而众已无所措手,乃急报富。富入局,请以三先让⑭。局竟,富负;请再让,又负。众遂走告倪。倪至,乱其枰曰:"此范先生也!君等何可与敌?"少顷,事遍传,邑富室赍金延范,榻西仓桥潘宅⑮。而请与倪奕,范让倪四子,观者按局成图,名"四子谱",即今所称"桃花泉"者是也。

雨苍氏曰:奕之攻围截劫,托始纵横家⑯。惟以机心行机事,故以艺死者亦不数闻⑰。西屏晚年,仙曾与奕,以此亦以呕血死。不若余之八字棋经曰"胜固欣然,

负亦可喜"为受用也。（卷十四）

【注释】

① 奕艺：弈棋技艺。指围棋。奕，通"弈"。

② 范世勋：字西屏，以字行，海宁（今浙江嘉兴市海宁市盐官镇南）人。幼聪颖，从山阴俞长侯学棋。弱冠游京师，屡胜名家，称国手。乾隆四年（1739），尝与同里施襄夏对弈于浙江平湖，有《当湖十局谱》传世。晚客居扬州，约嘉庆中卒。著有《桃花泉弈谱》二卷，为有清棋谱权威之作。　巨擘：大拇指。以喻杰出人物。

③ 部郎：中央六部中的郎官，即侍郎、郎中、员外郎等。清沿明制，六部尚书下设左右侍郎（正二品）、各司郎中（正五品）、各司员外郎（从五品）。

④ 壁上观：《史记·项羽本纪》："诸侯军救巨鹿下者十餘壁，莫敢纵兵。及楚击秦，诸将皆从壁上观。"后称置身事外、坐观成败为"作壁上观"。

⑤ 北：败；败逃。

⑥ 辰：辰时。午前七时至九时。

⑦ 劬（qú）：劳苦。

⑧ 垂髫：指儿童或童年。髫，儿童垂下的头发。

⑨ 施襄夏：施绍闇，字襄夏，以字行，号定庵，海宁人。与范西屏同师于俞长侯门下。及长游于吴楚间，有棋名，称国手。乾隆三十五年（1771）卒，年六十二。著有《弈理指归》二卷，与程兰如、梁魏今、范西屏并称"围棋四大家"。

⑩ 倪克让：倪世式，字克让，以字行，时人号为倪痴，上海人。善弈，好洁，闻人咳唾即惊走。亦能诗画，惟不多作。

⑪ 艴（bó）然：恼怒貌。

⑫ 博采：即博彩。在赌博或比赛中获得彩头。

⑬ 大镪（qiǎng）：大银锭。

⑭ 三先让：让先三子。围棋中棋艺高者让低者先走一步或几步，称让先。

⑮ 榻：此指下榻，寄住。　西仓桥：在上海城老西门内（今上海市黄浦区西仓桥街）。

⑯ 纵横家：战国时，从事政治外交活动的谋士，称为"纵横家"。取"合纵连横"之义。《汉书·艺文志》列为"九流"之一。主要人物有苏秦、张仪等。

⑰ 不数(shù)：数不清；无数。

15. 姚　蒙

　　姚蒙，字以正，居邑之百曲港①。明时，以医名于世，尤精太素脉②，言人生死祸福，每奇中。而性特异，其所可意者，与之谈，娓娓不倦，至废寝食；否则白眼仰观，呼之不答，镇日可无一语。是时，医名重海内，求者户常满。姚于贫人，每施方药，却酬金，证如危险③，日诊视二三次不吝；至富者欲延，则于礼貌间苟不当意，往往勿顾。或问其故，曰："此辈库有银，仓有粟，死亦何害？ 若贫者自食其力，妻孥赖之，安可死耶？"时，都御史邹来学巡抚江南④，召蒙视疾。蒙欲辞，邑宰某迫之行。及入抚署，见邹高坐不为礼，蒙即直视，噤不发言。邹曰："汝亦有疾乎？"蒙曰："有风疾⑤。"曰："何不自疗？"曰："是胎风，不可疗也。"邹引手令诊，蒙却不前。邹悟，呼座坐之。诊毕，曰："大人根器上别有一窍⑥，常流污水，然乎？"邹大惊，曰："此予隐疾，事甚密，汝何由知？"曰："以脉得之，左手关脉⑦，滑而缓，肝第四叶合有漏，漏必从下泄，故知之耳。"邹始改容谢，且求方药。蒙曰："不须药也，至南京即愈。"以手策之⑧："今日初七，得十二日可到。"邹遂行。届十二日，晨抵南京，竟卒。

　　雨苍氏曰：贫富异视，时贤往往有此，但恨与姚相反耳。至以医论，则其相去者，又未可以道里计矣⑨。（卷十四）

【注释】

① 百曲港：在上海县东南(今上海市浦东新区康桥镇西南)。

② 太素脉：旧时通过人的脉搏变化预测吉凶祸福、生死贵贱的一种方术。相传为明青城山人张太素所创，其有《太素脉秘诀》传世。

③ 证：病况；症候。后多作"症"。

④ 邹来学：字时敏，明麻城(今属湖北黄冈市)人。宣德八年(1433)进士，授调户部主事。督饷陕西，规划有条，擢员外郎。历通政。正统十四年(1449)，英宗北狩，来学以佥都御史巡抚蓟门，防务有功。景泰中，迁副都御史巡抚南畿，督民兴修水利，留

京储以备赈灾,有政绩。景泰七年(1456),病卒于道,年五十五。谕祭葬。

⑤ 风疾:中医学谓中风、痛风等症。

⑥ 根器:佛学语。男性生殖器。亦指人的禀赋、气质。

⑦ 关脉:手脉三部之一。在掌后高骨上,寸口与尺中之间。中医学认为,阴阳气血由此分界,故称。又,寸脉主心肺,关脉主肝脾,尺脉主肾之阴阳。

⑧ 策:计算的筹子。此处用为动词。

⑨ 道里:普通长度。"未可以道里计",意谓不能按普通长度衡量,言差距巨大。

蕉轩随录

《蕉轩随录》十二卷《续录》一卷，清方濬师撰。濬师字子严，号梦簪，定远（今属安徽滁州市）人。咸丰五年（1855）举人，选授内阁中书，充总理各国事务衙门章京。同治三年（1864），擢补内阁侍读学士。七年，出为广肇罗道。光绪元年（1875）辞归，十三年复起为永定河道，署直隶按察使。十五年卒于官，年六十。其著述除《蕉轩随录》外，尚有《退一步斋诗文集》《二程粹言直解》等。

《蕉轩随录》以记遗闻、录时事、谈掌故为主。作者久在内阁与总理衙门，于朝章国典、文移奏稿及当时政事外交多所闻见，或存于心、或记于简，积之岁月，然后抉摘删编而成其书。故其所述大抵合乎事理，信而可靠，绝少耳食传闻之言。李光廷《序》曰：「及君书一出，则当年事之始末，罪之轻重，岁时日月，灿然具在，使后之读者据是以参校国史，实足以传信而祛疑。」

选文标题为原书所有。

1. 雷 同 被 黜

　　乾隆壬子江南乡试①，首题为《舜有臣五人而天下治》《武王曰予有乱臣十人》②。桐城家勿庵先生（诸）文格老识高③，主司已定元④，及搜落卷，得常字四十号⑤，与先生文无一字异，遂被黜。先生始终未得一第，以明经终⑥。惜哉！其同里光君（石均）跋先生文云：“方君墨卿（先生别号）以诗文驰声艺苑，凡吾乡工为文者，咸慕师之，谓足继百川、灵皋两先生⑦。而起家贫，授徒凤颍间⑧，录窗课十馀篇为诸生程式⑨，盖有年矣。壬子省试，因窗课首艺有此文，不复重构，主试亟为叹赏，乃以常四十号复抄袭是文。鲁鼎之投⑩，真伪莫辨，而方君遂被落。同人刻其遗卷，俾世之爱惜斯文者，知衡鉴之公⑪，与先生暴腮之故⑫，故在于此。”云云。昔欧阳文忠任滑州时⑬，宋子京谓公曰⑭：“某大官颇爱子文。”文忠遂授以近著十篇，后文忠知制诰⑮，人或传有某大官极称一丘良孙之文章。文忠使人访之，乃前日所投十篇，良孙盗为已文以赞⑯。而称美之者，即昔日子京所示之某大官也。文忠不欲斥其名，但大笑而已。以赝乱真，古今一辙。科名有命，当付之达观可也。（《蕉轩随录》卷一）

【注释】

① 乾隆壬子：乾隆五十七年（1792）。

② 舜有臣两题：出自《论语·泰伯》：“舜有臣五人而天下治。武王曰：‘予有乱臣十人。’”邢昺疏：“‘舜有臣五人而天下治’者，言帝舜时有大才之臣五人，而天下大治。五人者，禹也，稷也，契也，皋陶也，伯益也。‘武王曰予有乱臣十人’者，乱，治也；周武王曰‘我有治官之臣十人’者，谓周公旦也，召公奭也，太公望也，毕公也，荣公也，太颠也，闳夭也，散宜生也，南宫适也，其一人谓文母也。”

③ 勿庵先生：方诸，字勿庵，号墨卿，桐城（今属安徽安庆市）人。贡生。有诗文名。
　　格老识高：谓文章格调老成、识见高超。

④ 主司：科举的主试官，即正考官。　定元：评定为第一。

⑤ 常字四十号：清代乡试贡院号房及试卷编号。贡院内每排号房有一字号，用《千字

文》编列，如"天地玄黄"，取"天"为第一排字号，馀类推。每排又置号房若干间，按数字编号，如"天字一号"等。考生用墨笔作答的原卷称墨卷，出场交受卷官。受卷官以每十卷为一封，汇送弥封所。弥封官糊名，将所备誊录空卷及考生试卷重按《千字文》编列红号，每一百卷选一字号，如"常字四十号"，即取"四大五常"之"常"为字号，为该字号下第四十号卷；再将次序搅乱，递送誊录所。誊录官以朱笔誊录，称朱卷；誊录毕，送对读所。对读官负责校对墨卷与朱卷文字是否一致，若有差错，即刻纠正；对读毕，送外收掌所。外收掌官核对墨卷、朱卷红号无误，将其分开，墨卷存外帘，朱卷送入内帘交考官评阅。评卷时，凡同考官未荐之卷，或同考官已荐而主考官未取之卷，均称落卷；每科落卷，主考、同考皆须分别略加评语，说明未荐未取之由。

⑥ 明经：隋唐为取士科目，宋时废。明清用以尊称贡生。贡生，参见第46页第4则注释②。

⑦ 百川：方舟，字百川，桐城人。诸生。少通五经训义，综学百家。家贫，课蒙童，以时文名天下。其弟方苞，治古文，亦受教于舟。有《方百川稿》。　灵皋：方苞，字灵皋，一字凤九，号望溪。康熙四十五年(1706)进士。因戴名世《南山集》案牵连入狱，后得赦，入南书房，充武英殿修书总裁。雍正时，累迁礼部侍郎，充《一统志》总裁。乾隆七年(1742)以疾辞归，赐翰林侍讲衔。十四年卒，年八十二。论文主"义法"，重雅洁，为桐城派古文创始人。有《望溪先生文集》《抗希堂十六种》等。

⑧ 凤颍：清凤阳府(治今安徽滁州市凤阳县西)、颍州府(治今安徽阜阳市)。

⑨ 窗课：旧称私塾中学生习作的诗文。　程式：特定格式。

⑩ 鲁鼎之投：谓以假乱真。鲁鼎，即谗鼎。《韩非子·说林下》："齐伐鲁，索谗鼎，鲁以其雁往。齐人曰：'雁也。'鲁人曰：'真也。'齐曰：'使乐正子春来，吾将听子。'鲁君请乐正子春。乐正子春曰：'胡不以其真往也？'君曰：'我爱之。'答曰：'臣亦爱臣之信。'"雁，同"赝"。

⑪ 衡鉴：品评；鉴别。此指评卷。

⑫ 暴(pù)腮：亦作"曝鳃"。喻指困顿、挫折。用"曝鳃龙门"之典。《后汉书·郡国志五》："(交趾郡)封谿建武十九年置。"刘昭注引晋刘欣期《交州记》："有堤防龙门，水深百寻，大鱼登此门化成龙，不得过，曝鳃点额，血流此水，恒如丹池。"又唐欧阳询《艺文类聚》卷九十六引辛氏《三秦记》曰："河津一名龙门，大鱼集龙门下数千，不得

上，上者为龙，不上者鱼，故云曝腮龙门。"此处用以喻方勿庵科场失意。

⑬ 欧阳文忠：北宋欧阳修，谥文忠。参见第293页第5则注释⑧。　滑州：北宋京西北路滑州（治今河南安阳市滑县东）。

⑭ 宋子京：北宋宋祁，字子京。参见第239页第4则注释③。宋祁代某大官求欧阳修之文事，见宋魏泰《东轩笔录》卷四："欧阳文忠公修自言，初移滑州，到任，会宋子京曰：'有某大官，颇爱子文，俾我求之。'文忠遂授以近著十篇。又月馀，子京告曰：'某大官得子文读而不甚爱，曰："何为文格之退也？"'文忠笑而不答。既而文忠为知制诰，人或传有某大官极称一丘良孙之文章，文忠使人访之，乃前日所投十篇，良孙盗为己文以赞，而称美之者，即昔日子京所示之某大官也。文忠不欲斥其名，但大笑而已。"

⑮ 知制诰：官名。唐宋翰林学士院下设翰林学士知制诰，掌管起草朝廷制诰、赦敕、国书及公文，侍奉皇帝出巡，充顾问。宋为清要之职。明翰林学士或内阁学士，得兼此职。清代废。

⑯ 赞：古代初次拜见尊长时所送的礼物。

2. 半 园 主 人

吾家自顺治初迁定远之炉桥镇①。炉桥，古曲阳治也②。地平衍，少冈峦。先伯曾祖馀斋公③，归田后卜宅于曲阳门外后街，饶有花木，题其居曰半园，自号半园主人。今牡丹数十本，桂树数株，皆六十年物也。公生平以廉洁自持，在都受业于窦东皋先生④，能尽得所学。乾隆壬辰⑤，公初捷南宫，东皋先生谓公曰："谢侍郎（墉）慕君久矣⑥，思欲收君门下，君盍往谒之？"侍郎文名藉甚，若得其揄扬，鼎甲可望也。公以为在京十馀年，于侍郎从无一面，今方通籍⑦，遂有干谒⑧，殊失平日所守，竟毅然不顾。未几殿试，公卷已置前列，适侍郎亦奉派读卷，以公不愿在弟子之列，颇不喜，独抑置十名外，以朝考第八入馆选。朝殿阅卷者例得为师，公引见后谒侍郎，大加奖誉，赠五古一章，末句云"当时海上琴，大有成连在⑨"，深以不先往谒为公惜耳。公恬然安之。公官编修十三年，始开春坊⑩。纯皇帝知公名，将大用矣。复因不入故相和珅之门，为所衔。至己酉京察⑪，授浙江粮道，又缘事忤和相，未赴任即调江西。后授河库道，终以鲠介不谐于俗，引疾辞去。公门下士，蒋相国（攸铦）、玉尚书（保）皆尤著者也⑫。（《蕉轩随录》卷一）

【注释】

① 定远：清凤阳府定远县（今属安徽滁州市）。　炉桥镇：在定远县西，高塘湖畔。

② 曲阳：秦九江郡曲阳县（治今安徽滁州市定远县炉桥镇）。

③ 馀斋公：方炜，字燮和，号碧岑，晚号馀斋。方濬师伯曾祖。乾隆三十七年（1772）第二甲第十六名进士，选庶吉士，授编修。历署江宁盐巡道、江西督粮道，官至江南河库道。尝充四十五年顺天乡试同考官，五十三年恩科山西副考官。

④ 窦东皋：窦光鼐，字元调，号东皋，诸城（今属山东潍坊市）人。乾隆七年（1742）进士，选庶吉士，授编修。历左副都御史、顺天府尹、宗人府丞、吏部侍郎、署光禄寺卿，累迁左都御史。尝三督浙江学政，所得士位至公卿者众。六十年，充会试正考官，为和珅所嫉，免任休致。寻卒，年七十六。光鼐立朝有风节，无所阿附。诗文宗韩杜，制义自成一家。著有《省吾斋诗文集》。

⑤ 乾隆壬辰：乾隆三十七年（1772）。

⑥ 谢墉：字昆城，号金圃、东墅，嘉善枫泾（今属上海市金山区）人。乾隆十六年（1751），上南巡，墉以优贡生召试，赐举人，授内阁中书。十七年，成进士，改庶吉士，授编修。坐撰碑文语失当，降调。二十四年，回部平，拟铙歌上，命复官，直上书房。五迁工部侍郎，两督江苏学政。六十年，休致。寻卒，年七十七。墉在上书房久，尝为仁宗讲授诗文。而督学江南，亦称其得士。

⑦ 通籍：亦作"通籍"。此指会试中式。意谓朝中已有了名籍。

⑧ 干（gān）谒：对人有所求而请见。

⑨ 成连：春秋时琴师。伯牙尝从其学琴。元陶宗仪《说郛》卷一百引吴竞《乐府解题·伯牙操》："伯牙学琴于成连先生，成连曰：'吾师子春在海中，能移人意。'与俱往。至蓬莱山，留伯牙，曰：'此居习之，吾将迎师。'剌船而去，旬日不返。伯牙但闻水声澒洞，山林冥杳，禽鸟啼号，乃叹曰：'吾师移人意者，谓此也。'援琴而歌，顿悟其妙旨。"

⑩ 春坊：魏晋以来称太子宫为春坊。后指太子宫所属官署。唐置太子詹事府，以统众务；左右二春坊，以领诸局。历代相承，属官时有增减。明清时实为翰林院编修、检

讨开坊升转之所。清末废。

⑪ 己酉：乾隆五十四年(1789)。 京察：明清定期考核京官制度。明每六年举行一次。清吏部设考功清吏司,改三年考核一次,在京称"京察",在外地则称"大计"。

⑫ 蒋攸铦：官至体仁阁大学士,充军机大臣兼管刑部。参见第 208 页第 8 则注释⑤。 玉保：字阆峰,栋鄂氏,满洲正黄旗人。两江总督铁保之弟。乾隆四十六年(1781)进士,入翰林,有才名。累迁兵部侍郎。上欲用为巡抚,为和坤所阻,郁郁而卒,年甫四十。

3. 容 甫 书 函

汪容甫先生(中)乾隆丁酉科拔贡①,湛深经学,以科名为不足重,遂不求进取。稚存太史诗中所谓"不敢随车试大廷,头衔应许号明经"是也②。先生恃才傲物,多所白眼。毕秋帆宫保抚陕西时③,知先生名而未之见也。一日,先生忽以尺书报之。宫保拆视,乃笺纸一幅,上仅书四句云:"天下有中,公无不知之理;天下有公,中无穷乏之理。"毕公阅竟大笑,即以五百金驰送其家。先生之旷达,宫保之礼贤,时两称之。先生子孟慈太守(喜孙)为先世父丁卯同年④,余侍先世父时尝闻斯语云。(《蕉轩随录》卷一)

【注释】

① 汪中：字容甫,江都(今江苏扬州市)人。幼孤贫,稍长助书贾鬻书于市,因遍读经史百家,年二十补诸生。乾隆四十二年(1777)拔贡生,为提学使谢墉所识。然以母老,竟不朝考,专意经术,与王念孙、刘台拱为友,共讨论之。推崇墨学,作《墨子序》。又作《荀卿子通论》,以"孔荀"为统。五十五年,往镇江文宗阁检校《四库全书》。五十九年,受邀赴杭州检校文澜阁《四库全书》,寻病卒,年五十一。著作有《广陵通典》《述学》《容甫先生遗诗》等。

② 稚存太史：洪亮吉,字稚存,一字君直,号北江、更生,阳湖(今江苏常州市)人。少孤贫力学。初佐安徽学政朱筠校文,继入陕抚毕沅幕,为校刊古书。词章考据,著于一时,尤精舆地之学。乾隆五十五年(1790)成一甲第二名进士,授编修。历充顺天乡

试同考官,督贵州学政。嘉庆元年(1796),还京,入直上书房。三年,上书力陈内外弊政,被革职流伊犁。五年,遇赦回籍,长㕛德洋川书院。十四年卒,年六十四。亮吉论学著作颇丰,主要有《春秋左传诂》《比雅》等;亦工诗词骈偶,与汪中并有"八代高文"之誉,有《洪北江诗文集》。太史,明清以称翰林官。

③ 毕秋帆:毕沅,字秋帆。参见第156页第8则注释①。 宫保:太子太保、太子少保的通称。

④ 孟慈:汪喜孙,字孟慈,号荀叔。汪中子。嘉庆十二年(1807)举人,纳资为内阁中书。道光时累官至怀庆知府。博览群书,精研于文学音训,将其父著作编订刊行,撰有《汪容甫先生年谱》等。后人辑《江都汪氏丛书》,收书十三种,其中八种为汪中所撰,五种为喜孙所撰。 先世父:先伯父。指去世的伯父。

4. 退 一 步 斋

古人云:"退一步行安乐法,道三个好欢喜缘①。"予有悟斯旨,因以"退一步"名斋。贾运生方伯(臻)起病入都②,为予书额,并加以跋语云:"退之时义大矣。《易》曰:'亢之为言也,知进而不知退③。'又曰:'洗心退藏于密④。'《记》有之⑤:'君子难进易退。'是不仅如老氏所云以退为进之说也。臻自早岁登朝,即以退厓自号,虽仕途偃蹇⑥,历官中外三十馀年,危疑震撼,中得力于退者居多。子严五兄年未强仕⑦,才气兼人,又所历皆顺境,宜其踔厉无前⑧,而亦兢兢焉以'退一步'颜其退食之室⑨,此其熟于身世之故为何如?而子严深远矣。"是跋作于癸亥十月⑩。乙丑夏间⑪,方伯奉命督办畿辅团练⑫,旋授黔藩⑬,中道复内召,旧疾举发,留滞汴梁,未几竟卒。追念良朋切磋之言,不胜今昔之感。又方伯赠予五古诗云:"凤池地清切⑭,挑灯日起草。书生报国心,岂在文字好。即以文字论,亦自非时藻。吏能复殊众,岂合中书老。元方我旧游(谓子箴)⑮,大笔千军扫。解后复见君⑯,孤秀擢林表。我惭退院僧,衰落木已槁。君才待发挥,星月中天皎。图艰赖有人,筹策裕宜早⑰。敢谓答高吟,聊藉纾凤抱⑱。"萧颖士好推引后进⑲,予未免滋愧矣。(《蕉轩随录》卷三)

【注释】

① 退一步两句：南宋刘过《赠术士》诗中句，见《龙洲集》卷五。诗曰："一性圆明俱是佛，四方落魄总成仙。逢人只可少说话，卖术不须多觅钱。退一步行安乐法，道三个好喜欢缘。老夫亦欲挑包去，若要相寻在酒边。"

② 贾臻：字运生，号退厓，直隶故城（今河北衡水市故城县故城镇）人。道光十二年（1832）进士，累迁河南知府。咸丰三年（1853），移知开封，据城击退太平军，赏花翎。七年，以平捻功，擢道员加按察使衔，督办粮台。九年，迁河南按察使，旋授布政使署河南巡抚。十一年，移安徽布政使署巡抚，帮办钦差袁甲三军务，以疾归。同治四年（1865），办理京畿南路团练事宜。八年，出为贵州布政使，卒于道。

③ 亢之两句：见《周易·乾·文言》："亢之为言也，知进而不知退，知存而不知亡，知得而不知丧，其唯圣人乎？知进退存亡，而不失其正者，其唯圣人乎！"亢，过甚，过度。

④ 洗心句：见《周易·系辞上》："圣人以此洗心，退藏于密，吉凶与民同患。""洗心"，孔颖达正义："圣人以此《易》之卜筮洗荡万物之心，万物有疑则卜之，是荡其疑心。行善得吉，行恶遇凶，是荡其恶心也。""退藏于密"，韩康伯注："言其道深微，万物日用而不能知其原，故曰退藏于密，犹藏诸用也。"谓大道精微深邃，而能包容万物。

⑤ 记：书名。相传为老子所作。

⑥ 偃蹇（yǎnjiǎn）：艰涩；艰难。

⑦ 子严：本书作者方濬师，字子严。　五兄：方濬师排行第五，故贾臻尊称其五兄。强仕：四十岁的代称。《礼记·曲礼上》："四十曰强，而仕。"

⑧ 踔（chuō）厉无前：谓奋发向前无所阻。

⑨ 兢兢：小心谨慎貌。

⑩ 癸亥：同治二年（1863）。

⑪ 乙丑：同治四年（1865）。

⑫ 畿辅：京都附近地区。畿，京畿。辅，三辅。

⑬ 黔藩：贵州布政使。

⑭ 凤池：即凤凰池。禁苑中的池沼。魏晋南北朝时设中书省于禁苑，掌管机要，接近皇帝，故称中书省为"凤凰池"。此泛指禁苑之地。

⑮ 元方：方濬颐，字子箴，号梦园。方濬师从兄。道光二十四年（1844）进士，官至四川

　　按察使。喜收藏,精鉴赏,颇负时名。著有《梦园书画录》。

⑯　解:解官。指贾臻咸丰末、同治初以疾辞官。

⑰　筹策:筹算;谋划。　裕:多。

⑱　纾:抒发。　夙抱:平素志向。

⑲　萧颖士:字茂挺,唐颍川(治今河南许昌市禹州市)人。开元二十三年(735)进士及
　　第。历官秘书省正字、集贤校理、扬州功曹参军。有文名,与李华并称"萧李"。颖士
　　乐闻人善,以推引后进为己任,名重当时,人称"萧夫子"。

5. 记游四松园事

　　道光甲辰①,予年十五,初应江南乡举。试毕,戴君豫庭拉游四松园(即陶文毅所建印心石室)②。适会稽潘少白先生(諮)寓此③,延予入,询里居姓字,复询铁君太史是何辈行④。予曰:"叔父也。"先生问予读何经,从何师,予俱详答。因与予纵谈辛丑、壬寅间海氛不靖事⑤,如林少穆、牛镜堂、伊莘农、裕鲁山诸公皆有褒贬语⑥。予童子无知,唯唯而已。濒行,先生持新刊诗文全集见赠。予随手翻阅一卷,见五律诗有"坦坦平平地,青青白白天"一联,请曰:"先生此诗,得毋非大家数耶⑦?"先生惊喜曰:"足下知诗乎?"予曰:"初学耳。"时夕阳西坠,月光初上,门前一池水,秋荷尚有残花,四山云起,峰峦在若隐若现间。先生指以示予,曰:"何不即景一吟?"予即口占云:"波静月疑动,云多山转孤。"先生点头者再,摩予顶谓戴君曰:"后生可畏也。"是年冬,先生在扬州晤铁君叔父,曰:"阿买才可爱⑧,惜未从吾游,但宜做实在工夫,勿务浮华,他日未可量矣。"叔父归为予述之。予感先生意,自是用力于学,一知半解,未始非先生有以启之也⑨。(《蕉轩随录》卷四)

【注释】

①　道光甲辰:道光二十四年(1844)。

②　戴豫庭:未详何许人。　四松园:明汉王朱高煦府第西园,亦称煦园(在今江苏南京
　　市玄武区长江路总统府内)。清为两江总督署衙花园。　陶文毅:陶澍,字子霖,号
　　云汀,安化(今湖南益阳市安化县梅城镇)人。嘉庆七年(1802)进士,选庶吉士,授编

修。历御史,擢川东道,有治声。道光元年(1821),除山西按察使、安徽布政使。三年,擢安徽巡抚,寻调江苏,从海路北运漕粮,为人称道。十年,擢两江总督,与巡抚林则徐合力治理江苏水患,监管两淮盐政,皆有成效。十五年,入觐,御赐"印心石屋",遂以为室号。十九年卒,年六十二。谥文毅。后人辑有《陶文毅公全集》六十四卷。

③ 潘諮:字少白,会稽(今浙江绍兴市)人。少卓荦,无意仕进,好独游天下奇山水,与归安姚学塽友善。论学重致知力行,有诗文名。

④ 铁君:方锴,字楚金,号铁君。方濬师叔父。道光九年(1829)进士,选庶吉士,授编修。

⑤ 辛丑、壬寅间海氛不靖事:指道光二十一年至二十二年(1841—1842)间,自林则徐虎门销烟后,英军由海上发起的对清战争,史称"鸦片战争"。清廷被迫签订《南京条约》,赔款割地(租让香港),开放广州、福州、厦门、宁波、上海五处通商口岸。海氛,海上云气;海氛不靖,借指海疆形势动乱不宁。

⑥ 林少穆:林则徐,字少穆。参见第211页第9则注释⑫。 牛镜堂:牛鉴,字镜堂。参见第348页第24则注释⑥。 伊莘农:伊里布,字莘农,满洲镶黄旗人。嘉庆六年(1801)进士,授国子监典簿。历云南通判、腾越知州,以剿匪功赏戴花翎。道光元年(1821),擢太平知府,自是迅速升迁。二十年,由协办大学士、云贵总督调任两江总督。值英军陷定海,命以钦差大臣赴浙江督办海防,因延误军机判谪戍。寻复起与英军议和,授权签署《南京条约》。二十三年,授广州将军、加钦差大臣衔,与英协商税则,抵广州卒,年七十三。赠太子太保,谥文敏。 裕鲁山:裕谦,字鲁山。参见第335页第16则注释⑩。

⑦ 大家数:为人崇尚的名家师法。

⑧ 阿买:方濬师小名。

⑨ 未始句:意谓学有所得未必不是受先生启迪之缘故。未始,犹没有,未必。用于否定词前,构成双重否定,语气较肯定句委婉。

6. 烟 草 鼻 烟

烟草出吕宋国①,一名淡巴菰②,中国惟闽产佳。万历末有携至漳、泉者,马氏造之,曰"淡肉果"。渐传至九边,皆衔长管而火点吞吐之,有醉扑者。崇祯时严禁不止。见方氏《物理小识》③。本朝则到处有之。王阮亭先生所谓"今世公卿士大夫,下逮舆隶妇女,无不嗜烟草者"④。乾隆以前,尚系用木管、竹管,镶以铜烟锅吸之,名曰旱烟。后则甘肃兰州产水烟,以铜管贮水其中,隔水呼吸,或仍以旱烟作水烟吸。而水烟之名,又有青条、黄条、五泉、绵烟诸目。旱烟袋大小不等,以京师西天成家为最。水烟袋用白铜制者,惟苏州汪云从著名,湖北汉口工人亦专精制造。近年来又有铜制二马车水烟袋者,以皮作套,空其中,一安烟袋,一安烟盒,两旁有烟纸筒二,可以息火,制作益精,且便于携带,于北地车中最宜。洋人复制烟叶,卷束如葱管,长仅三四寸,以口衔之,火燃即吸,其味烈易醉,又于马上最宜。若鸦片烟之流毒天下,实非旱烟、水烟比矣。献县纪文达公好吸旱烟⑤,每一次烟锅中可装二两,自内城至海淀尚不尽⑥,都人呼为纪大锅。吉林文博川宫保吸水烟⑦,一次可二三十袋。予每遇作诗文时,亦手不肯释然。不过时吸时止,不能如宫保之吸而不歇也。烟草之外,复有制为鼻烟者,细如粉末。《香祖笔记》云⑧:"可明目,有避疫之功。以玻璃为瓶贮之,瓶之形象种种不一,颜色亦具红、紫、黄、白、黑、绿诸色,白如水晶,红如火齐⑨,极可爱玩。以象牙为匙。"云云。不知近日鼻烟壶专尚翡翠、白玉、玛瑙、蜜蜡诸品⑩,一壶有直数十金、数百金者。昔司马温公携茶⑪,以纸为贴,范蜀公用小木盒子盛之⑫,温公见而惊曰:"景仁乃有茶器也。"盖不知后来茶器精丽,极世间之工巧者。古今时势,如出一辙。今之烟壶,非即昔之茶器欤?昇勤直公(昇寅)《戈壁道中竹枝词》云⑬:"皮冠冬夏总无殊,皮带皮靴润酪酥。也学都门时样子,见人先递鼻烟壶。"可见此物流传之远矣。(《蕉轩随录》卷六)

【注释】

① 吕宋国:在南海中(今菲律宾之吕宋岛)。《明史·外国传四》:"吕宋居南海中,去漳州甚近。洪武五年正月,遣使偕琐里诸国来贡。永乐三年十月,遣官赍诏抚谕。"

② 淡巴菰:烟草。参见第396页第13则注释①。

③《物理小识》:明方以智撰,其子中通、中德、中发、中履编录。以智字密之,自号浮山愚者,桐城(今属安徽安庆市)人。崇祯十三年(1640)进士,授翰林院检讨。后仕南明永历朝,为侍讲学士。未几,出家为僧,居庐陵青原山净居寺。康熙十年(1671)被

逮,自杀死,年六十一。淹通群籍,尝撰《通雅》一书,于名物训诂考证最详。此书又
《通雅》之馀绪掇拾而成。凡十二卷,分十五门,大旨本张华《博物志》而衍之。述名
物之性,推阐其所以然,细大兼收,可资博识而利民用。

④ 王阮亭:王士禛,号阮亭。参见第 39 页《池北偶谈》题解。下引见《香祖笔记》卷三。

⑤ 纪文达:纪昀,谥文达。参见第 185 页第 9 则注释④。

⑥ 海淀:在京城西北郊(今北京市海淀区)。有圆明园。

⑦ 文博川:文祥,字博川,号文山,瓜尔拉氏,满洲正红旗人。道光二十五年(1845)进
士,授工部主事。咸丰朝累迁至户部侍郎,兼充军机大臣上行走。咸丰十年(1860),
英法联军攻占天津后又进兵京师,文宗避走热河,授权奕䜣、桂良、文祥办理议和。
英法兵退,奏请设总理衙门办理洋务,开同文馆。十一年,总理衙门成立,奕䜣为领
班大臣,桂良、文祥佐之,文祥兼充神机营掌营大臣。同治元年(1862),擢左都御史,
迁兵部尚书。收复南京时,加太子太保衔。旋率神机营平定满洲西部匪患,迁吏部
尚书,寻擢武英殿大学士。光绪二年(1876)卒,年五十九。赠太傅,谥文忠。

⑧《香祖笔记》:清王士禛撰。凡十二卷。记康熙四十一年至四十三年间朝野闻见,或
辩驳议论得失,或阐发名物源流,或直言时事,或旁及怪异。为其晚年之作。下引见
《香祖笔记》卷七。

⑨ 火齐:即火齐珠。宝珠的一种。多玫瑰色。

⑩ 翡翠:硬玉。色彩鲜艳的天然矿石。　玛脑:亦作“玛瑙”。矿物名。玉属。品类颇
多,色泽光美。　密蜡:矿物名。与琥珀同类而色淡。亦称金珀。

⑪ 司马温公:北宋司马光,封温国公。参见第 229 页第 22 则注释③。

⑫ 范蜀公:北宋范镇。字景仁,成都华阳(今四川成都)人。宝元元年(1038)进士,任
知谏院、翰林学士兼侍读等职,累封蜀郡公。历仁宗、英宗、神宗、哲宗四朝。有文
名,与修《唐书》,于乐尤注意。《宋史》本传曰:“镇平生与司马光相得甚欢,议论如出
一口,且约生则互为传,死则作铭。”元祐三年(1088)卒,年八十一。赠金紫光禄大
夫,谥忠文。

⑬ 昇寅:字宾旭,马佳氏,满洲镶黄旗人。拔贡,考授礼部七品小京官。嘉庆五年
(1800)举人。迁员外郎,改御史,累官刑部侍郎。道光六年(1826),出为热河都统,
复代为宁夏将军,调成都、绥远将军。十四年,授礼部尚书,命赴广东、湖南按事。未

至,卒于途,年七十二。赠太子太保,谥勤直。

7. 鱼　鹰

鸬鹚食鱼①,入喉则烂,其骨主鲠及噎②。峡中人称鸬鹚为乌鬼,蜀人养此鸟使捕鱼,得鱼则倒提而出。杜诗"家家养乌鬼,顿顿食黄鱼"③,盖言此鸟捕鱼而人得食也。《禽经》④:"王雎、雎鸠⑤,鱼鹰也。"注:"《毛诗》曰王雎,鸷而有别⑥,多子,江表人呼以为鱼鹰⑦。江干渔户驯养极多⑧,捕鱼出,不令食,鹰饥则捕鱼愈力。"或亦乌鬼之类欤? 吾师黄琴士先生有《鱼鹰诗》云⑨:"江上有鱼鹰,赋性贪且狡。终日波浪里,攫拿恣翻搅。大鱼惊逃避,小鱼供餍饱。岂知老渔翁,网罗遍围绕。将汝笼致之,生涯在是了。予汝三日饿,肠空目深窅。皮环扼汝喉,麻绳缚汝爪。纵汝入水中,泅身没头脑。鲂鲔亦何仇⑩,张口吞多少。纵汝复擒汝,倾囊得鲜蔰⑪。赖汝口中物,换得米盐好。善哉用汝贪,汝不如人巧。"借题发挥,足为贪婪之吏下一针砭。螳螂捕蝉,黄雀在后,涉世者可勿戒哉!(《蕉轩随录》卷八)

【注释】

① 鸬鹚(lúcí):水鸟名。俗称鱼鹰、水老鸦。羽黑,有绿色光泽,颔下有小喉囊,喙长,上喙尖端有钩,善潜水捕食鱼类。渔人常驯养之以捕鱼。

② 其骨主鲠及噎:意谓鱼骨整体卡在喉中梗塞不下。

③ 家家两句:唐杜甫《戏作俳谐体遣闷二首》(其一),诗曰:"异俗吁可怪,斯人难并居。家家养乌鬼,顿顿食黄鱼。旧识能为态,新知已暗疏。治生且耕凿,只有不关渠。"见清仇兆鳌《杜诗详注》卷二十。

④《禽经》:鸟类志。一卷。旧题师旷撰,晋张华注。或为南宋人伪托。

⑤ 王雎、雎鸠:《诗经·周南·关雎》:"关关雎鸠,在河之洲。"毛传:"雎鸠,王雎也,鸟鸷而有别。"

⑥ 鸷:猛禽。雕类。

⑦ 江表:江外。指长江以南地区。

⑧ 江干(gān):江边;江岸。

⑨ 黄琴士：泾县(今属安徽宣城市)人。生平仕履未详。尝主当涂采石矶翠螺书院，太白楼有其所题长联。

⑩ 魴鮆(fáng zǐ)：鳊鱼和鲚鱼。此处泛指小鱼。

⑪ 鲜薧(kǎo)：鲜鱼(肉)和干鱼(肉)。薧，同"薧"。指干的或腌制的肉类。

8. 自有留人处

"此处不留人，自有留人处"，二语熟在人口。偶阅六朝诗，乃知为陈后主所作①。后主宠张贵妃②，每御沈后处③，蹔入即还④，谓后曰："何不见留？"遂赠以诗云："留人不留人？不留人也去。此处不留人，自有留人处。"后答之云："谁言不相忆，见罢倒成羞。情知不肯住，教遣若为留⑤？"(《蕉轩随录》卷十一)

【注释】

① 陈后主：南朝陈末帝陈叔宝。字元秀，小字黄奴，吴兴长城县(今浙江湖州市长兴县东)人。宣帝陈顼长子。即位后大建宫室，日夕游宴，喜作艳词，如《玉树后庭花》《临春乐》等。在位八年，国灭，为隋兵所俘。隋仁寿四年(604)，病死于洛阳。追赠长城县公，谥炀。

② 张贵妃：张丽华，兵家女。家贫，父兄以织席为事。后主为太子时，以选入宫。性聪惠，善迎承，后主即位，拜为贵妃，甚被宠遇。国破被杀。

③ 沈后：沈婺华，吴兴(治今浙江湖州市)人。出身宦官之家。太建三年(571)纳为皇太子妃。后主即位，立为皇后。性端静，寡嗜欲，聪敏强记，涉猎经史，工书翰。后主遇待既薄，后宫之政并归张贵妃，后淡然未尝有所忌怨。将废之，会国亡不果，与后主俱被俘。后主死，自为哀辞，文甚酸切。隋炀帝每出巡，恒令从驾。及炀帝为宇文化及所杀，婺华自广陵过江还乡里，不知所终。

④ 蹔(zàn)：同"暂"。

⑤ 教遣：犹能使，能让。

9. 民 呼 故 官

明华亭顾文僖(清)《书感》诗云①："民力既已纾，赋入乃有常。公家无阙事②，帑廪有馀藏③。后来诸君子,率由如旧章④。至今乡父老,稽首周侍郎。"注:"周文襄以侍郎巡抚⑤,后升尚书,而民止呼其故官。"吾皖道光初,东阿周文忠(天爵)为怀远令⑥,调阜阳⑦,擢宿州牧⑧,皆未离凤、颍两郡,爱民如子,善政不可殚述⑨。公洊历至总督,凤、颍人仍称之曰周太爷。咸丰癸丑⑩,公督师莅临,至一村,有老妪奉鸡子数枚、麦饼一盘,跪公马前曰:"太爷饥乎?敢以为献。"公问:"汝何人?"对曰:"我子昔为仇家所陷,赖太爷廉察,出之于死也。"公笑而受之,且啖且话,不里许而饼尽矣。《诗》曰:"恺弟君子⑪,民之父母。"文忠有焉。乃伧父目公为酷吏⑫,亦何妄哉!(《蕉轩续录》卷一)

【注释】

① 顾清:字士廉,明华亭(今上海市松江区)人。弘治六年(1493)进士,改庶吉士,授编修。以名节进侍读。正德时,刘瑾专权,清绝不与通,调外任为南京兵部员外郎。瑾诛,复官,累擢礼部右侍郎。进尚书致仕,卒。谥文僖。

② 阙(quē)事:失事,误事。

③ 帑廪:国库与粮仓。

④ 率由:遵循,沿用。

⑤ 周文襄:周忱,字恂如,明吉水(今属江西吉安市)人。永乐二年(1404)进士,选庶吉士,授刑部主事,进员外郎。忱有经世才,浮沉郎署二十年,未得升迁。洪熙改元,以夏原吉荐,稍迁越府长史。宣德五年(1430),以大学士杨荣荐,迁工部右侍郎,巡抚江南诸府,总督税粮。正统初,又巡视淮安、扬州盐务,整理盐课亏欠。后为权贵所劾,以工部尚书致仕。景泰四年(1453)卒,年七十三。谥文襄。

⑥ 周天爵:字敬修,东阿(今山东济南市平阴县东阿镇)人。嘉庆十六年(1811)进士,归班铨选。道光四年(1824)授安徽怀远知县,调阜阳。笃信王守仁之学,为令尽心民事,廉介绝俗。尝以极刑惩治大盗,有劾其残酷者。总督蒋攸铦保奏:"天爵爱民如子,嫉恶如仇,古良吏也。"由是连擢宿州知州、庐州知府、庐凤颍泗道。十八年,累迁湖广总督。寻言官劾以酷刑,罢职留广东效力。三十年,太平军起,复为广西巡抚偕钦差大臣李星沅办贼。咸丰元年(1851),诏加总督衔专办军务。三年,命以兵部侍郎衔督师剿庐、凤等地捻匪,以疾卒于军,年七十九。追赠尚书,特谥文忠。　怀

远：清凤阳府怀远县(今属安徽蚌埠市)。

⑦ 阜阳：清颍州府阜阳县(今安徽阜阳市)。

⑧ 宿州：清凤阳府宿州(今安徽宿州市)。

⑨ 殚述：详尽叙述。多用于否定。

⑩ 咸丰癸丑：咸丰三年(1853)。

⑪ 恺弟(tì)：亦作"恺悌"。和乐平易。"恺弟君子,民之父母",为先秦《诗》遗句,见《韩诗外传》卷六。

⑫ 伧父：晋南北朝时,南人讥北人粗鄙,蔑称之为"伧父"。后泛指粗俗、鄙贱之人,犹村夫。

郎潜纪闻

《郎潜纪闻初笔》十四卷、《二笔》十六卷、《三笔》十二卷、《四笔》十一卷，清陈康祺撰。康祺字钧堂，鄞县（今浙江宁波市）人。同治十年（1871）进士，累迁刑部员外郎。京宦十年，郁郁不得志，遂投牒乞外，调江苏昭文知县。辞官后居苏州。卒年未详。

《郎潜纪闻》记有清一代佚事掌故、时政见闻，亦间及风土人情。作者《初笔序》曰：「始生之岁，海上兵起，坟墓之乡，岛夷错居，横流滔天，匪可坐视，则又罗列书史，旁逮杂家，盟聘和战，印证失得，渤澥形险，荒裔纪载，敞门人海，目营心维，条件掇拾，粗可玩索。」故其所记，虽随笔纂载，先后凌杂，然亦多有援据，可补正史之不足。

选文标题前三笔为今本点校者晋石据扫叶山房本改易，《四笔》为褚家伟、张文玲所拟。

1. 温壮勇公守六合县

　　咸丰三年，粤寇自武昌下窜①，俘掠五十万人，蔽江东来，帆樯如荠②，吴头楚尾③，千里无坚城。陆建瀛方总制三江④，新膺节钺⑤，奉命出境筹防，驻武穴下之老鼠峡⑥。锋刃未交，掩旗宵遁，长江天险，至不能一日守。金陵龙蟠虎踞之区⑦，雄师雾屯⑧，刍粮山积⑨，士女登埤⑩，咸誓死守，乃未及半月，遽为仪凤门地雷所乘⑪。贼据为伪都，历十馀年不能猝拔。江苏六合县⑫，以滨江僻邑，孤县贼中⑬，百战解严，屡摧剧寇，故时有"纸糊南京城，铁铸六合县"之谣。守御之道，岂不在得人哉！时知县事者，为湖北温壮勇公绍原⑭，陆制军乡里也⑮，积功擢道员，充江南大营翼长⑯，仍留防六合，困守六载。至八年九月扬州再失，贼势益张，愤六合官民甚，纠大队狂贼围城。绍原激厉士卒，割衫啮指，草血书，上胜帅乞救⑰，不应，粮尽援绝，城遂陷。绍原率妻王氏、次子辅材、家妇陈氏，投水以殉。城中共事者，新选六合县李守诚、总兵罗玉斌、知县冯明本、典史叶楸奎、都司王家幹、夏定邦、守备余承恩、城守千总海从龙等，皆巷战阵亡，骂贼不屈。吁！睢阳忠节⑱，长耀江淮，彼河北二十四郡，望风瓦解，何竟无一人须眉哉！（《郎潜纪闻初笔》卷一）

【注释】

① 武昌：清武昌府（治今湖北武汉市武昌区）。

② 荠（jì）：荠菜。春天抽薹开小白花，生于遍野。

③ 吴头楚尾：指古豫章一带。其地位于春秋吴之上游、楚之下游，故称。

④ 陆建瀛：字立夫，沔阳州（今湖北仙桃市沔城回族镇）人。道光二年（1822）进士，选庶吉士，授编修，直上书房。历中允、侍讲、侍读。二十年，出为直隶天津道，累擢布政使。二十六年，擢云南巡抚，俄调江苏。二十九年，擢两江总督。咸丰二年（1852）秋，太平军相继陷汉阳、武昌，授钦差大臣督师赴九江上游扼守。三年正月，率军遇太平军于九江，师大溃，九江陷，建瀛驾小舟夜遁走江宁。革职，寻籍其家，命守江宁。半月后，江宁城破，遇害。事闻，复总督衔，还其家产。

⑤ 节钺：符节与斧钺。古代授予将帅，作为加重权力的标志。

⑥　武穴：清黄州府广济县武穴镇（今湖北黄冈市武穴市）。在九江上游北岸。此处江
　　面较狭，故称老鼠峡。

⑦　龙蟠虎踞：亦作"龙盘虎踞"。《太平御览》卷一五六引晋吴勃《吴录》："刘备曾使诸
　　葛亮至京，因睹秣陵山阜，叹曰：'钟山龙盘，石头虎踞，此帝王之宅。'"后因以指金
　　陵。亦泛指地势雄壮险要，宜作帝都之地。

⑧　雾屯：密集。

⑨　刍粮：粮草。多指供军队用的饲料和粮食。

⑩　登陴：升登城上女墙。引申守城。

⑪　仪凤门：江宁城西门。临江。咸丰三年（1853）二月，太平军围攻江宁，掘地道至静
　　海寺、天后宫等处，埋置火药于内。十日，静海寺附近地道起爆，炸毁城墙，太平军从
　　缺口涌入，仪凤门遂破。

⑫　六合县：清江宁府六合县（今江苏南京市六合区）。在江北岸。

⑬　县（xuán）：悬挂。

⑭　温绍原：字北屏，江夏（今湖北武汉市武昌区）人。少负奇略，入赀为两淮盐运司经
　　历，改知县。咸丰二年（1852），署六合县。太平军陷武昌东下，绍原以六合处南北要
　　冲，劝民广积粮草、修治城垣、训练壮勇。三年春，江宁陷，太平军攻至县，绍原率众
　　拒守，屡挫贼兵，以知府升用。后坚持六年，倡募水陆各勇，激励绅团，攻剿建功，擢
　　道员，充南军翼长。八年，太平军合力围攻，诏促德兴阿、胜保速援，皆不至。绍原坚
　　守几及一月，力竭城陷，死之。赠布政使衔，予骑都尉世职，谥壮勇。

⑮　制军：亦称"制台"。明清时总督的别称。

⑯　江南大营：咸丰三年（1853），钦差大臣向荣尾追太平军至江宁城东孝陵卫驻扎，建
　　此营。与驻扎扬州城外琦善的江北大营相呼应，围攻太平军天京。六年，江南大营
　　为太平军秦日纲、石达开部击溃，向荣逃丹阳死。八年，由钦差大臣和春复建于江宁
　　城外小水关。十年，再被太平军李秀成、陈玉成等部攻破，和春逃浒墅关自杀死。

　　翼长：侧翼军队长官。

⑰　胜帅：胜保，字克斋，苏完瓜尔佳氏，满洲镶白旗人。道光二十年（1840）举人，考校
　　授顺天府教授，迁赞善，擢侍讲。累迁国子监祭酒，屡上疏言事，甚著风采。历光禄
　　寺卿、内阁学士。咸丰三年（1853），任江北大营帮办军务大臣，截击太平军北伐。同

年,授钦差大臣,督师节制各路,因攻高唐不下,革职遣戍新疆。六年,复授副都统衔,帮办河南军务,赴淮北进剿捻军。八年,招降捻首李昭寿、苗沛霖。十年,抗英法联军于通州八里桥,战败受炮伤,寻授兵部侍郎。同治元年(1862),率军解颍州之围,加尚书衔。多隆阿克庐州,太平军陈玉成遁走,苗沛霖诱擒之,献于胜保,诛之。二年,授钦差大臣督办陕西军务,连战不利。又以拥兵自重,为众臣弹劾,慈禧密诏多隆阿率部往陕,押送胜保回京,次年赐令自尽。

⑱ 睢阳忠节:指唐真源令张巡。安史之乱,协太守许远守睢阳城(今河南商丘市睢阳区),城破被俘,不屈而死。

2. 沈侍御谏罢重修圆明园

圆明园为前明懿戚徐伟别墅旧址①,康熙间名畅春园。世宗在潜邸时②,圣祖命于园中辟地筑室,以为世宗读书之所,并赐名圆明。雍正后,遂无复"畅春"之称矣。园距平则门二十里③,列圣避暑巡幸,岁驻跸数月以为常。咸丰庚申④,西事孔棘⑤,津门被兵,灵囿曲台⑥,付之回祝⑦。我文宗皇帝在天之灵,有隐恫焉⑧。同治初政,满御史有建议修复者,严旨切责。十一年,广东奸民李光照,觊觎富贵,具呈内务府,请报效木植,重修淀园⑨。穆宗圣孝迈恒⑩,正思两宫听政过劳⑪,无娱游休息之地,因俯从光照请。其实光照一贫子,冀以近幸为护符,得游历川、楚、江、浙诸产木之区,勒索肥己也。幸圣智如神,卒破奸诡,置光照于法,民间获免骚扰。当园工议兴,中外错愕,台谏中惟沈桐甫侍御淮⑫,首上书力争。上震怒,立召见,谕以大孝养志之义。沈素呐呐,青蒲独对⑬,慑于天威,但连称兴作非时,恐累圣德而已。沈退朝过余,余曰:"上圣明,丈宜补草一疏⑭,剀切和平⑮,必回天听。大略谓:天子以天下养,凡可以博亲欢者,何敢顾惜帑项。然淀园之毁,非由天灾,今时事艰难,仇人在国,即库藏充溢,亦不当遽议兴修。皇上之意,原为两宫颐养起见,但臣恐园工落成,两太后入居其中,反觉愀然不乐。愿皇上自强不息,时时以继志述事为念,则所以仰慰文宗及两宫皇太后者,于孝道尤为光大云云。如此立言,上必感悟。"沈丈深韪余言⑯,拟次日削稿⑰,又次日封上。嗣闻游侍御百川者⑱,袖疏廷净,谔谔数百言,声震殿瓦,上虽未遽收

成命，而戆直犯颜，不加谴责。长杨五柞⑲，卒罢经营，鸣凤朝阳⑳，不诚圣朝盛事哉！（《郎潜纪闻初笔》卷一）

【注释】

① 懿戚：指皇亲国戚。　徐伟：应为李伟。明宛平（今北京市丰台区）人。以慈圣皇太后父封武清伯。万历十年（1582），进封武清侯。慈圣皇太后李氏，穆宗贵妃，神宗生母，神宗即位，上尊号慈圣皇太后。万历间，李伟筑园于京城西郊，名清华园，号称"京国第一名园"。

② 潜邸：指皇帝即位前的住所。借指皇太子未即位。

③ 平则门：京城西门之一。元代称平则门，明改称阜成门，清沿之。

④ 咸丰庚申：咸丰十年（1860）。

⑤ 孔棘：很紧急；很紧迫。《诗经·小雅·采薇》："岂不日戒，狁犹孔棘。"郑玄笺："孔，甚也；棘，急也。""西事孔棘"，指第二次鸦片战争。咸丰六年（1856），英军炮轰广州，挑起战争。七年，英法联军攻陷广州，一路北上。八年，兵临天津，清廷遣使议和，签订《天津条约》。九年，英法公使率队进京换约，双方使节谈判于通州，发生剧烈争议，清廷扣押英法谈判代表三十九人，解送回京充作人质。十年，英法联军进攻北京，文宗避走热河行宫，所归人质仅存十九人。因人质大多囚于圆明园，英法联军遂攻占此园，劫掠后纵火焚之，大火三日不灭。

⑥ 灵囿曲台：泛指皇家苑囿宫殿。灵囿，周文王苑囿名。曲台，秦汉宫殿名。

⑦ 回祝：回禄、祝融的并称。二者均为传说中的火神，后因以代称火灾。

⑧ 隐恫：深痛；难言之痛。

⑨ 淀园：即圆明园。

⑩ 迈恒：勉力伦常。

⑪ 两宫：指同治朝垂帘听政的慈安太后、慈禧太后。参见第390页第10则注释⑦。

⑫ 沈淮：字桐甫，鄞县（今浙江宁波市）人。道光二十九年（1849）举人，授内阁中书。历军机章京，官至陕西道监察御史。

⑬ 青蒲：指天子内庭。《文选·任昉〈天监三年策秀才文〉三》："比虽辐凑阙下，多非政要；日伏青蒲，罕能切直。"李周翰注："青蒲，天子内庭也，以青色规之，而谏者伏

其上。"

⑭ 丈：对长辈的尊称。

⑮ 剀切：切实，恳切；切中事理。

⑯ 韪：以为是；同意；赞赏。

⑰ 削稿：谓删改定稿。

⑱ 游百川：字汇东，滨州（今山东滨州市滨城区）人。同治元年（1862）进士，选庶吉士，授编修。六年，迁御史，巡西城。宗室不法，奏劾惩治。疏论内外官署胥吏积弊，诏通饬严禁。十二年，上亲政，命葺治圆明园，御史沈淮疏请暂缓修理，百川继疏申谏，上召入诘责，百川侃侃正言无所挠，上为动容。光绪中，累迁顺天府尹、仓场侍郎。

⑲ 长杨五柞：指秦汉长杨宫与五柞宫。在渭河之南上林苑中。秦汉皇帝常游猎两宫间。此借指圆明园等皇家宫殿林苑。

⑳ 鸣凤朝阳：《诗经·大雅·卷阿》："凤皇鸣兮，于彼高冈。梧桐生矣，于彼朝阳。"郑玄笺："凤皇鸣于山脊之上者，居高视下，观可集止，喻贤者待礼乃行，翔而后集。梧桐者，犹明君出也。生于朝阳者，被温仁之气，亦君德也。"后因以"鸣凤朝阳"比喻贤臣遇明君。

3. 赐紫禁城骑马

本朝优礼耆臣①，有赐紫禁城骑马之制。受赐诸臣，多用二人舁小椅乘之，非皆骑马趋朝也。余初入东华门时②，问之老辈，或曰："禁卫森严，恐牲畜无知，冲突仪仗。"余颇疑之。后读乾隆五十五年上谕曰："内外文武大臣，特恩赏在紫禁城骑马，用资代步。但年老足疾之人，上马亦觉艰难，嗣后已经赏马之大臣，因有疾艰于步履者，仍加恩准令乘坐椅，旁缚短木，用两人舁行入直。"始知此制之由来。按《墨史》称③：唐宰相皆乘马，五代始用檐子，宋时惟文潞公年高、司马温公以病④，乃许乘檐子（檐子，即肩舆）。可知膺此异数，一朝仅有二人。以视我朝，凡卿贰已上⑤，年及六十，洎在外曾著战功者，什九拜朝马之赏⑥。即此一端，亦可见圣朝之宽大矣。又按《左传》称："公叔文子老矣⑦，辇而如公。"盖以人挽舆，尤觉安适也。此则如今制之赏紫禁城乘轿，尤为养老尊贤之旷典⑧。（《郎潜纪

闻初笔》卷二)

【注释】

① 耆臣：老臣。

② 东华门：明清北京皇宫东门。门内有文华殿、文渊阁等。清文华殿为经筵之所，文渊阁则为藏书校书之所。

③《麈史》：北宋王得臣撰。得臣字彦辅，自号凤亭子，安陆(今属湖北孝感市)人。嘉祐四年(1059)进士，官至司农少卿。是书所记，凡二百八十四事，分"睿谟""国政""朝制"等四十四门。《四库全书总目提要》曰："凡朝廷掌故、耆旧遗闻、耳目所及，咸登编录。其间参稽经典，辨别异同，亦深资考证，非他家说部惟载琐事者比。"

④ 文潞公：文彦博，字宽夫，北宋汾州介休(今属山西晋中市)人。天圣五年(1027)进士。庆历末(1048)参知政事，拜相，后与富弼同执政。封潞国公，判河南府，丁母忧。英宗即位，入为枢密使。神宗熙宁中，反王安石变法，引去，拜司空、河东节度使判河阳，徙大名府。元丰三年(1080)，拜太尉，复判河南。久之，请老，以太师致仕，居洛阳。哲宗元祐初，高太后临朝，令平章军国重事，六日一朝，以佐司马光。居五年，复致仕。绍圣初，章惇秉政，诋毁旧党，降太子少保。绍圣四年(1097)卒，年九十二。

⑤ 卿贰：次于卿相的朝中大官。清诸寺正卿、六部侍郎等二、三品京官，皆称卿贰。

⑥ 朝马：大臣入朝时，在紫禁城中所乘之马。是帝王对年老宰辅及功臣的恩赐。

⑦ 公叔文子：即公叔发。春秋时卫大夫。谥曰"文"，故称公叔文子。卫灵公三十一年(前504)，鲁定公侵郑，占取匡，往不借道于卫。及还，阳虎使鲁军过卫都中。卫灵公怒，使人追伐之。公叔文子已老迈，坐车去见灵公，劝灵公勿效法阳虎，天将多阳虎之罪。灵公乃止。见《左传·定公六年》。

⑧ 旷典：前所未有之典制。

4. 孙渊如洪稚存气节

阳湖孙渊如先生星衍、洪稚存先生亮吉①，丱角订交②，并负才望，世称孙洪。

乾隆丁未、庚戌两科③，皆以一甲进士授编修（孙丁未科第二，洪庚戌科第二）。孙散馆历志赋④，用《史记》"匔匔如畏"语⑤，和珅指为别字，抑置二等⑥。盖和方当国，朝官多趋走其门，先生独不往来，和衔之，故有是举。顾旧例鼎甲散部，可奏请留馆，即改官亦可得员外郎。时和掌院事，欲先生面谒，先生卒不往，毅然曰："天子命，何官不可为？某男子，不受人惠也。"卒以主事分刑部，出为兖沂曹济道⑦，权臬事⑧，告归。洪留馆后，一视黔学⑨，以言事谪戍伊犁。逾年，特诏放还。夫际乾嘉全盛之时，卓卓如两先生者⑩，幸捷巍科⑪，犹不能久于馆职，岂天上玉堂⑫，果不许文人厕足与⑬？然而两先生文章经术，衣被士林，其出而服官，一则力避权门，一则昌言主德，清操亮节，体用兼赅。彼拾许、郑唾馀⑭，窃班、扬貌似⑮，通儒自命，气节靡然者，岂能望其肩背哉？（《郎潜纪闻初笔》卷二）

【注释】

① 孙星衍：字渊如，一字季仇，阳湖（今江苏常州市）人。少与同里杨芳灿、洪亮吉、黄景仁文学相齐，袁枚品其诗曰"天下奇才"，与订忘年交。乾隆五十二年（1787），以一甲进士授编修。历刑部主事、兖沂曹济道、山东督粮道、权山东布政使。嘉庆十六年（1811）引疾归，主讲钟山书院。二十三年卒，年六十六。所学较广，于经史、文学、音韵、诸子百家、金石碑版等均有涉及。又工篆隶，精校勘，擅诗文。主要著作有《尚书今古文注疏》《周易集解》《寰宇访碑录》等，另刻有《平津馆丛书》《岱南阁丛书》。

洪亮吉：字稚存。参见第448页第3则注释②。

② 丱（guàn）角：头发束成两角形。旧时多为儿童或少年发式，因以代指儿童或少年。

③ 乾隆丁未、庚戌：指乾隆五十二年（1787）、五十五年（1790）。

④ 散馆历志赋：指新进士入翰林院学习期满，考试所作之赋。散馆，参见第155页第7则注释⑦。

⑤ 匔匔（qióng—）如畏：恭谨敬畏貌。《史记·鲁周公世家》："及七年后，还政成王，北面就臣位，匔匔如畏然。"裴骃集解引徐广曰："匔匔，谨敬貌。"

⑥ 抑置二等：《清史稿·儒林传二·孙星衍》："大学士和珅疑为别字，置三等。"

⑦ 兖沂曹济道：清于山东省南部所置分巡道。辖兖州、沂州、曹州三府及济宁直隶州，驻兖州府（今山东济宁市兖州市）。

⑧ 权臬事：指代理省提刑按察使司按察使。

⑨ 视黔学：指提督贵州学政。黔，贵州省别称。

⑩ 卓卓：特立；高超出众。

⑪ 巍科：犹高第。古代称科举考试名次在前者。

⑫ 天上玉堂：此指朝廷翰林院。

⑬ 厕足：置足；插足。比喻参与其间。

⑭ 许、郑：指东汉学者许慎、郑玄。许慎，字叔重，汝南召陵（今河南漯河市召陵区）人。官至太尉南阁祭酒、洨长。著有《说文解字》十四卷并叙目共十五卷，集古文经学训诂之大成。郑玄，字康成，北海高密（今山东潍坊市高密市双羊镇）人。入太学，又从张恭祖、马融学。以古文经说为主，兼采今文，遍注群经，为汉代经学集大成者，称郑学。

⑮ 班、扬：指东汉史学家班固与西汉文学家扬雄。班固，字孟坚。参见第230页第22则注释⑤。扬雄，字子云。参见第326页第11则注释②。

5. 难倒彭元瑞

　　乾隆朝士，屡于上前称彭文勤博学强记①，上思有以难之。值乙未会试②，钦命诗题为"灯右观书"四字，诸总裁覆命日③，叩请出处。时文勤适侍班④，上目视文勤。文勤叩首曰："臣学问荒陋，亦不知诗题何出。"上笑曰："是夕朕偶于灯右观书耳。"文勤趋出，上顾侍臣曰："今日难倒彭元瑞。"（按：或称是科文勤为总裁⑤，非也。）（《郎潜纪闻初笔》卷三）

【注释】

① 彭文勤：彭元瑞，谥文勤。参见第396页第13则注释②。

② 乙未：指乾隆四十年（1775）。

③ 覆命：执行命令后回报。

④ 侍班：即入直。古代臣下轮流在宫内或行在随侍君王，记事、记注起居，或处理其他事务。

⑤ 或称句：乾隆乙未科会试，以礼部左侍郎李宗文为总裁官，兵部尚书嵇璜为正考官，刑部右侍郎王杰、左副都御史阿肃为副考官。

6. 陈亦韩先生

常熟陈亦韩先生祖范①，雍正癸卯捷南宫②，未及胪唱③，以足疾告归，疾愈，终不出。尝曰："自问无用世才，倘殿试蒙拔擢，虚縻廪禄④，于义不可。若遽乞归，自处则高矣，但人人如此，公家之事谁任？今量能度分⑤，如此知止，犹不失出处之道"云云。归里后，著书设教，垂三十年。大臣以经学荐，特旨赏国子监司业衔⑥。先生天爵自重⑦，原非借此鸣高，而望实交孚⑧，必不终听其湮没，营营者可以悟已⑨。(《郎潜纪闻初笔》卷三)

【注释】

① 陈祖范：字亦韩，一字见复，常熟(今属江苏苏州市)人。雍正元年(1723)举人。其秋礼部会试中式，以病不与殿试，告归，闭门读书。乾隆十六年(1751)，朝廷举荐经学，祖范居首，以年老不就职，赐国子监司业衔。十八年，卒于家，年七十九。著有《经咫》《掌录》及《司业诗集》等。

② 雍正癸卯：雍正元年(1723)。

③ 胪唱：又称"唱名""胪传"。指科举殿试后，皇帝召见，按甲第传呼登第进士。此制始于宋代。

④ 虚縻廪禄：白白浪费朝廷粮食和俸禄。

⑤ 量(liáng)能度分(duófèn)：谓衡量自己的才能与天分。

⑥ 国子监司业：清国子监属官，正六品。参见第57页第11则注释①。

⑦ 天爵：天然爵位。谓道德修养高尚。以德高受人尊重，胜于有爵位，故称。

⑧ 望实交孚：谓名望与实力皆能获得信任。

⑨ 营营：劳碌貌。引申为钻营追逐。

7. 林文忠临殁大呼星斗南

粤贼初起，首陷平乐府城①，时林文忠公已由西域赐环②，文宗特诏起之田间。

公方卧疾,闻命束装,星夜兼程,宿疴益剧③。公子编修汝舟随侍④,劝以节劳暂息。公慨然曰:"二万里冰天雪窖,只身荷戈,未尝言苦,此时反惮劳乎?"口占一联云:"苟利国家生死以⑤,敢因患难避趋之。"乃舁疾亟行⑥,忧国焦劳,驰驱尽瘁⑦,遂卒于广宁行馆⑧。初,贼震公威名,咸胆裂,思解散,猝闻溘逝,毒焰益张。公临殁,大呼"星斗南",莫解所谓。噫!武乡侯出师未捷⑨,宗忠简三呼渡河⑩,千古贞臣,同此遗憾耳。(《郎潜纪闻初笔》卷四)

【注释】

① 平乐:清平乐府(治今广西桂林市平乐县)。

② 林文忠:林则徐,谥文忠。参见第 211 页第 9 则注释⑫。　赐环:亦作"赐圜"。古时放逐之臣,遇赦召还谓"赐环"。语本《荀子·大略篇》:"绝人以玦,反绝以环。"杨倞注:"古者臣有罪待放于境,三年不敢去,与之环则还,与之玦则绝,皆所以见意也。"道光二十一年(1841),林则徐被夺职,寻遣戍新疆伊犁,二十五年召还,授陕西巡抚,迁云贵总督,以病乞归。

③ 宿疴:旧病。

④ 汝舟:林汝舟,字镜骢。林则徐长子。道光十八年(1838)进士,选庶吉士,授编修。

⑤ 苟利句:意谓只要有利于国家的事,就不顾生死地去做。苟,假如;只要。以,用,做。《左传·昭公四年》:"苟利社稷,死生以之。"道光二十二年(1842)八月,林则徐自西安启程赴伊犁前,尝作有《赴戍登程口占示家人》诗,曰:"力微任重久神疲,再竭衰庸定不支。苟利国家生死以,岂因祸福避趋之。谪居正是君恩厚,养拙刚于戍卒宜。戏与山妻谈故事,试吟断送老头皮。"其颔联与此则所引文字略有出入。

⑥ 舁疾:谓有病勉强行事。

⑦ 尽瘁:竭尽心力,不辞劳苦。《诗经·小雅·北山》:"或燕燕居息,或尽瘁事国。"毛传:"尽力劳病,以从国事。"

⑧ 广宁:清肇庆府广宁县(今属广东肇庆市)。《清史稿》本传谓林则徐"行次潮州病卒"。今学者认为林则徐病卒于潮州普宁(今广东揭阳市普宁市洪阳镇)。　行馆:旧时官员出行在外的临时住所。

⑨ 武乡侯:三国蜀丞相诸葛亮。字孔明,琅邪阳都(今山东临沂市沂南县南)人。东汉

末隐居南阳郡邓县(治今湖北襄阳市襄州区)隆中,被称为"卧龙"。刘备称帝后,任蜀汉丞相。刘禅继位,封武乡侯。建兴十二年(234),与魏司马懿在渭南相拒,病死于五丈原(今陕西宝鸡市岐山县南)军中,葬定军山(今陕西汉中市勉县西南)。谥忠武侯。唐杜甫《蜀相》诗曰:"丞相祠堂何处寻,锦官城外柏森森。映阶碧草自春色,隔叶黄鹂空好音。三顾频繁天下计,两朝开济老臣心。出师未捷身先死,长使英雄泪满襟。"见仇兆鳌《杜诗详注》卷九。

⑩ 宗忠简:宗泽,字汝霖,北宋婺州义乌(今属浙江)人。元祐六年(1091)进士。靖康元年(1126)知磁州,募集义勇,抗击金兵。康王赵构(高宗)使金,行至磁,为泽劝返相州,开大元帅府。泽以副元帅从王起兵,南下救援京师。次年除延康殿学士、京城留守,兼开封尹。招降王善、杨进等盗寇协同防御,又结诸路义兵,用岳飞为将,屡挫金兵。泽前后请高宗还京二十馀奏,为议和派所阻,忧愤成疾,临死连呼"过河"者三。赠观文殿学士、通议大夫,谥忠简。

8. 和珅蒙恩眷之缘

　　乾隆朝,故相和珅贵为首辅,爵封上公①,子尚公主②,凡一切龙褂、紫缰、双翎、宝顶③,茂典殊荣④,靡不崇备⑤。本朝八旗大臣中,宠眷罕有其伦。闻其始特蒙仪卫一校尉⑥。一日,警跸出宫,上偶于舆中阅边报,有奏要犯脱逃者,上微怒,诵《论语》"虎兕出于柙"三语⑦。扈从诸校尉及期门羽林之属⑧,咸愕眙互询天语云何⑨。和珅独曰:"爷谓典守者不得辞其责耳。"(凡内臣称上皆曰老爷子,或曰佛爷。)上为霁颜⑩,问:"汝读《论语》乎?"对曰:"然。"又问家世、年岁,奏对皆称旨。自是恩礼日隆,迁官多不次⑪。和珅才敏给,遇事机牙肆应⑫,尤善揣人主喜怒,以故高宗晚年倚毗益笃⑬。设稍感激知遇,持盈保泰⑭,移其封殖自利之谋⑮,以协赞军国,其功名福泽,岂在郭汾阳下⑯?后之懿亲戚畹⑰,肺附国家者⑱,鉴之哉!鉴之哉!(《郎潜纪闻初笔》卷四)

【注释】

① 上公:公爵的尊称。嘉庆三年(1798)八月,和珅以俘四川教匪王三槐功,晋封一等

忠襄公。四年正月，赐死夺爵。

② 尚：娶公主为妻曰"尚"。乾隆五十四年（1789），和珅长子丰绅殷德与高宗十公主固伦和孝公主成婚。

③ 龙褂：绣有盘龙的补服。参见第385页第6则注释⑭。　　紫缰：紫色马缰绳。清皇室近支与有功大臣特许乘马用紫缰，以示恩宠。　　双翎：即双眼花翎。花翎为清冠饰，以孔雀羽制成，插在冠后，作为昭明品级、奖赏功勋的标志。花翎有单眼、双眼、三眼之别，以三眼花翎为最贵。　　宝顶：即顶戴。参见第203页第5则注释㉚。

④ 茂典殊荣：谓盛大仪典与特殊荣耀。

⑤ 崇备：犹推崇备至。

⑥ 特：仅；但；只是。　　銮仪卫：清宫廷服务机构，掌帝、后车驾仪仗。顺治元年（1644）设，初沿明制称"锦衣卫"，二年改称"銮仪卫"，定各官品秩。长官为掌銮仪卫事大臣（正一品），以下设銮仪使（正二品）、冠军使（正三品）、云麾使（正四品）、治仪正（正五品）、整仪尉（正六品）。又下设左、右、中、前、后五所，銮舆、驯马、擎盖、弓矢、旌节、幡幢、扇手、斧钺、戈戟、班剑十司；后增设驯象一所，分东、西二司，各以经历、主事、卫士充之。　　校尉：明清以称卫士，低级军职。

⑦ 虎兕句：《论语·季氏》："虎兕出于柙，龟玉毁于椟中，是谁之过与？"意谓老虎、野牛从笼内逃出，龟甲、宝玉在匣中毁坏，典守者不能辞其过。虎兕（sì），老虎与野牛。兕，一说指雌犀。柙（xiá），关动物的笼子、栅栏。椟，柜，函，匣。

⑧ 期门羽林：泛指扈从侍卫。期门，汉武帝时置，掌执兵扈从护卫。武帝喜微行，多与西北六郡良家子能骑射者期约在殿门会合，故称。汉平帝时更名虎贲郎。羽林，禁卫军。

⑨ 愕眙：惊视。　　天语：谓天子诏谕。

⑩ 霁颜：收敛威怒之容。

⑪ 不次：不按寻常次序。犹超擢，破格。

⑫ 机牙肆应：谓善于言辞与应对。

⑬ 倚毗：倚重亲近。

⑭ 持盈保泰：谓持守成业、保持安宁。

⑮ 封殖：谓聚敛财货。

⑯ 郭汾阳：唐大将郭子仪。参见第 268 页第 22 则注释③。

⑰ 懿亲戚畹：指皇室宗亲、外戚。

⑱ 肺附：比喻帝王的亲属或亲戚。《汉书·刘向传》："臣幸得托肺附，诚见阴阳不调，不敢不通所闻。"颜师古注："旧解云，肺附谓肝肺相附著，犹言心膂也。一说，肺谓斫木之肺札也，自言于帝室犹肺札附于大材木也。"

9. 曾文正公不禁秦淮灯舫

六朝金粉之遗①，只剩秦淮一湾水。逮明季马湘兰、李香君辈出②，风情色艺，倾动才流③，迄今读板桥之记、画舫之录④，纸墨间犹留馨逸⑤。自兵燹十年⑥，而一片欢场，又复鞠为茂草矣⑦。金陵克复后数月，画船箫鼓，渐次萌芽。时六安涂廉访守郡⑧，亟飞牒县厉禁⑨。次日，谒曾文正公。公笑谓曰："闻淮河灯船，尚落落如曙星⑩，吾昔计偕过此⑪，千艘梭织，笙歌彻宵，洵承平乐事也。"又次日，公先约幕府诸君，买棹游览，并命江宁、上元二邑令⑫，设席款太守。一时士女欢声，商贾麕集，河房榛莽之区⑬，白舫红帘，日益繁盛，寓公土著⑭，闻信来归，遂大有丰昌气象。公真知政体哉。（《郎潜纪闻初笔》卷七）

【注释】

① 金粉：喻指繁华绮丽的生活。

② 马湘兰：本名守真，小字玄儿，号月娇，南京（今属江苏）人。金陵旧院歌妓，豪侠而多才。以善画兰，故湘兰之名独著。亦工诗。与长洲王稚登有深交。明万历三十二年（1604）卒，年五十七。　李香君：本姓吴，幼从养母改姓李，苏州（今属江苏）人。南京秣陵教坊歌妓。丝竹琵琶、音律诗词无一不通，尤善弹唱《琵琶记》。尝遇侯方域于秦淮，力劝其勿与阮大铖交。方域下第离南京，又置酒送行，示意爱重名节。顺治十年（1653）卒，年三十。孔尚任作《桃花扇》，即以其事为题材。明末清初，南京秦淮多名妓。后人从余怀《板桥杂记》中选出顾横波、董小宛、卞玉京、李香君、寇白门、马湘兰六人，又加入柳如是、陈圆圆，并称为"秦淮八艳"。

③ 才流：犹才士。

④ 板桥：即《板桥杂记》。三卷，附录二卷，余怀撰。怀字澹心，一字无怀，号曼翁、广霞，莆田(今属福建)人，侨居江宁。明亡不仕，隐于吴门，漫游支硎、灵岩间，征选歌曲，与杜浚、白仲调齐名，时称"余杜白"。康熙二十九年(1690)卒，年八十。是书分上卷"雅游"、中卷"丽品"、下卷"轶事"，记明末南京秦淮长板桥一带旧院及南市、珠市闻见，载录诸名妓生平色艺，寓一代之兴衰焉。　画舫：即《扬州画舫录》。参见第426页第8则注释㉒。

⑤ 馨逸：此指香艳之气。

⑥ 兵燹十年：指咸丰三年至同治三年(1853—1864)，太平天国占据江宁改称天京的十二年。

⑦ 鞠：俯伏。

⑧ 涂廉访：涂宗瀛，号朗轩，六安(今属安徽)人。道光二十四年(1844)举人，铨江苏知县。曾国藩督两江，檄主军饷，累保授江宁知府。同治九年(1870)，擢苏松太道。明年，迁湖南按察使，晋布政使。光绪三年(1877)，擢广西巡抚。七年，调湖南巡抚，擢湖广总督。乞休归。二十年卒，年八十三。廉访，清以称按察使。

⑨ 飞牒：快件文书。

⑩ 落落：稀疏；零落。

⑪ 计偕：举人赴京会试。参见第19页第16则注释②。

⑫ 江宁、上元：清江宁府附郭县(今江苏南京市)。

⑬ 河房：指江宁秦淮河两岸房舍。　榛莽：荒原。

⑭ 寓公：古指失其领地而寄居他国的贵族。后泛指流亡而寄居他乡的官僚士绅。

10. 严武伯不愧古之义侠

虞山钱宗伯下世①，其族人凤受卵翼者②，妄意室中之藏，纠合亡赖少年，嚣于宗伯爱妾所谓河东君者之室③，诟厉万端，河东君遂自杀。同县严生武伯不胜其愤④，鸣鼓草檄，以声厥罪，宗伯之家始安。夫宗伯以前朝魁硕⑤，宗匠儒林，晚节摧颓，至尽丧其数十年谈忠说孝之面目，其人诚不足论。第其生前奖借孤寒⑥，陶成后进⑦，一旦声华渐灭，而平日依草附木之辈，遂反唇而肆其訾謷⑧，迄于家室漂摇，姬姜毕命⑨,葛裙练帔⑩,孤雏可怜,亦未始非人情之过薄。河东君一死报主,地下老尚书,不知相对作何语。若严生者,可不谓古之义侠与?(《郎潜纪闻初笔》卷八)

【注释】

① 钱宗伯:钱谦益。参见第68页第17则注释⑬。因曾官南明弘光朝礼部尚书,故称"宗伯"。

② 卵翼:鸟用翼护卵,孵出小鸟,比喻养育或庇护。今多用于贬义。

③ 河东君:明末歌妓柳如是。本名杨爱,嘉兴(今属浙江)人。自幼被卖与官宦人家,后沦落青楼,为江南名妓。改姓柳名隐,字如是,号河东君。即以字行。工诗善画,风流纵诞。崇祯十四年(1641),嫁钱谦益为妾。甲申之变后,谦益为弘光朝礼部尚书。清兵迫南都,力劝谦益自杀殉明,不从。谦益降清北上,如是留南京。寻谦益辞官归,居常熟虞山。顺治四年(1647),谦益以助反清事入狱,如是奔走呼号救以出。康熙三年(1664)谦益卒,族人争产,如是自缢殉之,年四十七。有《湖上草》《戊寅草》等。

④ 严武伯:严熊,字武伯,明常熟(今属江苏苏州市)人。江南名士。

⑤ 魁硕:大学者。

⑥ 奖借:勉励推许。

⑦ 陶成:陶冶使成就。

⑧ 訾謷(zǐ'áo):亦作"訾啅"。攻讦诋毁。

⑨ 姬姜:春秋时,周王室姬姓常与齐国姜姓通婚姻,因以"姬姜"为贵族妇女之称。后泛指美女。

⑩ 葛裙练帔:亦作"葛帔练裙"。谓用葛布粗麻所制成的披肩和裙子。帔(pèi),披肩。练,应为"綀",形近而误;綀(shū),粗麻织物。《南史·任昉传》:"西华冬月著葛帔练裙,道逢平原刘孝标,泫然矜之,谓曰:'我当为卿作计。'"后因以为怜恤友人贫困之典。

11. 甘泉黄隐士

甘泉隐士黄文旸①,雄文侠气,交遍人寰。淑配赵氏②,世称净因道人,食贫偕隐，以诗画相唱和。或赌记书籍，策数典故以为乐③。隐士性好友，道人则鬻书画、斥簪珥以助之④，忍冻耐饥，宾客恒满。吴梅村祭酒之孙⑤，贫饿于竹西路⑥，隐士割宅居之。其子女失母，道人抚之至成立。阮文达公夙善隐士⑦，当荐往曲阜⑧，为衍圣公师⑨，迎道人偕之鲁。公抚浙，复邀至西湖，开别馆居二老，每竹舆小舫，秋衫白发，潇洒于六桥三竺间⑩，望之者以为神仙伉俪。后道人殁⑪，公为作传。康祺按：黄氏夫妇俪洁涵馨⑫，风流照代，自是人间嘉耦。倘不得礼贤好事如文达其人，则冀却缺田间终老⑬，谁传馌饷之恭⑭；梁伯鸾庑下长依⑮，孰恤赁春之困⑯。并世奇男淑女，慧业天生⑰，湮没蓬蒿，姓名翳寂⑱，岂少也哉？（《郎潜纪闻初笔》卷十三）

【注释】

① 黄文旸：字时若，号秋平，甘泉（今江苏扬州市）人。贡生。工诗古文词，通声律。乾隆时，两淮盐运司设词曲局于扬州，聘为总裁。与焦循、阮元、李斗等交游。著作存世有《曲海总目》《扫垢山房诗钞》等。

② 淑配：佳偶；贤妻。

③ 策数（shǔ）：犹考量。

④ 簪珥：发簪和耳饰。妇人首饰。

⑤ 吴梅村：吴伟业，号梅村。参见第57页第11则注释①。入清，官至国子监祭酒。

⑥ 竹西路：扬州别称。唐杜牧《题扬州禅智寺》诗："谁知竹西路，歌吹是扬州。"见《全唐诗》卷五百二十二。后人因于其处筑竹西亭，又名歌吹亭，在扬州府甘泉县北。

⑦ 阮文达：阮元，谥文达。参见第194页第3则注释①。

⑧ 曲阜：清兖州府曲阜县（今属山东济宁市）。古为鲁国都，孔子故里。

⑨ 衍圣公：孔子后裔封号。自西汉始封孔子后裔，至唐皆有封，称侯爵、公爵不一。北宋仁宗至和二年（1055），改封世袭衍圣公，掌奉阙里庙祀。后相沿不变，并赐林庙地、印、袍带等，置属官。

⑩ 六桥：杭州西湖外湖苏堤上之映波、锁澜、望山、压堤、东浦、跨虹六桥，宋苏轼所建。亦指西湖里湖之环璧、流金、卧龙、隐秀、景行、浚源六桥，明杨孟瑛所建。　三竺：杭州灵隐山飞来峰东南有天竺山，上有上天竺、中天竺、下天竺三座寺院，合称"三天

竺"，简称"三竺"。

⑪ 殁(mò)：同"殁"。

⑫ 俪洁涵馨：意谓双双操守清白、德行远播。

⑬ 却缺：谓辞官而退。缺，官职空额，泛指官职。

⑭ 馌(yè)饷：送食物至田头。亦泛指送食。

⑮ 梁伯鸾：梁鸿，字伯鸾，东汉扶风平陵(今陕西咸阳市)人。少孤，受业太学，家贫而尚节介。学毕，牧豕上林苑，误遗火延及他舍，悉以豕偿舍主，不足，为佣以偿。归乡，娶丑女孟光，隐居霸陵山中，以耕织为业。章帝时过京师洛阳，见宫室侈丽，作《五噫歌》以刺，为朝廷所忌，遂改变姓名，东逃齐鲁。后往吴，依大家皋伯通，居其庑下，为人佣工舂米。每归，妻孟光为具食，举案齐眉。伯通异之，舍于家，鸿乃潜闭著书十馀篇。未几病卒，葬于吴要离冢旁。葬毕，妻孟光归扶风。事见《后汉书·逸民传·梁鸿》。

⑯ 赁舂：谓受雇为人舂米。

⑰ 慧业：佛教语。指智慧的业缘。

⑱ 黳寂：隐没无闻。

12. 于清端嗜酒

吴三桂之变，全楚震动，土匪蜂起。时于清端守武昌①，威惠素著，剿抚兼施，计擒大冶贼黄金龙②，斩之，降其众数千。捷闻，巡抚张公朝珍持露布示僚属曰③："人谓我不当用醉汉，今定何如？"盖清端尝襄事秋闱④，陪大吏觞两使者⑤，抵掌论时事，饮数十巨觥，闱中皆笑公酒狂，故张公及之也。康祺按：今属吏见长官，多嗫嚅逡巡⑥，拘守仪节，公独于皇华公谳之座⑦，侃侃直言，靡所避忌。恐此时豪气已足吞逆藩而有馀，况金龙一无赖贼哉？(《郎潜纪闻初笔》卷十四)

【注释】

① 于清端：于成龙，字北溟，号于山，永宁(今山西吕梁市离石区)人。明崇祯间副榜贡生。顺治十八年(1661)，调选授广西罗城知县，居七年，县大治，荐为"卓异"。康熙

六年(1667),迁四川合州知州。两年后,调湖广黄冈同知,缉盗而全境平,巡抚张朝珍举为"卓异"。十三年,署武昌知府。吴三桂叛军犯湖南,湖北州县麻城、大冶等地盗匪皆倚山结寨应三桂,成龙力剿之,擒斩盗首黄金龙。巡抚张朝珍以闻,寻擢黄州知府。又平东山盗,生擒何士荣。十六年,擢江防道,驻黄州。十七年,迁福建按察使,荐为"廉能第一",迁布政使。十九年,擢直隶巡抚。入觐召对,褒为"清官第一"。二十二年,授江南江西总督,兼江苏、安徽两地巡抚。逾年卒,年六十八。赐祭葬,谥清端。

② 大冶:清武昌府大冶县(今属湖北黄石市)。康熙十三年(1674),大冶人黄金龙潜入黄州鼓动反清,以响应吴三桂。金龙等拥众数万,啸起于麻城曹家河。湖广巡抚张朝珍急调武昌知府于成龙进剿。成龙说服寨中刘君孚降,金龙败走罗田纸棚河,成龙擒斩之。

③ 张朝珍:生平仕履未详。康熙十二年至十九年(1673—1680),任湖广巡抚,卒于官。

④ 襄事秋闱:谓协助乡试事宜。

⑤ 两使:此指乡试正副考官。每科乡试前,由礼部拟单,进呈钦定简放,赴各省主持考试。

⑥ 嗫嚅逡巡:谓欲言又止、胆小谨慎貌。

⑦ 皇华:《诗经·小雅·皇皇者华序》:"《皇皇者华》,君遣使臣也。送之以礼乐,言远而有光华也。"后因以"皇华"为赞颂奉命出使或出使者的典故。　　公讌:亦作"公筵"。公卿或官府宴会。

13. 于清端之廉俭

国朝贤臣,必以于清端为清廉第一。罗城非人所居①,即王恺、石崇到此②,岂复能豪举。公之得力,在动心忍性,不必以俭德称也。自江防迁闽臬③,舟将发,趣人买萝卜至数石④。人笑曰:"贱物耳,何多为?"公曰:"我沿途供馔,赖此矣。"其自北直赴江宁也⑤,与幼子赁驴车一辆,各袖钱数十文,投旅舍,未尝烦驿递公馆也⑥。在制府署⑦,日惟啖青菜,江南人或呼为"于青菜"。仆从无从得茗,则日采衙后槐叶啖之,树为之秃。诸子冬衣褐,或木棉袍,未尝制一裘。官楚时,长公子将归,署中偶有腌鸭,刳半与之。民间有"于公豆腐量太狭⑧,长公临行割半鸭"之谣。公卒之日,僚吏见床头敝笥中⑨,惟绨袍一袭⑩,靴带二事,瓦瓮中粗米数斛,盐豉数器而已。公之贤,不仅以廉俭见,特公之清操苦节,夷险一致⑪,尤为人所难能。若夫身为大臣,但能却苞苴⑫、安澹泊,于国计民生,坐视其瘝败惰偷而绝无补救⑬,然则植木偶于庭,并水不饮,不更愈于只饮杯水者乎?(《郎潜纪闻二笔》卷三)

【注释】

① 罗城:清柳州府罗城县(今属广西河池市)。顺治十八年(1661),授于成龙罗城知县。

② 王恺:字君夫,西晋东海郯县(今山东临沂市郯城县)人。司马昭妻弟。历位清显,官至后军将军。性豪侈,尝以赤石脂泥壁,与石崇斗富。 石崇:字季伦,小字齐奴,西晋渤海南皮(今河北沧州市南皮县北)人。初为修武令,累迁至侍中。永熙元年(290),出为荆州刺史,以劫掠客商致巨富。与贵戚王恺、羊琇等争为奢靡,又谄事贾谧,为"二十四友"之一。永康元年(300),八王之乱时,因与齐王同善,为赵王伦所杀。

③ 江防:清江防道,驻黄州。 闽臬:福建按察使。

④ 石(shí,今读dàn):量词。计算重量单位。一百二十斤为一石。

⑤ 北直:明置北直隶。清改直隶省,治保定府(今河北保定市)。

⑥ 驿递:驿站。

⑦ 制府署:总督衙门。康熙二十二年(1683),于成龙为江南江西总督,驻江宁(今江苏南京市)。

⑧ 于公豆腐:以于成龙饮食极简,常食豆腐、青菜,故有"于豆腐""于青菜"之称。

⑨ 敝笥(sì):破旧竹箱。

⑩ 绨(tí)袍:厚帛制成的长袍。

⑪ 夷险:平顺与艰险。

⑫ 苞苴:指贿赂。参见第110页第11则注释⑤。

⑬ 瘝(yǔ)败惰偷:衰败萎靡、懈怠苟且。

14. 于清端忧谗畏讥

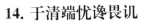

　　清端晚岁，或有以蜚语闻者，公心动。时熊文端罢相居江宁①，一日，过文端舍，坐梧桐树下，语及之。文端曰："公亦虑此耶？大丈夫勘得透时②，虽生死不可易，何况其他？"公曰："敬受教。"其明年，乞休弗许，再过文端，有忧色。文端厉声曰："遂忘梧桐树下语耶？"未几，公卒于官。康祺按：本朝名臣踵接，康熙间尤众正盈庭。至清贞介特如于公，不可谓非铁汉，然忧谗畏讥，贤者不免，卒赖天子神圣，末路幸全③，公亦可无憾已。熊文端梧桐树下数言，良臣謇謇④，良友偲偲⑤，全是一腔浩气。（《郎潜纪闻二笔》卷三）

【注释】

① 熊文端：熊赐履，谥文端。参见第180页第4则注释⑭。

② 勘得透：犹深察洞究。勘，察看，探测。

③ 末路幸全：谓晚年侥幸得以保全。

④ 謇謇：忠直貌。

⑤ 偲偲（sī—）：互相勉励。《论语·子路》："朋友切切偲偲，兄弟怡怡。"何晏集解引马融曰："切切偲偲，相切责之貌；怡怡，和顺之貌。"

15. 关忠节早定死志

　　关忠节公天培①，道光朝名将也。起行伍，拜专阃②，官广东水师提督③。时海警方萌芽，与林文忠经营十台④，累战克捷。奏上，公卿相贺。嗣以和战聚讼，廷议蜩羹⑤，孤军莫援，公卒身受数十创以殉，天下痛之。方公以海运入都，常从故人饮酒肆中，醉而言曰："日者谓吾生当扬威⑥，死当庙食⑦，今吾年四十馀，安有是哉！"夷难起，缄一匣寄家人，坚不可开。及后启视，则堕齿数枚，赐衣一袭而已，盖死志早定也。呜呼！庚、辛海上之变⑧，文臣中可倚以御侮者，仅林文忠公一人，次则裕靖节耳⑨。奈懿亲重臣，临戎丧胆，彻防媚敌，惟恐失欢，以致穷岛魑魅之徒⑩，横行滇渤⑪，择利而食。而一时筑室之议⑫，反以开衅责文忠⑬，以穷蹙而死谤靖节⑭；赤舌烧城⑮，天地易位，至今犹有拾唾馀者。至于陈忠愍公之守吴淞⑯，葛壮节、王刚节、郑忠节三公之守定海⑰，及公之守虎门，皆以同舟匪夫⑱，援绝鼓死⑲，结缨免胄⑳，颓我长城。余生庚子，世贯海东㉑，采父老之传闻，睹近年之世变，濡笔纪此，愤气填膺。恨不能起懦帅残魂，缕割寸刽㉒，充死事诸忠臣祠庙牺牢之用㉓。呜呼！亦何及已。（按：关忠节在广，著《筹海集》，其奏疏亦俊伟光明，咸出公手，非假幕僚，倘生承平，亦彬彬儒将也。）（《郎潜纪闻二笔》卷四）

【注释】

① 关天培：字滋圃，山阳（今江苏淮安市淮安区）人。由行伍洊升太湖营水师副将。道光六年（1826），督护海运百四十馀艘抵天津，被优叙，擢苏松镇总兵。十三年，署江南提督。十四年，授广东水师提督。至则整饬海防，增修虎门、南山、横档诸炮台，铸大炮四十座，请筹操练犒赏经费。禁烟事起，偕总督邓廷桢侦缉甚力。十九年，林则徐莅广东，助缴烟二万馀箱，焚之。英舰来犯，率兵阻之穿鼻洋，击退之。二十年春，英军复来攻，陷虎门外沙角、大角诸炮台，虎门危急。天培与总兵分守靖远、威远炮台，请援，琦善仅遣兵二百。二十一年正月，英军陷横档、永安炮台，猛攻虎门。天培请援无应者，率守台兵仅数百，浴血奋战，杀伤相当。敌自台后攒击，天培身被数十创而殉，虎门遂陷。优恤，予骑都尉兼一云骑尉世职，谥忠节。

② 专阃：谓将帅在外统军。《史记·张释之冯唐列传》："臣闻上古王者之遣将也，跪而推毂曰：'阃以内者，寡人制之；阃以外者，将军制之。'"裴骃集解引韦昭曰："此郭门之阃也。门中橛曰阃。"

③ 水师提督：武职，从一品。清提督分陆路提督和水师提督。康熙时置水师提督，至同治，计有福建水师提督（驻厦门）、广东水师提督（驻虎门）、长江水师提督（太平、岳州两地互驻）；又有兼辖水陆提督三人，分别在江南（驻松江）、湖南（驻辰州）、浙江（驻宁波）。

④ 十台：指虎门要塞分布于珠江口两岸的十座炮台。林则徐销烟后，与关天培等筹备防务，加固和新建虎门炮台，以沙角、大角炮台为第一重门户，以威远、镇远、靖远、巩固、永安、横档、前山月台炮台为第二重门户，以大虎炮台为第三重门户，凡三道

防线。

⑤ 蜩(tiáo)羹：即"蜩螗沸羹"之省。《诗经·大雅·荡》："如蜩如螗,如沸如羹。"后因以"蜩螗沸羹"形容声音嘈杂喧闹,如同蝉噪、水滚、羹沸一般。常以喻纷扰不宁。

⑥ 日者：古时以占候卜筮为业者。

⑦ 庙食：祭飨。参见第175页第1则注释⑤。

⑧ 庚、辛海上之变：指道光二十年庚子至二十一年辛丑(1840—1841),第一次鸦片战争。

⑨ 裕靖节：裕谦,谥靖节。参见第335页第16则注释⑩。

⑩ 穷岛魑魅：指英国入侵者。魑魅,传说中的山川鬼怪。

⑪ 溟渤：溟海与渤海。多泛指大海。

⑫ 筑室：即"筑室道谋"之省。谓盖房与路人商量。喻己无主见,东问西问,人多言杂,必难成事。《诗经·小雅·小旻》："如彼筑室于道谋,是用不溃于成。"毛传："溃,遂也。"郑玄笺："如当路筑室,得人而与之谋所为,路人之意不同,故不得遂成也。"

⑬ 开衅：引起争端。后多指挑起战争。时廷议谓林则徐禁烟,挑起战争。

⑭ 穷蹙：窘迫;困厄。道光二十一年,英兵陷定海后进攻镇海,镇海守兵溃,裕谦投水被救起,以小舟载往馀姚,卒于途。

⑮ 赤舌烧城：喻谗言为害极其严重。赤舌,火舌,喻谗毁者之口。

⑯ 陈忠愍：陈化成,谥忠愍。参见第347页第24则注释①。

⑰ 葛壮节：葛云飞,谥壮节。参见第334页第16则注释①。王刚节：王锡朋,谥刚节。　郑忠节：郑国鸿,谥忠节。以上均参见第335页第16则注释⑧。

⑱ 同舟匪夫：谓同舟非丈夫。指无共赴国难者。《左传·宣公十二年》："且成师以出,闻敌强而退,非夫也。"杜预注："非丈夫。"

⑲ 援绝鼓死：谓孤军无援。鼓,击鼓使进。鼓死,指不闻进军鼓声,即援军不至。

⑳ 结缨免胄：谓从容赴死。结缨,系好帽带,指从容就死。《左传·哀公十五年》："子路曰:'君子死,冠不免。'结缨而死。"免胄,脱下头盔而致礼,指决死。

㉑ 世贯海东：谓祖籍东海。陈康祺为宁波鄞县(今浙江宁波市)人,地近东海。

㉒ 刲(kuī)：刺;割。

㉓ 牺牢：供宴飨或祭祀用的牛、羊、猪。

16. 老吏论各省吏事之坏

　　曩于东华门外酒家晤一老吏，自言作幕二十年，作官三十年，游历九行省，极论兵乱以前各省吏治之坏，滔滔汩汩，口若翻澜。且云："当时知府、知县，幸不甚知①；知则劫富民，噬弱户，索土产，兴陋规，百姓更不堪命。巡抚、巡道，幸不常巡；巡则搅驿道，折夫马，斥供张②，勒馈赆③，属吏更不堪命，仍苦百姓耳。"其言殊太激切。天下之大，百官之众，小廉大法④，岂繄无人⑤。钱唐袁枚令沭阳⑥，南靖庄廉访亨阳以淮徐海道来巡⑦，就馆，馈馔烝受之⑧，止袁共饮。问沭水原委簿领利病甚悉⑨，旁及山经地志星象乐律甚辨。翼日，会诸生于学，讲《中庸》卒章⑩，款款尽意⑪，闻者色动。翼日，校丁壮发矢⑫，矢旁决⑬；爇火器⑭，器闭。诸丁伏地请罪，袁亦起谢。廉访乃弛外衣，手弓而前，教如法，矢发，十八人无不当鹄者⑮，火器亦如之。毕，就坐，笑谓袁曰："而奚慊慊耶⑯？专心治民，吾职在巡，年年来为子教之可也。"从苍头二人⑰，僮一人，皆自饮其马。临去，犒以金，坚不受。后公卒于官，民为罢市号哭，赙以钱，一日至六千缗。呜呼！巡道如公，民方恐其来巡之暮也。（《郎潜纪闻二笔》卷五）

【注释】

① 知：执掌；主持。

② 斥供张：谓大摆宴席。斥，扩大。供张，参见第 386 页第 7 则注释⑥。

③ 馈赆：指赠送的礼物钱财。

④ 小廉：小事上廉洁。因非大德，故曰小廉。　　大法：指朝廷纲纪。

⑤ 繄(yī)：是。

⑥ 沭阳：清淮安府沭阳县(今属江苏宿迁市)。乾隆八年至十年(1743—1745)，袁枚任沭阳知县。

⑦ 庄亨阳：字元仲，号复斋，南靖(今福建漳州市靖城镇)人。康熙五十七年(1718)进士，授潍县知县。乾隆元年(1736)，以荐授国子监助教。迁吏部主事，补德安府同知，擢徐州知府。九年，迁按察司副使、分巡淮徐海道。为官清廉刚正，又通算术，善

治河防,著《庄氏算学》,时谓推究高深,测量之宜。十一年卒于任,年六十一。卒之
日,淮海民罢市奔走,树帜哭而投赙。　　淮徐海道:辖淮安府、徐州府、海州,驻宿
迁。乾隆八年(1743)置。

⑧ 殽烝(yáozhēng):将带骨的熟肉放于俎上,以享宾客。殽,通"肴"。

⑨ 沭水:流经沭阳城西的大河,向南注入黄河。　　薄(bù)领:官府记事簿册或文书。

⑩ 《中庸》卒章:《中庸》最后一章,即第三十三章。多引《诗经》成句,言君子立心之本,
盖简淡而温于外,敬信且理于内,戒谨慎独,驯致乎中庸之境。

⑪ 款款:诚恳深情貌。

⑫ 校(jiào):考校;考核。

⑬ 旁决:谓射偏。决,穿通。

⑭ 爇(ruò):燃点。

⑮ 当鹄(gǔ):谓对准靶心。鹄,箭靶中心。

⑯ 慊慊:心不满足貌。此句意谓你为何不满意呢。

⑰ 苍头:奴仆。

17. 纪文达不轻著书之原因

　　纪文达平生未尝著书,间为人作序记碑表之属①,亦随即弃掷,未尝存稿。或
以为言。公曰:"吾自校理秘书②,纵观古今著述,知作者固已大备。后之人竭其心
思才力,要不出古人之范围③,其自谓过之者,皆不知量之甚者也。"我辈薄植④,偶
作一二短书杂说,辄姁姁姝姝⑤,有亟于表襮之心⑥,读此能不颜厚。(《郎潜纪闻二
笔》卷六)

【注释】

① 间(jiàn):间或。偶尔;有时候。

② 秘书:宫廷秘藏之书。

③ 要(yào):总归。

④ 薄植:亦作"薄殖"。根基薄弱;学识浅薄。

⑤ 姁姁(xǔ—)妹妹(shū—)：喜悦自得貌。

⑥ 表襮(bó)：自炫。

18. 杨馝之治行

光禄寺少卿杨馝静山①，康熙朝循吏也。知固安②，预修永定河③。故事，秋汛毕即兴工，时永定河道黄某赋役钱不均④，迟延及冬，朝涉者股战⑤，公意怜之，许日出后下钁⑥。黄巡工，迟民之来，欲笞之，公力争不得，乃直前牵马至冻处曰："公能往，民亦能往，此时日高舂⑦，公重裘尚瑟缩⑧，乃责此赤胫者戴星来耶？"黄大恚，将缮牒劾⑨。会巡抚李文贞过柳家口⑩，闻其事，召谓曰："汝年少能然，古之任延也⑪。"劳以酒，解裘衣之，事得释。调宛平⑫，圣祖巡畿南，固安老幼争乞留。圣祖曰："别与汝固安一好官，何如？"一女子对曰："何不别以好官与宛平耶？"圣祖大笑，以为诚，许食知州俸，仍令固安。寻迁云南丽江府⑬，丽江故苗地，新归版籍，公乃召土官为典史⑭，诸里魁以头目充，令人树榆一本，亩蓄水一沟，建文庙，定婚丧之制，期年岁熟，俗为一变。民饰庙以祀⑮，号第一太守祠。累迁至四川巡抚。乾隆初，缘言事罢。再起，以光少告归⑯。公奉天人⑰，隶正黄旗籍。（《郎潜纪闻二笔》卷六）

【注释】

① 杨馝：字静山，隶汉军正黄旗。康熙时历固安知县。雍正二年(1724)，迁云南丽江知府。抵郡视事，乃首查民病，均平赋役，招徕劝垦，出庄院为奴之良民；又定制度，编保甲，兴水利，创雪山书院，鼓民向学之志。一载之间，乡俗为一变。十三年，迁四川巡抚，乾隆四年(1739)罢。官至光禄寺少卿。

② 固安：清顺天府固安县(今属河北廊坊市)。

③ 永定河：由京西北而下，经固安折向东流入海河。

④ 永定河道：清直隶永定河道，掌管直隶河务，驻固安。

⑤ 朝涉者：谓清早下河服役者。 股战：犹股粟。大腿发抖。此处形容寒冷至极。

⑥ 钁(jué)：钁头。一种类似镐的掘土农具。

⑦ 高舂：指日影西斜近黄昏时。

⑧ 重（zhòng）裘：厚毛皮衣。   瑟缩：此指因寒冷而蜷缩。

⑨ 缮牒：书写简札。

⑩ 李文贞：李光地，字晋卿，号厚庵，安溪（今属福建泉州市）人。康熙九年（1670）进士，选庶吉士，授编修。十二年省亲归。寻耿精忠反，光地奉亲隐匿山谷间，精忠遣人招之，力拒。十四年，密疏朝廷收复福州之径，上动容，授侍读学士。十九年，入京，授内阁学士。入对，询以台湾之事，荐施琅习海上形势，知兵可重任，上用其言，卒平台湾。二十五年，授翰林院掌院学士。后历兵部侍郎、工部侍郎兼直隶学政。三十七年，出为直隶巡抚，督治漳河、滹沱河水患。四十二年，擢吏部尚书兼管巡抚事。四十四年，拜文渊阁大学士，命掌校《朱子全书》《周易折中》《性理新义》诸书。五十七年卒，年七十七。谥文贞。有《榕村全集》。

⑪ 任延：疑为"任诞"之误。任诞，任性而放纵。

⑫ 宛平：清顺天府宛平县（今北京市丰台区）。

⑬ 丽江府：明为丽江军民府，以木德世袭之。参见第 28 页第 22 则注释㉑。清顺治十六年（1659）改土府省并入，府治丽江（今属云南）。雍正元年（1723）设流官，明年杨毖到任，为第一任流官知府。

⑭ 土官：即土司。元明清时期于西北、西南地区所设土官，由当地酋长充任并世袭。武职有宣慰使、宣抚使、按抚使等，文职有土知府、土知州、土知县等。区别于由朝廷委派的有任期、非世袭、非土著的流官。   典史：清县级未入流属官，掌监察狱囚。参见第 153 页第 6 则注释㉛。

⑮ 饬（chì）庙：修治祠庙。饬，通"饬"。

⑯ 光少：光禄寺少卿的省称。参见第 67 页第 17 则注释⑫。

⑰ 奉天：清盛京奉天府（今辽宁沈阳市）。

19. 诗人遭际以沈归愚为最隆

诗人遭际，自唐宋至本朝，以长洲沈尚书为第一①，天下孤寒，几视为形求梦卜矣。当公进呈新诗时，中有"夜梦俞淑人"一首②，未经删去。高宗见之，谓汝既悼亡③,何不假归料理,因赐诗送行。还朝后,同内直诸臣恭和悼孝贤皇后挽章④,中有"儿"字、"亡"字,难于措词,公独云:"普天俱洒泪,老耄似童儿。"又云:"海外三山杳⑤,宫中一鉴亡。"命即写卷后,传示诸臣。又公告归,命大司马梁诗正奉御制十二本⑥,令德潜逐日校阅,先缴进四本。上命之曰:"改几处,俱依汝。惟《大钟歌》中云'道衍俨被荣将命'⑦,汝改'荣国',因道衍封荣国公也。荣将本黄帝时铸钟人,汝偶然误会。然古书读不尽,有我知汝不知者,亦有汝知我不知者。馀八本,尽心校阅,不必依违⑧。"至于赐序私集,俯和原韵,称"老名士""老诗翁""江浙大老",渥眷殊恩⑨,几于略分⑩,公亦何修得此乎!(《郎潜纪闻二笔》卷八)

【注释】

① 沈尚书:沈德潜,加礼部尚书衔。参见第328页第13则注释②。

② 俞淑人:沈德潜之妻,封淑人。清沿明制,三品官祖母、母、妻封淑人。

③ 悼亡:晋潘岳因妻死,作《悼亡》诗三首,后因称丧妻为"悼亡"。

④ 孝贤皇后:高宗孝贤纯皇后富察氏。乾隆二年(1737)册为皇后。十三年,从上东巡还跸,崩于德州舟次,年三十七。

⑤ 海外三山:传说中海上神山。晋王嘉《拾遗记·高辛》:"三壶,则海中三山也。一曰方壶,则方丈也;二曰蓬壶,则蓬莱也;三曰瀛壶,则瀛洲也。"

⑥ 大司马:明清以称兵部尚书。 梁诗正:字养仲,号芗林,钱塘(今浙江杭州市)人。雍正八年(1730)一甲三名进士,授编修。高宗即位,召南书房行走,迁侍读学士,授户部侍郎。乾隆十年(1745),擢户部尚书。十三年,调兵部尚书。历刑部、吏部、翰林院掌院学士、协办大学士。二十八年,累官至东阁大学士兼兵部尚书,加太子太傅。寻卒,年六十七。赠太保,谥文庄。工书,亦善诗文,有《矢音集》。

⑦ 《大钟歌》:高宗御书《觉生寺大钟歌》。觉生寺,在京城西直门外曾家庄(今北京市海淀区内),雍正年间建。乾隆八年(1743),高宗将万寿寺"永乐大钟"移至觉生寺,并作《大钟歌》勒于石,故俗称大钟寺。为高宗祈雨之所。 道衍:姚广孝,字斯道,号独庵,明长洲(今江苏苏州市)人。初出家为僧,法号道衍。洪武十五年(1382),召入,随侍燕王府。燕王起兵靖难,留守北平,谋画进兵,助燕王登基。授僧录司左善世,加太子少师,人称"黑衣宰相"。永乐十六年(1418)卒,年八十四。赠推诚辅国协

谋宣力文臣、特进荣禄大夫、上柱国、荣国公,谥恭靖。

⑧ 依违:迟疑。

⑨ 渥眷殊恩:谓蒙受特别厚爱和恩宠。

⑩ 略分:犹过分。超越一定限度或程度。

20. 凌晓楼贫而好学

凌晓楼先生曙①,嘉庆间江淮大儒也,治何氏《春秋》、郑氏《礼》尤精审②。其少时读书之苦,有与牧豕负薪相仿佛者③。先生以一孤童,贫而居市,十岁就塾,年馀,读"四子书"未毕④,即去香⑤,作杂佣保。然停作辄默诵所已读书,苦不明诂解。邻之富人,为子弟延经义师,先生乘夜狙其轩外⑥,听讲论。数月,其师觉之,乃闭外户不纳。先生愤甚,求得已离句之旧籍于市⑦,私读之达旦,而日中佣作如故。年二十,乃弃旧业,集童子为塾师。童子从君游,则书必熟,作字正楷⑧。以故信从众,脩脯入稍多⑨,益市书,遂博通婙壹⑩,学以大成。先生甥仪征优贡生刘文淇⑪,少贫似舅,先生爱其颖悟,不忍弃之逐末,自课之,且教且学,刘齿未壮,并成通儒。观凌氏舅甥,有志之士,其勿以孤寒自沮矣⑫。(《郎潜纪闻二笔》卷十)

【注释】

① 凌曙:字晓楼,江都(今江苏扬州市)人。国子监生。性好学,家贫,去乡杂作佣保,而绩学不倦。年二十为童子师。尝从包世臣、沈钦韩问疑义,又入都为阮元校辑《经郭》,并随元入粤课诸子。道光九年(1829)卒,年五十五。著有《四书典故核》《公羊礼疏》等。

② 何氏《春秋》:指东汉何休《春秋公羊解诂》。休字邵公,任城樊(今山东济宁市兖州市西南)人。太傅陈蕃征为参政,蕃败,罹党祸。党禁解,辟司徒,拜议郎,迁谏议大夫。钻研今文诸经,历十七年撰成《春秋公羊解诂》,为《公羊传》制定"义例",谓《公羊传》具有三科九旨,尽发《春秋》中微言大义,是为今文经学议政之本。　　郑氏《礼》:指东汉郑玄注《周礼》《仪礼》《礼记》。玄,参见第471页第4则注释⑭。郑玄注"三礼",据《后汉书·儒林传下·董钧》:"中兴,郑众传《周官经》,后马融作《周官

传》，授郑玄，玄作《周官注》。玄本习《小戴礼》，后以古经校之，取其义长者，故为郑氏学。玄又注小戴所传《礼记》四十九篇，通为'三礼'焉。"阮元刻《十三经注疏》中"三礼"注，即采用郑注。

③ 牧豕负薪：谓一面放猪拾薪，一面问学听讲。比喻刻苦求学。《后汉书·承宫传》："承宫，字少子，琅邪姑幕人也。少孤，年八岁为人牧豕。乡里徐子盛者，以《春秋经》授诸生数百人，宫过息庐下，乐其业，因就听经，遂请留门下，为诸生拾薪。执苦数年，勤学不倦。"

④ 四子书：指《论语》《大学》《中庸》《孟子》四部儒家经典。此四书为孔子、曾子、子思、孟子的言行录，故合称"四子书"。

⑤ 去香：疑为"去乡"之误。去乡，离开家乡。

⑥ 狙：伺察。引申为觊觎。

⑦ 离句：犹章句。指剖章析句。经学家解释经义的一种方式。亦泛指经籍注释。

⑧ 正楷：亦称"楷书""正书""真书"。汉字书体之一种。由隶书演变而成。以形体方正，笔画平直，可作楷模，故名。始于东汉，通行至今。

⑨ 脩脯：干肉。旧时指致送老师的薪金。

⑩ 嫥（zhuān）壹：专心致志。

⑪ 刘文淇：字孟瞻，仪征（今属江苏扬州市）人。嘉庆二十四年（1819）优贡生。少从舅氏凌曙学，稍长，即精研群经，尤善治《左传》。著有《左传旧疏考证》等。

⑫ 自沮：自感灰心。

21. 邓完白立品

邓山人虽以一技名①，其立品甚高洁。乾隆庚戌②，曹文敏以祝釐入都③，强山人同往。山人独戴草笠，靸芒鞋④，策驴后文敏三日行。文敏舆从，以山东发水转后，与山人相值于开山⑤。时巡抚以下命吏，郊迎文敏，山人策驴过辕门，门者呵止之。文敏坐堂上，望见山人，趋出延入，让上座，语诸公曰："此江南高士邓先生也，四体书皆国朝第一⑥。"诸公大惊，为具车从。文敏曰："吾屈先生甚，乃肯来都，卒不肯同行，愿诸公共成其志。"乃率诸公送之辕门外，上驴去。后入毕尚书两湖幕⑦,吴中名士,多在节署,裘马都丽⑧,山人独布衣徒步。居三年辞归,尚书留之不可,乃为置田宅为终老计,而觞山人之行,曰:"山人吾幕府一服清凉散也⑨,今行矣,甚为减色。"四座惭沮⑩。当山人初入都,都中作篆分者⑪,咸以覃溪学士为宗师⑫,山人独不肯一谒,遂蒙诋娸⑬。归南中,则阳湖钱鲁斯、嘉定钱献之同负世誉⑭,未免以私意相凌,山人不与校。然则书学虽小道,非有志节度量者,亦未能坐致千秋也。(《郎潜纪闻二笔》卷十一)

【注释】

① 邓山人:邓石如,初名琰,字石如,避嘉庆帝讳,遂以字行,号完白山人,怀宁(今安徽安庆市)人。少好篆,客居金陵梅镠家八年,尽摹所藏秦汉以来金石善本,遂工四体书,尤长于篆。其书以秦李斯、唐李阳冰为宗,稍参隶意,称为神品。性耿介,遍游名山水,以书刻自给。有《完白山人篆刻偶存》。

② 乾隆庚戌:乾隆五十五年(1790)。

③ 曹文敏:曹文埴,字竹虚,歙县(今属安徽黄山市)人。乾隆二十五年(1760)进士,改庶吉士,授编修。四迁侍读学士,命在南书房行走,再迁詹事府詹事,居父丧归。四十二年,授左副都御史,迁侍郎,历刑、兵、工、户诸部,擢户部尚书。五十二年,以母老乞归养。五十五年,诣京师祝嘏,上赐文埴母大缎貂皮。嘉庆三年(1798)卒,年六十四。谥文敏。　祝嘏:祈求福佑。此应作"祝嘏",祝贺寿辰。乾隆五十四年(1789),高宗以明年八十万寿,命文埴母诣京师;五十五年,文埴诣京师祝嘏。

④ 靸(sǎ):把鞋后帮踩在脚跟下,如穿拖鞋。　芒鞋:用芒茎外皮编织成的鞋。亦泛指草鞋。

⑤ 开山:或为清大名府开州(今河南濮阳市)。曹文埴进京,为避山东大水,或有可能取道直隶大名府北上,然此路惟有"开州"而无名"开山"者。

⑥ 四体书:指真、草、隶、篆四种书体。

⑦ 毕尚书:毕沅,官至兵部尚书、湖广总督。参见第156页第8则注释①。

⑧ 裘马都丽:谓衣轻裘乘肥马,光鲜亮丽。形容生活豪华。

⑨ 清凉散:中药名。清热解毒之方。此喻邓山人清雅高洁之品。

⑩ 惭沮:羞愧沮丧。

⑪ 篆分：篆书与八分书。八分，汉字书体名。历来说法不一，或以为汉隶的波折向左右分开，形如八字。

⑫ 覃溪：翁方纲，号覃溪。参见第 317 页第 1 则注释④。

⑬ 诋娸(qī)：毁谤丑化。《汉书·枚皋传》："故其赋有诋娸东方朔，又自诋娸。"颜师古注："诋，毁也。娸，丑也。"

⑭ 钱鲁斯：钱伯坰，字鲁斯，号仆射山樵，阳湖(今江苏常州市)人。国子监生。尝游京师，从桐城刘大櫆受古文义法，作《师说》称颂于同里恽敬、张惠言，遂有"阳湖古文"之目。亦工诗，有《仆射山庄诗集》。尤工书，宗李邕，为时所重。嘉庆十七年(1812)卒，年七十五。　钱献之：钱坫，字献之，号小兰，嘉定(今属上海市)人。副榜贡生。钱大昕之侄。以直隶州州判官于陕，与洪亮吉、孙星衍论训诂舆地之学，论者谓坫沉博不及大昕，而精当过之。嘉庆二年(1797)署华州，教匪攻城，率众力守之，城获全，以积劳得疾引归。著《史记补注》，详于音训及郡县沿革、山川所在。尤工小篆，晚年偏废，左手作篆更精绝，兼善铁毫。十一年卒，年六十六。

22. 纪文达奏对之敏

纪河间性坦易①，喜滑稽，名言隽语，流播最多。相传其奏对之敏捷，亦为一时朝士所深佩。嘉庆初，实录馆请议叙②，或言其过优，仁宗以问公。公不言可否，而对曰："臣服官数十年，无敢以苞苴进者③，惟戚友浼臣为其先人题主或铭墓④，虽厚币辄受之矣。"上恍然曰："然则朕为先帝推恩⑤，何嫌其厚？"遂如所请行。此犹小事也。乾隆某年，考试差后，有宣布前列诗句者，台臣密以告，将兴狱矣。高宗召公问之，公顿首曰："如臣即泄漏者。"问何故？曰："书生习气，见佳作必吟哦，或记诵其句，欲访知为何人手笔，则无意中不免泄漏矣。"天颜大霁⑥，遂寝其事⑦。(《郎潜纪闻二笔》卷十一)

【注释】

① 纪河间：纪昀，河间府献县人。参见第 185 页第 9 则注释④。

② 实录馆：明清专记某一代皇帝统治时期大事的机构。清不常设，均于上代皇帝驾崩

后,由新嗣位皇帝特命开馆纂修大行皇帝之实录,事毕即散。设监修总裁、总裁官,主要由大学士充任;副总裁大都从翰林院掌院学士或各部尚书、侍郎、左右都御史中简选;以下纂修官,则由内阁侍读学士与翰林院侍读学士、编修、检讨充任;其翻译、誊录各官,则从内阁中书、各部主事、笔帖式、举人、贡监、翻译生、官学生等人员内选充。

　　议叙:清制,对考绩优异的官员交部核议,奏请给予加级、记录等奖励。

③ 苴苴:贿赂。参见第110页第11则注释⑤、第270页第23则注释⑤。

④ 浼(měi):央求;请求。　题主:旧丧礼,人死立一木牌,上书死者衔名,用墨笔先作"某某之神王",然后于出殡之前请有名望者在"王"字上加点成"主"字,谓之"题主"。亦称"点主"。　铭墓:拟作墓志铭。

⑤ 推恩:帝王对臣属推广封赠,以示恩典。

⑥ 大霁:谓立刻收敛威怒之貌而呈和悦之色。

⑦ 寝:止息;废置。

23. 强 记 之 法

　　张稷若先生云①:"强记之法,每读一书,遇意所好,即札录之,录讫乃朗诵十馀遍,黏之壁间。每日必三十馀段,少亦六七段,掩卷辄就壁间观所黏录,日三五次以为常,务期精熟,一字不遗。黏壁既满,乃取第一日所黏者投笥中②,俟再读有所录,补黏其处,随收随补,岁无旷日,一年之内,约得千段,数年之后,腹笥自富③。"康祺按:他书记此法,黏壁之后,尚有分为二笥者,一虚一实。今日探左笥所储,逐条温览,投之右笥,明日探右笥亦然,其功尤为精密。余性嗜古书,记性最劣,偶有撰述,辄须寻检,率尔下笔④,难免舛讹。憾年少在塾,不依此法行之,泛览健忘,致成枵腹⑤,后生志古,尚其鉴诸。(《郎潜纪闻二笔》卷十二)

【注释】

① 张稷若:张尔岐,字稷若,济阳(今属山东济南市)人。明诸生。入清不求闻达,笃守程朱之学,著《天道论》《中庸论》《学辨》《立命说辨》等,为时所称。年三十,撰成《仪礼郑注句读》十七卷,顾炎武游山东,读而善之。又著《周易说略》《诗说略》《蒿庵集》

等。居败屋不修,艺蔬果养母。康熙十六年(1677)卒,年六十六。

② 笥(sì):盛物的方形竹器。

③ 腹笥:亦作"笥腹"。喻博学者腹中之学问。

④ 率尔:急遽貌。

⑤ 枵腹:空腹。比喻空疏无学或空疏无学者。

24. 汪容甫少时之狂放二则

汪容甫少狂放①,肄业安定书院②,每一山长至,辄挟经史疑难数事请质,或不能对,即大笑出。孙编修志祖、蒋编修士铨③,皆为所窘。时侨居扬州者,程太史晋芳、任礼部大椿、顾明经九苞④,皆以读书该博负盛名。容甫众中语人:"扬州一府,通者三人,不通三人。通者高邮王念孙、宝应刘台拱与己是也⑤。"不通者即指程、任诸人。适有荐绅家居者⑥,请容甫月旦⑦,容甫大言曰:"君不在不通之列。"其人喜过望,容甫徐曰:"君再读三十年书,可以望不通矣。"其诙谐皆此类。

稚存太史、容甫明经,同肄业扬州书院。一日,偕至院门外,各跨一石狻猊⑧,谈徐氏《读礼通考》得失⑨。忽一商人,冠服贵倨⑩,肩舆访山长。甫投刺,适院中某生,趋出足恭⑪,揖商人述连日趋谒状,商人微颔不答。容甫愤甚,潜往拍商人项大声曰:"汝识我乎?"商人逡巡曰⑫:"不识。""识向之趋揖者乎?"曰:"亦不识也。"曰:"我汪先生,趋揖者某先生。汝后识之乎?"曰:"识之矣。"曰:"汝识之,即速去,毋溷吾事⑬。"商人大懊丧,登舆去。夫商人谒山长,某生之趋出足恭,自取辱也,于石狻猊上谈《读礼通考》者何与⑭?讲学家闻之,必以容甫为诞率⑮。然今日讲学家,一遇冠服贵倨之商人,吾甚憾其不诞率也。盖汪先生一,某先生者百也。(《郎潜纪闻二笔》卷十三)

【注释】

① 汪容甫:汪中,字容甫。参见第448页第3则注释①。

② 安定书院:在扬州府城三元坊(今江苏扬州市文昌中路文昌阁东南)。康熙元年(1662)建。

③ 孙志祖：字诒毅，仁和(今浙江杭州市)人。乾隆三十一年(1766)进士，改刑部主事。累迁江南道监察御史，乞养归。清修自好，读书著述，有《读书脞录》《家语疏证》《文选考异》《文选注补正》等。尝长安定书院、紫阳书院。嘉庆六年(1801)卒，年六十五。　蒋士铨：官至编修。参见第 156 页第 8 则注释⑦。

④ 程晋芳：尝官翰林院纂修官。参见第 156 页第 8 则注释⑦。　任大椿：字幼植，兴化(今属江苏泰州市)人。乾隆三十四年(1769)进士，授礼部主事。历《四库全书》纂修官，迁礼部员外郎、郎中。五十四年擢陕西道监察御史，未莅任而卒，年五十二。大椿长于治《礼》，兼通小学，有《弁服释例》《深服释例》《小学钩沉》等。　顾九苞：字文子，兴化人。自幼博闻强记，嗜学不倦，贯通经史，尤长于《诗》《礼》。乾隆四十二年(1777)拔贡入国子监，为《四库全书》校录，校订金石篆隶之籍。四十六年成进士，归时卒于路，年四十四。

⑤ 王念孙：字怀祖，号石臞，高邮(今属江苏扬州市)人。自幼聪慧，通读“十三经”，旁涉“史鉴”。乾隆四十年(1775)进士，选庶吉士，授工部主事。官至直隶永定河道。嘉庆时，首劾权奸和珅。平生笃守经训，好古精审，创“义通说”，以声通训。著有《广雅疏证》《读书杂志》《古韵谱》等。又精熟水利，撰有《河源纪略》。　刘台拱：字端临，宝应(今属江苏扬州市)人。乾隆三十五年(1770)举人。屡试礼部不第，遂绝意科举。是时，四库馆开，台拱在都，与朱筠、程晋芳、戴震、邵晋涵、任大椿、王念孙等交游，稽经考古，旦夕讨论，自天文律吕至于声音文字靡不该贯，尤论汉宋诸儒之说为诸公叹服。五十年，选丹徒县训导。嘉庆十年(1805)卒，年五十五。后人辑有《刘端临先生遗书》。

⑥ 荐绅：缙绅。古代高级官吏的装束。亦指有官职或做过官的人。荐，通“搢”。古人所佩饰带。

⑦ 月旦：亦作“月旦评”。谓品评人物。典出《后汉书·许劭传》：“初，劭与靖俱有高名，好共核论乡党人物，每月辄更其品题，故汝南俗有‘月旦评’焉。”

⑧ 石狻猊：石狮子。

⑨ 徐氏《读礼通考》：徐乾学撰辑。乾学字原一，号健庵、东海，昆山(今属江苏苏州市)人。顾炎武外甥。康熙九年(1670)一甲三名进士，授编修。历《明史》总裁官，《大清会典》与《一统志》副总裁，累迁刑部尚书。三十三年卒，年六十四。《读礼通考》一百

二十卷,乃乾学丁忧居家时所编纂,归田后又加订定,积十馀年,三易稿而后成。博采众说,剖析其义,详考历代丧礼,立纲目凡八:一曰丧期,二曰丧服,三曰丧仪节,四曰葬考,五曰丧具,六曰变礼,七曰丧制,八曰庙制。包举宏富,颇为详备。盖以其家传是楼藏书甲于当代,一时通经学古之士如阎若璩等,多集其门下,合众力而为之,故能独过诸儒。乾学另辑注有《御制古文渊鉴》《资治通鉴后编》等。

⑩ 贵倨:亦作"贵踞"。尊贵倨傲。

⑪ 足恭:亦作"足共"。过度谦敬,以取媚于人。《论语·公冶长》:"巧言、令色、足恭,左丘明耻之,丘亦耻之。"

⑫ 逡巡:此指迟疑犹豫。

⑬ 涽(hùn):扰乱;混乱。

⑭ 何与:犹言有何相干。

⑮ 诞率:放纵恣肆。

25. 卢抱经怜才爱士

乾隆二十二年会试,卢抱经学士与分校①,得山东一卷,其辞简淡醇雅,以为非学有元本者不能②。既呈荐主司,嫌其寂寥,弗善也。甲乙既定,诸分校者皆退,学士独抱卷上堂,与主司言,不宜失此士,力争再三,竟不能得,学士为之出涕。既撤棘③,言颇传于外,急索此卷,阅之称叹,询邑里姓名,则昌乐阎循观也④。以故阎虽不遇,而名闻京师。至三十一年会试,学士又与分校之列,揭榜日,唱名至第九,侍郎刘公荫榆见阎君名⑤,诧于众曰:"此即往年卢某所为抱卷而泣者也,今可为之一鼓掌矣。"满堂闻之,皆大噱⑥。此虽小事,而一片怜才爱士之心,岂复晚近士大夫所有?阎君行修学粹,笃守程朱,官考功郎⑦,持正不阿,盖亦不负知遇。(《郎潜纪闻三笔》卷二)

【注释】

① 卢抱经:卢文弨,字召弓,号抱经,馀姚(今属浙江宁波市)人。乾隆十七年(1752)一甲三名进士,授编修,上书房行走。历左春坊左中允、翰林院侍读学士。三十年,充

广东乡试正考官,寻提督湖南学政。以疏陈善待诸生遭降级,旋乞养归。潜心汉学,校雠典籍,与戴震、段玉裁友善。曾先后讲学于江宁钟山书院、杭州崇文书院与紫阳书院、太原三立书院、太仓娄东书院、常州龙城书院。六十年卒,年七十九。所校书有《荀子》《孟子音义》《逸周书》《吕氏春秋》《新书》《韩诗外传》《春秋繁露》《方言》《白虎通》《独断》《经典释文》等,自著书有《抱经堂文集》《钟山札记》《龙城札记》等。

分校(jiào):科举校阅试卷的各房官。

② 元本:根本;根基。

③ 撤棘:指科举考试结束。因放榜日关闭贡院,并于门口设置荆棘,以防落第者闯入喧闹,放榜后始撤去,故称。

④ 阎循观:字怀庭,号伊嵩,昌乐(今属山东潍坊市)人。初为举人,讲学于麓台书院。乾隆二十二年(1757),赴礼部试,卢文弨得其卷,荐于主考官刘统勋,统勋不采。循观落第归,仍讲于麓台书院。三十一年,始成进士,授吏部考功司主事。三十六年卒,年四十五。著有《尚书读记》《春秋一得》《困勉斋私记》《西涧草堂集》等。

⑤ 刘荫榆:生平仕履未详。官至礼部左侍郎。

⑥ 大噱(jué):大笑。

⑦ 考功郎:清吏部考功司郎官。考功司掌官员考课,三载考绩。参见第66页第17则注释①。

26. 破肚将军

康熙间,澎湖之战①,漳浦蓝军门实为前茅②。贼舰蔽江,迎敌,炮中过腹,肠出矣,血淋漓。公族子法为掬而纳诸腹中,四弟瑗傅以衣③,五弟珠持匹练连腹背交裹之,公大呼杀贼,不暇顾也。有红毛医能治之④,卒无恙。台湾平后,公入都,抵赵北口⑤,遇圣驾出水围⑥,马凝立不及避,乃舍骑步入粱园中。驾至,遣侍卫问谁骑。公乃出曰:"臣蓝理从福建来者。"上问:"是征澎湖时拖肠血战之蓝理邪?"公奏曰:"是。"召至前,问血战状,解衣视之,为抚摩伤处,嗟叹良久。嗣专阃吾浙,每遇南巡,迎谒圣驾,见公辄语诸王公以拖肠血战状。又引见皇太后曰:"此破肚将军也。"康祺按:东汉贾复、北齐彭乐、唐郭琪⑦,皆以临战肠出,力疾杀敌为奇勇。军

门澎湖之役，复何减古之骁将哉？（《郎潜纪闻三笔》卷四）

【注释】

① 澎湖之战：指康熙二十二年（1683）闰六月，福建水师提督施琅率军征台湾，先攻澎湖，歼灭其精锐刘国轩部，继登陆台湾，郑克塽降，台湾平。

② 蓝军门：蓝理，字义山，漳浦（今属福建漳州市）人。少桀骜，膂力绝人。尝集族人击杀海盗，反被诬而入狱。康熙十三年（1674），耿精忠反，悉纵囚禁者。理间道走仙霞关，投康亲王军，洊历建宁游击、灌口营参将。二十一年，提督施琅备征台湾，知理英勇，奏署右营游击，领舟师为前锋，诸弟瑶、瑗、珠及族子法皆从。二十二年出征战澎湖，腹破肠流出，诸子弟为裹创，理呼"杀贼！"麾兵进击，敌大溃，遂克澎湖。台湾平，叙功仍授参将，加左都督。未几，丁父忧归。二十六年服阕诣京师，上慰劳甚，超授陕西神木营副将，寻擢宣化镇总兵，挂镇朔将军印。二十九年移定海，四十二年复移天津，赐花翎冠服，并御书榜曰"所向无敌"。四十五年，擢福建陆路提督。明年迎驾扬州，复御书榜曰"勇壮简易"。后因贪婪酷虐积怨乡里，为人所劾，论斩，诏从宽免死，入京旗。五十四年，师征西藏，命赴军前效力，协理北路军务，寻以病回京。五十八年卒，年七十二。

③ 傅：附。此谓披盖。

④ 红毛：旧指荷兰或荷兰人。后泛指西洋或西洋人。

⑤ 赵北口：在直隶保定府新安县白洋淀东（今河北保定市安新县赵北口镇）。

⑥ 水围：渔猎围场。

⑦ 贾复：字君文，汉南阳冠军（今河南南阳市邓州市张村镇）人。王莽新朝末为县掾，聚众数百人于羽山，自号将军。后投刘秀，署为破虏将军，从征各地，屡受重创几死。以功迁左将军，累封胶东侯。建武三十一年（55）卒，谥刚侯。《后汉书》本传未明确记载贾复伤腹肠出之事，惟见于说部如《东汉演义》中。　彭乐：字兴，北朝安定（今甘肃平凉市泾川县北）人。骁勇善骑射。北魏末，从杜洛周反，寻降魏大将军尔朱荣，从破葛荣，升都督。后从高欢（北齐高祖）征伐。天平四年（537），讨西魏，乘醉攻入敌阵，腹受创肠出，纳之不尽，截去复战。以功累迁司徒。北齐立，天保元年（550）进封陈留王，迁太尉。二年，以谋反被诛。事见《北史》卷五十三本传。　郭琪：唐

僖宗时为西川黄头军使。广明二年(881)，黄巢军攻入长安，僖宗西幸蜀。观军容使田令孜弄权，颁赐赏从驾诸军，不及护驾蜀军，琪怨而忤令孜。令孜怒，欲杀之，琪乃率所部作乱，为节度使陈敬瑄击溃。琪诈死而走广陵，投高骈。事见《资治通鉴》卷二百五十四《唐纪七十》："初，车驾至成都，蜀军赏钱人三缗。田令孜为行在都指挥处置使，每四方贡金帛，辄颁赐从驾诸军无虚日，不复及蜀军，蜀军颇有怨言。丙寅，令孜宴土客都头，以金杯行酒，因赐之，诸都头皆拜而受。西川黄头军使郭琪独不受，起言曰：'诸将月受俸料，丰赡有馀，常思难报，岂敢无厌！顾蜀军与诸军同宿卫，而赏赉悬殊，颇有觖望，恐万一致变。愿军容减诸将之赐，以均蜀军，使土客如一，则上下幸甚。'令孜默然。有间曰：'汝尝有何功？'对曰：'琪生长山东，征戍边鄙，尝与党项十七战，契丹十馀战，金创满身。又尝征吐谷浑，伤胁，肠出，线缝复战。'令孜乃自酌酒于别樽以赐琪，琪知其毒，不得已再拜饮之。归杀一婢，吮其血以解毒，吐黑汁数升，遂率所部作乱。丁卯，焚掠坊市。令孜奉天子保东城，闭门登楼，命诸军击之。琪引兵还营，陈敬瑄命都押牙安金山将兵攻之。琪夜突围出奔广都，从兵皆溃，独厅吏一人从。息于江岸，琪谓厅吏曰：'陈公知吾无罪，然军府惊扰，不可以莫之安也。汝事吾能始终，今有以报汝，汝赍吾印剑诣陈公，曰："郭琪走度江，我以剑击之坠水，尸随湍流下矣，得其印剑以献。"陈公必据汝所言，榜悬印剑于市以安众，汝当获厚赏，吾家亦保无恙，吾自此适广陵高公。后数日，汝可密以语吾家也。'遂解印剑授之而逸。厅吏以献敬瑄，果免琪家。"

27. 戴东原幼时之质疑问难

戴东原编修[①]，生十岁始能言，就傅读诗，过目成诵。塾师授以《大学章句》右经一章[②]，问其师曰："此何以知为孔子之言，而曾子述之？又何以知为曾子之意，而门人记之？"师曰："此子朱子云尔[③]。"又问："朱子何时人？"曰："南宋。""曾子何时人？"曰："东周。""周去宋几何时？"曰："几二千年。"曰："然则子朱子何以知其然？"师不能答。后读他经书，一字必求其义，塾师略举传注训解之，意不释，师乃取许氏《说文解字》令自检阅[④]，学之三年，通其义，于是《十三经》尽通矣[⑤]。今人读书，或习其文词而昧其训诂，或泥于一解而阂于全经[⑥]，或误于蒙师先入之言，或夺于功令速化之习⑦,宜乎丱角则并下十行,白首而不识一字,亦知前辈经师为童子时,便能质疑问难,实事求是如是耶?(《郎潜纪闻三笔》卷八)

【注释】

① 戴东原:戴震,字东原。尝充四库纂修官。参见第 339 页第 18 则注释⑧。

② 大学章句:《四书章句集注》之一。南宋朱熹撰。《大学》原是《礼记》中第四十二篇,乃孔子弟子曾子所作。宋儒将其抽出,与《论语》《孟子》《中庸》合为"四书"。朱熹还对其文字次序作了调整,分经一章,传十章。经为三纲八目,即以"明明德""亲民""止于至善"为纲领,以"格物""致知""诚意""正心""修身""齐家""治国""平天下"为条目;以下传十章为三纲传和八目传,即对三纲八目所作的解释。朱子以为"旧本颇有错简",于是"别为序次",以此构成《大学》一书的基本结构。朱熹改本在后世影响极大,为科举作文之圭臬。

③ 子朱子:对朱熹的尊称。

④ 许氏:许慎。东汉文字学家。参见第 169 页第 21 则注释②。

⑤ 十三经:指儒家十三部经典。汉以《诗》《书》《易》《礼》《春秋》为"五经"。唐则以《周礼》《仪礼》《礼记》《春秋左氏传》《春秋公羊传》《春秋穀梁传》与《诗》《书》《易》合为"九经";唐文宗刻石经,将《孝经》《论语》《尔雅》列入经部。宋又将《孟子》列入,因有十三经之称。南宋以后,有注疏本合刻。《周易》用三国魏王弼、韩康伯注,唐孔颖达正义;《尚书》用伪孔安国传,孔颖达正义;《毛诗》用汉毛公传、郑玄笺,孔颖达正义;《周礼》《仪礼》用郑玄注,唐贾公彦疏;《礼记》用郑玄注,孔颖达正义;《左传》用晋杜预注,孔颖达正义;《公羊传》用汉何休注,唐徐彦疏;《穀梁传》用晋范宁注,唐杨士勋疏;《论语》用三国魏何晏等注,宋邢昺疏;《孝经》用唐玄宗注,邢昺疏;《尔雅》用晋郭璞注,邢昺疏;《孟子》用汉赵岐注,旧题宋孙奭疏。清阮元主持据宋本重刻《十三经注疏》四百十六卷,为今之通行本。

⑥ 阂(hé):阻碍;妨碍。

⑦ 功令速化:此指为眼前功利而急于求成。

28. 李文藻才名

岭南俗多窃牛,牛皮色相似,虽获盗多不承,有司无如之何,往往牵蔓成巨狱。

益都李文藻南涧宰潮阳①，令有牛之家，各于牛角印烙私记，凡赴墟卖牛者，牙侩以印烙登簿②，以印付买主。如告失牛，先以印呈官，官遣役持印验墟簿，无得隐者。大府善其法，下所司行之。潮阳与海阳、揭阳俗称三阳③，仕其地多致富，南涧去官之日，囊橐萧然。至番禺④，命工摹光孝寺贯休罗汉像以归⑤，曰此广南宦橐也⑥。南涧性好聚书，手自雠校，无晚近俚俗之本；于金石刻搜罗尤富，所至必停骖周览。有仆善椎拓⑦，携纸墨以从。尝乘舟出迎总督，小憩南海庙⑧，命仆拓碑，秉烛竟夜，比晓，问总督舟已过矣。诗古文不傍人门户，过岭后，治公事日不暇给，而诗益工。邮亭僧院，信笔留题，虽舆隶皆知为才子。南涧成乾隆庚辰进士⑨，先一年举乡试第二人，举主则嘉定钱詹事也⑩。詹事尝称为天下才，又谓南涧有三反：长身多髯，趷趷如千夫长⑪，而胸有万卷书，一也；生长于北海，官于南海，二也；湛思著书，欲以文学显，而世称其政事，三也。然而传人无疑已⑫。（《郎潜纪闻三笔》卷十一）

【注释】

① 李文藻：字素伯，晚号南涧，益都（今山东潍坊市青州市）人。少聪慧，尝从钱大昕游，穷经志古，尤肆力于汉唐注疏。乾隆二十四年(1759)，举乡试第二，明年成进士。历广东恩平、新安、潮阳知县。四十二年，迁广西桂林府同知，未及一年而卒，年四十九。喜藏书，编有《所见书目》《所闻书目》。

② 牙侩：即市侩。旧时买卖居间人。

③ 三阳：皆为清潮州府属县。附郭县海阳（今广东潮州市）、潮阳（今广东汕头市潮阳区）、揭阳（今广东揭阳市）。

④ 番禺：清广州府附郭县（今广东广州市）。

⑤ 光孝寺：在广州府城西北（今广州市越秀区西门口北）。东晋时建，南宋时易今名。　贯休：唐末五代前蜀画僧。俗姓姜，字德隐，婺州兰溪（今属浙江金华市）人。幼出家，日读经书千字，过目不忘。天复(901—904)间入蜀，前蜀主王建称之为“禅月大师”。工画，所作水墨罗汉及释迦弟子诸像，最为著名，有《十六罗汉图》存世。亦工诗，名播宇内，有《禅月集》。

⑥ 宦橐：犹宦囊。指因做官而得到的钱财。

⑦ 椎拓：以纸覆于金石器物之上，铺毡捶击，摹印其形状与图像文字。

⑧ 南海庙：即南海神庙。在番禺县东南(今广州市黄埔区南岗镇)。隋开皇十四年(594)诏立。唐韩愈作《南海神庙碑》。庙内有波罗树最古，大可数十围，故俗称"波罗庙"。清雍正二年(1724)，诏封南海昭明龙王之神，祀之。

⑨ 乾隆庚辰：乾隆二十五年(1760)。

⑩ 钱詹事：钱大昕，字晓徵，号辛楣、竹汀，晚称潜研老人，嘉定(今属上海市)人。乾隆十六年(1751)召试举人，授内阁中书。十九年成进士，选庶吉士，授编修。擢右春坊右赞善，充山东、湖南乡试正考官，浙江乡试副考官。三十四年，入直上书房，迁詹事府少詹事，充河南乡试正考官，寻提督广东学政。四十年，丁忧不复出，主讲钟山、娄东、紫阳书院。嘉庆九年(1804)卒，年七十七。其治学涉猎颇广，于音韵训诂尤多创见，治史则以校勘考订见长。著作有《潜研堂文集》《十驾斋养新录》《廿二史考异》《元诗纪事》《潜研堂金石文跋尾》《恒言录》等。又曾与修《续文献通考》《续通志》等。

⑪ 赳赳：威武雄健貌。　千夫长：武官。统千人之帅。

⑫ 传人：谓声名留传至后世的人。

29. 徐骏恃才累身

昆山徐健庵司寇五子①：树毂、炯、树敏、树屏、骏，俱中甲科②，官清贵。骏字冠卿，少聪慧，延孝廉周云陔为师。乡举后，与其师同居京邸，孝廉管束极严，骏憾之③，市巴豆入茗碗④，孝廉暴疾遽卒，而骏以是年捷南宫，入词馆矣⑤。京师有知其事者，呼为"药师佛"。骏恃才狂放，敛怨甚多。雍正初年，怨家首告，以其诗有"明月有情还顾我，清风无意不留人"之句，指为讪谤。朝廷发刑部审讯，骏自供有心诽谤，遂伏法。或曰骏诗实出无心，部讯日，见司员松江胡宗琳立堂上⑥，貌酷肖其师，乃大惊，误供有意，遂罹重典。康祺窃谓骏依恃人门，狂诞越检⑦，已足为众怨之鹄，况又负在三之大僇乎⑧！人满天概⑨，夫复何尤！(按：健庵诸子，如树毂、树敏辈，亦以居乡贪横，叠被弹击。树敏即前笔所记西溟所谑以东楼者⑩。东海有知⑪，得毋自悔贻谋之不淑乎⑫！)(《郎潜纪闻四笔》卷一)

【注释】

① 徐健庵：徐乾学，号健庵。参见第 497 页第 24 则注释⑨。　　司寇：明清以称刑部
　尚书。

② 甲科：明清通称进士为甲科，举人为乙科。

③ 憾：怨恨。

④ 巴豆：植物名。产于巴蜀，其形如豆，故名。中医以其果实入药，性热，味辛，功能破
　积、逐水、涌吐痰涎，主治寒结便秘、腹水肿胀等。有大毒，须慎用。

⑤ 词馆：翰林院。

⑥ 司员：即司官。清各部属官的通称。指部内各司郎中、员外郎、主事及以下七品官。

⑦ 越检：犯法。

⑧ 大僇(lù)：亦作"大戮"。谓杀而陈尸示众。此句意谓犯"十恶"重罪之三。清沿前代
　刑律，以"十恶"为重罪，杀无赦。《大清律例·名例律上·十恶》："一曰谋反。谓谋
　危社稷。二曰谋大逆。谓谋毁宗庙山陵及宫阙。三曰谋叛。谓谋背本国潜从他国。
　四曰恶逆。谓殴及谋杀祖父母、父母，夫之祖父母、父母，杀伯叔父母，姑兄姊外祖父
　母及夫者。五曰不道。谓杀一家非死罪三人及支解人，若采生折割，造畜蛊毒，魇
　魅。六曰大不敬。谓盗大祀神御之物，乘舆服御物，盗及伪造御宝，合和御药误不依
　本方及封题错误，若造御膳误犯食禁，御幸舟船误不坚固。七曰不孝。谓告言咒骂
　祖父母、父母，夫之祖父母、父母，及祖父母父母在别籍异财，若奉养有缺，居父母丧
　身自嫁娶，若作乐、释服从吉，闻祖父母、父母丧匿不举哀，称祖父母、父母死。八曰
　不睦。谓谋杀及卖缌麻以上亲，殴告夫及大功以上尊长、小功尊属。九曰不义。谓
　部民杀本属知府、知州、知县，军士杀本管官吏，卒杀本部五品以上长官，若杀见受业
　师，及闻夫丧匿不举哀，若作乐、释服从吉及改嫁。十曰内乱。谓奸小功以上亲父祖
　妾及与和者。"

⑨ 人满(mèn)天慨：意谓人怒天怨。满，通"懑"；愤慨。慨，通"慨"。

⑩ 西溟：姜宸英，字西溟，号湛园、苇间，慈溪(今浙江宁波市江北区慈城镇)人。绩学
　工文，辞宏博雅健，名达于禁中。圣祖目宸英及朱彝尊、严绳孙为"海内三布衣"，召
　修《明史》。康熙三十六年(1697)一甲三名进士，授编修，年已七十。明年，充顺天乡
　试副考官，坐事入狱卒。有《湛园集》《苇间集》。书法得锺、王遗意，与笪重光、汪士

铉、何焯并称"康熙四家"。其"谑以东楼"事，见《郎潜纪闻三笔》卷八："昆山司寇，吾故交也，能进退天下士。平生故人，并退就弟子之列，独吾与为兄弟称。其子某，作楼成，饮吾以落之曰：'家君云：名此必海内第一流，故以属先生。'吾笑曰：'是东乡，可名东楼。'昆山闻而憾焉。"东楼，明奸臣严嵩之子世蕃别号。姜宸英以此比徐树敏，故徐乾学怨恨之。

⑪ 东海：徐乾学，又号东海。

⑫ 贻谋：亦作"诒谋""诒燕"。谓父祖善为子孙后代谋划，使子孙安乐。《诗经·大雅·文王有声》："武王岂不仕，诒厥孙谋，以燕翼子。"毛传："燕，安；翼，敬也。"郑笺："诒，犹传也。"

30. 邹光骏不以阿堵物污家风

锡山邹晓屏相国①，归田时年已七十有四，家无宿储。赖门生赠遗以为薪粲②。一裘三十年，仅存其鞹③。其子光骏，宦徽州司马署府篆④。有巨商某，尝纳赀为刑部郎中，适遭父丧，吊者如鲫。以三千金为寿⑤，乞太守一临，往返再三，终不应，笑曰："吾岂以阿堵物污吾家风耶⑥？"康祺按：邹公相业罕见纪述，不敢定其贤庸，介节至斯⑦，亦足以风示来者已⑧。（《郎潜纪闻四笔》卷一）

【注释】

① 邹晓屏：邹炳泰，字仲文，号晓屏，无锡（今属江苏）人。乾隆三十七年(1772)进士，选庶吉士，授编修，纂修《四库全书》。迁国子监司业，擢祭酒，累迁内阁学士，历山东、江西学政。嘉庆四年(1799)，授礼部侍郎，调仓场。十年，擢左都御史，迁兵部尚书兼署工部，管理户部三库。官至吏部尚书、协办大学士。十八年，以铨选兵部主事有误等事，降补中允赞善，寻休致。二十五年卒，年八十。

② 薪粲：鬼薪、白粲的并称。鬼薪，初指为宗庙采薪。秦汉时成为一种徒刑，指从事官府杂役、手工生产劳动及其他各种重体力劳动。白粲，令罪人选精米以供祭祀。秦汉时的一种刑罚，施于高官命妇及其后裔中的女性犯罪者。此处用为柴薪、白米之义。

③ 鞹(kuò)：皮革。此指毛已脱落的残皮。

④ 司马：此指府同知。清知府佐官。参见第 371 页第 14 则注释②、第 404 页第 19 则注释⑥。　府篆：知府。篆，官印皆刻篆文，故代指官印或长官。此句谓邹光骏以徽州府同知代理知府。

⑤ 寿：谓以颂寿名义赠人金帛。

⑥ 阿堵物：指钱。南朝宋刘义庆《世说新语·规箴》："王夷甫雅尚玄远，常嫉其妇贪浊，口未尝言钱字。妇欲试之，令婢以钱绕床不得行。夷甫晨起，见钱阂行，呼婢曰：'举却阿堵物。'"阿堵，六朝人口语，犹"这""这个"。

⑦ 介节：刚直不随流俗的节操。

⑧ 风(fèng)示：晓谕；教诲；告诫。

31. 蓬 门 贤 母

自古闳达巨儒①，多秉母教，孤苦艰厄，卒成大名。顷读皋文先生所自为《先妣事略》②，三复掩卷，觉皋鱼泣声如在纸上也③。其词曰："先妣年十九，归府君④，十年生两男两女，殇其二，惟姊及惠言在。府君卒后四月，遗腹生弟翊，时姊八岁，惠言四岁矣。"又曰："自先祖卒，府君兄弟各异财⑤，世父别赁屋⑥，居城中。府君既卒，家无一夕储，世父曰：'是我责也。'然世父亦贫，省啬口食，常以岁时减分钱米，而先妣与姊作女工以给焉。"又曰："惠言九岁，世父命就城中学，偶归省，无以为夕飧⑦，各不食而寝。迟明，惠言饿不能起，先妣曰：'儿不惯饿惫耶！吾与而姊而弟时时如此也。'惠言泣，先妣亦泣。时有从姊乞一钱买糕啖惠言，比日昳⑧，乃赊贷得米为粥而食⑨。"又曰："惠言依世父读书四年，先妣命归，授翊书。先妣与姊课针黹，常数线为节，每晨起尽三十线，方作炊。夜则母女相对坐，兄弟持书读其旁，室仅一灯，灯仅一草，漏四下，姊弟各寝，先妣乃就寝。"其末段云："忆惠言五岁时，先妣日夜哭泣数十日，忽蒙被昼卧，惠言戏床下，以为母倦哭而寝也。须臾族母至，乃知引带自经⑩，幸而得苏。"先生此文，令人不忍卒读，夫饥寒困苦，犹蓬门藜妇之恒⑪，况至于蒙被恸哭，尺组殉身⑫，几欲舍趋趋诸孤而不复相恤⑬，此必别有沈痛之苦衷。宜先生《事略》中亦云"可言者止此，什伯于此者，不可得而言也。"然而天鉴

贞操,笃生贤哲,先生文章经术,行谊谠论⑭,卓然为昭代儒硕⑮,严冰积雪,何莫非培护松柏之资耶?(《郎潜纪闻四笔》卷四)

【注释】

① 阂达:谓才识宏富通达。

② 皋文先生:张惠言,初名一鸣,字皋文(闻),号茗柯,武进(今江苏常州市)人。幼孤,家贫,年十四为童子师。嘉庆四年(1799)进士,改庶吉士,充实录馆纂修官,授编修。七年,染时疫而卒,年四十二。通经学,尤精《周易》《仪礼》。工文,与同邑恽敬共创"阳湖派"散文。又工词,与弟琦(初名翊)合编《词选》,开创"常州词派"。兼善篆书。著有《周易虞氏义》《茗柯文编》《茗柯词》等。

③ 皋鱼:古代人名。《韩诗外传》卷九:"孔子行,闻哭声甚悲。孔子曰:'驱!驱!前有贤者。'至则皋鱼也。被褐拥镰,哭于道傍。孔子辟车与之言曰:'子非有丧,何哭之悲也?'皋鱼曰:'吾失之三矣:少而学,游诸侯以后吾亲,失之一也;高尚吾志,间吾事君,失之二也;与友厚而小绝之,失之三矣。树欲静而风不止,子欲养而亲不待也。往而不可得见者亲也。吾请从此辞矣。'立槁而死。孔子曰:'弟子诫之,足以识矣。'于是门人辞归而养亲者十有三人。"后因用作人子不及养亲之典。

④ 府君:此指已故父亲。

⑤ 异财:分开财产。多指分家。

⑥ 世父:大伯父。亦泛指伯父。

⑦ 夕飧(sūn):晚餐。

⑧ 日昳(dié):太阳偏西;日落。

⑨ 贳(shì)贷:借贷;赊欠。

⑩ 自经:上吊自杀。

⑪ 蓬门:以蓬草为门。指贫寒之家。　嫠(lí)妇:寡妇。

⑫ 尺组:绳带。

⑬ 趋趋(qióng—):此谓孤苦无依貌。

⑭ 行谊谠论:谓言行刚正。行谊,品行,行为。谠论,正直之言。

⑮ 昭代儒硕:谓政治清明时代的博通学者。

32. 江浙三布衣

潘稼堂检讨与竹垞、藕渔①，同以布衣举鸿博，骤起为史官，所谓"江浙三布衣"者也。会添设日讲起居注官②，三人复同入直。又其时馆阁应奉文字，非出三人手，院长辄不谓然。于是资格自高者，既莫不忌此三人。而稼堂复精敏敢言，每同列质所疑，即援据经史百子，横纵应答，无少逊避，故忌者视朱、严尤其。甄别议起③，遂坐浮躁降调，在翰林仅五年也。康祺考稼堂先生初被征时，以母老固辞，辞不获命，始入都。既得官，奉命纂修《明史》。又牒吏部④，以独子终养请代题，三请三格⑤，始受职。罢退后，值圣祖南巡，陈文贞相国方扈驾⑥，相见欲荐起之，先生曰："止，吾初志也。"赋《老马行》以谢，竟不复出。难进易退若先生，谓之浮躁可乎？谗言害正，直道忤时，不意康熙间已如此。嗣竹垞以镌秩归⑦，藕渔官亦不显。（《郎潜纪闻四笔》卷六）

【注释】

① 潘稼堂：潘耒，字次耕，号稼堂，吴江（今江苏苏州市吴江区）人。尝师事徐枋、顾炎武，博通经史、音韵、算数及宗乘之学。康熙十八年（1679），以布衣试博学宏词，授翰林院检讨。与修《明史》，主纂《食货志》兼纪传，寻充日讲起居注官。二十三年，甄别议起，以浮躁降调，遂归。四十二年，圣祖南巡，复原官。后大学士陈廷敬欲荐起之，力辞止之。四十七年卒，年六十三。著有《类音》《遂初堂集》等。　竹垞：朱彝尊，号竹垞。参见第218页第14则注释⑰。　藕渔：严绳孙，字荪友，号藕渔，无锡（今属江苏）人。与潘耒、朱彝尊同试博学宏词，试日目疾作，仅赋一诗，亦授检讨，撰《明史·隐逸传》。寻典江西乡试，迁中允。二十四年辞官归。四十一年卒，年八十。工诗，有《秋水集》；亦善画，传世之作有《老树寒鸦图》《鹤寿图》《江村草堂图》等。

② 日讲起居注官：顺治十二年（1655），置日讲馆，设日讲官。康熙九年（1670），始置起居注馆，由日讲官兼充起居注官，然各自为职。二十五年，停日讲，起居注官仍系衔"日讲"二字。五十七年省起居注馆，改隶内阁。雍正元年（1723）复置，于是日讲、起

居注合二为一。日讲起居注官由翰林院、詹事府官以原衔允任。凡皇帝御门听政、朝会宴享、大祭祀、大典礼、每年勾决重囚及常朝,皆以之侍班;凡谒陵、校猎、巡狩皆随侍扈从;并按年编次起居注,送内阁庋藏。

③ 甄别议:即议叙。参见第494页第22则注释②。

④ 牒:授予官职的文书。此指拟发任命文书。

⑤ 格:搁置。

⑥ 陈文贞:陈廷敬,初名敬,字子端,泽州阳城(今属山西晋城市)人。顺治十五年(1658)进士,选庶吉士,授检讨。因与同馆者重名,赐"廷敬"。圣祖即位,授日讲官,累迁翰林院侍讲学士、掌院学士。历左都御史、工部尚书,官至文渊阁大学士兼礼部尚书。康熙五十一年(1712)卒,年七十四。圣祖亲制挽诗,谥文贞。

⑦ 镌秩:谓降级或降职。

33. 方观承片语回天

乾隆某年春,上巡畿甸①,突有村民犯跸,手携兵器,为扈从侍卫所格。诘之,曰:"直隶人。"上震怒曰:"朕每年春秋两巡,累及近畿百姓,固应怨。然两次所蠲免钱粮亦不为少②,竟不足以生其感乎? 是殆有主之者矣。"时总督方恪敏公方于卡伦外迎驾③,一闻此事,飞骑追上,而乘舆已前行。公乃疾趋伏道旁,大声呼曰:"臣方观承奏明,此人是保定府中一疯子也④。"上闻,稍回顾,而乘舆已入宫门,立传军机大臣入对,上曰:"顷犯跸之人,据方观承奏是一疯子,不知确否?"军机大臣叩头奏曰:"方观承久于直隶,所奏当不错。"上曰:"既如此,即交尔等会同刑部严讯,作疯子办理可也。"诸臣复叩头出,即日在行帐中定案。当是时,众情危惧,倘深文谳鞫⑤,严究主使,必多株累无辜。世谓恪敏以片语回天,真得大臣之体。康祺敬维高宗皇帝圣神文武,威德覃敷⑥。况正国家全盛之时,民情熙皞⑦,即顽民梗子⑧,亦断不甘为枭獍⑨,惊御跸之清尘。然则手执兵器,冲突仪仗,非疯子无知,孰敢为此? 恪敏盖心知其故,故不待详察,毅然奏闻。否则如此大变,虽亲信重臣,安可以一言消弭乎? (《郎潜纪闻四笔》卷八)

【注释】

① 畿甸：泛指京郊地区。

② 蠲(juān)免：免除。

③ 方恪敏：方观承，字遐毂，号问亭，桐城(今属安徽安庆市)人。祖登峰，官工部主事；父世济，康熙进士，官内阁中书，坐戴名世《南山集》狱，并戍黑龙江。观承尚少，与兄观永徒步至塞外营养，往来南北数年，由是具知边塞形势及民情土俗。乃厉志勤学，为平郡王福彭所知。雍正十年(1732)，福彭以定边大将军率师讨准噶尔，辟观承为记室，寻授内阁中书。乾隆二年(1737)，充军机处章京，累迁吏部郎中。历直隶清河道、按察使、布政使、山东巡抚、浙江巡抚。十四年，擢直隶总督兼理河道。三十三年卒，年七十一。谥恪敏。　卡伦：清代于边地要隘设官兵瞭望戍守，并兼管税收等事的处所。

④ 保定：清直隶保定府(今河北保定市)。

⑤ 深文谳鞫：谓援用苛刻的法律条文严厉审讯。鞫，通"鞠"。审讯；查究。

⑥ 覃敷：广布。

⑦ 熙暤(hào)：和乐；怡然自得。

⑧ 梗子：植物的枝或茎。此指强横之民。

⑨ 枭獍(xiāojìng)：亦作"枭镜"。旧说枭为恶鸟，生而食母；獍为恶兽，生而食父。比喻忘恩负义之徒或狠毒之人。

34. 为人奴者上言致死

康熙甲子秋①，上避暑塞外，有人衣短后衣②，无冠，跽伏道旁，大呼万岁。上闻，止辇问之。对曰："条奏时务十二事。"上览其奏未半，问："若何人？"对曰："臣刑部郎中某家奴也。"上怒曰："是而所宜言邪？奴敢尔！奴敢尔！"杖而流诸关外。监行伍伯路问曰③："若何为者？朝中人林立，少若言邪？为人奴良苦，然犹愈于死。今乌喇得流人④，绳系颈，兽畜之⑤，死则裸而弃诸野。且官人能言作忠臣，死即扬大名耳。若即死后，世谁知者，而乃若是⑥？"奴仰天叹曰："此而公所以欲死也⑦。吾为人奴，虽劳苦不废书，见今世务宜言甚多，意颇望台省⑧，或此月不言，必他月也，久之无闻焉。又谓今年不言，或明年，至明年复然。自今以往，不可复待，故迫而为此。吾常恐未获死所，今若此，即魂魄不愧。"创甚，不能行，未出关而没。伍伯还京师，告人如此，冯山公闻之⑨，为作《奇奴传》。山公曰："皇帝仁圣，固能虚己纳谏者，特不欲以一奴辱朝廷，轻当世士，其尊贵有位⑩，君子何等也⑪？"呜呼！山公可谓知言矣。惜是奴姓名不著，博考他书，当可得之。惟甲子为康熙二十三年，其时僭伪削平⑫，九州清泰，生其间者，莫不熙熙然如游尧舜之世。宫府内外，有何废阙⑬？奴人者不言，而为人奴者乃迫不及待耶？然不可谓非奇奴已。（《郎潜纪闻四笔》卷九）

【注释】

① 康熙甲子：康熙二十三年（1684）。

② 短后衣：后幅较短的上衣，便于活动。多为武士、仆役之衣。

③ 伍伯：亦作"伍百"。役卒。多为舆卫前导或执杖行刑。

④ 乌喇：亦作"乌拉"。满语音译。差役。清代有专为皇室狩猎的差役，居于打牲乌拉（今吉林吉林市、舒兰市之间）。

⑤ 兽畜：如野兽般饲养。

⑥ 而乃若是：意谓你竟然这么做。

⑦ 而公：犹言你老子。倨傲的自称。

⑧ 台省：汉尚书台、三国魏中书省，皆为朝廷中枢机关。后因以"台省"指政府中央机构。南北朝以来，尚书台改尚书省，并逐渐形成中书、门下、尚书三省分权制，仍沿用"台省"之称。唐宋以三省与御史台合称为"台省"。明清则称中央六部、都察院为"台省"。

⑨ 冯山公：冯景，字少渠，号山公，钱塘（今浙江杭州市）人。国子监生。性嗜读书，善属文。康熙十七年（1678）游京师，授经于侍郎项金鼐家。是年，诏举博学宏词，有荐之者，谢不往。归，馆淮安邱象随家垂十年。宋荦抚江苏，礼致幕府。景为人严正，虽布衣而未尝忘当世之务，尝陈淮安水患之状，汤斌见书嗟叹，称其文为不朽。亦受知于王士禛。文多散佚，今存《解春集》。

⑩ 有位：有地位之人。此句意谓假如这类人尊贵起来而有了地位。

⑪ 君子何等：意谓君子算什么。何等，什么样的。用以指不能确定的事物。

⑫ 僭伪：旧指割据一方非正统的王朝政权。如康熙朝平定的三藩、台湾郑氏等政权。

⑬ 废阙：时政缺漏。

蕉廊脞录

《蕉廊脞录》八卷，清吴庆坻撰。庆坻字子修，一字敬疆，钱塘（今浙江杭州市）人。光绪十二年（1886）进士，改庶吉士，授编修。历四川学政、湖南提学使，累迁资政院硕学通儒议员。宣统三年（1911），辛亥革命爆发，移居上海，与冯煦、樊增祥、陈夔龙、梁鼎芬等遗老结社酬唱。著述尚有《补松庐文录》八卷、《补松庐诗录》六卷等。

《蕉廊脞录》全书所记，分为「国闻」「里乘」「忠义」「经籍」「金石」「书画」「嘉言」「杂记」八类。盖自晚清朝政、浙省掌故、人物节义，至版本收藏、艺事赏鉴、嘉言善行等，依次叙来，从中可以窥究时局变革、祸福存亡之道。是书于作者生前尚未定稿，由其长子士鉴整理分类而成。

选文标题为今本点校者张文其、刘德麟所拟。

1. 神 机 营

神机营之设①，始于咸丰初年，以僧亲王领之(僧格林沁)②。至同治初，醇亲王管理③，规模益大，旧设健锐、火器诸营④，悉并隶焉。其后讲求海防，购备外洋火器。光绪初年⑤，北洋大臣进克虏伯炮⑥，于是推广购备新式枪炮，命各营演习。设立枪炮厂，专派司员经理。分捷、胜、精、锐、健、利六营，总名曰威远六营。步队每营八十人，而别设马队辅之。又有八汉炮队者，挑八旗汉军为之也。中营炮队者，则王自领之亲兵也。比年以来，闻演练精良，颇有材武之选⑦；厂中司员，并有能通泰西语言文字者(满人在同文馆肄习而成者⑧)。庚寅⑨，醇邸薨逝，渐懈弛矣。(卷一)

【注释】

① 神机营：清八旗禁卫军。咸丰十一年(1861)设，选八旗满、蒙、汉军及前锋、护军、步军、火器、健锐诸营精锐为营兵，装备西洋新式武器，守卫紫禁城及三海，并扈从皇帝巡行。此则所言神机营设立时间及最初统领皆与史未合。据《清史稿·文祥传》："(咸丰十年十月后)时和局甫定，发、捻犹炽，兵疲饷竭，近畿空虚。文祥密疏请选练八旗兵丁，添置枪炮，于是始立神机营，寻命管理营务。"

② 僧格林沁：博尔济吉特氏，蒙古科尔沁旗人。道光五年(1825)，袭封科尔沁札萨克多罗郡王爵。十四年，授御前大臣。历领侍卫内大臣、正蓝旗蒙古都统、镶白旗满洲都统。咸丰三年(1853)，僧格林沁率部阻击太平军北伐。五年，生擒其首林凤祥并处斩，又全歼李开芳等残部，以功晋封博多勒噶台亲王。九年，迎战英法联军于大沽口，予以重创。明年，英法军再犯天津，僧军不敌而退至通州，大败于八里桥，被削职夺爵。文宗避走热河，联军入京，圆明园遭焚。和议成，复郡王爵，受命往山东征捻。同治元年(1862)，复亲王爵。次年，大败捻军于皖北，擒杀其首张洛行、苗沛霖等，准亲王复加"世袭罔替"。三年，加封贝勒。四年，自河南追剿捻军至山东，遇伏于曹州西北，力战而殁。谥忠。

③ 醇亲王：爱新觉罗·奕𫍽，号朴庵。宣宗第七子，德宗父。文宗即位，封为醇郡王。

咸丰九年(1859)分府,命仍在内廷行走。穆宗即位,授都统、御前大臣、领侍卫内大臣,管神机营。同治三年(1864),加亲王衔。十一年,晋封醇亲王。德宗即位,命王爵世袭。光绪十一年(1885),设海军衙门,命以总理,节制沿海水师,李鸿章等会办。寻挪用海军经费筹建颐和园。十六年薨,年五十一。定称号曰"皇帝本生考",谥贤。其第五子载沣袭醇亲王爵。

④ 健锐营:清八旗禁卫军。乾隆时建,由前锋营、护军营中选年壮勇健者,组为云梯兵,故又称健锐云梯营。曾参与大小金川、大小和卓等战役,屡建功勋。　火器营:康熙时建,选八旗满洲、蒙古习火器之兵,另组为营。分鸟枪护军与炮甲两种,专习鸟枪、制造弹药与炮击之技,亦担负京师警戒。

⑤ 光绪:清德宗爱新觉罗·载湉年号(1875—1908)。

⑥ 北洋大臣:即北洋通商大臣。咸丰十一年(1861),置总理各国事务衙门,下设三口通商大臣与五口通商大臣,掌对外通商及外交事务。三口通商大臣驻天津,管理牛庄、天津、登州三口岸。同治九年(1870),因通商事务增多,改三口通商大臣为北洋通商大臣,简称北洋大臣,由直隶总督兼任,掌直隶、山东、奉天三省通商、外交、海防、关税及官办军工等事宜。　克虏伯炮:普鲁士克虏伯公司所产后膛钢炮。为当时世界上最先进的火炮。同治十年(1871),李鸿章从统一后的德国克虏伯公司采购三百馀门大炮,并聘请德国教官来华教习淮军操练,后又派遣北洋武备学堂学生出洋学习军事。

⑦ 材武:有才能而且勇武。

⑧ 同文馆:亦称"京师同文馆"。同治元年(1862)设。下分英文、法文、俄文、德文、日文、算学、天文诸馆。初仅教学翻译,后渐辑译出版各国文献与科学书籍,尝出版《万国公报》《政治经济学》《富国策》《格物入门》等。光绪二十八年(1902),并入京师大学堂。

⑨ 庚寅:光绪十六年(1890)。

2. 胡林翼临终异闻

　　益阳胡文忠公薨于军①,罗少村观察祜从文忠久②,哭之恸。将敛,少村以手按文忠胸间，虽微冷而与肢体异，久之若翕翕动③，力持勿遽敛，犹冀其复苏也。至三日，折弁回④，文忠疾亟时奏请开缺之折，奉朱批："湖北巡抚著李续宜暂行署理⑤，接统各军。"少村乃附文忠耳大声读之。文忠平日两目光如电，至是忽大张，若微领之者，侍者骇走⑥，旋一瞑不复视。少村再按心间，则方寸寒于冰铁矣。文忠血诚谋国，耿耿寸丹⑦，死而不死，必待亲闻俞旨付托有人而后瞑也⑧。（卷二）

【注释】

① 胡文忠：胡林翼，益阳（今属湖南）人。参见第 359 页第 4 则注释⑪。

② 罗祐：应为罗忠祐。字少村，宿松（今属安徽安庆市）人。父遵殿，道光十五年（1835）进士，累迁浙江巡抚。咸丰十年（1860），太平军李秀成部攻陷杭州，遵殿仰药死，妻女同殉。追赠右都御史，予骑都尉世职，谥壮节。忠祐少从胡林翼军中，官至补道员用为安陆知府。

③ 翕翕：开合貌。

④ 折弁：传递奏折及批文的兵卒。

⑤ 李续宜：字克让，号希庵，湘乡（今属湖南湘潭市）人。讨太平军起，与兄续宾同事罗泽南，以文童从军，积功累擢同知，寻以知府选用。咸丰七年（1857），率千七百兵回援湖北，会同胡林翼楚军，阻击黄冈、蕲水太平军，连克敌寨，升以道员用，赐号伊勒达巴图鲁。后领兵与太平军石达开部、陈玉成部分别战于湖南、安徽，屡建功，授布政使衔，迁安徽按察使。十一年，擢安徽巡抚。胡林翼病重，疏荐续宜署湖北巡抚。及胡殁，实授湖北巡抚，相继与捻军战于光化、谷城、均州、枣阳、襄阳等地，皆击走之。调安徽巡抚。同治二年（1863）卒，年四十二。

⑥ 骇（hài）：同"骇"。惊吓；震惊。

⑦ 耿耿寸丹：谓一片忠心。

⑧ 俞旨：批复同意的圣旨。

3. 丁澎谪居轶事

吾乡丁飞涛先生澎①，又号药园，与仲弟景鸿、季弟潆②，皆以诗名，世号三丁。

先生成进士,官礼部郎中,时方册立西宫③,念无娴典礼者④,调入东省⑤,兼主客⑥。主客,即古典属国也⑦。贡使至,必译问主客为谁？廉知先生能诗⑧,以豹皮美玉赂吏人,吏人窃药园诗赆之。归国,长安搢绅以为荣⑨。以事牵累,谪居塞外。崎岖三千里,邮亭驿壁,读迁客诗大喜⑩,后车妾亦喜,曰:"得非闻中朝赐环诏耶⑪?"曰:"上圣明,赐我游汤沐邑⑫。出关迁客皆才子,此行不患无友。"渡辽海⑬,望长白⑭,诸山上人以鱼为饭粮,尽辄苦饥。河冰合,常不得汲,樵苏不至五日⑮,爨无烟,取芦粟小米和雪啗之⑯。日晡⑰,山鬼遥啼。夜闻扣门声,童子从隙窥之,虎方以尾击户,先生危坐自若。岁尽无钱,磨墨市上书春联,儿童妇女争以钱易书去。居东冈,躬自饭牛⑱,与牧竖同卧起,暇辄为诗,温厚无迁谪态。国子藩公闻其名⑲,礼为上客。凡五载,始得归。见林璐所撰外传⑳。先生诗名,人人知之,此其谪居轶事也。
(卷三)

【注释】

① 丁澎:字飞涛,号药园,回族,仁和(今浙江杭州市)人。有隽才,嗜酒,一石不乱。顺治十二年(1655)进士,授刑部主事。遇册立皇妃典礼,遂调入礼部兼主客司,迁至郎中。后典河南乡试,得士李天馥。坐事谪居塞上尚阳堡五年,躬自饭牛,吟啸自若。工诗文。明季与同里柴绍炳、陆圻等入陈子龙登楼社,诗酒酬唱,世称"西泠十子"。有《扶荔堂集》。

② 澡:《清史稿·丁澎传》中作"潆",曰:"弟景鸿、潆并能文,时有'三丁'之目。"

③ 西宫:指世祖废后,欲册立东西两宫皇妃,卒止。顺治十年(1653),世祖以无能为由,降皇后博尔济吉特氏为静妃,居侧宫。诸王贝勒大臣集议,请仍以皇后居中宫,而别立东西两宫,上不许,后竟废。十一年,册立孝惠章皇后,亦为世祖所不喜。十三年,孝庄皇太后欲立其义女孔四贞为东宫皇妃。四贞乃定南王孔有德之女。有德镇桂林,顺治九年为南明李定国所围,城破自杀,谥武壮。参见第174页第1则注释①。四贞突围出,辗转至京,孝庄太后收养宫中。据《清顺治朝实录》卷一百二:"(六月)癸卯,谕礼部:奉圣皇太后谕,定南武壮王女孔氏,忠勋嫡裔,淑顺端庄,堪翊壶范,宜立为东宫皇妃。尔部即照例备办仪物,候旨行册封礼。"然孔氏未得册封,世祖已属意董鄂氏。《实录》卷一百三:"(八月)庚子,谕礼部:本月二十二日奉圣母皇太

后谕,内大臣鄂硕之女董鄂氏,性资敏慧,轨度端和,克佐壶仪,立为贤妃。尔部查照典礼,择吉具奏。"继而又议定董鄂氏为东宫皇妃,孔氏为西宫皇妃。而董鄂氏宠遇已甚,遂不复立西宫。《实录》卷一百五:"(十二月)戊寅,以册封内大臣鄂硕女董鄂氏为皇贵妃。"孔四贞后封和硕格格,命适孙延龄。康熙时三藩之乱,延龄被杀,四贞亦陷吴三桂军中,乱平始返京,孤苦以终。

④ 无娴:不熟习。

⑤ 东省:唐指尚书省或尚书省礼部。此用旧称,指礼部。

⑥ 主客:清礼部四清吏司之一。清沿明制,礼部下设仪制、祠祭、主客、精膳四清吏司。主客清吏司掌宾礼及外宾接待。职官有郎中三人(满蒙汉各一人)、员外郎二人(宗室一人,满一人)、主事二人(满汉各一人)、笔帖式若干人、经承六人。司下又设有赏赐、四译、芽茶三科及火房,分办本司事务。

⑦ 典属国:秦官,汉沿置。掌蛮夷降者,禄秩二千石。成帝时并入大鸿胪。

⑧ 廉知:查访而得知。

⑨ 长安搢绅:指都城官吏。长安,此泛指都城。特借为异国都城。

⑩ 迁客:指遭贬谪放逐之人。

⑪ 环诏:犹赐环。古代放逐之臣遇赦召还之诏令。参见第473页第7则注释②。

⑫ 汤沐邑:周代供诸侯朝见天子时住宿并沐浴斋戒的封地。后亦指皇室收取赋税的私邑。丁澎放逐塞外,乃满清发源之地,故澎有此戏谑语。

⑬ 辽海:泛指辽河流域。按:丁澎谪居尚阳堡,属奉天府开原县地(在今辽宁铁岭市清河区境内)。

⑭ 长白:长白山。参见第43页第2则注释⑭。

⑮ 樵苏:砍柴刈草。《史记·淮阴侯列传》:"臣闻千里馈粮,士有饥色,樵苏后爨,师不宿饱。"裴骃集解引《汉书音义》:"樵,取薪也。苏,取草也。"此指砍柴刈草的人。

⑯ 芦粟:高粱的品种之一。又称甜高粱。

⑰ 日晡:指申时。即十五至十七时。

⑱ 躬自饭牛:谓亲自劳作。饭牛,饲养牛。喻以劳动自适。

⑲ 国子藩公:未详何许人。为当地公卿子弟。国子,公卿大夫子弟。

⑳ 林璐:字玉逴,号鹿庵,钱塘(今浙江杭州市)人。明末诸生。入清不仕。工文,著有

《岁寒堂集》。作《丁药园外传》,见《岁寒堂初集》卷三。

4. 方孝孺后人

　　方正学先生被难时[①],有魏典史泽者[②],匿先生幼子于筍中以出,适外家陆氏[③]。时籍禁方甚[④],不可留,乃变姓名居江阴,缺方字之末笔而为六。幼子名朗,避难时才四岁。至本朝嘉庆间,十四传矣。六承如字赓九[⑤],为李申耆先生箸录弟子[⑥]。《明史》惟云先生二子皆自经,不云更有幼子。六氏谱云:"朗尚有兄曰德宗[⑦],避松江,更姓俞。"申耆先生为赓九题正学《读书箴》[⑧],详识颠末,必有依据。今浙江候补知县六某,亦其裔也,有小印曰"正学后人"。(卷四)

【注释】

① 方正学先生:方孝孺,字希直,一字希古,人称正学先生,明宁海(今属浙江宁波市)人。幼警敏,长从宋濂学。洪武二十五年(1392),以荐除汉中教授。惠帝即位,召为翰林侍讲。明年,迁侍讲学士。时修《太祖实录》《类要》诸书,孝孺皆为总裁。建文四年(1402)六月,燕王朱棣兵攻入京师,被执下狱,以拒草成祖登基诏书,慷慨就死,年四十六。宗亲九族及门下弟子八百七十馀人皆坐诛。著有《逊志斋集》二十四卷。

② 魏泽:字彦恩,明溧水(今属江苏南京市)人。洪武中累迁刑部尚书。建文三年(1401),谪宁海典史。文皇诛方孝孺族党,泽力保持其遗孤藏匿之,孝孺得有后。
典史:明县级属官,掌文移出纳。《明史·职官志四》:"县,知县一人,正七品;县丞一人,正八品;主簿一人,正九品。其属,典史一人。"

③ 外家:泛指母亲和妻子的娘家。考《宁海方氏正学故里家谱》,方孝孺母族、妻族未见有陆氏。

④ 籍禁:古代官府编定名册,限制人员出入的门禁。

⑤ 六(lù)承如:字赓九,江阴(今属江苏无锡市)人。李兆洛弟子,助其师编纂《历代地理志韵编今释》《历代地理沿革图》《皇朝舆地略》《皇朝舆地韵编》等。

⑥ 李申耆:李兆洛,字绅绮,更字申耆,晚号养一老人,阳湖(今江苏常州市)人。嘉庆十年(1805)进士,选庶吉士,充武英殿协修,改授凤台知县。丁忧归,遂不复出。后

主讲江阴暨阳书院近二十年。道光二十一年(1841)卒,年七十三。通音韵、史地、历算之学,创养一学派,率弟子编纂《历代地理志韵编今释》《历代地理沿革图》《皇朝舆地韵编》《皇朝一统舆图》等。亦工诗文,推崇桐城文章,为阳湖派重要作家,有《骈体文钞》《皇朝文典》《养一斋集》等。

⑦ 德宗:传为方孝孺幼子。孝孺究竟有几子,说法不一。《明史》本传记孝孺遇难时,谓"二子中宪、中愈先自经死,二女投秦淮河死"。《宁海方氏正学故里家谱》谓孝孺妻郑氏,有三子:长顺、次开(中宪)、次定(中愈)。又《大清一统志》卷五十三:"魏泽,高淳人。洪武中官刑部尚书,建文时谪宁海县丞。文皇诛方孝孺族党,孝孺幼子德宗甫九岁,泽百计匿之得免。孝孺有后,泽之功也。"又《江南通志》卷一百五十七:"魏泽,字彦恩,溧水人。洪武时为尚书,建文时谪海宁尉。文皇逮方孝孺族党,泽阴脱其幼子宗甫,密至于台州秀才余学夔,孝孺得有后。"

⑧ 《读书箴》:旧题方孝孺撰。检《逊志斋集》不见载,未详其出处。《箴》曰:"聚谈少,则功夫易成;戏谑少,则交道可久。出入有时则心性不乱,坐立有礼则人品端严。往来之人不交匪类,则牵引无人;尔汝之称不挂齿颊,则轻薄自远。吝色骄心随时猛省,则尤悔而何愁不寡;躁情乱气逐念克除,则睚眦谁得相加。阴私不许,容过失于朋侪,则厚道自我而全;从谏如流,喜箴规于师友,则大益自我而获。乐群砥砺,发愤读书,不惟功名可成,亦足变化气质。"

5. 沈 齐 贤

　　沈齐贤字寱伊,钱唐诸生。性峭直,常以济时为己任。时流寇充斥①,江浙骚动,寱伊上书,略谓:"饷不知措,兵不知用,地不知屯,民不知恤,束于具文②,画界而保,以听流寇之蹂躏,可乎?"不省。甲申思陵殉社稷③,随郡搢绅后哭临三日,不食经旬,复私立木主于里社④,朝拜毕伏地哭。社故祀雷神,狰狞可怖,寱伊怒目叱曰:"汝亦当为国捍御,徒赤发金睛吓里媪乎⑤?"阎巷小儿环视而笑,则起逐之,市人皆以为痴。会山阴刘公宗周至杭⑥,急往谒,抗腕论时事⑦,声泪俱下。诸儒皆白冠环坐,一生忽私语曰:"黄巢、朱温⑧,恐亦天命?"寱伊直前奋拳殴之。南都既立⑨,叹曰:"江左敬仲安在⑩?"欲献策阙下,耻以口舌得官,遂遁迹皋亭山下⑪。乙酉

寝疾⑫，执弟手曰："吾孔孟一线尚在。"语不及他。卒后，林璐为之传⑬。（卷四）

【注释】

① 流寇：指明末李自成军和张献忠军。

② 具文：徒有形式而无实际作用的空文。

③ 甲申句：指明崇祯十七年(1644)三月，李自成大顺军攻入北京，思宗朱由检自经于万岁山(煤山)，明亡。因岁在甲申，故史称"甲申之变"。

④ 木主：木制的神位。上书死者姓名以供祭祀。又称神主。俗称牌位。　里社：古代里中祭祀土地神的处所。

⑤ 里媪(ǎo)：犹村妇。

⑥ 刘宗周：字起东，号念台，明山阴(今浙江绍兴市)人。万历二十九年(1601)进士。天启时历礼部主事、右通政使，以劾魏忠贤削籍归。崇祯时累擢左都御史，又以论救姜采、熊开元被革。南明时起原官，并劾马士英、阮大铖等，不听，乞骸骨归。南明亡，绝食而卒，年六十八。因尝讲学于蕺山，学者称蕺山先生。著作有《刘子全书》《刘子全书遗编》。

⑦ 抗腕：指对面交谈。

⑧ 黄巢：唐末农民军首领。曹州冤句(今山东菏泽市曹县西北)人。私盐贩出身。乾符二年(875)起兵。五年，号冲天大将军，建元王霸。广明元年(880)十一月，克洛阳，十二月，入长安，僖宗逃蜀。即皇帝位，国号大齐，改元金统。未几，为唐军所围。中和三年(883)，撤出长安。次年，退至泰山狼虎谷，战败自杀。一说为其甥林言所杀。　朱温：唐宋州砀山(今安徽宿州市砀山县东)人。乾符四年(877)加入黄巢军，为同州防御史。中和二年(882)降唐，为河中行营招讨副使，赐名全忠。次年，授宣武节度使。后与李克用联兵征讨黄巢军，进封梁王。继而割据河北，与李克用父子长期征战。天祐四年(907)，代唐称帝，改名晃，都汴，国号梁，建元开平，史称"后梁"。乾化二年(912)，为其子友珪所杀。

⑨ 南都既立：指崇祯十七年五月，福王朱由崧在南京即皇帝位，年号弘光。即南明弘光朝。

⑩ 江左敬仲：亦作"江左夷吾"。典出《晋书·温峤传》："于时江左草创，纲纪未举，峤

殊以为忧,及见王导共谈,欢然曰:'江左自有管夷吾,吾复何虑!'"管夷吾,字仲,亦称敬仲,颍上人。春秋时齐卿,辅佐齐桓公成霸业。后以"江左夷吾"称许有辅国救民之才的人。

⑪ 皋亭山:在杭州府仁和县东北二十里(今浙江杭州市江干区丁桥镇北)。

⑫ 乙酉:指顺治二年(1645)。

⑬ 林璐为之传:林璐作《沈长公传》,见《岁寒堂初集》卷三。

6. 王云廷家戒

王文庄公封翁文山先生云廷①,尝辑《国子监志》,卷帙繁富,惜佚不传。先高祖退庵公尝称先生所著《宝言堂家戒》云:"人家出一斫削元气进士②,不如出一培植元气秀才。"又尝寓书文庄云:"词章之学,只求文理无疵,刻意求工则害道。进取之途,须知得失有命,稍事驰骛则丧品③。悠悠忽忽,便虚度一日,便虚度一年,便虚度一世。战战兢兢,始不负所事,始不负所生,始不负所学。"此可书作座右铭也④。(卷八)

【注释】

① 王文庄:王际华,字秋瑞,钱塘(今浙江杭州市)人。乾隆十年(1745)一甲三名进士,授编修,迁侍读学士、上书房行走。历工、刑、兵、户、吏诸部侍郎。三十四年,迁礼部尚书。三十八年,加太子少傅调户部。四十一年卒。赠太子太保,谥文庄。   封翁:因子孙显贵而受封典者。   云廷:号文山。际华父。雍正四年(1726)举人。仕履未详。清《钦定国子监志》卷六十《艺文四》存有其诗《太学十咏》。

② 斫削元气:指人的精气神受到损伤。

③ 驰骛:亦作"驰骛"。奔走;奔竞。

④ 座右铭:置于座右用以自警之铭文。座右,座位右边。古人常将所珍视的书文字画置于此。

7. 赵大鲸论巧宦

赵横山先生大鲸①,由进士历官左副都御史。相国永贵②,其门下士也,初抚浙,诣辞,问曰:"此去,政当奚先③?"曰:"劾贪。"先生笑曰:"贪吏赃入己者,不必劾也。"相国愕然。先生曰:"赃入己而不分润上官④,上官早劾之矣,不待君也。今之巧宦⑤,全取诸民,而半致之上,或且全致之,以贡媚而营私⑥,上下固结,牢不可破。譬如获盗,肤箧百万⑦,有所恃焉,则无敢踪迹之;其所擒者,皆窃铁攘鸡辈耳⑧!"相国再拜曰:"微先生无能言及此也⑨!"(卷八)

【注释】

① 赵大鲸:字横山,号学斋,仁和(今浙江杭州市)人。雍正二年(1724)进士。乾隆时官至左副都御史。工书,与何焯、姜宸英齐名。

② 永贵:字心斋,拜都氏,满洲正白旗人。自笔帖式授户部主事。高宗即位,累迁郎中,出为湖南辰沅永靖道,擢云南布政使,移浙江署巡抚,寻实授。后以陈灾状有所讳饰夺职,赴北路军董理粮饷。在新疆任职多年,累迁署伊犁将军。乾隆四十四年(1779)召还,授镶蓝旗满洲都统,旋拜协办大学士。四十八年卒,谥文勤。

③ 政当奚先:谓治政当以何事为先。

④ 分润:分取钱财;分享利益。

⑤ 巧宦:善于钻营谄媚的官吏。

⑥ 贡媚:献媚。

⑦ 肤箧(qūqiè):原指撬开箱子。后亦泛指盗窃。《庄子·肤箧》:"将为肤箧、探囊、发匮之盗,而为守备,则必摄缄縢,固扃鐍,此世俗之所谓知也。"陆德明释文引司马彪曰:"从旁开为肤,一云发也。"成玄英疏:"肤,开;箧,箱。"

⑧ 窃铁攘鸡:指偷盗铁具、鸡犬的小贼。窃铁,或为"窃铁"之讹。铁,斧子。

⑨ 微:非;不是。

8. 曾国藩家训

凡家道所以可久者,不恃一时之官爵,而恃长远之家规;不恃一二人之骤发①,而恃大众之维持。

老亲旧眷,贫贱族党,不可怠慢。待贫者,亦与富者一般。当盛时预作衰时之想，自有深固之基矣。

处此时世，负此重名，总以钱少产薄为妙。一则平日免于觊觎②，仓卒免于抢掠；二则子弟略见窘态，不至一味奢侈。

处兹乱世，钱愈多则患愈大。每年足敷一年之用，便是天下之大富，人间之大福。家中要得兴旺，全靠出贤子弟。若子弟不贤不才，虽多积银、积钱、积谷、积产、积衣、积书，总是枉然。

吾家现虽鼎盛，不可忘寒士家风味，子弟力戒傲惰。戒傲，以不大声骂仆从为首；戒惰，以不晏起为首③。

以养生六事勖儿辈④：一曰饭后千步；一曰将睡洗脚；一曰胸无恼怒；一曰静坐有常时；一曰习射有常时；一曰黎明吃白饭一碗，不沾点菜。皆闻诸老人，累试毫无流弊者。

有福不可享尽，有势不可使尽。福不多享，总以俭字为主。少用仆婢，少花银钱，自然惜福矣。势不多使，少管闲事，少断是非，无憾者亦无怕者⑤，自然悠久矣。（曾文正公家训）（卷八）

【注释】

① 骤发：暴富。俗称暴发户。

② 觊觎：非分的希望或企图。

③ 晏起：晚起；迟起。

④ 勖（xù）：勉励。

⑤ 无憾（hàn）：没有怨恨；没有不满。憾，同"憾"。

9. 施 成 章

仁和施三成章①，业米湖墅②。咸丰庚申③，贼围城亟，城中米殆尽，成章辍业家居，积米尚夥，乃广给邻里之饿者，人来乞，与之米，未尝取值。城破逸出，奔走饥甚，遇一老妪施粥道旁，因就食。后屡逃徙，所至辄得食。自言流离困苦中未受一日饿也。乱定后，仍业米行。凡至他县贩米，遇乡人逃徙不得归者，挈之返④，问其

家而还之;无家者,辄代营生计。贾人子为善于乡,而知之者鲜,余故为表之。
(卷八)

【注释】

① 施成章:仁和(今浙江杭州市)人。以排行第三,故称施三。米商。

② 湖墅:在仁和县北运河南端(今杭州市拱墅区大兜路一带)。自古商贾云集,有"十里湖墅"之称。

③ 咸丰庚申:指咸丰十年(1860)。是年二月,太平军李秀成部为调动围困天京的清江南大营,奇袭杭州,旋退出。明年十一月,再陷杭州,至同治三年(1864)三月,方为湘军左宗棠部收复。

④ 挈:携带;率领。

10. 义　　犬

余表伯朱雨泉,官陕西宁条梁巡检①,殁于任所。丧还西安,有所蓄黑犬,名曰大汉,随行二千数百里,日在灵轝左右②。一日偶失道,犬独在前,乃折回,寻柩及之,仍随行。比至西安城外厝所③,表伯母华乃挈之入城。在余家数年,守户綦严④。视常犬高大,故以大汉呼之云。

又仁和王子展存善云⑤,其封翁官粤时,有舆夫买一犬⑥,将宰而食之。粤人性喜食犬,习为故常。封翁见犬受束缚哀鸣,问舆夫,知以银六钱买得者,如数给之,解犬缚,牵归畜之。后数年,封翁病卒,犬先六日即不食,日蹲封翁卧榻侧不去,封翁卒后一日,犬亦死。王氏哀之,每于忌日以小纸书犬名粘于祭案之下,以示不忘。犬名阿黄,以其毛色黄也。(卷八)

【注释】

① 宁条梁:清延安府靖边县宁条梁巡检司(今陕西榆林市靖边县宁条梁镇)。明清于镇市、关隘要害处俱设巡检司,掌关守巡逻,归县令管辖。设巡检,从九品。

② 灵轝:载运灵柩的车子。轝,同"舆"。

③ 厝（cuò）所：停放灵枢的处所。

④ 綦（qí）：极；很。

⑤ 王存善：字子展，钱塘（今浙江杭州市）人。少随父之广东。光绪中署知南海，官虎门同知，兼管广州税局。光绪二十六年（1900）迁居上海，以擅长理财而受知于盛宣怀，尝主招商局并任汉冶萍公司董事，擢保道员。喜藏书，编有《知悔斋存书总目》。

⑥ 舆夫：车夫或轿夫。

苌楚斋随笔

《苌楚斋随笔》《续笔》《三笔》《四笔》《五笔》各十卷，清刘声木撰。

声木字十枝，初名体信，字述之，后改今名，庐江（今属安徽合肥市）人。生于光绪四年（1878）。父秉璋，官至四川总督。声木自幼力学，性喜藏书，长尤精目录版本之学。光绪末，补用知府，签分山东，每遇实授辄辞不就。入民国，一意撰述，所作甚多。后为上海文史馆馆员，年八十二卒。有《桐城文学渊源考》《续补汇刻书目》《续补寰宇访碑录》等。

《苌楚斋随笔》以版本考据为主，亦论及学术源流、诗文体变与碑拓考异，颇能征引旧说，指摘瑕瑜，可备参考。而作者生当晚清多事之秋，又出身仕宦之家，故于时局政务及官风士习多所闻见，随笔记之，无所隐讳，亦足补正史之阙。

选文标题为原书所有。

1. 梁简文帝入华林园语

梁简文帝入华林园①,顾谓左右曰:"会心处不必在远,翳然林木②,便自濠濮间想也③,不觉鱼鸟自来依人。"云云。声木生平最爱此语。人苟能以此存心,何人、何时、何地,非安乐之时乎。(《苌楚斋随笔》卷一)

【注释】

① 梁简文帝:南朝梁皇帝萧纲。字世缵,南兰陵(治今江苏常州市西北)人。武帝第三子。太清三年(549),武帝为叛将侯景所逼,忧愤而死。景乃立纲为帝,改元大宝。纲在位仅两年,为景所杀。参见第377页第1则注释⑥。工诗文,倡导宫体,亦多咏物状景之作。后人辑有《梁简文帝集》。 华林园:在建康台城内(今江苏南京市玄武区鸡笼山下)。本吴旧宫苑。东晋孝武帝、南朝宋文帝时均有扩建,筑景阳山于园内,有华光殿、景阳楼、竹林堂等,为六朝诸帝游幸宴集之所。

② 翳(yì)然:掩蔽貌。

③ 濠濮间想:《庄子·秋水》记有庄子垂钓于濮水及与惠子同游濠梁观鱼之事。后因以"濠濮间想"谓逍遥闲居、清淡无为之思。

2. 论明七子诗

明七子之诗①,虽不免模拟,然与唐人风骨相近,学诗者有脉络可寻,终为正轨。国初诸家,过事贬斥,实非公论。新城王文简公以诗名一代②,亦从七子入手,故吴乔目为"清秀李于鳞"③。文简衔之终身,以一语中其微隐④。桐城姚鼐《惜抱轩尺牍》谓⑤:学诗须从明七子诗入手,不可误听人言。曾编《明七子律诗选》□卷,示之准的。姚莹亦谓⑥:明七子诗,不可轻视。皆学力有得之言。(《苌楚斋随笔》卷一)

【注释】

① 明七子:明文学流派,有"前七子"与"后七子"之分。前七子形成于弘治、正德年间,

以李梦阳、何景明为首,与徐祯卿、边贡、康海、王九思、王廷相并称,标举复古,倡言"文必秦汉,诗必盛唐",以矫台阁体馀风。后七子形成于嘉靖、隆庆年间,以李攀龙、王世贞为首,与谢榛、宗臣、梁有誉、徐中行、吴国伦并称,持论与前七子复古主张基本一致,甚至更趋精密与系统,以扫唐宋派道学之气。

② 王文简:王士禛,谥文简。参见第39页《池北偶谈》题解。

③ 吴乔:原名殳,字修龄,太仓(今属江苏苏州市)人。明末诸生。入清不仕,游于公卿间。著《围炉诗话》六卷,以问答体论诗,远绍风骚,强调比兴,近宗晚唐而间采两宋,对明七子模拟之风尤多抨击。约康熙间成书并刻印。　李于鳞:李攀龙,字于鳞,号沧溟,明历城(今山东济南市)人。嘉靖二十三年(1544)进士,官至河南按察使。后七子之首。有《沧溟先生集》。吴乔评王士禛诗"清秀李于鳞",见于赵执信《谈龙录》:"小谢有《消夏录》,其自叙颇诋阮翁,阮翁深恨之。然小谢特长于机辨,不说学,其持论仿佛金若采耳,不足为阮翁病。然则阮翁奚为恨之?曰:阮翁素狭,修龄亦目之为'清秀李于鳞',阮翁未之知也。"四库馆臣《谈龙录提要》曰:"执信为王士禛甥婿,初甚相得,后以求作《观海集》序不得,遂至相失。因士禛与门人论诗,谓'当如云中之龙,时露一鳞一爪',遂著此书以排之,大旨谓诗之中当有人在。其谓士禛《祭告南海都门留别》诗'卢沟河上望,落日风尘昏。万里自兹始,孤怀谁与论'四句,为类羁臣迁客之词。又述吴修龄语,谓士禛为'清秀李于鳞'。虽恣悁著书,持论不无过激,然神韵之说,不善学者往往易流于浮响。"

④ 微隐:此指内心深处的隐秘。

⑤ 姚鼐:桐城(今属安徽安庆市)人。参见第339页第18则注释⑦。《惜抱轩尺牍》为姚鼐与门人亲故往来书信集。其中论学取汉抑宋,论诗主熔铸唐宋,论文则重义理考据兼顾辞章,反映了姚鼐主要学术及文学思想。

⑥ 姚莹:字石甫,号明叔、幸翁、展如,桐城人。姚鼐侄孙。嘉庆十三年(1808)进士。鸦片战争时,为台湾兵备道,积极防御,曾击退英军进攻。官至广西按察使署湖南。早年师事姚鼐,与梅曾亮、方东树、管同并称"姚门四杰",为桐城派作家。散文长于议论,亦工诗。著有《中复堂全集》,其中颇多关于台湾和西藏的资料。

3. 陆游挟妓为妾

陆放翁之妻唐氏工诗词①,见逐于母夫人,妾驿卒女亦工诗词②,见逐于王夫人③，予已录入卷一内，不谓放翁仍有一妾，亦能诗词。放翁初客于蜀，挟一妓归，蓄之别室，率数日一往。偶以病少疏，妓颇疑之，放翁作词自解，妓即韵答之云："说盟说誓，说情说意，动便春愁满纸。多应念得脱空经④，是那个先生教底。　不茶不饭，不言不语，一味供他憔悴。相思已是不曾闲，又那得工夫咒你。"云云。当时谤放翁者，谓其挟一蜀尼以归，实即此妓。后去留虽无可考，亦可见放翁闺房之内能诗词者三人，皆不克终身作伴侣，诚恨事也。（《苌楚斋随笔》卷二）

【注释】

① 唐氏：南宋陆游元配。近人多指唐氏名琬，乃陆游表妹。按：余选注周密《齐东野语》，于《放翁钟情前室》一则，尝略作考证，以为不确。见《唐宋笔记选注》（下）第757页，上海教育出版社2016年4月第1版。

② 驿卒女：陆游历蜀时所纳之妾。见本书卷一《陆游出妻妾原委》："放翁至蜀，宿驿中，见壁上诗云：'玉阶蟋蟀闹清夜，金井梧桐辞故枝。一枕凄凉眠不得，挑灯起作感秋诗。'询之，知为驿卒女，遂纳为妾。方半载馀，后夫人王氏妒，竟逐之。妾又有《生查子》词，云：'只知眉上愁，不识愁来路。窗外有芭蕉，阵阵黄昏雨。　晓起理残妆，整顿教愁去。不合画春山，依旧留愁住。'云云。玩其诗词，亦清才也。"

③ 王夫人：陆游后妻。唐氏改适宗室子弟赵士程后，陆游再娶王氏，约在绍兴十六年（1146）。

④ 脱空经：俚俗语。意谓弄虚作假、敷衍应付而没有着落。

4. 柳如是事迹

常熟钱牧斋宗伯谦益之姬人柳如是①，三百年来，久已为人所艳称，言人人殊，从无有知其详细情形者。声木参考各书，刺取其中事迹，荟萃记之于此：柳如是本吴中大家婢，初名隐雯，流落北里②，为吴江盛泽镇名妓徐佛养女③。佛善画兰，能鼓琴。更名杨爱，小字影怜。后又自更姓柳，名是，字如是，在北里中负盛名。□□轻薄子钱青雨岱勋故小有才④，与柳狎，最称莫逆，教之作诗写字。从柳为狎客，实若仆隶，因名之曰偕柳。早年诗词，大半钱所伪作。后来柳归牧斋宗伯，实岱勋为之介，并偕往焉。继又适松江某孝廉为妾⑤，孝廉能文章，工书法，复教之作诗写字。文学遂大进，字则婉媚绝伦，诗亦格调工丽，又以词翰倾一时。柳为人短小不逾中人，而色甚艳，双颊作朝霞色。结束俏利⑥，神情洒落，性机警，口便给⑦，饶胆略。然倜傥好奇，尤风流放诞，尝幅巾弓鞋⑧，着男子服。孝廉不能堪，谢之去。柳挟其才色，游吴越间，士大夫争趋之，名愈重一时。崇祯庚辰冬月⑨，为士人装，自访牧斋宗伯于常熟。宗伯在东林中⑩，本有浪子之目，相见甚欢。明年辛巳六月初七日，遂与宗伯定情。宗伯赋诗纪事，同人和之，号为河东君，声誉益起。柳时年已廿四矣。后生一女，适无锡赵□□太史□□之子玉森□□管⑪。崇祯乙酉五月之变⑫，柳劝牧斋宗伯速殉义，无贪恋。宗伯谢不从，柳大愤，自投于水。家人持之，不得入，乃止。癸卯秋月⑬，柳复下发入道⑭。明年宗伯卒，家难作，势甚汹汹。柳自经死，事遂得解。综柳生平，不愧名妓。其风流放诞，本妓女之本色，不足为异。何况诗字并皆超妙，可以传世，能明大义，劝宗伯殉义，又以一死了钱氏纷纠，洵足流传千古矣。柳又尝与陇西君有旧约⑮，以"问郎"二字玉篆赠别。甲申某月一日⑯，牧斋宗伯谯客，陇西君亦在坐。柳知之，遣婢出问起居⑰，以玉篆归之。行事光明磊落，亦不失大丈夫之所为也。（《苌楚斋随笔》卷四）

【注释】

① 钱谦益：号牧斋，明常熟（今属江苏苏州市）人。因曾官南明弘光朝礼部尚书，故称"宗伯"。参见第68页第17则注释⑬。　　柳如是：明末江南歌妓。钱谦益妾，号河东君。参见第478页第10则注释③。

② 北里：代指妓院。唐长安平康里位于城北，亦称北里。其地为妓院所在地。后因用以泛称娼妓聚居之地。

③ 吴江盛泽镇：明苏州府吴江县盛泽镇（今属江苏苏州市吴江区）。　　徐佛：据陈寅恪《柳如是别传》第三章引仲廷机《盛湖志》卷十"列女名妓门"略云："徐佛原名翱，字云翱，小字阿佛，嘉兴人。性敏慧，能琴工诗善画兰。随其母迁居盛泽归家院，遂著声于时。柳是尝师之。每同当湖武原诸公游，然心厌秾华，常与一士有所约，不果。后归贵介周某。周卒，祝发入空门。"又《别传》第二章引沈虬《河东君传》曰："河东君所从来，余独悉之。我邑盛泽镇，有名妓徐佛者。丙子年间张西铭先生慕其名，至垂虹

亭易小舟访之，而佛已于前一日嫁兰溪周侍御之弟金甫矣。院中惟留其婢杨爱，因携至垂虹。余于舟中见之，听其音，禾中人也。"丙子，即崇祯九年(1636)。垂虹亭，在太湖东侧吴江垂虹桥上。禾中，嘉兴别称禾城，此指嘉兴。

④ 钱岱勋：号青雨，华亭(今上海市松江区)人。陈寅恪《柳如是别传》第四章第贰期引王沄(字胜时)《辋川诗钞》卷四《虞山柳枝词》第三首原注云："吾郡有轻薄子钱岱勋，从姬为狎客，若仆隶，名之曰偕。姬与客赋诗，思或不继，辄从舟尾倩作，客不知也。归虞山后，偕亦从焉。吾友宋辕文有《破钱词》。"又引范锴《华笑庼杂笔》卷一、顾苓《河东君传》后附古梅华源木义庵白牛道者题云："柳氏幼隶乐籍，侨居我郡。与钱生青雨称狎邪莫逆交。柳故有小才，其诗若书，皆钱所教也。已而归虞山，钱生为之介。"寅恪案："王氏所言之钱岱勋，当与白牛道者所言之钱青雨，同是一人。不过胜时称其名，而道者举其号耳。宋辕文之《破钱词》，今未得见。故此人本末，无从考知。寅恪前论河东君与李存我及陈卧子之交好，已言及河东君之书法诗词皆受其影响。盖河东君当日之与诸文士往还，不仅狭昵之私，亦得观摩之效。杜少陵《戏为六绝句》之六所谓'转益多师'者，殆即此义欤？钱氏子或曾为河东君服役，亦未可知。但竟谓河东君之诗文，乃其所代作，似卧子、牧斋亦皆不察其事，则殊不近情理。推求此类诬谤之所由，盖当日社会，女子才学远逊男子，忽睹河东君之拔萃出群，遂疑其作品皆倩人代替也。何况河东君又有仇人怨家，如宋、王之流，造作蜚语，以隐密难辨之事，为中伤之计者乎？至若其词旨之轻薄，伎俩之阴毒，深可鄙恶，更不必多论矣。"

⑤ 松江某孝廉：据陈寅恪考证，"某孝廉"为陈子龙。子龙字卧子，号大樽，华亭(今上海市松江区)人。崇祯三年(1630)举人，十年成进士。与夏允彝等组织几社。南明弘光朝任兵科给事中，旋辞官归。清军破南京后，曾于松江、太湖等地起兵，事败被俘，乘隙投水死。乾隆四十一年(1776)，追谥忠裕。子龙有异才，诗赋古文皆精妙，其感时诗被誉为明诗殿军。有《陈忠裕公全集》。柳如是归子龙，在崇祯八年，时子龙为举人。《柳如是别传》第三章第贰期寅恪案："综合上引材料推论，知崇祯八年乙亥春间，卧子实与河东君同居于松江城南门内徐闇公弟武静致远之生生庵别墅小楼，即卧子所命名之南楼。""若就陈杨之关系严格言之，河东君实是卧子之外妇，而非其姬妾。"另，与此则言柳氏踪迹次序不同，陈寅恪认为，柳姬幼出吴江周道登家，

入盛泽徐佛院而更名杨爱,复归陈子龙为外妇,被逐后再回徐佛处,徐氏适兰溪周某,姬又流转多年,于崇祯十四年始归钱谦益。

⑥ 结束俏利:谓装扮美丽轻盈。

⑦ 便给:灵巧敏捷。

⑧ 幅巾弓鞋:谓戴幅巾穿弓鞋。幅巾,古代男子以全幅细绢裹头的头巾,后裁出垂脚即称幞头。弓鞋,旧时缠足妇女所穿的鞋子。此指柳氏女扮男装。

⑨ 崇祯庚辰:指崇祯十三年(1640)。

⑩ 东林:晚明政治团体东林党。参见第115页第17则注释①。

⑪ 适无锡赵句:《柳如是别传》第五章引《牧斋遗事》云:"柳夫人生一女,嫁无锡赵编修玉森之子。"赵玉森之子名管。

⑫ 崇祯乙酉:此指南明弘光元年,即清顺治二年(1645)。是年五月,清军攻破南京,福王出逃被擒,弘光朝仅存一年而亡。

⑬ 癸卯:指康熙二年(1663)。

⑭ 下发入道:指落发出家。时柳如是年四十六。

⑮ 陇西君:李待问,字存我,松江华亭人。崇祯十六年(1643)进士,授中书舍人。清军南下时,与陈子龙等人起兵守松江。城破自缢。工诗文,尤精行草。其书远绍二王,近宗董其昌,风格恬淡清新。柳如是游云间时,与宋辕文(徵舆)、李存我(待问)、陈卧子(子龙)三先生交最密,称存我为"问郎"。

⑯ 甲申:指崇祯十七年(1644)。

⑰ 问起居:问安;问好。

5. 戒之在色等解

　　孔子谓少在色,壮在斗,老在得①,此为世俗中下人恒情言之②,其实所包者广。凡人年少之时,自以好色者为最多,亦有好狗马、货利、声律,其失与好色无异。孔子举一"色"字,以见好此者广,即以"色"字赅其馀也③。年壮在斗,愚者斗力,智者斗智,其失一也。不必握拳撑掌,始谓之斗也。只举一"斗"字,则凡与人相角者,均谓之斗。即上而秦失其鹿④,天下共逐之,下至贪夫斗财,妇女炫妆,无往而非斗也。年老在得，非必称他人之橐，(已)入[己]橐也⑤。尝见有年愈老，用愈啬，恒人每以盛德称之，不知正堕入戒得之过。此等事，虽贤者不免。试思桑榆晚景⑥，焉用此节啬⑦？积累金钱，果属何用？实求得之心，阶之厉也⑧。愚者思攫他人之金钱，自谓之得，贤者思节啬己之金钱，亦谓之得，其有得于己，则一也。孔子以一"得"字赅之，真圣人之言也。睢阳贾开宗静子撰《遯园语商》⑨，中解此三语谓："豪杰之病，少中于情，情则一语一面而死生以之，甚于色十倍也。壮中于侠，侠则身家姓命可捐，自负于义，甚于斗十倍也。老中于子孙，子孙则杀戮积毒，甚于得十倍也。"云云。贾氏之说，可以各明一义，与予说亦可以互参也。(《苌楚斋随笔》卷六)

【注释】

① 孔子谓三句：见《论语·季氏》："君子有三戒：少之时，血气未定，戒之在色；及其壮也，血气方刚，戒之在斗；及其老也，血气既衰，戒之在得。"

② 恒情：常情。

③ 赅：概括；包括。

④ 鹿：比喻政权或爵位。《史记·淮阴侯列传》："秦失其鹿，天下共逐之。"裴骃集解引张晏曰："以鹿喻帝位也。"

⑤ (已)入[己]橐：今本点校者以"已"为衍文，故用"()"号；补以"己"字，用"[]"号。

⑥ 桑榆晚景：亦作"桑榆暮景"。夕阳斜照桑榆时的黄昏景象。喻垂老之年。

⑦ 节啬：节省；节俭。

⑧ 阶之厉：谓导致祸端。

⑨ 贾开宗：字静子，晚号野鹿居士，商丘(今河南商丘市睢阳区)人。明末诸生。与侯方域等结雪苑社，相互砥砺唱和。南明时，入东平伯刘泽清幕中掌书记。泽清降清，开宗辞归故里，筑屋城北，题曰"遯园"，专意著述。顺治十八年(1661)卒，年六十七。有《遯园全集》。《遯园语商》一卷，在《全集》中。

6. 海外恸哭记

《国朝先正事略》①，开列黄梨州先生宗羲撰述②，中有《日本乞师记》一卷、《海外恸哭记》一卷。初意未必果有是事，更未必果有是书，乃明之遗民，悲愤宗社沦胥③，列此名目，以抒悲愤而已。后于壬子④，见《古学丛刊》中刊有《海外恸哭记》一卷⑤，虽无《日本乞师记》，而日本乞师原委，亦略见于此。一书可当两书用，乃知实有是事，实有是书，转自笑其陋矣。据云周崔芝少时往来日本⑥，以善射名，父事撒斯玛⑦。撒斯玛者，日本一岛中之王也。乙酉冬⑧，崔芝告哀撒斯玛，愿假一旅，以助恢复。撒斯玛壮之，许助兵三万，军需战舰，一切不资中国⑨。俟崔芝自往受约，将于丙戌四月十一日东行⑩，兵部尚书余煌⑪，忽以叛将吴三桂用房为戒，崔芝怒而入闽。日本待崔芝久不至，其意亦浸衰。至丙子⑫，复命崔芝乞师日本，欲复理前约，日本之师竟不出云云。是乞师日本，全由周崔芝一人私交，日本之初许出师，亦全由周崔芝一人私交。当时廷臣复二三其德⑬，无怪日师之终不出矣。（《苌楚斋随笔》卷七）

【注释】

①《国朝先正事略》：清人物传记，六十卷。李元度撰，曾国藩序。元度字次青，平江（今属湖南岳阳市）人。道光二十三年（1843）举人，屡赴礼部试不第。咸丰三年（1853），入湘军曾国藩幕，以功累迁贵州布政使。光绪十三年（1887）卒。撰《先正事略》，分"名臣""名儒""经学""文苑""遗逸""循良""孝义"七门，人为一传，凡五百人。同治五年（1866）刊行。另有《天岳山馆文集》。

② 黄宗羲：字太冲，号南雷，学者称梨州先生，馀姚（今属浙江宁波市）人。明末创复社，以反宦官专权，几遭残杀。清兵南下，招募义兵，建"世忠营"以拒，南明鲁王授以左副都御史。明亡，隐居著述，与孙奇逢、李颙并称清初三大儒。著有《宋儒学案》《明儒学案》《明夷待访录》《南雷文案》等，后人编有《黄梨州文集》。

③ 宗社沦胥：谓国家沦丧。

④ 壬子：此指民国元年（1912）。

⑤《古学丛刊》：民国北京古学院编。专门研究论述古代学术之刊物，涉及经史子集与校勘、词赋、金石谱录、方技、美术等各门类。

⑥ 周崔芝：字民稠，号九玄，福清（今属福建福州市）人。明末为武将。南明隆武二年（1646），授分守浙江温州等处地方前军都督府都督同知，挂平海将军印监国。鲁王

监国,封平夷侯、钦命总督,挂平夷大将军印,驻海坛、南日诸岛。寻卒于任。

⑦ 撒斯玛:日本萨摩藩(今鹿儿岛)王,岛津氏。

⑧ 乙酉:指南明隆武元年(1645)。

⑨ 不资:此谓不取用。

⑩ 丙戌:隆武二年(1646)。

⑪ 余煌:字武贞,明会稽(今浙江绍兴市)人。天启五年(1625)进士第一,授翰林院修撰,与修《三朝要典》。崇祯末,官至右庶子。南明鲁王监国,命为兵部尚书。隆武二年六月,清兵直逼绍兴,鲁王渡海遁,煌投水死。

⑫ 丙子:疑为"戊子"之误。戊子,南明永历二年(1648)。

⑬ 二三其德:犹三心二意。《诗经·卫风·氓》:"士也罔极,二三其德。"

7. 林纾致蔡元培书摘要

林琴南孝廉《畏庐三集》中有《答大学堂校长蔡鹤卿太史书》①,中有云:"晚清之末造②,概世之论者恒曰去科举,停资格③,废八股,斩豚尾④,复天足⑤,逐满人,扑专制,整军备,则中国必强。今凡百皆遂矣,强又安在!于是更进一解,必覆孔孟,铲伦常为快。呜呼!因童子之赢困,不求良医,乃追责其二亲之有隐瘵⑥,逐之而童子可以日就肥泽⑦,有是理耶!外国不知孔孟,然崇仁,仗义,矢信,尚智,守礼,五常之道,未常悖也,而又济之以勇。弟不解西文,积十九年之笔述,成译著一百三十三种,都一千二百万言⑧,实未见中有违悖五常之语。何时贤乃有此叛亲蔑伦之论?此其得诸西人乎?抑别有所授耶?"云云。声木谨案:孝廉此语,最为痛快斩截,发人深省。其理正词严,故足昭示一世也。(《苌楚斋随笔》卷八)

【注释】

① 林琴南:林纾,原名群玉,字琴南,号畏庐,别署冷红生,闽县(今福建福州市)人。光绪八年(1882)举人。屡试进士不第,遂以授学、著译、绘画为业。先后执教于杭州东城讲舍、京师大学堂、励志书院、孔教大学等。清末尝参与维新变法,辛亥革命后以遗老自居。工诗词古文,兼作小说戏曲,尤以译著名世。虽不识西文,却依他人口

述，以文言翻译欧美小说一百七十馀种，译笔典雅流畅，甚受读者喜爱。其中以《巴黎茶花女遗事》《黑奴吁天录》《撒克逊劫后英雄略》《迦茵小传》《伊索寓言》等影响最大。所撰诗文有《畏庐文集》《畏庐诗存》《畏庐笔记》等，小说有《金陵秋》《京华碧血录》等，传奇有《蜀鹃啼》《天妃庙》《合浦珠》等。民国十三年（1924）卒，年七十三。

蔡鹤卿：蔡元培，字鹤卿，号子民，绍兴（今属浙江）人。光绪十八年（1892）进士，选庶吉士，授编修。历绍兴中西学堂监督，提倡新学。后发起组织中国教育会，创办爱国学社、爱国女学；又与陶成章等组织光复会，被举为会长。三十一年，入同盟会，为上海分会会长。三十三年，赴德国留学。辛亥革命后，出任南京临时政府教育总长，制定“壬子癸丑学制”。民国四年（1915），在法国与李石曾、吴玉章等倡办留法勤工俭学会。六年，任北京大学校长，提出“思想自由，兼容并包”的办学方针，使北大成为新文化运动的发祥地。八年，五四运动爆发，抗议政府逮捕学生而被迫辞职。后历国民政府大学院院长、监察院院长、中央研究院院长。九一八事变后，主张抗日，与宋庆龄、鲁迅等组织中国民权保障同盟。二十九年病逝于香港，年七十三。

② 末造：犹末世。指朝代末期。

③ 资格：旧指朝廷制订的官员按地位、经历除授或升迁所应依据的法令条例。

④ 豚尾：猪尾巴。辛亥革命前后对男子发辫的贬称。

⑤ 天足：清末始禁妇女缠足，谓未缠裹之天然足为天足。

⑥ 隐瘵（zhài）：隐疾。瘵，病。多指痨病。

⑦ 肥泽：肥润土地。此喻良好的培育环境。

⑧ 都：总；总共。

8. 锦　瑟　解

李义山诗本博奥难解①，而《锦瑟》一篇为尤甚②。因此诗用意微妙，寄托深远，后之解者，言人人殊。惟钱塘厉太鸿征君鹗云③：“此诗义山悼亡之作也④。锦瑟五十弦，剖为二十五，是即其人生世之年，故云‘思华年’也。今则如庄生之蝶⑤，望帝之鹃⑥，已化为异物矣。然其珠光玉润，容华出众⑦，有令人追忆不能忘者。在当日已惘然，知尤物之不能久存，不待追忆而始然也。”云云。以诗人追寻诗人意境，自

较他家为优,可又备一说也⑧。(《茝楚斋续笔》卷三)

【注释】

① 李义山:李商隐,字义山,号玉谿生、樊南生,唐怀州河内(今河南焦作市沁阳市)人。
开成二年(837)进士及第。明年应宏词科不中,以荐授校书郎,调补弘农县尉,累迁
东川节度使判官。因受牛李党争影响,辗转于各藩镇幕府,郁郁不得志,潦倒终身。
大中十二年(858)卒,年四十六。诗与杜牧齐名,合称“小李杜”。有《李义山诗集》三
卷,注本有清冯浩《玉谿生诗集笺注》三卷。

② 锦瑟:李商隐《锦瑟》诗,见《玉谿生诗集笺注》卷二。诗曰:“锦瑟无端五十弦,一弦
一柱思华年。庄生晓梦迷蝴蝶,望帝春心托杜鹃。沧海月明珠有泪,蓝田日暖玉生
烟。此情可待成追忆,只是当时已惘然。”

③ 厉鹗:字太鸿,又字雄飞,号樊榭,钱塘(今浙江杭州市)人。康熙五十九年(1720)举
人。会试屡不第,终生未仕。博通经史,兼擅诗词。诗学宋人,主新奇,多写闲情逸
致。词学姜夔,清空绝俗。为朱彝尊之后浙西诗派、浙西词派代表人物。有《樊榭山
房集》《辽史拾遗》《宋诗纪事》《南宋院画录》等。 征君:征士的尊称。古代不接受
朝廷征聘的隐士称为“征士”。

④ 悼亡之作:因丧妻所作诗文。开成三年(838),李商隐应宏词科不中选,赴泾原节度
使王茂元幕,娶其女王氏。商隐时年约二十五。大中五年(851),王氏亡。七年后,
商隐卒。

⑤ 庄生之蝶:指《锦瑟》诗中“庄生晓梦迷蝴蝶”句,用“庄周梦蝶”之典。《庄子·齐物
论》:“昔者庄周梦为胡蝶,栩栩然胡蝶也。自喻适志与! 不知周也。俄然觉,则蘧蘧
然周也。不知周之梦为胡蝶与? 胡蝶之梦为周与?”引此以言人生如梦,往事如烟
之意。

⑥ 望帝之鹃:指《锦瑟》诗中“望帝春心托杜鹃”句。望帝,古代蜀国的君主,名杜宇。
传说其因臣子治水有功,自觉德薄而让位,退隐山林。死时正逢春二月,子规啼鸣,
蜀人怜之。子规,杜鹃别称,鸣声凄楚动人。此句意谓托文字以抒写内心哀怨。

⑦ 然其两句:指《锦瑟》诗中“沧海月明珠有泪,蓝田日暖玉生烟”两句。相传珍珠为南
海鲛人(神话中的人鱼)眼泪所化,古人又以为海里蚌珠会随月亮盈亏而有圆缺变

化。蓝田，为京畿著名产玉之地。相传宝玉埋在地下，在阳光照耀下，其上空会出现烟云。此以"珠泪""玉烟"喻往事，言可望而不可及或幻灭不可复追之意。

⑧ 可又备一说：关于《锦瑟》一诗主旨，历来解说不一：或以为是悼亡之作，为追怀死去的妻子王氏（见冯浩《玉谿生诗集笺注》）；或以为是爱情诗，为思念恩师令狐楚家婢女锦瑟（见刘攽《中山诗话》）；或以为是咏物诗，为歌咏锦瑟适、怨、清、和四种声调（见黄朝英《缃素杂记》）；或以为是自伤身世之作，为作者晚年追叙生平、感伤身世之辞（见张采田《玉谿生年谱会笺》）。今人对此诗主旨的看法，大致也不离以上几种观点，尤以自伤身世说多被采纳，而对于悼亡、爱情、咏瑟之说，不少人以为皆属牵强。

9. 唐文治言泰西女校所重二事

太仓唐蔚芝侍郎文治言①："余游历东西洋各国，每参观女校，其校长必引导先观二处，一烹饪所，一洗濯所。外人之重家政如此，盖为妇德妇功之最要者。"云云。声木谨案：曹大家《女诫》言妇有四德②：妇德、妇容、妇言、妇功。妇容容有天限之不可强求，其三者，无一不可学习也。外国女校，以烹饪、洗濯二者，为妇女当务之急，深合圣人修身齐家之道。彼虽不知有孔子，孔子之理本属中庸③，岂能外乎情理二字。我国不知外国立女校之深心，以何者为急务，徒震于其名，贸然为之，以致所教非所用。欲端女学，非远师孔子，近法泰西，如唐侍郎所云不可。（《苌楚斋续笔》卷八）

【注释】

① 唐文治：字颖侯，号蔚芝，别号茹经，太仓（今属江苏苏州市）人。光绪十八年（1892）进士，授户部江西司主事。历总理衙门章京、商部左侍郎，累迁署农工商部尚书。三十二年致仕，投身现代教育。任商务部高等实业学堂监督，该校改名上海工业专门学校后任校长，创设铁路（后改土木）、电机、航海、铁路管理等专科。三十四年，当选为江苏教育总会会长。继而，又任南洋大学校长。民国九年（1920），创办无锡国学专修馆。尝师事张裕钊、吴汝纶，通经学，工古文。著有《茹经堂文集》等。

② 曹大家（gū）：东汉班昭。一名姬，字惠班，扶风安陵（今陕西咸阳市东北）人。班彪

之女,班固之妹。固死时,所著《汉书》八表及《天文志》尚未竟功,奉命与马续续成。和帝时,常入宫为后妃师。以其夫为曹世叔,人称"曹大家"。著有《东征赋》《女诫》七篇等。

③ 中庸:儒家重要思想。主张待人处事不偏不倚,无过无不及。《论语·雍也》:"中庸之为德也,其至矣乎。"何晏集解:"庸,常也,中和可常行之道。"

10. 本自江海人

番禺梁鼎芬字星海①,号节庵,官至湖北按察使。自宣统辛亥国变后②,为人书件,后钤一印,文曰"本自江海人"五字。声木谨案:此五字本六朝谢灵运诗③,诗云:"韩亡子房奋④,秦帝鲁连耻⑤。本自江海人,忠义动君子。"云云。钤此印文,隐寓黍离麦秀之痛⑥,伤心人诚别有怀抱,非随波逐流者所能比拟也。(《苌楚斋三笔》卷一)

【注释】

① 梁鼎芬:字星海,号节庵,番禺(今广东广州市)人。光绪六年(1880)进士,授编修。中法战事亟,疏劾北洋大臣李鸿章,遭降五级调用。应总督张之洞之聘,随之主广东广雅书院、江苏钟山书院,又随还鄂,皆参其幕府事。之洞锐行新政,学堂之事惟鼎芬是任。以之洞荐,累迁安襄郧荆道按察使、署布政使。三十二年,入觐,面劾庆亲王奕劻、直隶总督袁世凯。宣统三年(1911),武昌事起,命为广东宣慰使。时粤中已大乱,道梗不能行,遂在溥仪毓庆宫行走。民国六年(1917),张勋复辟,卧病强起周旋,逾年卒,年六十一。谥文忠。鼎芬工书,初学柳公权,兼法黄山谷,并能自成一家。

② 宣统辛亥:指宣统三年(1911)。是年八月十九日(公历10月10日),爆发武昌起义,成立湖北军政府,推举黎元洪为都督,改国号为中华民国。南方各省纷纷响应,清帝颁布退位诏书,清亡。史称"辛亥革命"。宣统,清帝爱新觉罗·溥仪年号(1909—1911)。其即位时年仅三岁。

③ 谢灵运:东晋陈郡阳夏(今河南周口市太康县)人,后移籍会稽(治今浙江绍兴市)。

谢玄之孙。袭封康乐公,故称谢康乐。南朝宋时,历任永嘉太守、侍中、临川内史等。以诗文名世,好游娱宴集,逍遥放纵,常为人所纠。元嘉十年(433),以谋逆罪充军广州,寻诏于广州行弃市刑,年四十九。此处所引诗,见《宋书·谢灵运传》。

④ 子房:张良,字子房,相传为战国时城父(今河南许昌市襄城县西南)人。祖与父相继为韩国五世相。秦灭韩,良图谋恢复,结交刺客,狙击秦始皇于博浪沙,未中。传说逃亡下邳时,得黄石公兵书。秦末聚众归刘邦。又游说项梁立韩王,自任韩司徒。后韩王为项羽所杀,复归刘邦。楚汉之争,为汉王重要谋士。汉立,封留侯。高祖欲废太子,吕后用其计,迎商山四皓以辅太子,高祖遂罢其议。高后二年(前186)卒,谥文成侯。

⑤ 鲁连:鲁仲连,亦作"鲁仲子"。战国末齐人。善谋策,常周游各国,排难解纷。秦军围赵都邯郸,尝以利害进说赵平原君,劝阻尊秦昭王为帝,言秦若称帝,将蹈东海而死,不忍为之民。后二十馀年,齐欲收复被燕所占聊城,屡攻不下,连乃作书遗燕将,劝其撤守。

⑥ 黍离麦秀:皆为家国破亡之典。黍离,参见第399页第15则注释⑩。麦秀,麦子开花抽穗。《史记·宋微子世家》:"其后箕子朝周,过故殷虚,感宫室毁坏,生禾黍,箕子伤之,欲哭则不可,欲泣为其近妇人,乃作《麦秀之诗》以歌咏之。其诗曰:'麦秀渐渐兮,禾黍油油。彼狡僮兮,不与我好兮!'所谓狡童者,纣也。殷民闻之,皆为流涕。"

11. 感 恩 马 夫

　　予生平感恩知己,转有在于厮役之下者①。光绪丁酉②,予年廿岁,亦复逐队观光③,与徐师、常师、尉兄,同于七月中旬到南京。时合肥李子幹观察国栋亦到宁下场④,寓于艺家桥其妻祖父张少棠军门□□家,本地人称为张统领是也。七月半,予与尉兄往访观察,雇马骑往。观察问以路远如何而来,以实告。观察因言市马劣,张家马好。尉兄向之借两马回寓,同到门外。马棚以芦席搭成,宽广约七开间⑤,即在对门,拴马亦十馀匹。观察呼马夫,告以故。马夫问何人所乘,观察指以示之,立于空地,等配鞍缰。予时年虽廿岁,身矮体瘦,弱不胜衣,见者几疑为十六七人，宛然未成人也。有一马夫进前问予曰："少爷骑过马乎？"予漫应之曰："然。"
又问："常骑马乎？"予亦漫应之。又曰："骑马不是玩的，无论如何，缰绳总要自己捉
在手中。马跑起来是不由人的，只要身不离鞍，没有大事。万不可以手扳鞍，连人
带马都会跌下，不是玩的。"叨叨唠唠不已。马夫终不放心，特派两人牵马送回。当
时意甚恶之，以为我之跌与不跌，何关伊事，要伊小心。后来始悟伊与我素不相识，
而能真心爱我如此，真风尘中第一知己也⑥。惜当时未问明名氏，而终身应当感
谢，只记其人年约三十馀岁耳。推其爱人以德之心，亦如良医之爱人。桐城张文端
公英《聪训斋语》云⑦："一日出门，见一人远远呼曰：'今日是忌辰。'虽不识其人，而
心感之。"予之感激某马夫，较之仅仅一呼得益，奚止十倍。故予尝戏曰："生平所感
恩，又有一马夫。"今时阅三十年，追忆而记之。厮役下材，亦有廉洁自守，为士大夫
所不及者。光绪丁未⑧，予在济南，何姬分娩，呼一收生婆至。事后以钱票包一小
红纸包给之，即纳之怀中，并未取视多寡，且称谢再三而去。辛酉四月⑨，为俊儿娶
妇，老大房茶食店送喜糕果子来。抬来两人年未弱冠，仅予以小洋数角⑩，亦称谢
再三而去。与他人争多较少，贪得无厌者比，始觉此等人天生美质，乃不贪钱之君
子。求之厮养下材，更为难能而可贵，因汇记之于此。（《莪楚斋三笔》卷三）

【注释】

① 转：反而；反倒。

② 光绪丁酉：光绪二十三年（1897）。

③ 逐队：谓随众而行。

④ 下场：犹出场。指参与某项活动。

⑤ 开间：旧式房屋的宽度单位。相当于一根檩的长度（约一丈左右）。

⑥ 风尘：尘世。指纷扰的现实生活。

⑦ 张英：字敦复，号乐圃，桐城（今属安徽安庆市）人。康熙六年（1667）进士，选庶吉
　士，授编修。历日讲起居注官，迁侍读学士入直南书房。先后充《国史》《一统志》《渊
　鉴类函》《政治典训》《平定溯漠方略》总裁官，累官文华殿大学士兼礼部尚书。四十
　年，屡上疏乞归获准。四十七年卒，年七十二。谥文端。有《易经衷论》《书经衷论》
　《张文端公集》等。《聪训斋语》为其家训之作，在其集卷四十五中。

⑧ 光绪丁未：光绪三十三年(1907)。

⑨ 辛酉：指民国十年(1921)。

⑩ 小洋：民国货币"银角"。"大洋"的对称。银角初发行时，原系十进辅币，银角十角等于一元。后因滥制成色降低而贬值，需十一二角方可兑银元一元。此后，贬值的银角就成为小洋。小洋一角一二分合大洋一角，大洋十角等于银元一元。

12. 李鸿章致死之由

　　光绪庚辛之间①，合肥李文忠公鸿章以议和居京，气体已衰，而饮啖甚豪。其家中虑其食多，恒量为裁制②，文忠转不悦，常因食多致疾。西医属其不必多食，不听，属其不必食某物，亦不听。又属其万不可食糯米物，本日即饱食，次日仍自告西医。时合肥郑魁士总戎国俊亦在京③，时至贤良寺行馆④，文忠常属其私购食物，藏于袖管带来。每总戎来见，文忠必尽逐诸客，幕客多戏谓之袖筒相会。有言其喜吃而不能多，为胃强脾弱之证。文忠闻之，大为不悦，曰："或者如是。"病故之前十日，因食多，致疾甚厉。西医因屡进忠言不听，直告之曰："中堂再如是乱吃，必须死矣。"文忠不听而去，语人曰："西医之言何戆也⑤。"又逾七日，西医已谓万不能治。文忠之如夫人莫氏，即季皋侍郎经迈之生母⑥，犹日求单方服之，未二日即病故。西医有见文忠之足指者，谓其足之二指，驾于大指三指之上，为五洲所未有云⑦。

（《茛楚斋三笔》卷四）

【注释】

① 光绪庚辛：指光绪二十六年庚子至二十七年辛丑(1900—1901)。是时，义和团势焰正盛，滥杀洋人及教民。慈禧太后因压制维新变法，软禁德宗而遭各国反对，于是招抚义和团"扶清灭洋"，并向各国宣战。二十六年五月至七月，义和团入京围攻外国使馆，英、法、俄、德、美、意、奥、日八国联军攻占大沽口，进兵天津，慈禧太后及德宗避走西安，京师陷。八月，命奕劻、李鸿章赴京议和。次年九月与出兵八国及西、荷、比共十一国签订《辛丑条约》，其内容主要有：清政府赔款本息共计九亿八千多万两，分三十九年还清，即庚子赔款；将东交民巷划为使馆界，界内由各国驻兵管理；拆

毁大沽炮台及京师至海通道各炮台，其中十二处重要地区允许各国军队驻扎；清政府承认纵信义和团之罪，向各国道歉，惩办首祸诸臣，并禁止民间成立仇外组织和伤害诸国人民事件发生；各国认为通商章程中应修之处及其他应办事务，清政府概允商议；改总理各国事务衙门为外务部，班列六部之前。和议成，外兵撤出京师。

② 恒量：常量。

③ 郑国俊：字魁士，合肥（今属安徽）人。时任总兵。　总戎：清对总兵的别称。

④ 贤良寺：初在紫禁城东华门外帅府胡同，雍正十二年（1734）建，本怡亲王允祥故邸，舍地为寺，世宗赐名贤良寺。乾隆二十年（1755），移建于冰渣胡同（今北京市东城区王府井大街东校尉胡同西）。因靠近皇宫，以后便成为外省重臣进京朝觐时所居之处。李鸿章庚子议和，即驻节于此。

⑤ 戆（zhuàng 或 gàng）：愚；傻。

⑥ 经迈：字季皋，号又苏，别号澄园。李鸿章幼子。光绪末尝任出使奥地利大臣，授光禄寺卿。特旨以侍郎候补，署理民政部右侍郎。辛亥革命后寓居上海，以经商为业。后参与张勋复辟活动，事败返上海。民国二十七年（1938）卒，年六十三。

⑦ 五洲：即五大洲。全球大陆总称。旧分世界为五大洲，即亚洲、欧洲、非洲、澳洲和美洲。此泛指全世界。

13. 扬镇寺院势利

　　扬州、镇江两府寺院中，僧道最为势利，当以金、焦两山为尤甚①。闻寻常士人游山者，入门有限制，例不得一茶。虽以赀购食，欲求一饱，有意靳而不与以苦之②。相传仪征阮文达公元，罢相家居，往游金山寺，僧人初属之曰"坐"曰"茶"。继有告以非常人者，但曰"请坐"曰"泡茶"。更有告之者，又曰"请上坐"，曰"泡好茶"。终乃知为文达，又曰："请大人上坐，泡我的好茶。"未几，以对联乞书，文达即书云："坐，请坐，请上坐，请大人上坐；茶，泡茶，泡好茶，泡我的好茶。"闻者皆为失笑。声木谨案：后阅震泽范永绥□□其骏《茶馀话异》③，庚申七月排印本④，亦载此事，以为归安闵□□中丞鹗元抚苏时游白云寺事⑤。传闻异辞，自古恒有，《春秋》三传，已不能画壹⑥，各尊所闻而已。又相传有某公到寺，僧人极意逢迎，终以化缘为请⑦，某公不欲。僧人极言相待优异，某公曰："你之柜顶上好茶始终未泡，决非特殊。"可谓愈出愈奇矣。(《茝楚斋三笔》卷五)

【注释】

① 金、焦：金山与焦山。参见第 163 页第 14 则注释⑪。

② 靳(jìn)：吝惜。

③ 范其骏：字咏三，一字永绥，号帐墨居士，震泽(今江苏苏州市吴江区)人。同治五年(1866)恩贡生。精制艺之学，聘为黎里禊湖书院教席。工诗文，擅书画，尤长于篆隶。有《帐墨居诗钞》《茶馀话异》《梦馀赘笔》等。

④ 庚申：或指民国九年(1920)。　排印本：活字排版印刷的书籍称作排印本。

⑤ 闵鹗元：字少仪，号峄庭，归安(今浙江湖州市)人。乾隆十年(1745)进士，授刑部主事，迁郎中。历山东、安徽按察使，迁湖北布政使，调广西、江宁。四十一年迁安徽巡抚，四十五年调江苏。五十五年，以庇护下属重征赋税下刑部狱，由斩立决改监候，次年释还里。嘉庆二年(1797)卒。　白云寺：在江宁府东(今江苏南京市江宁区境内)。

⑥ 画壹：亦作"画一"。一致；一律。

⑦ 化缘：僧、道称向人求布施。因能布施的人，可与佛、仙结善缘，故称。

14. 李太白酒楼联语

昔登太白酒楼①，见一联云："我辈此中惟饮酒，先生在上莫吟诗。"叹其运化之妙②，云云。语见嘉兴吴澹川明经文溥《南野堂笔记》中③。声木谨案：此联不特语妙，实亦阅历有得之言。无为常曙东茂才师必森告予云④："光绪某年，同邑方六岳孝廉澍⑤，偕友人七八人，应江南乡试，阻风采石。燕子矶上有一寺⑥，中有一楼，专供奉唐李太白神位。孝廉偕友人登山入寺，放言高论，又平日自负诗篇书法皆佳，自携笔砚往题。适寺中有新垩之壁⑦，题诗其上，墨瀋淋漓⑧，字大如拳。诗后复有记，谓千载后必有知音者。寺僧心虽甚恶之，然无如之何也。不意正笔飞墨舞之际，忽一老僧自后出，睥其诗字⑨，笑谓之曰：'方先生自谓诗佳，无人能识，我想太白先生在上，必能识得先生诗也。'孝廉闻之怫然⑩。同人皆谓无故受僧人揶揄，共为不平，终亦无如之何也。"云云。乃知太白酒楼一联，真不为无见，诚唤醒痴人之妙谛也。(《苌楚斋三笔》卷六)

【注释】

① 太白酒楼：即太白楼。在太平府城西北采石矶(今安徽马鞍山市西南江畔)。唐诗人李白尝游此，留诗颇多，后卒于当涂。元和时，始筑楼建祠于采石矶，自宋至清，屡毁屡建。康熙元年(1662)重建时，祠楼合而为一，名曰太白楼。光绪初，复由李鸿章、彭玉麟捐俸重修。楼宇内历代题署甚富，妙联隽语，蔚为大观。下文所引联"我辈此中惟饮酒，先生在上莫吟诗"，署名徐渭撰。渭字文长，号天池山人、青藤道士，明山阴(今浙江绍兴市)人。诸生。天才超轶，诗文书画皆绝出伦辈，有盛名。著《徐文长三集》《徐文长逸稿》等，另有戏曲专著《南词叙录》、杂剧《四声猿》。

② 运化：运行变化。此指诗文言辞意味隽永。

③ 吴文溥：字博如，号澹川，嘉兴(今属浙江)人。贡生。乾隆末，尝入阮元幕，校订书籍。后又客台湾道幕，掌教海东书院。工诗古文。著有《南野堂笔记》《南野堂集》等。

④ 常必森：字曙东，无为(今属安徽芜湖市)人。诸生。或尝为本书作者刘声木塾师，故称以师。

⑤ 方澍：字六岳，无为人。少有才名。光绪二十年(1894)举人。尝入李鸿章幕，兼东馆塾师。后任为浙江盐务使，逾年辞归，坐塾于紫蓬山。入民国，寓居安庆，为中学教员。有《濡滇诗选》《岭南吟稿》等。

⑥ 燕子矶：或为"采石矶"之误。燕子矶在江宁府北郊临江(今江苏南京市燕子矶公园)。

⑦ 垩(è)：用白色涂料粉刷。

⑧ 墨瀋：墨汁。

⑨ 睥(pì)：视。

⑩ 怫(fèi)然：愤怒貌。

15. 出试题致祸

光绪□□年,□□朱筱堂宫詹琛、宛平徐□□太史仁铸①,简放四川正副考官。首场试题,首为《必也正名乎》②。及试竣,宫詹请假回籍省墓,太史先蒙召见。德宗景皇帝问以试题为《必也正名乎》③,所正者何名,声色俱厉。太史战栗对云:"首题为正主试所出,不知其用意。"及宫詹召对,仓卒不知所对。次年京察,宫詹即奉"声名平常,原品休致"之谕④。声木谨案:雍正四年,江西正考官为海宁查嗣庭⑤,以首场试题为《君子不以言举人》一章⑥,次题《日省月试》三句⑦,三题《山径之蹊间》三句⑧,忤世宗宪皇帝旨正法⑨。德宗景皇帝以旁支入承大统⑩,宫詹以《必也正名乎》为试题,确犯忌讳,仅予原品休致,犹不幸中之大幸矣。(《萇楚斋三笔》卷八)

【注释】

① 朱琛:字筱堂,贵溪(今属江西鹰潭市)人。同治十年(1871)进士。官詹事府詹事。　徐仁铸:宛平(今北京市丰台区)人。光绪十五年(1889)进士,选庶吉士,授编修。据《清光绪朝实录》:"(十九年五月)癸卯,以翰林院编修黄绍第为湖南乡试正考官,秦绶章为副考官;詹事府詹事朱琛为四川乡试正考官,翰林院编修徐仁铸为副考官;编修程棫林为甘肃乡试正考官,谢佩贤为副考官。"

② 必也正名乎:意谓须要纠正名分而使名实相符。见《论语·子路》:"子路曰:'卫君待子而为政,子将奚先?'子曰:'必也正名乎!'"

③ 德宗景皇帝:清德宗爱新觉罗·载湉,谥曰景皇帝。

④ 原品休致:谓按本官品级退职。清詹事府詹事,正三品。

⑤ 查嗣庭:字润木,号横浦,海宁(今浙江嘉兴市海宁市盐官镇南)人。查慎行之弟。康熙四十五年(1706)进士,选庶吉士,授编修。得隆科多赏识,累官内阁学士兼礼部侍郎。雍正四年(1726),出为江西乡试主考官。世宗为铲除隆科多一派势力,借口其所出试题"心怀怨望,讥刺时事",又抄出其日记中"悖乱荒唐、怨诽捏造之语甚多",定为隆科多死党,瘐死狱中,戮尸枭示。亲族、弟子多人受株连,并因其籍而暂停浙江乡试。

⑥ 君子不以言举人：见《论语·卫灵公》："子曰：'君子不以言举人，不以人废言。'"

⑦ 日省月试：谓每日每月进行考核。见《中庸》："日省月试，既禀称事，所以劝百工也。"郑玄注："日省月试，考校其成功也。"孔颖达疏："言在上每日省视百工功程，每月试其所作之事。"

⑧ 山径之蹊间：见《孟子·尽心下》："孟子谓高子曰：'山径之蹊间，介然用之而成路。为间不用，则茅塞之矣。今茅塞子之心矣。'"意谓山中小径常有人行，便会成为大路；稍有一段时间不去走它，又会被茅草堵塞；现在茅草就把你的心堵塞了。

⑨ 世宗宪皇帝：清世宗爱新觉罗·胤禛，谥曰宪皇帝。

⑩ 旁支：嫡亲以外支属。德宗载湉系醇亲王奕譞之子，穆宗载淳从弟。穆宗崩，无嗣，以其从弟继位，故曰旁支继大统。 大统：帝位；帝业。

16. 宋司马光论读书

温公为张文潜言①，学者读书，少能自第一卷读至卷末，往往或从中，或从末，随意读起，又多不能终篇。光性最专，犹常患如此。从来惟见何涉学士案上惟置一书②，读之自首至尾止，校错字，以至读终，未终卷，誓不他读。此学者所难也。张芸叟《答孙子发书》论《资治通鉴》③，其略云："温公尝曰：'吾作此书，惟王胜之曾阅之终篇④。自馀君子，求乞欲观，读未终已欠伸思睡矣。'"温公所言，学者之通患，(声)[盖]以何学士、王胜之之事为读书法，云云。语见南宋叶某《爱日斋丛钞》⑤。声木谨案：温公所言，诚为学人通病，钞录于此，以自警惕。然读书仍有二弊，一则始勤终惰，一则进锐退速，皆终难有成。其不能专心读书者，更无论矣。(《苌楚斋四笔》卷二)

【注释】

① 张文潜：张耒，字文潜，号柯山，世称宛丘先生，北宋楚州淮阴(今江苏淮安市淮阴区西南)人。熙宁六年(1073)进士，曾任太常少卿等职。为"苏门四学士"之一。后被指为元祐党人，数遭贬谪，晚居陈州。政和四年(1114)卒，年六十一。有《柯山集》《宛丘集》《柯山诗馀》等。

② 何涉：字济川，北宋南充(今四川南充市东北)人。少刻苦读书，凡六经百家及山经

地志、医卜之学,无不贯通,过目不忘。仁宗时登进士第,调洛交主簿,改中部令。范仲淹一见奇之,辟彰武军节度推官。迁著作佐郎,管勾鄜延等路经略安抚招讨司机宜文字,累官尚书司封员外郎。父丧罢归,卒。有《治道中术》《春秋本旨》《庐江集》等。

③ 张芸叟:张舜民,字芸叟,号浮休居士,北宋邠州(今陕西咸阳市彬县)人。工诗画。治平二年(1065)进士,为襄乐令。元丰中,环庆帅高遵裕辟掌机密文字。元祐初,以馆阁校勘为监察御史,刚直敢言。徽宗立,擢右谏议大夫,居职才七日,上事已六十章。徙吏部侍郎,旋以龙图阁待制知定州,改同州。坐元祐党贬为楚州团练副使、商州安置。复集贤殿修撰,卒。有《画墁录》《画墁集》。　　孙子发:名宣德。未详何许人。与苏轼、苏辙、张舜民友善,多有书信往来。

④ 王胜之:王益柔,字胜之,北宋河南(今河南洛阳市)人。明道枢密使王曙之子。益柔以荫至殿中丞,知介丘县。庆历初,得范仲淹荐为集贤校理。久之,为开封府推官、盐铁判官,出为两浙、京东西转运使。熙宁初,入判度支审院。后以龙图阁直学士知蔡、扬、亳州及江宁、应天府。卒,年七十二。

⑤ 《爱日斋丛钞》:南宋笔记,不题撰人姓名。元陶宗仪《说郛》卷十七载此书二十二条,题为宋叶某所撰。清四库馆臣复从《永乐大典》中辑出一百四十三条,与《说郛》相合者十二条,实得一百五十三条,重排为五卷。其内容主要为辨析名物,稽考典故,所记人物言行多援引两宋笔记。按:此则所述张舜民《答孙子发书》论《资治通鉴》事,见载于南宋洪迈《容斋随笔》卷四《张浮休书》。余已录入《唐宋笔记选注》(下)第539页。

17. 请安折不可错误

国朝疆臣奏事之折,即偶有错误一二字,亦不过交部议处,照例罚俸而已。惟每月所递请安折①,万不可有一错误字,设为内廷看出,疑为不敬君上,祸且不测。合肥李文忠公鸿章,初任直隶总督,安折屡有错误字,内廷深滋不悦。恭忠亲王时在枢府②,探知其事,命人转告文忠,谓安折以后如再有错误,祸将不测,勿以为小事而疏忽。文忠闻而惕惕。此当日文忠面告先文庄公③,属其留意者。(《苌楚斋

四笔》卷三）

【注释】

① 请安折：清代奏折之一种。皇帝以文牍治国，通过与各级官员文书往来，了解政情，传达谕令，指授方略。最早源于康熙年间亲信臣工请安小密折，久而衍变为官方礼仪。

② 恭忠亲王：爱新觉罗·奕䜣。宣宗第六子，文宗之弟。文宗即位，封为恭亲王，充军机大臣兼都统及宗人府宗令。咸丰五年（1855），以服母丧疏于礼法，褫职入上书房读书。十年，英法联军攻入京师，火烧圆明园，奕䜣受命议和，签订《北京条约》。文宗崩，两宫皇太后摄政，以奕䜣为议政王，主军机处。同治四年（1865），充总理衙门领班大臣。十三年，穆宗崩，佐慈禧太后立其侄载湉继位，是为德宗。光绪十年（1884），以中法之战处事不善褫职。二十年，中日交战，复主总理衙门，并总理海军衙门与军务处。次年战败，签订《马关条约》，旋辞职退居朗润园。二十四年薨，年六十六。谥曰忠。

③ 先文庄公：指刘声木之父秉璋。字仲良，庐江（今属安徽合肥市）人。咸丰十年（1860）进士，选庶吉士，授编修。后入军幕，经历剿灭太平军、捻军等战役，屡建功。光绪十二年（1886），累迁四川总督。三十一卒，谥文庄。

18. 洋进士等事

　　光绪末年及宣统初年，国朝名器之滥①，为历代所未有，动辄赏几品京堂②，或调部授丞参③。乳臭未干者，亦多蒙此恩泽，庞然自大，亦无人以京堂视之。各国留学生考试，赏翰林、进士、举人有差④，又有牙科进士等名目，意在崇拜西欧，极力则效⑤。据西欧人云，牙医一科，各国并不重视，安有类于进士等名目。此又变本加厉，腾笑万方⑥，无怪洋翰林、洋进士、洋举人啧啧在人耳目⑦。尤可笑者，日本留学生多有未入学堂，只购各校讲义一部，作为校外生，不知如何，亦得文凭。日本各校，虽有此章程，便于不能入学者在家研习，每届考试之时，亦可应考，一例甄别，是虽不入学，尚须熟读讲义也。中华人则不然，既不入学，并可不读讲义，届时亦可高列,人多谓金钱作用,理固宜然。中有某某为早稻田大学校外生⑧,本校既属高材,考试又授检讨,名列清班,朝廷特许,谁敢不遵。闻其致书旧馆职,前辈误为"前辈",研究误作"研宄"。时人作一联以嘲之云:"辈辈同车,夫夫意作非非想;宄宄同穴,九九还须八八除。"为一时传诵。予谋食济南时,仪征吴竹楼学使筠孙笑而告予者⑨,固当不谬。湘潭王壬秋孝廉闿运⑩,亦于是时特授翰林院检讨,并加翰林院侍讲衔,尝笑谓人云:"我倒沾了他们的光,你看我可像个翰林。"是直以翰林为嘻笑怒骂之具矣。清社以屋⑪,不亦宜乎!(《芠楚斋四笔》卷五)

【注释】

① 名器:名号与车服仪制。古代王朝社会用以别尊卑贵贱等级。

② 京堂:清以称高级官员。参见第89页第8则注释⑤。

③ 丞参:清末新官制,于各部尚书、侍郎以下设左右丞和左右参议,统称丞参。

④ 有差:不一;有别。

⑤ 则效:效法。《诗经·小雅·鹿鸣》:"君子是则是效。"毛传:"是则是效,言可法效也。"

⑥ 腾笑:使发笑,让人见笑。

⑦ 啧啧:形容议论纷纷。

⑧ 早稻田大学:日本私立大学。本部设于东京都新宿区。原为东京专门学校,由原日本内阁总理大臣大隈重信创办于1882年,1902年改今名。以"学问独立""知识实际应用""造就模范国民"为办学方针,发展至今共设有政治经济、法学、第一文学(哲学、史学、文学等专业)、第二文学(外语、戏剧、文艺等专业)、商学、理工、教育、社会科学等学部及产业经营、系统科学、环境保护等研究所。

⑨ 吴筠孙:字竹楼,仪征(今属江苏扬州市)人。光绪二十年(1894)二甲第一名进士,选庶吉士,授编修。历登州、泰安、济南知府,为政清慎务实。三十三年,擢直隶永定河道,寻调天津兵备道。辛亥之变,隐居上海。民国二年(1913)复出,任赣北观察使,改浔阳道尹。六年卒,年五十七。其殿试卷尝从宫中流出,凡六道策问题:一曰治水,二曰教化,三曰漕运,四曰经学,五曰选举,六曰盐政。试卷今存扬州市博物馆。

⑩ 王闿运：字壬秋，世称湘绮先生，湘潭（今属湖南）人。咸丰三年（1853）举人。幼资质驽钝而好学，年十五明训诂，二十通章句，二十四言《礼》，二十八遂通诸经。尝入曾国藩幕府，后主讲成都尊经书院、长沙思贤讲舍、衡州船山书院、南昌高等学堂。光绪三十四年（1908），以荐特授翰林院检讨，加侍读。入民国，为清史馆馆长。民国五年（1916）卒，年八十五。有《周易说》《尚书义》《尚书大传》《诗经补笺》《礼记笺》《春秋公羊传笺》《穀梁传笺》《周官笺》《论语注》《尔雅集解》《墨子庄子鹖冠子义解》《湘军志》《湘绮楼诗文集》等。

⑪ 清社以屋：谓清王朝覆亡。社，社坛。引申为社稷、国家。屋，覆盖物。此处用为动词，覆亡。《礼记·郊特牲》："是故丧国之社屋之，不受天阳也。"孔颖达疏："丧国社者，谓周立殷社也。立以为戒……故屋隔之，令不受天之阳也。"

19. 俞樾行古道

德清俞荫甫太史樾①，于光绪庚子后议论时政②，谓无须开学堂，朝廷以中西学试士，士子自能在家学习，云云。当时颇为人所诽笑，迄今思之，所云不为无见。果如太史所云，天下不致纷更③，或不至有宣统辛亥之变④。其长曾孙女，即阶青太史陛云之女⑤，于光绪甲辰□月⑥，议归□□单束笙主事镇为继配⑦。时主事以改试策论，联捷成进士，任商部主事⑧。议以垂成矣，主事仿泰西婚嫁之法，索其曾孙女诗稿、手制针线、小照片等件。为太史所知，大怒，议遂中绝。并谓如此荒唐，从来未有。说者谓太史犹能行古之道，实亦近世之鸾凤也⑨。（《苌楚斋五笔》卷一）

【注释】

① 俞樾：字荫甫，号曲园，德清（今属浙江湖州市）人。道光三十年（1850）进士，改庶吉士，授编修。咸丰五年（1855），简放河南学政。七年，以试题割裂罢职。归后侨居苏州，主讲苏州紫阳、上海求志各书院，而主杭州诂经精舍三十馀年，时贤皆游其门。又总办浙江书局，精刻子书二十二种，海内称为善本。专意著述，治经、史、小学，皆师承王念孙、王引之。光绪三十二年（1906）卒，年八十六。有《群经平议》《诸子平议》《古书疑义举例》《春在堂全书》等。

② 光绪庚子：光绪二十六年(1900)。是年八国联军攻入京师。参见第545页第12则注释①。

③ 纷更：变乱更易。

④ 宣统辛亥之变：即辛亥革命。参见第542页第10则注释②。

⑤ 陛云：字阶青，号乐静。俞樾之孙。光绪二十四年(1898)一甲三名进士，授编修。二十八年，为四川乡试副考官。入民国，尝任浙江图书馆监督，后聘为清史馆协修，遂移居北平。通经史，工诗书。

⑥ 光绪甲辰：光绪三十年(1904)。

⑦ 单镇：字束笙，吴县(今江苏苏州市)人。光绪二十九年(1903)进士，授商部主事，迁员外郎。工书，亦喜收藏。

⑧ 商部：光绪二十九年(1903)置，掌商务及铁路矿务等事。设尚书、侍郎、左右丞、左右参议等官。下设保惠、平均、通艺、会计四司，各有郎中、员外郎、主事。另有司务所，设司务。三十二年，又将工部并入，改称农工商部。农工商部掌全国农工商政并森林、水产、河防、水利、商标、专利诸事。下设农务、工务、商务、庶务四司并承值所、统计处。宣统三年(1911)，改尚书为大臣，侍郎为副大臣。

⑨ 鸾凤：鸾鸟与凤凰。比喻贤俊之士。

20. 曾国藩与李鸿章家属同乘事

同治□年，湘乡曾文正公国藩，奉旨督师，剿平捻匪①，节制四省军务。合肥李文忠公鸿章，署理两江总督，实文正底缺，新旧交替，本系师生至契，两家眷属因同乘舟行。沿途长江水师，例应燃炮迎送，虽属空炮，亦声震遐迩。当时文正眷属舟中，因有小孩患痘症②，不能闻巨声，曾预先知会水师各营：官船到时，无论大小枪炮，一律停演。太湖赵梓芳观察继元③，为文忠妇兄，此次送其妹到南京，见沿途无迎送炮声，疑为湘军藐视淮军，诘以故。水师营据实来告，亦不允，仍令迎送如旧。文正知之，深为不怿，后见文忠问曰："尔之赵国舅④，今又同来乎？"文忠自以原委告先文庄公，言至此，并谓先文庄公云："尔勿谓老头子是好人，实在是会蹧蹋人。"先文庄公戏问："中堂如何对付他？"文忠谓："我将我老门生牌子拿出，一笑而罢。

文正亦会意,不再谈及。"后观察于光绪□年,为衡阳彭刚直公玉麐奏参落职⑤,其祸根未尝不由于此等事。直至光绪十八年八月,先文庄公以观察被参冤抑,为之奏请开复,旋奉朱批:"赵继元著交吏部带领引见,钦此。"云云。先文庄公当日原奏中有云:"彭玉麐前以江南炮台用款不如所愿,乃迁怒于赵继元,未免稍有冤抑。且查原奏,亦只空言,并不能指出丝毫实在劣迹。"云云。语见先文庄公《奏议》。然文正谦德,亦有恒人所难者。先文庄公言:某年宴会,同席诸公以曾、李声望皆隆,各于席之上面,专设一席。文正见之,强拉文忠与他人同坐一席,谓有话谈,不肯专席。文忠素不以工书名,文正谓其字有福泽,又谓文忠公牍文字,实有大过人处,均不失善善从长之意⑥。(《苌楚斋五笔》卷四)

【注释】

① 捻匪:捻军。清军剿捻在同治二年至七年(1863—1868)。参见第356页第3则注释⑨。

② 痘症:人畜所患接触性传染病。俗称天花。

③ 赵继元:字梓芳,号养斋,太湖(今属安徽安庆市)人。同治七年(1868)进士,选庶吉士,授知县。后捐补道员,累迁江宁特用道节制督标,加按察使衔。光绪二十二年(1896)卒。工书,有名于世。

④ 国舅:指皇帝母舅或妻舅。曾国藩用此含讥讽之意。

⑤ 彭玉麐:字雪琴,衡阳(今属湖南)人。咸丰三年(1853),从曾国藩领水师营,规制多所赞画。作战勇而有谋,叙功迁知县、同知,擢广东惠湖嘉道、水师提督。同治元年(1862),授兵部右侍郎、节制镇将。寻专统水师,平江宁,论功加太子少保,予一等轻车都尉世职。光绪九年(1883),擢兵部尚书。中法之战,命赴广东会筹防务。十六年卒,年七十五。赠太子太保,谥刚直。

⑥ 善善从长:原谓颂扬美德,使源远流长。后用于称赞善于学习别人长处。语本《公羊传·昭公二十年》:"君子之善善也长,恶恶也短,恶恶止其身,善善及子孙。"

花随人圣盦摭忆

《花随人圣盦摭忆》三百四十六则《补篇》七十九则，民国黄濬撰。濬字哲维，一字秋岳，侯官（今福建福州市）人。幼从外祖读书，七岁能诗，九岁可作擘窠大字，遂有『神童』之誉。光绪二十八年（1902）入京师译学馆，识于同乡父执陈宝琛、严复、林纾等，又以才名受知于梁启超，与当时在京名流过从甚密。民国初，赴日本早稻田大学留学。归国后，任职于北洋政府。后以林森荐为南京国民政府行政院机要秘书。民国二十六年（1937）濬向日本出卖情报案发，以叛国罪处决，年四十七。

《花随人圣盦摭忆》多记晚清文史掌故，初连载于《中央时事周报》。首刊时有小引曰：『《中央时事周报》主者刘厚安先生，来约为撰笔记。文书鞅掌，学殖就荒，惭何敢承！无已，就夜幌秋灯间涉想所及，信笔纪之。谈故事，说诗文词，记游览，咸纳为一，以觊读者。小言期于覆瓿，不足存也。春间以《海野词》语颜所居，今并取以为识。』《海野词》为宋曾觌词集，其《蓦山溪·坤宁殿得旨次韵赋照水梅花》有『花随人圣』句，黄濬拈出以为室名，并取以名书。是书文字清丽，考据翔实，故而备受学人青睐。陈寅恪《寒柳堂记梦未定稿》曰：『秋岳坐汉奸罪死，世人皆曰可杀。然今日取其书观之，则援引广博，论断精确，近来谈清代掌故诸著作中，实称上品，未可以人废言也。』

选文据上海古籍书店 1983 年影印本，标题为出版社所拟，编者另加以新式标点。

1. 为官三字诀

杜诗"闻道长安似奕棋,百年世事不胜悲"①,以奕喻世事,自古已然。尝谓世事如奕者,其始环文楸旁观②,争欲对局,殆可十馀辈,日长人倦,飞边打劫③,最后对奕者不过两人,用智角才,久之,又必有一人推枰而起矣。或问奕术,有答云"稳、冷、狠"三字。按此三字,实政术,非止奕技也。抑此三字亦有所本,某笔记(偶忘其名)载有清晚年,有某太史者④,为某相国馆宾⑤,以相国力,得入清秘堂⑥,京察一等⑦,出守大郡。常语友人曰:"居官要诀,惟'稳、冷、狠'三字。"友人徐曰:"其如别有三字不能兼顾何?"曰:"何也?"曰:"'君、亲、民'也。"太史愠甚,而无如之何。按此语亦自未尽确,"稳、冷、狠"是手段,与"君、亲、民"之顾否,可不相涉,但如清季牧民之官,则大半不顾"君、亲、民"耳。就奕技言,能"稳、冷、狠"者易胜。繇三字本与政术相通,易代之际,兴废无常,故诗人托喻于奕者殊多。钱牧斋集中,有前后观棋绝句若干首,皆隐指时事。余因推论牧斋为人,殆绝有心计,于"稳、冷、狠"三者,皆颇有得,其晚节自赎亦在此。相传牧斋宴客,杜茶村居上坐⑧,伶人氍演《垓下之战》⑨,牧斋索诗,茶村援笔立书曰:"年少当筵意气新,楚歌楚舞不胜情。八千子弟封侯去,只有虞兮不负心。"牧斋为之怃然。茶村所讽固当,然牧斋虽降清,实不忘故国,且颇为延平及二张阴相策应⑩,以事不成,又习于稳冷,故不能出以慷慨耳。洪北江所谓"山上蘼芜时感泣,息夫人胜夏王姬"⑪,恕论⑫,亦核论也⑬。笔至此,有问:"近年名人,有足称'稳、冷、狠'者乎?"余以为此三字袁项城足以当之⑭。顾项城于"冷"字,实欠工夫,不必追游洪宪故事⑮,即就于晦若(式枚)嘲袁之《浣溪沙》言⑯,已信而可征。晦若词云:"顿足捶胸哭钝初⑰,装腔作势骂施愚⑱,可怜跑坏阮忠枢⑲。   包办杀人洪述祖⑳,闭门立宪李家驹㉑,算来总统是区区㉒。"其状袁布置张皇之态可掬,是不能安于"冷",宜其终败也。(晦若于袁交本甚厚,辛亥后居青岛,袁屡招不至。袁任以参政,于复书不就,书首称"慰庭四兄大人",末又别附数行,有云:"封题是官样文字,自应从同;函是平日私交,不敢改二十馀年布衣之旧。"按袁馈于四百元,于覆函外加一封,书"大总统钧启",内附小封,则书"慰庭四兄"也。)(第3则)

【注释】

① 闻道两句：见杜甫《秋兴八首》（其四）："闻道长安似弈棋，百年世事不胜悲。王侯第宅皆新主，文武衣冠异昔时。直北关山金鼓震，征西车马羽书驰。鱼龙寂寞秋江冷，故国平居有所思。"清仇兆鳌《杜诗详注》卷十七："四章，回忆长安，叹其洊经丧乱也。上四伤朝局之变迁，下是忧边境之侵逼。"

② 文楸（qiū）：棋盘。古代棋盘多用楸木做成，故名。

③ 飞边打劫：围棋术语。飞边，指用隔一路斜走的手法侵入对方边地。打劫，指双方在一处可以交互吃一子的争夺战，但打劫时须隔一着方能还吃，故漏洞少的一方才能赢得劫争。

④ 太史：明清以称翰林院官。参见第339页第18则注释⑥。

⑤ 馆宾：指塾师或幕宾。

⑥ 清秘堂：清翰林院下属机构，设办事翰林，多由俸浅编修、检讨充任，掌撰著记载。

⑦ 京察：指定期考察京官制度。参见第448页第2则注释⑪。

⑧ 杜茶村：杜濬，字于皇，号茶村，黄冈（今属湖北）人。明季诸生，有诗名。明亡，避乱居金陵，求诗者踵至，多谢绝。晚穷饥益甚，往来维扬间。嗜茗饮，尝言"吾有绝粮无绝茶"。康熙二十六年（1687）卒于扬州，年七十七。后数年，陈鹏年来守金陵，遂葬诸蒋山北梅花村。有《变雅堂集》。

⑨ 氍演：演戏；扮演。

⑩ 延平：指南明永历延平郡王郑成功。参见第454页第6则注释③。　二张：指南明抗清将领张名振、张煌言。南明永历八年（1654），二张合兵三入长江与清军作战，无功而还。九年，会同郑成功部收复舟山。未几，张名振病死。永历帝封郑成功为延平郡王、张煌言为兵部左侍郎，领兵转战于浙江、福建，曾一度攻克仪征、镇江及太平、宁国、池州、徽州、广德等四府三州二十四县。十六年，郑成功退据台湾，张煌言孤军战于浙江沿海。康熙三年（1664），见复明无望，张煌言遂遣散义军，隐居海岛不出。寻被执，解至杭州受刃，年四十五。

⑪ 洪北江：洪亮吉，号北江。参见第448页第3则注释②。　蘼芜：香草名。此句用《玉台新咏》卷一《古诗八首》（其一）"上山采蘼芜，下山逢故夫"诗意，言弃妇身世之感。　息夫人：春秋时陈人。貌美，因嫁息侯，故称息妫。楚文王灭息而纳之，生有

堵教及成王二子。汉刘向《列女传》卷四《贞顺传·息君夫人》："夫人者,息君之夫人也。楚伐息,破之,虏其君,使守门,将妻其夫人,而纳之于宫。楚王出游,夫人遂出见息君,谓之曰:'人生要一死而已,何至自苦? 妾无须臾而忘君也,终不以身更贰醮。生离于地上,岂如死归于地下哉!'乃作诗曰:'谷则异室,死则同穴。谓予不信,有如皦日。'息君止之,夫人不听,遂自杀。息君亦自杀,同日俱死。楚王贤其夫人守节有义,乃以诸侯之礼合而葬之。君子谓夫人说于行善,故序之于诗。夫义动君子,利动小人,息君夫人不为利动矣。诗云:'德音莫违,及尔同死。'此之谓也。颂曰:楚虏息君,纳其适妃。夫人持固,弥久不衰。作诗同穴,思故忘新。遂死不顾,列于贞贤。" 夏王姬:春秋时郑穆公之女。生而妖媚,嫁陈大夫夏御叔,因称夏姬。御叔早死,有一子名徵舒。夏姬寡居,与大夫公孙宁、仪行父及国君陈灵公皆有私。其子徵舒弑灵公,公孙宁、仪行父奔楚,楚庄王出兵伐陈,诛夏徵舒,立陈太子午,虏夏姬归。庄王欲纳之,为大夫巫臣谏止,赐予连尹襄老为妻。未几,襄老战死,其子黑要烝于姬。姬又与巫臣通,私奔至晋。庄王怒,诛巫臣一族。《列女传》卷七《孽嬖传·陈女夏姬》:"陈女夏姬者,陈大夫夏徵舒之母也。其状美好无匹,内挟伎术,盖老而复壮者。三为王后,七为夫人。公侯争之,莫不迷惑失意。夏姬之子徵舒为大夫。公孙宁、仪行父与陈灵公皆通于夏姬,或衣其衣以戏于朝。泄冶见之,谓曰:'君有不善,子宜掩之。今自子率居而为之,不待幽间于朝廷,以戏士民,其谓尔何?'二人以告灵公,灵公曰:'众人知之,吾不善无害也。泄冶知之,寡人耻焉。'乃使人征贼泄冶而杀之。灵公与二子饮于夏氏,召徵舒。灵公戏二子曰:'徵舒似汝。'二子亦曰:'不若其似公也。'徵舒疾此言。灵公罢酒出,徵舒伏弩厩门,射杀灵公。公孙宁、仪行父皆奔楚,灵公太子午奔晋。其明年,楚庄王举兵诛徵舒,定陈国,立午,是为成公。庄王见夏姬美好,将纳之。申公巫臣谏曰:'不可。王讨罪也,而纳夏姬,是贪色也。贪色为淫,淫为大罚。愿王图之。'王从之,使坏后垣而出之。将军子反见美,又欲取之。巫臣谏曰:'是不祥人也。杀御叔,弑灵公,戮夏南,出孔仪,丧陈国。天下多美妇,女何必取是!'子反乃止。庄王以夏姬与连尹襄老,襄老死于邲,亡其尸,其子黑要又通于夏姬。巫臣见夏姬,谓曰:'子归,我将聘汝。'及恭王即位,巫臣聘于齐,尽与其室俱至郑,使人召夏姬曰:'尸可得也。'夏姬从之,巫臣使介归币于楚,而与夏姬奔晋。大夫子反怨之,遂与子重灭巫臣之族而分其室。诗云:'乃如之人兮,怀婚姻也,大无信也,不知命也。'言嬖色殒命也。颂曰:夏姬好美,灭国破陈。走二大夫,杀子之身。殆误楚庄,败乱巫臣。子反悔惧,申公族分。"

⑫ 恕论:宽宥、开脱之论。

⑬ 核论:犹确论。

⑭ 袁项城:袁世凯,字慰庭,又作慰亭,号容庵,项城(治今河南周口市项城市秫陵镇)人。初投淮军吴长庆。光绪十一年(1885),以办理朝鲜交涉通商事务驻朝。久之,以道员衔训练新建陆军于天津小站。历直隶按察使、山东巡抚,弹压义和团。二十七年,累迁直隶总督兼北洋大臣。二十九年,为练兵处会办大臣,扩编北洋军为六镇,自为首领。三十三年,调军机大臣兼外务部尚书。宣统皇帝即位,为摄政王载沣黜免。辛亥革命后,出任内阁总理大臣,以武力胁迫孙中山让位,就任中华民国临时大总统。民国四年(1915)十二月,宣布建立"中华帝国",改明年为洪宪元年。蔡锷等于云南发动讨袁护国运动,贵州、广西、广东、浙江等省先后响应,袁于次年三月被迫取消帝制,仍称大总统。六月,在举国声讨中,忧惧而死,年五十八。

⑮ 溻(sù):同"溯"。

⑯ 于式枚:字晦若,贺县(治今广西贺州市贺街镇)人。光绪六年(1880)进士,授兵部主事。后充李鸿章幕多年,累迁邮传部、礼部、学部侍郎,为修订法律大臣、国史馆副总裁。辛亥后隐居青岛,谢绝袁世凯参议之聘。民国五年(1916)卒,年六十四。

⑰ 钝初:宋教仁,字钝初,号渔父,桃源(今属湖南常德市)人。光绪末,在长沙策动反清起义,不成,流亡日本。后回国参加发起同盟会。宣统二年(1911),任上海《民立报》主笔。武昌起义后,促成上海、江苏、浙江等地起义和筹建临时政府。民国立,任南京临时政府法制院院长,参与南北议和,临时政府北迁,任农林总长。又改组同盟会为国民党,任代理理事长。宣扬宪政,号召成立政党内阁,以制约总统。民国二年(1913)三月,被袁世凯指使赵秉钧派人刺杀于上海车站,年三十二。

⑱ 施愚:字鹤初,号小山,涪州(今重庆市涪陵区)人。光绪进士。先后留学于日本及欧美,回国后历翰林院编修、宪政编查馆委员、法制院副使、弼德院参议,累至考察宪政大臣顾问、山东巡抚顾问。民国立,历任袁世凯大总统府秘书、约法会议副议长兼参政院参政。拥戴袁世凯称帝,获封一等伯爵。袁死后,投奔直系军阀,入江苏督军

李纯幕府。民国十九年（1930）卒，年五十六。

⑲ 阮忠枢：字斗瞻，合肥（今属安徽）人。出生于淮军将领之家。由李鸿章荐入新建陆军，掌军制饷章机务，为袁世凯重要参谋人员。民国立，官至大总统府秘书处副秘书长兼内史长。民国六年（1917）卒于上海，年五十一。

⑳ 洪述祖：字荫之，号观川居士，常州（今属江苏）人。洪亮吉之后。光绪十九年（1893），从其父入伍为中军参谋，以勾结洋人伪造地契买卖土地被逐。袁世凯为总统，聘为内务部秘书。民国二年（1913），联络青帮成员、江苏驻沪巡查长应桂馨，物色兵痞武士英为杀手，刺杀宋教仁。案发，应桂馨、武士英先后在租界落网，供出主犯袁世凯、谋划赵秉钧、指挥洪述祖。袁为避罪，毒死赵、应、武三人，送洪躲入青岛德租界。未几，洪化名贩鸦片于上海，为宋教仁长子所指认，被逮而解至北京法院。八年，法院判以绞刑，年六十五。

㉑ 李家驹：汉军正黄旗人，生于广州。光绪二十年（1894）进士。历京师大学堂总监督，倡行教育改革，组织体育运动。三十三年，出为驻日公使，研究日本政治、法律、财政制度。归国后力主立宪新政，任资政院总裁，与友人闭门拟制宪法草案。辛亥革命后，紧急推出《宪法重大信条十九条》，然南北议和成，君主立宪制已无望实施，遂辞官隐居青岛。民国二十七年（1938）卒，年六十八。

㉒ 区区：此谓奔走尽力。

2. 相 人 术

邵翼如先生近以所著《人鉴通义》见示①，中言及曾文正相人事。案文正用人，不止相其貌。旧传文正在安庆时，有乡人某来投，朴讷谨厚，将试以事矣。一日共饭，饭有秕②，某除之而后食，文正熟视之。饭后，奕既，令支应备数十金为赆③。某大骇，浼文正表弟叩其故④。文正曰："某家赤贫，且初作客，去秕而食，宁其素耶⑤？吾恐其见异思迁，故遣之。"案此与五代时高彦休《唐阙史》⑥，述河南尹郑瀚与侄孙共食蒸饼⑦，其侄去皮而后食，瀚大怒，以其弃者自尽食之，揖拜宾阕⑧，赠五缣而遣之⑨，事绝相似。古人观微杜渐之严，盖如此。（第 14 则）

【注释】

① 邵翼如：邵元冲，字翼如，绍兴（今属浙江）人。光绪三十二年(1906)，考入浙江高等学堂，并加入同盟会。宣统二年(1910)，考取法官，为江苏镇江地方审判厅厅长。辛亥革命后，任上海《民国新闻》总编。民国二年(1913)，参与湖口反袁起义，失败后流亡日本。后历任孙中山大元帅府秘书、国民党中央执委会常委兼粤军总司令部秘书长、黄埔军校政治教官。十三年，随孙中山北上，次年参与西山会议，反对联俄、联共、扶助农工三大政策。后任国民党中央执委会青年部长、上海《建国》周刊社社长、考试院考选委员会委员长、立法院副院长及代理院长。二十五年，应蒋介石电召入陕，西安事变中受枪伤，不治而卒，年四十七。

② 秕(bǐ)：中空或不饱满的谷粒。

③ 支应：晚清各省总督、巡抚可以就地筹款，应付特殊用途，通常设置支应局，为非正式财务机构。此指支应局办事官。　照：送行时赠予的财物。此处用为动词。

④ 浼(měi)：请托。

⑤ 宁其素耶：反问。意谓难道是质朴吗。

⑥ 高彦符：为"高彦休"之误。《四库全书总目提要》著录其《唐阙史》二卷，归入小说家类。高彦休，生平事迹未详，大约生活于唐僖宗至后晋出帝之间。

⑦ 郑瀚：唐荣阳（今属河南郑州市）人。宰执郑馀庆之子。贞元十年(794)进士。元和时累迁右补阙，敢言无所忌，宪宗目为直臣。文宗朝官至山南西道节度使。卒，谥曰宣。

⑧ 宾阁：客舍。

⑨ 缣(jiān)：双丝织成的浅黄色细绢，用为货币或赏赐酬谢之礼物。

3. 历代文化之摧残

世论中原雕瘵①，辄叹异族凭陵，吾前举盛唐之治，为吾族张目，亦此旨也。然夷考旧史②，入寇中国之异族，破隳焚掠极酷者，实不甚多。若拓跋魏，若辽金，以及满清，皆有所建设。蒙古虽甚暴，而其后亦多创置。记余所见瞿兑之《读书日札》有云③："宋人胸次浅隘，一切建置皆不能规模远大。读范石湖《揽辔录》④，可见其一睹金源文物⑤，惊羡形于词色，不啻藩使之入上都。元代诸帝，尽力于文化事业，气魄尤为雄伟。大都制作，超轶前朝，迥非南方诸城可比。又可于《马可波罗游记》⑥，仿佛得之。今日中国精完之城邑，仅有北京，而北京之所以有此风格，乃自辽金元诸代承袭而来，异族帝王有造于中国如此，关心中国文化者，不可不知此盛衰起伏之迹。"其言殊鞭辟有识。余则谓残毁文化最力者，实为国中盗贼。且如关洛文物，荡扫之者，黄巢、朱温以降⑦，群盗如毛。三百年间，闯、献之后⑧，不久又有川陕教匪，不久又有回乱捻匪，以暨于白狼与诸军阀之争⑨，焚研洗荡，驯成今日之状⑩，故国之不强，文化之不振，未可概罪于异族也。而其大原⑪，在于民之失学，与不得其养。烧山伐木，日斫其材实，造成饥旱盗贼，相率俱尽矣。虽曰盗贼亦是人民，但其摽掠之狂既煽，则当以病态论，不可不勇于治疗也。言及治贼，因触及吾国军旅中有养匪之恶习。远者不具论，近如咸同时湘中诸将领，行军即有一秘诀，平日以奋勇临阵为口头禅，不论胜败，皆张皇贼势，盖利则益显其功高，不利亦可稍从末减⑫。防务亦有一秘诀，平日好谈要隘，某处堵截，某处接应，兵分而力弱，胜不可恃，败亦可以自解，谓我方鏖战于此，而缺漏者乃在彼，并谓贼众吾寡，防不胜防矣。此皆见之当时之书牍者。同治二年二月杭州克复，李世贤、汪海洋走皖赣之交⑬，浙军奏报残众逸出，不过数千人，而赣将席宝田声言强寇且八九万⑭，曾文正、沈文肃据以上闻，左文襄滋不悦。后江宁平，幼主真王洪福，由城缺走广德，而文正奏称逸出仅六七百人，沿途追杀殆尽，然洪福固在，文襄力诋江南军，意似谓馀气犹炽，以报东门之役⑮，文正滋不悦。洪福又由湖州走赣，赣军谓浙防玩忽，且追论及原始纵寇之人，于是又以文襄诋江南军者诋浙军，而并及于曾忠襄⑯。投巇抵隙⑰，互相责难，无非欲藉贼势以自重，掠功于己，委过于人，盖以官术而施之军中，虽名臣不免。故同治之不足言中兴，与晚清之终亡，可由是而决。横观数千年间，祖宗虽丰于创造，子孙尤勇于破除。唐以后，外族虽暴，犹有经营，吾族乃并长驾远驭之规模亦无之，四海愈困穷，愈怨嗟，相斫相倾轧。盗贼不除，建置愈趋苟简，此诚今后所痛自缮治，而先事革心之急务也。吾非好为深刻之谈，又非欲以琐言牵引及于军国。昔颜之推有言⑱："学者贵能博闻，郡国山川、官位姓族、衣服饮食、器皿制度，皆欲根寻得其原本。"夫欲根寻原本，则引绳批根，乃不能不申论及兹。当知洛阳宫殿何以化为烽，当时金谷园有渊有竹⑲，何以今日夷为平地，以及山何以多

童⑳,江湖何以日淤浅,其因莫不纆然相属㉑。杜牧《华清宫》诗:"一千年际会,三万里农桑。"《竹庄诗话》讥为伶优之语㉒,抑岂知万里农桑,乃诚开元郅治之左证㉓,而唐以后之荡然不复,乃实在秕政自生之盗贼乎㉔?(第 39 则)

【注释】

① 雕瘵(zhài):凋败困乏。雕,同"凋"。

② 夷考:考察。

③ 瞿兑之:瞿宣颖,字兑之,以字行,晚号蜕园,善化(今湖南长沙市)人。清季外务部尚书瞿鸿禨之子。早年就读于上海圣约翰大学、复旦大学,后任北洋政府顾维钧内阁国务院秘书长、编译馆馆长,又任南开大学、燕京大学教授。博学多闻,精研文史,尤稔知京师掌故。著有《燕都览古诗话》《中国骈文概论》《方志考稿》《人物风俗制度丛说》《中国社会史料丛钞》《李白集校注》《刘禹锡集笺证》等。

④ 范石湖:范成大。南宋诗人。参见第 293 页第 5 则注释⑫。

⑤ 金源:金国别称。《金史·地理志上》:"上京路即海古之地,金之旧土也。国言'金'曰'按出虎',以按出虎水源于此,故名金源。建国之号,盖取诸此。"

⑥ 马可波罗:意大利旅行家。元至元十二年(1275)经中亚抵上都,受元世祖忽必烈信任,出使各地,仕元十七年。归国后,在战争中被俘,狱中口述东方见闻,由同狱比萨人鲁思梯谦笔录成书,名为《马可·波罗游记》。

⑦ 黄巢、朱温:唐末农民军首领及割据者。参见第 523 页第 5 则注释⑧。

⑧ 闯、献:明末农民军首领李自成、张献忠。

⑨ 暨:至;到。 白狼:白朗,宝丰(今属河南平顶山市)人。初为巡防营卒,清亡而为草寇,率众劫掠中原,俗呼"白狼"。至民国四年(1915),为陆军总长兼河南都督段祺瑞调集北洋军所灭。此役波及豫、鄂、皖、陕、甘五省,五十馀城罹其战火,地方一片废墟。

⑩ 驯成:逐渐达成。

⑪ 大原:根源,根本。

⑫ 末减:谓从轻论罪或减刑。

⑬ 李世贤、汪海洋:太平军将领。李世贤曾以战功封为侍王。同治三年(1864),天京

陷落,率汪海洋等部转入福建。次年春,为左宗棠击溃,只身藏匿山中。寻投汪海洋,为其所杀。五年正月,汪亦被左宗棠重兵围困于嘉应州,受伤不治而亡。

⑭ 席宝田:字研芗,东安(治今湖南永州市东安县西南)人。诸生。咸丰二年(1852)在乡办团练,阻拒太平军,升知府。后募千人号精毅军,奉湖南巡抚骆秉章之命,赴郴州、桂阳等地作战。同治二年(1863),率军援江西。明年,湘军攻占南京,太平军残部拥幼主洪福填入江西,为宝田军擒获于石城,以功由道员擢贵州按察使。又讨平贵州苗民之乱,以约束部下不力受谴,称疾归。光绪十五年(1889)卒,年六十一。

⑮ 东门之役:指旧仇。典出《左传·隐公四年》:"宋公、陈侯、蔡人、卫人伐郑,围其东门,五日而还。"又《隐公五年》:"郑人侵卫牧,以报东门之役。"

⑯ 曾忠襄:曾国荃。曾国藩九弟。湘军主要将领之一。作战有勇谋,以平太平军功赐号伟勇巴图鲁,封一等威毅伯。后历陕西、山西巡抚,署两广总督,累迁署礼部尚书、两江总督兼通商事务大臣。光绪十六年(1890)卒,年六十七。谥忠襄。

⑰ 投衅(xì)抵隙:喻千方百计寻找时机。衅、隙,比喻可乘之机。

⑱ 颜之推:字介,北齐琅邪临沂(今属山东)人。初仕梁元帝为散骑侍郎。江陵为西魏军所破,投奔北齐,官至黄门侍郎、平原太守。齐亡入周,为御史上士。隋天皇中,太子召为学士,以疾卒。著有《颜氏家训》二卷。下引见此书卷上。

⑲ 金谷园:西晋卫尉卿石崇所筑别业,在洛阳。后亦泛指盛极一时却好景不长的豪华园林。

⑳ 童:山岭、土地无草木。

㉑ 纚(lí)然:谓连续相接貌。

㉒ 《竹庄诗话》:南宋诗评杂录。二十四卷。原书不著撰人名氏。考《宋史·艺文志》有何溪汶《竹庄诗话》二十七卷,四库馆臣以为即是此书。今人郭绍虞《宋诗话考》则据方回《桐江集》卷七《竹庄备全诗话考》,考订作者当为何汶,书成于宁宗朝。《四库全书总目提要》以为此书"乃诗话中之绝佳者"。

㉓ 开元郅治:指唐玄宗开元之治。郅,大。

㉔ 秕政:不良之政。

4. 桃花六趣

无锡昔以泉名,今则以梅花、桃花著,讨春者多先及之。继此,则南京太平门之桃花亦有名①。北方游者,多言杏花、丁香之美,实则樱桃花亦至丽。西山迤北②,有一地名黑石沟,夹涧皆樱桃花,蒙密十馀里③,世自不知耳。常人游览,必言西湖,西湖以梅名,而桃亦胜。明末时,苏白二堤,夹道种植桃柳,二三月间,柳叶桃花,游人阗塞④。岁月既多,桃皆合抱,行其下者,枝叶扶疏,漏下月光,碎如残雪。清人张岱《陶庵梦忆》⑤,以为向言"断桥残雪",或言月影也。其时人争艳赏,明钱塘高濂以为桃花妙境⑥,其趣有六:其一,在晓烟初破,霞彩映红,微露轻匀,风姿潇洒,若美人初起,娇怯新妆。其二,明月浮花,影笼香雾,色态嫣然,夜容芳润,若美人步月,丰致幽闲。其三,夕阳在山,红影花艳,酣春力倦,妩媚不胜,若美人微醉,风度羞涩。其四,细雨湿花,粉容红腻,鲜洁华滋,色更芳润,若美人浴罢,暖艳融酥。其五,高烧庭燎⑦,把酒看花,瓣影红绡,争妍弄色,若美人晚装,容冶波俏。其六,花事将阑,残红零落,辞条未脱,半落半留,若美人病怯,铅华消减。六者惟真赏者得之。近日堤上桃花已不多,然致此境,亦非难事。梅、桃、杏皆有实可资为利,但有实之桃,或不宜于夹堤种之耳。江南水国,随地宜花,若有司谋以景物徕游客,亦不必限于圣湖也。(第47则)

【注释】

① 太平门:明清南京内城北门。在紫金山西麓之富贵、覆舟两山间,据湖山之险。

② 西山:在京师以西。参见第36页第28则注释⑭。

③ 蒙密:(草木)茂密。

④ 阗塞:拥塞。

⑤ 张岱:一名维城,字宗子、石公,号陶庵、蝶庵,明山阴(今浙江绍兴市)人,侨寓杭州。出身于书香门第,一生未仕,以诗文名世。康熙二十八年(1689)卒,年七十三。有《琅嬛文集》《张子文秕》《陶庵梦忆》《西湖梦寻》等。又撰《石匮书》,今仅存其《后集》,记崇祯至南明史事。

⑥ 高濂:字深甫,号瑞南、湖上桃花渔,明钱塘(今浙江杭州市)人。约生活于嘉靖至万历时期。工音律,能度曲,与曲家梁辰鱼、汪道昆等往来。作有传奇《玉簪记》《节孝记》等,诗文集《雅尚斋诗草》《芳芷楼词》和杂著《遵生八笺》等。

⑦ 庭燎:古代庭中照明火炬。

5. 王玉峰三弦妙艺

明沈德符《敝帚斋馀谈》记京师有李近楼者①，幼以瞽废，遂专心琵琶，其声能以一人兼数人，以一音兼数音，尝作八尼僧修佛事，经呗鼓钹笙箫之属②，无不并奏，酷似其声，老稚高下，曲尽其妙，又不杂以男音，一时推为绝技。不意逊清季岁，京师又有瞽者王玉峰，亦以三弦作诸声③，并能度昆黄各曲④，生旦净丑⑤，锣鼓弦索，乐声歌声齐作，皆能各尽其妙，了了不爽⑥。尤神者，则作西洋军乐铜鼓声、喇叭声，维肖维妙，又间以士卒之步伐声、枪声、马声，听之历历，尤酷似西人之兵操，几忘其出于三弦也。王故已二十年，闻颇有人能效其艺，然终逊其精。予于音学非所谙，以理度之，必心手娴熟，以弦为声带，故能作众音。然人人皆有声带，顾引喉发音，不能同时并发，若《聊斋》所纪口技者⑦，则以三弦代声带，不尤难乎？故友人刘天华⑧，半农之弟⑨，留学西洋，专攻音乐，博淹东西乐器，予曾聆其提琴诸作，皆绝妙，但亦不能如玉峰三弦发音之复杂。盖治科学者，有一定之原理原则，而吾国人虽不谙定理，但练习久之，得心应手，自成绝艺，亦暗与科学原则吻合，所谓经验也。（第76则）

【注释】

① 沈德符：字景倩，明嘉兴（今属浙江）人。参见第301页第8则注释⑭。其《敝帚斋馀谈》，四库本作《敝帚轩剩语》，三卷。卷中有《李近楼琵琶》。

② 经呗（bài）：此指佛教诵经。

③ 三弦：弦乐器。木筒两端蒙蛇皮，上置长柄，有弦三根，故名。

④ 昆黄：指昆曲与二黄。昆曲，亦称"昆腔""昆剧"。元末昆山（今属江苏苏州市）一带民间流行的南戏腔调。明嘉靖时，经魏良辅整理加工，吸收海盐、弋阳等腔及当地民间曲调而更加丰富。万历后逐渐流传各地，成为地方化昆曲。二黄，源出于黄冈、黄陂（两地今均属湖北）的戏曲调名。清乾隆年间，由徽班传入京师。在京剧、汉剧等剧种中，与西皮均为主要曲调。

⑤ 生旦净丑：传统戏曲中角色行当。生，男性角色，分老生、小生、武生等。旦，女性角

色,有正旦、副旦、贴旦、外旦、大旦、小旦、老旦、花旦、色旦、搭旦等名目。净,俗称"花脸""花面",为性格、品貌有特异处的男性角色,有大花脸、二花脸之分。丑,男性角色,由于化妆时在鼻梁上抹一小块白粉,故俗称"小花脸""三花脸",有文丑、武丑之分。

⑥ 了了不爽:谓清晰明了毫无差错。

⑦ 《聊斋》:即《聊斋志异》。清蒲松龄所作文言志怪短篇小说集。今有中华书局十二卷本和齐鲁书社二十四卷本,凡四百九十一篇。多记鬼狐仙妖之事,借幽冥幻域之境以抒孤愤,讽示人生世态。《口技》篇在十二卷本卷二,二十四卷本卷五。此篇言一年轻女子摹拟诸神之声以售其药,骗取村民钱财。

⑧ 刘天华:江阴(今属江苏无锡市)人。刘半农之弟。民国元年(1912),入开明剧社,参加万国音乐队,学习西洋钢琴、小提琴。后任教于北京大学音乐传习所、北京女子高等师范学校音乐科、北京音乐专门学校音乐系。十六年,创立国乐改进社,编辑出版《音乐杂志》。二十一年病卒,年三十八。作有二胡曲《良宵》《光明行》《空山鸟语》等十首,琵琶曲《歌舞引》等三首,以及练习曲若干。有《刘天华全集》。

⑨ 半农:刘复,字半农,以字行。民国六年(1917),执教于北京大学,参与新文化运动,提倡白话文。初期作诗讲究韵律,模仿民歌形式。后留学英、法,专攻语音学。创声调推断尺。十四年,归国任北京大学国文系教授兼研究所国学门导师,建立语音乐律实验室。二十三年,考察绥远、内蒙一带方言方音,途中染病,返北平后卒,年四十四。著有诗集《扬鞭集》,另有《半农杂文》《中国文法通论》《四声实验录》等。

6. 珍 妃 投 井

庚子七月①,都城陷,珍妃为那拉后令总管崔阉以毡裹投于井②,其事绝凄惨。朱彊邨、王幼遐所为《庚子落叶词》③,皆纪此事。八国联军入京,日本军守宫门,纪律甚严,宫人乃出妃尸于井,浅葬于京西田村。以予所闻,珍妃初得罪之由,实不胜太监婪索,奔诉那拉后,太监恨之,因悉举发鲁伯阳等事④,以有乙未十月之谴⑤。考翁文恭日记⑥:"光绪二十年十月二十九日,太后乃召见枢臣于仪鸾殿⑦,次及宫闱事,谓瑾、珍二妃有祈请干预事,降为贵人⑧,臣再请缓办,不允。是日上未在坐,因请问上知之否，谕云：'皇帝意正尔⑨。'次日，上语及昨事，意极坦坦⑩。又次日，太后谕及二妃，语极多，谓种种骄纵，肆无忌惮，因及珍位下内监高万拔诸多不法，若再审问，恐兴大狱，于政体有伤，应交内务府扑杀之。即写懿旨交办。"事势昭昭如此，而道希犹效忠孱主⑪，必待逾春遭谴始行，见几不亦晚乎？然予又闻某公言：当时，前之松禅、道希，以及后之长素、任公等⑫，皆明知德宗必无幸，欲竭天下豪杰力，一与那拉氏搏耳，非不知不敌，乃知其不可而为之。揆以诸贤当时⑬，皆少年盛气，理或然也。（第 80 则）

【注释】

① 庚子：指光绪二十六年（1900）。是年七月，八国联军攻入京师。参见第 545 页第 12 则注释①。

② 珍妃：德宗妃。他他拉氏，满洲正红旗人。以支持帝执政变法维新，为慈禧太后忌恨。庚子之变，慈禧逃离京师时，命太监推之井中溺毙，年二十五。明年，帝还京，追进皇贵妃，谥号恪顺。　那拉后：即慈禧太后。参见第 390 页第 10 则注释⑦。慈禧命溺杀珍妃事，本书第 87 则《珍妃轶闻》记述颇详，兹节录如次：

那拉后之杀珍妃，其时联军已入城。四野传烽，九衢喋血，而于烟尘霾蔽、万众仓皇中，龙楼凤陛，乃有老妇豺心，权珰助虐。至今想象，晦冥号厉，宛转蛾眉之状，真帝王家末路尊冤。若播之管弦，固亦一惊心惨剧也。珍妃死状，今可征者，唯有景善之《庚子日记》。记称："二十一日，文年告予，老佛寅时即起，只睡一个时辰耳，匆匆装饰，穿一蓝布衣服，如乡间农妇，盖太后先预备者，梳一汉头，此太后生平第一次也。太后曰：'谁料今天到这样地步？'用三辆平常骡车，带进宫中，车夫亦无官帽，妃嫔等皆于三点半钟齐集，太后先下一谕，此刻一人不令随行。珍妃向与太后反对者，此时亦随众来集，胆敢进言于太后，谓皇帝应该留京。太后不发一言，立即大声谓太监曰：'把他扔在井里去。'皇帝哀痛已极，跪下恳求。太后怒曰：'起来，这不是讲情的时候！让他就死罢，好惩戒那不孝的孩子们，并教那鸱枭看看，他到羽毛丰满的时候，就啄他母的眼睛。'李莲英等遂将珍妃推于宁寿宫外之大井中。皇帝怨愤之极，至于战栗。"此段所记，揆情斟理，皆必甚可信。珍妃幽废已久，那拉后易服欲逃际，未必遽记及之。乃妃挺身言帝当留京，则一刹那间，乙未之案，戊戌之案，怨妒惊忿，

并凑而燃,阴机动矣。故妃之死,自在发言之不择时,然尔时戎马崩腾,间不容发,妃若不言,又安可得也。所惜者,那拉后神志未昏(考景善日记亦言,当此危急之时,唯老佛一人心神不乱,指挥一切),若使稍瞀乱,或从妃言,则西后逃后,帝与珍妃留京,此局必大有可观。景善为载澜之师,曾为内务府大臣,记中之文年,即当时内务府大臣,每日入直,盖可以灼知宫中事者,故自可信。其后二十七年十一月,以"随扈不及殉难宫中"八字追赠皇贵妃,则皆以此掩世人耳目。

③ 朱彊邨:朱祖谋,原名孝臧,字藿生,一字古薇,号沤尹、彊邨,归安(今浙江湖州市)人。光绪九年(1883)进士,改庶吉士,授编修。累官至礼部右侍郎。辛亥后寓居上海。工倚声,与况周颐、王鹏运、郑文焯并称晚清四大词家。民国二十年(1931)卒,年七十五。有《彊邨词》。另刻有《彊邨丛书》,辑唐宋金元词专集一百六十三家。

王幼遐:王鹏运,字幼遐,号半塘、鹜翁,临桂(今广西桂林市)人。同治九年(1870)举人。官至礼科给事中。光绪二十八年(1902),请辞南归,寓扬州。三十年,省墓道苏州卒,年五十六。有《味梨词》《鹜翁词》,后删定为《半塘定稿》。

④ 鲁伯阳:光绪时富翁,捐江苏候补道。据胡思敬《国闻备乘》卷一《君主专制之诬》:"鲁伯阳进四万金于珍妃,珍妃言于德宗,遂简放上海道。江督刘坤一知其事,伯阳莅任不一月,即劾罢之。"

⑤ 乙未十月之谴:指光绪二十一年(1895)罢黜帝党之案。是年四月,因甲午之战失利,清政府派李鸿章赴日本签订《马关条约》,割让台湾及辽东,赔白银二亿两。五月,乙未科会试举人千余人在京聚集,由康有为上书,提出拒和、迁都、练兵、变法主张,史称"公车上书"。时德宗亲政,始重用翁同龢等主战维新派,引起后党不满,自是党祸渐兴。珍妃从兄志锐、师傅文廷式,皆有志维新,故慈禧太后尤忌恨珍妃。先是,以"习尚浮华,干预朝政"为由,降珍妃及其姊瑾妃为贵人,并加以杖责,逐放志锐。又于乙未年十月,下令罢黜吏部右侍郎汪鸣銮、户部右侍郎长麟,寻又罢侍读学士文廷式。汪、文等皆翁门弟子。明年,同龢亦被免授读之职,帝党之势日薄。

⑥ 翁文恭:翁同龢,字声甫,号叔平、松禅,常熟(今属江苏苏州市)人。咸丰六年(1856)进士第一名,授修撰。授读同治、光绪二帝。历刑部、工部、户部尚书,累官军机大臣兼总理衙门大臣。甲午之战,反对李鸿章求和,又主德宗亲政、变法图强,密荐康有为等,终为慈禧太后开缺回籍。戊戌政变后,又被即行革职,永不叙用,交地

方官严加管束。光绪三十年(1904)卒,年七十五。宣统时,追谥文恭。有《瓶庐诗文稿》《翁文恭公日记》。

⑦ 仪鸾殿:光绪十一年(1885),慈禧太后命在西苑中海兴建寝宫,以为归养之所。后题为仪鸾殿,慈禧亦常听政于此。庚子之变,为德军驻占,因疏忽失火焚毁。明年,命在原址重建,改名佛照楼。袁世凯当政时,又更名为怀仁堂。

⑧ 贵人:妃嫔称号。清后宫自康熙典制始备,皇后居中宫,以下皇贵妃一、贵妃二、妃四、嫔六,贵人、常在、答应无定数,分居东西十二宫。皇贵妃、贵妃为高阶,妃、嫔为中阶,贵人、常在、答应为低阶。

⑨ 正尔:犹言正是如此。

⑩ 坦坦:安定;泰然。

⑪ 道希:文廷式,字道希,号纯常子、罗霄山人,萍乡(今属江西)人,生于潮州(今属广东)。光绪十六年(1890)进士一甲第二,授编修。官至侍读大学士兼日讲起居注,尝为瑾妃、珍妃之师。遇事敢言,有救世志,与汪鸣銮、张謇等并称"翁门六子"。甲午之战,力主抗击,谏阻和议,参劾李鸿章"昏庸骄蹇,丧心误国"。二十二年初,为鸿章姻亲御史杨崇伊所劾,被革职逐出京师。戊戌政变后,被迫出走日本。二十六年归国,尝参与唐才常等自立会事。后数年,往来于萍乡、上海、南京、长沙等地,沉伤憔悴,寄情诗酒,以佛学自遣。三十年卒于里,年四十九。著有《琴风馀谭》《闻尘偶记》《罗霄山人醉语》《纯常子枝语》等。　屏主:懦弱君主。此指德宗。

⑫ 长素:康有为,原名祖诒,字广厦,号长素、更生,南海丹灶(今属广东佛山市南海区)人。光绪二十一年(1895)进士。中日《马关条约》签订时,联合赴京会试举人一千三百馀人上书。授工部主事,未就职,在京组织学会,设学堂报馆,鼓吹变法维新。二十四年,又在京成立保国会,以翁同龢、徐致靖等荐,受德宗召见,促成"百日维新"。九月,戊戌政变发生,逃亡海外。此后组织保皇会,主张立宪,反对民主革命。辛亥后,主编《不忍》杂志,发表反共和保国粹言论,任孔教会会长。民国六年(1917),与张勋策划复辟清室,旋败。十六年病卒于青岛,年七十。　任公:梁启超,字卓如,号任公、饮冰室主人,新会(今广东江门市新会区)人。光绪举人。与其师康有为倡导变法维新,并称"康梁"。乙未赴京会试,追随有为发动"公车上书"。会试落第后,在上海主编《时务报》,编辑《西政丛书》,又主讲长沙时务学堂,鼓吹和推进维新运

动。二十四年入京，参与百日维新，以六品衔办京师大学堂、译书局。戊戌政变后逃亡日本，办报宣传立宪保皇。辛亥后，以立宪党为基础组建进步党，出任袁世凯政府财政总长。民国五年（1916），策动蔡锷组织护国军反袁。新文化运动中倡导文体改良，反对"打倒孔家店"口号。晚年讲学于清华学校。十八年病卒于北京协和医院，年五十七。启超学识渊博，著述颇丰，涉及政治、经济、哲学、历史、语言、宗教及文学艺术、文字音韵等。有《饮冰室合集》。

⑬　揆：度量；揣度。

7. 景善日记言内廷事

　　景善之遇至酷①，联军入城时已七十八岁，为其子所弑，其子又杀人，旋为英军枪毙。阖家先已殉难，书籍珍玩尽入外兵手，日记一残帙为英人所得，今未详藏于私家抑图书馆，国中所见者，从英文译出，大致度未失原意。唯原书载景善死于七月二十一夜，而二十一日之事，已记及之，似其死期当略后一二日，否则二十一之事，即述文年之言②，不能走笔详悉如是也。景善为都统桂顺之子③，端王、澜公皆其弟子④，曾亲见咸丰庚申之役⑤，故于外军入城不甚致怖，又不以拳匪为然，不意其遭家祸也。其日记必可信，以仁和王文勤（文韶）家书证之⑥，可见。文勤家书中一节云："二十日早，本宅喜雀胡同一带⑦，炮声尤甚，炮子如雨下。忽传天安门及西长安门已经失守，然不能得真消息，我在直宿未归，禁门已闭，不得出入。至二十一日早七下钟，我坐小轿进内，始知两宫已于黎明出城矣⑧。我上日（即二十日）共召见五次，至亥刻见面⑨，仅刚、赵二人⑩。太后云：'只剩你等三人在此，其馀均各回家，舍我母子二人不管，你三人务须随扈同行。'并谕我云'汝年纪太大，尚要吃辛苦，我必不安，汝可随后赶来'，'刚、赵二人素能骑马，务必随驾同行'等谕。我覆奏：'臣必赶来。'皇上亦云'汝必要来'云云。至夜半见面，犹说不即走，岂知甫及天明，两宫已仓猝出宫，狼狈情形不堪言状，两宫均便衣与庶民一样。"勘以《景善日记》云："二十日下午五钟，通州陷，洋兵将至京。今日召见军机五次于宁寿宫⑪，老佛将避往张家口⑫。申时，澜公匆匆入宫，不俟通报，呼曰：'老佛，洋鬼子来了！'刚毅随至，言有兵一大队驻扎天坛附近。太后曰：'恐怕是我们的回勇，从甘肃来的。'

刚毅曰：'不是，是外国鬼子。请老佛即刻出走，不然他们就要来杀了。'夜半复召见军机，惟刚毅、赵舒翘、王文韶三人在前。老佛曰：'他们到那里去了？想都跑回家去了，丢下我们母子不管。无论有什么事，你们三人必要跟随我走。'又谓王文韶曰：'你年纪太大了，我不忍叫你受此辛苦，你随后赶来罢。'又谓刚毅、赵舒翘曰：'你们两会骑马，应该随我走，沿路照顾，一刻也不能离开。'王文韶答曰：'臣当尽力赶上。'皇帝忽若惊醒，谓王曰：'是的，你总快快尽力赶上罢。'两宫究于何时离宫，则予不甚清悉。此时荣禄正极力收集军队⑬，不及入见。"可知二十夜召见三大臣，及德宗曾说一句话之情形，皆如出一辙。德宗自戊戌后不多说话，故每发言必为臣下所注意。其对文勤言"汝必要来"，颇有独恋恋于较明白之汉人意，凄怨之心如掬。又宫庭事，汉人虽官尚侍⑭，非留心刺探不能知。若满人官内务府者，则逐日言动皆备详之，向来如此，故景善日记能言当日内庭事，亦不足为奇也。（第89则）

【注释】

① 景善：满洲正白旗人。同治进士。以翰林学士转内务府官，其家又与叶赫那拉氏有戚谊，因以熟悉朝廷巨细之事。光绪二十年（1894）退职家居。联军入京，太后出走，景善妻妾子媳皆自经死，景善亦为其长子恩珠推入井中死。恩珠以掩护拳匪故，被英军枪毙。《景善日记》记清内廷事颇详，时为英人所得，后复以英文译出。

② 文年：当时内务府大臣。其对景善所言，见上则注释②所引《珍妃轶闻》。

③ 桂顺：景善父。此则言其职为"都统"，然考《清代各地将军都统大臣等年表》，未见载。

④ 端王：爱新觉罗·载漪，满洲镶白旗人。宣宗孙，惇亲王奕誴子，德宗从兄。光绪二十年（1894）袭封端郡王。二十五年，慈禧立其长子溥儁为大阿哥，欲废德宗而代之，以未获外国公使承认而罢。义和团兴，载漪力主"抚拳灭洋"，屡奏拳民法术神奇可御枪炮。二十六年，掌管总理各国事务衙门，召义和团入京，引发事端。联军攻占京师，以载漪为"首祸"要求惩办。二十八年，清廷遂将载漪父子流放伊犁。辛亥后，穷困潦倒，赖亲友接济度日。民国十一年（1922）卒，年六十七。　澜公：爱新觉罗·载澜。载漪弟。封辅国公。与其兄同被联军列为庚子"首祸"，后遭夺爵，定为斩监候，遣戍新疆，永久监禁。清帝退位后，东归沈阳，卒。

⑤ 庚申之役：指咸丰十年（1860），英法联军自海入侵津京，文宗避走热河，圆明园被毁。

⑥ 王文韶：字夔石，号耕娱，又号退圃，仁和（今浙江杭州市）人。咸丰二年（1852）进士，铨户部主事。光绪时，累官至政务大臣、武英殿大学士。三十二年称疾乞休归，逾年卒，年七十九。谥文勤。

⑦ 喜雀胡同：在京师内城东南崇文门内（今北京东长安街、建国门内大街区域）。

⑧ 两宫：此指慈禧与德宗。同治时，两宫指慈安太后、慈禧太后。慈安死后，则称慈禧与光绪帝为两宫。

⑨ 亥刻：或为亥时。夜九至十一时。

⑩ 刚、赵：指刚毅、赵舒翘。刚毅，字子良，满洲镶蓝旗人。以笔帖式累迁刑部郎中。承审浙江馀杭杨乃武、葛毕氏案获平反有功，迁广东惠潮嘉道。光绪二十年（1894），累迁军机大臣，补礼部侍郎。二十四年，以工部尚书充协办大学士。二十六年，与载漪、赵舒翘力主抚拳灭洋，盛推拳民忠勇，太后因命刚毅、载勋统领义和团与各国联军作战。战不利，扈行两宫西狩，途中染疾而卒。联军请惩祸首，以先死免议，追夺原官。赵舒翘，字展如，长安（今陕西西安市）人。同治十三年（1874）进士，授刑部主事。光绪时，累迁至刑部尚书、入总理衙门、充军机大臣。联军入侵，扈驾至西安。后惩祸首，判斩监候。次年各国索益亟，上闻，赐以自尽，初吞金，更饮鸩，久之乃绝。

⑪ 宁寿宫：在紫禁城东北区。康熙时初建，为皇太后颐养之所。光绪时重修，为慈禧太后晚年所居。

⑫ 老佛：清宫内对慈禧太后的特称。

⑬ 荣禄：字仲华，号略园，瓜尔佳氏，满洲正白旗人。德宗即位，由内务府大臣兼步军统领。擢工部尚书。以纳贿被参免职。光绪十七年（1891），出为西安将军。二十一年，迁兵部尚书，寻为直隶总督兼北洋大臣，充军机大臣，手握重兵。助太后发动戊戌政变，幽禁德宗，捕杀维新派谭嗣同等。又预谋废帝立溥儁。屡请剿灭义和团，保护各国使馆。联军攻陷京师，逃往西安。二十八年返京，加太子太保、文华殿大学士。二十九年卒，年六十八。赠太傅，谥文忠。有《荣文忠公集》。

⑭ 尚侍：尚书、侍郎的合称。

8. 西后为德宗选妃

　　光绪十三年冬，西后为德宗选后①，在体和殿召备选之各大臣小女②，进内依次排立。与选者五人，首列那拉氏③，都督桂祥女④，慈禧之侄女也（即隆裕）。次为江西巡抚德馨之二女⑤，末列为礼部左侍郎长叙之二女（即珍妃姊妹）⑥。当时太后上坐，德宗侍立，荣寿固伦公主及福晋命妇立于座后⑦，前设小长桌一，上置镶玉如意一柄，红绣花荷包二对，为定选证物。（清例：选后中者，以如意予之；选妃中者，以荷包予之。）西后手指诸女语德宗曰："皇帝，谁堪中选，汝自裁之，合意者即授以如意可也。"言时，即将如意授与德宗。德宗对曰："此大事当由皇爸爸主之（据宫监谓⑧，当时称谓如此），子臣不能自主。"太后坚令其自选，德宗乃持如意趋德馨女前，方欲授之，太后大声曰："皇帝！"并以口暗示其首列者（即慈禧侄女）。德宗愕然，既乃悟其意，不得已乃将如意授其侄女焉。太后以德宗意在德氏女，即选入妃嫔，亦必有夺宠之忧，遂不容其续选，匆匆命公主各授荷包一对与末列二女，此珍妃姊妹之所以获选也。嗣后德宗偏宠珍妃，与隆裕感情日恶，其端实肇于此。以上皆宫监唐冠卿所言，盖深知内事者，其人至今或尚存也。庚子拳匪时守西陵贝子奕谟⑨，告逃难西陵之齐令辰曰⑩："我有两语赅括十年之事：因夫妻反目而母子不和，因母子不和而载漪谋篡⑪。"谟贝子为清宣宗胞侄，其言如此，合上宫监言观之，晚清宫廷之内幕可以概见。清之当亡，固有必然。而其演于外者，为新旧之争，和战之争；郁于内者，为夫妻之衅，母子之衅。此四者，庶可以赅之矣。（戊申袁项城之被放⑫，为监国之载沣兄弟借此逐之⑬，以便揽权，非翻戊戌旧案也⑭。杨叔峤之子⑮，不知其隐，亟取德宗赐其父密诏，上书求雪冤，隆裕执不可，其始终憾德宗之情可见。）（第102则）

【注释】

① 西后：西太后。即慈禧太后。

② 体和殿：在紫禁城西掖庭，坤宁门西侧储秀宫前。

③ 那拉氏：叶赫那拉氏，满洲正黄旗人。桂祥女，慈禧侄女。光绪十四年（1888），慈禧

为德宗聘焉,明年立为皇后。宣统皇帝即位,称兼祧母后,尊为皇太后,上徽号曰隆裕,临朝称制。宣统三年(1911)十二月,以太后身份颁诏逊位。民国二年(1913)二月崩,年四十六。谥曰孝定景皇后。

④ 桂祥:慈禧之弟。光绪九年(1883),为库伦办事大臣,寻调乌里雅苏台参赞大臣。十四年,其女嫁德宗,晋封三等承恩公。二十一年,出为山海关副都统,累迁正蓝旗满洲都统。民国二年(1913)十二月卒,年六十五。

⑤ 德馨:满人。生平事迹未详。同治时,历江苏按察使。光绪十年(1884),迁江西巡抚。二十一年,以罪褫职。

⑥ 长叙:满洲正红旗人。咸丰陕甘总督裕泰之子。本则言长叙为"礼部左侍郎",考《清史稿·部院大臣年表九》,未见载。长叙光绪二年(1876)署兵部左侍郎,历礼部右侍郎、刑部左右侍郎、户部右侍郎,六年革。其二女为德宗妃,即瑾妃、珍妃。

⑦ 荣寿固伦公主:恭亲王奕䜣长女。咸丰十一年(1861),特旨封固伦公主,恭亲王固辞,诏改荣寿公主。同治五年(1866),下嫁志瑞,十年志瑞卒。光绪时,晋封荣寿固伦公主,赏食双俸。民国十三年(1924)卒,年七十一。

⑧ 宫监:太监。

⑨ 西陵:清西陵在直隶易州(今河北保定市易县)城西三十里永宁山下。有雍正泰陵、嘉庆昌陵、道光慕陵、光绪崇陵等。 奕谟:仁宗孙,宣宗侄,惠亲王绵愉第五子。初封不入八分镇国公,再进封贝子,加贝勒衔。光绪中卒,无子。以醇亲王奕𫍯孙溥佶为后,袭镇国公。

⑩ 齐令辰:字禊亭,高阳(今属河北保定市)人。光绪二十年(1894)恩科进士,著以主事分部学习。曾为同乡礼部尚书、协办大学士李鸿藻西席。有《三字经简注》传世。

⑪ 载漪谋篡:指载漪与慈禧太后谋立其子溥儁以代德宗事。参见上则注释④。

⑫ 戊申:光绪三十四年。是年十月,宣统皇帝即位,其父载沣为摄政王,罢黜袁世凯。参见第561页第1则注释⑭。

⑬ 载沣:爱新觉罗氏。奕𫍯之子,袭封醇亲王。德宗崩,宣统皇帝年幼,为监国摄政王。次年代为陆海军大元帅,集军政大权于一手。宣统三年(1911),成立皇族内阁,激起中外反对。辛亥武昌起义后,被迫去职。后幽居天津。1951年卒于北京,年六十九。其弟载涛,宣统元年奉命管理军咨处事务,寻为军咨大臣,统领禁卫军。

⑭ 戊戌旧案：指光绪二十四年(1898)"戊戌变法"及"戊戌政变"。是年四月，康有为等以保国、保种、保教为宗旨，倡保国会于京。德宗接受变法主张，引用维新人士，于六月颁发"明定国是"诏，宣布变法自强。此后一百三天，连续发布维新法令，全面推行新政，史称"百日维新"。九月二十一日凌晨，慈禧太后发动宫廷政变，幽禁德宗于瀛台，旋捕杀谭嗣同、林旭、杨锐、杨深秀、刘光第、康广仁六人，通缉康有为、梁启超，罢免维新官员陈宝箴、江标、黄遵宪等数十人，废除皇帝颁发的新政诏令，史称"戊戌政变"。

⑮ 杨叔峤：杨锐，字叔峤，绵竹(今属四川德阳市)人。戊戌六君子之一。初入两广总督张之洞幕府，深受赏识。光绪十一年(1885)，应顺天府乡试，授内阁中书，记名章京，寻晋内阁侍读。后参与"公车上书"，与文廷式、康有为等发起组织"强学会"。戊戌变法中，与谭嗣同、林旭、刘光第受德宗召见，极言兴学、练兵、用人等救亡之策。帝深纳之，加四人四品卿衔，充军机章京，参与草拟新政诏令。戊戌九月，军政大权仍在后党及守旧大臣手中，德宗拟开懋勤殿以代军机处，慈禧不允。次日，帝下密诏谕锐曰："近日朕仰观圣母意旨，不欲退此老耄昏庸大臣，而进英勇通达之人，亦不欲将法尽变。朕岂不知中国积弱不振，非力行新政不可，然此时不惟朕权力所不及，若强行之，朕位且不能保。尔与刘光第、谭嗣同、林旭等详悉筹议，必如何而后能进用英达，使新政及时举行，又不致少拂圣意。即具奏候朕审择，不胜焦虑之至。"未几，锐以密诏示康有为，有为请嗣同赴天津劝说袁世凯发兵勤王。时袁为直隶按察使，以监司练新军于小站。袁素与维新人士交接，为帝党所寄望，却将消息泄于直隶总督荣禄，荣禄急赴京面见慈禧，太后遂又垂帘，尽罢新政。康、梁流亡，锐等六人同弃市，年四十一。宣统改元，锐之子庆昶上交手诏于都察院，请为代奏，密诏始得传世。

9. 曾左二人赋性不同

予颇疑曾文正为一极深沉有心术之人，性毗阴柔①，实师黄老。而左文襄则为阳刚，好大言出奇计之人，但粗豪耳。两人赋性绝不同，故不易诇合②，然两人皆非效愚忠于满清者。记日本某君作《清史》，谓左文襄始曾以策干洪秀全，不用，绱城遁去，此说理盖可信。骆秉章实糊涂不能用左③，观其几为樊燮所构可见④。曾文正以侍郎归湘⑤，目击清政大坏，吏贪民困，宫闱昏暗，初不意能救其亡也。观其《讨粤匪檄》，绝不言忠君之义，开篇即言"粤匪自处于安富尊荣，而视我两湖三江被胁之人，曾犬豕牛马之不若"，又云"举中国数千年礼义人伦、诗书典则，一旦扫地荡尽"，又云"无庙不焚，无像不灭"，其文中纯著笔于"孔孟人伦之隐痛，上下神祇被辱之憾"两点，是即文正极狡狯处。故湘军之兴，乃集儒生农夫为自卫而战也。文正晚年惟恐功高被清廷所诛，故极谨慎小心，求自免而已。文襄好边功，稍骄蹇⑥，非遇西后之奸雄，牢笼优礼，殆将不终。此两人皆不勾结宫廷王公太监，稍存书生本色。李文忠则好结内援⑦，宦术深矣。曾、左本非为世受清恩而战，而一时谬号为"中兴"，上下交侈，益促满人之昏瞆骄逸，不数十年清社以斩⑧，宜哉。至王壬秋⑨，本为一跅弛之才⑩，且有帝王思想，尝以"万方有罪，罪在朕躬""日旰君勤""君无戏言"等语⑪，入于日记中。又尝劝曾文正革清命，两人促膝密谈，及王去，曾之材官入视⑫，满案皆以指蘸茶书一"妄"字，盖文正畏祸，不敢也。使湘绮稍后数十年生，必一革命党无疑。又曾、左交情晚疏，湘绮日记有云："季高方踞百尺楼⑬，余何从攀谈。"又云："夜过涤丈⑭，谈家事及修好左季丈事，涤有恨于季，重视季也。季名望远不及涤，唯当优容之，故余为季言甚力，正所以为涤也。此隙起于李次青、刘霞仙⑮，而李、刘晚共背曾，可为慨然。"此可见湘绮调停之论。（第112则）

【注释】

① 毗：近，接近。

② 诉（xī）合：谓受感而动，和合融洽。

③ 骆秉章：原名俊，以字行，改字籥门。参见第362页第6则注释⑫。咸丰时为湖南巡抚，尝延左宗棠佐理军幕。

④ 樊燮：字子重，号鉴亭，恩施（今属湖北）人。永州镇总兵。咸丰八年（1858），以违例乘舆、役使兵弁为骆秉章所劾，革职。九年，燮不服，反诬左宗棠为"劣幕"，文宗命湖广总督官文查办。官文素与秉章不协，遂定宗棠为重罪。时湘系官员胡林翼、曾国藩等正领兵与太平军激战于湖北、安徽，极言宗棠无罪，且荐其才可大用，故得开释不逮，命以四品京堂从国藩治军。此即"樊燮案"。

⑤ 曾文正以侍郎归湘：指咸丰二年（1852），曾国藩署吏部左侍郎、充江西乡试正考官，

途中闻母丧归家。明年，奉命在湘操办团练，扩编为湘军。四年，发布《讨粤匪檄》，率湘军出战。

⑥ 骄蹇(jiǎn)：傲慢；不顺服。

⑦ 李文忠：李鸿章，谥文忠。参见第 389 页第 10 则注释②。

⑧ 清社以斩：谓清朝覆亡。斩，断绝。参见第 554 页第 18 则注释⑪。

⑨ 王壬秋：王闿运，字壬秋，世称湘绮先生。参见第 553 页第 18 则注释⑩。

⑩ 跅(tuò)弛：放荡不循规矩。

⑪ 万方有罪两句：言君有罪非民所致，民有罪实君所为。以示圣君厚于责己、薄于责人之意。语见《论语·尧曰》。 日旰(gàn)君勤：言君王终日勤于政事。日旰，日暮。语出《左传·昭公十二年》。

⑫ 材官：供差遣的低级武官。参见第 257 页第 14 则注释⑰。

⑬ 季高：左宗棠，字季高。此句言左宗棠后来身居高位。

⑭ 涤丈：曾国藩，号涤生。故此尊称涤丈。

⑮ 李次青：李元度，字次青。曾国藩幕僚。参见第 537 页第 6 则注释①。咸丰十年(1860)，元度奉国藩命率军守徽州，失利，为国藩具奏参劾。后改投浙江巡抚王有龄麾下。 刘霞仙：刘蓉，字孟容，号霞仙。曾国藩幕僚。参见第 360 页第 5 则注释③。咸丰十年，改佐骆秉章督四川军务，荐擢知府。同治五年(1866)，蓉已在陕西巡抚任，西捻军围西安，蓉急求国藩派兵增援，而国藩此时亦自身难保，未能驰援，蓉兵败灞桥十里坡，被免。

10. 狱卒谈六君子及三忠

精卫先生居北京狱中可二年①，时时就狱卒得闻数十来轶事，曾杂见于《南社诗话》②。比语予，所闻字字实录，出自狱卒之口，质俚无粉饰，较之文人作史尤为可信。今举数节如下。一云：有老狱卒刘一鸣者，戊戌政变时，曾看守谭嗣同等六人③。其言曰：谭在狱中，意气自若，终日绕行室中，拾取地上煤屑，就粉墙作书，问何为，笑曰作诗耳。可惜刘不文，不然可为之笔录，必不止"望门投止思张俭"一绝而已也④。林旭美秀如处子⑤，在狱中时时作微笑。康广仁则以头撞壁⑥，痛哭失声曰："天啦！哥子的事，要兄弟来承当。"林闻哭，尤笑不可仰。既而传呼提犯人出监，康知将受刑，哭更甚。刘光第曾在刑部⑦，习故事，慰之曰："此乃提审，非就刑，毋哭。"既而牵自西角门出，刘知故事，缚赴市曹处斩者，始出西角门，乃大愕。既而骂曰："未提审，未定罪，即杀头耶？何昏愦乃尔！"同死者尚有杨深秀、杨锐⑧，无所闻。惟此四人，一歌，一笑，一哭，一詈，殊相映成趣。又云：刑部狱舍分两种，一为普通监，一为官监。普通监阴湿凶秽，甚于豕牢⑨；官监则有种种，其最上者，客厅、书室、寝室及厨皆备，无异大逆旅也。专制君王，喜怒不测，其大臣往往朝列廊庙，而夕投囹圄者。亦有缚赴市曹，而临时赦免，倚畀如故者⑩。相传雍正时，有工部郎中李恭直者，以事系狱，为狱卒所侮辱，既而时释⑪，旋迁刑部郎中，管狱，掎摭诸狱卒以毛细事痛杖之⑫，每日杖十馀人，有杖毙者。狱卒既经此次惩创，咸有戒心，对于犯官大都伺候维谨。犯官有予以赂金者，且屈膝谢赏，口称大人高升焉。故犯官入狱，惟患无钱，钱多则居处适意，直如家中。最豪侈者，为淮军诸将叶志超、龚照屿等⑬，以甲午战败，丧师辱国，拿交刑部治罪，一被斩，一系狱中，至庚子联军入京，始乘乱逃出。狱卒为言，其在狱中时，放纵邪僻，实骇人听闻。初入狱时，赂狱中上下逾万金，自管狱郎中以下，皆成感恩知己，每食，席前方丈⑭，辄以馂馀犒普通监诸囚⑮。其尤可骇者，家中侍妾八人，轮流至狱中当夕，稍不如意，辄加以鞭挞。凡分三等，最轻者自执鞭条挞之；较重者褫下裳，笞其臀；最重者裸而反接，令马弁以马鞭挞之。狱囚每闻妇人哭号声，辄动色相告，曰："龚大人生气，打姨太太了。"其荒谬有如此者。又云：庚子之役，尚书徐用仪、侍郎许景澄、太常卿袁昶⑯，以直言被杀，世所称三忠也。徐已年老，就戮时，昏不知人。许惨默无声，惟袁意气慷慨，将赴市曹时，跪听诏旨毕，起立受缚。故事，三品以上，以红色丝线为缧绁⑰。袁忽慨然曰："死亦好，省得看见洋人打进京城。"监斩官徐承煜⑱，大学士徐桐之子也，闻而呵曰："你想洋人打进京城吗？"袁大怒，目光如炬，詈曰："你两父子，把中国害透了。狗一样东西，还敢詈我！"徐亦怒詈曰："快些拉出去，宰了他！"袁曰："哼！我死得很痛快的，你们将来死得连一只老鼠都不如。"狱卒听者，面无人色，盖以前犯官皆俯首就戮，未闻有作如许激烈语者也。其后联军破城时，徐承煜以保宗全家为请，迫其父自缢，旋亦伏诛。临刑时辗转不肯受刃，就地作十数滚，斯真鼠子之不若矣。又云：内务府总管大臣立山⑩，家巨富，下狱时携金叶百馀叠，令狱卒报消息，每一报，辄给以金一叶。最后报至，已饬提犯人立山出监，立探衣囊出丹红一小块，纳口中，提者未至，已气绝矣。闻是鹤顶红⑳。又云：赛金花曾系女监㉑，管狱郎中某，设盛筵款之，酒酣令作歌，赛金花辞以不可，乃娓娓作清谭。某语人，此为一生最得意事。刑部司员来探望赛金花者，踵趾相接。有主事某，洪钧之门人也㉒，一见屈膝请安，口称师母，赛金花亦为之赧然。案，末段呼赛为师母者，必奚落之词，非有感激于洪文卿也。（第116则）

【注释】

① 精卫先生：汪兆铭，字季新，笔名精卫，山阴（今浙江绍兴市）人，生于番禺（今广东广州市番禺区）。光绪二十九年（1903），官费赴日本政法大学留学，加入同盟会，任《民报》主编。宣统二年（1910），因参与暗杀摄政王载沣被捕。辛亥革命后出狱，组织"国事共济会"，拥护袁世凯。袁死后，投奔孙中山。民国十四年（1925），在广州任国民政府常委会主席兼军事委员会主席。后任南京国民政府行政院长兼外交部长。十七年，因对蒋介石独揽大权不满，指使陈公博、顾梦馀等在上海成立"中国国民党改组同志会"，为国民党"改组派"首领。九一八事变后，主张对日妥协。抗日战争爆发，任国民党国防最高会议副主席、国民党副总裁。二十七年底，离开重庆逃至越南河内，发表"艳电"公开投降日本，寻与日本签订《日华新关系调整要纲》。二十九年，在南京成立伪国民政府，任主席。三十三年病死于日本，年六十二。

②《南社诗话》：诗文札记。民国二十一年（1932）始连载于上海《中华日报》，署名曼昭。一般认为"曼昭"即汪精卫。汪为清末民初文学社团南社成员，与柳亚子等南社诸子有诗文应和。

③ 谭嗣同：字复生，号壮飞，浏阳（今属湖南长沙市）人。早年入新疆巡抚刘锦棠幕。甲午战争后，愤中国积弱不振，在浏阳倡立学社，又遍历北京、上海、南京，吸收新学知识。光绪二十二年（1896）入资为候补知府，候缺于南京，著《仁学》成稿。次年，协助湖南巡抚陈宝箴、按察使黄遵宪等设立时务学堂，筹办内河轮船、开矿、修铁路等新政。复设南学会，办《湘报》，宣传变法。二十四年，以徐致靖荐，被征入京，任四品卿衔军机章京，参与戊戌变法。九月政变发生，拒绝出逃，被捕下狱，旋与林旭、杨

锐、杨深秀、刘光第、康广仁等六人同时遇害，年三十四。史称"戊戌六君子"。

④ 望门投止思张俭：谭嗣同《狱中题壁》诗中句。诗曰："望门投止思张俭，忍死须臾待杜根。我自横刀向天笑，去留肝胆两昆仑。"张俭，字元节，东汉山阳高平（治今山东济宁市微山县两城镇）人。初举茂才。桓帝延熹八年（165），太守请为山阳郡东部督邮。举劾中常侍侯览及家属罪恶，为太学生所敬仰，称为"八及"之一。灵帝建宁二年（169），党锢之祸起，遂四处亡命，望门投止，时人重其名行，多破家相容。中平元年（184）党事解，乃还乡里。献帝建安初，征为卫尉，岁馀病卒，年八十四。入《后汉书·党锢列传》。杜根，字伯坚，东汉颍川定陵（治今河南漯河市舞阳县北舞渡镇）人。安帝永初元年（107），举孝廉，为郎中。时邓后临朝，根以安帝年长宜亲政，上书直谏，太后大怒，命人将根盛于缣囊中，扑杀于殿上。执法者以根知名，私语行事人，使不用力，载出城外得以苏。太后遣人检视，根诈死，三日目中生蛆，因得逃窜。及邓氏诛，方出，拜侍御史。顺帝时，迁济阴太守。后去官还家，年七十八卒。见《后汉书·杜根传》。

⑤ 林旭：字暾谷，侯官（今福建福州市）人。光绪十九年（1893）举人。甲午战争后，上书请拒和议，旋任内阁中书。二十四年，倡立闽学会，与各省学会相呼应，开展维新运动。授四品卿衔军机章京，参与新政。戊戌政变时被捕遇害，年二十四。

⑥ 康广仁：康有溥，字广仁，以字行，号幼博，南海丹灶（今属广东佛山市南海区）人。康有为弟。光绪二十三年（1897），在澳门办《知新报》。寻往上海办大同译书局，发起不缠足会。明年，参与变法维新。戊戌政变时被捕遇害，年三十二。

⑦ 刘光第：字裴村，富顺（今属四川自贡市）人。光绪九年（1883）进士，授刑部主事。二十四年，入保国会，参与变法维新，授四品卿衔军机章京。湖南守旧派曾廉上书请杀康有为，与谭嗣同拟旨详加驳斥。戊戌政变时被捕遇害，年四十。

⑧ 杨深秀：原名毓秀，字漪村，闻喜（今属山西运城市）人。光绪十五年（1889）进士，授刑部主事，迁郎中。二十三年，迁山东道监察御史。创关学会，入保国会，与徐致靖上疏请定国是。百日维新期间，劾礼部尚书怀塔布等阻挠变法，又抗疏保湖南巡抚陈宝箴。戊戌政变时，慈禧太后宣布重新训政，上疏诘问德宗被废之故，坚请归政。因被捕遇害，年五十。　　杨锐：参见第 578 页第 8 则注释⑮。

⑨ 豕牢：厕所或猪圈。

⑩ 倚畀：谓倚靠信任。

⑪ 时释：特释。

⑫ 挦摭(xiánzhí)：拿取；囚禁。

⑬ 叶志超：字冠群，号曙青，庐州(今安徽合肥市)人。早年以淮军末弁从刘铭传平捻，积功至总兵，赐号额图浑巴图鲁。后得李鸿章赏识，留北洋。光绪元年(1875)，署正定镇总兵，率练军守新城，移防山海关。十五年，擢直隶提督。二十年，率军赴朝鲜与日军作战，受困于牙山，退至平壤，城破而军溃，仓皇弃守逃回境内，被夺职下狱，判斩监候。二十六年赦归，逾年卒，年六十四。此则言"被斩"，未确。　龚照玙：字鲁卿，庐州人。家富。同治十年(1871)，投北洋制造局，由监生捐纳历同知、知府、道员。光绪十六年(1890)，由李鸿章荐，总办旅顺船坞工程，并会办北洋沿海水陆营务处。甲午之战，日军攻占金州、旅顺口，照玙以粮饷不足，畏敌先逃，乘海军广济轮至烟台。寻被捕下狱，判处死刑。狱中以白银行贿，得免死。二十六年获释，逾年卒，年六十二。

⑭ 方丈：即馔食列于前者方一丈。极言肴馔之丰盛。语出《孟子·尽心下》："食前方丈，侍妾数百人，我得志弗为也。"

⑮ 餕(jùn)馀：吃剩的食物。

⑯ 徐用仪：字吉甫，号筱云，海盐(今属浙江嘉兴市)人。咸丰九年(1859)举人。同治元年(1862)后，历军机章京、总理衙门行走、鸿胪寺少卿、大理寺卿、工部侍郎、总理衙门大臣。光绪二十年(1894)，为军机大臣兼署兵部右侍郎。甲午战争爆发，主和甚力。次年革军机大臣兼总理衙门大臣。戊戌政变后，复任总理衙门大臣，寻调都察院左都御史，擢兵部尚书。二十六年，力主镇压义和团，反对围攻各国使馆，忤慈禧太后，被诛，年七十五。宣统初追谥忠愍。　许景澄：字竹篔，嘉兴(今属浙江)人。同治七年(1868)进士，选庶吉士，授编修。光绪十年(1884)，为出使法、德、意、奥、荷五国大臣，次年兼摄比利时使务。十六年，又为出使俄、德、奥、荷四国大臣。十八年，沙俄侵占中国帕米尔地区，同俄谈判交涉，据理斥责。后改专驻德国。二十四年，任总理衙门大臣兼工部左侍郎。后与徐用仪等力排义和团，被诛，年五十六。宣统初追谥文肃。有《许文肃公遗稿》《许竹篔先生出使函稿》等。　袁昶：字爽秋，又字重黎，桐庐(今属浙江)人。光绪二年(1876)进士，授户部主事。历总理衙门章

京、徽宁池太广道、陕西按察使、江宁布政使、直隶布政使、总理衙门大臣，官至光禄寺卿、转太常寺卿。与徐、许等反对攻击外国使馆，同忤慈禧被诛，年五十五。宣统初追谥忠节。徐用仪、许景澄、袁昶并称"三忠"；又加立山、联元，史称"庚子五忠"。

⑰ 缧绁(léixiè)：捆绑犯人的绳索。

⑱ 徐承煜：字楠士，汉军正蓝旗人。父桐，字豫如，号荫轩。道光进士，尝为同治皇帝师。光绪时累官至吏部尚书、体仁阁大学士。厌恶外国事物，反对维新变法，支持慈禧废德宗另立，又主张利用义和团排外。庚子之变，自缢死，年八十二。承煜以拔贡入户部，累官刑部左侍郎。联军入京，促其父投缳死，遂亡走。旋为日军所拘，明年伏诛，年六十一。

⑲ 立山：字豫甫，土默特氏，蒙古正黄旗人。光绪时，历奉宸苑卿、总管内务府大臣，官至户部尚书。戊戌政变后，因同情幽禁中的光绪帝，遭慈禧怒斥，后又反对另立皇帝而得罪慈禧。立山为官好逢迎，奢华无厌，故招人忌恨。庚子年因主和，与外会谈失败被革职下狱，伏诛。后清廷迫于联军压力，为立山平反，谥忠贞。

⑳ 鹤顶红：从丹顶鹤红顶中提炼出的一种毒药。

㉑ 赛金花：原名傅彩云，盐城(今属江苏)人，幼居苏州。家贫，鬻为雏妓。光绪十三年(1887)，为状元洪钧纳为妾。洪出任驻俄、德、奥、荷公使，随之。洪归国后病死，遂至上海复为妓，取名曹梦兰。又至天津，改名赛金花。庚子联军入京，传与德国军官有染。二十九年，以虐待幼妓致死下狱。出狱至上海操旧业。晚年潦倒，病死于北京。

㉒ 洪钧：字陶士，号文卿，吴县(今江苏苏州市)人。同治七年(1868)进士第一。官至兵部左侍郎、出使俄、德、奥、荷四国大臣。在国外见到蒙元史资料，用以补证《元史》，成《元史译文证补》三十卷。光绪十九年(1893)卒，年五十五。

11. 林琴南翻译小说之始

世但知畏庐先生①，以译《巴黎茶花女遗事》始得名②，不知启导之者，魏季渚先生(瀚)也③。季渚先生瑰迹耆年④，近人所无，时主马江船政局工程处⑤，与畏庐狎。一日，季渚告以法国小说甚佳，欲使译之，畏庐谢不能，再三强，乃曰："须请我游石鼓山⑥，乃可。"鼓山者，闽江滨海之大山，昔人所艰于一至者也。季渚慨诺，买舟导游，载王子仁先生并往⑦，强使口授，而林笔译之。译成，林署冷红生，子仁署王晓斋，以初问世不敢用真姓名。书出而众哗悦，畏庐亦欣欣得趣，其后始更译《黑奴吁天录》矣⑧。事在光绪丙申、丁酉间⑨，高梦旦先生有《闽中新乐府书后》⑩，略及而未详，予盖闻之于季渚先生哲嗣子京云。高《书后》云："甲午（一八九四）之役，我师败于日本，国人纷纷言变法，言救国。时表兄魏季子先生，主马江船政局工程处，余馆其家，为课诸子。仲兄子益先生、王子仁先生欧游东归，任职船局，过从甚密，伯兄啸桐先生、林畏庐先生亦时就游谯，往往亘数日夜，或买舟作鼓山方广游⑪。每议论中外事，慨叹不能自已，畏庐先生以为转移风气，莫如蒙养⑫，因就论议所得发为诗歌，俄顷辄就，季子先生为出资印行，名曰《闽中新乐府》。（畏庐、子仁二兄合译《巴黎茶花女遗事》，亦在是时，署名冷红生及王晓斋。）迄今三十年，散失殆尽，侄女君珈独有一册，珍同拱璧⑬，因为记其本末如此。"《闽中新乐府》，予尚记其版本行数，此书己酉、庚戌尚在北京寓中⑭，其后不知如何佚去。予记戊戌年，畏庐先生僦居东街老屋前进⑮，一夕三鼓，先生排闼入后厅⑯，大呼先君起，诧语哽咽，声震屋瓦，予惶骇屏气，久之，始知得六君子就义之讯，扼腕流涕，不能自已也。（第190则）

【注释】

① 畏庐：林纾，原名群玉，字琴南，号畏庐。参见第538页第7则注释①。

②《巴黎茶花女遗事》：今通译作《茶花女》。法国亚历山大·小仲马的长篇小说。写巴黎上流社会交际花玛格丽特与青年阿尔芒的爱情悲剧。1852年，作者将其改编成五幕戏剧上演，均获成功。次年，又被改编成歌剧，由意大利音乐家威尔第作曲，上演后影响更为深远。

③ 魏瀚：字季渚，侯官（今福建福州市）人。同治五年（1866），考入福州船政前学堂第一期，习船舶建造。光绪三年（1877），与严复等同赴欧洲，考入法国土伦造船学校。归国后，历主船政制造及水师等职，参与和主持建造"开济""平远"等十二舰。后与船政大臣崇善不合，被革。三十年，移官广东，为黄埔船局总办，长军备诸校。民国元年（1912），袁世凯延至北京，规划航空、潜艇制造大纲。袁称帝，谢去，主矿事。十

八年卒,年七十九。

④ 瑰迹耆年:意谓年高而业绩卓越有重望。

⑤ 马江船政局:清廷设于福州马尾的船政衙门。同治五年(1866),以左宗棠荐,命沈葆桢为总理船政大臣赴福州,建求是堂艺局前后学堂,即船政学堂。

⑥ 石鼓山:在福州城东、闽江北岸。或云每雷雨作,山石应声如鼓。上有涌泉寺。

⑦ 王子仁:王寿昌,字子仁,号晓斋,闽县(今福建福州市)人。年十四,考入船政前学堂制造班,为第三期生。光绪十一年(1885),赴法国巴黎大学攻读法律。归国后,任船政学堂法文教师。未几,为天津洋务局奉天军署翻译,调湖北汉阳兵工厂总办。民国元年(1912),任福建省交涉司司长。十五年卒,年六十三。

⑧《黑奴吁天录》:今通译作《汤姆叔叔的小屋》。美国女作家斯陀夫人的长篇小说。书作于1852年,描写美国黑奴的悲惨生活,引起社会强烈反响,对废奴运动起了促进作用。

⑨ 光绪丙申、丁酉:指光绪二十二年、二十三年(1896—1897)。

⑩ 高梦旦:高凤谦,字梦旦,长乐(今属福建福州市)人。长兄凤岐,字啸桐,以古文名世;仲兄而谦,字子益,与王寿昌为船政学堂、巴黎大学同学。梦旦为诸生,厌倦科举,表兄魏瀚聘以为塾师。光绪末,受上海商务印书馆张元济之聘,入馆为编译所国文部部长,寻继任为编译所所长、董事。民国二十五年(1936)卒,年六十七。

⑪ 方广:佛寺。

⑫ 蒙养:教育童蒙。

⑬ 拱璧:大璧。后因用以喻极其珍贵之物。

⑭ 己酉、庚戌:指宣统元年、二年(1909—1910)。

⑮ 僦居:租屋而居。

⑯ 排闼(tà):推门;撞开门。

12. 陈伯弢杂记

与彊村、叔问同时为词①,有陈伯弢②,其密不如朱,爽不如郑,而疏快处近于稼轩③,亦楚艳也④。伯弢以知县听鼓江南⑤,其遇不如叔问,身后《襄碧斋》一卷诗,则搜辑差完。其《杂记》颇有琐问关涉掌故,中有一则云:"岁辛丑⑥,余需次江宁⑦,僦居乌衣巷⑧。一日,饮集同人,待俞恪士观察不至⑨,旋以诗来辞云:'寒风吹脚冷如冰,多恐回家要上灯。寄语乌衣贤令尹,腌鱼腊肉不须蒸。轿夫二对亲兵四,食量如牛最可嫌。轿饭若教收折色⑩,龙洋八角太伤廉⑪。'轿饭,京师谓车饭钱。虽每名只犒一角,然南京宴会如座客有道台五七人,亲兵之外,尚有顶马伞夫⑫,开销动辄百馀名,跟丁则每名倍之,或竟有需索者。廉员请客固不易也。"此节虽琐琐,然极见承平风味。车饭钱京师只一角,此事辛丑间事,至甲辰以后则皆两吊矣⑬。南京宴会,道员廉从之众⑭,视今日尤侈,唯有海上富豪多保镖者,始类此也。舣庵先生,尔时正以道员办将弁学堂于金陵⑮,正伯弢所谓有亲兵顶马者。俞寓,当是芝麻营三号,今年稚晖先生于《东方杂志》所著回忆一文内及之⑯,此咸可备他年志坊巷故实者之捃扯⑰。伯弢尝谓中国人有三贵征:小辫子、近视眼、怕老婆。又谓中国人有三不和:前后任、大小妻、正副考。语妙意赅,俗污而人人不合作,于此可见。(第221则)

【注释】

① 彊村:朱祖谋,号彊村。参见第571页第6则注释③。　　叔问:郑文焯,字俊臣,号叔问、小坡,汉军正黄旗人。光绪元年(1875)举人,尝官内阁中书。后屡试不中,遂绝意仕进,旅居苏州。工诗词,通音律,擅书画,谙医道,长于金石古器之鉴,尤以词著称于世。有《大鹤山房全集》。

② 陈伯弢:陈锐,字伯弢,号袌碧,武陵(今湖南常德市)人。少工诗词,尝师从王闿运。光绪十一年(1885),选为拔贡。寻出为湘潭训导、桂阳学正,充湖北、浙江学使幕。十九年,乡试中举,拣选知县加同知衔候补江宁,官至靖江知县。入民国,任湖南省立第二师范国文教员、省长公署政治顾问官兼省教育会会长。民国十一年(1922)卒,年六十二。

③ 稼轩:宋代词人辛弃疾。字幼安,号稼轩,历城(今山东济南市)人。词与苏轼并称"苏辛"。有《稼轩长短句》十二卷。

④ 楚艳:楚歌。此指乐府歌辞。

⑤ 听鼓:古代官府卯刻击鼓,入值;午刻再鼓,下值。因称官吏赴衙值班为"听鼓"。

⑥ 辛丑：指光绪二十七年(1901)。

⑦ 需次：旧时指官吏授职后，按资历依次补缺。

⑧ 乌衣巷：在南京秦淮河南。三国吴时置乌衣营于此，以士兵着乌衣而得名。东晋时，王、谢等望族居此，因著闻。

⑨ 俞恪士：俞明震，字恪士，号觚庵，祖籍山阴(今浙江绍兴市)，生于善化(今湖南长沙市)。光绪十六年(1890)进士，选庶吉士，授刑部主事。历台湾布政使。甲午之役，清廷割让台湾，与唐景崧、丘逢甲等组织守军拒日，成立台湾民主国，任内务大臣，寻兵败回厦门。戊戌政变后，任南京江南水师学堂兼附设矿务铁路学堂总办。又转江西赣宁道，累迁甘肃提学使、署布政使。辛亥后，任平政院肃政使，寻辞归。晚居上海、杭州等地。民国七年(1918)卒，年五十九。有《觚庵诗存》四卷。

⑩ 折色：旧时谓所征田粮折价征银钞布帛或其他物产。亦用以称俸禄折发钱钞。

⑪ 龙洋：指清末所铸银圆。因中央有蟠龙纹，故称。

⑫ 顶马伞夫：旧时官员出行仪仗中前导的骑马差役。

⑬ 甲辰：指光绪三十年(1904)。

⑭ 傔(qiàn)从：侍从；差役。

⑮ 将弁学堂：军事武备学校。时俞明震任江南水师学堂总办。

⑯ 稚晖：吴稚晖，原名朓，后名敬恒，字稚晖，以字行，武进(今江苏常州市)人。光绪举人。庚子之变后，留学日本东京高等师范学校，加入同盟会。民国四年(1915)，赴法国。后与蔡元培、吴玉章、李石曾等发起勤工俭学会，任里昂中法大学校长。十三年，任国民党中央监察委员、中央研究院院士、教育部国语统一筹备委员会主席、国防最高会议常委、总统府资政等。四十二年卒，年八十九。有《吴稚晖先生合集》。

⑰ 捋扯：撕拉剥取。此特指在写作中对他人著作割裂取用。

13. 振奇人魏匏公

弱盦词中之魏匏公①，即山阴魏铁三，振奇人也②，不可不记。匏公名缄，与蜕盦、弱海至相善③，博通史籍，无所不览，能为唐中晚诗、宋明文及制艺④，尤工倚声⑤，长短调及南北曲皆精善。又工书，法北魏，能以龙藏寺体作小楷⑥，如半黍大，于大小篆籀隶字钟鼎，又咸擅之。健谈，好饮酒，于星卜杂技，罔不通晓。至如筝、笛、琵琶、胡琴，以暨昆徽弋黄诸歌曲，皆娴熟如夙授。于武技，通《易筋经》诸拳法[7]，有神勇名。凡上所述诸艺，匏公皆绰绰游刃有馀。予初识匏公名，在光绪三十四年，尔时平子在《时报》始为《平等阁诗话》[8]，中录匏公《感事》二诗，所谓"羽檄西驰日，戈鋋北伐时[9]"，云云者也。一日侍先君坐，语及匏公，先君曰："匏公于吾家为世交，其尊人润亭先生游幕粤西，于汝王父有通谱之雅[10]，吾尝获觇其仪表。铁三则于公车始识之[11]，述先事至相得，今又久不相见矣。"因述匏公轶事数则。其后予与瘿公日相过从[12]，益耳熟匏公名。匏公初名龙常，字纫芝。其父润亭先生，名德潜，避洪杨乱，游幕粤西。匏公生十馀岁，即以拳术著，最善七节鞭及壁虎工。壁虎工者，能以背游，缘墙壁以上。当时金田乱后[13]，粤西豪客最多，匏公身负异技，二丈高楼，能耸身跃过，于是群奉为首领。一日于市中平人之不平，或诉于润亭先生，大怒，严责之，匏公跪而自投，断一指自食之，誓不与少年游，由是折节读书[14]，以光绪乙酉举于乡[15]。传闻其某次入京会试时，与友人俞某同号，俞窃阅其卷，袭其意作两文售人。主者初定匏公为元，已而购俞文者中式第十二名，而匏公以雷同故，抑置第十三名。副者争曰："此卷若不抡元[16]，宁使俟下科。"遂落孙山，匏公竟掉头去，绝意于仕进。又不乐家食，游幕四方，曾主谭文毅、鹿文端幕[17]，继为袁项城、岑西林所礼[18]，数电相召，然皆不就，足迹西历甘肃，东穷辽沈，晚乃蛰居津沽。革命后，以鬻书为生。丁巳正月初五日[19]，大醉归，自撰碑文，书于黄纸，字三寸见方，且召儿辈属后事，碑曰："其国无清，其人无名，其生庚申[20]，其死丙丁[21]，其籍山阴，其葬天津，后世子孙，谒视此茔。"九月十五日无疾而逝，年六十八。前半小时犹与徐芷生、张燕孙等豪谈[22]，及卒，视其日则丁丑也。匏公轶事可传者甚多，记先君所言，某岁公车附轮北上，一西人侮华佣，匏公怒，直前殴之，一拳而仆，匆遽无计，见江中别有一船方鼓轮行，竟超跃而过，两舟相距六七丈，见者皆咋舌。又闻瘿公言，方项城任总统时，匏公在津与云台同席[23]，偶谈时事，有咨嗟追念者，匏公面云台曰："此须问君家父子耳。"闻者心悸，而匏公任气如故。晚喜与伶人游，一时名优皆赖其煦掫成名[24]。身后甚贫，亦与麦、潘相似，而长君公孟能克家[25]，则又逾于瘿莽所遭矣[26]。（第 227 则）

【注释】

① 弱盦：潘之博，字弱海、若海，号弱盦，南海（今广东广州市）人。少不喜举子业，弱冠从戎。后入康有为万木草堂受学，与同学麦孟华（字孺博，号蜕盦）号为"草堂二博"。之博刚健果决，有英武气，孺博沉毅儒雅，长于文辞。自戊戌以来，二人即为康有为维新事业的"文武双驾"。之博尝致力于策动军队勤王，失败后，又参与运动倒袁、开放党禁、赦免康梁等事。辛亥革命后，东渡日本，与其师康有为继续开展保皇立宪活动。民国四年（1915），袁世凯称帝，"二博"奉康有为之命入江苏督军冯国璋幕府，策冯反袁，不成，遂以冯之名义通电云南蔡锷，共同讨袁。袁闻此大怒，下令严缉。之博逃香港，悲愤呕血卒，年四十七。此处所言"弱盦词"，见本书第226则《粤两生麦孺博、潘弱海》中所引《寄魏匏公天津木兰花慢》："途穷我今不恸，且闭门种菜托英雄。万里俱伤久客，百年将近衰翁。"

② 振奇：犹奇特。

③ 蜕盦：麦孟华，字孺博，号蜕盦，顺德（今广东佛山市顺德区）人。事迹见本则注释①。民国四年（1915）卒于上海，年四十一。工诗词。其《蜕盦诗词》三卷，后为友人收入《粤两生集》。

④ 制艺：亦作"制义"。八股文。

⑤ 倚声：指按谱填词。

⑥ 龙藏寺体：指隋《恒州刺史鄂国公为国劝造龙藏寺碑》楷书。碑在河北正定大佛寺。开府长史兼行参军张公礼撰文，未著书丹人姓名。其书朴拙方正，兼有隶意，体现了魏碑体向唐碑体过渡的变化。

⑦ 《易筋经》：旧题达摩撰。记载以拍打、按摩为主的气功锻炼文献。

⑧ 平子：狄葆贤，字楚青、楚卿，号平子、平等阁主人，溧阳（今属江苏常州市）人。早年参与自立军勤王之役，事败避居日本。后与康有为、梁启超在上海创办《时报》，为革新代表舆论之报纸。鼎革后，因与康、梁意见分歧，遂独资经营。民国十年（1921），《时报》转让他人，脱离报业。三十年卒，年六十九。工诗文书画。有《平等阁诗话》《平等阁笔记》等。

⑨ 戈鋋（chán）：泛指兵器。亦代指战争。鋋，铁柄小矛。

⑩ 王父：祖父。此指黄濬之祖父。　　通谱：异姓者相约结为兄弟。

⑪ 公车：汉以公家车马递送应征者，后因以"公车"为举人应试的代称。

⑫ 瘿公：罗敦曧，字掞东，号瘿公、瘿盦，顺德（今广东佛山市顺德区）人。幼攻诗文，入广雅书院，又从康有为受学于万木草堂。光绪二十九年（1903）副贡，官至邮传部郎中。三十四年，出任唐山路矿学堂坐办。入民国，先后任总统府秘书、参议、礼制馆编纂等职。后愤于袁世凯称帝，弃政从文，流连剧场，与王瑶卿、梅兰芳相交甚密，并与陈三立、樊增祥等友善。与程砚秋交尤厚，尝聘名师授其艺，为其编撰剧本。民国十三年（1924）贫病而卒，年五十三。著作有《庚子国变记》《鞠部丛谭》等，剧本有《龙马姻缘》《梨花记》《红拂传》《孔雀屏》《金锁记》等。

⑬ 金田乱：指咸丰元年（1851）正月，洪秀全在广西桂平金田村起兵，建号太平天国。

⑭ 折节：强自克制，改变平素志行。

⑮ 光绪乙酉：指光绪十一年（1885）。

⑯ 抡元：科举考试中选为第一名。

⑰ 谭文毅：谭锺麟，字云觐，号文卿，茶陵（今属湖南株洲市）人。咸丰六年（1856）进士，选庶吉士，授编修。历陕西、浙江巡抚，陕甘、闽浙、四川、两广总督，官至直隶总督兼北洋大臣。反对变法维新。光绪二十五年（1889）辞官归，三十一年卒，年八十四。谥文勤。此则谓"文毅"，不确。　鹿文端：鹿传霖，字滋轩，号迂叟，定兴（今属河北保定市）人。同治元年（1862）进士，选庶吉士，授广西兴安知县。历桂林知府、福建按察使、四川布政使、河南巡抚、陕西巡抚、四川总督、两广总督，官至礼部尚书兼督办政务大臣。宣统嗣立，与摄政醇亲王同受遗诏，拜体仁、东阁大学士兼经筵讲官。宣统二年（1910）卒，年七十五。谥文端。

⑱ 岑西林：岑春煊，字云阶，号炯堂，西林（治今广西百色市田林县定安镇）人。云贵总督岑毓英之子。光绪十一年（1885）举人，以恩荫入仕。历广东、甘肃布政使。庚子之变，率军入京勤王，扈从两宫西狩，以功擢陕西巡抚，调山西，创办山西大学堂。后署四川总督，旋署两广，入京为邮传部尚书。寻罢官寓居上海。辛亥后，为粤汉川铁路督办。因支持孙中山发动第二次革命，被推为各省讨袁军大元帅。二次革命失败，流亡南洋。民国五年（1916）归国，任护国军都司令，并与梁启超在广东肇庆成立军务院，任副抚军长代行抚军长职。寻为广东护法军政府主席总裁，排挤孙中山，主导南北议和。九年，为粤军驱逐，隐居上海。二十二年卒，年七十三。

⑲ 丁巳：指民国六年(1917)。

⑳ 庚申：此指出生之日为庚申日。

㉑ 丙丁：此处代指天干为丙或丁之日。

㉒ 徐芷生：徐沅，字芷生，号寿椿庐主，吴县(今江苏苏州市)人。光绪二十九年(1903)经济特科进士，授聊城知县。官至直隶洋务局会办、津海关监督。入民国，仍津海关监督兼外务部驻直交涉特派员。卒年不详。　张燕孙：未详何许人。

㉓ 云台：袁克定，字云台，项城(治今河南周口市项城市秣陵镇)人。袁世凯长子。辛亥革命后，为开滦矿务总局督办。鼓吹帝制，助其父世凯复辟。世凯死，迁居天津。民国二十四年(1935)，移居北平。抗战期间，拒与日本占领军合作，因陷贫困。后投奔表弟张伯驹，寓于清华园。1949年后，由章士钊荐为中央文史馆馆员。未数年而卒，年七十八。

㉔ 煦(xǔ)掖：谓抚育扶持。

㉕ 长君：公子。称他人长兄。此指魏匏公之兄。　克家：能继承家业。

㉖ 瘿荞：即瘿盦。指罗敦曧。参见本则注释⑫。

14. 翁叔平与谭锺麟之戏谑

　　吏部胥吏婪索最甚，与户部胥吏库丁，同为京曹膏脂之地①。昔人以富、贵、威、武、贫、贱六字，分拟吏、户、礼、兵、刑、工六部，时论佥谓恰当②。相传谭文勤(锺麟)辛卯岁以吏部左侍郎兼户部左侍郎③，谢恩日，遇翁叔平尚书④，戏之曰："君由吏而户，可谓富且贵焉；薛云阶(允升)由刑而工⑤，可谓贫且贱焉。"文勤应声急答曰："皆耻也。"其语敏而有味。后此新进不读书者多，即问此，亦不知出处，则索然矣。因又忆及客座闻一事，蔡和甫(钧)为上海道时⑥，与长江提督李占椿为亲家⑦，和甫号通洋务，惧人言其不学，发言好用成语，偶闻客谈冯子材战功⑧，谓此老时有马革裹尸之志，蔡意为诔词⑨，因谓李曰："亲家将来必'马革里尸'。"李瞠目不知所对，退而叩人，"马格礼斯"在英文作何解？盖李固莫辩何言，而蔡又误"裹"为"里"也⑩。(第244则)

【注释】

① 京曹：清以称朝廷各衙门司官以下属官。如笔帖式、经承、司务、库使等。

② 佥：皆；都。

③ 谭文勤：谭锺麟，谥文勤。参见上则注释⑰。　辛卯：指光绪十七年(1891)。

④ 翁叔平：翁同龢，号叔平。参见第571页第6则注释⑥。时为户部尚书。

⑤ 薛允升：字克猷，号云阶，长安(今陕西西安市)人。咸丰六年(1856)进士，授刑部主事。历山西按察使、山东布政使、署漕运总督、刑部右侍郎转工部。光绪十九年(1893)，授刑部尚书。执法有廉直声。二十六年，两宫避走西安，允升赴行在。明年回銮从驾，至河南病卒，年八十二。著有《汉律辑存》《唐明律合编》《读例存疑》等。

⑥ 蔡钧：字和甫，仁和(今浙江杭州市)人。光绪二十三年(1897)任上海道。尝拒绝法国领事扩张租界之求。又受两江总督刘坤一之命，督办吴淞开埠工程总局。为任两年，因外国公使团施压，朝廷将其解职。后以四品候补京堂出任驻日本公使。

⑦ 李占椿：号寿庭，兴国(今属江西赣州市)人。幼有胆略，喜习兵事。咸丰八年(1858)入湘军，转战各地，屡建功，累迁至总兵。赐勇号奇车博巴图鲁。光绪二十三年(1897)，任江南提督、建威将军，节制水陆各镇，驻节江阴。三十年，以旧伤复发辞归。民国八年(1919)卒于家，年八十一。

⑧ 冯子材：字南干，号萃亭，钦州(今属广西)人。初从向荣讨伐太平军，补千总，赐号色尔固楞巴图鲁，累迁广西提督。光绪改元，赴贵州提督，任七年还广西。光绪九年(1883)，中法战争爆发，两广总督张树声蕲子材治团练，率军赴中越边境作战。子材时年已近七十，奋身陷阵，连克镇南关、文渊、谅城、长庆等地，重创法军，其国茹费理内阁亦因此倒台。清廷罢战诏下，子材愤然请战，不报。军还，命督办钦、廉防务，会办广西军务，寻调云南提督。二十九年卒于军，年八十六。谥勇毅。

⑨ 谀词：亦作"谀辞"。奉承谄媚的言辞。

⑩ 而蔡又误句："里"字繁体为"裏"，与"裏"字形近，蔡因以误之。

15. 杨 乃 武 案

废历久不用，而谈掌故者每征考之。以废历言，今年太岁在丙子①。更游六十年前光绪二年之丙子,其时有一大狱,几于举国皆知,则杨乃武一狱是也。判决之时为丙子四月,今又值其年月,故牵缀及之。诸家笔记中,以《清代野记》为详②,其书《杨乃武狱》一则云:"浙之上虞县,有土娼葛毕氏者,葛品莲之妻也。艳名噪一时,县令刘某之子昵焉,邑诸生杨乃武亦昵焉。杨固虎而冠者③,邑人皆畏之,刘之子更嫉之。杨欲娶葛为妾,葛曰:'俟尔今科中式,则从尔。'榜发,杨果隽④,谓葛曰:'今可如愿矣。'葛曰:'前言戏之耳。吾有夫在,不能自主也。'杨曰:'是何伤!'正言间,刘子至,闻杨语返身去,杨闻有人来亦去,次日而葛夫中毒死矣。报官请验,县令遣典史携仵作往⑤,草草验讫。闻杨有纳妾语,逮杨讯,不承,令怒,详革举人⑥,刑讯,终不服,遂系杨、葛于狱。延至四年之久,每更一官,杨必具辩状,皆不直杨,然又无左证,而刘令子又死福星轮船之难⑦,浙之大吏将以杨定谳抵罪,而坐葛以谋死亲夫矣。会有某国公使,在总署宣言:'贵国刑狱,不过如杨乃武案含糊了结耳!'恭亲王闻之⑧,立命提全案至京,发刑部严讯。原审之刘令,葛品莲之尸棺,皆提至京。及开棺检验,见尸有白须,且以丝绵包裹,两手指甲皆修洁,既不类窭人子⑨,又非少年,又无毒毙痕迹。讯刘,刘亦无从置对,盖始终未见尸也。于是刘戍,杨、葛皆释放,案遂结。此案到京之日,刑部署中观者如堵墙,无插足地。陆确斋比部⑩,江西司司员也⑪,亦往观,据云,葛氏肥白颇有风致云。葛出后,削发为尼,杨则不知所之。或云,当刘子闻杨语时,即潜以毒置葛品莲茶瓯中,品莲饮之致死。或又曰,刘子常携毒,备觊便毒杨者。要之,刘子之死于海,似有天道,杨虽非佳士,此案似非所为。又闻杨每于供词划押时,以屈打成招四字,编为花押书之,吾以为杨必有隐慝,冥冥中特借此以惩之耳。"案《清代野记》此节殊嫌略,盖此案自总督杨昌濬以下褫职者数十人⑫,即如所言,外使在总署谓此案不宜含糊了结,亦可见此中必有较复杂之情节也。近始获得江阴祝善诒所为《馀杭大狱记》⑬,言此案始末最具,今全录之:"杨乃武馀杭人,有文名而佻健渔色⑭,性高亢⑮,好持吏议短长。县令刘锡彤,老吏也,颇著墨声⑯,尝以浮收漕粮为杨所控,革任。锡彤故与朝贵通声气,夤缘复任⑰,嗛杨⑱,思中伤之,未发也。有葛品莲者,业豆腐,妻毕氏,有姿首,税居杨之别业。杨为毕讲解小说传奇等书,又拥诸怀教之习字,葛见而疑之,迁居五都之市⑲。毕素放诞,以葛人物菱薆⑳,颇不安于室。锡彤官馀杭久,其子某,与门丁漕书某某,皆与毕往来,而毕恋杨英年俊伟,最称情密,某等深嫉之。癸酉㉑，杨捷秋闱，锡彤惧，曲意交欢，赠遗丰隆。杨亦时相过从，往来寝密㉒，自谓前郤尽忘矣㉓。是年九月，葛暴死，其母俞氏，再醮于沈，久闻毕氏所为，意其私蓄必多，声言子死不明，将控诸县，既诇毕实贫，欲中止。有医生陈某，讼师王某，皆诸生，与杨积不相能㉔，教之曰：'汝第以子死可疑控县请检，汝媳所欢必将敛赀贿汝求罢，可大得志。'从之。两人复流言于众曰：'杨与毕奸情为本夫所见，因使毕毒杀之，以绝后患。'一时互相传语殆遍。锡彤得俞氏状，方欲往验，会署中延生治病，即以此事访之，陈具述人言，且谓：'二人有私，举国皆知，今之传言，必非无稽。'锡彤大喜，以为宿怨可报，既思逆伦重罪未可轻率㉕，又以杨举孝廉，声势方盛，杀之不殊㉖，何以自处？乃令门丁漕书先行察访，犹虑不足恃，复使其子易服微行，密为刺探。王生以刀笔故，本与门丁漕书善，而陈生又以医故，得出入牙署，于是诸毒并发，五人言皆同矣。锡彤深信不疑，既检验口鼻有黑瀋流出，指为服毒然，竟以砒霜定案，改口鼻黑瀋为七窍流血，仵作不肯具状，威逼之，始不敢言。时杨以填亲供由会城归㉗，立捕去，搒楚惨毒㉘，血肉狼籍，杨不胜刑，遂与毕俱诬服，杨论斩，毕凌迟。杨母沈氏历控府司院，为子讼冤，不得直㉙。明年走京师赴都察院陈状奏闻，有旨命巡抚杨昌濬会同臬司蒯贺孙亲提研鞫㉚，执奏如前。又明年，杨妻再控诸刑部，时左侍郎夏同善浙人㉛，素稔杨冤，密闻于上，改命浙江学政胡侍郎瑞澜会同巡抚覆谳㉜，皆以砒霜无过付之人，颇动疑念，遣候补知县顾某亲赴馀杭密访。顾受锡彤金，具以情告锡彤，乃与王生等谋，伪令药铺钱保生，承认某月日时杨乃武托言毙鼠，买去信石五钱㉝。保生以人命重大，不敢应，锡彤诱以好语㉞，许以重贿，勉从之。顾归报，以为情罪确凿，会衔覆奏㉟，于是铁案如山，杨与毕延颈待决而已。当是时，浙人官京师者，无不知杨生冤，又案悬两载有馀，同乡书函往复，及京官乡试之自浙来者，互相察核，尽得县令父子与门丁漕书、讼师、医生等朋谋仇陷状。及学政、巡抚奏上，浙人大哗，于是翰林院侍读锺骏声、国子监司业汪鸣銮等二十有八人㊱，合词赴刑部讼杨生冤，复嗾杨母、妻再控于提督府，两处同时奏闻。时夏侍郎迁吏部，代者为吾苏翁侍郎同龢，力主驳议，而刑部尚书希要人恉㊲，以为事更数官，案无遁饰，何当为此纠蔓？两公意见不合，相持不下，语颇上闻。翌日翁奏事毕，上问：'此案究竟如何？'翁力言事关逆伦，人命至重，应请敕下巡抚，将棺犯人证解京，听候覆检，自然水落石出。上韪其言㊳，特旨着杨昌濬派委妥员，将杨乃武、葛毕氏、人证、卷宗解交刑部，途中加意防范，倘有他故，惟该抚是问；其葛品莲棺木着刑部派司员前往馀杭，眼同刘锡彤验明加封，一同解京。时乙亥冬十月也㊳。明年春三月，人犯至，刑部会审，杨痛哭历诉冤惨，闻者动色，咸谓毕氏毒死本夫当无疑议，特同谋者非杨乃武耳。夏四月，葛品莲棺木解至，停于地安门外佛寺㊵。先传刘锡彤讯问，指划凿凿，毫无怍色。届期刑部满汉六堂、都察院、大理寺，并承审各司员皆至，顺天府二十四属仵作齐到㊶，又有刑部老仵作某，年八十馀，亦以安车征至㊷。各官先验棺上封条，则县府司院印封重叠，复令刘锡彤亲验是否葛品莲真正尸身棺木，先行具状，然后开棺，其尸已朽，仅存白骨一具，老仵作手自检验。惟时观者填塞，万头攒望，寂静无哗。老仵作先取囟门骨一块㊸，映日照看，即报云：'此人实系病死，非服毒也。'桑尚书大骇㊹，叱令细检，对曰：'某在刑部六十馀年，凡服毒死者，囟门骨必有黑色，似此莹白，何毒之有？'逐节检毕，向馀杭原验仵作叱曰：'尔等何所见而指为服毒邪？'答曰：'我等原不肯填写尸格㊺，官立意如此，不敢不遵。'曰：'是何言！官不明检法，全赖吾辈悉心区别，脱本官别有肺肠㊻，即当力争，充其量不过责革耳！怵于威而迁就之，与啗以利而逢合之，杀人以媚人，罪不容于死。'复顾锡彤而笑曰：'昔日仵作受官密恉，俯首听命者，畏官扑责也。今且发官私覆以图自全，官尚能坐堂皇责之邪？'闻者皆大噱，共视锡彤面色灰败，默不一言。明日三法司会讯，按律定拟：杨乃武不知避嫌，祸非无因，且平日干与外事，业经斥革，应无庸议；葛毕氏查无通奸实迹，释放还家；刘锡彤误听人言，入人重罪，革职发边远充军；伊子及门丁遭书察访不实，枷杖发落；钱保生并未刑逼，自认卖砒，恐系挟嫌诬证，已死无从质讯；诸生王某、陈某帮同尸亲沈俞氏酿成巨案，应褫革究办，业已瘐死狱中，勿论；其馀杖责释放有差。奏上，得旨：杨昌濬身为巡抚，于逆伦重案漫不经心，胡瑞澜于朝廷交办重案，并不悉心研究，随同覆奏，有负委任，均着革职，馀依议。此案既结，人始知毕氏亦冤也。是役也，自巡抚、学政至司道府县夺职者十有六人，镌级撤任被议者又十馀人㊼，为百年来巨案。封疆大吏操生杀之权，徇庇属吏，习为故常，得此惩创，庶知国法之严，人命之重，然非二三大臣力持其事，乌能使悠悠长夜，获此一瞬天光哉？越十馀日，御史某以锡彤罪重罚轻，再疏参劾，改为长流黑龙江，未几道死，人心于是稍快云。"案祝字吏香，亦同光时人。所记与前述有大相迳庭，如刘锡彤子死于福星船，提全案至京者乃恭亲王，开葛棺时情状，皆与祝记有出入。而葛毕氏之近于为土娼，杨乃武之无罪则同。祝所记老仵作验尸状较入微，辞宜可信。吾国旧日折狱⑧，专恃仵作之经验谈，其有合于科学论证者有几，自是疑问。抑在昔日社会，其所恃以毒人之药物者，亦止此数种，故仵作见闻亦较有范围。"凡服毒死者，囟门骨必黑。"此两语，正不妨留待今日之法医与学解剖、毒药学者之评剖也。光绪丙子刑部尚书为桑春荣，两笔记皆阙。（第266则）

【注释】

① 太岁：古代天文中假设的岁星，又称"岁阴"或"太阴"。古人认为岁星（木星）十二年一周天，因将黄道分为十二等份，以岁星所在部分作为岁名。但岁星运行方向自西向东，与将黄道分为十二支的方向相反，故假设一个太岁星作反方向运动，以每年太岁星所在部分来纪年。如太岁在寅曰摄提格，太岁在卯曰单阏等。又配以十岁阳，组成六十干支，用以纪年。　丙子：此指民国二十五年（1936）。

②《清代野记》：三卷。梁溪坐观老人撰。记咸丰、同治、光绪、宣统四朝闻见，有典章制度、历史事件、宫闱秘辛、官场轶闻，以及优伶、书贾、艺人、强盗、赌徒等事迹，无所不包。可助以了解晚清社会生活状况。《杨乃武狱》一则，见该书卷下。

③ 虎而冠：比喻残虐之人，虽穿戴衣冠而凶暴如虎。《史记·齐悼惠王世家》："大臣议欲立齐王，而琅琊王及大臣曰：'齐王母家驷钧，恶戾，虎而冠者也。'裴骃集解引张晏曰：'言钧恶戾，如虎而著冠。'"

④ 隽（juàn）：中式；中选。

⑤ 典史：清县级属官，未入流。掌监察狱囚。　仵作：旧时官府中检验死伤的差役。

⑥ 详革：审理革除。

⑦ 福星轮船之难：光绪元年（1875）二月二十七日，上海轮船招商局"福星号"轮装载货物及乘客、水手百十八人，由浙江海盐开赴佘山，途中因大雾，与英国怡和洋行"澳顺号"轮相撞沉没，遇难者计六十五人。

⑧ 恭亲王：爱新觉罗·奕䜣。参见第552页第17则注释②。

⑨ 窭（jù）人子：贫寒家子弟。

⑩ 陆确斋：未详何许人。　比部：明清以称刑部属官。

⑪ 江西司：清刑部按省区分十七清吏司，有直隶、奉天、江苏、安徽、江西、福建、浙江、

湖广、河南、山东、山西、陕西、四川、广东、广西、云南、贵州。各清吏司分掌该省刑名案件,亦兼掌其他省区事务,设有郎中、员外郎、主事、经承等官。

⑫ 杨昌濬:字石泉,号镜涵,湘乡(今属湖南湘潭市)人。粤寇乱,以诸生从罗泽南治团练,出援湖北。历知县、知府,迁盐运使、布政使,累擢浙江巡抚。坐馀杭葛毕氏案褫职。光绪四年(1878),起佐左宗棠督办新疆军务。后官至陕甘总督。二十四年卒,年七十三。

⑬ 祝善诒:字吏香,江阴(今属江苏无锡市)人。同治举人。官至内阁中书。著有《听月轩杂录》《从军随笔》《悔榆斋文集》《馀杭大狱记》等。

⑭ 佻㒰(tiāotà)渔色:轻薄放荡,掠取美色。佻㒰,亦作"佻达"。

⑮ 高亢:刚直不阿。

⑯ 墨声:贪污之名声。

⑰ 夤缘:攀援;攀附。

⑱ 嗛(xián):怀恨。

⑲ 五都之市:五方都会之市。泛指繁盛都市。

⑳ 萎蕤(wěiruí):柔弱貌。

㉑ 癸酉:指同治十二年(1873)。

㉒ 寖密:逐渐厚密。

㉓ 前郤:从前的嫌隙。郤,同"隙"。

㉔ 积不相能:谓素来不和睦。

㉕ 逆伦:谓悖逆伦常。此指葛毕氏通奸谋害亲夫。

㉖ 不殊:没有差别。

㉗ 亲供:指诉讼当事人亲自陈述事实的供状。 会城:省城。

㉘ 榜楚:拷打。

㉙ 直:伸雪;平反。

㉚ 蒯贺孙:未详何许人。时任浙江按察使。 研鞫:亦作"研鞠"。审讯;勘问。

㉛ 夏同善:字舜乐,号子松,仁和(今浙江杭州市)人。咸丰六年(1856)进士,选庶吉士,授编修。迁右庶子,充日讲起居注官。同治时,迁少詹事、詹事、兵部右侍郎。光绪改元,尝视学江苏、巡视山东黄河。光绪六年(1880)卒,年五十。谥文敬。

㉜ 胡瑞澜：字观甫，号筱泉，黄陂（今湖北武汉市黄陂区）人。道光二十五年(1845)进士，选庶吉士，授编修。历史馆纂修、文渊阁校理、侍讲侍读学士，充山西、湖南、浙江、广东学政，迁太常、大理寺卿，累官兵部右侍郎。坐葛毕氏案与杨昌濬同时被免。光绪十二年(1886)卒，年六十九。

㉝ 信石：砒石的别称。制作砒霜的原料，以产于信州而得名。亦代称砒霜。

㉞ 诼(xù)：诱惑。

㉟ 会衔：两个或两个以上部门主管官共同在公文上签署名衔。

㊱ 钟骏声：字雨辰、亦溪，仁和（今浙江杭州市）人。咸丰十年(1860)进士第一，授修撰。尝出为四川学政。官至侍读学士。　汪鸣銮：字柳门，钱塘（今浙江杭州市）人。同治四年(1865)进士，选庶吉士，授编修，迁国子监司业。历陕甘、江西、山东、广东学政，典河南、江西、山东乡试。光绪二十年(1894)，累迁至吏部右侍郎。时甲午之战初败，力陈不可割让台湾，颇称上意。寻以支持维新变法被罢，永不叙用。归杭主讲诂经精舍、敷文书院。三十二年卒，年六十八。参见第571页第6则注释⑤。

㊲ 希要人恉：谓迎合显要人物旨意。恉，旨意。

㊳ 韪(wěi)：以为是；同意；赞同。

㊴ 乙亥：指光绪元年(1875)。

㊵ 地安门：北京皇城北门。与皇城南门天安门对应。

㊶ 顺天府二十四属：指清顺天府所辖五州十九县。

㊷ 安车：古代可以坐乘的小车。古车立乘，此为坐乘，故称安车。供年老尊显者乘用。高官告归或征召有重望之人，亦常赐乘安车。安车多用一马，礼尊者则用四马。

㊸ 囟门：婴幼儿头顶骨未合缝处，在头顶前部中央。此处泛指人头顶骨。

㊹ 桑尚书：桑春荣，字柏侪，祖山阴（今浙江绍兴市）人，寄籍直隶宛平（今北京市丰台区）。道光十二年(1832)进士，选庶吉士，授编修。历国史馆纂修，补河南道、四川道监察御史，迁贵州按察使、云南巡抚，累擢刑部尚书。以主审葛毕氏案而声名大振。光绪八年(1882)卒，年八十一。谥文恪。

㊺ 尸格：验尸单。

㊻ 脱：假使。　别有肺肠：谓另有打算或企图。语出《诗经·大雅·桑柔》："自有肺肠，俾民卒狂。"郑玄笺："自有肺肠，行其心中之所欲。"

㊼ 镌(juān)级：降级。镌，谪降。

㊽ 折狱：判决诉讼案件。

16. 胡文忠少年好冶游

　　世但知胡文忠为文毅爱婿①，文毅晚督两江时，胡亦在幕，即《蜀輶日记》恐文忠亦有参撰献处也②。文忠到江宁时仍好冶游，秦淮河、钓鱼巷皆有其踪迹③。世传有劝文毅诫告文忠者，文毅曰："润之之才，他日勤劳将十倍于我，后此将无暇晷行乐④，此时姑纵之。"此言未知可信否？然文忠后来督师时，异常刻苦，在军治经史有常课，仿顾昆山读书法⑤，使人雒诵而听之⑥，日讲《通鉴》二十叶，四子书十叶，旁征史籍，尤讲求时务，病至废食，犹于风雪中讲肄不少休。每问幕府，辄举经史一义，叩以"吾今日接某人治某事，颇不悖于斯义否"，故所著有《读史兵略》四十六卷。吾闻叔章述文忠两逸事⑦：其一，即为文毅择婿之始。文毅以给事中放川东道，还安化扫墓，由安化入川，道必出益阳。时文忠之父云阁先生(达源)，方入京会试，文忠随其大父乡间读书。文毅肩舆小憩，从村塾间邂逅文忠，时甫八龄，即摩顶许为国器⑧，志其姓名而去，后此遂相敆焉⑨。其一，为文忠与周荇农逸事⑩。善化周荇农先生(寿昌)，以文章名世。相传胡文忠入翰林后，在京常与荇农冶游。一夕方就娼家，坊卒掩至，荇农机警，趋入厨下，易服而立，得免。文忠及他人并絷去⑪，例司坊质讯⑫，不敢吐姓名，坐是颇受辱，释归，即与荇农绝交，谓其临难相弃。后此治军，且不喜用善化籍，曾文正为荇农屡解释于文忠，卒不得大用。此叶奂彬为叔章言者⑬。(第 300 则)

【注释】

① 胡文忠：胡林翼，谥文忠。参见第 359 页第 4 则注释⑪。　　文毅：陶澍，谥文毅。参见第 451 页第 5 则注释②。

②《蜀輶(yóu)日记》：陶澍撰。嘉庆十五年，澍充四川乡试副考官，记述赴川途中所经各地建制沿革、地理形势、历史遗迹等，详为考证，纠正古籍之误，纂以成书。

③ 钓鱼巷：在江宁城东关内(今江苏南京市秦淮区)。有明魏国公徐达东花园。明清

时,自文庙至钓鱼巷一带内秦淮河两岸,为繁华游宴之地,妓寮聚集。

④ 暇晷:指空闲的时日。

⑤ 顾昆山:顾炎武,初名绛,字宁人,学者称亭林先生,昆山(今属江苏苏州市)人。参见第 323 页第 8 则注释①。

⑥ 雒诵:反复诵读。雒,通"络"。

⑦ 叔章:方表,字叔章,以字行,长沙(今属湖南)人。诸生。尝入岳麓书院读书。光绪二十九年(1903)赴日本早稻田大学留学,攻警政、政治经济学。归国后,先后任河南政治学堂教务长、山东抚署文案委员兼地方自治研究所监督、广东督署文案委员兼巡警学堂监督等职。辛亥后,入北洋政府任教育部秘书、总统府内史、国务院秘书等。与杨度组织"筹安会",推动袁世凯称帝。袁死后,离京南迁,潜心研究佛学。尝一度加入中国共产党。民国十七年(1928),任南京国民政府农矿部秘书长,迁行政院秘书兼法制委员会副主任。二十七年,从程潜赴天水,任天水行营秘书长,佐理北方各省抗日军务。三十七年,受湖南省主席程潜之召,任省政府顾问。寻策动程潜和平移交湖南军政之权。中华人民共和国成立后,任湖南省军政委员会顾问、文史研究馆副馆长。卒,年七十二。

⑧ 国器:指可以治国之才。

⑨ 相(xiàng)攸:谓择婿。语出《诗经·大雅·韩奕》:"为韩姞相攸,莫如韩乐。"朱熹集传:"相攸,择可嫁之所也。"

⑩ 周荇农:周寿昌,字应甫,一字荇农,晚号自庵,善化(今湖南长沙市)人。道光二十五年(1845)进士,选庶吉士,授编修。历实录馆纂修总校、侍讲侍读学士,累迁内阁学士兼礼部侍郎。光绪四年(1878)致仕,归而著述。十年卒,年七十一。著有《汉书注校补》《后汉书注补正》《三国志注证遗》《五代史注纂注补续》《思益堂集》等。

⑪ 絷(zhí):拴缚。

⑫ 例:按照旧规惯例。 司坊:里坊管理者或机构。

⑬ 叶奂彬:叶德辉,字奂彬,号郋园,湘潭(今属湖南)人。光绪十八年(1892)进士,授吏部主事。未几,辞官归,以倡经学自任。反对新学,斥责时务学堂,撰文攻击康梁维新。辛亥后,尝任湖南省教育会长,支持袁世凯恢复帝制。民国十六年(1927),为湖南农民协会所杀,年六十四。精于版本目录学,编有《观古堂书目丛刻》《书林清

话》等,校刊有《元朝秘史》,著有《郋园丛书》等。

17. 曾国藩谓天下无真是非

　　同治八年己巳三月二十四日,曾文正公与幕府长谈,此从文正日记可考得之。所言何语,则吴挚父日记曾详之①。文正是日所谈,大概谓天下无真是非,先论林文忠公甚长②,后有一节云:"咸丰九年,洋人来换和约,僧忠亲王诱而击沈其船③,天下称快。十年,夷人复至,僧邸不守北塘,意欲引夷人陆战,一鼓歼之。及夷人上岸,开花炮一击,我军人马自相践踏,溃败不可收拾,遂至圆明园被焚,车驾北狩,京师不守,几丧天下。某谓僧邸此败,义当杀身以谢天下矣,然至今亦未闻有以九年诱击夷人为非者也。当夷人十年复至时,文宗下十七诏,敕僧邸罢兵,僧邸不听,及事败,谓不守北塘系为端华、肃顺所制④。岂有敢抗天子诏书,而不敢违二三佞人意旨者哉?某此议出,人必骇为谬妄⑤,以是知是非之无定评也。"文正此段谈话,自是与极亲密幕府信口而谈之真言,其中含有为端、肃讼冤之意。盖文正初不以诱击为然,故不直僧邸所为,谓既闯祸,又不引咎自负责任也。文宗最信肃顺,故十七诏罢兵者,自为肃顺主谋。僧格林沁不听诏而战,败则委过端、肃,此自可鄙。更进一步言之,僧王之主张非,则肃顺之主张是,其时端、肃已遭诛,故呼以"二三佞人",然其意固右之⑥。不但右之,其言天下无真是非,意即深慨端、肃之冤。虽作如是解,可也。(第334则)

【注释】

① 吴挚父:吴汝纶,字挚父(甫),桐城(今属安徽安庆市)人。同治四年(1865)进士,授内阁中书。尝先后入曾国藩、李鸿章幕府。历深州、冀州知州,充京师大学堂总教习。创办桐城学堂。光绪二十九年(1903)卒,年六十四。有《桐城吴先生全书》。今人辑有《吴汝纶全集》。

② 林文忠:林则徐,谥文忠。参见第211页第9则注释⑫。

③ 僧忠亲王:僧格林沁,封博多勒噶台亲王,谥忠。参见第516页第1则注释②。

④ 端华:爱新觉罗·端华,号端友,满洲镶蓝旗人。道光二十六年(1846),袭爵郑亲

王。明年,授御前大臣。后受顾命。文宗即位,与肃顺、怡亲王载垣等渐受信用。咸丰十年(1860),英法联军进逼京师,以领侍卫内大臣扈驾北狩热河。文宗崩,与肃顺等八人受命为辅政大臣,掌握实权。寻慈禧太后与恭亲王奕䜣发动祺祥政变,端华、肃顺、载垣等以"专擅跋扈罪"赐死。 肃顺:字雨亭,端华异母弟。官至户部尚书。尝力主重用曾国藩、胡林翼、左宗棠,以湘军征讨太平军。第二次鸦片战争中,参与对外交涉与决策。文宗北狩,以户部尚书、协办大学士领侍卫内大臣。后受命为辅政八大臣之一。与其兄端华同时被诛,年四十六。

⑤ 骇(hài):同"骇"。惊骇;震惊。

⑥ 右:亲近;袒护。

18. 赛 金 花

名妓赛金花①,老死故都,报章竞纪其逸迹。予虽未及见洪文卿侍郎,然犹忆庚子后,赛在京先张艳帜后入刑部事,盖有数前辈退食②,日过寒斋,心摹口说其宛转缧绁状。其后,民国二年癸丑八月,予南游,下榻涛园先生家③,一夕就酒楼燕饮,朋辈飞笺为召赛寓来,逼视之,粉光黯暗,问年三十馀,实已四十一二,予有一绝句纪之。后六七年,从慕蘧识魏复沤④,魏鬑面伟岸,尝挟赛徘徊稷园茗坐间⑤,已垂五十之鸠盘荼矣⑥。心念此妪得樊山为作两诗⑦,得孟朴为作说部⑧,实至幸运,使非亲见暮年憔悴之状,必想像如《西楼记》所写之穆素晖为神仙中人也⑨。乙丑、丙寅间⑩,予常来南京,至必访孟朴长谈,语及赛,恒相抚掌。其实古来说部稗史所记,若《江南野史》之尹永新⑪,《郡国雅谈》之薛涛⑫,《天宝遗事》之楚莲香⑬,《云溪友议》之李端端⑭,以及崔徽、苏小之伦⑮,何可悉数?当其盛容丰髷⑯,胡天胡帝⑰,其实未必皆美,即美矣,而白发无情,观河皱面⑱,老死相及,寖假而骷髅卓立⑲,虽有嫠羡⑳,亦复何从著笔咏歌?"伶元曰㉑:'其人俱灰灭矣!盛时疲精神,逞嗜欲,宁知终归荒田野草乎?'通德掩袖视烛影,以手拥髻,凄然泣下。"千古才人,读书至此,未尝不临文短气,正不暇为美人黄土哀也。顾吾人出世未能,长生无术,借一二色相以自泽其笔端,亦是恒情。故韩幹为宝应寺画壁㉒,其中什梵天女悉为王缙妾小小等写真㉓;而晁具茨回忆汴京㉔,只为师师、元奴辈觅得佳句㉕。此诚悲生之有涯,而悟物无真美,乃欲乞灵笔墨自传所传,尤可太息也。前忆《后彩云曲》中,以李师师况彩云,良非其伦;近忆予绝句中,似亦以师师拟之,同为失词。唯赛之身世,穷于比拟,其前半遭际,可谓创格。然使穆宗冶游所幸土娼㉖,若有人以文词张之,岂非俨然一李师师耶? 又案皇帝狎妓之例甚多,宋理宗爱幸官妓唐安安而事不著㉗,于此更可见自师师以至赛金花,皆偶然享名之幸运儿耳。(第 343 则)

【注释】

① 赛金花:原名傅彩云。清末民初名妓,尝为洪钧之妾。民国二十五年(1936)卒于北平,年约六十四五。参见第 585 页第 10 则注释㉑。

② 退食:此指退休、归隐。语出《诗经·召南·羔羊》:"退食自公,委蛇委蛇。"朱熹集传:"退食,退朝而食于家也。自公,从公门而出也。"

③ 涛园先生:沈瑜庆,字志雨,号涛园,侯官(今福建福州市)人。两江总督沈葆桢第四子。光绪五年(1879)父卒,恩荫候补主事。历刑部广西司行走、江苏淮扬道,累官至贵州巡抚。辛亥革命时,移交贵州政权,退居上海。民国七年(1918)卒,年六十一。工诗文,有《涛园集》。

④ 慕蘧:王郊麟,字慕蘧,扬州(今属江苏)人。清废科举后,入两江师范肄业。尝应县知事考,分发武昌候补。入民国,先后供职于北洋政府内务部、农商部,又赴杭州佐理两浙盐务,署两浙盐运使。国民政府定都南京,上交战乱期间所保管巨额盐款,获嘉奖。　魏復沤:魏斯炅,字阜欧,金溪(今属江西抚州市)人。光绪二十年(1894)举人。后东渡日本,入东京中央大学攻读政法。加入同盟会,尝奉命赴南洋筹募钱款,用以推翻满清。入民国,聘为江西省财政司长,寻当选北洋政府参议院议员兼江西省民政厅长。从江西都督李烈钧反袁,失败后受通缉,逃往上海,与赛金花相识,获其助,乔装搭乘日轮逃亡日本,转新加坡。民国七年(1918),孙中山在上海改组中华革命党为国民党,斯炅亦从海外返沪,与赛金花结婚,因改其妻名曰魏赵灵飞。十年,斯炅染病卒于北京,年四十九。

⑤ 稷园:明清时社稷坛。在紫禁城南,天安门西侧。民国三年(1914),北洋政府内务总长朱启钤捐资,将社稷坛辟为公园,命为"中央公园",又名"稷园"。十四年,孙中山病逝,停灵枢于园内拜殿,举行公祭。十七年,由国民政府北平特别市长何其巩等

602

改名为"中山公园",相沿至今。

⑥ 鸠盘茶:亦作"鸠槃茶"。佛经中瓮形而似冬瓜之鬼,啖人精气。后用以形容丑且悍之老妇人。

⑦ 樊山:樊增祥,字嘉父,号云门,又号樊山、天琴,恩施(今属湖北)人。光绪三年(1877)进士,改庶吉士,授知事。累官江宁布政使,权署两江总督。入民国,出任北洋政府参政院参政兼清史馆事。民国二十年(1931)卒,年八十六。尝师从张之洞、李慈铭,工诗词与骈文,好作艳体。其前后《彩云曲》,咏赛金花事,尤负时誉。有《樊山全集》。

⑧ 孟朴:曾朴,原名朴华,字太仆,改字孟朴,又字小木、籀斋,号铭珊,笔名东亚病夫,常熟(今属江苏苏州市)人。光绪十七年(1891)举人,纳赀为内阁中书。后入两江总督端方幕,以候补知府分发浙江。入民国,参加共和党,任江苏省财政厅长、政务厅长等职。民国二十四年(1935)卒,年六十四。通法文,尝翻译雨果等人小说,并创办小说林书店与《小说林》月刊。撰有长篇小说《孽海花》,其前六回为金天羽作,经曾朴修改、增补至三十回本。小说以状元金雯青、妓女傅彩云经历为线索,描绘晚清三十年间历史变迁,故事原型即洪钧与赛金花。为晚清四大谴责小说之一。曾朴另有《鲁男子》《孟朴短篇小说集》等。

⑨ 《西楼记》:明末清初传奇。袁于令撰。于令原名蕴玉,又名晋,字令昭、兔公,号箬庵、白宾,别署幔亭仙史、吉衣道人,吴县(今江苏苏州市)人。明季生员。入清,任荆州知府,被参落职。晚年寄居会稽以终。《西楼记》写于鹃与妓女穆素徽,以词曲酬唱而相互爱慕,尝同歌《楚江情》于西楼。于父知晓后,将素徽逐出。相国公子乘隙以巨资买之为妾,穆不从,备受虐待。于鹃高中状元,在侠士胥表相助下,与素徽终成眷属。传奇中谓素徽貌若天仙,故有"神仙中人"之称。此则"穆素徽"作"穆素晖",盖缘自纪昀《阅微草堂笔记》卷九《如是我闻三》:"史传不免于缘饰,况传奇乎?《西楼记》称穆素晖艳若神仙,吴林塘言其祖幼时及见之,短小而丰肌,一寻常女子耳。然则传奇中所谓佳人,半出虚说。"

⑩ 乙丑、丙寅:指民国十四年、十五年(1925—1926)。

⑪ 《江南野史》:二十卷,今存十卷。宋龙衮撰。记南唐至宋初史实,多存南唐君臣轶闻。尹永新,见于该书卷六。谓唐开元中,庐陵永新有歌女尹琳,姿容颇丽,性识敏

慧,时人以邑名呼之为尹永新,入宫封为唱歌供奉,日受恩宠。

⑫《郡国雅谈》:未详何书。或为《郡阁雅谈》之误。《郡阁雅谈》一卷,宋潘若冲(同)撰。诗文评类笔记。据南宋晁公武《郡斋读书志》卷三:"《郡阁雅言》一卷。右皇朝潘若同撰。太宗时守郡,与僚佐话及南唐野逸贤哲异事佳言,辄疏之于书,凡五十六条,以资雅言。或题曰《郡阁雅谈》。"是书已佚,惟《说郛》《诗话总龟》《诗薮》等书中存录若干。　薛涛:亦作"薛陶"。字洪度,唐长安(今陕西西安市)人。幼随父入蜀。后为乐妓。能诗,时称女校书。尝居成都浣花溪,创制深红小笺写诗,人称薛涛笺。诗以赠人之作为多,情调伤感。明人辑有《薛涛集》。后人又辑存其与女道李冶的诗,编为《薛涛李冶诗集》二卷。

⑬《天宝遗事》:即《开元天宝遗事》。四卷。五代王仁裕撰。笔记。作者自称于长安采集民间传说中唐明皇时期遗事,笔录而成,颇多宫廷琐闻与时尚风俗。所记楚莲香事,见该书卷一《蜂蝶相随》:"都中名姬楚莲香者,国色无双,时贵门子弟争相诣之。莲香每出处之间,则蜂蝶相随,盖慕其香也。"

⑭《云溪友议》:三卷。唐范摅撰。笔记。记开元后异闻野史,尤以诗歌本事居多,有为他书所不载者。所记李端端事,见该书卷中《辞雍氏》:"崔涯者,吴楚之狂生也,与张祜齐名。每题一诗于倡肆,无不诵之于衢路。誉之,则车马继来;毁之,则杯盘失错。嘲妓曰:'虽得苏方木,犹贪玳瑁皮。怀胎十个月,生下昆仑儿。'又:'布袍披袄火烧毡,纸补篷簧麻接弦。更著一双皮屐子,纥梯纥榻出门前。'又嘲李端端:'黄昏不语不知行,鼻似烟窗耳似铛。独把象牙梳插鬓,昆仑山上月初生。'端端得此诗忧之,候涯使院饮回,遥见二子蹑屐而行,乃道傍再拜,战惕曰:'端端只候三郎、六郎,伏望哀之。'又重赠一绝句粉饰之,于是大贾居豪,竞臻其户。或戏之曰:'李家娘子,才出墨池,便登雪岭。何期一日,黑白不均?'红楼以为笑乐,无不畏其嘲谑也。祜、涯久在维扬,天下宴清,篇词纵逸,贵达钦惮,呼吸风生,颇畅此时之意也。赠诗曰:'觅得黄骝被绣鞍,善和坊里取端端。扬州近日浑成差,一朵能行白牡丹。'"扬州妓李端端肤黑,然美艳过人,世称"黑妓"。故此则言崔涯作诗嘲之,继而又作诗粉饰之。

⑮崔徽:唐蒲州妓。事见唐元稹《崔徽歌序》:"崔徽,河中府娼也。裴敬中以兴元幕使蒲州,与徽相从累月。敬中便还,崔以不得从为恨,因而成疾。有丘夏善写人形,徽

托写真寄敬中,曰:'崔徽一旦不及画中人,且为郎死。'发狂卒。"(《元稹集外集续补》卷一) 苏小:即苏小小。史上有二苏小小,一在南齐,一在宋,皆钱塘名妓。参见第216页第14则。

⑯ 鬋(jiǎn):女子鬓发下垂貌。

⑰ 胡天胡帝:形容服饰、容貌如同天神。亦表示极其崇高尊贵。语出《诗经·鄘风·君子偕老》:"胡然而天也,胡然而帝也。"

⑱ 观河皱面:佛教故事。谓波斯匿王观看恒河,自伤发白面皱,而恒河不变。

⑲ 寖假:逐渐。

⑳ 嬖美:犹宠爱。

㉑ 伶元:又作"伶玄"。字子予,西汉潞县(治今山西长治市潞城市辛安泉镇古城村)人。尝为淮南相、江东都尉。一说,伶元为东汉时人,与班固同时,有文名。《飞燕外传》一书,旧题为其所著。宋无名氏《锦绣万花谷前集》卷十七《妓妾》:"汉伶玄之妾樊通德,赵飞燕女史也,能道赵飞燕娣妹事。伶玄曰:'其人俱灰灭矣!疲精神,驰嗜欲,宁知终归荒田野草乎?'通德掩袖视烛影,以手拥髻,凄然泣下。伶玄因作《飞燕外传》。"又宋祝穆《古今事文类聚后集》卷十六《掩袖泣下》:"后汉伶玄妾樊通德,能言赵飞燕姊妹事。既作《飞燕外传》,玄语通德曰:'斯人俱灰灭也!盛时疲精神,驰骛嗜欲,宁知终归荒田野草乎?'通德掩袖视烛影,以手拥髻,凄然泣下。"

㉒ 韩幹:唐京兆(治今陕西西安市)人,一作大梁(今河南开封市)人。少时为酒肆雇工,经王维资助,学画十馀年而艺成。描绘人物、鬼神,尤工画马。天宝中,在宫廷写内厩"玉花骢""照夜白"等名马,时称独步。后官太府寺丞,建中初(780)尚在。幹为长安道政坊宝应寺画壁事,见唐段成式《酉阳杂俎续集》卷五《寺塔记上》:"道政坊宝应寺。韩幹,蓝田人。少时常为贳酒家送酒。王右丞兄弟未遇,每一贳酒漫游,幹常征债于王家,戏画地为人、马。右丞精思丹青,奇其意趣,乃岁与钱二万,令学画十馀年。今寺中释梵天女,悉齐公妓小小等写真也。寺有韩幹画下生帧弥勒,衣紫袈裟,右边仰面菩萨及二师子,犹入神。"

㉓ 王缙:字夏卿,先世太原祁(今山西晋中市祁县)人,其父迁居于蒲州(治今山西运城市永济市蒲州镇),遂为河中人。唐诗人王维之弟。举草泽文辞清丽科上第,历侍御史、武部员外郎。安史乱中,擢太原少尹,佐李光弼守御,以功加宪部侍郎,迁兵部。

代宗大历中,拜黄门侍郎、同中书门下平章事。进侍中,拜卢龙节度使,封齐国公。时元载用事,天子拱手,缙曲意附迎,不敢忤。缙素奉佛,晚年尤甚。与元载盛陈福业报应,纵容僧徒出入禁中,封官赐爵,以致政刑败坏。妻死,以所居道政坊宅第为宝应佛寺,营造侈丽。诸道节度、观察来朝,必邀至其所,劝令出资财佐营作。后元载获罪伏诛,缙亦同罪,上悯其年迈,乃贬括州刺史。久之,迁太子宾客,分司东都。建中二年(781)卒,年八十二。

㉔ 晁具茨:晁冲之,字叔用,宋济州巨野(今属山东菏泽市)人。晁氏为有宋名门,世有才俊,从兄弟补之、说之、咏之、子公武等,皆当时名士。冲之少从陈师道学诗。绍圣时,党祸兴,兄弟多人被逐,冲之遂隐居阳翟具茨山,自号具茨。十年后入汴京,拒为当权者所用。与吕本中友善,本中作《江西诗社宗派图》,列冲之等二十六人,谓万人方学山谷诗时,冲之独专老杜。后人辑有《晁具茨先生诗集》十五卷。其卷十三有《都下追感往昔因成二首》曰:"少年使酒走京华,纵步曾游小小家。看舞霓裳羽衣曲,听歌玉树后庭花。门侵杨柳垂珠箔,窗对樱桃卷碧纱。坐客半惊随逝水,主人星散落天涯。""春风踏月过章华,青鸟双邀阿母家。系马柳低当户叶,迎人桃出隔墙花。鬟深钗暖云侵脸,臂薄衫寒玉映纱。莫作一生惆怅事,邻州不在海西涯。"

㉕ 师师:北宋末汴京名妓李师师。本姓王,四岁失怙,遂入娼籍。当时名士多与往来,相传徽宗亦屡至其家。靖康后,流落南方,不知所终。其逸事散见于《贵耳集》《浩然斋杂谈》《汴都平康记》《墨庄漫录》《宣和遗事》等书。　元奴:赵元奴。亦汴京名妓,与李师师齐名。

㉖ 穆宗冶游:同治十一年(1872)九月,穆宗年十七,大婚礼成,亲政。因慈禧太后干预,常独处乾清宫,以是为侍读王庆祺所导引,微服冶游,伶人小六如、春眉、娼小凤辈皆邀幸。其事隐约见于翁同龢日记,而详载于诸野史笔记。

㉗ 宋理宗爱幸官妓:据明田汝成《西湖游览志馀》卷二:"癸丑元夕,上呼妓入禁中。有唐安安者,歌色绝伦,帝爱幸之。侍郎牟子才奏曰:'此皆董宋臣辈引诱,坏陛下三十年自修之操。'上令丁大全谕旨曰:'纳忠不妨,但勿散副本可也。'"癸丑,指南宋理宗宝祐元年(1253)。

19. 圆 明 园

圆明园为有清物力所殚萃①,文宗尤昕夕临幸②,宴游酣深,宠嬖交构。英法联军一役，园先熸③，俄而端、肃夷僇④，牝鸡司晨⑤。而同光两朝，先后并有修园之议。园者，皆指圆明也。既非巨用不能兴，乃就清漪而改营颐和焉⑥。溯其终始，圆明虽熸，犹为祸水。予居北都卅年，凡三游园址，民七八年时犹存残础遗石，十五六年间则辇移几尽。今清华、燕京两大学，偃蹇邻其故墟⑦，望古者类能言之。又案为圆明园词者，莫先于王壬秋⑧。王词世所共知，自注有二，其一云："咸丰九年，文宗一日独坐若瞑，见白须老人跪前，上问何人，对曰：'守园神。'问何所言，云将辞差使耳。问汝多年无过，何为而去？对以弹压不住，得去为幸。上曰：'汝嫌官小耳，可假二品阶。'未一年而乱作矣。"此是例有之神话，不足考。其二云："夷人入京，遂至宫闱，见陈设巨丽，相戒勿入，云恐以失物索偿也。及夷人出，而贵族穷者倡率奸民，假夷为名，遂先纵火，夷人还而大掠矣。"案湘绮此段，在"敌兵未爇雍门获，牧童已见骊山火"二句之下，笺释明了。是焚掠圆明之祸首，非英法联军，乃为海淀一带之穷旗人。此说大致不谬，考越缦日记⑨，咸丰庚申八月二十三日甲申记："闻恭邸逃去⑩，夷人踞海淀，夷人烧圆明园，夜火光达旦烛天。"二十四日乙酉记："闻夷人仅焚园外官民房。"二十五日丙戌记："今日内外各门尽闭⑪，都人思窜者，车徒箧担⑫，拥塞城下不得出，盖城外劫盗四起，只身敝衣，悉被掠夺。又闻有持园中断烂物进城者，铜龙半爪，金兽一镮，俱相传视玩弄，盖禁籞已不保矣⑬。呜呼！自圣祖缔营海甸，以园赐世宗为潜邸，至高宗踵而大之，历三朝之久，殚列圣经营，极国家富盛，园囿之美，冠绝古今，乃一旦播迁⑭，委此而去，犬羊深入，遽付焚如。忆去年曾以事三至园，转瞬沧桑，已为摩挲铜狄人矣⑮，可哀也夫！"二十七日戊子记："闻圆明园为夷人劫掠后，奸民乘之，攘夺馀物，至挽车以运之，上方珍秘，散无孑遗。前日夷人退守，兵稍敢出御，擒获数人，诛之。城中又搜得三人，一怀翡翠碗一枚，上饰以宝石；一挟玉如意一柄，上有字一行为'子臣永珚恭进'⑯，乃成哲亲王献纯庙者；其一至挟成皇帝御容一轴⑰，尤可骇叹。"九月六日丙申记："自昨日西直门外火，讫今不灭，或云黑市灾，或云夷人焚大钟寺⑱，或云烧万寿山宫室。"初七日丁酉记："昨日夷人烧万寿山宫（即瓮山），即清漪园也（昆明湖在其侧），连及玉泉山诸寺。又焚圆明园之正大光明殿、勤政殿略尽，夷人张伪示于城内外，言中国屡失信义，故借此泄愤。"观上五段，则知圆明园一役，其始联军仅焚园外官吏房，或为军事上必要之举动。而许多旗人土匪，即乘机劫掠，于是联军旋亦入园，终则张贴告示，自述理由,所席挟之战利品,犹存伦敦、巴黎,可证。惟联军仅取其大者贵重者,馀多仍入匪徒手。至园中数大殿,与万寿山、玉泉山宫殿、寺宇二度被焚,乃在圆明园官舍被焚后十馀日。此节湘绮词不误,而越缦记特详。今游颐和园后山及玉泉山者,犹可按视其烬馀。至导焚圆明园者,相传为龚定庵子橙⑲,又传为李某,盖不能考实。龚孝拱,相传为英使巴夏礼记室也⑳。(补篇第8则)

【注释】

① 殚萃:竭尽所有而汇集。

② 昕夕:朝暮。谓终日。

③ 熸(jiān):覆没;失陷。

④ 夷戮:诛杀。戮,通"戮"。端华、肃顺被诛事,参见第603页第17则注释④。

⑤ 牝鸡司晨:谓母鸡报晓。旧时贬喻妇人掌权。语本《尚书·牧誓》:"牝鸡无晨,牝鸡之晨,惟家之索。"孔传:"喻妇人知外事。雌代雄鸣则家尽,妇夺夫政则国亡。"此指慈禧太后垂帘听政。

⑥ 颐和园:在京城西郊(今北京市海淀区)圆明园遗址西南。其址原为金完颜亮行宫,明改建为皇家好山园。清康熙时,以此赐予世宗为潜邸。乾隆十五年(1750),复加营造,命名为清漪园,咸丰十年(1860)被英法联军所毁。光绪十四年(1888),慈禧太后移用海军经费重建,改名颐和园。园以万寿山为中心,前山有长廊、排云殿、佛香阁、智慧海等,临昆明湖有清晏舫、知春亭、十七孔桥、凤凰墩等,东宫门内有仁寿殿、德和园、乐寿堂、玉澜堂等;后山则按江南园林仿建有谐趣园、长堤等。园外借用西山、玉泉山之景,形成景外有景、园中有园的布局。民国十三年(1924)辟为公园。

⑦ 偃蹇:高耸貌。

⑧ 王壬秋:王闿运,字壬秋。参见第553页第18则注释⑩。其诗《圆明园词》,见《湘绮楼诗文集·诗集》卷八,前有署名徐树钧长序。诗曰:"宜春苑中萤火飞,建章长乐柳十围。离宫从来奉游豫,皇居那复在郊坼?旧池澄绿流燕蓟,洗马高梁游牧地。北藩本镇故元都,西山自拥兴王气。九衢尘起暗连天,辰极星移北斗边。沟洫填淤成斥卤,宫庭映带觅泉原。渟泓稍见丹棱沜,陂陀先起畅春园。畅春风光秀南苑,霓旌凤盖长游宴。地灵不惜瓮山湖,天题更创圆明殿。圆明拜赐本潜龙,因回邸第作郊

宫。十八篱门随曲涧，七楹正殿倚乔松。斋堂四十皆依水，山石参差尽亚风。甘泉避暑因留跸，长杨扈从已弢弓。纯皇缵业当全盛，江海无波待游幸。行所留连赏四园，画师写仿开双境。谁道江南风景佳，移天缩地在君怀。当时只拟成灵囿，小费何曾数露台。殷勤无逸箴骄念，岂意元皇失恭俭。秋狝俄闻罢木兰，妖氛暗已传离坎。吏治陵迟民困痛，长鲸跋浪海波枯。始闻计吏忧财赋，欲卖行宫助转输。沉吟五十年前事，厝火薪边然已至。揭竿敢欲犯阿房，探丸早见诛文吏。此时先帝见忧危，诏选三臣出视师。宣室无人侍前席，郊坛有恨哭遗黎。年年辇路看春草，处处伤心对花鸟。玉女投壶强笑歌，金杯掷酒连昏晓。四时景物爱郊居，玄冬入内望春初。袅袅四春随凤辇，沉沉五夜递铜鱼。内装颇学崔家髻，讽谏初除姜后珥。玉路旋惊车毂鸣，金銮莫问残灯事。鼎湖弓剑恨空还，郊垒风烟一炬间。玉泉悲咽昆明塞，惟有铜犀守荆棘。青芝岫里狐夜啼，绣漪桥下鱼空泣。何人老监福园门，曾缀朝班奉至尊。昔日喧阗厌朝贵，于今寂寞喜游人。游人朝贵殊喧寂，偶来无复金闺客。贤良门闭有残砖，光明殿毁寻颓壁。文宗新构清辉堂，为近前湖纳晓光。妖梦林神辞二品，佛城舍卫散诸方。湖中蒲稗依依长，阶前蒿艾萧萧响。枯树重抽盗作薪，游鳞暂跃惊逢网。别有开云镂月台，太平三圣昔同来。宁知乱竹侵苔出，不见春风泣露开。平湖西去轩亭在，题壁银钩连倒薤。金梯步步度莲花，绿窗处处留螺黛。当时仓卒动铃驼，守宫上直馀嫔娥。芦笳短吹随秋月，豆粥长饥望热河。东门旦开胡雏过，正有王公趋道左。敌兵未衊雍门获，牧童已见骊山火。应怜蓬岛一孤臣，欲持高洁比灵均。丞相迎兵祗握节，徒人拒寇死当门。即今福海冤如海，谁信神洲尚有神。百年成毁何匆促，四海荒残如在目。丹城紫禁犹可归，岂闻江燕巢林木？废宇倾基君好看，艰危始识中兴难。已惩御史言修复，休遣中官织锦纨。锦帆枉竭江南赋，鸳文龙爪新还故。总饶结彩大宫门，何如旧日西湖路。西湖地薄比邶瑕，武清暂住已倾家。惟应鱼稻资民利，莫教莺柳斗宫花。词臣讵解论都赋，挽辂难回幸雒车。相如徒有上林颂，不遇良时空自嗟。"

⑨ 越缦：李慈铭，初名模，字式侯，改名慈铭，字爱伯，一作悉伯，号莼客，晚署越缦老人，会稽（今浙江绍兴市）人。光绪六年（1880）进士，官至山西道监察御史。二十年卒，年六十五。工诗词及骈文，而以《越缦堂日记》负盛名，所记自二十岁至晚年，读书札记颇多，内容涉及经史百家。另有《白华绛柎阁诗集》《越缦堂词录》等。

⑩ 恭邸：恭亲王奕䜣。

⑪ 丙外：指京师内城、外城。内城自宫城、皇城而下为第三，故称丙。明清时，内城九门为正阳门、崇文门、宣武门、朝阳门、东直门、西直门、阜成门、安定门、德胜门；外城七门为永定门、左安门、右安门、广渠门、广安门、东便门、西便门。

⑫ 车徒箦担：谓车马仆从、肩挑背扛者。形容逃难时杂乱之状。

⑬ 禁篽：亦作"禁籞"。禁苑周围的藩篱。代指禁苑。

⑭ 播迁：迁徙；流离。此指文宗避走热河。

⑮ 摩挲铜狄人：《后汉书·方术传下·蓟子训》："后人复于长安东霸城见之，与一老翁共摩挲铜人，相谓曰：'适见铸此物，而已近五百岁矣。'"后用以为抚今追昔之典。摩挲，抚摸。铜狄人，即铜铸人像。《汉书·五行志下之上》："史记，秦始皇帝二十六年，有大人长五丈，足履六尺，皆夷狄服，凡十二人，见于临洮。天戒若曰：'勿大为夷狄之行，将受其祸。'是岁，始皇初并六国，反喜以为瑞，销天下兵器，作金人十二以象之。"

⑯ 永珣：应为永瑆。高宗第十一子。乾隆五十四年（1789）封成亲王。嘉庆四年（1799），仁宗命在军机处行走、总理户部三库。道光三年（1823）薨，年七十二。谥曰哲。工书，兼擅各体。

⑰ 成皇帝：爱新觉罗·多尔衮。太祖努尔哈赤第十四子。后金天聪九年（1635）封和硕睿亲王。崇德间，屡率部攻明。崇德八年（1643），世祖福临七岁即位，与济尔哈朗同辅政。后自称摄政王，独揽大权。顺治元年（1644）统兵入关，击退李自成，克北京。二年，攻灭南明弘光朝，乘胜南下，平定各地抗清义军。三年，进军四川，平张献忠。五年，进封皇父摄政王。七年，猎于边外，坠马受伤而薨，年三十九。追尊为义皇帝，庙号成宗。未几，世祖以谋逆罪追削其爵。乾隆时复睿亲王爵，追谥忠。

⑱ 大钟寺：原名觉生寺。清皇家佛寺，雍正时建。在京城西直门外。参见第490页第19则注释⑦。

⑲ 龚定庵：龚自珍，一名巩祚，字璱人，号定盦，仁和（今浙江杭州市）人。道光九年（1829），六次会试方中进士，官礼部主事。在京十馀年，常触时忌，为权贵所排挤，遂辞官归，主讲紫阳书院、云阳书院。二十一年（1841）卒，年五十。为学主经今文学，不惟考据。工诗文，所作颇宏富。有《定盦文集》等，今辑为《龚自珍全集》。其长子

橙,字公裹,后以字行,号孝拱,别号半伦。为人放浪,好为狎邪游,喜收藏古籍。尝任英人幕僚。然谓橙引导联军焚毁圆明园,并无实据。

⑳ 巴夏礼:英国外交官。历任驻厦门、广州领事。咸丰九年(1859),巴夏礼为英法代表,率队进京换约,与清廷谈判于通州,遭扣押。英法联军攻入京师后获释。后任驻上海领事,复任驻日公使。光绪九年(1883)任驻华公使,寻兼驻朝鲜公使。十一年卒于北京,年五十八。

20. 奸 细 考

幽燕烽燧①,北望惊心,事势之呕,四五年前已然,强揩至今②,不能免于相搏,亦意中事。此后并力制胜,在于当前,委蛇时日以修战备之功,则究在畴曩③。异时饮至论功④,当有公言,唯此浩劫,为可嗟闵。昔元人谕日本书云:"和好之外,无馀善焉;战争之外,无馀恶焉。"言简意赅,三复词令之妙,重为怃叹。元师征日时⑤,日本已利用间谍,木宫泰彦《中日交通史》云:"当时两国关系虽极险恶,而日本商舶之赴元者仍不绝,日本利用此种商舶,使弘安之役被俘之宋人⑥,潜作间谍,往探元之动静,故得知一切情形。《竹林院左府记》'弘安六年七月一日'条云:'异国之事,近日其闻候今年秋可袭来之由。'"读此可知彼邦早惯于勾买无耻,施技刺探,即世人所谓奸细也。案奸细,又可作姦细。沈栾城诗"一朝姦细竟南奔"⑦,此指秦桧。考《宋元通鉴》⑧,翟汝文虽为桧所荐⑨,然性刚不为桧屈,至对案相诟,目桧为金人姦细,是沈诗所援。览此可知吾国与外族战争,恒为姦细败事,今日当先为炯鉴。又案秦桧之为奸细,乃由金派归。挞懒攻楚州⑩,桧与妻王氏自军中趋涟水军⑪,自言杀金监己者,夺舟而来,欲赴行在,遂航海至越州⑫。帝命先见宰执,桧首言:"欲天下无事,须是南自南,北自北。"朝士多疑其与何㮚、孙傅等同被拘执⑬,而桧独还;又自燕至楚二千八百里,逾河越海,岂无讥诃之者⑭,安得杀监而南?又考《金国南迁录》⑮,亦言秦桧始终言"南自南,北自北"。可见此姦细乃金特以遣宋者,病在高宗赏而用之耳。又《晋书》:"奖群贤忠义之心,抑奸细不逞之计⑯。"此却用"奸"字。案"姦"多作"姧",因与"奸"通。《书》:"寇贼姦宄。"注:"劫人曰寇,杀人曰贼,在外曰姦,在内曰宄。"故"奸细"作"姦细",义较长。(补篇第71则)

【注释】

① 幽燕：古幽州、燕国(今河北北部及辽宁一带)。　烽燧：古代边防报警信号，白日放烟曰烽，夜间举火曰燧。泛指战乱。"幽燕烽燧"，此指民国二十年(1931)以来，日本侵占东北、热河及河北等地。

② 强搘(zhī)：勉强支撑。

③ 畴曩：往日；旧时。

④ 饮至论功：指古代军队凯旋，朝廷举行庆功酒宴，奖赏有功将士。

⑤ 元师征日：元世祖时，尝屡遣使往日本通问结好，遭拒，留使不还且杀害使臣杜世忠等。至元十八年(1281)二月，元廷发兵十万征日。初获连捷，至八月一日，遇海上暴风破舟，大败归。

⑥ 弘安之役：指八月一日征日元师遇风暴大败，舟舰多半沉没，士卒二三万为日本所虏。寻移至八角岛，尽杀蒙古人、色目人、高丽人、汉人，南宋汉人谓新附军不杀而奴之。是役时值日本后宇多天皇弘安四年，故日本史称"弘安之役"。

⑦ 沈栾城：沈嘉辙，字栾城，钱塘(今浙江杭州市)人。诸生。雍正时在世。尝与同里吴焯、陈芝光、符曾、赵昱、赵信、厉鹗等，摭拾南宋遗闻，各为诗百首，成《南宋杂事诗》七卷。

⑧ 《宋元通鉴》：编年体史书，一百八十卷。明薛应旂撰。上起宋建隆元年(960)，下讫元至正二十八年(1368)，承《资治通鉴》之例而作。

⑨ 翟汝文：字公巽，宋润州丹阳(今属江苏镇江市)人。元符元年(1098)进士，侍亲十年不仕。后擢议礼局编修官，累迁显谟阁学士知越州兼浙东安抚使。南渡后，召为翰林学士兼侍讲，除参知政事、同提举修政局。时秦桧用事，汝文在密州时，桧为郡文学，汝文荐其才，故桧引用之。然汝文性刚，不为桧所屈，尝对案相诟。后被劾罢职去。绍兴十一年(1141)卒，年六十六。门人私谥忠惠。有《忠惠集》十一卷。

⑩ 挞懒：完颜昌。金太宗完颜晟之弟。大将。靖康之变，秦桧被掳至北方，成为挞懒亲信。建炎四年(1130)随金军至楚州(今江苏淮安)，自称杀死守兵，夺船逃回。

⑪ 涟水军：宋淮南东路涟水军(治今江苏淮安市涟水县)。在楚州之东北。

⑫ 越州：宋两浙路越州(治今浙江绍兴市)。

⑬ 何㮚：字文缜，宋仙井(今四川眉山市仁寿县)人。政和五年(1115)进士第一，擢秘

书省校书郎。历主客员外郎、起居舍人、中书舍人兼侍讲,累迁资政殿大学士、尚书右仆射兼中书侍郎。尝草诏稿命康王充天下兵马大元帅。靖康之变,从二帝赴金帅营,不食而死,年三十九。建炎初赠大学士。 孙传:应为孙傅。字伯野,海州(今江苏连云港市海州区)人。中进士第,为秘书省正字、校书郎、监察御史、礼部员外郎,累迁尚书右丞,改同知枢密院。金兵围京师,闻士卒郭京能施六甲法,可生擒敌将,深信不疑。及金兵攻城,郭京启宣化门出战,大败而逃,城遂陷。傅被虏,明年死于朔。绍兴中赠开府仪同三司,谥忠定。

⑭ 讥诃:亦作"讥呵"。稽查盘问。

⑮《金国南迁录》:已佚。见《宋人轶事汇编》注引。其卷十五《秦桧》:"天会八年,诸臣虑宋君臣复仇,思有以止之。鲁王曰:'惟遗彼臣先归,使其顺我。'忠烈王曰:'惟张孝纯可。'忠献王曰:'此事在我心里三年矣,只有一秦桧可用。我喜其人,置之军前,试之以事,外虽拒而中常委曲顺从。桧始终言南自南,北自北。因说许某着手时,只依这规模分别。今若纵之归国,彼必得志。(《金国南迁录》)"

⑯ 奖群贤两句:见《晋书·王敦传》。

人名索引

一、凡选文中出现的人物,均予以收录,注文中另有涉及的不收。

二、以人物姓名为主目,其字、号、别名、官职、爵号、谥号等附注括号之内。

三、帝王及皇族等以常见谥号、庙号或封号为主目,括注其姓名。

四、妇女有姓无名者,一律注明从属关系。

五、所有人物按主目音序排列,注明页码于后。上、下册页码用" /"分隔。

A

阿桂(文成) 177 198

阿睦尔撒纳 /397

B

巴夏礼 /607

把都鲁张 85

白朗(白狼) /560

百龄(文敏) 225

班固 /353 466

包恪庄 196

包松溪 196

包应登(观察) 343

包拯(孝肃) 241

保成(励堂) 247

鲍承先 236

北齐宣帝(高洋) 97

北魏太武帝(拓跋焘、佛狸) 299

毕敦(补垣) 259

毕氏(葛品莲妻) /591

毕沅(秋帆、弇山、尚书) 155 170 243 /448 488

邴泄 347

伯颜 /417

伯夷 114

C

蔡德淳 339

蔡钧(和甫) /589

蔡乞儿 23

蔡强(二风) /399

蔡清(虚斋) 48

蔡天任(葵圃) 219

蔡元培(鹤卿) /534

蔡云(铁翁) 279 292 296 305 309

蔡载坤　339

蔡载樾（学博）　339

蔡朝珂　219

曹垂灿（璨）　321

曹大家（班昭）　/537

曹仁虎（习庵）　155

曹仁美　/355

曹树杏　347

曹文埴（文敏）　/488

曹雪芹　/402

曹勋　/402

曹耀湘（镜初）　/361

曹寅（栋亭）　/402

岑春煊（西林）　/586

长叙（瑾妃、珍妃父）　/572

常必森（曙东）　/543

晁冲之（具茨）　/600

车胤　/399

撒斯玛（日本萨摩藩王）　/533

陈鳌（陈其元父）　/380　386　406

陈淳（白阳）　345

陈稻庄　/371

陈方瀛（仙海）　/404

陈箍桶　/417

陈函辉（木叔）　25

陈宏谋（文恭）　176

陈洪绶　170

陈后主（陈叔宝）　/456

陈化成（忠愍）　346　/480

陈继儒（眉公）　96　343

陈济生　3

陈康琪　/475　476　479　491　495　500
　　502　505　506

陈銮（芝楣）　225

陈某（医生）　/592

陈培庭　347

陈鹏年　/402

陈锐（伯弢）　/583

陈尚志（智）　6

陈氏（毛奇龄妻）　338

陈氏（温绍原媳）　/460

陈守创（木斋）　101

陈叟　259

陈廷敬（文贞）　/505

陈维崧（迦陵）　290

陈熙　/412

陈希祖（玉方、侍御）　205

陈叙东　/412

陈延恩（登之、敦之）　205

陈远山　181

陈子龙（松江孝廉）　/529

陈祖范（亦韩）　/468

成连　/446

成汝舟　182

程柏华　196

程颢　/361　417

程晋芳（鱼门）　155　349　/492

程普德　61

程颐　61　/361　417

程乔采（晴峰）　226

程兆纶（印鹊）　/376

程祖洛（梓庭）　198

崇厚（地山）　/383

楚莲香　/600

褚人穫　289　312

褚廷璋　320

春申君　/379

慈安太后（清文宗后钮祜禄氏）　/388　462

慈禧太后（清文宗妃叶赫那拉氏）　/388
　　462　565　569　572

崔鋋（郎中）　68

崔颢　191

崔徽　/600

崔懋　76

D

达海（文成）　273

达鼐　255

达文波　/383

大梅祖镜　225

戴宝德　145

戴（战）德淳　215

戴第元（太史）　320

戴进（文进）　213　215

戴逵（安道）　/421

戴衢亨（文端）　198

戴熙（文节）　/403

戴豫庭　/451

戴震（东原、太史）　338　/497

但云湖　196

盗跖　20

德馨　/572

邓石如（完白山人）　/488

邓瑶（伯昭）　/359

狄葆贤（平子）　/586

丁成　/364

丁度　300

丁景鸿　/514

丁澎（飞涛、药园）　/514

丁日昌（雨生）　/363　388　402　428

丁少香　/405

丁漋（涤）　/514

董二　249

董份　283

董诰（文恭）　199

董国华（琴南）　198

董其昌（思白）　214

董绍孔　92

窦光鼐（东皋）　/446

杜甫　55　64　93　190　230　/455　554

杜濬（茶村）　/554

杜立德（文端）　51

杜五郎　64

端华　/599　606

E

鄂尔奇（司马）　238

鄂尔泰（文端）　177　238　251

恩锡（竹樵）　/383

F

樊通德　/600

樊燮　/574

樊增祥（樊山）　/600

范成大（石湖）　292　312　/559

范承谟（忠贞）　273

范二　331

范来宗（芝岩）　278　283

范梦龄（太师、徐国公）　308

范其骏（永绥）　/542

范钦　182

范世勋（西屏）　/437

范墉（太师、周国公）　308

范赞时（太师、唐国公）　308

范镇（景仁、蜀郡公）　/457

范仲淹（文正）　54　339　/388

方苞（灵皋）　/444

方表（叔章）　/597

方观承(恪敏) /506

方濬师(子严) /449

方濬颐(子箴、元方) /449

方错(铁君) /451

方澍(六岳) /543

方炜(馀斋、半园主人) /446

方文(尔止) 63

方孝孺(正学先生) /517

方舟(百川) /444

方诸(勿庵、墨卿) /444

冯班(定远) 99

冯布 110

冯景(山公) /508

冯明本 /460

冯起纶(弓间) 34

冯子材 /589

福康安(文襄) 262 /386

富弼(文忠) /389

G

甘宁 /407

甘汝来(庄恪) 271

刚毅 /569

高柏林 161

高承 289

高尔谦(子益) /582

高凤岐(啸桐) /582

高凤谦(梦旦) /582

高拱(新郑、文襄) 83

高珩(司寇) 51

高捷 83

高君珊 /582

高濂 /563

高琼 207

高士奇(江村) 261

高万拔 /566

高彦符(休) /558

葛家遝(小铁) /378

葛绵祖 125

葛品莲 /591

葛氏(龚炜母) 124

葛以敦 333

葛以简 333

葛云飞(壮节) 333 /480

耿精忠(靖南王) 174

耿省修 145

耿仲明(靖南王) 174

公叔文子 /464

龚橙(孝拱) /607

龚端毅(文季) 222

龚丰毅(小峰) 223

龚景瀚(海峰) 222

龚蓼村(龚炜父) 122 134 136

龚胜 57

龚式毅(端伯) 222

龚受毅(益仲) 223

龚昭 132

龚照屿 /577

龚自珍(定庵) /607

勾卑 347

顾陈垿 279

顾从义(砚山) /422

顾大韶(仲恭) 97

顾九苞 /492

顾菊生(淡如) /381

顾某(修补县令) /592

顾清(文僖) /457

顾锡畴(瑞屏) 279

顾炎武(亭林、昆山) 322 /597

顾野王(希冯) 279

顾张思(雪亭) 296

关天培(忠节) /479

关羽 5 /427

观音大士 /427

管夷吾(敬仲) /518

贯休 /499

光石均 /444

归庄(玄恭) 103 108

桂心堂 /412

郭德成 14

郭富 196

郭巨 154

郭麐 299

郭璞 191 303

郭琪 /495

郭士利 196

郭松林(子美) /355

郭祥正(功父) 233

郭子兴(巩昌侯) 14

郭子仪(汾阳王) 267 /388

国泰 178

H

海从龙 /460

海龄(都统) 196

海瑞(忠介) 46

韩代 50

韩非 /361

韩对(桂舲) 198 237

韩幹 /600

韩琦(忠献) /388

韩三 332

韩生(富春) /438

韩是升(旭亭) 237

韩崧(孝廉) 258

韩信(淮阴侯) 120

韩愈(昌黎) 55 80

韩芸昉 182

汉高祖(刘邦) 120 154

汉宣帝(刘询) 40

何桂清(根云) /352

何姬(刘声木妾) /540

何枭 /610

何涉(学士) /546

何休 /487

何应鳌(何青天) 11

何蓮 216

何焯(义门先生) 265

和君龄 /399

和珅 156 198 212 241 247 249
  270 /446 466 470

红娘 87

洪承畴(文襄) 138 237

洪福瑱(洪福、太平天国幼主) /388 560

洪钧(文卿) /578 600

洪亮吉(稚存、北江) /448 465 492 554

洪梦梨(白云道人) 108

洪守一 222

洪述祖 /554

洪秀全 /407 574

洪宣娇 /407

侯景 /376

后晋高祖(石敬瑭) 40

后唐庄宗(李存勖) 303

胡达源(云阁) /597

胡浩(浩然) 296

胡林翼(润之、文忠) /357 361 389 407
  513 597

胡瑞澜　/592
胡文绚　/412
胡细娘　322
胡应麟(元瑞)　24
胡宗琳　/500
扈坦　86
花连布(军门)　262
华十五(孝廉)　/434
华佗　57
华亦祥　141
桓谭　326
黄巢　/518　560
黄金龙　/476
黄景仁(仲则)　191
黄某(国手)　/437
黄谦　191
黄琴士　/456
黄汝亨　343
黄庭坚(山谷)　328　/361
黄文旸　/474
黄喜林　255
黄向坚　149
黄巡工　/484
黄宗羲(梨州先生)　/532
霍光(博陆侯)　/430

J

嵇曾筠　101
吉秉中　223
吉之任(道人、应生)　223
纪昀(河间、文达)　184　/396　454
　　483　490
冀如珪　88
冀如锡(公冶)　88

贾岛　230
贾復　/495
贾开宗(静子)　/532
贾山人　23
贾似道(秋壑)　112
贾臻(运生、退厓)　/449
江淹　330
江忠濬(达川)　/359
江忠源(忠烈)　/357
姜宸英(西溟)　/500
姜梗(铁夫)　69
姜镶(瓖)　7
蒋镜初　/366
蒋士铨(莘畬、心馀)　155　165　/492
蒋士煐　294
蒋攸铦(相国)　207　/447
焦瑞(镜川)　11
金涵斋　132
金鉷　154
金环(泾州妓)　256
金人瑞(若采、圣叹)　103
金之俊(太傅)　128
瑾妃(清德宗妃)　/565
景桂顺　/569
景清　32
景善　/569
净慈道昌　225
隽不疑　247
觉罗长麟(牧庵)　249

K

康有溥(广仁)　/576
康有为(长素)　/566
孔香莲　/365

孔有德(定南王)　174

孔子　/383　399　519　531　534　537

寇準(莱公)　207　267

蒯德模(子範)　/389

蒯贺孙　/592

L

来保(文端)　/397

蓝法　/495

蓝理(军门)　/495

蓝思(师)稷　292

蓝瑗　/495

蓝珠　/495

澜公(爱新觉罗·载澜)　/569

郎瑛(仁宝)　191　216

老子　/361　449

勒保　263

冷昇　52

冷植元　52

黎吉云(樾乔)　/357

李翱　191

李白(太白)　/543

李慈铭(越缦)　/606

李待问(陇西君)　/529

李道融(检斋)　332

李端端　/600

李福　283　296　306　310

李福谦(地山、明府)　/378

李馥(鹿山)　96

李钢(至刚)　32

李恭直　/577

李光弼　/388

李光地(文贞)　/484

李光照　/462

李国栋(子幹)　/539

李果(梅庐)　308

李鸿章(合肥、文忠、中堂)　/388　541　547
　551　575

李家驹　/554

李金旸　/355

李近楼　/564

李经迈(季皋)　/541

李良年(武曾)　63

李陵　273

李孟群(方伯)　/407

李攀龙(于鳞)　/526

李森先　45

李商隐(义山)　/535

李师师　/600

李氏子　259

李士棻(芋仙)　/359

李世贤　/560

李侍尧(昭信)　244

李守诚　/460

李书年(少保)　332

李素贞　/407

李铁拐　/396

李廷敬(味庄)　/412

李卫(敏达)　143　256

李文藻(南涧)　/499

李香君　/472

李小有　7

李绪宜　/514

李义府　299

李应鹰(洗马)　75

李邕(北海)　/361

李元度(次青)　/575

李占椿　/589

李兆洛(申耆)　/517

李正华　45

李自成(闯王)　/560

李宗昉(芝龄)　204

立山　/578

厉鹗(太鸿)　/535

梁辰鱼(伯龙)　289

梁倩年　191

梁鼎芬(星海、节庵)　/538

梁夫人(韩世忠妻)　7

梁恭　191　222

梁鸿(伯鸾)　/475

梁佳年　191

梁简文帝(萧纲)　/526

梁启超(任公)　/566

梁诗正　/486

梁赞图(资政)　198　225

林璐　/515　519

林清　/402

林汝舟　/469

林纾(琴南、畏庐、冷红生)　/534　581

林旭　/576

林曜　347

林则徐(少穆、文忠)　210　225　/451　468
　　479　599

林章(初文)　59

蔺相如　318

凌鹤辉　/412

凌曙(晓楼)　/487

伶元(玄)　/600

刘攽(贡父)　63

刘半农(复)　/564

刘表(景升)　299

刘秉璋(文庄)　/547　551

刘伯刍　73

刘贲　330

刘光第　/577

刘国标　347

刘基(青田)　14

刘江　13

刘俊　/540

刘纶(文定)　266

刘铭传(省三)　/389

刘清祥　148

刘蓉(霞仙)　/359　575

刘声木　/526　528　534　537　538　542
　　543　545　546

刘氏(周遇吉妻)　7

刘氏(曾国藩媳)　/359

刘台拱　/492

刘体仁(公㪟)　66

刘天华　/564

刘统勋(文正)　240　320

刘文琪　/487

刘锡彤　/591

刘锡五(介休、澄斋)　303

刘琭(公琬)　87

刘一鸣　/576

刘义　23

刘荫榆　/494

刘墉(文清、石庵)　241　361

刘禹锡　296

刘宗周　/518

柳公权(诚悬)　/361

柳如是(河东君、隐雯、杨爱、柳是)　/473
　　528

柳宗元(柳州)　129

龙霓(西溪)　126

龙燮(检讨)　75

娄崇武　19

卢坤(敏肃、厚山)　207　210

卢文弨（抱经）　/494

卢象昇（忠烈）　4

卢毓嵩　296

卢止（至）　100

鲁伯阳　/565

鲁连（仲连）　/538

陆建堂　/419

陆建瀛　/460

陆抗（大司马）　/420

陆陇其（稼书、平湖、清献）　121　142

陆孟启（眠云山人）　/420

陆确斋　/591

陆容　10

陆胜非　132

陆世仪（桴亭）　326

陆游（务观、放翁）　55　97　311　/527

陆正夫　/417

六承如（赓九）　/517

六朗　/517

鹿传霖（文端）　/586

吕洞宾（纯阳子）　219　/427

吕耀斗（庭芷）　/389

吕祖谦　61

罗卜藏丹津　254

罗敦曧（瘿公）　/586

罗思举（提督）　323

罗仙坞　185

罗玉斌　/460

罗忠祐（少村）　/513

骆秉章（文忠）　/361　574

M

吗利逊　196

马彪　239

马大壮　307

马和尚　256

马可波罗　/560

马士英　112

马惟兴　/376

马文升（端肃）　40

马湘兰　/472

马援　5

马振古　81

麦孟华（蜕盦）　/585

曼殊（毛奇龄妾）　338

毛埕（栗庵）　299

毛晋（惠公、汲古阁主人）　96　108

毛奇龄（大可、西河）　237　338

梅鼎祚（禹金）　59

梅挚（公仪）　316

门丁漕书　/591

孟元老　310

孟子　/379　519　534

米芾　/419

闵鹗元（中丞）　/542

明成国公（朱仪）　31

明潞王（朱常淓）　8

明宁王（朱宸濠）　162

明思宗（朱由检、庄烈皇帝）　3　138
　　236　/518

明太祖（朱元璋、高皇帝）　2　3　14

明武宗（朱厚照）　31

明宪宗（朱见深）　31

明孝宗（朱祐樘）　31

明英宗（朱祁镇）　215

莫氏（李鸿章妾）　/541

墨翟　/361

木宫泰彦　/610

穆素晖（徽）　/600

N

那拉氏(隆裕、清德宗后)　/572

纳兰明珠　261

南楼老人(钱陈群母)　345

讷亲　271

倪景炘(时帆)　/378

倪谦　40

倪世式(克让)　/438

倪岳(文毅)　40

倪瓒(云林)　105

年羹尧　254

聂鼎　/383

宁妃(明太祖妃)　14

宁文成　273

牛鉴(镜堂、制府)　347　/451

O

欧阳慕云(茂才)　/359

欧阳氏(曾国藩妻)　/359

欧阳修(文忠)　292　316　/444

P

潘恩(大司空、恭定)　/426　431

潘耒(稼堂)　/505

潘士藻(去华)　30

潘元绍　140

潘允端(充庵、方伯)　/426　430

潘之博(弱海、弱盦)　/585

潘諮(少白)　/451

裴度(晋公)　123

裴头陀(法海禅师)　122

彭乐　/495

彭希郑(苇间)　198

彭晓航　/366

彭玉麐(刚直)　/552

彭元瑞(文勤)　/396　467

彭泽(襄毅)　16

蘋娘　/422

浦霖(苏亭)　178

Q

齐令辰　/572

祁寯藻(春圃)　/404

钱保生　/592

钱伯坰(鲁斯)　/489

钱陈群(文端)　338　345

钱大昕(詹事)　/499

钱岱勋(青雨)　/528

钱坫(献之)　/489

钱沣(南园)　178

钱福(鹤滩)　160

钱谦益(牧斋、宗伯)　66　96　103　/473
　528　554

钱卿鉌(清禾、伯声)　/404

钱栻(次轩)　/367

钱思元　300　303

钱樾(黼堂)　266

钱钺(钱泳父)　159

钱载(箨石)　/370　404

钱臻(润斋)　345

乔凤山　/412

乔锺吴(鸥村)　/431

秦承恩(尚书)　198

秦大成(簪园)　319

秦大士(学士)　198

秦桧　267　/610

秦生　127

秦芝轩(中丞)　185

清成亲王(爱新觉罗·永瑆)　245　/606

清醇亲王(爱新觉罗·奕𫍠)　/512

清德宗(爱新觉罗·载湉、景皇帝)　/545
　566　570　572　592

清端王(爱新觉罗·载漪)　/569　572

清高宗(爱新觉罗·弘历、纯皇帝)　155
　178　198　207　240　241　244　247
　251　252　271　345　/370　396　397
　398　446　464　467　470　485　490
　506　606

清恭亲王(爱新觉罗·奕䜣)　/547
　591　606

清烈王(代善)　272

清履端亲王(爱新觉罗·永珹)　247

清履恭(懿)亲王(爱新觉罗·胤裪)　247

清穆宗(爱新觉罗·载淳)　/388　462　601

清仁宗(爱新觉罗·颙琰)　199　243　/490

清世宗(爱新觉罗·胤禛、宪皇帝)　177
　251　254　/462　545

清世祖(爱新觉罗·福临)　49　103　174
　/606

清圣祖(爱新觉罗·玄烨、仁皇帝)　42　113
　129　141　174　261　265　271　/462
　484　495　505　507　606

清太宗(爱新觉罗·皇太极、文皇帝)　174
　236　237　272

清太祖(爱新觉罗·努尔哈赤、高皇帝)　236

清文宗(爱新觉罗·奕𬣞)　/404　462　468
　599　605

清宣宗(爱新觉罗·旻宁)　207

丘华林　59

丘濬　42

丘良孙　/444

秋香　224

裘曰修(文达)　/388

仇英　/422

瞿松涛　413

瞿宣颖(兑之)　/559

全志南　/412

R

任大椿　/492

荣禄　/570

荣寿固伦公主(恭亲王奕䜣女)　/572

汝堦玉(秋士)　279

阮籍　131

阮元(云台、文达)　194　209　337　/475
　542

阮忠枢　/554

S

萨凌阿　247

赛金花　/578　600

三保(文敬)　244

桑春荣　/593

桑调元(弢甫)　321

僧格林沁(忠亲王)　/512　599

山涛　131

单镇(束笙)　/550

尚可喜(平南王)　174

尚之信　174

邵长蘅　305

邵雍(康节)　/436

邵元冲(翼如)　/558

申不害　/361

神代延长　/383

沈葆桢(幼丹、文肃)　/388　560

沈垞晋(锡田)　330

沈德符 299 /564

沈德潜(归愚、尚书) 328 /485

沈凤(凡民) 349

沈淮(桐甫) /462

沈皇后(婺华、陈后主后) /456

沈嘉辙(栾城) /610

沈括(存中) 40 296

沈齐贤(瘤伊) /518

沈起元(敬亭) 132

沈氏(杨乃武母) /592

沈松湄 /420

沈涛(观察) /371

沈廷扬(百五、五梅) 138

沈维鐈(鼎甫) 204

沈文炘 /412

沈瑜庆(涛园) /600

沈朝初 284 303 305 308 312

沈周(启南、石田) 105 133 191 292

昇寅(勤直) /453

胜保 /460

师长镳(庚山) /368

施成章 /522

施闰章(愚山) 55

施绍阁(襄夏) /438

施愚 /554

施子良 347

石崇 /477

石达开 /378

石柳邓 156

石三保 156

石韫玉(竹堂) 198

史本泉(教谕) 145

史熙文 146

寿于敏(春亭) /399

叔齐 114

舒赫德(文襄) 249

舜 40 /444

司马光(温国公) 230 /454 464 546

司马迁(龙门) 318 /353

司马相如 299

松筠 247

宋徽宗(赵佶) 215

宋教仁(钝初) /554

宋理宗(赵昀) /601

宋荦 113 283

宋祁(子京) 238 /444

宋澍(小坡) 181

宋琬(荔裳) 55 71

宋庠 238

苏盼奴 216

苏轼(东坡、文忠) 80 170

苏武 215

苏小小 216 /600

苏祐(縠原) 40

肃顺 /599 606

孙承泽(退谷) 61

孙尔準(文靖) /406

孙鲂 191

孙傅 /610

孙国牧 311

孙家毅(稼生) /383

孙可望 /376

孙士毅(补山) 341

孙逊 296

孙廷铨(文定) 51

孙同元(雨人) 218 222

孙星衍(渊如) /465

孙宣德(子发) /546

孙彦时 /419

孙志祖(编修) /492

索额图　269

T

挞懒　/610

谭半仙　223

谭嗣同　/576

谭锺麟（文勤）　/586　589

汤斌（文正）　244　279

唐安安　/601

唐冠卿　/572

唐鉴（镜海）　/361

唐氏（陆游前妻）　/527

唐顺之（荆川）　17

唐文治（蔚芝）　/537

唐玄宗（李隆基、明皇）　296　303

唐寅（伯虎）　224　/422

陶澍（文毅）　/451　597

陶渊明（彭泽）　123

特依顺（鉴堂）　216

田横　138

田汝成　299

田文镜　256

涂宗瀛（朗轩、廉访）　/389　472

W

婉蕙（梁章钜媳）　191

汪海洋　/560

汪鸣銮　/592

汪汝俊（季元）　343

汪汝谦（然明）　343

汪沈琇（西京）　108

汪氏（周芳容母）　144

汪琬（钝翁）　58　284

汪喜孙（孟慈）　/448

汪由敦（文端）　251

汪云从　/453

汪兆铭（精卫）　/576

汪中（容甫）　/448　492

王安石　267

王伯勉（东皋）　49

王昶（兰泉）　194

王城　347

王承裕（康僖）　48

王存善（子展）　/523

王达官　86

王亶望　245

王旦（文正、魏国公）　206

王夫人（陆游后妻）　/527

王翚（虞山）　128

王际华（文庄）　/520

王家幹　/460

王建　230

王郊麟（慕蘧）　/600

王缙　/600

王俊　/365

王恺　/477

王闿运（壬秋、湘绮先生）　/549　575　606

王伦　249

王懋锟（伯戣）　18

王鸣盛（西庄）　274　338

王某（讼师）　/592

王念孙　/492

王磐（鹿庵先生）　58

王鹏运（幼遐）　/565

王清臣　64

王戎　131

王绅　52

王十朋　219

王时敏（奉常）　128

王士祯（新城、阮亭、文简）　82　328　/454
526
王世懋（麟州）　30
王世贞（弇州）　214
王氏（清履懿亲王侧福晋）　247
王氏（顾炎武母、贞女）　322
王氏（温绍原妻）　/460
王氏（秦桧妻）　/610
王守仁（阳明、文成）　33　162
王寿昌（子仁、晓斋）　/582
王恕（端毅）　48
王树滋　347
王通（王承荫或王承允）　7
王通（文中子）　273
王维（摩诘）　/419
王伟　/376
王文韶（文勤）　/569
王文治（梦楼）　303
王羲之（右军）　214
王锡朋（刚节）　333　/480
王仙人　158
王象春（季木）　65
王象晋（方伯）　44
王逊　318
王揆（太原公、西田）　106　165　322
王椅（倚）　68
王益柔（胜之）　/546
王永康　139
王猷定（于一）　72
王瓚似（鲁珍）　72
王玉峰　/564
王玉生（稚昆）　72
王原祁（茂京）　165
王云廷（文山）　/520
王恽　58

王志元　347
韦世康　229
魏冲（叔子）　100
魏大中（廓园）　2
魏德潜（润亭）　/586
魏公孟　/586
魏瀚（季渚）　/581
魏恺（恺其）　97
魏斯炅（復汇）　/600
魏諴（铁三、匏公）　/585
魏源（默深）　323
魏泽（典史）　/517
魏忠贤　3
魏子京　/582
卫律　273
温辅材　/460
温绍原（壮勇）　/460
文年　/569
文天祥（文山）　155　273
文廷式（道希）　/566
文祥（博川）　/454
文翔凤（天瑞、太青）　66
文彦博（潞国公）　/464
文徵明（待诏）　/412
翁方纲（覃溪）　316　/489
翁同龢（叔平、文恭、松禅）　/565　589　592
乌尔恭额（巡抚）　333
吴昌照　204
吴椿（退庵）　204
吴存楷（曼云）　296　311
吴道子　296
吴俊（昙绣）　283
吴敏树（南屏先生）　/357
吴乔　/526
吴孺子　131

吴汝纶(挚父)　/599

吴三桂(平西王)　139　174　269　/476　533

吴世璠　174

吴嵩梁(兰雪)　191

吴廷琛(棣华)　198　226

吴王(夫差)　/383

吴伟(小仙)　31　213

吴伟业(梅村、延陵公)　56　116　165　/475

吴文溥(澹川)　/543

吴锡麒(榖人)　290　340

吴熊光(槐江)　198

吴英樾(西桥)　/365

吴渊颖(颖)　61

吴筠孙(竹楼)　/549

吴再升(总戎)　/376

吴稚晖　/584

吴自牧　310

武恬(风子)　68

武亿(虚谷)　249

X

息夫人(息侯妻)　/554

席宝田　/560

夏定邦　/460

夏同善　/592

夏王姬　/554

弦高　196

项王(羽)　66　318

项元汴(子京)　227

萧颖士　/449

孝贤皇后(清高宗后富察氏)　/486

谢灵运　/538

谢肃(原功)　120

谢墉(侍郎)　/446

谢振定(芗泉)　241

醒睡先生　/436

熊赐履(江陵、文端)　178　/479

徐保　333

徐承煜　/577

徐充　289

徐达(参政)　162

徐德全　/382

徐复祚(阳初)　100

徐弘祖(霞客)　25　319

徐嘉炎(阁学)　338

徐阶(华亭)　33

徐炯　/500

徐炬　294

徐骏(冠卿)　/500

徐启新　100

徐乾学(健庵、东海)　/492　500

徐仁铸(太史)　/545

徐士林(中丞)　252

徐杋　99

徐树榖　/500

徐树敏　/500

徐树屏　/500

徐崧　283　308

徐桐　/577

徐(李)伟　/462

徐宣　229

徐仰亭　/371

徐亦仙　111

徐用仪　/577

徐钰(席珍)　122

徐元珙　41

徐沅(芷生)　/586

徐祯　299

徐芝仙　254

许二南　/419

许景澄　/577

许慎　/466　497

许琰　8

许真君　/430

玄奘　26

薛涛　/600

薛允升（云阶）　/589

Y

言偃（子游）　111

严粲　61

严澄（天池）　109　111

严杰（厚民）　337

严讷（文靖）　109

严荣（少峰）　316

严绳孙（藕渔）　/505

严氏女　107

严嵩　223

严馨（星标）　254

严熊（武伯）　/473

严用晦　256

颜崇礼（柳桥）　196

颜度　309

颜佩韦　3

颜延之　131

颜之推　/560

阎循观　/494

衍圣公　/475

扬雄（子云）　326　/466

杨祕（静山）　/484

杨昌濬　/591

杨幹村　/405

杨乃武　/591

杨秋谷　/419

杨锐（叔峤）　/572　577

杨深秀　/577

杨慎　296

杨嗣昌　4

杨文荪（芸士）　198

杨循吉（南峰）　299

杨韫华　289

杨子山　126

姚广孝（道衍）　/486

姚旅　223

姚蒙（以正）　/440

姚鼐（姬传）　338　/526

姚文田（文僖）　341

姚莹　/526

耶律楚材　26

叶昂　224

叶德辉（奂彬）　/597

叶方蔼（讱庵）　322

叶广平　/414

叶楙奎　/460

叶氏子　259

叶桐山　/379

叶志超　/577

叶子鹤　/352

伊里布（莘农）　/451

依尔根觉罗氏（清履懿亲王福晋）　247

奕谟（贝子）　/572

尹继善（文端）　167　266

尹永新　/600

永贵（相国）　/520

尤兴诗（春樊）　198

游百川　/462

于成龙(清端)　/476　477　479

于敏中(文襄)　251

于式枚(晦若)　/554

余承恩　/460

余煌　/533

俞陛云(阶青)　/550

俞德渊(陶泉)　/367

俞德宗　/517

俞明震(恪士、觚庵)　/584

俞氏(葛品莲母)　/592

俞淑人(沈德潜妻)　/485

俞樾(荫甫)　/550

禹　97　/361

玉保(尚书)　/447

郁泰玄　283

裕谦(鲁山、靖节)　333　/451　479

毓科(抚军)　/355

元世祖(孛儿只斤忽必烈)　273

袁秉直(方伯)　145

袁昶　/577

袁崇焕　4　236

袁国梓(丹叔)　/386

袁克定(云台)　/586

袁枚(简斋、随园)　154　164　169　349　/398
　482

袁世凯(项城)　/554　572　586

袁通(兰村)　164

岳起(少保)　243

岳锺琪　254

筠心夫人(左宗棠妻)　/353

恽格(寿平、正叔)　106

Z

载沣(袭醇亲王)　/572

载涛　/572

曾国藩(文正、涤丈)　/352　355　357　359
　361　383　388　472　521　551　558
　560　574　597　599

曾国荃(忠襄)　/560

曾鲸(波臣)　213

曾朴(孟朴)　/600

曾子　/497

查嗣庭　/545

翟灏(晴江)　231

翟汝文　/610

詹长人　/393

詹懋举　70

粘本盛　42

张朝珍　/476

张春(监军)　272

张大纯　283　308

张大复(元长)　289

张岱　/563

张尔岐(稷若)　/491

张公星　166

张光照　/355

张桂峰　131

张贵妃(丽华、陈后主妃)　/456

张祜　191

张煌言　/554

张惠言(皋文)　/503

张俭　/576

张九成(子韶)　73

张浚(魏公)　269

张可大(庄节)　34

张鲲(崧少山人)　54

张耒(文潜)　/546

张涟(南垣)　116

张良(子房)　/538

张名振　/554

张骞　26

张少棠(军门)　/539

张士诚　140

张士信　105

张氏(沈廷扬妾)　138

张守约　/430

张舜民(芸叟)　/546

张太夫人(葛云飞母)　333

张廷国　148

张廷玉(文和)　251　267

张献忠　147　/560

张燕孙　/586

张英(文端)　/540

张玉良(璧田)　/376

张昱(光弼)　216

张远度　64

张说　296

张之万(子青)　/389　396　404

赵昂(昂)发　7

赵秉冲(侍郎)　145

赵秉淳　/415

赵不敏　216

赵大鲸(横山)　/520

赵管　/529

赵继元(梓芳)　/551

赵进美(韫退)　52

赵枚(子式)　/415

赵孟頫(文敏)　214

赵奢　318

赵士福　199

赵氏(黄文旸妻、净因道人)　/474

赵舒翘　/569

赵文哲　/415

赵玉班　/355

赵玉森　/529

赵元奴　/600

珍妃(清德宗妃)　/565

郑成功(延平王)　/554

郑国鸿(忠节)　333　/480

郑国俊(魁士、总戎)　/541

郑瀚　/558

郑文焯(叔问)　/583

郑燮(板桥)　180

郑玄　/466　487

郑盈山　/412

中天(心)叟　191

锺光范　145

锺君　147

锺骏声　/592

锺馗　296

仲休　292

周必大　233

周忱(文襄)　/457

周崔芝　/533

周芳容(铁岩)　144

周昉　/422

周恭(三瓢、梅花主人)　133

周凯(芸皋)　323

周密　311

周寿昌(荇农)　/597

周顺昌(忠介)　2

周天爵(文忠)　/457

周文荣　144

周武王(姬发)　114　/444

周延儒　135

周遇吉(忠武、萃宇)　6

周云陔(孝廉)　/500

周筼(青士)　106

周子瑜　196

周宗泰　312

周遵道　309

朱琛（筱堂、宫詹）　/545

朱珪（文正）　242　/387

朱国桢（祯）　214

朱国治　103

朱琦（兰坡）　198

朱勔　292

朱士彦（咏斋、文定）　204　339

朱轼（文端）　143　253

朱温　/518　560

朱熹（朱子）　61　/361　497

朱炎（笠亭）　328

朱彝尊（竹垞）　217　338　/505

朱翌（新中）　233

朱用纯（柏庐）　230

朱雨泉　/523

朱元正　113

朱祖谋（彊邨）　/565　583

朱作霖（雨苍氏）　/412　414　416　417
　419　421　425　428　431　433　435
　437　438　440

诸葛亮（武乡侯）　/469

祝善诒（吏香）　/591

颛顼　303

庄芳机（虞山）　207

庄亨阳（廉访）　/482

庄子　/361

庄祖诰　17

卓秉恬（相国）　/367

子产　/364

宗悫　296

宗泽（忠简）　/469

邹炳泰（晓屏）　/502

邹光骏　/502

邹来学　/440

左宗棠（季高、恪靖、文襄）　/353　355　361
　388　560　574

后　记

　　编撰《历代笔记选注》，始于 2007 年春，今得以蒇事，凡《唐宋笔记选注》《元明笔记选注》《清代笔记选注》三种，历时已整整十年。其中，唐宋部分费时最久。因为当时还兼顾着繁重的教学研究任务，选注之事只能在业余时间进行，断断续续，没有定规，也曾几度想要放弃。能够坚持下来，完全是出于对古代笔记的喜爱和提升自身学养的执念。

　　古代笔记自唐而下数量浩繁，选注的首要问题便是取舍。我把取舍标准确定为思想性、学术性与趣味性的统一，以此来选取各时代各阶段较有代表性的笔记种类，选取每种之中最适宜的若干篇则。就种类而言，一些公认有价值的笔记，如沈括《梦溪笔谈》、纪昀《阅微草堂笔记》等，考虑其单行本出版已富，影响广泛，故刻意未予选录。还有一些学术性强、较为专深的笔记，如法式善《清秘述闻》等，由于可读性不高，也不在选录之列。至于选文，凡可广博闻见、增长学识的皆予收录，而言鬼神报应、星命卜算的则一概不取。

　　古代笔记涉及的知识范围又极广，大大超出了自己的专业领域，这就给选注工作带来许多困难。比如，宋代职官制度、元代历史地理，以及历代名物、事件、市语等，大多数属于我不曾了解或者知之未深的内容。每当遇到疑难，常常是青灯黄卷、左图右史，一切都要从头学起，边读边写。有时为了一条注释，几日寝食难安，反复求证，直到获得确解为止。这方面，不断提醒自己要小心谨慎，从不敢有丝毫马虎和随意。较为关键的注释，一般情况下，都会比勘旧说，征引书证，亦间或在吸收前人和今人研究成果的基础上有所创获。

　　回想笔记选注的整个过程，虽有"江湖夜雨十年灯"的寂苦，但更多的是克服一个个困难后累积的求知快乐。在这套丛书正式出版之际，我要特别感谢众多前辈、同仁的帮助和鼓励。蒋人杰、孙玉文二位先生,但凡见面或通音讯,必催问选注进展,大有鞭策之意;拙著完工后,又欣然赐序。黄红女士,不辞辛劳,无数次往返上海图书馆和高校,替我借阅、查找书籍资料。还有华东师范大学、武汉大学、南京大学、青岛大学的师友,也曾不厌其烦地为我释疑解惑。此外,尤其要感谢上海教育出版社徐建飞编辑,是他发现这项课题的意义,并大力推举而使之成为上海市"十二五"重点图书、上海市重点图书,并获得上海文化发展基金会图书出版专项基金和国家古籍整理出版专项经费资助出版。

　　笔记选注完工和出版的喜悦瞬忽即逝,心中反倒充满各种忧虑。担心因本人学力不够而选文不精、误注误解,担心校对不仔细而遗有错舛。这里,诚恳期待读者和学术界朋友的批评指正。

倪　进

2019 年 6 月

图书在版编目（CIP）数据

清代笔记选注：上下册 / 倪进选注. — 上海:上海教育
出版社, 2020.3
（历代笔记选注）
ISBN 978-7-5444-9894-4

Ⅰ.①清… Ⅱ.①倪… Ⅲ.①笔记–注释–中国–清代
Ⅳ.①Z429.49

中国版本图书馆CIP数据核字(2020)第043571号

策　　划　徐建飞工作室
策划编辑　徐建飞
责任编辑　徐建飞　李光卫　章琢之　朱颖婕
特约编辑　王瑞祥　杨无敌
书籍设计　陆　弦

历代笔记选注

清代笔记选注（上下册）
倪　进　选注

出版发行　上海教育出版社有限公司
官　　网　www.seph.com.cn
地　　址　上海市永福路123号
邮　　编　200031
印　　刷　上海书刊印刷有限公司
开　　本　700×1000　1/16　印张 41.25　插页 4
字　　数　640 千字
版　　次　2020年4月第1版
印　　次　2020年4月第1次印刷
书　　号　ISBN 978-7-5444-9894-4/Z · 0005
定　　价　180.00 元